*Review of Thailand Studies 2000-2012*

四川省哲学社会科学研究“十二五”规划2013年度课题：
国外智库2000—2013泰国研究评介（项目批准号：SC13WY25）阶段性成果

*Review of Thailand Studies 2000–2012*

# 泰国研究回顾

## （2000—2012）

著　〔新加坡〕东南亚研究所
译　杜洁　姚键　陈欣　郭粒粒　杨蓓
成都学院四川省泰国研究中心

四川大学出版社

责任编辑：朱兰双　廖庆扬
责任校对：余　芳
封面设计：阿　林
责任印制：王　炜

**图书在版编目(CIP)数据**

泰国研究回顾：2000—2012 / 杜洁等译. —成都：四川大学出版社，2013.11
(东南亚研究译丛)
ISBN 978-7-5614-7353-5

Ⅰ.①泰… Ⅱ.①杜… Ⅲ.①泰国-概况-2000—2012 Ⅳ.①K933.6

中国版本图书馆 CIP 数据核字（2013）第 300567 号

**First published in English by ISEAS Publishing under the title *Southeast Asian Affairs* 2000—2013, edited by various authors（Singapore：Institute of Southeast Asian Studies, 2000—2013）. Translated with the kind permission of the publisher.”**

**所选文章的英文版本由多名作者撰写，最初刊载于 2000—2013 年间由 ISEAS 出版部（新加坡：东南亚研究所，2000—2013）出版的《东南亚事务》。**

四川省版权局著作权合同登记图进字21-2014-28号

书名　**泰国研究回顾(2000—2012)**
**TAIGUO YANJIU HUIGU**

| | |
|---|---|
| 著　者 | [新加坡]东南亚研究所 |
| 译　者 | 杜　洁　姚　键　陈　欣　郭粒粒　杨　蓓<br>成都学院四川省泰国研究中心 |
| 出　版 | 四川大学出版社 |
| 地　址 | 成都市一环路南一段 24 号 (610065) |
| 发　行 | 四川大学出版社 |
| 书　号 | ISBN 978-7-5614-7353-5 |
| 印　刷 | 郫县犀浦印刷厂 |
| 成品尺寸 | 170 mm×230 mm |
| 印　张 | 35.5 |
| 字　数 | 510 千字 |
| 版　次 | 2013 年 12 月第 1 版 |
| 印　次 | 2013 年 12 月第 1 次印刷 |
| 定　价 | 78.00 元 |

◆读者邮购本书，请与本社发行科联系。
电话：(028)85408408/(028)85401670/
(028)85408023　邮政编码：610065
◆本社图书如有印装质量问题，请寄回出版社调换。
◆网址：http://www.scup.cn

# 序

读者面前的这本书描绘了过去13年间（加上附录的两篇文章——这两篇文章回顾的是1999年，它可以引导我们更准确地理解这13年泰国政治经济形势的变化——实际上涵盖了14年）泰国政治舞台的风云变幻。与往常不同的是这些著作并不是出自中国作者之手，而是译自新加坡的英文杂志《东南亚事务》（*Southeast Asian Affairs*）2001至2013年间的泰国年度分析，作者来自泰国、英国、澳大利亚、新西兰等国家，而无一例外都是长期关注泰国政治经济风云变幻的观察家和学者。本书选择的26篇文章，几乎涵盖了泰国政治、经济、外交、国防各个领域。我们可以看到，在泰国这个微笑的国度，号称温文尔雅的议会其实就是纵横捭阖的战场，侃侃而谈的政客身后其实是千军万马的虎视眈眈；政治家的成功与失败既与政绩密不可分，也和个人品质息息相关；每一次政治变动都是汹涌的政治暗流带来的必然结果：传统文人型政客带来的是平稳和软弱，专家型强力领导人和他的团队带来的是经济上的迅速发展和社会矛盾的迅速激化，军人执政制止了社会矛盾的爆发，可人民的致富愿望也得不到满足，新的矛盾又酝酿新的斗争；国际金融危机的打击更使泰国这样一条小船雪上加霜……反复动荡的泰国政治经济形势反映的其实是泰国社会对现代化道路的不懈探索，我们贸然对这个探索做出整体评论也许还为时过早，但可以肯定，这样一个引起全民积极参与的探索无疑会推动泰民族的进一步成熟，为国家的健康发展打下坚实的基础。

泰国人谈论本国政治经济有句玩笑话：“การเมืองเดิน เศาษฐกิจนิ่ง การเมืองนิ่ง เศรษฐกิจเดิน”，意思是“政治走，经济停；政治停，经济走”。把本书的年度分析连起来看，我们发现这句玩笑话在一定程度上说的也是实情。所以，这本书不仅是关注东南亚政治经济问题的学者的案头书，对其他关心国家发展问题的人士也有参考价值。

从本书对泰国政治、经济形势的观察和分析中，也可以看出由于立场不同、角度不同，对同一事物的理解会不同，观点、结论也会不同。这都说明学术研究虽然无国界，学者确实还是有立场的。

我国自1978年以来一直致力于对外开放，但这开放在经济上是全面的，在文化、学术上基本上是对西方开放，向西方看齐（这个“西方”也包括“脱亚入欧”的日本和一贯与西方保持一致的澳大利亚）。这在思想和学术受到禁锢近三十年之后，出现爆发式的追赶阶段，是完全可以理解的。在我们“赶超世界先进水平”的同时，学术界基本上忽视了东方的存在。我们可能忘记了，当我们忙于反右、四清、文化大革命的时候，我们的邻居们，有的跟我们一样在政治斗争的漩涡里苦苦挣扎，有的却利用这难得的历史机遇，创造了令世人瞩目的经济发展速度！在我国实行对外开放政策以后，周边的“龙虎”有的迅速衰落，有的与时俱进，及时调整，抓住新机遇，迎接新挑战，保持了先发优势。它们在发展上的长期探索和实践无疑是对我们极为有利的参考教材——既有正面的，也有反面的。展开对周边国家的研究，不仅可以让我们吸取经验，少走弯路，也可以提示我们，作为一个“负责任的大国”，既然不准备谋求霸权，那么单独发展达到高水平的现代化实际上是不可能的。只有充分理解并尊重周边国家的发展诉求，也努力让周边国家理解我们的发展和进步理念，营造一个共同进步、协调发展的国际环境，我们的发展才有可能真正做到“可持续发展”。

杜洁教授和她的研究团队是一支年轻的泰国研究队伍。他们结合自身的特色，力图把研究工作服务于地方的对外开放。在研究的起步阶段，他们没有匆忙地上项目，出文章，而是首先吸收消化已有的研究成果。他们把目光定位在国际视野，系统地译介国外研究成果来丰富我们的观察视角。这是研究工作一个极好的开端。现在，这一部厚厚的《泰国研究回顾（2000—2012）》即将出版，既可以让我们系统回顾泰国十几年来的政坛变化，对泰国的发展历史有更全面的认识，为我国的现代化探索提供借鉴，又可以锻炼自己的研究队伍。我们期待他们更多更好的成果问世。

薄文泽

北京大学

# 译者序

《泰国研究回顾（2000—2012）》一书，编译自新加坡东南亚研究所（ISEAS—Institute of Southeast Asian Studies, Singapore）学术年刊《东南亚事务》（*Southeast Asian Affairs*）2000至2013年的26篇泰国研究论文，是成都学院四川省泰国研究中心规划编译《东南亚研究译丛》的第一部译著。成都学院四川省泰国研究中心建于2013年5月，是四川省教育厅第一批“区域与国别重点研究基地”，是国内继北京大学泰国研究所、云南大学泰国研究中心之后的第三家以泰国为研究对象国的国别研究机构。

就国外泰国研究的机构与研究成果而言，其大都具有研究水平高，智库功能定位准，研究成果丰硕等特点，主要集中在美国、日本、英国、澳大利亚、法国、新加坡等国家。泰国与东南亚智库相对聚集的这些国家，往往在东亚和亚太地区具有重大的战略利益，并且与东盟地区政治经济文化交往频繁。其中，尤以美国与日本学术界对泰国的研究最为历史悠久，而新加坡已经发展成为东南亚研究的本土后起之秀。新加坡东南亚研究所长期致力于东南亚区域经济研究（RES，包括东盟和亚太经济合作组织）、区域战略和政治研究（RSPS），以及区域社会与文化研究（RSCS），是备受国际学术界关注的东南亚区域研究机构。其学术年刊《东南亚事务》汇集了有关上一年度东南亚地区和东盟各成员国家在政治、经济与国际事务等重大问题的研究论文，是全球致力于东南亚区域与国别研究的一大批优秀学者研究成果的结晶。

本书选题具有重要的学理意义与现实价值。泰国位于中南半岛，扼印度洋和太平洋之间的交通要道，战略地位重要。泰国是东盟的核心国家之一，目前担任中国-东盟协调国，与中国关系密切，是中国开展周边外交的重要对象。无论是维护中国的和平发展环境，还是推动中国的对外经济合作，对泰国都需要有深入的了解和研究。目前国内对泰国的研究还比较薄弱，深入的学理研究还不多，需要大力推动。希望通过这本译著的出版，引进国外较高水平的科研成果，能够对推动国内的泰国和东南亚研究有所裨益。

本译著得到了新加坡东南亚研究所的授权，分别从其2000至2013年期间出版的《东南亚事务》中遴选了26篇文章，其内容涵盖了泰国过去十余年来国家政治、经济、军事、外交、社会等领域发生的重大事件。这些文章不同于一般的时事评论，均为严肃的学术研究论文，具有相当的深度，立场较为客观，具有较高的参考价值。文章的作者为来自泰国、新加坡、英国、澳大利亚、新西兰等国的专家学者，当中也不乏政府官员。考虑到世纪之交的原因，也便于读者了解相关问题的来龙去脉以及对其研究的一贯立场与一致性，我们特在附录中增加1999年的两篇文章《泰国：告别旧式政治？》和《泰国经济：稳定与改革》，以飨读者。

翻译出版这些史料充足、分析透彻、视角独特的当代泰国研究优秀成果，有助于克服国内泰国或东南亚研究队伍存在工具语言与物理空间方面障碍的现实情况，是对国内泰国研究视野与内容的及时与有效补充；有利于国内学界在研究方法、研究视角，以及研究路径上广泛吸纳众家之长，特别是摆脱以西方学者主导的东方主义视角的窠臼；有利于政府制定外交决策、商贸投资决策、文化教育交流等方面作为参考。

我们真诚感谢新加坡东南亚研究所对本书翻译出版所提供的便利与支持，没有他们的慷慨与参与，我们甚至无法想象能否付梓成书。我

们还特别感谢中国社会科学院李少军研究员和北京大学薄文泽教授对这本译著在学术标准方面的指导和帮助。感谢四川大学出版社熊瑜社长和张晶老师的支持和鼓励。感谢我们的几位同事，泰籍外教关国兴（Chaphiporn Kiatkachatharn）老师提供了大量的咨询指导，马银福老师在人名、地名等专有名词的翻译方面做了大量细致的核实工作，牟磊老师远在欧洲留学仍为本书绘制图表，马蓉老师和刘莉老师逐字逐句校对书稿。此外，感谢我们团队成员的协同努力和辛勤工作，感谢家人们对我们翻译工作的支持和理解。

杜洁　姚键

2013年12月

# 目录 CONTENTS

# 泰国2000年

Thailand 2000

# 转型期的泰国

【泰】Abhinya Rathanamongkolmas①著　　姚键　杜洁　译

迄今为止，当代泰国政坛仍然没有一届平民政府能够完整干满一个任期。川·立派（Chuan Leekpai）尽管刷新了这一纪录，但是已经声名狼藉。换言之，虽然社会各界对其提出诸多严厉抨击和质疑，川政府仍然干满了整个任期。

川政府艰难挺过了2000年初议会的不信任投票，其中尤以其副总理、内政部部长兼民主党（the Democrat Party）秘书长沙南·卡宗巴萨（Sanan Kachornprasart）虚假申报财产的不信任案②为甚。沙南案首次提交国家反腐败委员会（NCCC—the National Counter Corruption Commission），再转呈宪法法院（the Constitutional Court），最终被判有罪。以新希望党（NAP—the New Aspiration Party）为主的反对党议员，竭力想以此裁决来逼迫川于6月在下院（the House）宣布集体辞职并解散议会[1]。但是，这些政客们未能得逞。川直到11月9日才最终宣布解散议会，这时距该届政府任期结束仅有8天时间。选举于2001年1月6日举行。一些人逐步认识到除了旧式政治之外别无选择，甚至认为选举进程之所以如此缓慢，是因为有人想要借选举委

① Abhinya Rathanamongkolmas是泰国朱拉隆功大学政治科学学院国际关系系（Faculty of Political Science, the Department of International Relations, Chulalongkorn University, Thailand）副教授。

② 译者注：议会制国家的议会对政府（内阁）表示不信任的议案，是议会监督政府的一种具体形式，又被称作不信任决议案。它通常在议会不同意政府（内阁）的政策和施政方针时提出。议会如果通过不信任案，政府（内阁）必须总辞职，或者依法提请国家元首解散议会，重新改选，由新的议会决定政府（内阁）的去留。

员会（EC—the Election Commission）这把保护伞拖延选举。其他一些人士则认为，选举将带来政治的民主化转型。选举如果失败，则将被视为泰国甚至是东南亚民主化进程的倒退[2]。

川政府完成任期是从旧宪法向1997年新宪法过渡的标志。新宪法改变了议会组成，由过去393个议席增加到500个议席——其中400个议席通过各个选区选举产生，其他100个议席则按各政党得票数以政党名单制产生。每位选民现在要投两次票，一次是选举选区代表，另一次是选举政党。宪法起草者希望两种类型的议员各司其职。选区议员负责在公共政策的制定过程中表达公众的诉求，并落实政策的执行。他们来自于各选区，反映各选区的要求。政党名单制议员往往凭借其出众的潜力和资质，在内阁等政府部门担任要职。内阁成员从以前的45人精简为35人。此外，为了加强政党制度建设，规定议员5年内不得转党。然而在川政府任期结束之前，泰国政坛的职务委任状况乱象丛生。无数的前议员被“拉”入各种政党，尤以电信大亨他信·西那瓦（Thaksin Shinawatra）博士的泰爱泰党（the Thai Rak Thai Party）为甚。因此，2001年1月大选势必是泰爱泰党与川政府的民主党的两党大战。

## 独立组织：政治改革机制

2000年在选举程序方面又做了新的改进。3月4日，选举委员会组织举行了上议院（the Senate）的第一轮选举。选举委员会最为重要的任务就是杜绝欺诈舞弊的候选人进入上议院。各种竞选资金都受到严密监控。选举委员会在一些省府对贿选者予以严厉的打击。曼谷市为了选出“干净”的议员，甚至又新增了两轮选举。上议院选举72%的参选率创了历史纪录的新高。选举热情却在此后的几轮补选中骤然降温。由于不允许党派联合竞选，当选的上议院成员大都曾经是著名学者、技术专家、非政府组织

（NGO—non-governmental organization）领导人，或者是退休军官等类人员。

在7月23日首都曼谷市市长的选举当中，素以正言直谏著称的右翼人士沙马·顺达卫（Samak Sundaravej）打败泰爱泰党的素达拉·革育拉攀（Sudarat Keyurapan）和其他自由派候选人，取得了压倒性的胜利。通过此次选举，选举委员会掌握了关于候选人竞选行为和竞选经费支出的大量信息。

关于选举委员会是否有权中止候选人的资格并补缺选举的经费预算的问题，在2001年年初大选前夕引发激烈的争论。选举委员会章程草案（the EC draft regulation）在其权限方面阐释含糊，导致不合资格候选人的清除环节问题丛生。上议院选举最终用了整整5个月的时间才得以完成。这项被选举委员会章程草案称作“红牌”的清除条款，被发现与选举法相悖。根据宪法法院当时的裁定，并没有授予选举委员会这样的权力。

从2000年10月上、下议院关于《选举法修正案》（the Election Law Amendment Bill）的拉锯战来看，围绕政治改革展开的斗争尤为激烈。《选举法修正案》的制定旨在授予选举委员会以下权力：中止不合资格的候选人参选；取缔贿选者的当选资格；声明政党名单制议员选举投票一旦发现违反选举法立即宣布无效。《选举法修正案》原本是下议院的当务之急，但是却被搁置数年。正当众人对修正案联合委员会主席一职你争我夺之际，主席（上议院）在这个颇具争议的问题上投出关键的一票，消除了关于《选举法修正案》的分歧。引发争议的四个问题如下：一是要求选举委员会将被取消资格的候选人诉诸法律，二是要求明确选举委员会撤销有贿选行为的两院议员的权力时限，三是要求授权选举官员可以在没有搜查证的情况下进屋搜查，四是要求上议院规定当选国会议员及其党派承担其进入内阁议员的补选费用[3]。11月7日，宪法法院裁定《选举法修正案》不予实施。宪法法院同时维持上议院这个颇有争议的提案，要求希望进入内阁的选区议员的所在政党承担补选费用[4]。

涉嫌贿选是候选人被取消当选资格的主要原因。然而就取消部长的当选资格而言，则会更多涉及其在内阁任职期间有无虚报资产及隐匿不报持有的企业股权。这项措施实际上是一把双刃剑。一方面，它可以防止金钱政治。另一方面，打着国家反腐败委员会（NCCC—the National Counter Corruption Commission）和反洗钱委员会（the Anti-Money Laundering Commission）两大机构的旗号，实则可以达到消除异党的目的。

沙南·卡宗巴萨是2000年首位受到虚报资产指控的政客。在宪法法院判决之后，他选择了辞去所有政府职位。虽然他信已经洗清涉嫌洗钱的指控，全国反腐败委员会仍对其展开调查，指证他在短期出任副总理期间违法持股。他信隐匿股份，把股份转移给女佣、司机和保姆。他信是否会因此被判五年内禁止从政，最终将取决于全国反腐败委员会的调查结论和宪法法院的最终裁决[5]。该项调查在竞选期间仍然继续进行。人们普遍认为，宪法法院关于他信及其本党议员们的判决将会引发争议，因为泰爱泰党的人气攀高事实上损害了民主党的利益。他信的政治对手——川、内政部部长班亚·班塔坦（Banyad Bantadtan）以及其他民主党籍部长们都面临类似的指控（其他政党的部长们也一直是调查对象）。

全国反腐败委员会在2000年12月26日大选之前，以8票赞成和1票反对决定起诉他信虚报资产。反腐败委员会在同一天内做出裁决，川和班亚虽然瞒报持股情况属实，但并未给本人事实上带来显著的牟利，让两位民主党领袖最终撇清了干系[6]。他信拒绝接受这一裁决，要求宪法法院做出最终判决。但是，全国反腐败委员会的裁决并没有妨碍他信当选泰国第23任总理。他信的泰爱泰党在选区选举和政党名单制选举两个方面都彻底击败了川·立派和他的民主党。仅在大选之夜，泰爱泰党就赢得了下议院一半的席位[7]（取消当选资格造成最终结果有变，泰爱泰党实际赢得248席）。

4月7日，泰国央行（the Bank of Thailand）向全国反腐败委员会提起投诉，指控西林·尼曼哈明达（Sirin Nimmanahaeminda）。西林是时任财政部部长他林（Tarrin）的弟弟，曾涉嫌卷入1995年和1997年的财务违规事件[8]。西林时任泰京银行（Krung Thai Bank）总裁，根据1959年《国有企业法》受到审判（该银行被定性为国有企业）。全国反腐败委员会裁定西林犯有行为不端及玩忽职守罪，并将此案移交给检察总署（the Office of the Attorney General）。此案在一定程度上有损他林的政治声誉。

宪法法院、国家反腐败委员会和反洗钱委员会的相关工作为选举委员会推进政治改革提供了更好的支持性环境。再加上立法禁止内阁成员在立法机关任职，上述机构成功地将来自上、下议院的违规者清除出了选举委员会。宪法法院关于《选举法修正案》的裁决立竿见影，影响深远。从短期来看，政党要赢得选举就必须事先确定选区候选人和政党名单制候选人人选（两者不得兼任），不再仅是决定部长人选。从长远来看，那些觊觎内阁宝座的人将逐渐被根除。在2001年选举中，选民们会更加清醒地从选区候选人中选择货真价实的议员，从政党名单制候选人中选择未来的内阁成员。2000年的上议院选举和2001年初的大选标志着1997年《人民宪法》推动的政治改革进入了一个崭新的阶段。

值得注意的是，很多人在政治改革中表现出献身精神。他们敢于向政客和官僚挑战，敢于向独立组织提供有关贿选和其他暗箱操作的信息。沙南一案是“保护人民自由联盟会”（the Group for Protection of the People’s Freedom）主席威拉·索宽葛（Veera Somkwamkid）要求全国反腐败委员会就此展开调查。而其他几例内阁成员涉嫌案则是由“十月人民网”（the October People’s Network）协调员阿玛拉·阿玛拉达拉诺（Amara Amaratananont）提交的。商务报刊《民族报》（*Prachachart*）披露了有关他信涉嫌转移股权的传言。

# 民众推动政治改革

非政府组织通过制度机制在政治改革中的作用显著。但是，有时由民众发起的直接社会行动的作用也不容小觑。2000年，除了企图维持体制现状外，泰国有过好几次在新宪法的框架下发动公民社会民众参与的积极尝试。经济和社会问题成为催化剂，为社会运动推波助澜，进一步凸显中央政府与公民社会之间的社会冲突。因此，2000年泰国社会矛盾主要是由国家社会经济发展战略而引发的。这就是对政府政策的不满情绪，因为这些政策损害了地方资源，改变了人们自给自足的经济模式，并且破坏了生态环境。

如帕月巴姆水坝案（the Pak Moon Dam case）等冲突事件不断升级，发展成国家及其支持者与抗议者相对抗的流血冲突事件。到2000年中期，来自孔清（Kong Chiam）区及其相邻的乌汶府（U-Bon Ratchathani Province）的村民们由最大的农村非政府组织——穷人大会（Assembly of the Poor）陪同，在其他非政府组织的支持下，在府尹官邸旁修筑了示威营地。他们要求政府继续采取行动，赔偿他们在帕月水坝建设中失去的土地，否则他们难以维持生计。早在前任差瓦立（Chavalit）政府时期，内阁已分别于1996年4月26日和1997年4月17日形成决议，按照业经证实的土地所有权补偿村民。差瓦立政府在辞职前已经兑现了部分补偿。然而在1998年6月30日，川内阁做出了一个推翻先前决议的决定。政府认为村民的要求是非法的，因为他们不能要求土地所有权，有一部分水坝建设工地位于国家森林区域内，村民原先居住在国家森林区域应当被视作侵占行为。此外，政府指责部分领取赔款者在此过程中弄虚作假（包括上届政府的政策负责官员）。

村民们无论是在曼谷安营扎寨参加示威，还是在大坝工地村子里坚守阵地，都给中央政府和开发大坝水电能源的泰国电力局（the Electricity Generating Authority of Thailand）施加了压力。部队和村民之间的暴力冲突

频频发生[9]。冲突在川政府后期仍然没有得到有效化解。这起事件也反映出地方民众力量在日益增强，标志着保护私有财产和维护公民权利问题可能会在一定程度上使民间力量凝聚起来反抗国家强权。

由于新宪法倡导公民有权参与涉及民生问题的国家决策和国家事务，整个2000年内社会运动的数量不断攀升。来自宋卡府（Songkhla Province）的包括宋卡拉王子大学（Songkhla Nakarindara University）师生在内的当地民众，以泰国学生联合会（the Federation of Students of Thailand）和民主运动委员会（the Committee for Democracy Campaigning）为代表的非政府组织，分别于7月29日和10月21日举行了有关"泰国—马来西亚天然气管道项目"公开听证会的抗议活动。这些抗议活动有三个深层次原因：一是关于环境管理不善的担忧，因为气体分离工厂天然气管道起于联合开发区（JDA—Joint Development Area），止于迦纳区（Jana district），输送距离太长；二是听证会涉嫌作弊；三是工业园区的危害性。科学技术部随即确认，有关该项目对环境影响的研究是有水分的[10]。由于各方坚持己见，互不相让，第一次听证会未能达成和解。第二次听证会也因现场混乱和多次冲突事件而搁浅。几天之后，川内阁决定继续举行该项目的公众听证会[11]。警方还决定逮捕抗议运动的领导人和有关人员。

非政府组织除在自然资源分配和环境问题上施加压力外，还强烈要求实施政府支出等方面的问责制度。11月7日，在本年度最后一次内阁会议召开之际，1 000名穷人大会示威者封锁了政府大楼入口，企图阻止内阁在其任期届满之前将20亿泰铢"挥霍一空"。副总理班亚·班塔坦认定这是违法行为[12]。在解除封锁的紧急行动中，警察和抗议领袖均受了轻伤。

环境和贫困问题并非社会运动的唯一主题，抗议行动亦非社会运动达成目的的唯一手段。川政府于年中上台，议院没有任何反对之声，甚至没有对其行政权和立法权进行审查。此时，一个名为"人民民主联盟"（the Democratic Group for People）的组织宣告成立，领导人名叫色萨·巴舍恭（Seksarn Prasertkul），是一位德高望重的知识分子。这个非政府组织偶尔会提出一些改革泰国社会的政治和经济替代方案。该组织成员首次提出解散议院，认为政府对沙南一案负有责任[13]。色萨博士在另一个场合强烈呼吁泰国经济务必远离国际货币基金组织（IMF—the International Monetary Fund）等资本主义机构，要重新回到国民经济的轨道上来[14]。他的呼吁与国民大会（the National Assembly）前任主席米猜·立初潘（Meechai Ruechupand）在其批评文章《给老板的信》（“Letter to the Boss”）中的观点不谋而合[15]。

## 经济复苏：假象还是错觉？

纵观全年，经济仍然是泰国民众关注的焦点。财政部部长他林·尼曼哈明达成为众矢之的。甚至民主党资深党员、前“经济沙皇”布初·罗亚萨拉（Boonchoo Rojanasathira），也严厉指责他林采取的经济复苏政策不力。然而，民主党籍内阁成员竭力支持他林，认为他林在应对经济危机中颇有建树，并对他林担任部长一职仍然充满信心。

事实上，经济并非许多人想象的那么糟糕。财政部2000年10月9日发布的报告显示，国民经济总体上呈现复苏迹象[16]。国家经济与社会发展委员会（NESDB—the National Economic and Social Development Board）秘书长与商界领袖共同发表声明，证实已经制定了一些行之有效的经济刺激措施，如扩大出口、加大国内投资，以及划拨2001财政年度910亿泰铢的政府支出款项[17]。虽然宏观经济看似好于预期，但学界和商界人士对金融和生产部门仍持观望态度。

著名经济学家安马尔·夏姆瓦拉（Ammar Siamwalla）在他题为《AMC：一个不合时代的想法》（“AMC: An idea whose time has gone”）一文中，对泰国经济停滞的原因进行了分析。他认为，经济危机的根源是

非结构性的泰国经济对现代银行制度的盲目采纳，并且依赖于不切实际的上市公司与无章可循的商业组织。因此，一方面实施以银行为基础的、高负债的银行业模式，另一方面又希望减少不良贷款，但这是不可能奏效的。他建议采用以市场为基础的审慎监管模式[18]。企业界人士也受限于政府的财政举措，有必要对这些财政举措加以调整。另一方面，举例来说，泰国农民银行（TFB—Thai Farmer Bank）总裁巴吞·兰萨（Banthoon Lamsam）敦促政府干预金融机构，刺激生产部门[19]。他的观点与泰国工业联合会（the Federation of Thai Industries）会长他威·布苏通（Thawee Butrsunthon）不谋而合[20]。同时，其他商界人士提出暂时性地退出或脱离世界资本主义经济体系，他们认为这是有助于泰国摆脱当前危机局势的唯一途径。

他林坚决继续推行其既有政策。他在解散议会前启动了一系列经济举措，旨在降低企业成本，向农民倾斜，提高家庭收入。落实这些经济举措的各类项目所需资金将从国际机构现有贷款余下未用部分中划拨，不再新增借贷，以免导致税率增加。内阁批准了这些项目，并同意金融机构发展基金（the Finance Institutions Development Funds）于2000年10月31日发行新债券[21]。经济普遍仍然不景气，这给民主党2001年大选埋下了隐患。

无论经济复苏是否为空中楼阁，现实却是贫困人口比例于1997年和2000年期间业已从11.4%上升至16.0%，泰国已经成为世界上收入分配最差的国家之一[22]。根据国家经济社会发展委员会声明，2000年第三季度的经济增长低于市场预期。经济减速的主要原因是国内需求疲软和燃料价格上涨。与上年同期数据相比，这些因素使得预期增长率从3.6%下降至2.6%。出口部门的增长却成为今年头9个月整体经济增长4.7%的主要驱动力。来自泰国央行的统计数据表明，与去年同期相比，出口增长了18%，而进口增长了18.8%。据估计，2000年通货膨胀率继续保持低位，仅为1.7%[23]。同时，国际货币基金组织观测到2001年经济复苏的风险因素，并建议泰国政府维持宽松利率政策不变，推动企业债务重组[24]。

经济局势为各大政党提供了推销提高家庭收入政策见解的绝好机会，尤其是针对农村家庭。例如，泰爱泰党向农民承诺三年缓期还债，向泰国所有的80 000个村庄提供贷款以刺激就业，以及削减税收等——这一切似乎都不会造成预算赤字[25]。政府全年都在支持中小型企业，但金融体系的信贷紧缩造成小本商家举步维艰。金融机构均频频遭遇借款人违约拒不还贷的情况，而司法系统无力强制实施贷款偿付。投资国内中小企业的鼓励政策因此走入了“鸡和蛋”的怪圈。此外，由于泰国政治的不稳定性造成经济的不确定性，外商投资表现出对泰国缺乏信心，视泰国与印度尼西亚或菲律宾同出一辙[26]。

## 外交关系：基于地区主义的机制

一般而言，泰国选民对外交关系不感兴趣，也认为自己不会受到外交政策的影响。目前的经济危机使公众更加了解国际金融机构在日常生活中的作用。而来自缅甸的持不同政见人士在泰国开展广受非议的行动，则不时地激起泰国人对外交事务的兴趣。大多数泰国人却仍然认为外交关系是精英们的职责，绝非外行人所能通晓。外交政策并不是2001年大选的主要话题。

非常幸运的是，川政府有素林·比素万（Surin Pitsuwan）博士和素坤攀·波里帕（Sukhumbhand Paribatra）亲王分别出任外交部部长和副部长。两人在步入政坛之前就已经在国际关系学界备受尊崇。他们两人都与区域性和国际性的精英以及组织建有广泛的联系。他们把理论应用于实践，为泰国外交赢得了很高的声誉。身为穆斯林，素林可以继续与伊斯兰国家保持密切联系。素林和素坤攀采取对东盟积极主动、对国际社会友好合作的外交策略，并且卓有成效。通过东盟地区论坛（ARF—the ASEAN Regional

Forum）和东盟部长级会议（AMM—the ASEAN Ministerial Meeting）以及其他场合，泰国在建立东南亚地区传统和人类安全议程方面发挥了主导作用。为了维持地区的和平与安全，以及尊重互不干涉内政原则，泰国参加东帝汶国际维和部队（INTERFET—the International Force for East Timor），担任澳大利亚指挥下的副指挥官。泰国继续支持扩大东盟成员国，特别是在接纳缅甸成为成员国问题上产生争议时也不例外。泰国将继续努力敦促缅甸的政治变革。此外，泰国积极协调东盟—欧洲部长级会议（ASEM—the ASEAN-Europe Ministerial Meeting），这次会议于2000年11月末在越南召开。由于欧盟不满缅甸的军事独裁政权，指责其从事大规模的强迫劳动并有非常糟糕的人权纪录，该次会议已被推迟了两年之久。为了防止邻国的国内冲突（尤其是来自于泰国边境线最长的缅甸）蔓延至泰国境内，素林几年前提出了“灵活介入（flexible engagement）”政策，其意图在于允许东盟扩大对跨国问题的讨论。然而，多数东盟成员国并不赞成这项政策，只有菲律宾赞同。

缅甸的政治动荡和经济困境造成缅甸人及少数民族涌入泰国，成为难民、流离失所者和非法移民。另一个导致从缅甸贩运人口的因素是，一些行业和服务业对廉价劳动力的需求，如渔业和餐馆。泰国外交官们陷入了两难境地，究竟是维持两国之间的良好关系，还是实施人道主义援助？2000年1月24日，缅甸叛乱团体“圣军”（God’s Army）的九名成员占领了位于苏安彭区（Suan Pung district）的叻丕府医院（Ratchaburi Hospital）[27]，将数百名患者、医务人员和探望病人的亲属扣为人质。九名叛乱分子在泰国的救援行动中全部被击毙[28]。同样，2000年12月31日，泰国苏安彭区葳诺乃村（Wai Noi Nai）村民正在庆祝除夕夜，一伙身份不明的武装人员（也自称是“圣军”）抢劫一家杂货店，杀死了六名泰国人，其中包括两名儿童[29]。攻占一家医院寻求治疗与药品，闯入商店抢劫食品，这两起事件显示出“圣军”对生存的绝望。这些案件让泰国人愤怒不已，不仅是针对

“圣军”，也针对流离失所的无辜者。此后于2001年1月16日，一对孪生兄弟——该组织的象征性领袖，与其他14个成员向泰国寻求政治庇护。

尽管人际关系令人沮丧，“灵活介入”政策又不能被用作预防性安全机制。最终，泰国仍将以区域合作为重点，并视其为与东南亚[30]（包括缅甸在内）的外交关系的关键因素。

## 结 语

2001年1月6日的大选为泰爱泰党的他信·西那瓦和泰国政治设定了一个前所未有的政治使命。对于他信来讲，大选既赋予了他治理国家的合法性，又赋予了他在组建联合政府过程中相对有利的讨价还价的实力。他的泰爱泰党成立虽然不过两年，就已经在大选之夜几乎赢得了下议院超过半数的席位。对于泰国政治而言，一个政党赢得如此令人信服，这是有史以来的第一次。第二轮投票后，尽管有候选人被取消了当选资格，泰爱泰党仍然占据了248个席位，这对于在席位数上最接近的竞争对手——民主党具有压倒性的优势，民主党仅拥有128个席位。泰爱泰党与两个较小的政党结盟：拥有41席的泰国民族党（the Chart Thai Party）和拥有36席的新希望党（NAP）。下议院的第三小党是拥有39席的国家发展党（Chart Patana）。民众对议员的授权非常踊跃，大约有70%的选民参与投票。政党政策充其量只不过是一种政治营销，却有史以来第一次受到如此热情的运用和推广。泰爱泰党通过营销其竞选政策，激起选民的政治意识，让选民相信泰爱泰党完全可以取代民主党。承诺延期三年偿还债务、建立乡村贷款的留本基金、实施医疗改革方案等系列政策，对贫困的泰国民众极具吸引力。

民主党输掉了选举，因为他们越来越不得民心。这很大程度上是由于经济复苏缓慢，实施的改革不得人心，股市下跌，油价飙升，农产品出口回报率低等。泰国政坛上还有许多“教父”或政治斡旋人失去了席位。他们在选举中失利的部分原因是计票方式发生了改变，包括从单个选举站到每一选区地区中心站。这使得买选票变得毫无意义，因为即使花钱买了选票，买方也无法知道卖方是否真的为他们投了赞成票。形形色色的小党也未能幸存。目前的议会主要由泰爱泰党和民主党两大政党构成，而新希望党、泰国民族党和国家发展党所占席位越来越少。选举由此一改泰国先前分崩离析的政坛局面。如果这次大选能产生一个更具道义责任，尤其是行政能力的政府，那么这个过渡时刻就值得期待。

2000年见证了泰国的政治转型。这是一个过渡期，从旧式政治进一步走向民主化。这个过程由独立组织和日渐增强的公民社会意识不断推向前进。迫于社会各界要求政府负责任地制定、实施和管理政策的压力，尤其是涉及腐败丑闻方面的政策，政治机构之间的互动协作已经开始发挥重要作用，根据新宪法建立了更多的独立机构，预计问责制度将继续有效得以实施。一些新的机构应运而生，如新成立的国家广播委员会（the National Broadcasting Commission）和国家电信委员会（the National Telecommunications Commission），后者将放开国家电信管控权。新成立了人权委员会（Human Rights Commission），旨在保障基本人权。这些机构的组建得到了上议院和知识界中改革派的大力支持。政府与社会治理领域的这些变革将最终形成一个真正意义上的改革运动。

但是，寻求维持旧制度的保守势力仍然存在，他们在国内还很有根基。人们仍然期待加强政治参与能促进社会政治的转型。由于民主法治所促成的妥协与调解，泰国很有可能会实现更好的社会治理并且最终实现全国范围的政治稳定。

［原文“Thailand: A Moment of Transition”载于《东南亚事务》（*Southeast Asian Affairs*）2001年，第325—336页］

## 注释：

1 http:www.parliament.go.th.

2 参见"A Moment of Truth for Democracy", *Far Eastern Economic Review*, 9 November 2000, p. 15。

3 "Senate, MPs begin reform tug-of-war", *Nation*, 14 October 2000, pp. Al, A6.

4 "Constitutional Court: Ruling clears the way for election", *Bangkok Post*, 1 November 2000, p. 1.

5 "Broken Dreams", *Time Magazine*, 6 November 2000, p. 28.

6 "I will be prime minister: Thaksin", *Nation*, 27 December 2000, p. 1.

7 "National Election", *Sunday Nation*, 7 January 2001, p. 2.

8 "Sirin guilty over loan irregularities", *Nation*, 8 November 2000, pp. Al, A6.

9 "Violent clashes spark rallying cry", *Nation*, 18 July 2000, pp. Al, A6.

10 "News Report", *Matichon*, 11 November 2000, pp. 1, 24.

11 "More hearing on pipeline set", *Nation*, 25 October 2000, pp. Al, A2.

12 "Riot police break up Assembly rally", *Nation*, 8 November 2000, p. A6.

13 "Report on the first conference of PO PO", *Matichon*, 28 August 2000, pp. 2, 6.

14 "Seksarn Prasertkul urged Thais to resolve crisis, liberation from 'World Capitalist'", *Matichon*, 15 October 2000, pp. 2, 6.

15 http:www. meechaithailand. cono.

16 "Ministry of Finance shows figures to counter 'Committee of the Senate' to confirm an economic recovery", *Matichon*, 11 October 2000, p. 2.

17 "Perspectives on economic situation from public and private sectors", *Thai Rath*, 23 October 2000, p. 8.

18 "AMC: An idea whose time has gone", *Nation*, 3 October 2000, p. A4.

19 "Banker urges intervention in key sectors", *Nation*, 25 October 2000, p. B14.

20 *Thai Rath*, 23 October 2000, p. 8.

21 "Tarrin fine-tunes recovery", *Bangkok Post*, 1 November 2000, Business Section, p. 1.

22 *Far Eastern Economic Review*, 9 November 2000, p. 19.

23 "Statistics reveal litde change", *Bangkok Post*, 30 December 2000, Business Section, p.l; "Economy a mixed picture", *Nation*, 30 December 2000, p. A7; and "Third quarter slow

down deals blow to GDP outlook", *Nation*, 19 December 2000, Business and Finance Section, p. Bl.

24 "IMF warns weak market may hit recovery", *Bangkok Post*, 22 December 2000, Business Section, p. 1.

25 *Time Magazine*, 6 November 2000, p. 27.

26 *Far Eastern Economic Review*, 9 November 2000, pp. 15, 19.

27 叻武里府（Ratchauri Province）苏安彭区（Suan Pung district）为缅甸难民营所在地。

28 "God's Army seized Ratchaburi Hospital", *Matichon*, 31 December 2000, 10 Top News of the Year, p. 2.

29 "Burmese rebels slay 6 Thais in raid on shop", *Nation*, 1 January 2001, p. 1.

30 素坤攀·波里帕先生在《21世纪东南亚民主化和冲突的预防抑或管理？》（Democratization and Conflict Management/Prevention in Southeast Asia in the 21st Century?）国际会议上所致开幕词。会议由联合国邮政管理处、联合国开发计划署和ISIS联合举办，于2001年1月16日至19日在泰国曼谷滨江马里奥特酒店（Riverside Mariot Hotel, Bangkok, Thailand）举办。

# 泰国与东盟新成员国关系：化解问题与重树形象

【泰】Chayachoke Chulasiriwongs①著　　姚键　杜洁　译

川·立派（Chuan Leekpai）政府在第二个任期内一直不得民心，因此在2001年大选中败北下台。该届政府于1997年末首次当选时被誉为救星，当时人们强烈期望这支“经济梦之队”能够带领泰国摆脱经济危机焕发活力。然而政府上台三年以来，多数人认为政府已经无力扭转国家面临的重大困境。

即将届满的政府已被证明大失民心，总理川·立派也已成为媒体负面关注的焦点，处境相当不利。但是，这并不表明由川领导的本届民主党联合政府在总体表现方面一无是处。例如，虽然政府要求2000年经济复苏增长大约3%—4%，事实上一些行业部门表现好过其他部门，而这有赖于政府补救措施的实施力度。

然而普通民众仍然感觉到了深深的“刺痛”，认为川政府向国际货币基金组织（IMF—the International Monetary Fund）所做的全面承诺纯粹是卖国行径。泰国人原本一直崇尚“地方主义（localism）”观念，这直接导致闭关自守的新民族主义情绪高涨[1]。这就是由泰国国王再度引入的一些内源性概念，包括自给自足和自力更生、减少对消费主义和工业化的依赖以及对传统乡村社会的怀旧情绪。

① Chayachoke Chulasiriwongs是泰国曼谷朱拉隆功大学政治科学系（Political Science, Chulalongkorn University, Bangkok, Thailand）教师。

当前的政治经济局势与泰国2000年度外交关系有何关联呢？事实证明，泰国在2000年一直忙于应付有关缅甸和老挝的问题，而与其他邻国的关系则相对正常。但是人们不禁要问，为什么泰国与地理位置较远的国家打交道更加得心应手，并且在处理地区性和全球性问题时亦是如此呢？

## 邻国关系：友好与敌对

在整个2000年，泰国与邻国的对外关系问题备受关注。我们有必要就邻国关系加以讨论，因为这不仅涉及安全问题，同时还涉及泰国国家和人民的经济福祉和社会问题。

如果我们明白“邻居”在泰语中是“peun-ban”的话，或许可以更好地理解邻国关系问题。这个词并不仅仅指“人”，还指住在隔壁或附近的“朋友”。然而让人懊恼的是，在川政府的三年执政期间，政府确实在与部分邻国彼此积怨方面“颇有建树”。因此这不禁让人心存疑虑，到底“peun-ban”这个词现在是否仍然适用？

## 与缅甸的长期冲突

泰国与其西部邻国——缅甸之间的痛苦关系始于20世纪60年代，时值奈温（Ne Win）执政，缅甸怀疑泰国政府表面实施人道主义政策，实则暗中支持叛逃到泰国的缅甸少数民族。少数民族是缅甸国家安全的核心问题，在过去30年里一直受到密切关注。1999年10月1日，一群自称为“缅甸学生斗士”组织（VBSW—the Vigourous Burmese Student Warriors）的持不同政见学生攻占了缅甸驻曼谷大使馆。两国关系在最近一个时期跌入了最低谷。泰国政府解决冲突的方法使得两国关系愈加复杂。时任内政部部长沙南·卡宗巴萨少将（Major General Sanan Kajornprasart）对缅甸的总体状况提出批评，引发了围攻事件，并且当局不进行任何惩罚就释放了所有罪犯。这一系列事件显然让仰光政府大为光火。

尽管泰国政府在新千年的第一个月遭遇到了更多的麻烦，这反倒有利于缓解泰缅之间的紧张关系。围攻使馆事件发生后不到4个月，又一起围攻事件再度发生。这起事件中至少有两人是上次围攻事件被释放的学生与其“缅甸学生斗士”组织的朋友，还有四人是自称为克伦族“圣军”（God's Army）的持不同政见者。他们竟然于1月24日清晨攻占了叻丕府中心医院（the Ratchaburi Centre Hospital）。这家泰国医院位于距泰缅边境约70公里处。经过22小时的生死角逐，10名恐怖分子被击毙，800名人质获释。有报道称一些同谋后来逃到了设在缅甸克伦族大本营的“圣军”营地。

尽管泰国当局对叻丕府危机的处理多少平息了仰光政府的怒气，但两国关系还远非正常。纵观一年的大部分时间，泰缅关系因各种事件而变得千疮百孔。不仅是长达2 400公里的边境线上小规模冲突时有发生，还有与缅甸少数民族的冲突和误解问题、毒品的生产和贸易问题、非法移民和劳工问题，以及各种有关人权的问题。虽然事实上问题的根源在于缅甸的境内局势，但是如果泰国处置不当，政策前后矛盾，将于事无补。

缅甸驻曼谷大使馆和叻丕府中心医院两起攻占事件，显然暴露出泰国政府及相关部门情报能力低下，管理应对措施欠妥[2]。长期以来，泰国对居住在两国边境线两侧的缅甸少数民族武装采取模棱两可的政策，最终导致了系列事件的爆发。“缓冲国（buffer state）”或“缓冲地带政策（buffer communities policy）”这两个词自前现代时期以来一直沿用至今，应当被称为惯例或许更为合适。远至阿瑜陀耶王朝与曼谷王朝早期的保护国或附属国，近到冷战时期东部边境上的“自由高棉”（Khmer Seri）和“自由老挝”（Lao Issara），泰国一直竭力避免与其主要的敌人和共产主义邻居发生直接对抗。尤其是在军人统治时期，这种惯例使得泰国军队采取自认为最好的方式来安抚边境地区。但是在泰国的军人统治时期，这种外交政策路径却给仰光军政府留下了难以忘怀的记忆。尤其是整个2000年少数民族和缅甸军队在边境重燃战火之后[3]，情况更是如此。然而看起来好像部分攻击是由缅甸个别少数族群从泰国境内发起的[4]。

川·立派的民选政府在过去三年里已经竭尽全力主导国家的对外政策。但是如果没有边境安全部队愿意施以援手，平民政府是无法控制决策的。因此，边境发生的任何状况理应在曼谷中央政府的掌控之中。显然情况并非如此。人们不禁质疑：泰国2000年的对缅政策是否有了重大的调整？泰国的政策是否得到了西部邻国的信任？

西部边境的非法移民和毒品走私问题，对泰国的国家安全和经济社会稳定构成了更加严重的威胁。泰国各级领导一致认为问题的根源在于缅甸。因此，如果缅甸政府既不能解决其国内问题，也不愿意协助泰国制止人口出逃与毒品出口，泰国政府将永远无法根治这些问题。这种说法在一定程度上可能是真实的。但是泰国也应该认识到自己必须承担更大的责任，尤其是因为泰国政府的短视政策，政客和公务人员的贪污腐败，以及国内对毒品的大量需求。

非法移民问题对泰国来说是一个烫手山芋。这个问题还涉及国家安全问题和各个层面的对外关系。这些问题从《民族报》（the *Nation*）的社论中可见一斑：

> 代理外长素坤攀·波里帕（Sukhumbhand Paribatra）……已经表示，泰国需要检讨其移民政策和泰缅关系。事实上，泰国早就应该做这番审视了。但由于国内政治和内部约束，有些政策没有得到落实。由于泰国继续采取以人权和民主作为支柱的积极主动的外交政策，它仍被其双边关系，尤其是被无视基本人权的国家所劫持。泰国必须坚守过去50年的原则，为克伦族难民提供人

道主义援助[5]。

在过去的几年中，由于仰光军政府实施的政治迫害和强迫劳动与缅甸当前的经济困境，成千上万的缅甸人（包括各种各样的族群）非法进入泰国。这些人大致可以分为三类：一类被安置在散落于泰缅边境的难民营，第二类是由联合国难民事务高级专员公署（难民署）（UNHCR—the United Nations' High Commission for Refugees）授予“关爱人士（POC—person-of-concern）”身份的学生，第三类是入境后受聘的务工者。

泰国对于第一类人的政策是提供人道主义援助，并在缅甸政治状况有所好转时将其遣返回国。近年来，人道主义援助政策让泰国困惑不已，问题丛生，国际形象受损，甚至危及国内安全。这一切归因于泰国官员的贪污腐败，难民逃离营地谋求就业（民族工业所需的廉价听话的劳动力），以及缅甸政府关于泰国利用难民对缅甸国家机密实施破坏的指责[6]。因此，泰国政府同时寻求仰光和联合国难民署的协助。

就缅甸而言，难民的遣返工作一直难以执行。两国之间的不平等关系是造成这种困境的原因之一。除既有的问题和不时相互指责外，两国之间的彼此不信任和相互成见更如雪上加霜。缅甸怀疑泰国收容缅甸少数民族的动机，泰国政府显然已经厌倦了这个永无休止的问题，因为缅甸军政府总是坚持以自己的方式来解决冲突。无论怎样，时任泰国外长素林·比素万（Surin Pitsuwan）于11月底在新加坡召开的东盟非正式首脑会议（the ASEAN Informal Summit）筹备会议上，得到了缅甸外长吴温昂（Win Aung）的“正式认可”，即缅甸将召回这些难民。两位外长还在如何确保难民安全返回的问题上达成了一致意见[7]。

在1998年年中之前，泰国还未成为联合国难民公约的成员国。泰国在处理本国的难民问题上也没有与联合国难民署建立正式联系。泰国不愿意正式允许国际组织，甚至非政府组织（NGO—non-governmental

organization）帮助泰国处理难民问题，这是有其历史原因的。因为大约二十年前，泰国就经历过数量庞大、完全失控的印支难民蜂拥进入难民营。泰国只不过是想在合适的时候腾出手来处理这个问题。当时的难民人数增至一百多万人，给泰国政府造成了很大的麻烦。

对于缅甸而言，泰国政府不愿再冒大规模贫民入境的风险。这将引发泰国的人类安全问题，还会引来外国机构对泰国的难民处理事务说三道四[8]。即使是非正式的，泰国政府在1998年6月和7月与难民署交换备忘录后，也只授予这个国际组织在11个沿边境难民营以及一个靠近泰缅边境叻丕府马尼洛（Maneeloy）的缅甸学生（“关爱人士”）遣返营有限的监管难民的职责。至于在11个难民营实施的康复计划，泰国政府也同意许多非政府组织参与，如缅甸边境联合会（the Burmese Border Consortium）（由14个机构组成）、天主教紧急救援与难民事务处（the Catholic Office for Emergency Relief and Refugees）、法国无国界医生组织（Medicins Sans Frontiers-France）等。

泰国政府发现，由联合国难民署来推动遣返难民进程仅仅只是权宜之计。这个中立的国际机构能够说服仰光军政府召回其同胞。与此前只为难民营提供援助相比，联合国难民署的作用明显更大。因此在整个2000年，泰国领导人一直呼吁联合国难民署在解决难民问题方面发挥更大的作用。通过允许难民署采取行动，泰国解决缅甸难民问题的政策变得更加开放。然而这一政策并未产生多大影响，直到联合国难民署高级专员绪方贞子（Sadako Ogata）年内访问位于叻丕府苏安彭区的谭欣难民营（the Tham Hin Camp），大约有8 200名克伦族难民居住在那里。访问是在2000年10月18日进行的。据报道，该难民营的条件令联合国的这名高级专员感到十分震惊。绪方贞子后来提及：“如果你是难民，你应该得到适当的保护——应该维持最起码的标准，不论他们（难民）是明天或是明年回去。”[9]

由此看来，泰国的对缅政策似乎并不妥当。然而从泰国官方的角度来看，即使泰国一再强调人道主义政策，但它并无意让难民在泰国永久居留。如果联合国难民署希望帮助泰国改善难民营条件，联合国就应该提供资金援助，因为泰国政府的首要责任是保障本国贫民的供给。泰国有很多村民的生活条件同样恶劣，许多人就生活在那些难民营附近。如果难民从泰国政府得到特殊的待遇，可能会导致泰国贫民的嫉妒情绪和对抗行为。

如今泰国必须得照顾居住在11个难民营超过10万名的难民，大约每年预算支出1 000万泰铢。此外，泰国还得照顾成百上千的新抵达难民以及越来越多的难民营出生婴儿（仅在谭欣难民营每月都有新生儿出生）。在这种情况下，拥挤不堪和营养不良是可想而知的。

但是如果泰国要对难民问题全权负责，架空联合国难民署的权力，同时又允许难民署的官员定期访问难民营的话，那么出于人道主义原因，泰国政府应该确保其官员不再虐待缅甸难民。这种虐待包括经济剥削、强奸和谋杀。禁止这种虐待对于泰国坚持民主法治并获得国际社会的尊重十分重要。最重要的是，难民不应该像罪犯一样被羁押在难民营，他们应被视为在本国受到不公正待遇和剥削的受害者。

长期以来，泰国政府在流亡缅甸学生（“关爱人士”）的问题上，一直认为联合国难民署有义务在这些学生找到第三国重新定居之前为其提供福利和教育援助。然而这已经成为一个两难的问题。泰国希望在2001年初能够将叻丕府马尼洛收容中心的这2 000名学生（或“关爱人士”）重新安置，之后关闭这个中心，但又不能采取强制遣散的手段[10]。这一窘境还体现在另外两个方面的问题上。第一个问题是重新安置的进程相当缓慢。在1999年10月缅甸大使馆人质事件发生后到2000年1月下旬，大约只有130名学生得到了重新安置。到2000年年底，只有455名学生得到安置，而另外555人还在等待遣返约谈。第二个问题是，一些学生（“关爱人士”）并不

愿意被重新安置，这让泰国政府忧心忡忡。他们只想留在泰国，等到政治局势好转时择机回到缅甸。除了这种未来的不确定性，泰国当局业已察觉马尼洛收容中心的一些学生参与了攻占使馆和叻丕府医院事件。这一问题对泰缅关系有一定的负面影响。仰光方面领导人一如既往地指责泰国政府蓄意利用这些人，而丝毫不顾及缅甸的国家安全。

事实上，泰国安全监察机构的工作一直比较盲目。但凡没有重大事件发生，通常情况下安全防范措施并不严密。有报道称，一些“关爱人士”可以大胆地自由进出马尼洛收容中心。通常情况下他们必须得到许可才能出营地，但安全官员并不苛求“关爱人士”一定要循规蹈矩。因此，许多“关爱人士”可能待在曼谷甚或泰国的其他地方。在马尼洛收容中心的“关爱人士”可能仅仅是寻求泰国庇护的缅甸学生群体的一小部分，联合国难民署认为大多数缅甸学生可能待在曼谷[11]。因此，不足为奇的是，当中部分学生参与攻占大使馆和医院事件，而另一些则密谋反对缅甸政府的诸多事端。

为了加强控制这些“关爱人士”并避免他们危及泰缅两国的安全，泰国国家安全委员会（the Thai National Security Council）主席卡扎派·布鲁帕（Kachadpai Burusapatana）一再警告说，所有未进入马尼洛收容中心的流亡缅甸学生必须向联合国难民署申请注册。他进一步声明，这些学生必须返回营地，否则将面临非法入境的指控。

另一个重要因素就是远未了结的非法劳工问题，这不仅给泰国造成了安全隐患，同时也损害了泰缅两国关系。据估计，目前有超过100万的缅甸公民在泰国各地非法居住和就业。泰国政府没有把此类群体划归为难民，因为他们大多尽管遭受经济和政治的双重困苦，但是他们甘冒风险，离乡背井，另谋生计。因此政府给这些人贴上“非法劳工”的标签，认为应该将他们逐出泰国。泰国政府于1999年年底实施了强制遣返政策。然而这项政策以完败告终，不仅当中许多人又再度潜返泰国，而且更多从未踏足泰国的缅甸人也来共同冒险。

尽管有报告称赴泰缅甸公民受到虐待，但为什么寻求泰国庇护的非法缅甸移民人数日增呢？这其中是大有原因的。首先，不言自明的是，仰光政府的专制性质与缅甸的经济困境问题是主要根源。因此，人们自然会择机谋变。

对于许多居住在边境地区的孟人、克伦族、掸族、缅甸人、孟加拉人和印度人来说，泰国已成为一个机遇之国。泰国不得不允许来自缅甸数以千计的少数族裔难民和非法移民入境短期定居，包括若开邦（Arakanese）、钦邦（Chin）、克钦邦（Kachin）。其次，当前的经济危机造成泰国成千上万的人口失业，泰国商人与企业家更愿意雇佣大量缅甸籍非法劳工。雇佣这种人好处颇多：可以付给他们低于最低标准的工资，没有福利或医疗保险，并且他们要比泰国人更能干繁重的体力活。第三，泰国“禁止非法劳工”和强制遣返外国劳工政策完全行不通，泰国私营企业只顾勾结贪官污吏牟取一己之私利，一旦这些官吏接受了贿赂就会对其置若罔闻，听之任之了[12]。最后，泰国政府一直未能在这个问题上坚决果断地予以解决。政府只有当危机发生时才会对其政策予以应有的重视，例如攻占缅甸大使馆和叻丕府中心医院事件，或者是11月底沙没沙空府（Samut Sakorn）监狱越狱事件。

在国际舞台上，泰国已决定对缅甸强迫劳动问题实施更为严格的规定。2000年3月，国际劳工组织（ILO—the International Labour Organization）在温和警告缅甸政府务必解决其践踏人权行为一年之后，决定对缅甸采取行动，迫使其在劳工待遇问题上“遵守规则”。6月中旬，局势已经相当明了，该国际机构将在2000年底援引国际劳工组织规则的一项条款，对缅甸采取行动。果然不出人们意料，11月17日召开的国际劳工组织理事会仍然认为，缅甸强迫劳动问题并未取得足够的进展。因此，国际

劳工组织援用其《章程》第33条（《第29号公约》①），呼吁各成员国从2000年11月底起对缅甸实施制裁[13]。

缅甸强迫劳动问题虽然对其国家和社会造成了深刻的后续影响，泰国一般情况下竭力避免公开批评仰光政府。然而无论何时，一旦泰国当局就缅甸国民待遇问题发表意见，缅甸就会迅速做出反应，指责泰国利用缅甸劳工并从中谋利。但是，无论国际社会对缅甸实施何种方式的制裁，泰国都始终坚持投出弃权票。然而这一次的不同之处在于，除了放弃投票制裁措施外，泰国还拒绝加入其他东盟国家保护缅甸免于制裁的行动。当然，这一决定令仰光政府有所失望。

毒品是最为重要的问题，它时不时地造成泰缅两国的紧张局势，尤其是冰毒在缅甸出产后往泰国走私。这势必给两国的国内和国际事务带来一系列的问题。就国内问题而言，泰国现在至少有200万冰毒成瘾者，而且人数还在不断增加。国家苦于这些瘾君子将钱大把大把地花在毒品上，而且犯罪率也在攀升，酿成社会恶果。在国际事务方面，泰缅关系也因非法跨境贩运毒品问题一直非常紧张[14]。

冰毒滥用在泰国如此普遍，其原因不言自明。除了上述外部原因外，泰国政府也受到指责，因为它并未重视毒品问题。政府正忙于化解国家经济危机，并在年底解散议会前寻求自保。即将卸任的民主党政府显然没有努力根治非法毒品生产问题，尽管泰国领导人偶尔呼吁缅甸政府和国际社会关注解决缅甸的这一危机。政府还直接呼吁仰光政府与泰国合作。对毒品犯罪从宽处罚并没有对毒品犯罪形成真正的震慑作用，加之泰国支离破碎的社会价值观，特别是随处可见工人、青年和其他从

① 译者注：在泰国，奉献伽亭指人们在僧尼雨期禁足安居结束后至水灯节之前的1个月内向僧人施舍僧衣并为寺庙募捐。人们认为奉献伽亭对个人而言是积善做功德，为寺庙募捐对宗教而言是其得以存在的重要条件。寺庙是地方社会中公共资源的中心，奉献伽亭实质上是实现社会再分配的重要机制。

业人员吸食和贩卖毒品。

总而言之，国家无法根除威胁人类安全的犯罪，其根源或许在于贪官污吏与毒品交易休戚相关。正如《曼谷邮报》（*Bangkok Post*）报道，掸邦军领袖邵贺罕（Sao Hser Harn）说："缅甸少数民族不是唯一生产冰毒并销往泰国的生产商，泰国国内厂商中不乏颇具影响力的大人物和政治家，他们发挥着主要作用"[15]。泰国政府不触及本国毒品问题的根源，反倒是一味地归咎于外部因素。然而当泰国呼吁开展国际合作时，缅甸很少积极响应。对仰光军事领导人的批评也遭到反驳，指责泰国干涉缅甸内政。事实上缅甸一直在频频回应，声称缅甸并没有生产任何易制毒化学品；如果能够遏制这种化学药品非法进入缅甸境内，就可以根除两国共同边境沿线的非法毒品生产问题。在曼谷举行的东盟部长后续会议（the ASEAN Post-Ministerial Conference）闭幕式上，温昂就缅甸的毒品问题进行辩护说，西方国家政府应该谴责诸如在泰国境内拥有毒品基地的佤联军和掸邦军等少数民族组织。而且往往被忽略的是，这些组织也在贩运毒品[16]。

实际上，泰国也不能矢口否认缅甸方面的指责，因为负责监管北方禁毒工作的第三军曾坦承，掸邦军的确与佤联军相互勾结，直接卷入毒品交易[17]。那么，泰国怎样才能说服它的西部邻国共同合作呢？正如时任外交部副部长素坤攀先生坦言，选择看起来非常有限。泰国拿仰光政府束手无策，在与邻国的交道中只会使用一些"甜言蜜语"式的外交辞令，"而对于缅甸，我们没法采取'大棒'政策"[18]。

泰国外交部副部长的这番评论似乎道出了真相。缅甸对外贸易自1988年年底以来更加开放，泰国已经严重依赖于获得特许经营权的森林和海洋资源的进口业务。两国生意往来多年以后，主要由于泰国企业家的不法行为以及1999年10月攻占缅甸驻曼谷大使馆事件，仰光政府下令无限期停止泰国在其境内的所有的特许经营权。该命令明显给泰国的伐木业和捕鱼业带来了负面影响，尤其后者更为严重，渔业及相关行业每天损失至少1.5亿泰铢。

目前，除了伐木业经营活动已经得到恢复外，泰国的捕鱼船队仍然被禁止使用缅甸水域，虽然特许经营权已授予印度、柬埔寨、马来西亚和新加坡的注册船只[19]。为了生计，泰国的拖网渔船或者在周边国家注册船只，或者冒险驶入周边国家渔场，即印度尼西亚、马来西亚、印度。在这些水域，许多捕鱼者因此已经被捕入狱。对于这些问题，业界一直指责泰国政府与邻国的谈判进展缓慢，特别是缅甸。2001年1月选举之前，除民主党外，泰国民族党和泰爱泰党等政党已经开始主动接近仰光方面的领导人，努力构建未来的友好关系。

## 陷入困境的邻居——老挝

2000年7月初，时任泰国外长素林·比素万在接受《曼谷邮报》采访[20]反复声明，周边国家的骚乱事件属于该国的内部事务。他进一步指出，由于经济低迷和民族问题的影响，泰国不能开展投资项目和经济合作。但是他认为这些问题仍在可控范围内，而且大多数国家最终能够摆脱经济危机。这则采访发表时正值泰老两国关系处于又一个低谷，尽管时局好过1988年1月泰老两国军队冲突在彭世洛省隆考村（Romklao）的公开爆发。当时敌对双方兵戎相见，杀戮无数。为化解诸多冲突问题，一些地区委员会在冲突结束后相继成立。自此以后，两个邻国在技术和经济方面开展了更多的合作。

12年来，两个邻国一直保持邦交正常化。继2000年上半年万象（Vientiane）和老挝南部巴色（Pakse）接连发生爆炸事件后，有60人于7月3日在与泰国乌汶府空尖村（Chong Mek）隔境相望的老挝境内的王陶村（Wang Tao village）聚众闹事。他们以市场和政府大楼为重要目标发起袭击。尽管泰国外长否认泰国政府与此有任何牵连，将责任归咎于个别泰国人，万象政府仍然指责泰国与这些爆炸案和王陶村事件有直接利害关系。

老挝政府电台就王陶村事件对泰国表现出强烈的抵制，指出“周边局势”已经让“泰国的黑暗阴谋”昭然若揭，泰国想要逐步吞噬老挝并使老挝沦为其殖民地[21]。

尽管泰国在政策方面强调绝不允许其领土被当作进攻老挝的集结地，但是泰国政府处理危机的实际行动却让老挝当局半信半疑。老挝政府有充足的理由质疑泰方的诚意。首先，需要将其他具有一定关联的问题纳入考量。老挝目前不仅面临经济问题，而且关于北部高原和中部平原的赫蒙族人的安全问题也令人担忧。此外，还有名为“老挝中立正义民主党”（“Lao Neutral, Justice and Democratic Party”）的反政府组织，其大本营横跨老挝—泰国—柬埔寨边界。

老挝爆炸案尽管被一些评论界人士认为系赫蒙族人所为，实则极有可能就是给正在筹备25周年庆典的中央政府难堪。老挝先指责泰国在沙拉武里府（Saraburi）谭克拉布寺（Thamkrabok Temple）及东北边境营地收容“叛逆分子”。老挝官员在各种双边会议上都提出这个问题，并要求泰国当局对这些人加以控制。其次，称王陶村袭击者的基地就在泰国的空尖村，他们在袭击行动失败之后最终越过边境逃掉了。28个叛乱分子都是老挝籍，尽管当中有11人持泰国身份证。他们被怀疑参与向美国、加拿大和欧洲的老挝移民筹募基金的活动，目的在于终结共产党在老挝的统治。虽然看似与泰国无关，但是川政府在处理这一情况时所表现出的犹豫拖延使得万象方面的怀疑有增无减。例如，泰国拒绝了立即引渡28名叛乱分子的要求，认为这些人要先按照泰国法律接受审判然后再考虑引渡问题。从法律上讲这是允许的，因为其中部分人员没有任何正式的身份证明，他们理应涉嫌非法入境罪以及非法持有武器罪而受到审判。此外，1999年签署的双边引渡条约尚未得到两国政府批准，因此只能根据泰国《1929年引渡法》进行引渡。即便如此，该法案不允许以双边协议明确规定之外的指控引渡泰国公民。

泰国的观点也表明了其在主权问题上的坚定立场。但是，如此的法律纷争和外交角力对泰老两国保持良好关系非常不利。泰国政府不予引渡这些人的观点本身是非常正确的。正如川所说，“泰国不希望任何人将其领土当作给他国制造麻烦的基地”，但是泰国必须通过切实的行动而非口头的承诺向万象方面证明这一点[22]。

到2000年底，“王陶—空尖事件”（the Wang Tao-Chong Mek Incident）的余波看似逐渐平息，除9月初发生在湄公河流域的一起小事件外，老挝和泰国的关系也在总体上表现平稳。在这起事件中，老挝军队擅自接管了此前两国均声称对其拥有主权的三个小岛。从积极的一面来看，泰老两国代表亲切会晤，就诸多问题的解决方案展开讨论，包括共同边界的划分和上述的岛屿占领问题。10月下旬，泰国外交部副部长素坤攀·波里帕在佛教的四旬斋（Buddhist Lent）①结束时专程赴万象出席奉献伽亭积善仪式（Kathin Merit-making Ceremony）②，以示友好。

## 努力构建友邻关系——柬埔寨

2000年，泰国在推进睦邻友好关系方面收效甚微。当时的外交部副部长于2000年7月初发表声明称，泰国的务实外交政策表现在：

① 译者注：佛教的四旬斋节（Buddhist Lent Day）也叫守夏节。佛教徒在此期间要净化思想，积功德，并停止一切诸如喝酒、赌博和杀戮等恶行。他们相信这些积善行为可以给自己带来终生幸福和兴旺发达。佛教的四旬斋节亦称作守居节、入夏节、入雨节等，是泰国最重要的佛教传统节日，于每年泰历八月十六日举行。

② 译者注：在泰国，奉献伽亭指人们在僧尼雨期禁足安居结束后至水灯节之前的1个月内，向僧人施舍僧衣并为寺庙募捐。人们认为奉献伽亭对个人而言是积善做功德，为寺庙募捐对宗教而言是其得以存在的重要条件。寺庙是地方社会中公共资源的中心，奉献伽亭实质上是实现社会再分配的重要机制。

> 泰国将一如既往地履行国家援助计划，必须对邻国与其需求保持敏锐，积极回应并提供必要的援助。泰国可以成为良好的区域合作伙伴和优秀的世界公民，但是由于与缅甸和老挝之间的巨大分歧，泰国眼下一时还无法成为一个好邻居。[23]

一言以蔽之，外交部副部长特别强调的是，“变两难困境为发展机遇”恰恰符合泰国最根本的利益。但是，只要“两难困境”仍然存在，即便与邻国的关系尘埃落定，对泰国来说，也并非就是“机遇”。

就柬埔寨而言，两国关系仍然受到一些双边问题的影响。例如，柬埔寨要求引渡索阮（Sok Yoeun），将泰国政府置于两难境地。据称，索阮在1998年底企图暗杀柬埔寨首相洪森。事情于1999年底水落石出，索阮已经通过联合国难民署的难民计划入境泰国。他在泰国的行踪被泰国第五电视台的一档节目曝光。对于正面临议会不信任动议的民主党政府而言，这无疑让局势更为复杂。事与愿违的是，新希望党（the New Aspiration Party）领袖差瓦立·永猜裕将军（General Chavalit Yongchaiyudh）被人揭发，说他此前居然会见过索阮。更为糟糕的是，泰国政府必须想出一个两全之策，既能继续把索阮羁押在泰国，又能拖延引渡请求。索阮最终被控非法入境罪，被判处6个月监禁。两国政府将在此后根据《1929年引渡法》制定新的引渡程序。

自2000年6月中旬川·立派总理访问金边（Phnom Penh）以来，泰柬两国关系总体上保持健康良好的发展势头。这次访问的首要议程是联合签署关于泰柬798公里边界的谅解备忘录，这基于1904年签署的《法国—暹罗公约》（France-Siamese Convention）和1907年条约，也是泰柬两国致力于解决边界争议问题所做的最新努力。然而解决边界问题并非如此简单。事端在2月初再度发生，最终升级为柬方跨过沙缴府（Sra Kaew）的深水河（Klong Luek）侵占了边境另一侧的泰国领土。深水河的对岸是柬埔寨的波贝镇

(Poipet)。一些中国投资者和柬埔寨开发商正在波贝镇的深水河堤岸上修建一座赌场，部分边界线已经受到了侵犯。尽管是个小事件，但是柬埔寨省政府没有对施拉喀尤府府尹的职责做出回应。因此，此事被提上了2000年6月中旬召开的金边会议。虽然柬埔寨承认了自己的过失，双方政府均需就此争议问题咨询法律专家，但要最终找到解决方案尚需时日。除了这些问题，波贝赌场现在已经增至7座。根据泰国当局的说法，还有10座赌场正在计划之中。这些赌场或许会建在柬泰两国均宣布拥有主权的争议领土之上。

包括边境争议在内的诸多重要问题均被提上了议事日程。这些重要问题如下：联合打击边境地区的毒品等非法交易，联合设立贸易与投资工作机构，加大泰国在柬埔寨的投资，将乌汶府打造成为三方经济合作计划（包括泰国、柬埔寨和老挝）的中心，杜绝来自泰国的跨境车辆走私现象，增加泰国对柬埔寨基础设施建设的援助项目，合资开办渔业公司。看似泰国在经历两国多年的怀疑与对抗之后，已经有能力将泰柬合作付诸现实。8月下旬，泰国经济部长理事会（the Thai Council of Economic Ministers）通过了泰柬经济合作十年总体规划草案，特别是两国在贸易、投资、基础设施、农业、教育和旅游等领域开展合作。责成国家经济与社会发展委员会（the National Economic and Social Development Board）协同商务部和外交部联合行动协商，共同起草一份框架文件并制定全面行动计划，并征询柬埔寨发展理事会（the Cambodian Council for Development）的意见[24]。然而，双边合作能否成功还取决于柬埔寨政府是否愿意配合。

## 越 南

泰国人在邻国问题上基本是把越南与缅甸确定为长期的对手，尤其是在冷战时期。然而对越南而言，2000年是越泰两国关系开启全新篇章的一年。泰国抛下原来对于安全问题的纠结，素坤攀先生带领一支商务代表团在年初造访越南首都，希望实现10亿至20亿美元的贸易目标。在过去三年，双边贸易额每年平均大约为7.35亿美元，泰国在越南的主要贸易伙伴中仅排在第十一位。在最近的一次访问中，会谈内容涵盖渔业、食品加工业、建筑业、水泥业、化工业、办公自动化等行业领域[25]。双方此后于3月份成功举行会谈，并就两国公民30天内互访豁免签证事项达成协议，这是越南首次向其他东盟成员国提供此项待遇。越南总理范文启（Pham Van Kai）于5月初对曼谷进行了为期三天的访问，进一步推进了两国关系的良好发展。现在，泰国已经把越南视为大米出口的区域合作伙伴，而非贸易对手。此外，泰国还极力主张湄公河次区域（the Mekong subregion）或者东西经济走廊（East-West Economic Corridor）的合作开发。东西经济走廊贯穿泰国穆达汉府（Mukdahan）、老挝沙湾纳吉（Suvannakhet）和越南岘港（Da Nang）等贫困地区。

通过把越南拉进这个门槛，泰国振兴区域旅游的梦想正在变为现实。“素万那普（Suwannabhumi）”或“金土地”（Golden Land）这个名称涵盖了柬埔寨、老挝、越南、缅甸和泰国等区域，下一步的方案还将纳入中国的华南地区[26]。当然，由于存在几个方面的障碍，这个想法还未能完全付诸实现。这几个方面的障碍是，该地区的基础设施薄弱，入境手续繁复，部分边境地区实行旅游限制。或许最大的障碍在于名称本身，包括老挝在内的一些成员国家并不赞成“素万那普”这一称谓。目前泰国当局正在力图解决这个问题。

## 择木而栖

虽然泰国在2000年大部分时间里都在忙于应付邻国问题，但是泰国也曾数度试图通过行动构建更好的国家形象，只是这些行动与邻国并不直接相关。

泰国外长素林·比素万担任东盟主席直至2000年7月底，显而易见的是，他已经竭尽所能想要一改东盟给人的低效或“夕阳”不良印象。素林部长在会上提出了一个最具争议的思路，被其称作“三驾马车（Troika）”，以此作为东盟内部危机的化解机制。虽然得到了所有成员国的正式接纳，但是仍然有诸如缅甸这些国家公开表示，“三驾马车”的任何行动都应该基于各成员国的共识[27]。“三驾马车”基本上是素林两年前的“灵活介入（flexible engagement）”提议的再现。根据“三驾马车”的思路，东盟成员国应当对区域性危机更加敏锐，应当就涉及共同利益的问题坦率地交换意见。这位泰国外长坦诚表示，东盟的“三驾马车”能否有效运行取决于主席的创造力或者说服力。无论如何，值得高度赞赏的是，素林在以其“非东盟”方式提升东盟的地位，并使东盟成为能够化解区域危机的更为紧密的区域性组织方面所做出的不懈努力。但是，其成功在于提出这个思路的正确方式——会前的非正式会谈才是成功的关键所在。缅甸提议2001年在蒲甘（Bagan）或曼德勒（Mandalay）再举行一次非正式会谈，讨论毒品与安全问题[28]。

第二个重点是泰国在第33届东盟外长级会议（the 33rd ASEAN Ministerial Meeting）上的提议，建议允许成员国在东盟贸易博览会（ASEAN Trade Fair）上向国际社会推介本国的产品，促进东盟内外更多的经济协作。泰国还呼吁国际社会在缅甸、柬埔寨、老挝和越南四国的一体化进程中施以援手，支持这些国家的基础设施和人力资源建设。这也是在间接呼吁亟待开发源头为中国所控制的湄公河次区域（Mekong subregion），而且中国必须加入进来。事实上这项提议相当及时，亚太地区经济与社会委员会（ESCAP—the Economic and Social Commission for the Asia-Pacific）正好在年初提议将2000至2009年确定为“湄公河十年发展机遇期（Decade of Mekong Development）”。

另一个值得关注的事件，是泰国促成朝鲜参加了7月27日在曼谷举行的东盟地区论坛（ARF—the ASEAN Regional Forum）。会议内容与泰国的安全或福祉并无直接关系。然而重要的是，泰国能够邀请到朝鲜外长白南淳（Paek Nam-sun）率团出席会议，并与左右朝鲜半岛稳定局势的主要国家韩、美两国的外长当面会谈。在东盟地区论坛会议上，泰国还提议召集一次高级别国家会议，解决非法毒品问题，特别是加强与联合国药物管制规划署（the United Nations Drug Control Programme）的合作。显而易见，这又是泰国政府在处理与其西部邻国关系方面的一次努力。

## 曼谷的最后一曲探戈

2000年对即将下台的民主党政府来说是忙碌的一年。在国内政治领域，即将离任的总理川·立派于11月初解散议会，将大选最终确定在2001年1月6日，并用尽政治手腕企图在与其他政党的竞争中占得上风，包括其联合执政的伙伴。川政府力图证实自己有能力管理泰国外交事务，事实上泰国与近邻之间的问题困扰了整整一年；与此同时，川政府还力图证明其行动是卓有成效的。

与缅甸和老挝两个近邻的问题已经耗费了泰国大量的人力物力。除了各国政府领导人的友好访问，在贸易与旅游合作以及技术援助项目方面，泰国分别向老挝投入了大约6 700万泰铢，向缅甸投入了1 100万泰铢。但是直到2000年底，泰国与缅、老两国的总体关系仍然没有得到更多的认可。泰国军方自信有能力彻底解决某些邻国关系问题，自不量力地于2000年11月底在巴蜀府（Prachuab Khiri-khan Province）的一个军营主持召开东南亚军队首脑会议。但是让泰国军方大失所望的是，缅甸和老挝均未出席。更不妙的是，缅甸陆军总司令貌埃上将（General Maung Aye）发出邀请，说缅甸政府很愿意主持下一届会议[29]。

与缅甸和老挝的麻烦问题相比，泰国与柬埔寨、越南，甚至马来西亚几国的关系可以算是“正常”的。看似泰国与相对较远的邻国邦交往往更有成效。在古斯芒（Xanana Gusmao）于2000年2月访问曼谷、7月出席东盟会议期间，他曾两度慰问感谢驻扎在东帝汶的泰国军队。此外，泰国也全年与印度尼西亚保持亲密友好的关系。这一点5月上旬得到了证实，印度尼西亚的阿卜杜拉赫曼·瓦希德总统（Abdurrahman Wahid）赴泰国国立法政大学（Thammasat University）接受荣誉法学博士学位，并签署了允许泰国船只和商人到印尼捕鱼与投资的渔业协定[30]。泰国通过发展与印度尼西亚、马来西亚、文莱等伊斯兰东盟成员国家的友好关系，以及加入孟印缅斯泰经合组织（BIMSTI-EG：孟加拉国—印度—缅甸—斯里兰卡—泰国经济合作组织），成为其成员国。泰国政府一直在积极寻求与南亚国家和环印度洋区域合作联盟（IOR-ARC）的亲密合作。素林于年中该经合组织会议期间访问了阿曼，基本落实了泰国的成员国资格。素林的穆斯林身份让他在中东地区游刃有余。素林在3月份赴沙特阿拉伯吉达（Jeddah）的费萨尔国王大学（the King Faisal University）发表演讲——由于此前先后有四名沙特外交官于1990年和1991年遭到暗杀，此举显得非常必要。继此之后，素林接连于5月出访利比亚，7月出访伊朗。随着“西进政策（‘Look West’ policy）”的推进，泰国政府还一直派送贸易代表团出访非洲，呼吁更多的投资者开拓非洲市场。由于拥有7.25亿人口和53个国家，并且掌握联合国大约三分之一的选票，非洲对于泰国的外贸政策举足轻重[31]。

泰国与东亚地区，尤其与中国关系密切。中国国家副主席胡锦涛7月下旬访问曼谷，并达成中国将支持泰国打击非法毒品的双边协议。这一事件表明，由于北京一直与仰光方面保持亲密关系，泰国政府也希望从泰中关系中获得利益。与此同时，中国也愿意与泰国发展良好关系。贸易与投资数据资料显示，1999年泰中双边贸易总额大约为42亿美元，而泰国在中国的投资达到48亿美元[32]。为了使双方关系更具有约束力，诗丽吉王后（Quee Sirikit）和诗琳通公主（Princess Sirindhorn）于2000年10月下旬正式访问中国。对于从前未曾关注的全球其他地区，泰国代表团纷纷受命出访这些地区，旨在加强双边经济联系。时任外交部副部长素坤攀访问拉美诸国之行也在其列。

关于泰国参与的诸多国际组织，除去泰国与东盟、亚欧会议（ASEM）、世界贸易组织（WTO）的重要关系外，泰国将于2002年出任世贸组织总干事。另外，还有两个事件值得关注。首先，于2000年2月12日至19日在曼谷举行的联合国贸发会议（联合国贸易与发展会议，UNCTAD X—United Nations Conference on Trade and Development），是泰国在国际舞台上取得的一项重大成就。虽然耗资1亿多泰铢，还遭到许多发达国家的冷遇，例如派出代表团规模较小并代表团团长级别不高，但泰国政府因为努力让许多发展中国家聚集一堂而备受赞誉。这次会议给泰国的收获包括签署协议，在朱拉隆功大学（Chulalongkorn University）新设国际贸易与发展培训学院，由政府斥资1 000万泰铢设立基金。更令泰国政府尤其是总理倍感振奋的是，川·立派和其他三个发展中国家领导人首次接到邀请出席在冲绳（Okinawa）举办的八国集团年度峰会（G-8 Summit）。这次峰会被认为是一个具有里程碑意义的事件，将为新世纪的国际合作确定基调和方向。然而，泰国领导人受邀的原因正是他当时担任东盟轮值主席和联合国贸发会议主席。在2000年7月20日召开的八国集团峰会上，泰国总理敦促各经济大国领导人在一些重大的经济问题上积极出面调解，进一步对发展中国家开放市场，实施“真正”的国际金融与贸易制度改革，促进技术转让和人力资源开发[33]。

## 结　语

总体而言，2000年度泰国外交政策在与部分邻国的关系处理方面成效差强人意。在泰国政府与缅甸和老挝两国尚存诸多问题的同时，泰国政府

已经着手启动与邻国的系列合作项目，但是应该更有成效。在东盟与东南亚以外的其他国家和国际组织的相关问题处理上，川政府的形象大有改善。对于泰国外交关系的最终评价是，政府在许多情况下的决策令大多数泰国民众大惑不解。如果能让公众明白政府的外交行动，就会减少公众对透明度问题的质疑。2001年上台的新政府必须收拾上届政府外交乏力的残局。在这个问题上，在野党纷纷表达了愿与邻国建立更加卓有成效的联系并保持睦邻友好关系的渴望和意愿。

［原文“Thailand's Relations with the New ASEAN Members: Solving Problems and Creating Images”载于《东南亚事务》（*Southeast Asian Affairs*）2001年，第337—354页］

## 注释：

1 全面的讨论参见Kevin Hewison, “Resisting globalization: A study of localism in Thailand”, *Padfic Review* 13, no. 2 (2000): 279-96。

2 "NSC given lead role in intelligence", *Bangkok Post*, 27 January 2000, p. 2.

3 “The border is heated: Myanmar demands for a return of 3304 base”, *Matichon*, 24 November 2000, p. 28.

4 “Burma slams Thais over rocket attack”, *Bangkok Post*, 15 May 2000, p. 1.

5 “Editorial”, *Nation*, 25 January 2000, p. A4.

6 “Junta raps Thailand for helping refugees,” *Bangkok Post*, 21 May 2000, p. 2.

7 “Junta feels let down on ILO vote”, *Bangkok Post*, 25 November 2000, p. 4.

8 2000年6月，采访国家安全委员会一名高级官员；and Ministry of Foreign Affairs, “The roles of the UNHCR and problems of refugees along the Thai-Myanmar border”, 1997。

9 “Overflowing camp can't be expanded”, *Bangkok Post*, 19 October 2000, p. 4.

10 “Maneeloy camp to be shut down after repatriation,” *Bangkok Post*, 28 November 2000, p. 5.

11 “UNHCR urged to tighten screening”, *Nation*, 28 January 2000, p. A2.

12 "Smuggling of illegals is on the rise again," *Bangkok Post*, 21 August 2000, p. 2.

13 "Editorial", *Bangkok Post*, 18 November 2000, p. 12.

14 "Envoys set to talk with Wa Army", *Bangkok Post*, 3 July 2000.

15 "Suppression officers are being 'misled'", *Bangkok Post*, 26 April 2000, p. 2.

16 "Junta blames neighbours", *Bangkok Post*, 25 February 2000, p. 2; and "Reports on drug trade 'biased'", Nation, 30 July 2000.

17 "Brass confirms Wa working with Shan", *Bangkok Post*, 7 August 2000; and "Drug threat mounts as Wa army takes control", *Bangkok Post*, 4 September 2000, p. 1.

18 "Sweet words only", *Bangkok Post*, 27 September 2000, p. 7.

19 "Fishing in troubled waters", *Bangkok Post*, 5 June, 2000, p. 10.

20 "The good neighbour", *Bangkok Post* (Perspective), 9 July 2000, p. 6.

21 "Laos accuses Thailand of colonial plot", *Bangkok Post*, 19 July 2000, p. 1.

22 "Chuan urges Vientiane to name names", *Bangkok Post*, 14 June 2000, p. 4.

23 "Regional Perspective", *Nation*, 3 July 2000, p. A4.

24 "Thai-Cambodian cooperation plan gets go-ahead", *Nation*, 29 August 2000, p. A6.

25 "Delegation hopes to wind back trend to falling trade", *Bangkok Post*, 19 February 2000, p. 3.

26 "New frontiers opening", *Bangkok Post*, 23 November 2000, p. 11.

27 "The Thais almost failed in its Troika proposal", *Matichon*, 26 July 2000, p. 19.

28 "Editorial on ASEAN Troika", and, "Troika set up to keep watch over region", *Nation*, 26 July 2000, pp. A4-A5.

29 "Regional top brass to meet", *Bangkok Post*, 3 November 2000, p. 4.

30 "Wahid calls on region to follow Thai lead", *Bangkok Post*, 11 May 2000, p. 4; and "Thailand and Indonesia agreed to cooperate in fishing", Exporters Review, May 2000, p. 23.

31 "Thai firms eye South Africa investments", *Nation*, 2 August 2000, p. B4.

32 "Enhance trading ties for mutual benefits says Hu", *Bangkok Post*, 21 July 2000, p. 4.

33 "Chuan calls on G8 states to open up their markets", *Bangkok Post*, 21 July 2000, p. 4.

# 泰国2001年

Thailand 2001

# 泰国：他信热

【澳大利亚】John Funston[①]著　　陈欣　杜洁　译

2001年12月4日，泰国国王面向全国民众发表年度生日演讲，语重心长，顾虑深重。他对妄自尊大、双重标准，以及国家衰落可能带来的灾难性后果发出警告。国王陛下说："想必现在我提到'灾难'一词，总理肯定已经拉长了脸。但我所说的正是现实，因为无论我们做什么，都必定会大有问题。总理表面上很快乐，但在内心深处，他必定是不快乐的。"[1]

国王的言辞一语中的，总理他信·西那瓦（Thaksin Shinawatra）博士曾信誓旦旦地做出承诺，要重振泰国经济，加速政治改革，但事实上却障碍重重。王室的观点反映出政府的民众支持率在一路走低，尽管年底时大多数泰国民众仍然愿意再给他信一点时间进行弥补。

## 美丽的梦想

凭借"新思想、新行动（new thoughts, new actions）"的竞选承诺，他信领导的泰爱泰党（TRT—the Thai Rak Thai Party）赢得1月大选的胜利，成功执掌了权力。尽管有几个席位涉嫌选举舞弊仍在调查当中，选举结果也要等到年底才见分晓，但是泰爱泰党获得了超过1 100万的选票支持，并首次斩获下议院的248个议席。在此之后，泰爱泰党合并了拥有下议院14个议席的自由正义党（Seritham Party），并通过与泰国民族党（the Chart Thai

① John Funston是澳大利亚国立大学亚洲学院客座研究员（the Faculty of Asian Studies, Australian National University）。

Party）和泰国新希望党（NAP—the New Aspiration Party）联盟，以压倒性多数的力量巩固其在议会中的统治地位。此次选举胜利让以往历届选举都为之黯然失色，因为一个政党在曼谷和整个泰国同时获得支持，这在历史上是第一次。

有几个方面的因素促成了这次选举胜利。

首先，他信成为东亚的一个区域现象。对于遭受危机重创的经济停滞现状，东亚地区的民众早已厌倦，他们渴望“白马骑士”——通常具有本土的而非异化的特质。日本拥有充满魅力的小泉纯一郎（Junichiro Koizumi）。印度尼西亚渴望再度实现苏加诺（Sukarno）的旧日辉煌，将梅加瓦蒂·苏加诺（Megawati Sukarnoputri）推上了领导的宝座。菲律宾人民开风气之先，谱写了埃斯特拉达（Estrada）总统的大选传奇，尽管最终却成为警醒世人的前车之鉴。

民主党政府三年执政谨小慎微，1999年经济增长率达到4%，但是2000年经济出现疲软，最终导致国家被迫吞下经济危机这枚苦果。媒体的批评之声此起彼落，政府意志消沉。国际油价接连几月的飙升最终决定了民主党大选落败的命运。

他信，迄今为止最著名的电信业亿万富翁，曾经许下人人安居乐业的诺言。对贫困人口来说，他信承诺向每个村庄提供100万泰铢（22 200美元）的乡村周转基金，“30泰铢治百病”医疗计划，一家人民银行（People’s Bank）发放的高达15 000泰铢的无抵押贷款，为促进农业生产的“一村一产品”计划，由国有的泰国农业与农业合作社银行（BAAC—Bank for Agriculture and Agricultural Cooperatives）提供的“农民延期三年还债”计划。承诺中小企业可以从自己的银行获得宽松贷款；向所有行业保证尽快解决经济难题——通过依靠本土智慧而非西方模式。一揽子计划包括购买全部银行债务，实施教育改革，加速私有制进程。他信还承诺，为了国家的经济发展，为了那些钦佩他致富才华的泰国人，他将承担起个人的责任，而他信的崇拜者们相信总理也能使他们同样富有。

除了经济改革外，他信还承诺将继续实施政治改革，甚至加速政治改革的进程。这就涉及官僚机构的合理化与精简化，公务员的专业化，政府的公开化（“我知你也知”），以及惩治腐败的严肃性（惩罚腐败部长级官员和官员不需要有“收据”或具体的证据）。

他信还提出了一个新的竞选方法，很具系统性。党员在选举之前进行民意调查，并根据公众意愿对政策量体裁衣。专业的广告公司负责政策的包装和呈现。然后泰爱泰党着手大规模的组织动员，确保选举赢得足够选票。这些活动得到泰国少壮改革派核心人物的支持，这些人物多与20世纪70年代和80年代的激进主义和民主社会事业有着千丝万缕的联系。

这种现代方法被辅之以竞选这一绝对传统的方式。从2000年初，泰爱泰党开始从已建的传统政党中“吸收”国会议员。在选举之前，超过100名国会议员以这种方式加入了泰爱泰党。而且这些成功的政党候选人被平分秋色，一半是传统的政治家，一半是少壮的改革派。

事实最终证明，泰爱泰党是选举制度改革的最大赢家。选举制度改革的目的就是加强大党的统治——特别是单议席选区（single-member constituency）的使用，100个政党名单制议员席位（party-list parliamentarians）依据全国选民支持票选分配给各政党。民主党（the Democrats）也从这项改革中受益，成为第二大党，拥有128个议会席位。此前中等规模的政党沦为小党（泰国民族党，41个席位；泰国新希望党，36个席位；泰国发展党，29个席位），以前的小党自此彻底消失。

## 执政之初：CEO主义和民粹主义

他信在执政之初给人的印象是免去繁文缛节并能带领国家不断前进的领袖。他自诩为政府的首席执行官（CEO）[2]，他强有力地推出了一系列研讨会，将相关政府部门和各方热心人士聚集一堂，推广其竞选承诺的思路。《民族报》（*The Nation*）在他就职100天时发表评论："CEO喜欢速战速决，希望很快得到结果，并很快给泰国公司交货。迄今为止，已经组织过各种主题的研讨会十余次，由高歌猛进的总理亲自主持。"[3]

就像以前总理陆军元帅沙立·他那叻（General Sarit Thanarat）那样，他信精力充沛，致力于消除社会陋习。军内政部部长布拉差·比亚颂武（Purachai Piemsomboon）锐意改革，之前曾发表声明，主要是对娱乐场所实行关闭时间提前措施，禁止未成年人出入相关场所，并把娱乐场所集中到特定区域，并对非法毒品施以强硬惩戒。像沙立那样，他信也公开处决贩毒分子。

他信与最大的农村压力集团①即穷人大会（AOP—the Assembly of the Poor）②直接谈判，就巴姆（Pak Mool）灌溉大坝相关问题进行磋商——示威游行为此已在议会大厦门前持续一年之久——并于2001年4月初达成一致的解决方案。在该月的接下来的时间里，他信开始做一档时长30分钟的广播节目，每周六早上播出。在这个节目中，他信就政策问题及其实施情况与民众直接进行沟通，采用非官方的形式，效果很好。

竞选活动期间的系列行动使选举预期非常乐观，总理最终获得的支

① 译者注：按照政治学定义，压力集团（pressure group）是指那些致力于对政府施加压力、影响政策方向的社会组织或非组织的利益群体。面对贫富冲突、劳资矛盾、城市拆迁、农村土地流转、环境污染、医疗教育、道德失范等问题，特别是政府施政缺失和司法不公，压力集团仗义执言，并经常能改变公共政策的方向，迫使基层公权力经常处在从未有过的紧张和惕厉之中，并警示地方领导干部恪守基本的政治伦理和人伦底线。

② 译者注：穷人大会（the Assembly of the Poor，**สมัชชาคนจน**）是泰国的一个非政府组织，其宗旨是帮助受开发项目和工业影响的人们更多地参与到开发的过程当中，并能从这些项目中获益。穷人大会被公认为是农村居民和社会边缘人群的政治诉求，它与泰国其他非政府组织结盟。这一非政府组织包括七个分支机构，覆盖整个泰国。它由城市和农村小规模的农业从业者和体力劳动者组成。由于其成员的多样化，该组织具有超越地区差异和阶层差异的优势。

持势如潮水。于是，关于国家反腐败委员会（NCCC—the National Counter Corruption Commission）对总理在1997年内阁任职期间涉嫌隐瞒资产的指控，也就根本不重要了。

今年4月，穷人大会宣布，一旦宪法法院（the Constitutional Court）认定他信触犯申报资产条例，他们将征集100万民众签名以声援总理。高僧銮达·玛哈卜（Luangta Maha Bua）的追随者也发表了声援总理的类似声明。新希望党（NAP—the New Aspiration Party）的领袖维拉（Veera Musikapong）宣布准备征集50万民众签名声援特赦总理，在接下来的一个月里，90岁高龄的卫生部原部长舍·平鹏部博士（Dr. Sem Pringpuangkeow）接过了这场战役的接力棒。6月，农民领袖、民主社会名流、商界名贾，甚至军队和社会的高层人士团结一致支持他信的事业[4]。他信出庭宪法法院的四天之前，20 000人在东北部一座寺庙集会，欢迎他信，并举行多达1 000名僧众参加的宗教法事为他信祈福。8月初，就在法院宣布裁决之前，舍向议会议长和下议院议长递交了超过140万的签名声援他信。

泰爱泰党部分成员想尽办法给宪法法院施加更大压力。乌汶府（Ubon Ratchathani）代表初维·披塔鹏攀洛（Chuwit Pitakpornpallop）警告称，如果他信一旦下台，其支持者必会走上街头，随之而来的将是流血事件和灾难[5]。

他信的支持者们否认他们想给法院施加压力。舍提议说：“任何一个体面的公共组织都应该倾听来自民众的声音。”[6]初维将民意做了如是归纳：“人民相信他信是唯一能解决他们问题的人。”[7]

## 法院案件

挺他信运动使法院的法官们承受了巨大的压力。他信拒绝提名继任者，认为如果自己一旦离职将会引发政治动荡，给宪法法院继续施压。在审判前夕，关于他信试图贿赂法官的谣言在坊间流传。

尽管争议持续不断，但是泰国法律专家认为他信一案是毫无悬念的。他信隐瞒申报财产高达110亿泰铢，并将其转移到其仆人和司机的名下。国家反腐败委员会以8票对1票判决他信有罪。而在此前的10个案件中，宪法法院无一例外，全部维持国家反腐败委员会的判决。他信在法庭上承认自己的过失，但是他申辩说条例要求太过复杂，他没能理解，或者其妻子和秘书是在其不知情的情况下所为。一言以蔽之，他犯下的是一个“诚实的错误”。他的钱是合法所得，而宪法的目的是要惩治腐败，不是惩治像他那样的诚实者。他的辩护律师团也提出了一个技术性问题，他们声称，相关的宪法条款仅仅适用于公务人员，而资产申报时他信尚未就职。这个技术性问题在当时没有怎么引起大家的注意。

对于宣判他信无罪的大多数裁决由两个不同的组来决定。八位法官中的四人裁定他信无罪，因为他当时并未在政府任职；八位法官中另外四人认为他信有罪的证据不够确凿，不足以证明他信是故意误报财产——普遍接受的观点是，他的妻子或者秘书在他不知情的情况下所为，或者是他对其巨额财产难以一一悉数。

这样的结果让公众皆大欢喜。民意调查显示，约70%的民众认为这是正确的决定。然而，大多数来自新闻界的法律评论员，以及部分民主社会组织却为此心情不爽，他们认为这是把法治抛在了一边，法院也屈服于政治压力。许多人把它看作舍利通猜（Srithanonchai）解决方案——这基于泰国古典文学中的一个人物，他总是绞尽脑汁歪曲别人的言语以满足一己之利。

事实上这个决定非常蹊跷。其中四位法官，此前曾同意该案的审判决定，现在却认为他信不必遭到起诉。宪法的要求似乎很清晰，因为它要求公务人员在离任后的12个月内要进行财产申报。并且此前法院曾判过职务相近者的罪。前副总理沙南·卡宗巴萨（Kachornprasart Sanan）——因于2000年隐瞒100万美元财产被判有罪——于是发起了一项针对这四位法官的弹劾程序。到今年年底，他还在按照要求征集50 000个签名，一旦完成签名征集，这一问题将会被提交国家反腐败委员会。

显而易见，法院的判决太过草率。以前在做出裁决时，法庭通常会达成共识判断。这一次，最初只宣布了8比7的裁决结果，有关判决的详情在数周之后才得到公布。据媒体报道，在做出判决时，部分法官并未按照宪法要求提交必需的书面判决意见。

八个支持他信的法官中，有一位新入职法院，只出席了一天的听证会，即最后一天，也是他信出庭的同一天。许多人提出质疑，如此的出勤情况是否符合通过判决的最低要求[8]。

对这一判决，新闻界和法律界评论尖刻。有评论提到，如果认为过失在于他的妻子，那么这与之前所提到的他信和他妻子共同参与此事相矛盾，这是在同时对类似的案件做出的决定。保护数目庞大而结构复杂的资产，以及由此而产生的对他人的严重依赖，并非就是任何有钱人都愿意接受的好处[9]。

不过，他信非常欣然，认为判决结果显示了“泰国仍然是一个正常的国度，因为诚实者不必被迫远离政治”。但是其举动却引发了人们更多的争议，因为他只感谢给他投支持票的这八名法官，而对最高法官（曾投反对票）的动机提出质疑，甚至还暗示他希望修改宪法，折断国家反腐败委员会和宪法法院的羽翼[10]。

判决结果确实有助于泰国的稳定大局。如果反之，那就意味着继任问题的混乱局面，以及他信幕后操纵的人事调整带来的不满情绪。侥幸过关也可以说是对他信的一种警示。然而，判决本身以及他信对此做出的反应，已经被普遍视为对宪法和法治的直接挑战。

## 新思想，旧行动？

然而即使在他信热的鼎盛时期，也很少有人表示出对发展的关注，这似乎并不是对“新行动”的承诺，而是对传统政治的回归。刚开始持这种观点的人为数不多，但是自从他信被宪法法院宣判无罪以后，持有这种观点的人骤然增多。传统主义者从未拥有完全属于自己的路。许多次面对来自民主社会和公众舆论的反对时，他们被迫做出让步。但总的来说，泰国政治转回到了更传统的路径。以下是其主要表现。

### 加强传统政客的作用

新内阁带来了传统政治的最初迹象。尽管他信让那些最臭名昭著的传统政客最终出局，但他却无法兑现自己的诺言，只选择岗位的最佳人选，并杜绝任何的政府负面形象。与商界或传统政界过从甚密的部长级人物大有人在。前副总理兼新希望党的党魁差瓦立·永猜裕（Chavalit Yongchaiyudh），尽管长期以来被指责领导泰国陷入了1997年危机，但是却接到国防部部长和第一副总理要职的邀请。他信对于自己用人的辩护却不可靠。“既然没有足够多的优秀人才组建内阁，我就不得不勉强任命可用之人。”[11] 泰爱泰党传统派系的党魁沙龙·天通（Sanoh Thienthong）并不在内阁名单之内，但足以补偿的是，他被同时委任为政府和泰爱泰党的首席顾问，允许参加内阁会议，任职党鞭长（Chief Whip）①。

在接下来的几个月里，他信对这些人言听计从。他信于9月授权差瓦立负责内阁辞呈提交管理工作，10月又授权其负责管理警察系统和国内安全行动指挥部（ISOC—the Internal Security Operations Command），后者负责

① 译者注：“党鞭”（Whip）是政党名词，起源于英国，是指议会内的代表政党领袖、政党纪律主管，功能是为了确保议员出席并按照政党立场行事。“党鞭”一般是一人，也可以多人。

国家安全和打击毒品犯罪。9月份当他信授权沙龙以党鞭长（迄今为止前所未有的头衔）的身份管理警察车队时，沙龙展现了其影响力。在年底之前他迫使他信同意，任命改革派浦拉猜担任泰爱泰党的秘书长。

传统政客也通过其他领域让人们感受到其影响力的存在。泰国新希望党的副党魁差林·裕班伦（Charlerm Yubamrung）频频引起世人关注，他多次出面干预关于其儿子逃避征兵、酒吧斗殴甚至涉嫌谋杀等事件。9月，检察总署（the Public Prosecutor's Office）放弃对其两个儿子涉嫌逃服兵役一事的起诉，尽管军队声称手上有其罪行确凿的书面证据。差瓦立也宣布他们无罪，同时作为额外的防范措施，他还提出特赦所有的"逃兵"，因当初这些逃兵里就有差林的儿子。尽管如此，面对公众强烈的抗议，检察院最终不得不重新审理此案。然而，差林的儿子再度卷入酒吧斗殴事件，有报道称四年之内已经发生过12起类似事件，但是却没有任何诉诸法律的记录。在10月的一次斗殴事件中，一位警察被杀害，几位目击者认出这是杜查林·裕班伦所为。由于其父亲（和军事部门）的公然撑腰，杜查林消失了，无视警方寻找其下落的后续行动。

他信邀请所有的前任总理出席8月召开的研讨会，为政府工作出谋划策，这是他信争取传统政客对政府支持的又一个行动。连声名狼藉的军方领导人陆军元帅他侬·吉滴卡宗（Field Marshal Thanom Kittikachorn）和素金达·甲巴允将军（General Suchinda Kraprayoon）也在邀请之列。

### 增强军队作用

曾经就读于泰国军官预备学校（the Armed Forced Academics Preparatory School），他信第一个职业警察生涯一开始，就显示出对加强军事介入的兴趣。2001年4月，他扩大国内安全行动指挥部的机构职能，这个机构于1999年改变其原来反共的机构职能，转而负责打击毒品犯罪和负责边境安全，也包括控制非法移民工人、难民处理、威慑有影响力的人士、负责监督皇家发起的保护自然资源项目、防止森林砍伐、心理作战。为此，军队又恢复了公开从事商业活动，在9月份还获得了政府批准军队管理的灌溉项目。官员们指出，今后要优先考虑亟待开发的项目。差瓦立与其他原任和现任的军方领袖也高调参与外交事务，频频出访海外，尤其是缅甸，并新成立外交政策顾问小组负责协调邻国关系。

9月，他信着手主动聘请“赋闲”的高级军官出任顾问。最初有500多名人士报名申请，最终选用了53位。他们的主要任务是负责监督“CEO式府尹”新计划的实施，但对其他的任务就没有任何清晰的阐释。

军方意识到自己有了更多的谈判资本，于是在年底开始力图控制更多的电台和电视台。尽管他们此前曾答应在新的民主时代必须交出电台和电视台，但是无疑他们现在已经开始为保留无限期控制权准备抗辩。

然而，军方的影响力在某些领域还是最终减弱了。6月，警方因逮捕一名军官引起争议，此后官方开始审查一份在逮捕事件之前签署的授予军方特权的协议。在杜查林一案中，正是由于军方的特权阻止了杜查林被立即移交警方，为其潜逃提供了时机。尽管军方尽了最大的努力，这项协议最终还是得以修订，将军队与公众置于同样的基础之上。

## 利益冲突

作为泰国首富和电信媒体帝国的掌门人，他信在入主政府之时就将不可避免地面临利益冲突的问题。这与意大利总理西尔维奥·贝卢斯科尼（Silvio Berlusconi）的情况如出一辙，事实上二者在诸多方面极其相似。国家反腐败委员会案件更是确定事实如此。整个2001年度，民众对他信如何管理金融事务提出了质疑，同时也质疑其行事方式是否和其家族或者其商业联盟利益相冲突。此外，其他几位富有的内阁同僚也面临同样的质疑。

政府于年底试图修改国家反腐败委员会的立法法案，这样官员妻子就无须做资产申报——这曾是他信案法庭审议中最具争议性的问题。11月就此问题召集了研讨会，他信在会上却没有直接提及这个问题。但其意图非常明确，他认为不可能找到一个完人来治理国家。公众只有两种选择，要么选择双手干净的涉世未深者，要么选择更有经验和能力者担任总理。

## 法治

当然，这个问题是他信案的核心。国家反腐败委员会庭前起诉总理这一事实，就是关于泰国在法治的道路上究竟走了多远的有力声明。但是裁决很有争议，他信威胁说将来限制此类起诉，这些对法治的已有成就提出了很大的质疑。

更多的挫折对这一原则产生了影响。在这一年里，金融界和泰国中央银行（Bank of Thailand）的官员们被普遍认为应该对1997年危机负责，他们正在想办法逐步摆脱这个坏名声。差林对其儿子逃服兵役的干预事件被普遍视为政治势力对法律的干预，“这就是所谓的‘你知道谁’和‘你是谁’的区别”[12]。

## 干涉政府和军队

历届政府你方唱罢我登场，但对于政府部门的高级官员而言，变化相对小得多，这已经形成传统。泰爱泰党领导下的政府却发生了巨大的变化。据媒体统计，截至年底至少有39项人事调整。在被免去职务的官员当中，有德高望重的泰国银行行长、商务部常任秘书长和总理办公室部长。由于总理办公室部长巴尼·尼迪覃巴拉巴（Panit Nitithanprapas）的丈夫是宪法法院法官，曾投票认定他信有罪，总理办公室因此时运不济。

媒体报道通常认为，人事调整主要事关政治忠诚，而非个人能力。《民族报》（*The Nation*）曾警告称：“随着众多高级官员被免去职务——其中许多人为国家利益夙夜在公，得到公认——从中长期来看，国家也因

此受到影响；同时还有官僚机构本身及其未来，不管怎样，它有助于防止政客滥用职权。”[13]

安全服务也因人事调整受到影响。抛开军职人员升迁由政府行政机关掌控这一传统不说，政治干预之后约有80个职位出现调整，这引起军方高层和民主社会的抗议。政府领导人最初坚持要清除改革派势力，非常尊重陆军总司令素拉育·朱拉暖（Surayuth Chulanont），直到枢密院大臣、前总理炳·廷素拉暖（Prem Tinsulanonda）出面干预方才罢休。警察出身的他信也插手警方事务，因为总理的干预，其警察预备学院（the Police Cadet Academy）的同学得到了职位上的升迁[14]。

## 加强媒体控制

他信于2001年收购了iTV，这是当时唯一的一家独立电视台，从一开始就赋予了泰爱泰党控制媒体的得天独厚的优势。2001年3月，23位职员因抱怨管理层亲泰爱泰党的编辑方针而被解雇。大多数观察家认为，这一行为表明他信打算利用自己的所有权推进政党的发展。国有电视台和广播电台很快削减了由独立评论员主持的节目。6月，广播电台播放了他信对宪法法院的辩护，但没有播放国家反腐败委员会的声明。8月，警察特殊部门对一家泰国报纸发出严重警告，因其翻译《路透社》（*Reuter*）的一篇文章，这篇文章探讨他信被判有罪的可能性。他们在这份警告中声称，这是对总理形象的公然侮辱，涉嫌违反《1941年出版法》（the 1941 Publishing Act）并对政府的稳定造成了威胁。几乎在同一时候，泰国广播记者协会（the Thai Broadcasting Journalists Association）记录了14起有关公共广播电台和电视台的社论干涉事件。有些媒体报道还称，对他信持批评态度的报纸再也未能做过他信家族公司的广告。《民族报》的一位职员说，这份报纸已经因此遭受了2 000万泰铢的损失[15]。泰国记者协会把2001年称为“媒体干涉年”。

政府还试图修订《官方信息法》（the Official Information Act），这被认为是试图限制民众获取信息的渠道。3月，在总理办公室下设一个分支委员会，该委员会提议将负责该项法案的修订工作官方信息委员会（the Official Information Council）从总理办公室调整至非常保守的国务院。这种争论议而不决，到年底也无任何改变。

在这一年里，他信得到媒体非常正面的关注，这并非仅仅因为对媒体的控制。如同大多数民众一样，部分媒体很容易受到他信热的影响。然而尽管如此，加之各种控制报道的行动，平面媒体变化的确很慢。许多记者在年底时加入了政府批评者的行列。

## 独立机构的弱化与政治化

《1997年宪法》承诺一系列独立机构将代表公众的利益，充当公正的裁判员。在这些机构当中，最为重要的当数国家反腐败委员会、宪法法院和选举委员会（EC—the Elections Commission）。国家反腐败委员会和宪法法院因为对他信的起诉失败，公信力受到损伤。他信在审判后警告将削弱这些机构的影响力，这表明他们将面对的是一段艰难时期。甚至在此之前，在有争议的情况下还任命一位新法官到法庭任职——这涉及政府严重干预的选拔过程，以及为候选人游说疏通——这使宪法法院蒙羞。

选举委员会在一整年都引人争议。在公认为存在瑕疵的选举之后，五名委员被普遍认为与政党互有牵连，其中还有争议性的人物。已经退休的舍利·图甘将军（General Sirin Thoop-klam），因涉嫌2000年下议院选举舞弊，被以前的选举委员会赶出了局，又在新一轮的选举中落败。然而他最终却成为选举委员会的主席。他接下来的行动——拒绝与媒体见面；举行一连串会议，对各级政府部门和机构“表示尊敬”；提出建议，议员应该放弃公正性而代表政党——他在向公众保证坚持选举委员会的独立性方面毫无作为。新一届选举委员会在复审1月选举舞弊案方面进展缓慢[16]。选举

委员会的其他行动也受到密切关注——把选举委员会的控制范围扩大到地方选举（府一级及以下），媒体报道说，政客们就能够让“他们的”候选人当选为府一级的官员。

两个重要的新设机构负责广播和电信，均未取得进展。一是国家广播委员会（NBC—the National Broadcasting Commission）——负责监管电视和电台广播频率的分配——因下议院拒绝考虑其14人名单（将从其中选出7人）而被迫搁浅。名单中几位候选人和现有广播公司有关联，为此下议院认为会造成利益冲突。于是争议交由行政法院（the Administrative Court）裁定，但到年底还没有最终裁决。二是国家电信委员会（NTC—the National Telecommunicaitons Commission）——这个机构拥有很大的电信部门监管权——因下议院宣布总理办公室在组建17人甄选委员会中的作用不够透明而戛然而止。国务院于年底批准了这个程序，让下议院决定下一步的行动。

然而，并不是所有的机构都是前景黯淡。国家人权委员会（NHRC—the National Human Rights Commission）和国民经济和社会咨询理事会（NESAC—the National Economic and Social Advisory Council）在7月成立。会员主要由知名的持有独立立场的人士构成。两个组织都相继提及环境问题。以前任副总理阿南·班雅拉春（Anand Panyarachun）为首的国民经济和社会咨询理事会是有关经济政策的著名评论机构。

## 改革何去何从

泰爱泰党的改革承诺很快就在诸多领域遭遇困境，特别是在教育、政治和医疗卫生领域。他信的教育改革承诺在其对教育部部长和总理副手的选拔方面可见一斑，这两位领导人与其目标一致。然而到2001年6月，教育部部长厌倦了反对派在改革道路上设置的重重障碍，提出了辞职。他信亲自执掌部长职务，并承诺改革不容反对。事实上，他信的教育改革政策的核心是独特的——建议学生不应学得太多，12年的义务教育应该从三年的幼儿园教育开始，而不是从小学才开始。结果，在这些方面和其他教育领域，他信都没有取得任何进展。10月，他信以“工作太多”为由，辞去了教育部部长一职。于是，他又任命副总理素威·坤吉滴（Suvit Khunkitti）为教育部部长，尽管其被普遍认为是改革的反对派。在这样的情形下，23个单独法案的起草毫无进展，而这些法案对推进改革是大有必要的。

对政府部门的改革承诺主要集中在重大改组的必要性方面（包括把部门从14个增加到17个）[17]，数量减小，效率增加。这些政策似乎是川政府政策的延续，特别是在精简数量方面。

但并非所有这样的进展都可以被描述为改革。隶属于总理办公室的警察局和检察总署，是两个享有独立地位的机构，试图将其移入司法部的做法是历史的倒退。但是来自警察的反对阻止了他们的行动。不过到了年底，检察总署仍然被指定移出并失去其独立地位。同样，正如上面所提到的那样，对高级官员职位的大范围调整似乎与改革的必要性显得格格不入。

政府宣扬的机构改革还有一个亮点，即努力让府尹成长为CEO式的行政首脑。他信在7月宣布了这项计划，并于10月在5个府开始为期12个月的试点。但是更多的混乱却随之而来，该计划的本意是要府尹脱离内政部，直接对总理负责。在他们各自的府内，他们对六个部门和八个国有企业享有直接的控制权。沙龙的顾问团队猛烈抨击这项计划，认为行政首脑手中享有独裁权力。这些行政首脑也感觉不安，因为他们发现其实其他机构并不愿意将权力转交给他们。令人疑惑的是，他信含糊其辞宣布这项改革，并不意味着要使行政首脑权力更大，而是更要承担责任，于是他信新任命由53人组成的军事顾问团负责监督这项改革的实施。内政部部长浦拉猜说，行政首脑就像美国州长那样——但忽略了主要差异，其中包括美国州长是民选的这一事实。一些评论家也指出，在分权治理是改革进程的关键因素时，如果这种管理方式成功的话，将会削弱当地民选政府的权力。

在医疗卫生领域，政府承诺的"30泰铢治百病"医疗计划在最初时很受欢迎，被认为是改革承诺的样板。但是到年底时却出现了一系列的问题。经济学家安马尔（Ammar）指出，这种服务病人的医疗体系非常复杂，需要精细管理。"病人并不愿意到医院接受30泰铢的医疗服务，甚至在社保基金注册的低收入工人也拒绝求助于这项计划。"[18]12月，当高层官员推出这项计划的一系列推进措施时，卫生部副部长却威胁要辞职，因为他认为这对计划的实施将带来灾难性后果。他也没有得到总理的支持。具有讽刺意味的是，记者素提差・阮（Suthichai Yoon）指出："如果让无实权的政治领导人负责实施政府最具革新性和最受欢迎的政策，他的执行力是有限的，除非给他足够的权力，才能保证政策能够得以实施，并且把事情做好。"[19]

## 环境关注度下降

在追求民粹主义议程的过程中，政府采取了一系列措施，努力维持其宣传环保的公益名声。政府打开了巴姆（Pak Moon）灌溉/水电站大坝闸门——穷人大会认为这有利于促进鱼类繁殖——开始为期6个月的实验，继而在穷人大会报告实验进展情况之后，再进行为期6个月的实验。2001年11月，下议院通过了一项由议会外的民间社会团体发起的《社区林业法案》（Community Forestry Bill），该法案给地方组织广泛的森林控制权（截至年底，该法案在下议院的进程缓慢）。11月，政府宣布关闭国家公园的铅矿山，尽管两个月以后这一决定似乎被收回[20]。

然而，对具有重要环境意义但又存有争议性的开发项目，政府却没有做出任何决定——泰国、马来西亚天然气管道，在巴蜀府（Prachuap khiri Khan）的两个燃煤发电厂和科隆宕县（Klong Dan）废水处理工程——尽管一再承诺很快就会做出决定。当环境问题与经济发生冲突时，政府会支持后者。政府支持商业团体并敦促对虾养殖业从内陆府扩大到稻米生产府，之前曾因为盐度问题遭到拒绝，直到最后国王出面反对这项计划（新成立的国家环境委员会第一个决定是支持对虾养殖业——董事会主席由一位在对虾养殖业领域有很大商业利益的人士担任）。政府还要求国有企业在国家公园投资酒店和旅游设施项目，迄今为止已超出商业旅游的界限。泰国政府与中国就大规模的桉树森林种植达成协议——这是一项导致农村大规模的环境退化的措施。

## 议会地位下降

从一开始，他信将泰国民族党（Chart Thai）和新希望党拉入执政联盟时，他就表示出控制下议院的意图。这使反对派拥有少数席位，这尤其意味着他们不能获得40%的投票，因而不能对总理发起不信任动议。他信于年底开始采取行动，提出合并泰爱泰党和新希望党以进一步巩固政权，同时在执政联盟中加入泰国发展党（Chart Pattana）。他信任命传统权力掮客沙龙担任党鞭长，这进一步说明增强议会的权力并不是最优先的。然而，尽管其具有压倒性多数的力量，但政府还是不能在三种场合按照法定人数（议会的一半）召集会议，为此导致立法议程拖延。

下议院在其第一个整年的运行中业绩良莠不齐。一般来说，其在新选举委员会的确定方面是彻底失败的，但在与国家广播委员会（NBC）和全国过渡委员会（NTC）的关系协调方面表现上乘。3月选举马努格·鲁卡卓将军（Major-General Manoonkrit Roopkachorn）担任主席，很有争议——他在20世纪80年代领导过两次政变，但都最终流产，并且被普遍认为与民主党人过从甚密——但是他大部分时间里却保持低调。个别参议员经常批评政府所为，整个机构负责严肃审查责任，使得总理指责他们在扮演议会的反对派。

# 经济：他信经济学（Thaksinomics）经受考验

他信上台时承诺将采取激进的新经济政策，立竿见影地解决泰国的诸多问题。草根政策将赋予穷人更多的权力，同时放宽国际货币基金组织金融法规，以及清除银行的不良贷款，也可以让中小企业（SMES）和企业部门从中受益。在坚持传统的出口导向路径的同时，加强对国内需求的依赖，是“双轨制”方法的核心，被称为他信经济学。

他信在上台之后的最初的几个月就面临关键经济指标下降的难题。他警告民众泰国存在严重的问题，并将其归咎于上届政府领导不力和国际市场持续低迷，敦促所有的泰国民众齐力重振国家经济。这是他信唯一一次承认国家面临经济困境。但即使这样，他也颇为乐观地结束演讲：“今天标志着泰国有了第一套全面的经济解决方案。不要害怕……因为政府已经掌握了所有的问题与解决方案。”[21]

4月23日，在联合国亚太经济社会委员会（ESCAP—the United Nations Economic and Social Commission for Asia and the Pacific）会议上，他信第一次面对国际社会发表演讲，他聚焦内向型经济，并反对银行透明度与治理结构方面的国际标准，让国际观察家们大为震惊。面对日益增加的全球经济的不确定性，他信认为，亚洲国家应该放弃西方的经济模式，转而采用新的本土政策，以适应每个国家的最大优势。他信特别指出，采用国际清算银行（Bank for International Settlement）在银行的透明度和治理结构方面的标准将会制造“大规模金融成本”，并且“势必让这些国家难以应对扶贫问题”。他认为，有必要对日本、美国和前亚洲“四小龙”经济发展战略进行反思，因为“一种尺度不再适合所有的人”[22]。

应对关于他信的经济团队里没有著名的宏观经济学家的批评，他信于5月新建了一个顾问团队，由前副总理维拉蓬萨·拉玛古拉（Virabongsa Ramangkura）担任重要职务。对于国际货币基金组织的批评，维拉蓬萨与他信取得一致意见，应将金融改革推迟到经济更加利好的时期，并认为应该提高利率来遏制外汇流出并稳定泰铢。6月初，泰国央行行长的辞职引发争议，之后银行提高了利率。同时，对于批评政府政策会造成债务不可为继的意见，他信做出回应，宣称政府债务将被限制在国民生产总值的60%以内。

随着这一年的局势变化，经济发展越发艰难，官方的增长预期从4.5%—5%下降到1.5%—2%。美国的“9·11事件”使这一问题进一步恶化。其中可以证明这一困难的一个间接事实是，他信在10月辞去了教育部部长的兼任职务。与此同时，他信将自己从经济责任中脱身，让副总理兼财政部部长颂奇（Somkid）主管经济事务。

2001年末，尽管官方不承认，经济政策已经转向更为传统的轨道。投资的重要性得到了强调，包括引进外资，降低利率，进一步推动私有化延迟计划，重新强调公司治理的重要性。11月下旬，他信在日本宣称他仍然赞成东亚经济模式。《民族报》将此描述为“他信经济的终结”与“他信核心经济思维模式的急转”[23]。12月，他信在美国同样传递了这一讯息，财政部长颂奇也在美国做出承诺，将继续推进经济改革，并鼓励美国投资者抓住新建泰国资产管理公司（TAMC—the Thai Asset Management Corporation）和即将实施私有化计划的大好时机，泰国资产管理公司将负责购买银行不良贷款并对此进行处置。放弃之前的私有化计划（例如泰国航空公司）以后，市价300亿泰铢的泰国国家石油管理局（PTT—the Petroleum Authority of Thailand）的配股工作在国内国外巡回宣传后，11月仍在进行。为了增强优惠政策的吸引力，政府将2002年确定为“良好公司治理年”。

尽管他信没有兑现竞选承诺，但是相对而言，2001年泰国的经济表现还在情理之中。面对出口市场的持续低迷——特别是在“9·11事件”之后进一步加剧——主要的经济指标均好于邻国。经济增长大约1.5%，出口适度下降6.5%，通货膨胀低于2%，失业率在3.7%左右（比2000年高出0.1%）。股票市场持续波动，但总体上涨13%。经历最初的波动以后，泰铢稳定在44至45美元之间。银行不良贷款率稳定在15%以下，尽管评论家宣称许多不良贷款被横向转移到资产管理公司。泰国在解决外债方面取得持续进展。金融危机期间外债曾高达1 000亿美元，目前已经降低至730亿美元。更重要的是，短期贷款占外国借款的比例从50%下降至19%。外汇储备保持大约330亿美元的强劲势头，以确保泰国能够为国家债务提供更好的服务。

然而，人们普遍认为政府本可以做得更好。投资者最担忧的问题是外国投资信息的模棱两可，关于废止上届政府与国际货币基金组织联合实施的金融改革的计划——这是政府将造成的更为严峻的后果，但是这方面的行动一般都非常谨慎——以及可能引发他信作为政府首脑与电信家族企业家长两个角色之间利益冲突的决定与行动。《亚洲华尔街日报》（*Asian Wall Street Journal*）认为，这种双重角色“建构起一种潜在的冲突，这种冲突对于他信来说，有时似乎很难避免的”。值得注意的是，他信对关于外国电信控股在25%以内的法案持默许态度，当时他信家族企业是唯一可能达到限额规定的（尽管他后来认可应该对法律做些修订），因此，通过各种规定给竞争对手增设障碍，其家族企业直接从中受益[24]。从8月开始，当地媒体非常关注有关推进电信业放宽管制的建议（要求在2006年之前参照世贸组织相关规定），通过大幅度降低对国家的支付——据估计，将会对国家造成2 900亿至4 000亿泰铢的损失，但是对他信家族企业却能带来1 000亿至2 000亿泰铢的收益。

其他关于泰爱泰党政策的主要担忧是人们未能获得其民粹主义计划的预期利益，同时政策实施的效果往往是劳而无功的。延期还债计划和乡村周转基金等政策的资格要求过高，很多农民被排除在外，因为乡村周转基金要求贷款者在12个月内偿还有息贷款。尽管政府的研讨会传递给民众进展神速的印象，但实际上这种进展是缓慢的，并且往往陷入困境。比如，延期还债计划应该配套培训等形式的援助，帮助农民制订具有商业可行性的方案，但是直到年末仅仅只有6 000多人从中受益。“一村一产品”计划被证明是一场行政噩梦，至少牵涉16个部委和机构，其中还有一个2002年10月前并没有计划的中央办公室。选定产品非常随意，没有任何明晰的指导方针，并且政府于11月做出决定，要对所有的6 340个获批项目进行审查。

穷人——根据世界银行的数据，经济危机之后，这个数字已经从680万人口增加至1 000万人口（占总人口的16%）——他们并不是他信政策的受益者。一些学者和农村活动家指出，这些贫穷的人不能享受政府提供的各种贷款服务，因为他们不具备偿还能力。同时，如果这些政策实施一旦失败，他们也是最易受创的群体，包括上面提及的教育和医疗等重要领域。

对于中小企业和企业部门来说，大肆吹嘘的泰国资产管理公司进展非常有限。在此之前，这个机构的职能被重新界定，主要是为政府而非商业银行，尽管这些债务已由政府担保。这个机构新建于6月，但是直到10月才具备法律规定的运营基础。该机构于年末时将部分不良资产从银行剥离，但是在资产重组方面却毫无进展。包括经济学家安马尔在内的许多评论家认为，该机构给了政府处置不良贷款过多的权力，但却在执行的透明度方面要求不严。其他人士也指出一系列问题，包括列入各级债务重组委员会重组对象的银行家没有法律上的豁免权等，并认为难以找到权宜之计[25]。

## 外交政策：回到从前

他信时代的外交政策已经回到更传统的形式，更个性化的风格。上一届川政府谨言慎行，恪守原则，将政策的把控权交到外交部专业人士手中，并试图将泰国与新领域的全球性问题看齐，比如在人权问题领域。他信时代的外交政策主要依赖他本人，以及国防部长差瓦立和军方领导人，主要是消除双边问题，互通商业贸易。最初以邻国和中国为外交重点，努力与它们就某些议题达成共识，比如没有人权和缺乏民主。2001年初，泰缅边境武装冲突尝试了这一方法，他信和差瓦立访问仰光（Yangon）之后，双边关系在下半年有所改善。不过，似乎没有证据可以表明这一方法对打击跨境毒品交易有任何效果。

经济需要迫使泰国更加关注西方国家，并且就政府在外国投资方面模棱两可的承诺进行修正。“9·11事件”推动泰国沿着这条路继续前行。即便如此，模棱两可还是泰国面对此类重大事件的第一反应。泰国发言人强调在联合国框架内行事的重要性。他信就美国与伊斯兰国家之间的武装冲突事件表明了保持“中立”的立场。

显然为了平息泰国穆斯林（占总人口的5%）和学术界评论人士，这些人有些对美国“阿富汗行动”持批评态度，同时为了维持与接纳大量泰国务工者与中东国家的良好关系，军方尤其愿意擦亮泰国的独立国书。军方领导人提拉育将军建议考虑废除《1996年泰美物品役务相互提供协定》（1996 Thai-U.S. Acquisition and Cross-Servicing Agreement），该协定迫使泰国在军事训练和一切麻烦事件或战争中支持美国及其盟国。军方领导人表示他们并不希望美国使用乌塔堡基地（the Utapao base）作为美国空军飞往阿富汗的补给站，虽然关于这件事情是否属实相关报道所述不一。国防部长差瓦立要求美国就塔利班军事行动澄清原因，并认为泰国穆斯林对美国货的抵制是“可以理解的”。最高指挥官海军上将南荣·育他拉万（Supreme Commander Admiral Narong Yuttliawong）说，“9·11事件”以前政府已经拒绝了美国有关在暹罗湾（the Gulf of Siam）附近驻扎军事供应船的要求——证明了泰国不屈从于美国的坚定独立立场。美国正试图偷到泰国著名的茉莉香米的专利权，这样煽动民族主义仅仅是一种情绪宣泄，似乎很少有实质性的意义。

双边关系最终渡过了这些难关。9月24日，他信致电布什总统；泰国支持在亚太经合组织（APEC—the Asia-Pacific Economic Co-operation）和东南亚国家联盟（ASEAN—the Association of Southeast Asian Nations）峰会上的反恐运动；他信于12月中旬访问华盛顿。尽管此次访问并没有取得重大成果，但双方均对两国关系持乐观态度，并且泰国提出如果需要可以向阿富汗派遣部队。

其他两个方面的形势也许有助于国家渡过困难时期。第一个方面是美国作为恐怖主义袭击的受害者，通过媒体和网络聊天博得了泰国公众的广泛同情。此外，媒体也都坚定地站在美国一边。例如，《民族报》刊出一则社论，强力抨击反美的学会和平爱好者（Peace-lovers）。在他信访问华盛顿前夕，《民族报》主编卡维·崇葛卡翁（Kavi Chongkittavorn）指责泰国忽视与美国的关系[26]。

尽管如此，他信仍试图推进团结亚洲各国以应对全球经济问题。据报道，他信曾于12月与巴林、中国、印度、日本和新加坡达成一致，组成亚洲合作对话（Asian Co-operation Dialogue）的核心集团。他信与主要的贸易伙伴奉行自由贸易协定，包括澳大利亚、日本和美国。

2001年对于外交部来说不是一帆风顺的一年。在与他信、差瓦立和军方的关系中，外交部被迫扮演次要的角色，同时由于两个牵涉高层官员的独立腐败案件被媒体的广泛报道而蒙受羞辱。不过，也有好的一面，以专业性和独立性著称的资深外交官铁·班南（Tej Bunnag）被任命为常任秘书。

## 社会：新的道德秩序

泰爱泰党上台时曾做出承诺，要打击毒品犯罪，构建新的“道德秩序”。他信打击毒品行动主要在重振禁毒措施方面取得了一些初步成效，但是这项行动在2001年底却不了了之。评论家也声称，与缅甸的谈判未能遏制冰毒药片的跨边境流动，目前冰毒药片已成为最严重的成瘾药物。

内政部部长浦拉猜通过加强对娱乐场所的执法力度，构建了一个新的道德秩序，同时准备通过立法将娱乐场所限制在特定区域内。事实证明，浦拉猜的行动非常受公众的欢迎。尽管人脉通达的夜总会老板们竭力反对，浦拉猜依然坚持自己的原则，提议恢复已有30年历史的革命秩序，禁止18岁以下的年轻人在晚上10点以后离家，除非有成年人的陪伴。然而公众舆论不支持这一提议——这项提议被搁置了，至少是暂时被搁置了。

性丑闻再次困扰佛教僧众，三位高僧牵连其中。最具有争议性的是，他信最为敬仰的高僧伊萨穆倪（Phra Issaramunee），被迫于10月离开寺庙。他信总理在6月时还曾称赞他为“灵魂医生”。

佛教自身的原因最为明显。2月，佛教学者查都素玛·卡比辛（Chatsumarn Kabilsingh）在斯里兰卡接受剃度，一心向佛——她是第一位皈依泰国/正统的小乘佛教的泰国女性。泰国并不禁止女性皈依（*pe se*），但1928年的一项法律禁止和尚为女性剃度。宗教信徒和世俗家长都强烈反对这项法律，由军队操纵的TV5拒绝采访卡比辛。总体而言，媒体还是对此事深表同情，僧侣中的改革力量和世俗组织要求重新审议既有的禁令。

2001年11月，内阁批准了一项文书改革法案，限制最高僧伽委员会（the Sangha Supreme Council）的权力，包括维护神职人员纪律的权威。在议会的建议下做了相应的调整，宗教事务改由国家佛教办公室（Office of National Buddhism）来掌控。该办公室将取代现有的宗教事务部（Religious Affairs Department），隶属于总理办公室（the Prime Minister’s Office）而不是教育部。最初曾有保护神职人员免受诽谤的相关法律条款，但随之而来的公众抗议最终迫使这些条款被取消。

赌博问题在年末引起了公众的关注。据估计，泰国人每年花在赌博上的钱高达3 250亿泰铢，每年有2 400万泰国人从事非法地下博彩业。这引发了新的思考，是否需要规定更多合法的赌博形式，包括赌场。政府部门在这个问题的判断上存在分歧，难以深入。

2001年泰国电影继续复苏。11月的曼谷电影节记录了从20世纪70年代（那时每年制作200部电影）到90年代的电影（那时每年仅仅只有3至4部电影发行）；2000年由于惊悚鬼片《鬼妻》（*Nang Nak*）的发行，泰国电影业走向了复兴。2000年，主要讲述一个村庄的人抵抗缅甸人的侵略的电影《烈血暹士》（*Bang Rajan*）取得巨大成功后，有关泰国抵抗侵略者的影片再次受到欢迎。影片《素丽瑶泰》（*Suriyothai*）是泰国的一部历史故事电影，讲述英雄王后抵抗缅甸人入侵的故事。该影片由泰国王后本人发起，并打破了所有国产片的票房收入。最具有争议性的影片是《猎月》（*Moonhunter*）[后来又改名为《猎月：曼谷十月事变》（*14 October: People's War*）]，该影片取材于学生活动家舍桑·巴舍功（Seksan Prasertkul）的个人故事。审查机构禁止该影片的片花展示1973年10月14日镇压学生的暴力镜头，但是整部影片最终没有删减。

## 他信热逐渐消退

他信在大众的一片欣喜中执掌了政权，人们普遍期望他能在一夜之间解决泰国的问题。这种欣喜之情持续了整整半年，国家反腐败委员会对他信提起弹劾，公众却对其更充满了同情。但是他信在公众心目中的地位开始逐渐下降。到12月，民意调查显示对他信的支持率在48%左右，而在年初时支持率曾高达72%。约有60%的人不相信政府能够处理经济、腐败和毒品问题。最受欢迎的网络帖子留言板“pantip.com”批评政府，情况在几个月之间发生了彻底的改变。

平面媒体也有了更多的批评声音。一份政府内部报告——通过一家报纸获得的消息——指出他信的负面评论已经非常严重，主要集中在各大泰语报刊，其中包括那些直到最近还被称为政府盟友的媒体。每日发行量最大的报刊《泰功报》（*Thai Rath*）便是其中之一。

他信在民间团体中的地位也逐渐下降。他信在其就职典礼上提到1973年10月14日学生起义的受害者纪念碑，他说将致力于平息这起事件，民主活动家的梦想也随之破灭。穷人大会也对政府的扶贫计划批评日甚。12月，民主社团的两个重量级人物——曾经推动支持他信的签名运动——布拉卫·瓦辛（Prawase Wasi）博士和素拉·舍瓦拉（Sulak Sivaraksa）——质疑总理对穷人许下的诺言，以及其建立廉洁政府的承诺。学者、银行家、前总理阿南纷纷就经济政策的方向问题对他信政府进行了猛烈的抨击。

尽管这些进展都很重要，但与国王的批评言论相比，就显得微不足道了。这位备受尊崇的君主总是一言九鼎。在此之前，他就委婉地表示过担忧——他于7月任命原教育部部长和被免职的内政部高级官员为枢密院大臣。国王很可能是向枢密院主席、前总理炳口授其旨意的。国王的这次公开批评是前所未有的一次训话。

是什么造成了这样的逆转呢？正如政府自己的媒体监督机构所承认的那样，媒体报道重点关注三大领域。一是总理的风格——其超强的自信心和对评论家们极大的容忍度。早在5月，前总理阿南就曾警告指出总理的“白马骑士”心态——“当一个国家有这样的领导人：他自认为是白马骑士，能够解决任何问题，每个问题都能找到答案，并且可以（单独地）使国家生存，那就必须非常谨慎”[27]。许多总理的出丑事件都集中于他信的风格上，包括他草率判定泰国航空公司的客机被毁是因暗杀企图；仓促声称发现的黄金和国债可以还清泰国所有的债务；以及当他敦促泰国人在家度假时，却被发现他本人在新西兰豪华秘密旅游。

经济逐渐放缓而非他信承诺的加速发展，他信由此声名日下。尽管不利的国际环境是重要原因，但批评者们质疑政府在政策制定与实施方面存在缺陷，并意识到他信与其他内阁商业成员面临的利益冲突。

最后，人们对政治改革的关注度也普遍下降。正如上面所提到的那样，这包括泰爱泰党和联盟政党的派系利益集团的让步，对传统政客和军队的依赖，对评论媒体的敌意，对国家反腐败委员会和宪法法院等独立机构不冷不热的支持，干预官僚机构，并计划对《1997年宪法》民主保障条款的审议。

这在一定程度上归因于新宪法的规定——宪法的规定使国会议员难以在四年任期内频繁转党或更替政府——他信完全没有失去权力的直接威胁。民主党的议会席位太少，最多就是刺激剂而已。该党还一直笼罩在选举失败的阴影之中。到年底，他信政府的治理面临失去合法性地位和道德感召力的危险。新宪法的规定不能保证他信立志连任两届的政治寿命——除非他能重新获得民主社会和新闻媒体的支持，至少获得王室的默许。

［原文“Thailand: Thaksin Fever”载于《东南亚事务》（*Southeast Asian Affairs*）2002年，第305—325页］

## 注释：

1 *The Nation*, 5 December 2001.

2 *Bangkok Post,* 31 January 2001.

3 *The Nation*, 21 May 2001.

4 市民社会活动人士在这个问题发生分歧,但他信的支持者，包括前宪法活动家布拉卫·瓦辛（Prawase Wasi）博士，民主英雄的基金会主席Sant Hatthirat，泰国的泰国人协会的会员Panthipa Watcharobol，以及知名的讨厌人士Sulak Sivaraksa。著名的商业人士支持者中，有最大的奔驰经销商的富有的所有者Wasant Phopimpanon，曼谷银行的主席Chatri Sophonpanich。军队和社会人士包括Thaweesin Chumsaeng、Weerasak Saisanan、Pornchutha Mahadam-rongkul、Ketthad Kanlong将军、Chatchom Chaisit将军、Harn Jutinakrob将军、Preecha Jutinakrob将军、Chaweng Palakawong na

Ayautthaya将军、Prachuab Thongkunma博士、Manote Arpornsuwan Udom Tae-phanit博士（*The Nation*, 14 June 2001）。

5 *The Nation*, 28 June 2001.

6 *The Nation*, 14 June 2001.

7 *The Nation*, 28 June 2001.

8 法院对法官的晋升一直备受争议。有些媒体报道声称，他信获得这个职位是由于泰爱泰党顾问沙龙·天通（Sanoh Thienthong）的赞助。更具有争议性的是，这位法官聘用被停职的前法官作为秘书，因其在杀害澳大利亚审计Michael Wansley事件中起到了保释关键嫌疑人的作用。

9 *The Nation*, 22 August 2001; *Bangkok Post*, 22 and 23 August 2001.

10 *Bangkok Post*, 5 August 2001.

11 *The Nation*, 28 June 2001.

12 *The Nation*, 23 November 2001.

13 *The Nation*, 7 January 2002.

14 *Bangkok Post*, 24 April 2001.

15 *Far Eastern Economic Review*, 27 December 2001, P 11.

16 2002年1月，选举委员会最终宣布，311个选区中有两个会收到"红牌"，目的在于阻止他们再次进行选举；另外，十二个选区收到"黄牌"，目的是，如果他们愿意的话，他们可以再次进行选举。这些数字远远低于预期的数量和之前的不合格数字。

17 2002年初，部委的数量再次修改，直至上升到20个。

18 *Bangkok Post*, 11 January 2001.

19 *The Nation*, 20 December 2001.

20 *Bangkok Post*, 6 January 2002.

21 *The Nation*, 5 April 2001.

22 *Bangkok Post*, 24 April 2001.

23 *The Nation*, 23 November 2001.

24 *Asian Wall Street Journal*, 19 November 2001.

25 *Bangkok Post*, 16 January 2002.

26 *The Nation*, 13 November and 12 December 2001.

27 *The Nation*, 13 May 2001.

# 泰国：难言复苏

【澳大利亚】Peter Warr[①]著　　陈欣　杜洁　译

如此多的人们业已意识到这个国家正处于多难之秋而不是繁荣盛世。所有的一切正呈江河日下之势。

——普密蓬·阿杜德（Bhumipol Adulyadej）国王陛下

2001年12月4日

泰国国王在2001年12月的生日演讲中清晰地表述了他的这种观点，并表达了广大民众的共同心声。自1997/1998年亚洲金融危机以来，经济复苏至今成效甚微，许多泰国民众仍然还在承受着金融危机带来的痛苦。经济数据充分证明了国王这一论断的正确性。本文试图就泰国自金融危机以来经济复苏问题展开讨论：有什么失误？亟须怎么补救？为何经济复苏尚未起步？

理解泰国经济表现低迷问题的关键在于明确责任：一方面，泰国的问题可以在多大程度上归因于目前的全球经济局势；另一方面，又可以在多大程度上归因于泰国国内的自身问题。这个问题即是本文的主题。如果应该归因于全球经济局势，那么泰国短期内应该做的就是解决生存问题，并等待机遇谋求发展。如果应该归因于泰国内部的自身问题，那么这些问题必须尽快予以解决。

① Peter Warr是澳大利亚国立大学（Australian National University）克劳福德经济与管理学院（Crawford School of Economics & Government）农业经济学教授、贫困研究中心（Poverty Research Centre）主任。

泰国在1997年亚洲金融危机以前，一直被公认为是可持续发展的领头羊。自20世纪50年代末以来，泰国经济实现了一系列的持续增长，一是实际GDP总量不断增长，从1965至1996年平均年增长超过7%（人均超过5%）；二是宏观经济稳定发展，贫困发生率稳步下降。1958到1996年期间，从未有过实际人均产出负增长现象，这在发展中国家里是屈指可数的。这个时期可分为两大主要阶段：一是从适度增长转向快速增长时期，时间为1958至1986年（约6%）；二是超级增长时期，时间为1987至1996年（超过9%），泰国经济的增长速度在这十年里在全球排名第一。世界银行等相关机构把泰国的发展成就称作“泰国模式”，认为值得其他国家仿效。包括泰国中央银行（Bank of Thailand）在内的泰国主要经济机构因其经济管理的卓越能力与持重风格而被广泛引为典范。

所有的成就却因为亚洲金融危机的爆发戛然而止。1997年底，泰国政府被迫屈辱地接受了国际货币基金组织（IMF—International Monetary Fund）援助计划，尽管援助计划构思草率欠周详。这破灭了国人对包括泰国央行在内的国家经济机构的信心。1997年7月政府决定采取货币自由浮动政策之后，汇率出现大幅下跌。汇率在货币自由浮动前为25泰铢/美元，1998年1月跌至55泰铢/美元，到1998年底稳定在37泰铢/美元左右，2001年底又跌至45泰铢/美元左右。产出和投资在汇率危机后严重萎缩。实际国内生产总值（GDP）在1997年下降了2个百分点，经济萎缩主要集中在第三和第四季度。实际国内生产总值在1998年下降超过10%。1999年和2000年经济缓慢复苏，增长超过4%，但是2001年又跌至2%以下。由此，2001年底的实际产出仅维持在低于1996年3个百分点左右的水平（见图1）[1]。如果考虑到人口增长的因素，这表明2001年底实际人均产出低于1996年的水平7个百分点。绝对贫困发生率在这段时期明显上升，1996年占总人口比重的11.4%（已从1988年的占总人口比重35%下降至这一水平）[2]，估计2001年会超过16%。

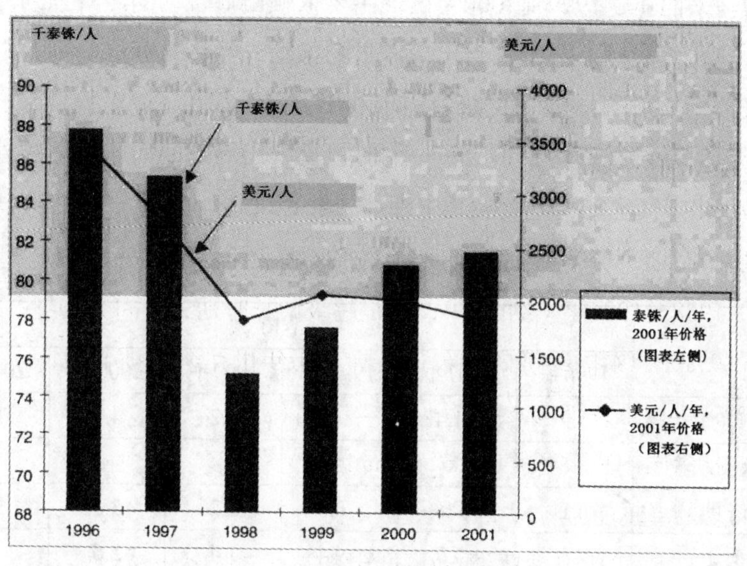


图1　泰国1996至2001年人均实际GDP

正是几年前对泰国模式留下深刻印象的评论界人士纷纷认为，一定要极力避免重蹈泰国的覆辙。但问题出在哪里呢？新政府所承诺的经济复苏又体现在何处呢？要回答这些问题，我们有必要首先回顾一下泰国经济复苏所面临的国际环境。

## 国际环境

泰国短期内经济复苏的问题在于总需求不足：国内消费需求、投资需求、政府需求和出口需求。表1表明，在刚经历危机（1997年和1998年）之后的经济环境下，消费需求和投资需求均呈下降趋势，但在1999至2000年出现了缓慢复苏，总需求主要依靠出口领域拉动。消费需求和投资需求依然疲软。这种定性的分析观点也适用于其他遭受危机影响的东亚国家。在韩国和马来西亚，1999到2000年出现主要依赖出口拉动的经济强劲复苏。以印度尼西亚为例，由于缺乏出口需求的推动，经济复苏势头则非常疲软（见表2）。2001年，泰国的投资需求和出口需求都在下降。投资下滑反映出投资者对泰国投资信心不足——同时也反映出局部的而非整体的外部局势，但是出口需求的下降当然是由外部因素导致的。

表1　泰国总需求贡献率

| | 泰国 | | | | | |
|---|---|---|---|---|---|---|
| | 1996年 | 1997年 | 1998年 | 1999年 | 2000年 | 2001年 |
| 实际GDP增长率 | 5.9 | −1.4 | −10.8 | 4.2 | 4.3 | 1.7 |
| 增长贡献率 | | | | | | |
| 消费 | 4.1 | −0.8 | −6.0 | 2.2 | 3.0 | 2.8 |
| 投资 | 2.3 | −7.7 | −9.4 | 1.4 | 2.6 | −4.0 |
| 出口 | −2.3 | 3.8 | 3.6 | 5.5 | 8.9 | −3.9 |
| 进口 | −0.3 | −5.0 | −8.5 | 4.1 | 8.4 | −7.6 |

备　注：消费和投资包括公共支出和私人支出。

数据来源：计算数据来自于国家经济与社会发展委员会（National Economic and Social Development Board, Bangkok）: http://www.nesdb.go.th/Main_menu/macro/qgdp_data/reportqgdp.asp?Heading- id=2。

表2　东亚国家总需求贡献率

| | 印度尼西亚 | 韩国 | 马来西亚 | 菲律宾 |
|---|---|---|---|---|
| | 1999—2000年 | 1999—2000年 | 1999—2000年 | 1999—2000年 |
| 实际GDP增长率 | 2.8 | 9.9 | 7.2 | 3.6 |
| 增长贡献率 | | | | |
| 消费 | 3.2 | 4.7 | 4.4 | 2.7 |
| 投资 | −1.9 | 4.3 | 2.7 | −0.1 |
| 出口 | −3.7 | 8.7 | 15.8 | 4.2 |

续表2

| | 印度尼西亚 | 韩国 | 马来西亚 | 菲律宾 |
|---|---|---|---|---|
| | 1999—2000年 | 1999—2000年 | 1999—2000年 | 1999—2000年 |
| 进口 | -5.3 | 7.3 | 15.8 | -0.2 |

备　　注：　消费和投资包括公共支出和私人支出。

数据来源：　世界银行（World Bank）（2001）：http://www.worldbank.or.th/monitor。

日本经济持续衰退，欧洲经济增长放缓，以及美国最近出现经济萧条，均导致泰国的外部经济环境进一步恶化。出口需求缩减在信息技术和半导体两大行业尤为严重。泰国中央银行的分类数据资料显示，高新技术项目（包括汽车行业）占泰国出口总额的60%，而目前这类出口项目明显放缓。由于该类出口在泰国GDP中的比重高达58%，泰国经济极易受到外部需求收缩的影响。不足为奇的是，泰国的几个东南亚邻国也遭受全球经济放缓的冲击。2001年，泰国的实际增长率为1.7%，印度尼西亚为3.2%，马来西亚为0.8%，菲律宾为2.7%。由于比上述国家更加依赖出口，新加坡实际GDP萎缩了3个百分点。韩国也遭受亚洲货币危机的严重影响，实际增长率仅为2%[3]。

全球经济的恶化造成对泰国出口需求的缩减，同时导致出口量和出口价格下降。在论及目前泰国经济状况时，出口价格的影响并未引起足够的重视。从危机前的1996至2001年这段时期，泰国的进出口价格比率（terms of trade，泰国出口到进口国的平均国际价格比率）从100下降到79（见图2）。也就是说，在这段时期里，由于出口量的下跌造成进口产品购买量降低了五分之一。如果把出口占GDP的比重纳入考虑，相对于恒定的外部进出口价格比率，出口价格出现的这种下跌相当于占到GDP12.3%的比重。进出口价格比率在2000到2001年期间下跌特别严重，从87.4降至79（1996年为100），在一年内曾经几乎下跌10%，相当于占GDP的6.5%。在这一年中，以美元计算的出口下降超过了3个百分点（见图3）。

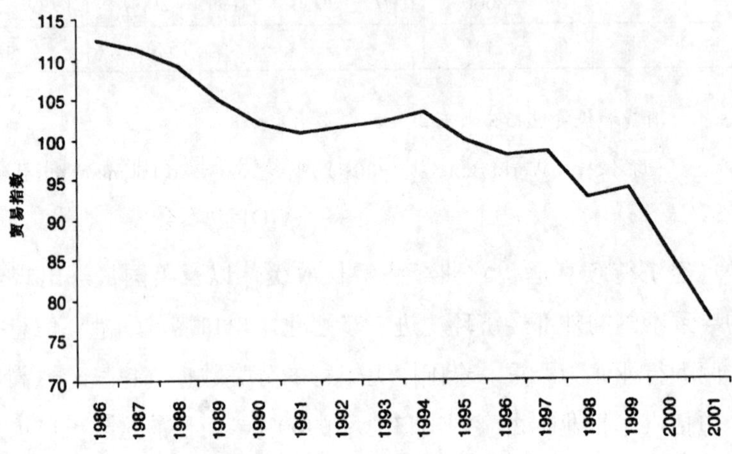


图2　泰国进出口价格比率，1986至2001年（1995=100）

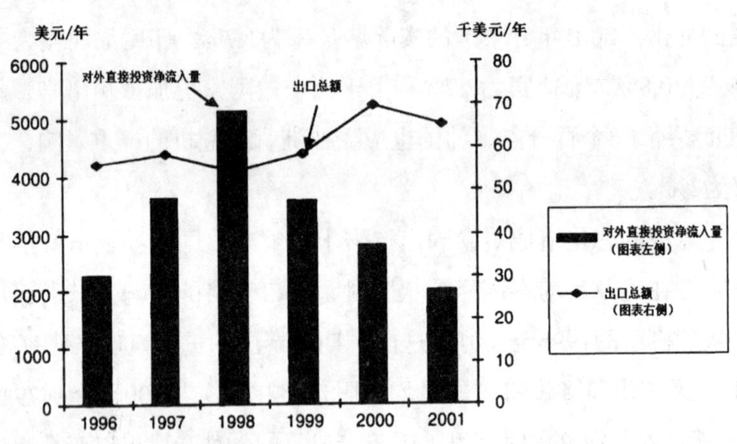


图3　泰国对外直接投资净流入和出口总额，1996至2000年

这种计算的意义在于，如果国内产出保持恒定，实际国民收入水平会随着进出口价格比率的下降而下降。其中，实际国民收入水平可被定义为

实际支出水平（即私人消费+私人投资+政府支出），它与既定的经常账户余额（current account balance）保持一致。但是官方测量到的所谓的“真正的”GDP却丝毫没有将之纳入考虑。它仅仅测量到国内产出的变化，并按恒定价格进行计算。实际GDP（real GDP）是指按照基期价格（泰国数据是以1988年价格为基数的）计算得出国内产出所有要素（包括出口）的数值。在这个例子中，如果泰国出口的国际价格下降，即使泰国消费者、公司和政府的实际购买力下降，“真正的”GDP也不会发生变化。因为“真正的”GDP并不考虑这种影响，实际GDP增长放缓大大低估了全球经济放缓对泰国国内经济福利下降的影响程度。

实际GDP数据夸大了2001年国民收入水平（定义如上），即略比1996年国民收入水平高出12个百分点。而以上数据显示，人均实际GDP从1996年到2001年下降了7个百分点，人均实际国民收入也因此下降了将近五分之一。当然，像泰国这样小体量的贸易经济体是无法控制进出口价格比率的。因此，政府也拿经济难以复苏的（潜藏）问题无计可施——因为这个问题实在太大。但这并不意味着政府所选择的路径就是无可挑剔的。

## 他信政府

他信·西那瓦（Thaksin Shinawatra）领导的泰爱泰党（Thai Rak Thai，意思是泰人爱泰人）在2013年3月的大选中赢得了创下历史纪录的议会席位数。合并众多小党最终更增强了其在议会中多数优势，可以给目前的非军事政府争取前所未有的政治权力。这一系列的举措与进一步合并反对党的计划，为联合政府赢得下议院和上议院足够的席位，这样就可以任意修改宪法，同时可以阻止反对政府的谴责动议。

泰爱泰党代表哪个社会群体及其共同利益呢？泰爱泰党从其意识形态而言是民粹主义政党，其思想源自一种人们普遍接受的观点，即

1997年金融危机的教训在于泰国的自由化在1987至1996年经济繁荣期间走得过了头，为金融危机创造了外部条件[4]。泰爱泰党的思想是内向型的，它坚持认为泰国问题必须在这个国家内部寻求解决。问题是如何将其转化为经济政策。2001年4月，他信在联合国亚太经济社会委员会（ESCAP—the United Nations Economic and Social Commission for Asia and the Pacific）会议上发表演讲，这是他作为泰国总理面对国际社会的首次重要讲话。他信认为，泰国必须寻求“原动力和本土的特色技艺，并将之与新兴营销和通信技术相融合”。他也提到，“基于西方在自然资源与智力成果方面的丰富储备”，新兴技术的开发往往出自发达国家，而像泰国这样的发展中国家远远不能与之相提并论。他信总理同时指出：“这个国家不能再继续依赖接纳转移淘汰产业与引进生产低价值产品，或者依赖继续发展那些规定进口国外高价产品并提供本国廉价劳动力附加条件的低附加值出口产业。”[5]

他信总理希望从此番言论中得出何种政策理论，目前尚不清楚。但是当地媒体与国外媒体对其言论做出如此一番解读，认为这预示着泰国将对国外投资者采取并不友善的环境政策，同时也将终止对国际贸易自由化的支持。“内向型”这一描述性用语频繁见诸媒体评论文章，被认为是对其保护国内商业精英集团并抵制国际自由竞争政策的委婉表达。在此之后的几个月里，尽管他信总理费尽口舌矢口否认媒体对其观点的错误阐释，但是已然造成了损失。2001年，外商直接投资（FDI）和国内投资都出现急剧下滑。外商直接投资下降情况参见图3；表1显示总投资的下降情况，其中国内投资是主导因素。

他信的前任民主党政府得到国内中产阶级的强力支持，尤其是在曼谷。泰爱泰党则代表着两种截然不同的团体：第一是通过农村政治掮客动员起来的广大低收入农村居民的广泛联盟；第二是大企业家集团。据说他信总理本人是全泰国的首富，商业投资兴趣广泛，尤其是在电信行业，他信及其直系亲属在这个行业拥有最大的单一公司新集团（Shin Corp）。由于前几任政府批准的垄断经营权，新集团与他信本人积累起了巨额财富。泰爱泰党政治基础的双重性质——农村贫困人口和企业精英集团——可以帮助我们更好地理解泰爱泰党的经济政策议程。大部分的政策举措在收入再分配方面均更加青睐这两大群体。

超级富豪在其中本来就为数极少，而且选举的成功也并非由于承诺要特别关照这个群体的利益。泰爱泰党之所以能够赢得大选并最终执政掌权，在于它为农村贫困人口提供三种看似非常重要的福利：

- 低价医疗计划：公立医院为低收入人群提供低价医疗服务，每次就诊只需30泰铢（0.75美元）。
- 乡村周转基金：为泰国的每个村庄提供100万泰铢以促进社区发展。
- 减免农民债务计划：泰国农业与农业合作社银行（BAAC—Bank for Agriculture and Agricultural Cooperatives）为无力偿还贷款的农民提供延期三年还贷政策。

泰爱泰党的网站向外公开这些福利项目的成本估算，包括申请福利项目的基本资格和条件限制，即使竞选活动期间亦是如此。但是在竞选期间，这些重要的细节被泰爱泰党营销经理们忽略掉了，选举之后随着这些细节逐渐为人所知，泰国贫困人口期望获得的福利为此大幅减少。

低价医疗卡最终只为此前坚持每月支付100泰铢及以上费用的人群提供。此外，公立医院因缺乏足够的资金支撑可能会强加于医院方的“30泰铢治百病”医疗计划，他们认为有必要减少该项计划规定的服务项目以规避医院方的巨额成本。30泰铢最低医疗收费政策的含金量由此大打折扣。政府还宣布建立有效的医疗保险体系尚需三年时间。尽管人们预期从中可得的福利大幅减少，但是这项方案的确有其价值所在。设计欠妥的医疗保险体系甚至比没有更加糟糕。同时，30泰铢低价医疗卡的受益面虽小，但是不可忽视。那黎宣大学（Naresuan University）的研究员估计全民医疗保险的成本应该在900至1 000亿泰铢之间。目前的方案却远未达到这项成本预算，据大体估计其投入预算大约为200亿泰铢。

100万泰铢乡村周转基金并非经常性拨款，而是一次性福利。即使如此，如果政府当真兑现100万泰铢拨款，其总量也相当可观。泰国总共有63 000个村庄，总共630亿泰铢的投入相当于14亿美元左右——数额相当巨大。然而，这笔款项并不是农村发展投入资金的净增长，而是从其他类似性质的农村项目中划转过来，在三年内分期划拨，并且设有诸多资格限制。农村人口的净收益，如果还有的话，将取决于以这种方式划拨的款项价值是否超过其他被淘汰的农村项目，而这些项目被淘汰的目的就是为乡村周转基金提供资金保障。要想贫困人口真正从中获利，打击基金管理中的腐败行为至关重要，但这也是该项方案一直未受到足够重视的方面。即便我们对完善基金管理中的问责机制和监管环节持乐观假设，看起来贫困人口的净收益仍然不太可能超过10亿美元。

减免农民债务计划可能意义更为重大。泰国农业与农业合作社银行迄今为止是农民最大的贷款机构。私人银行一直不愿意向农民发放贷款，部分因为大量小额贷款导致成本增加，部分因为泰国的土地所有权制度体系并不完善，以农田做担保的借贷形式存在风险。农业与农业合作社银行也有类似的业务问题，其贷款并不集中在更为贫困的农民群体。泰爱泰党指出，在农业与农业合作社银行贷给农民的2 300亿泰铢贷款中，只有500亿泰铢的贷款是没有问题的。因此泰爱泰党提议，对其余的1 800亿泰铢问题贷款实行为期三年的缓期还债计划。农民向农业与农业合作社银行支付7%左右的贷款，这样价值1 800亿泰铢的贷款暂停偿还的利息每年大约为130亿泰铢，三年共约400亿泰铢。

这个提议引发了严重的实际问题。首先，对于那些为了按期偿付农业与农业合作社银行贷款而节衣缩食的农民来讲，他们难道得到的嘉奖就是被排除在三年延期还债计划之外吗？显而易见，情况的确如此。第二，三年以后情况会是怎么样呢？泰爱泰党含蓄地提出政府最终将按预定利率支付承担所有的问题贷款。但是这项延期还款计划很难鼓励相应的行动。即便农民能够偿付这些贷款，延期还款计划的实施方式可能鼓励拖欠债务行为，借贷人可能存在得到下一个延期还款计划的想法。也就是说，延期还款计划体系具有一个内生特点，即它可能会对农业信贷的可行体系造成破坏。

这笔金额是否巨大呢？从泰国农村人口的角度来看，对每项计划宽松做一点粗略预估，上述三个方案总共需支出资金接近700亿泰铢（约16亿美元），分摊到三年，每年需支出230亿泰铢（约5亿美元）。这笔总款项在泰国的2002财政年度预算中约占2.5%，占GDP的0.5%。尽管款项数额看上去并不算大，但这一揽子计划涉及收入再分配问题，即将纳税人部分所得再分配到贫困人口手中[6]。相比之下，泰爱泰党的一揽子经济计划在其他方面也涉及收入再分配问题，但是从纳税人手中分到最富有的泰国人手中的数额远远超出了以上金额。下面举两个例子加以说明。

**电信业**　按照世界贸易组织（WTO—World Trade Organization）规则，要求电信行业打破国内垄断格局，向国际竞争开放。值得一提的是，过去这种垄断格局带来了巨额的经济利润，并且一直是他信财富的主要来源。新的格局带来了一场激烈交锋，巨额利润危若累卵。之前议定的过渡方案涉及民营企业（包括他信公司，也是最大的公司）与国有企业之间利润共享。

朱拉隆功大学知识产权研究所（the Intellectual Property Institute at Chulalongkorn University）受政府委托审核这一系列计划，建议取消利润共享措施。政府已临时同意批准其修改意见，但接踵而来的是公众的强烈抗议。独立分析师与颇负盛名的泰国发展研究所（TDRI—Thailand Development Research Institute）的研究员建议采用另外的方案，并且估计这项政府提议的修改方案将会让公共财政支出损失大约3 000亿泰铢（约67亿美元），而让私营电信公司大发一笔横财，其中约三分之一的收益将流向他信的新集团。政府发言人为这些计算细节竭力辩护，极力为这项方案开脱。问题在于，即使泰国发展研究所数倍高估这笔金额，方案隐含将纳税人向泰国富人阶层转移，这笔钱远远超过政府正在实施的扶贫再分配的资金数额。

**泰国资产管理公司（Thai Asset Management Company）** 1997至1998年的亚洲金融危机给泰国银行业留下了大量的不良贷款（NPLs—non-performing loans）。这些不良贷款大约为8 000亿泰铢（180亿美元）。通过上文表1可以显而易见地看出，泰国目前投资水平低下状况的原因在于，大量的不良贷款造成银行资本不足并不愿轻易放款。对政府来说，有两种解决方案可以应对这一困境。第一，通过加强破产和赎回程序严厉打击欠款的借款人拖欠债务者；第二，善待他们，由专门的政府机构买断其所有产权，尽管这会让纳税人蒙受损失。

第二种解决方案的理由在于，这一措施将彻底根除银行的不良贷款，使银行可以放下包袱全力开展新的融资投资业务。负债累累的企业主，以及在金融危机中财产受损甚至耗尽家财的泰国富人，对第二种方案趋之若鹜。泰爱泰党人也一直青睐这一方案，他信政府建立泰国资产管理公司也是基于这一思路。

迄今，泰国资产管理公司仅仅成功收购了国有银行的不良贷款。而收购私有银行不良贷款无甚斩获，尽管这占不良贷款的绝大部分。收购国有银行的不良贷款，本质上是政府机构之间的款项转移，几乎不改变相关银行的借贷行为。到目前为止，收购私人银行不良贷款不太成功主要有两个原因。首先，这些私人银行通常在过去四年里一直与相关公司博弈以期收回贷款。这些银行比泰国资产管理公司的管理人员更加了解这些公司的具体情况。泰国资产管理公司无视自身不了解情况的事实，想当然地抛出其收购相关不良贷款的价格，问题是信息的不对称。结果是，泰国资产管理公司的报价往往低于私人银行可以接受的价格，当然很难达成交易。而那些确实达成的交易很可能是泰国资产管理公司高估了该项贷款的价值，并且很可能会蒙受损失。第二个原因是私人银行比国家银行更擅长于追回不良贷款。在条件相当的情况下，相同的不良贷款在私人银行手中会比在泰国资产管理公司手中价值更高。

只有政府决定提高给泰国资产管理公司增拨纳税人补贴，泰国资产管理公司才有可能在收购私人银行不良资产方面取得重大建树。泰爱泰党党内也对此表示支持。这项方案是否能够通过目前尚未可知，但是一旦付诸实施，即会导致巨额资金从纳税人手中转移至泰国富人阶层手里。

增强泰国资产管理公司职能观点背后的理论是，银行资本不足正是贷款水平低下的原因所在，并由此导致投资水平低下。这一观点忽略了两个主要事实。首先，并非只有银行业，泰国的整个企业界同样因为金融危机影响造成资本不足。一个资本不足的企业界，没有人愿意借贷，即便是在目前泰国银行利率如此之低的状况下，也是如此。其次，企业在其产能利用率比较低下的情况下也不愿意借贷，目前就是如此。由于产能利用率低下和短期内销售增加前景渺茫，企业都不愿意承担额外的债务[7]。

证明泰国资产管理公司合理性的经济分析是错误的。泰国资产管理公司并不是刺激泰国投资的有效方法，但它却是将大量的公共资金转移到企业界的潜在手段。如果泰国资产管理公司是出于刺激投资这一目的，这将是非常危险的。

# 地方分权自治

泰国1997年颁布的新宪法和继后的《地方分权自治法案》（the Decentralization Act）明确规定了政府支出方面实施分权治理，其雄心壮志不言而喻。计划加大地方政府支出占政府总支出的比重，从2000年的8%增加至2006年的35%。这项计划涉及国家财政收入和部分征税权从中央政府转移到地方政府。这项计划构思于1997至1998年金融危机之前，当时正值泰国的持续繁荣和（令人遗憾的是毫无根据地）经济乐观主义期间。该项计划本身出于政治动机，并不考虑会给经济带来何种影响。这项计划的假设逻辑是，泰国能够负担得起任何需要的成本。遗憾的是，这种危机前的假设逻辑却一直左右着当前的决策，尽管经济环境已经今非昔比。泰国的决策者们亟待更加认真地考量地方自治可能带来的经济恶果。

事实上部分政府支出项目是不能分权的——国防与外交事务就是两个典型——如果原则上这些政府支出项目能够分权的话，最终地方分权自治的程度必然会超过总体水平的35%。至关重要的项目还包括教育、卫生、农业推广和社会安全网。几个世纪以来，泰国政府一直是高度中央集权，并且降低中央政府在公共支出方面的集权化已经进入政府议程有一段时期了——至少从1992年泰国政治危机以来。削减中央政府权力的想法，其实质是为了避免政治独裁和军事政变。

地方分权自治计划对外宣称的目的是增强地方政府对政府支出方式的控制力度，地方政府由此承担了更大的责任。除此之外，期望将政府支出权力直接交到当地社区手中，能够更好地抑制公共支出更多流向城市地区，特别是富人阶层的趋势。例如，对于提高泰国贫困人口最为集中的农村地区的中学入学率这一重要问题，泰国中央教育管理部门至今尚未圆满解决。分权控制政府支出可能是确保资金流向最急需的领域唯一可行方法。

尽管其目标值得赞许，但初步迹象表明，该项计划在地方权力的力度上过于激进。这项计划由此面临失败的危险。与也在意气风发地着手实施分权自治计划的印度尼西亚相比，泰国地方分权自治的流程设计显得更加清晰。印度尼西亚将很大部分的政府支出权力分配给地区（kabupaten）一级政府。这就是说，政府支出权力被下放给大约350个辖区平均人口为50万的地区一级政府。鉴于泰国人口只有印度尼西亚的四分之一，类似程度的地方分权自治意味着下放大部分的支出权力到大约80个地方行政机构，大概与府（changwat）的数量相当。

目前，泰国的76个省府政府都不是民选政府（府尹均为曼谷政府任命），地方分权自治计划并非大幅增加这级政府的支出权限。与此相反，计划的目标在于乡镇（tambon）一级的行政机构，即大约7 000个乡镇行政委员会（Tambon Administrative Council）。在农村地区，乡的规模非常小，平均人口大约为5 000人。普通的乡村没有能力开办高中，也没有设施完备的医院，甚至没有专业的行政管理人员能够设计出新增资金的合理使用方案。

如果乡镇行政委员会不能管理好新增支出项目的话，可能会导致公共支出的极大浪费。如果有效的监控措施不能及时启动的话，地方一级政府腐败即会在许多领域繁衍滋生。一些愤世嫉俗者给这套计划贴上了“分散腐败（decentralizing corruption）”的标签。但愤世嫉俗者没有看到的是，只有当地方的乡镇行政委员会能力增强之后，分权自治计划才能够真正解决泰国农村人口的中等教育入学率低下这一基本问题。如果继续实施该项计划，这一问题可能会得到解决，但是需要时间，同时也会遭到严重的破坏。随着政府收入从中央政府向地方政府的转移，相应的政府职能也必定会随之转移。如果乡镇行政委员会没有做好足够准备的话，原先由中央政府提供的教育、健康、医疗和其他服务就不可能在乡一级行政机构出现。

世界银行（the World Bank）的观点及国际经验表明，当分权功能领先于收入再分配时，分权自治的成效才会更好[8]。泰国的情况却恰恰相反。最终的结果可能是，地方行政机构得到来自中央政府的大幅新增财政收入，但却会在较长的一段时间内无法提供中央政府从此不再提供的服务。

泰国分权自治计划也有许多可取之处，但是这项计划的失败可能会对社会秩序造成严重的破坏，并会影响到民众翘首以盼的1997年金融危机之后的经济复苏。一直以来阻碍经济复苏的主要障碍在于，如何恢复金融系统的运作功能和投资者的信心，但是金融系统却因大量的不良贷款而步履维艰。两个问题都难以达到预期。为了避免大规模的影响，现行的分权自治策略的诸多方面有必要进行认真的反思。这可能要求在省府一级政府实现民主化，并按照计划赋予其更大的分权自治权。这些问题均极具争议，难以很快得到解决；但是，分权自治计划的延期可能远比失败更好。

## 第九个五年计划

泰国自1959年开始实现中期经济计划制度化，同时成立了国家经济发展局（the National Economic Development Board），后来更名为国家经济与社会发展委员会（NESDB—the National Economic and Social Development Board）。国家经济与社会发展委员会的任务是协调各政府部门的活动，并且每五年制定一份中期发展计划。目前最新的是第九个五年计划，涵盖2002至2006年，该计划于2001年底发布。这些计划只是指导性文件，并不具备法律效力。没有任何手段可以强迫各部委执行这项计划，甚至有几个部门根本连计划都不读，这已经是众所周知的。在如今飞速变化的时代，这些计划所基于的假设在计划付诸印制之前就已经落后于时代了，但是这些计划确实指明了经济发展的方向，这个方向即政府部门所赞成的最合适经济政策。官员与政府之间的意见分歧在第九个五年计划的起草过程中作用重大。第九个五年计划在最终批准以前其草案曾被政府不止一次驳回。

据报道，计划最终获得批准后，国家经济与社会发展委员会的秘书长应政府要求被迫辞职。

扶贫工作是第九个五年计划的一项中心目标。五年计划规定了2006年贫困发生率目标，以及与其密切相关的经济目标。后者包括实际GDP总量增长目标、部门产出增长、通货膨胀、出口增长、游客数量的增长等。这些目标的主要指标包括：

- 2006年贫困发生率目标：总人口的12%
- 2002至2006年实际GDP增长率：4%—5%
- 2002至2006年农业产出增长率：2%
- 2002至2006年工业产出增长率：5.5%
- 2002至2006年通货膨胀（平均价格水平的增长率）：3%

贫困发生率目标指降低贫困发生率的措施，贫困发生率即指在一段时期内实际收入恒定低于贫困线的人口占总人口的比重。按照政府规定的官方贫困线标准，1999年的贫困发生率为15.9%。这项目标表明，2006年贫困发生率将至少降低总人口比例的四个百分点；到2006年，贫困人口比例——政府将其定义为贫困线——将不高于1999年贫困发生率的四分之三。

这些目标并不是孤立的。事实上，显而易见的是，一些中期目标旨在实现其他更多的基本目标。例如，出口增长和游客人数并非必要的目标，而是实现GDP增长的手段。与此类推，GDP增长是实现更多基本目标的工具性目标，包括改善平均生活标准和消除绝对贫困。

可以合理预期的贫困发生率水平部分取决于出口增长率和通货膨胀率，出口增长率指整体比率及其局部构成。因此，这些总体预测之间是否相互一致就成为一个可能被问到的问题。也就是说，贫困发生率目标与经

济增长目标及通货膨胀目标相互一致吗？要回答这个问题，需要查阅有关经济增长、通货膨胀以及贫困发生率的历史记录，再估算出这些数据之间的统计关系。然后需要使用估算出的统计关系刺激贫困发生率，使之发生与五年计划规定的增长目标相一致的变化。

我们可以获取泰国自20世纪60年代以来有关贫困和不平等的数据。这些资料数据表明绝对贫困发生率（人口比例中实际收入低于固定标准——贫困线）长期的大规模减少。1997至1998年金融危机打断了贫困发生率的长期持续减少，但是相对于前三十年内减少的数量，贫困发生率新增数额相当小。另外，不平等——相对于富人而言的贫困人口的收入——在同一时期内增加了。尽管贫穷人口的绝对收入在逐渐增长（从而减少贫困），但是那些富人的收入也愈发地增长（从而加重不平等）。

根据平均GDP的高、中、低三种增长率水平，表3对可获取的贫困发生率数据做了三个时间段的划分，从而提供了关于这些数据的概括性探讨。表3还提供了这三个时间段内的实际GDP平均增长水平，同时也概括了这三个时间段内根据基尼系数测量的贫困发生率和不平等的平均变化。表3还证实了减贫速度在高速增长时期最快。减贫速度在低速增长阶段也是最慢的，减贫速度在中速增长时期也是中速的。减贫与经济增长率呈正相关；等价地，贫困变化与经济增长率呈负相关。

更加规范的统计分析参见其他相关资料[9]。我们可以得出这样一个结论：经济增长和通货膨胀目标不足以支撑贫困发生率降低目标的实现。过去一段时期内减贫（因变量）与增长、通胀（自变量）之间的统计关系表明，即使实现了增长和通胀目标，相对于第九个五年计划初（2002）的水平，这并不表明贫困发生率就会减少。要实现贫困发生率降低的目标，需要经济增长每年至少达到7%。鉴于全球经济低迷的现状，几乎没有人认为实际GDP（4%—5%）的经济增长率目标是可以实现的。如果经济增长率低于这个水平，就意味着贫困发生率会增加。换句话说，如果减贫目标实现了，或者如果贫困发生率的增加得到了有效规避，那么就必定有一些其他的重大改革举措得到了有力执行，并且挽回了整个不利局面。五年计划中提及的政策调整尚不足以实现这个目标。

表3 泰国GDP增长、减贫与不平等

| 年份 | 年度GDP增长 | 年度贫困发生率变化 | 年度基尼系数变化 |
|---|---|---|---|
| 快速增长时期 | | | |
| 1986—1988 | 9.75 | −6.15 | 0.00 |
| 1988—1990 | 10.27 | −2.70 | 1.95 |
| 1992—1994 | 7.01 | −3.45 | −0.45 |
| 平均 | 9.01 | −4.10 | 0.50 |
| 中速增长时期 | | | |
| 1962—1969 | 5.08 | −3.60 | 0.20 |
| 1990—1992 | 6.47 | −2.00 | 0.60 |
| 1994—1996 | 6.44 | −2.45 | −0.60 |
| 1975—1981 | 4.86 | −2.18 | 0.23 |
| 平均 | 5.71 | −2.56 | 0.11 |
| 慢速增长时期 | | | |
| 1969—1975 | 4.15 | −2.42 | −0.15 |
| 1981—1986 | 3.67 | 1.88 | 0.88 |
| 1996—1998 | −6.50 | 0.80 | −0.20 |
| 1998—1999 | 4.16 | 2.90 | 0.04 |
| 平均 | 1.37 | 0.79 | 0.14 |

数据来源： 贫困、不平等、GDP数据来源于曼谷国家社会与经济发展委员会（National Economic and Social Development Board, Bangkok）。

# 结论：短期的约束，长期的机遇

在短期内，总需求亟需扩大，但是泰国的政策选择非常有限。货币扩张的范围受到“流动性陷阱（Liquidity Trap）”[①]的制约，银行现金充裕但仍然不愿意放贷，大多数公司也不愿意借贷。通过降低泰国已经很低的利率来刺激投资的做法并不可取。财政扩张的范围是有限的，因为预算赤字占有GDP的份额和公共债务的规模都受到了法律的限制。温和的财政扩张已在进行，法律限制额度也在扩大。目前政府有政治权力修改这些限制，但公共债务占GDP的比重（65%）已经超过了政府所承诺的最大限度（60%）。温和的财政扩张是可取的，但是如果针对贫困群体而非现任政府的政治盟友的话，其意义就会更大。

坏消息是，泰国短期内必须耐心等待出口需求和投资者信心的恢复，这反过来又需要全球需求的复苏。好消息是，目前的经济放缓，加上现任政府拥有议会的大多数席位，这为持久改革创造了好的条件。遗憾的是，现任政府对这些事情兴趣不大。事实上，最近改革措施似乎更有可能暂时搁置。目前最紧要的问题是教育改革。

他信政府对泰国贫穷人口的福利表示出热切的关注，但其青睐的解决方案主要包括从公共收入中划拨出相当少的经费，实行一种变相的收入补贴。短期来讲，这在政治上是有益的，但决非长久之计。它忽略了一个潜在的问题——大量人口的低生产率，特别是农村地区。提高贫困人口的生产能力才是解决贫困的长久之计。提高劳动生产率也是结束泰国严重依赖劳动密集型生产方式的关键所在，他信总理曾正确地指出，这与泰国当前

① 译者注：流动性陷阱（Liquidity Trap），是英国经济学家凯恩斯提出的概念，又称凯恩斯陷阱。在凯恩斯主义经济学中，流动性陷阱是指一个当货币政策完全没法刺激经济的情况，无论降低利率抑或增加货币供应量也没有作用。典型的流动性陷阱在当预期经济不景气时出现（例如通货紧缩、总需求不足、发生战争），使持有流动资产的人不愿意投资。

所面临的在竞争日益激烈的国际环境中保持繁荣发展目标是不相符合的。因此，在教育体系改革是最紧要的长期政策这一点上，应当达成共识。他信总理在其讲话中表示赞同，但是未见付诸行动。

泰国农村人口接受的教育，在质量和数量上明显低于泰国城市人口。年轻人会迁移到城市地区，但是伤害已然造成。在泰国农村接受的低水平教育注定他们只能从事卑微的低收入工作。农村地区的中学辍学率比城市地区要高得多，也许更重要的是教学质量也较低[10]。中央政府教育部抵制改革，他信的教育部部长显然不愿意打好教育这场攻坚战，甚至还在为泰国学校里非常普遍的死记硬背的教学体系辩护。

众所周知，泰国政府无法把事情办好，众多的小党为了能够执掌政权通常需要结成更大的联盟。如此脆弱的联盟自然会有分裂，这往往导致任何长期议程都难以得到实施。他信·西那瓦政治上的成功使其政府能够避免这种经常出现的两难困境，并为他实施持久改革提供了难得的机遇。目前的迹象表明，这种政治资本可能消耗在政治分赃和短期的政治较量中。机遇稍纵即逝。

［原文“Thailand’s Non-Recovery”载于《东南亚事务》（*Southeast Asian Affairs*）2002年，第326—342页］

## 注释：

1 图1（左轴）柱状图显示2001年价格恒定的情况下人均每年的实际GDP。读者应该注意，这个轴不是从0开始的。这一系列数据显示的是从1996至2001年人均实际产出下降了7%。将这一计算以美元进行换算，利用官方汇率将上述实际GDP系列数据转换成美元（线形图，右轴），实际下降47个百分点。

2 有关泰国贫困发生率的早期数据，参见Medhi ICrongkaew, “Income Distribution and Poverty”, in *The Thai Econormy Warr in Transition,* edited by Peter G Warr (Cambridge:

Cambridge University Press, 1993)。

3 上述实际GDP增长率的初步估算来自于（2002年2月初）亚洲开发银行（the Asian Development Bank）网站，该网站报道泰国2001年的GDP增长率为1.5%，略微低于泰国政府的官方估计数据。见<http://www.adb.org/Documents/Books/ADO/2001/Update/ tha_update.pdf>。

4 就资本市场自由化而言，关于泰国经济繁荣的论述，参见Peter Warr, “What Happened to Thailand?”, *World Economy* 22 (July 1999): 631—650。

5 以上引语来自于*Bangkok Post*, 24 April 2001. 参见 <http:// scoop.bangkokpost.co.th>。

6 对穷人的再分配远远少于这个总数。其中最大的组成部分是农业与农业合作社银行延期还债项目，并不是集中在贫困农民群体，因为农业与农业合作社银行贷款本身并不是集中在小农户群体。

7 为进一步讨论这些问题,参见Ammar Siamwalla, “Picking up the Pieces: Bank and Corporate Restructuring in Post 1997 Thailand” and “AMC: An Idea Whose Time Has Gone”, available at <http://www.info.tdri.or.th>。

8 参见World Bank, *Thailand Economic Monitor,* July 2001. This and previous issues arc available at <http://w%iv.worldbank.org.th>。

9 参见Peter Warr; “Economic Recovery and Poverty Reduction in Thailand”, Paper presented to the Year-end Conference of the Thailand Development Research Institute, Jomtien, Thailand, November 2001(in Thai), in *Thailand Development Research Institute Quarterly Review* (in English), March 2002。

10 为进一步探讨这些问题,参见Sirilaksana Khoman, “Education: Thailand’s Key to Long-Term Recovery?”, in *Thailand Beyond the Crisis*?, edited by Peter Warr (London: Roudedge, forthcoming)。

# 泰国2002年

Thailand 2002

# 对泰国君主立宪制的几点反思

【泰】Sukhumbhand Paribatra[①]著　　　陈欣　杜洁　译

## 民族的灵魂

正如老话所说，空气紧张得好像要凝固一般。时间是1992年5月20日，一个星期三的晚上，街头暴力冲突持续三天之后，军队和示威者在曼谷严阵以待，准备最后一场血腥较量。军队内讧的传言在坊间广为流传。局势好转看似无望。越来越多的人开始祈求某种政治奇迹的发生，就像20年前的1973年学生反抗军政府起义那样。正当局势面临暴力与流血事件升级的紧要关头，曼谷王朝（Chakri Dynasty）[②]九世王普密蓬·阿杜德（Bhumibol Adulyadej）突然现身电视节目，最终，公共秩序得以恢复，危机得以化解。

民众的祈求终于得到了回音。总理素金达·甲巴允（General Suchinda Kraprayoon）将军和陆军少校占隆·西蒙（Major Chamlong Srimuang）是此次反政府抗议活动的主要倡导者和实际领导者。普密蓬国王传召两人进

① Sukhumbhand Paribatra是民主党国会议员，泰国外交部原副部长。

② 译者注：曼谷王朝（泰语：จักรี；英语：Chakri Dynasty），或称却克里王朝，是从1782年起延续至今的泰国王室。王朝的名字源于开国君主拉玛一世的名字。该王朝的君主在1932年前是拥有专制权力的统治者。1932年，泰国成为君主立宪制的国家，此后历代国王都只是国家的象征性元首。1946年普密蓬·阿杜德继位国王。国王担任武装部队统帅，并根据宪法，通过国会、内阁和法院行使权力。政府每年拨一亿泰铢供王室开支。现任君主为拉玛九世陛下。

宫。王室受到了全世界的关注。两人匍匐在国王面前，恭听国王的娓娓训诫。国王要求他们以公共利益为重，告诫他们务必竭力避免近在咫尺的“灾难”，并“请求”他们“坐下来以和解的方式共同面对现实，而不是以对抗的方式，寻找解决问题的出路，因为我们的国家并不属于任何一两个人，而是属于每一个人”[1]。

奇迹又一次发生，危机在瞬间化解。两位重量级人物做出让步，严阵以待的军队撤回军营，示威人群也都散去。素金达在几天之后提出辞职，权力平稳地过渡到临时政府手中。临时政府由颇有声望的阿南·班雅拉春（Anand Panyarachun）领导，他后来成功地实现军方要职的平稳过渡，并举行了大选。

1932年6月，绝对君主制被推翻，取而代之以君主立宪制。这在泰国历史上是非同寻常的事件。从此以后，泰国国王的王室权力和特权被明确规定和界定，类似于欧洲的立宪君主。然而在1992年5月，正是国王的劝诫，避免了一场大规模的流血事件，甚而可能是一场内战；国家恢复了常态，恢复了理性的空间，泰国王室在不久之后又重新回到了正轨。

1992年的“黑色五月”危机证明了泰国君主制和当今国王的独特地位，国王已经被奉为“民族的灵魂”。“民族的灵魂”一词曾被已故的政治家、学者和作家古格·巴莫（Kukrit Pramoj）使用过[2]。他重申君主制与其化身的重要作用，认为君主制不仅是民族团结的崇高象征，也是民族良知，同时也是解决冲突的终极管理者和民族和解的最强大力量。

在新千年的黎明，普密蓬国王的人气似乎高过以往任何时候。他带领经历经济危机之劫以后惊魂未定的国家渡过难关。他用充满睿智的言语抚慰民众，并赢得了臣民们对国王前所未有的敬重。1999年12月5日晚，正值普密蓬国王人生的第六个轮回生日之时，国王年满72周岁，全国人民点亮蜡烛向他顶礼膜拜，颂唱国王的赞歌。

要想对这一切做出解释，绝非易事。也许部分是历史原因，部分在于

曼谷王朝200余年来逐步形成的王朝正朔观念，第三个原因是目前王室所取得的卓越成就。

## 过 去

普密蓬国王在泰国人民心目中的特殊地位并非凭空而来。

根据泰国的传统，领导的关键特质是波罗密（barami）①，即由个人及其祖先在其前世和现世通过做善事积功德而成的魅力与涵养。当今泰王的波罗密部分源于却克里家族是泰王国的救世主这一事实，自曼谷王朝建立之初起就一直被认作如此。

1767年4月7日，泰王国建都长达四个世纪的大城府（Ayudhya）被缅甸军队攻陷[3]。皇宫、寺庙、佛像以及泰王国所有的文字历史档案被毁于一旦，王国四分五裂。

郑信（*Phraya* Tak），出身平民，领导人民通过艰苦卓绝的战斗，将缅甸军队驱逐出境，最终取得胜利。他加冕为王，史称"达信王"（King Taksin），迁都吞武里（Dhonburi），自此一直坚持反抗缅甸入侵的斗争。

昭披耶·却克里（*Chao-Phraya* Chakri）与其弟弟也是平民出生，是达信王时期最有影响力的两位将军。在达信王登基之前和在位期间，在王朝复辟的战役中地位举足轻重。1782年当达信王精神开始异常时，王朝内部出现了权力之争。众人拥立却克里为王，称为拉玛提钵一世王（King Ramathibodi），是曼谷王朝的开国君主，后来西方更多称之为拉玛一世（King Rama I）。

① 译者注：波罗密（barami）意为"菩萨的责任"或"菩萨的财富"。一般汉译为"度""到彼岸"，意谓从生死的此岸能因佛法而救度到涅槃解脱的彼岸。佛教认为，波罗密是所有菩萨行者必修的善德，是成就究竟菩提一切圣者的根本资粮。

新国王与其弟弟（被任命为Maha Uparat，即拉玛二世）共同肩负着王朝复辟的使命。他们成功抵御了来自缅甸等邻国的入侵，泰王朝东山再起，势力扩张，后又跨过吞武里河，迁都曼谷。按照大城府的建筑风格在曼谷大兴土木，新建了皇宫、寺庙和公共建筑，王国实现了伟大的复兴。

也许更重要的是，新王朝不仅推动了泰王国的复兴，同时也促进了整个宇宙的复兴。大城府被付诸一炬的浩劫远非物质破坏这么简单。对于一个非常传统的社会而言，它势必给人们留下极大的心理创伤。这里曾是人口超过百万的繁华国际大都会。此后，这个城市彻底衰落了。1767年4月之后，仅有10 000人活了下来，他们亲眼目睹了本民族璀璨文明的幻灭。

此外，从精神与道德角度而言，这一浩劫象征着社会与秩序的崩溃。大城府的王朝正朔观念是印度教和佛教的融合。根据这一观念，泰国当代两位最杰出的政治科学家指出：

> 国王不仅是国家的政治领袖，同时他本人也是国家与社会的象征。他是社会最为重要的核心，是社会变革与发展的机制。社会的变化，无论是好是坏……都取决于统治者是否具有美德。人们或许会说君主是自成一体的体系，因为他不仅要对自己运用政治权力的后果承担责任，同时也对体系本身的实质变化负责任。[4]

随着历代泰国国王的“天赐御地”大城府的衰落，以及君主制的瓦解，泰国社会和谐中心、秩序之源，以及道德与精神力量也不复存在。因此面临的挑战绝不仅仅是物质的恢复，更是一种生活方式、一种文明，甚至是整个宇宙的重生。

重建京都从某种意义上说始于达信王时期，但真正大兴土木是在拉玛一世时期（1782—1809年在位），后来大部分工程是由拉玛一世的儿孙完成的，即拉玛二世（1809—1824年在位）和拉玛三世（1824—1851年在位）。一座新的"天赐御地"在曼谷按照旧都的风格修建而成。同时，王室的佛教仪式和婆罗门教仪式得以重现。传统的法律规范、严格的社会等级和政治管理秩序被重新引入，文学艺术开始复兴，与外界的联系得到了恢复，特别在贸易方面。

到拉玛三世统治末期，曾一度失落的文明得到了恢复和巩固。泰王国处于巅峰时期，曼谷成为王国的心脏，这里建筑辉煌壮观，文艺再度繁荣。王孙商贾、将帅军士、文人骚客汇集于此，它再一次成为泰国的中心，成为道德与精神力量的源泉。

在蒙固王（King Mongkut）统治时期，即拉玛四世（1854—1868年在位）与其儿子朱拉隆功大帝（King Chulalongkorn）即拉玛五世（1868—1910年在位）统治时期，王国再一次面临生死存亡。曼谷君主再度成为并且被公认为是王国的救世主。

19世纪下半叶，泰王国第一次受到以英法为首的西方帝国主义的全面威胁。用拉玛四世的话来说，泰国在"鳄鱼"与"鲸"之间腹背受敌，王国终于没有重蹈其他亚洲国家的覆辙，仍然保持了国家的独立。英法之争无疑对泰国保持独立有利，但是也许外交与改革才是国家生死存亡的关键所在。正是拉玛四世建构了国家的道德准则与知识体系，而拉玛五世则大力将之付诸实施。

在拉玛四世统治初期，新一代领导人接掌了权力，他们多为王公贵族，务实革新，锐意进取。因为熟知西方人的思维和行事方式，他们能够掂量出来自西方的威胁及其严重程度。他们明白国家需要融入并适应国际社会。对他们而言，外交政策并非仅限于是国内的政治问题。

泰国精英们在着手应对西方帝国主义时，达成了一致的共识：迫不得已时则妥协让步，力所能及时则立场坚定。为避免外界对泰王国的误解，并树立进步与"文明"的国家形象，与西方国家政府之间的沟通受到重视，直接的方式是遣派使节，间接的方式是聘请西方人担任顾问。与"融入与适应”外交策略同步，国内推出一系列举措，旨在减少西方干预，增强王国的硬实力与凝聚力。

在这个重要关头，有如此一批思想开明的精英群体，是泰王国的一大幸事。西方帝国主义不仅带来了迫在眉睫的武力威胁，同时还有道义与精神方面的长期挑战。泰国被逼入了一个生死攸关的困境。一方面，从民族存亡角度来看，他们迟早都必须要适应西方观念，变得更加“现代”，更加“文明”；另一方面，从道德与认识角度来看，其自给自足的宇宙观念具有排他性，体现了关涉人、自然、王权与社会关系建构的根本前提，而这又与现代西方观念格格不入。摆在泰国人面前的问题是，如何协调这看似不可调和的两种观念，如何构建现代性与传统性之间的融合，最终既能从两者当中受益，又不损及其中任何一方。

拉玛四世王可以通过自己的身体力行来实现这种融合。从早期开始，他认识到现代主义的价值所在。在继位之前，他出家为僧27年，不问国事。在此期间，他博闻强记，学习英语，博览西方报刊书籍，广泛涉猎现代科学、地理学、历史学、数学、天文学。他逐渐开始认识到，愚昧无知和狂妄自大是人类生存的双重威胁。

国王认为，自我保护至少需要一定的现代化。“融入与适应”外交并不是王国的终结，而是增强王国安全的进程。通过这一进程，可以使王国与现代世界融合，并在当代世界的政治舞台上崭露头角。因此，国王率先垂范，虽是细微之处，但是意义重大。他与国外有大量的书信往来，文从字顺，言语古雅。他还免去西方人行跪拜之礼，经常与西方人进行官方和私下的接触，鼓励人们钻研西方的科学技术，并让王子们接受西方教育。

无论国王在那个时代是多么的进步，他一直都在竭力证明自己并没有乱了方寸，西方的观念和知识仅仅是达成目的的手段而已。像历朝君主一样，他潜心研究泰国的艺术与文化，更多采用传统的方式教育自己的孩子。拉玛四世用自己的言行向世人表明，这远非是将具有破坏性的舶来观念强加给一个懦弱无能的民族，而是由于神灵和君主的护佑，他们本身就是道德精神秩序的源泉与化身，现代主义发挥了积极的作用。正如我们后来所见，当然既非前无古人，也非后无来者，泰国君主制在经过立法的修正之后，不但让臣民们更容易接受，而且也正是通过这种修正得以保留其合法地位。

拉玛五世继承父位时尚未成年。那是一个动荡的时代。王国之外，西方帝国主义变得更加咄咄逼人；王国之内，权力争斗时有发生，这足以颠覆国家的命运。直到1873年拉玛五世成年之后，他逐渐在外交和治理中展露其远见卓识，树立君主权威，情况才开始好转。

拉玛五世继承了父亲许多方面的品质。他才智过人，思想开放，敦本务实，坚持“融入与适应”外交，将其作为应对西方帝国主义的有效手段。但是，拉玛五世也与其父不尽相同。他坚信，王国走向安全与进步的唯一途径就是实现现代化，而为了实现现代化，就必须在中央政府和府一级政府治理中实施广泛深入的改革。到拉玛五世统治末期，王国已经完成了政府治理的转型，增加了国库税收，组建了现代军队，发展了基础设施，人民得到更好的教化，法律也适用于外国人。可以肯定地说，现代化进程还远未完成，但是泰国人民却向现代新纪元迈出了坚定的步伐。

这些改革举措有效地缓解了外部的威胁。它使王国更加团结，可以更强更好地应对外部世界。他们避免了懦弱无能与社会失序状况的出现，否则可能导致西方列强更多的干预，甚至丧失国家独立。他们塑造了肩负责任、积极进取的王国形象和知书达理、仁爱慈悲的国王形象。这一切使泰国可以站在更平等的地位上应对西方列强。

拉玛五世不能阻止英法两国分割国家的某些重要领土，丧失给法国的领土尤其让人痛心疾首。但是如果不这样，王国可能丧失得更多，包括独立。长远来讲同样重要的是，在拉玛五世统治末期，王国已经是“文明”国度社会中不折不扣的一员。在访问欧洲期间，国王受到各国君主的欢迎，以致后来拉玛五世之子、王位的继承人瓦栖拉兀（Vajiravudh）即拉玛六世（1910—1925年在位）的加冕仪式上，共有14个外国政府的25个代表出席，包括所有的大国。

拉玛五世在其一生中主宰着政治舞台，这是曼谷王朝前所未有的。因此在他去世时，正如维多利亚时代的英国，人们为他的逝去更为这个时代的逝去而哀悼。拉玛六世和他的弟弟帕恰迪波（Prajadhipok）即拉玛七世（1925—1935年在位），再也没有获得像他的父皇那样的权力和威信。到20世纪20年代末，当经济萧条开始时，君主制的地位在泰国明显下降。但不知何故，君主制仍然在泰国人的心目中保持着一种特殊的地位。

1932年6月，君主制的地位明显下降。一群军官和官僚发动了一场政变，想要篡夺王室的权力。然而，所谓的革命“推动者”既没能罢黜在位的君主，也没能废除君主制。事实上，他们试图通过“拉拢”国王拉玛七世来巩固其地位，为其新宪法寻找合法性的依据，并一直自称为“公务员（Kha Rajakarn）”或者叫“王室事务的仆人”。对于一些人来说，这无疑是事关忠诚的重大问题，特别是对那些曾经宣誓要效忠于国王的人来说，更是如此。然而也许更重要的是，人们意识到权力体系已经发生改变，但是君主和臣民之间的关系却没有改变。“不管是在街头市民或者是田间农夫的眼中，国王陛下依旧在那里，永远值得尊敬与爱戴。”[5]许久以后，这种君臣关系在民众对国王阿南塔·玛希隆（Ananda Mahidol）即拉玛八世（1935—1946年在位）自发流露出的爱戴中得到了再一次的证实。尽管拉玛八世继位前后的大部分时间都待在国外，对其臣民来说他其实就是素不相识的陌生人。

君主政体在泰国人民心目中的特殊位置可以用下列事实来证明：1932年革命尘埃落定之后，拉玛六世和拉玛七世被大多数泰国人认为是王国的“救世主”，认为他们在泰国历史上起着非常重要的作用。这些人也包括那些所谓的革命“推动者”，尽管他们对君主制或王室没有特殊的情感。

拉玛六世的伟大在于开启了国与国之间的谈判历程，使国家免于陷入领土瓜分条约的负担之中。他决定泰国加入同盟国（the Allies）并参加第一次世界大战，之后又加入国际联盟（the League of Nations）并成为创始成员国。此外，到了20世纪30年代，这些革命“推动者”试图使用泰国民族主义来确保国家可以在这个日益动荡的世界里继续生存和发展。他们承认拉玛六世王在这个领域的开拓性贡献，并将拉玛六世奉为现代泰国民族主义之父。

拉玛七世因其无私让渡君主的绝对权力而被世人广为称道，他使国家幸免于1932年内战的兵火之灾，并促进了向君主立宪制的过渡。拉玛七世赋予了新的民主制度合法性地位，其民主精神备受称誉。其卓越贡献为最后这位绝对君主赢得了“泰国民主之父”的美誉。就像其父拉玛五世一样，拉玛七世通过合法的变革，让君主制的合法性得以保存。

如果王朝正朔观念在理解曼谷王朝时代的发展演变的话，把绝对君主公认为是民主之父的异常现象就不足为奇了。

如前所述，为了重建泰王国，巩固新王朝的合法性，曼谷王朝的开国君主在曼谷重建了一个新的大城府。重建过程的核心就是要恢复大城府的王朝正朔观念，融佛教和印度教于一体。尽管重建的主旨是恢复大城府过去的旧貌，但是如果认为这只是传统框架下的重建，毫无创造性和灵活性可言，或者认为曼谷纯粹只是大城府的复制品，那就大错特错了。

事实上，拉玛一世与其继承者们，已经摆脱了大城府浓厚的婆罗门教神圣传统。在这种传统里面，国王被认为是神，主持着神圣的宇宙秩序。这种意识一部分源自他们个人的信仰，一部分源于现实的政治需要，以此来扩大这个平民王朝的支持基础。他们比以前任何时候都强调佛教和与佛教中的王朝正朔观念。在泰国的文化里，可以从13世纪左右的素可泰时期（Sukhotai period）找到其渊源。

根据这一观念，依照《佛教法典法》（the law of Buddhist Thammasat）

的观念，君主就像父亲对待子女那样治理国家。除此之外，理想的君主必须严格遵从“十德”：仁慈、道义、慷慨、公正、恭顺、自制、无忿、非暴力、宽容、无碍。在这种传统观念下，国王必须为了臣民的利益和幸福治理国家；他必须确保正义和自由；他的合法性源于其良好的品行和建立的功业，以及他在造福于人民的国家治理中所体现出的公平正义。

到拉玛四世时期，王朝正朔观念得到了更为全面的发展。在他看来，国王之所以成为国王，那是因为人们希望他做国王。他曾经说过：“能为国王者，皆因百姓拥戴，理应护佑百姓，对外抵御外国欺侮侵略，对内打击图谋他人利益之徒。”[6]他继承王位之后，重新启用素可泰时期的做法，普通百姓有权直接向国王请愿，还打破有500年传统的畅饮誓水仪式，将其改为对等的关系。作为对臣民们宣誓效忠的回报，国王宣誓将忠心耿耿为百姓谋福祉。

尤为重要的是，即便是曼谷王朝最有影响力的拉玛五世，也曾强调统治权必须基于道德和正义。他曾写道：“没有任何一部法律规定暹罗国王的权力，因为它被认为是至尊无上的，没有任何法律、人或者物能阻碍它。真理就是，国王可做任何事，但它必须是正义和公正的。”[7]

早期的曼谷王朝君主关于素可泰时期佛教王朝正朔观念的强调和发展是至关重要的。可以肯定地说，在大城府时期，君主制里许多有关婆罗门教神圣元素，包括举行仪式，都保留并持续至今。而且，在加强佛教的道德元素和恢复“国王即父亲”观念里，他们不仅巩固了王朝的合法性，还通过多年的变革与挑战，奠定了君主制得以存在的基础。

通过历代君主的智慧启迪，君主制再度看重伦理领导，而非神圣权利，这样就更容易得到西方理性主义及其国内外信仰者的认可。君主制变得更人性化，更增强了与人民大众的联系，更加以公共服务为导向，由此为即将到来的更加民主平等的21世纪做好了准备。君主制度观变得更加灵活，思维更加开阔，以至于在王国历史上的几个生死攸关的关键时刻，更愿意接受变革、借鉴变革、发起变革的、正是历代君主而不是普通臣民。正如上面指出的那样，在拉玛四世、拉玛五世和拉玛七世统治时期，君主制度观体现得尤为明显，王国得以成功应对西方帝国主义列强的道德挑战，现代化历程得以开启，民主制转型得以实现。

接下来我们将谈到普密蓬国王的功绩，部分基于他对王朝正朔观念的继承与践行。

如同其先辈们一样，普密蓬国王看重王权的人文因素，甚至更有过之而无不及。1987年，在一次却克里王室家族的聚会上，普密蓬国王明确地对此做出阐释。他认为，君权并非神授，而是为人民所授，依赖于人民，为民谋福祉。

如同其曾祖父拉玛四世一样，普密蓬国王自认为是“民选”的国王。在一次采访中，他说道：“我的确是民选的国王。如果人民不需要我了，他们可以把我赶下台，对吧？这样的话，我就会失业。”[8]

如同其祖父拉玛五世一样，普密蓬国王也强调领导力必须基于道德与正义。他曾说：“有时候可以明白为什么国王不能做错事……尽管国王被赋予了法律之上的权利，但实际上国王又必须遵从‘十德’操守或者是君主本分……”[9]他在随后的一次采访中明确指出，王权的本质就是服务和给予。

> 人性化非常重要……一个人必须做对国家和对人类同胞有益的事情。如果我们做了对人类同胞最有益的事，那么对我们自己也会更好。因为我们从中实现了价值。我们之所以为人，之所以赚钱，是为了我们可以有钱花销，为了有个好名声，受人称赞……但是……即便我们有了钱，也会最终花掉这些钱，从而失去这些钱。真正留下的就是纯净的灵魂。这正是我们所必须达到的——纯净的灵魂。但如果我们想得到纯净的灵魂，我们必须要

给予……世界的领导者们也当如此……给予更多，索取更少。[10]

普密蓬国王传承了曼谷王朝开明变通的观念，他认为变革是大势所趋，君主政体必须适应这一变革。然而与此同时，君主又必须继续履行传统的职责。在这次采访中，他还谈道："君主立宪制是国家的象征，并且……（将会）是成功的。他必须确实体现国家精神。他必须与国家一道改变，但同时他又必须坚守国家精神……国家灵魂……国王必须体现人民的共同特征。"[11]

曼谷王朝历代君主多年的丰功伟绩，对王朝建功立业的真知灼见，以及所传承下来的王朝正朔观念，都为普密蓬国王的成功奠定了必要的基础。但是，仅靠过去是不能充分说明现世功业的。

拉玛七世退位以后的很长一段时间，君主制开始了走向衰落。权力主要集中在军事领导人手中。皇家仪式要么被忽略掉要么被取消。拉玛八世尚未成年时登基继位，他很长一段时间待在国外。直到1945年以后，拉玛八世才长期居住在泰国。但是次年，他却神秘地中弹身亡。于是王位传给了他的弟弟普密蓬王子。这出乎普密蓬王子的意料，并且他在此之前的大部分时间都在国外度过。在执政之初时，泰国强权政治世界混乱不堪，新君主只不过其中的看客而已。但是在普密蓬国王执政短短十年之后，君主制得以全面恢复，正再次成为王国最具影响力的制度。当今王室的卓越功勋正是这一进程的关键因素。

## 现　在

命运的改变往往始于偶然。泰国君主制的复苏亦是如此。

1957年9月，陆军元帅沙立·他那叻（Field Marshal Sarit Thanarat）成功地发动了一起政变。他需要强化新建威权政体的合法性地位，转而向王室寻求支持。国王再一次受到极度的尊崇。泰国每年举行军事效忠游行，沙立也在多次演讲中歌颂普密蓬国王的美德，由此可见一斑。国王再次成为全国瞩目的焦点，他与王室成员可以在国内外自由行走，其国事访问也受到媒体的广泛报道。还有，由于王室越来越多地介入社会福利活动和农村发展项目，为“吾土吾王”效力的功臣颁发王室勋章，为平民百姓的婚丧嫁娶提供赞助等，王室成为一个打工的机构。

由于20世纪60年代通信技术和电视媒体的迅猛发展，普密蓬国王和王后诗丽吉（Sirikit）得以走进臣民的内心和家园，这种方式是先前的君主们在相对落后的时代里无法企及的。有关王室的新闻都被置于各大媒体的头版头条，因此毫无疑问成为关注焦点，同时老百姓也喜欢这个新闻话题。国王和王后站在一起，郎才女貌，天生一对；他，优秀、虔诚、敬业；她，美丽、魅力四射、朴素大方。

然而，尽管开始时君主政体的复苏把握了天时地利，但是就王室在提升势力与声望方面的作为而言，一切绝非偶然。由于历朝君主的世代功勋，普通百姓心中充满了对国王的爱戴、尊重和友善。年轻的国王被授予这个机会为民效劳，他不遗余力地让人们真切地体会到，国王是在为其臣民们努力工作。

有美丽的诗丽吉王后相伴左右，国王全身心地投入工作，几近痴迷。国王日益密切关注经济发展与社会公益。他的步履遍布全国的每一个角落，行走于人民中间，关心人民的福祉，与人民深入接触，国王在民众中树立了亦人亦神的形象。他亲自发起许多皇家开发项目，主要涉及完善水资源管理、土地林业和人力资源，以此改善农村贫穷人口的命运。这些措施被延展至相对发展落后的高地和山地部落。在这些地区，国王首创的农作物替代项目创造了奇迹，鸦片种植和海洛生产大量减少。国王脖子上挂着其招牌式的相机，腰上挂着双向无线电对讲机，手里拿着11：50 000比例尺地图，这幅照片已经成为王国与其领导体制最美好、最高尚的象征。20

世纪60年代末70年代初，君主政体的复兴达到了鼎盛时期。王室再次成为活跃的实质性机构，成为国家统一的象征，成为“民族的灵魂”。

直到20世纪90年代，普密蓬国王一直非常努力地工作，后来由于身体健康问题，活动开始减少。王后与其儿女们，王储玛哈·哇集拉隆功王子（Crown Prince Maha Vajiralongkorn），以及女儿玛哈扎克里·诗琳通公主（Princess Maha Chakri Sirindhorn）和朱拉蓬公主（Princess Chulabhorn）经常伴其左右。他继续在王国四处奔波，不知疲倦，跟进在建项目，启动新建项目，走到崇拜他的子民们当中去。

对工作的这份热情是普密蓬国王对王朝正朔观念的诠释，这是历代曼谷王朝逐渐发展而成的。如前所述，他将自己的使命理解为奉献和给予。自从国王认为泰国面临诸多挑战以来，他主动担负起这样的职责，即君主通过正确领导和积极参与国家的发展进程，帮助老百姓解决难题。

贫困是一大挑战，尤其在农村地区，还有贫富差距问题。诗丽吉王后非常简洁地指出：“误解出现在农村人和富人之间，后者即是所谓的曼谷文明人。泰国农村人口抱怨他们常被忽略，因此我们要努力弥补这一差距，多和边远地区的人们在一起。”[12]

为了应对这一挑战，国王作为推动发展的关键人物，密切关注皇室与政府发起的开发项目，不知疲惫，关注细节，指导政府官员的工作。对于国王来说，关键并非在于起草“宏伟”计划，因为这可能与人民毫无关联，而是把国家经济战略中所缺乏的诸多要素引入到发展的进程当中，包括人文因素，需要兼顾各方利益，以及耐心的“渐进主义”。

1997—1998年亚洲金融危机之后，国王对贫困人口愈加关心：他推出了他的经济学“新理论”，强调需要帮助小农户和小社区实现“自给自足”，以此有效避免国内外的经济动荡。推进这种自给自足经济政策的核心是转变态度：每个人需求合理，所求不多；政府官员、规划者、学者和商人必须学会与他人和谐相处，要诚实，耐心、细致，有道义感。

事实上，个人的转变与完善是普密蓬国王强调的主题，因为他意识到王国面临来自泰国人民自己的严峻挑战。他说："危险！大肆宣传共产主义是危险。但是我们自己人民的贪婪更加危险！如果我们人民内部发生冲突，那我们自己将自食其果，我们将沦为'新帝国主义'的奴隶，无论你是共产主义者、独裁者或其他什么，均会如此。"[13]

普密蓬国王认为关键在于道德领导。君主是国家的良知和老师。他敦促自己的臣民走自我完善的道路，强调接受教育与接受知识的重要性，弘扬团结、和谐、忠诚、自律、守信、真诚、谦恭、仁慈、公正和耐心等传统美德。他在演讲中多次提到这些内容，尤其是在他的生日前夕，数以万计的民众聚集在皇宫，恭敬地聆听国王的演讲，还有更多的臣民通过全国直播观看这一演讲，国王经常提到这些传统美德。但是有的时候，国王演讲的中庸之道并非墨守成规。最近的例子是国王再次讲述摩诃迦那迦王（Mahajanaka）的故事，讲的是佛祖的一世轮回，他提到了"不图回报的坚持"的美德[14]。另一个例子是一本有关其宠物狗Tongdaeng（意为"小铜"）的书。他称赞它是"与众不同，因为许多人在位高权重之后就会蔑视地位卑微的人，但是事实上他应当感激这些地位卑微的人"[15]。正是由于国王的超高人气，印有Tongdaeng小狗商标的书和衬衫一经推出立马售罄。

对于国王而言，经由掌握新知识和传统价值观的自我完善，正是引领国家走向进步的关键所在。他曾提议："世界上有两种人，即好人和坏人。我们不能让每个人都成为好人。因此，要使国家太平百姓安乐，并非是让每个人都成为好人，而是宣扬好人，这样他们可以管理坏人，并阻止坏人夺取政权造成麻烦和混乱。"[16]

这也给我们带来了第三个挑战：要治理就要讲求延续性和质量，否则就不治理。自1932年以来，王国经历了15次宪法修改、17次军事政变、55次内阁更替。普密蓬国王的提醒一语中的：臣民们的大量时间和精力都被用来寻找最持久和最有效的政治和治理体制，最终这一切常常以失败告终，其结果往往适得其反。原因再明显不过，要衡量王室对臣民的信心程度并不是一件容易的事，但是也许国王多年来的演讲和著述值得研究。

首先，对于什么是有利于臣民的福祉这一问题，国王思路清晰，观念一脉相承，更多基于传统。

> 首要的问题是安全，即人民的安全。泰国人民必须争取自由与独立……在那之后……法律与秩序……同时，我们必须有足够吃的食物，足够的设施可以有一个舒适的家，有安身之所。这些都是必不可少的东西。然后，我们必须有安定的社会秩序，拥有充实的内心。这就意味着我们一定要做好人，这样社会就不会混乱，因为好人是不喜欢制造麻烦的。因此，我们必须要有宗教信仰（加以强调）。[17]

其次，他似乎认为为了谋求国家的福祉，治理国家的形式远不如良好的意图重要。他曾建议一届刚宣誓就职的新政府，“无论政府采取什么样的治理形式，如果（其成员）只是按照诺言行事，将不会有任何问题，因为政府的或治理的形式并不重要。重要的是根据已经设定目标履行好责任的意图”[18]。

第三，对国王来说，民主是件好事，但是社会进步的最终成果仍然取决于实践它的人。他曾对一个新内阁成员说：

> 民主是治理国家最好的政府组织形式，因为人们在决策方面有了话语权，同时也有权力指出国家应该走什么样的道路……但是民主也是一个生命体；它必须不断地发展。它可能不是最优秀的体制，但这一切都取决于那些实践它的人。如果这些人的方法正确，那么民主体制可以逐步建立并走向最终目标，即国家繁荣

昌盛，百姓满意认同。[19]

在追求民主治理形式的道路上，泰国人民要发展出自己的一套体系这一点尤为重要。“（我们）不需要遵循任何的外国民主模式，我们应该努力创造具有泰式风格的民主，因为我们有自己的民族文化观，并且我们有能力遵循自己的理性。”[20]

第四，对国王而言，无论国家选择什么的治理模式，政治不能包治百病。实际上，如果一个国家矛盾太多，分歧太大，这可能会使问题加剧。因为国家就像人的身体。

> 每个人都有身体的器官。每个身体器官又各不相同，它们外形不同，功能不同。但是它们都正常运转，就构成了我们以及身体的组成部分。如果身体的某个部位不能履行其职责，那身体的其他部位会受到影响。但是如果……想用身体的其他部位替代这个部位的功能，那会导致混乱，因为它不适合为这个目的服务……如果每一个器官都履行好各自的职责，那会让整个身体感到愉悦。[21]

由于我们不能依靠政治来谋求国家的福祉，那么至关重要的是，机构和领导者一定要公正，无论是否关涉政治。他曾说：“将来如果有一天人们秉公执政，问题就会迎刃而解。因为在这个国家里，如果只有那些心里只放着私利的团体和政党，那么那些无权者会怎么样呢？……他们只是普通平民百姓，无法表达自己的观点。他们必定会尊重那些公正的人。”[22]

最后，普密蓬国王似乎相信，为了国家的福祉，有必要对君主立宪制的作用做出建设性的阐释。

正如刚才所提到的那样，出于现实政治的原因，国王认为需要建立一个政治中立的机构。此外，他充分认识到，君主的职责原则上是位于法律“之上”的。他享有三项政治特权：提供咨询、提出警告和施加鼓励。①因此，他竭力避免任何有可能被认为是干涉政治事务的言行。泰国前总理阿南·班雅拉春证实，在其从政的经历中，从未见过君主逾越宪法的边界[23]。然而，国王也承认在现实政治生活中存在“灰色地带”。法律在这些区域表述并不明确甚至完全未曾提及。国王在该区域的政治过程中发挥其道德领导力，这是可能的，并且也是可取的。一份记者观察报告指出国王拥有选拔总理的权力，国王这样予以回答：无论他在这一区域有多么大的影响力，一切都是基于以德服人，而非强权的使用，“因为人们相信他们的国王”。他接着说：“如果他们认为国家元首不好，他们会把他变成一个橡皮图章。但是如果国家元首比较好，人们会向他征询意见，因为其观点是受人尊重的——这就是区别。但是我怎么能得到人民的尊重呢？那是因为我不动用权力，正如你们所说。**如果有规则，我照章办事；如果没有规则，我就表述我的观点**（加以强调）。”[24]

泰国人民继续寻找最持久和最有益的政治体制和管理模式。与此同时，在国家需要的时候，普密蓬国王则充当着国家的良知，最后冲突的管理者，民族和解的促进者。

国王首次扮演这样的角色是在1973年危机当中。他不仅阻止了军队对游行示威者进一步使用武力，而且还帮助建立了人们广泛支持的民选政府。1973至1991年期间的几次事件，王室以这样一种方式自我“定位”，阻止了某些军事团体的行动，否则时任政府可能会被推翻，流血事件可能会发生，或者导致突如其来的意外危机。反过来，国王在各种权力集团之

① 译者注：根据泰国宪法，国王保留了三项基本权利：被总理咨询，对国内重大事件施加鼓励或劝告，当政府施政和广大人民利益不符时对其提出警告。宪法第七条还规定：当国家出现紧急状态时，应该按照以国王为元首的民主国家的传统习俗解决。

间建立了一种平衡——可以肯定地说有时是危险——这些权力集团包括军队、官僚机构、政党、商业利益。1992年，国王再一次从危机中拯救了国家，并给民主体制回归正轨创造了一次机会。20世纪90年代末的经济危机期间，如果不是普密蓬国王坚持不断地用智慧箴言抚慰陷于困境的民众，同时给民选政府以道德支撑，帮助他们寻求民主方式解决经济危机，真不敢想象泰国还会发生怎样的政治动荡。

尽管普密蓬国王努力想维护其“高于”政治的地位，但鉴于王室和他本人的声望，他与其他王室成员的观点与言行，都不可避免地富含政治意味。正因为如此，关于王室公正性的质疑也就在所难免。有些人认为王室的支持与首肯是政治合法性的依据，甚至通过民主选举的政府及其领导亦是如此。甚至有人说，没有国王的支持，谁也别想长期执掌权力。

这些问题并不简单。然而，有几个相关要点需要说明。

首先，王室的政治党派似乎很大程度上受炳·廷素拉暖将军（General Prem Tinsulanonda）总理长期任职的影响。无可否认，他在就任总理之前和总理的8年任职期间，一直与王室过从甚密。值得一提的是，1988年他刚卸任总理一职，就任职枢密院（the Privy Council），后来官至枢密院主席。

然而，炳的成功也有一些其他的因素。一是政党的格局。在那个时期，长期以来各政党都势单力薄，没有人能够给炳形成严峻的威胁，同时这些政党都渴望执掌政权。正是这些政党屡屡竞相争宠，力邀他出任总理。另一个原因是炳自身的政治才能。尽管他否认自己是政客，但是他既是出类拔萃的政治家，更是气度不凡的领导人。第三个原因，或许是最重要的原因，那就是炳本人的诚实与清廉。这为他赢得了广泛的支持，包括从王国的最高权力机构到街头市民与田间贫农。

这表明，相对规律而言，炳是个例外。事实上，如果看看自1973年10月危机之后国王亲自任命桑亚（Sanya Thammasak）出任总理以来的12位总理的名单，可以发现他们所有的人，包括阿南·班雅拉春在内，在担任总理之前都与王室走得不近。然而，除了炳之外，还有两位总理曾经与王室走得最近，即古格·巴莫（Kukrit Pramoj）和他林·盖威迁（Thanin Kraivixien），他们在任的时间总共不到两年。如果说王室的政治党派倾向在泰国政治上一直是一个明确的、决定性的现实因素，那么总理的任期模式就会完全不同。

然而，否认王室有政治党派是一回事，但是说普密蓬国王和王室没有政治倾向性或者说政治观点又是另外一回事。正如前面所表明的那样，很长一段时间，国王始终坚持一种政治信仰和价值观。因此，事实上对他来讲，没有政治倾向和观点是“反常”的事。

如果我们考察泰国上世纪下半叶的历史，并从国王多年来的演讲和著述中进行推断，我们的眼前会浮现出国王“钟爱”的政治领袖的“合成”画像，那就是一位诚实、善良与忠诚的好人形象。他努力维护王国的安全和人民的团结，给国家带来经济繁荣而不是入不敷出，减少了贫困人口，缩小了贫富差距。他们向社会，特别是年轻一代，灌输某些传统的价值观，比如自律、谦恭和公正。

正如阿南所指出的那样，当国王遇到需要或可以演讲时，他并非不愿表达自己的观点，只是必须谨慎回避说出太过具体的言辞[25]。这些观点可能涉及具体的人、现任的政府或者存在的问题，他认为这些都非常重要，但是那些负责人却没有很好地予以解决。最近的一个例子是他在2001年12月的生日演讲。他信·西那瓦内阁也到场出席。国王警告说，泰国正在走向“衰落”和“灾难”，他谈到傲慢自大、不够宽容和双重标准等问题，但没有指名道姓。一年以后，他专注于毒品危害问题，并敦促要更加努力地解决这一难题。

普密蓬国王的政治信仰和价值观使一些人认为他是保守派。尽管，这些信仰和价值观完全可以用保守来形容，但是如果将他称作“保守派”的话，这既不准确，也具有误导性。

国王认为奉献和给予是他的天职。如果他认为在履行职责时有必要阐明、宣讲和教导传统的或基于传统的信仰和价值观，那他一定会这么去做。如果是相同的任务，但却需要新思维、新理念和新方法，那他同样也愿意去开拓、创新和实践。他在农村发展和农作物替代项目方面所取得的巨大成就，正是证实了他开拓进取的一面。他一生都在为普通百姓工作，他和百姓保持密切联系，这让他也更加“人性化”。与其他同时代的君王相比，普密蓬国王与百姓的关系更加亲密。他在政治上的干预可能被一些人认为是超出了宪法规定的边界，但这同时也是在维护政治的现状。这些政治干预挽救了生命，避免了灾难，为此也让国王与众不同。

标签并不特别适合伟人。当然，“保守派”的标签对国王来说是不公平的。普密蓬国王使传承几千年的古老制度焕发生机，在这快速变化、令人不安与质疑的年代再度流行，并受到爱戴和尊敬。对于这样一位现代国王来说，为了表示人民的敬意，一个更适合的头衔应该是“人民的君主”。

## 未 来

世界不是静止不动的。所有的人与制度都会经历变革和转型。普密蓬国王为他的国家和他所继承的制度建树颇丰，并且前面并没有既有的模式。但是正是这些成功无可避免地为未来埋下隐患。

王位的继承权是清楚的。像历代国王那样，《1997年宪法》规定“王位的继承者必须符合《佛历2467年王室法》（the Palace Law B.E. 2467）的规定，并且必须征得国会批准”（第22条）。《佛历2467年/公历1924年王室法》（the Palace Law B.E. 2467 or 1924 A.D.）又规定：“在这个时代，由一位皇室女性来继承王位，成为像暹罗君主那样握有全权的统治女王，还有待时日。因此，绝对不允许将王室女性置于王位继承之列。”（第13

条）这样，王储玛哈·哇集拉隆功是第一王位继承人。

在过去的半个世纪左右的时间里，普密蓬国王，当今世界在位时间最长的国王，大大提高了君主制的波罗密。这是一笔巨大的资产。然而，如果曼谷王朝的历史是一本指南的话，那它的遗产绝不是指南；他的继承者们为了能够成功继任，也将必须同时修炼自己的波罗密。因为国王的波罗密修为甚高，对于其继任者来说，修炼自身的波罗密是最大的挑战。王储面对这样级别的挑战，已不抱有任何幻想。“我还有很多需要学习，还有很多领域需要提高”，1987年，他私下对记者说，“这位伟人在长达40年的时间里将整个国家凝聚在一起。这不是能用言语所能描绘的”[26]。长远来看，他在求知方面的能力，在人民心中所获得的那份情感，是塑造未来泰国君主制的关键所在。玛哈扎克里·诗琳通公主的贡献也很重要。她已经被委任负责打理有关教育、发展、艺术和文化方面的事务。

紧跟伟人步伐的固有难题除了上述原因之外，还有一个事实加剧了这道难题，即世界和泰国很可能将继续经历迅猛而深远的变革。生活将会改变，传统将会消失，新的价值观将会产生。泰国君主制和它的继任者们该如何更好地应对这种变化呢?

王国的政治图景可能会变得更复杂。直到现在，政治改革步伐并不顺利，但是民主改革的过程将会长期持续下去。问题在于民主改革就像玩彩票一样。它会产生各种突发情况，也可以产生各种各样的政治领导人：有些可能是铁杆保皇派，其他人可能有自己的施政方针；一些人可能具有传统的价值观、信仰和政治倾向性，其他人可能是社会主义者、共产主义者或者是民粹主义者；有些人可能还记得历史，而其他人可能会忘记它。普密蓬国王的继任者们应该如何应对这令人眼花缭乱的复杂局面呢？他们能继续扮演着民族的良心、解决冲突的管理者、民族和解的促进者吗？对于社会主义者、共产主义者或者民粹主义的领导人来说，面对竞争，在赢取乡村民众的民心的道路上能走多远，又如何有效呢？这些乡村民众们，他们可是这个时代对君主忠诚的骨干力量啊。在面向未来的纤维光学、网络和电子知识的这个时代，他们能仍然鼓励民众牢记历史，记住那些在历史上曾有过的勇敢的国王和士兵、聪明的王子和贵族吗？因为是他们拯救王国，并付出努力，给国家带来了和平与繁荣，为王国的进一步前进和发展打下了许多必要的基础。

在化解1992年5月的危机中，君主制的成功作用应该说是让人欢喜让人忧。一方面，国王的行为是在提醒泰国人，拥有传统制度是他们的福气，同时它又活生生地体现了这种制度在国家面临困难的时候，引导人们走出了政治冲突的泥潭。而另一方面，这起事件应该引起认真的自我反思。

自从1932年绝对君主制被推翻以来，已经过去了半个多世纪，但泰国人还未找到一个新的机制，以便他们可以在政治生活中运用理性。相反，他们仍然必须依靠旧制度的中央机构，为他们的政治改善与进步提供服务。

目前，王国继续蒙福于普密蓬·阿杜德国王的波罗密。但是没有永恒的福祉。君主制依然存在，但它在未来泰国的政治进程中充当守护天使的能力却未必和现在相同。问题是从长远来看，国家如何建立一套强大的政治制度以确保更多的民主，更强的君主立宪制，而不必把过度的、不切实际的、最终未曾实现的期望等负担强加于君主制政体上。这条道路到底能走多远呢？

［原文“Some Reflections on the Thai Monarchy”载于《东南亚事务》（*Southeast Asian Affairs*）2003年，第291—309页］

## 注释:

本文仅代表作者本人观点，不代表任何相关机构的观点。

1 Somchai Poomsa-ard, ed., *The Code of Royal Comment* (Bangkok: Prachathai Publishing House, 1999), p. 156.

2 In the BBC's television documentary, *Soul of the Nation* (London: British Broadcast Corporation, 1979).

3 王国最初称为“暹罗”，直到20世纪30年代末，该国名字才变为泰国。但是纯粹主义者不喜欢使用这个名字，为此，在这里仅仅为了简化，使用“Thai”或者“Thailand”。

4 Sombat Chantornvong and Chai-anan Smudavanija, *Kwamkid Tang Karnmuang lae Sangkom Thai* [Thai Political and Social Thoughts] (Bangkok: Thai Khadi Suksa, 1980), p. 38. (作者翻译). 该论文中所有的泰文翻译都出自本文作者之手，除非特别标注申明。

5 David Morell and Chai-anan Samudavanija, *Political Conflict in Thailand: Reform, Reaction, Revolution* (Cambridge, MA.: Oelgeschlager, Gunn & Hain, Publishers, Inc., 1981), p. 18.

6 引自Neon Snidvongse, "The Development of Siam's Relations with Britain and France in the Reign of King Mongkut 1815-1868" (Ph.D. dissertation, University of London, 1960), p. 226。

7 引自Tongtor Kluaymai Na Ayudhya, ed., *Tosapitrajatham* [The Ten Kingly Virtues] (Bangkok: Ton-or Grammy Co. Ltd., 1996), p. 78。

8 Denis D. Gray et al, eds., *The King of Thailand in World Focus* (Bangkok: The Foreign Correspondents Club of Thailand, 1988), p. 54. 该卷包括外国记者对国王和王室成员的采访记录。为了使事情简单化，该论文并没有提及特别采访。

9 同上，第134—135页。

10 同上，第136页。

11 同上，第135页。

12 同上，第119页。

13 同上，第108页。

14 His Majesty King Bhumibol Adulyadej, *The Story of Mahajanaka* (卡通版) (Bangkok: His

Majesty King Bhumibol Adulyadej, 1999), p. 7 (官方翻译).

15 His Majesty King Bhumibol Aduyadej, *Biography of a Pet Dog* (Bangkok: Amarin Printing and Publishing House for His Majesty King Bhumibol Adulyadej, 2002), p. 10.

16 引自Kanok Wongtrangan, ed., *Naew Phra Rajadamri darn Karnmuang Karnpok-krong khong Prabat Somdej Phruchao Yuhua* [His Majesty the King's Thoughts on Politics and Governance] (Bangkok: Thai Studies Institute and Research Department, Chulalongkorn University, 1988), p. 109。

17 BBC, op. cit.

18 Wongtrangan, op. cit., p. 110.

19 Poomsa-ard, op. cit., p. 158.

20 Office of His Majesty's Principal Private Secretary (OPPS) , *A Memoir of His Majesty King Bhumibol Adulyadej* (Bangkok: OPPS, 1987), p. 47.

21 Wongtrangan, op. cit., pp. 36-37.

22 Gray, op. cit., p. 138.

23 Anand Panyarachun's interview by *Asiaweek*, 3 December 1999, p. 52.

24 Ibid., p. 135.

25 *Asiaweek*, op. cit., p. 52.

26 Gray, op. cit., p. 174.

# 泰国：民主专制政府

【泰】Thitinan Pongsudhirak①著　　陈欣　杜洁　译

## 引　论

表面而言，借用政治学的术语，2002年应当被视为泰国的“民主巩固”年。1997年10月新宪法的颁布将历时五年的政治改革推向高潮，其主旨在于驱散军事政变、庇护体系、“金钱政治”和贿买选票等长期困扰泰国政治的梦魇。不到三年时间，200名参议员被选为上议院议员。2001年1月，又选出500名下议院议员。与此同时，选举委员会（the Election Commission）、国家反腐败委员会（the National Counter Corruption Commission）、宪法法院（the Constitution Court）等所谓的民主机构，均根据宪法授权相继采取行动，目的在于促进政治体系的透明度和问责制。通过新的选举规定和“政党名单制（party-list mechanisms）”的相关举措，政府的稳定与高效得到了明显的增强。新的选举规定有利于巩固政党体系并促成大党的形成，“政党名单制”让胜任者无须通过损名败誉的竞选活动即可进入内阁。由于宪法做出这一折中设计，其在1997年经济危机后的最初实施被国内外普遍看好。因为泰国经济增长已经停滞十年之久，但是至少泰国民主政治在不断进步，

① Thitinan Pongsudhiraks是朱拉隆功大学政治学院国际关系系（the Department of International Relations, Faculty of Political Science, Chulalongkorn University）讲师。

抑或说是看似如此。

在2002年接近尾声之时，事实却证明泰国的民主巩固并非表面所见。引人非议的是，政府总理他信·西那瓦（Thaksin Shinawatra）所领导的泰爱泰党在2001年1月的选举中以绝对优势赢得胜利并执掌了政权，他信政府却彻底颠覆了泰式民主。泰爱泰党（TRT—Thai Rak Thai）垄断了政党体制，将反对党边缘化，强行指派媒体，逐步控制军队和警察，不理民间社会团体的反对之声。自我吹嘘的民主制度已经被政治化，被本应被其铲除的既得利益深深渗透。原本应该保持政治独立的下议院，现在却日益沦为受政府指使的党羽。因此，在相互制衡、透明度和问责制方面，制度设计都出现了问题[1]。然而，政府的稳定与高效，却因泰爱泰党在执政联盟中的绝对优势和在立法中无懈可击的多数力量而大大提高了。仍然令人疑惑的是，泰国前所未有的执政联盟的稳定格局和法律效力的目的到底何在。

但显而易见的是，泰国政治已与明显的民主讽刺气息形成悖论。从理论上来讲，他信按照《1997年宪法》领导下的泰国比以往更加民主。但事实上，他信所指定的规则越来越独裁，甚至它可以与过去的军事独裁统治相提并论。这似乎是矛盾的，民主的专制是对2002年泰国的恰当描述。为此，本文着重探讨泰国2002年度打着民主幌子实施独裁统治的重大事件。

首先是政党政治问题，包括他信控制泰爱泰党和联合政府的手段，以及大选之后与反对党民主党（DP）之间的政治角力。其次是大有问题的民主体制，以及他信在军队、政府、媒体和经济领域的排兵布阵。其潜在的主题是想要揭示出，在他信统治下的政治环境中，权力逐步中央集权化和个人威权化，新的政策无疑将改变泰国的政治面貌。本文以问题的反思结束，通过其经济民族主义和民粹主义道路，他信最终推进的到底是"泰国公司（Thailand Inc.）"还是"他信公司（Thaksin Inc.）"。

# 分而治之：他信政党与联合政府

可以肯定的是，他信政府在执政的第一个年头就开局不顺。其草根政策议程明显耗资过大，缺乏条理，受到广泛质疑。他信本人因涉嫌隐瞒个人资产受到指控，而总理本应在就职前完成财产情况申报。泰爱泰党的党内分歧和联合政府内部党派之争纷扰不断，严重影响了他信执政的第一年。然而，这位弃警从商、步入政界的政治家最终以他特有的方式渡过难关。尽管存有争议，腐败案最终勉强宣判无罪。在他信的领导下，泰爱泰党井然有序，三党联盟逐渐形成。他的草根政策措施声势浩大，并承诺这些措施定会提振2002年与未来的泰国经济。

他信在2001年执掌政权并站稳脚跟之后，又面临着2002年诸多的严峻挑战。这事关草根政策是否行之有效，并由此决定他信能在任多久。首当其冲的是四分五裂的政党格局。为创造稳定的政治局面，推出其政策措施，他信对泰爱泰党和联合政府有效采取了分而治之的治理策略。他信商界经验老到，由于与高层政治的密切关系，其西那瓦电信集团获得独家经营权并茁壮发展[2]，他信通过合并新希望党（NAP—the New Aspiration Party）——这位昔日的执政联盟伙伴——垄断了整个政党体系[3]。由于新希望党的并入，泰爱泰党占有下议院500个议席中57%的绝对多数席位。接管新希望党以后，他信吸引另一中等规模的政党——国家发展党（CPP—the Chart Pattana Party）脱离反对党，组建执政联盟[4]。连同国家发展党和泰国民族党（CTP—the Chart Thai Party），泰爱泰党领导的联盟政府在下议院中已经拥有了70%的席位。拥有129名国会议员的民主党成为唯一的反对党。

泰爱泰党逐步发展成为泰国历史上最大的民选执政党，在议会中拥有多数席位，事实证明他信在掌控派系争斗与个人竞争方面长袖善舞。泰爱泰党的汪喃耶派系（“Wang Nam Yen” wing）与汪卜班阵营（“Wang

Bua Ban" camp）的不同诉求相互调和。"老派"的名义领袖沙龙·天通（Snoh Thientong）带领着汪喃耶派系，与他信妹妹瑶瓦帕·翁沙瓦（Yaowapa Wongsawa）领导的汪卜班阵营相互抗衡。尽管新希望党内对于并入泰爱泰党一事仍然争执不已，但由于他信曾是新希望党2001年大选竞选活动的主要赞助者，新希望党成员们很快唯他信马首是瞻。由于泰爱泰党有包括曼谷议员们在内的第四梯队的坚定支持，他信得以平衡党内各种政治势力。尽管泰爱泰党偶尔会出现凝聚力问题，但在整个2002年内党内成员数量却没有减少。党员规模和泰爱泰党在下议院中拥有的多数席位，反过来，又使他信能够严格控制联合政府纪律。作为联合政府同盟的泰国党，为保住自己的执政地位，对泰爱泰党的政策举措和安排部署唯唯诺诺。国家发展党同样决定参与联合政府，甚至想让其29位成员加入泰爱泰党。泰爱泰党与国家发展党虽然尚未合并，但是两党关系势必在2005年初大选之前会更加巩固。

## 反对派：民主党的真相

他信之所以取得政治统治地位，一部分归因于民主党的时运不济，以及民主党在2001年1月大选败北泰爱泰党之后的重组无力。民主党在选举大败之后的两年中一直还在自欺欺人。它坚称，对手取得暴发户式的胜利完全是因为他信的金融实力，民主党的失败是因为竞选资金的匮乏。然而残酷的现实是，泰爱泰党通过其政策议程生动描绘出崭新的泰国政治格局，而在这一点上，民主党望尘莫及。这些议程关注公众的长期不满，特别是农村地区，并且配套以切实的行动计划。在民主党的托辞背后，是其不愿意面对的、泰爱泰党已经建立起的新的政治游戏规则。一如既往，金钱政治对于2001年1月的大选结果至关重要。然而思想的重要作用——特别是经济思想——民主党没能抓住这一个新亮点。泰爱泰党承诺实施乡村延期还债计划，为70 000多个村庄提供100万泰铢（23 500美元）的乡村周转基金，实行“30泰铢治百病”（每次就医不足1美元）的全民医疗服务和各种信贷宽松政策，几乎覆盖了泰国社会的所有部门。事实证明，这些承诺是选举获胜的决定性因素。

民主党在2002年中不断自欺欺人，实则与其在大选后党内领导层的动荡大有关联。面对泰爱泰党的强劲优势，民主党亟待对内整顿组织，对外提出更具有吸引力的政策议程。民主党作为泰国历史最长的政党，曾经连续在三次竞选中失败［包括1995年7月败给班汉·信拉巴差（Banharn Silapa-archa）领导的泰国党，1996年11月败给永猜裕（Yongchaiyuth）领导的新希望党］。尽管民主党在2002年5月的不信任动议辩论中，面对内阁成员的一连串盘问表现得体[5]，但远不能提出能与泰爱泰党相提并论的计划。川·立派（Chuan Leekpai）领导民主党长达十年之久，曾担任过两届政府总理，也被认为是强弩之末。他的得意门生，38岁的曼谷人阿披实·维乍集瓦（Abhisit Vejjajiva），兼有英俊容貌和正直智慧的美誉，极具成为民主党下一任领袖与未来泰国总理的潜质。尽管他深受曼谷选民的欢迎，但其不利条件是，党内的普通议员并没有把他看作是自己人。阿披实回避政治庇护，也回避与来自于农村选区的普通议员培养亲密的庇护关系。他之所以能够接任川参与竞选，主要是因为素贴·特素班（Suthep Thueksuban）任秘书长。素贴来自民主党的腹心地带泰国南部，对川忠心耿耿，在党内具有相当大的影响力，可以弥补阿披实相对缺乏的党内接纳度。不足为奇的是，阿披实–素贴组合也遇到了顽强的抵抗。

反对者来自民主党内忠于前任秘书长沙南·卡宗巴萨（Sanan Kachornprasat）的派系。沙南秘书长因隐瞒资产申报，被判决五年之内禁止从政。沙南阵营希望班亚·班塔坦（Banyat Bantadtan）这位平淡无奇的旧式政治老手取代川，并在沙南门生巴迪·巴他拉巴舍（Pradit Phataraprasit）的辅佐下出任秘书长。川与沙南之争对民主党的党内反省以及2002年重获选民支持造成了很大的影响。于是，沙南提出采取分庭抗礼组建“第三党”的选择方案，并暗示一旦“班亚-巴迪”组合失利，他们就与泰爱泰党彻底决裂[6]。尽管川表示，他不会参与2003年4月民主党新任领导人的选举，但这也不排除他会通过政党投票被提名。副党魁阿提·武莱腊（Arthit Urairat）几年前就脱离了自由正义党（Seritham Party），接近2002年末，宣布准备参加竞选，这使得局面变得更加扑朔迷离[7]。无论是班亚、阿披实、川，还是阿提在2003年4月以后掌舵民主党，他们中无一人能够企及他信的个人声望和超高人气，除非民主党尽早提出切实可行的政策理念。

## 宪立反贪机构：政治化和混乱

自2001年8月宪法法院（the Constitutional Court）澄清了他信资产隐瞒指控以来，公众对泰国民主制度的信心似乎已经下降。国家反腐败委员会（NCCC—the National Counter Corruption Commission）以8∶1的结果判决他信有罪，其压倒性指控与宪法法院的判决完全相悖。他信案的潜在影响不容低估。其长期的影响是，法律宣判他信无罪损害了国家反腐败委员会的道德和法律威信，并最终将这一反贪机构纳入宪法法院的管辖之下。尽管国家反腐败委员会因他信案遭受挫折，但它还是一路进发。此后，国家反腐败委员会审慎考虑一系列对内阁成员和重要官员的重大贪污指控。在宪法设立的为数不多的反贪机构中，面对强烈抨击与公然挑衅，国家反腐败委员会大义凛然。然而，国家反腐败委员会的承诺和决心并不一定能够持久，因为2003年即将举行委员会换届选举。

相比之下，国家反腐败委员会的其他兄弟机构在执行力和声誉度方面就逊色很多。宣判他信无罪之后，宪法法院其声誉恢复方面进展有限。法官宣布了2002年重要裁决（见下文），但目前还不清楚法官是否会拥有政治经费来紧盯在像他信一案那样高度政治化和意义深远的案件所涉及的犯罪行为。在负责执行自由和公平的投票中，选举委员会（EC—the Election Commission）也在2002年中遇到了坎坷，当时提名的新任主席舍利·图甘（Sirin Thoopklam）被宪法法院认定为是违宪的。舍利最初无视裁决，最终仍然下台。由于长时间的内部分歧，几个月之后才从其余的选举委员会成员中选举出瓦萨那·白岚（Wasana Permlap）出任主席[8]。除了成员选举备受争议外，选举委员会还必须保护行政法院（the Administrative Court）的管辖权，这一机构负责判决政府官员之间以及政府官员与普通民众之间的纠纷[9]。管辖权交叉重叠，选举过程长期广受非议，这些监管机构在公众眼里异常混乱。人们已经记不清选举委员会到底反复组织了多少次的选举，也记不清法官和委员们跃跃欲试的面孔。

除了对问责机构的道德和法律威信造成破坏以外，他信案预示着另一个令人担忧的趋势。2002年国家反腐败委员会有案底政府官员，只能诉诸宪法法院证明自身的清白。2000年3月当沙南被国家反腐败委员会起诉时，他立刻辞去内阁职务，并本着推动宪法改革的精神，也辞去了其民主党秘书长的职位。他信一案备受瞩目——虽然他信在2000年12月受到国家反腐败委员会的起诉，但他并没有辞退其在泰爱泰党的党内职务，也没有退出其民选产生的政府——凡是在国家反腐败委员会起诉书中榜上有名的民选官员和官僚唯有等待宪法法院陪审团的裁决，像他信那句臭名昭著托词一样佯装成“无心之过”。另一例子是比切·萨提拉查瓦（Pichet Sathirachawal），泰爱泰党的一个执行委员，现任交通运输部副部长，也在资产申报上弄虚作假而受到国家反腐败委员会的起诉。因反复起诉和采取拖延战术，宪法法院对Pichet的审判一再拖延[10]。另一个突出案件涉及维拉蓬·都苏能（Veeraphol Duangsungnern），这位高级官员因电脑采购项目涉嫌欺诈被国家反腐败委员会起诉。事实上文官委员会（CSC—the Civil Service Commission）几乎推翻了国家反腐败委员会的起诉，经政府批准，

决定给维拉蓬恢复原有级别的职位。宪法法院后来支持国家反腐败委员会的起诉，迫使文官委员会改变立场，让政府陷于尴尬境地[11]。

Pichet案和维拉蓬案说明了在迈向民主制度的过程中，人们对政府官员的鄙夷与日俱增。尤其维拉蓬案件表明，政府官员极力规避国家反腐败委员会并将之边缘化。由于民主体制混乱不堪，政府面临信任危机，这些机构一直受到政府官员的轻视。国家人权委员会（the National Human Rights Commission）、国家经济与社会咨询委员会（the National Economic and Social Advisory Council）等问责机构也被边缘化。他信政府完全忽略了这些机构的反对之声。尽管反洗钱办公室（AMLO—the Anti-Money Laundering Office）被授予很大的工作空间，但其更多是为了平息批评政府的言论，而非曝光不洁官员的腐败现象。显而易见的是，这些旨在推进廉政和法治的机构成效惨淡，以至于他信再也不用着急在2002年通过修订宪法来断其羽翼。

## 军队：总理亲信遍布高层

自1932年实行宪政以来，这个国家平均每隔四年都会发生一场军事政变，或者成功，或者失败。因此，文官政府与军方的关系是不容忽视的。为了维护自己的政治统治，他信不得不加强对高层官员的管理，特别是陆军总司令素拉育·朱拉暖（Surayuth Chulanont）将军。在2002上半年，他信和素拉育的关系非常紧张。素拉育将军采取强硬立场反对佤邦联合军（UWSA—the United Wa State Army），他们是冰毒的主要制造商，也是将其大部分运往泰国的贩卖商。为了从毒品交易中赚钱，佤邦联合军得到缅甸军政府和国家和平与发展委员会（SPDC—the State Peace Development Council）的暗中支持。另一方面，他信政府热衷于培养与缅甸军方的亲密关系[12]。由于处理泰缅关系的不同方法，他信的绥靖政策和泰国军方的强硬姿态不可避免地发生冲突。素拉育将军，通过与枢密院主席炳·廷素拉暖将军（Prem Tinsulanond）的关系，被认为是泰国国王普密蓬·阿杜德（Bhumibol Adulyadej）的亲信[13]。因此，政府和军队之间的冲突也反映出他信和国王之间日益紧张的关系。

2002年泰缅两国争端的根源不难揣测。国王把打击毒品视为国家的头等大事，泰国军队把佤邦联合军视为威胁。因为国家和平与发展委员会和佤邦联合军结盟，泰国军队对缅甸军人集团态度决绝，并暗中支持缅甸少数民族为仰光自治而战，并反对佤邦联合军制造冰毒。战斗在最前沿的是两个主要少数民族团体，掸邦军（SSA—the Shan State Army）和克伦民族联盟（KNU—the Karen National Union）。2002年5月下旬，缅甸军方进攻掸邦军，但被击退了。许多缅甸士兵牺牲，几个哨兵被捕。仰光政府指责泰国军队支持掸邦军，当时泰国军队正在进行军事演习。缅甸军政府封锁了边境。泰国国防部长差瓦立·永猜裕（Chavalit Yongchaiyudh）将军呼吁双方停止武力，他信警告军方不要“反应过度”。此后不久，总理宣布泰国停止使用“缓冲区”政策，不再将掸邦军作为控制佤邦联合军和仰光政权的杠杆。尽管他信很快放弃了这种做法，但它带来一种猜想。那就是，撤去素拉育将军的职务迫在眉睫[14]。这种猜想是有依据的。

一年一度的军事改组为他信提供了安置素拉育将军的绝好时机，素拉育将军被授予最高司令官的虚职。他信非常精明，他在每年9月按照惯例职务轮换安排之前1个月，宣布了最高司令官的任命，这一招让素拉育和炳猝不及防。素拉育被调离陆军总司令岗位，事实上是明升暗降。他的继任者索姆塔·阿他南（Somthat Attanant）将军是他信的亲信，也是当时的国防部副部长汤玛拉·伊萨朗恭（Thammarak Issarangkul）将军的姻亲。在这一次改组中，海军和空军的新任领袖也是他信的支持者。此外，总理的堂兄柴雅希·西那瓦（Chaiyasit Shinawatra）将军，被晋升为索姆塔的助理，并将于2003年接任陆军总司令。他信曾经的军事预备专科学校同学纷纷被提拔到军队和警察的要职[15]。到2004年，他们将控制军队和警察的最高指挥权，由此夯实他信的权势根基。他信在传统的保皇派军队领导系统中进行重组，更多涉及他信与国王之间的关系格局。国王在2001年12月的生日演讲言辞激烈，警告他信不要使用“双重标准”，在某些方面激起了人们的某种希冀，期望国王能够遏制他信失控的专制主义。但是，在2002年12月的生日演讲中，国王却没有继续前一年的演讲主题。

## 官僚主义：他信风格的重组

他信完成军队领导层的调整之后，开始对行政机构进行彻底的改革。尽管推迟了几天，国王于2002年10月3日才签署了法令，但两个至关重要的立法——《关于行政改革条例》（the Bureaucratic Restructuring Bill）和《关于政府机构改革条例》（the Ministerial Restructuring Bill）——最终获得通过，为他信扫清了最后的障碍。这两个法案是泰国政府格局的转折点，也是一个多世纪以来在制度治理方面的最为重大的变革。

法案使原来根深蒂固的陈旧官僚体系大为精简。按照新的劳动分工和权力分割，在现有的14个部委的基础上新增了6个新部委。例如，现有的交通与运输部被一分为二，原来的部门改称为信息和通信技术部（ICT—the Ministry of Information and Communications Technology）。新设文化部，负责维护地方的传统习俗、生活方式和本土特征，这些东西正因旅游业的扩张与生产消费的全球化而受到负面影响。旅游业已经成为外汇收入的重要来源，对GDP的贡献度达到6%，同时泰国在体育运动方面的成功也越发显著，因此旅游与体育部也应运而生。其他新的部委还包括能源部、社会发展与人类安全部、自然资源与环境部。为进行如此大规模的机构重组，许多部门和机构都做了调整。20个部委的新阵容势必造成内阁的变化，昔日的几位副部长都晋职为部长。然而，内阁的总体构成实际上与以往并无两样[16]。

除了着手势在必行的行政体系改革外，官僚机构的重新配置需要精明的政治操作。他信基本上采用将饼做大的办法，以此通过褒奖和让步来平息泰爱泰党内部的不满情绪，尤其是沙龙·天通（Snoh Thientong）领导下的这个大派系，为此沙龙的妻子被任命为文化部部长。他信的重要心腹，如蓬民·乐素立德（Prommin Lertsuriyadej）和维萨努·格鲁干（Visanu Kruea-ngam）出任副总理。另外，泰国党的领导人担任两个新部部长职位（旅游与体育部、社会发展与人类安全部）。作为联合政府同盟的国家发展党，有两位领导人担任副总理和劳动部部长职务。其他内阁成员的任命包括原工业部部长素立亚·曾隆朗吉（Suriya Juengrungruangkit）出任交通部部长之职。来自他信核心圈的颂塞·贴素廷（Somsak Thepsuthin），接管了工业部。财政部部长颂奇·乍都西披他（Somkid Jatusripitak）和商务部部长阿滴塞·普塔拉米（Adisai Bodharamik）仍保留原职。总的来说，他信通过大规模的行政机构重组，成功地实施了必须的改革，培育扶植了亲信，增强了政治资本，巩固了政治联盟。通过给予同盟好处，确保其与泰爱泰党方向统一，实现联合政府的团结一致和长期执政。

## 媒体：他信的高压政策

尽管大部分电子媒体是国有的，但据说泰国媒体非常自由，充满活力。既然议会监督机构无法牵制他信，那么媒体这样的议会之外的民主力量就显得极为重要。新闻记者，无论是本国的还是外国的，都试图调查他信政府，但往往发现自己也只是在被动地接收信息而已。2002年2月，《远东经济评论》（the *Far Eastern Economic Review*）的两名记者发表批评文章，提及总理与国王之间的冲突，因此受到政府胁迫驱逐[17]。“《远东经济评论》事件”之后不久，因为批评他信，暗示将来君主制必定在宪法之下，泰国《经济学人》（*The Economist*）3月初的调查被有效阻止[18]。这两起事件，尤其威逼《远东经济评论》记者事件，给当地媒体和公民社会团体提供了充足的弹药以炮轰他信及其政府。

作为回应，他信向泰国媒体和公民社会施加压力。此后不久，反洗钱办公室即以涉嫌金融犯罪为名，对247名泰国知名记者和公民社会活动人士进行银行记录调查[19]。作为反洗钱办公室主席，他信坚称他没有下令调查，这只不过是以“合理推诿”为掩护而已。面对越来越大的公众压力，政府承认反洗钱办公室所犯错误，政府展开了公开调查，其结论是反洗钱办公室不仅做法欠妥，而且擅自行动。行政法院随后证实，反洗钱办公室对记者的金融骚扰是非法行为。

因此，他信从一开始就因压制泰国媒体而自食其果，部分因为他的错误判断，还因为他打算实行新闻审查制度而受到严厉指责。他信的错误判断表现在两个方面。首先，由于拥有对立法行政的强大控制权，他信高估了自己在分而治之、人员指派、控制当地媒体服从政府方面的能力。大多数泰国媒体的确服从政府，但是以《民族报》（*The Nation*）报业集团为首的少数媒体不断给政府寻衅挑刺。其次，他信在给这小部分批评性媒体施压时，低估了市民社会团体的统一力量和齐力支持，其专制倾向已经引发众怒。

除反洗钱办公室之外，他信政府也采用了微妙的抑制策略。《民族报》开通有一个有线电视新闻频道（即泰国国家电视台），受到其有线电视运营商和特许经营商联合广播公司（UBC—United Broadcasting Corporation）取消合同的施压，而联合广播公司和泰国政府过从甚密[20]。据报道，高级信息服务（泰国）（AIS—Advance Info Service），泰国第一大移动运营商和西那瓦集团的子公司，窃听素提差·阮（Suthichai Yoon）（《民族报》报业集团总编）的手机通话[21]。同时，高级信息服务（泰国）还取消了其在《民族报》上的广告。尽管他信用来控制媒体的强硬手段在最初适得其反，但是在2002年下半年却取得了显著的进展。到12月，国家频道的热心观众注意到有一点不同寻常，电视台的制片人们在针砭时弊的新闻分析栏目小心翼翼，这原本是国家频道的谋生之道。显而易见，素提差几乎完全专注于分析外国新闻，尤其是中东的政治泥潭。

## 经济：他信的成长轨迹[22]

受到政府指令性信贷扩张的消费增长的刺激，泰国2002年最初GDP增长略微超过5%。

利用前所未有的低利率和充裕的流动性，政府要求国有金融机构进行全面借贷，尤其是在抵押贷款行业、零售行业和租赁行业。从2002年1月到2002年9月末，信用卡贷款增长40%，信用卡的数量在2002年前6个月中飙升了30%。政府扩张性的财政政策也提高了消费者的购买力，特别是在农村地区。包括乡村缓期还债计划、乡村周转基金计划、低价医疗计划等在内的民粹主义计划得到落实和推广，惠及社会多个阶层。这一系列的草根政策成为他信政府的骨干支撑，足以解释他信及其政府为何在选民中拥有强大的号召力。

最初，评论界人士认为他信的草根政策轻率鲁莽，不成体系。他们警告说这会造成税收不足和公债失控，这在2002年底已经占到GDP的53%，是1997年的三倍。然而，他信采取的金融策略却让这些评论界人士的预言落空。预算外支出解决了政府的资金问题，并让政府可以兑现惠民承诺。泰京银行（Krung Thai Bank）、泰国政府储蓄银行（Government Savings Bank）、泰国政府住房银行（Government Housing Bank）等国有金融机构被要求打开信贷闸门，提供宽松和诱人的贷款计划。其他的半公共金融机构，如政府公积金（公务员的养老基金）和信用合作社，也加入借贷狂潮。他信政府的想法是不断将资金投入到消费者手中。消费将继续带动增长，税收增加可以使政府债务保持在可控范围内。其他收入自然会源源不断。这个想法与美国流行的供应经济学有着不可思议的相似之处，强调在泰国实行信贷注资而非税收减免政策。这个观点强调所谓的双轨增长战略，也称为扩大内需和依赖出口的“他信经济学（Thaksinomics）”。

然而没有人能够否认，2002年显著标志着泰国经济在1997年经济危机阴霾不散之后的“复苏”。备受2002年经济稳定增长的鼓舞，他信大胆承诺2003年经济增长可达6%，并有可能推出许多新的草根政策。现在评价他信的经济增长战略还为时过早。但是至少，这样一个扩张性的预算外支出平台就像一场赌博。由于信用评估和还款能力事实上受到忽略，如果个人借款者超支但又无足够的收入能力，那么国内债务危机就有可能爆发。如果经济增长的轨迹低于4%—5%的区间，政府债务危机就会接踵而来。增长也可能受到外部因素的影响，这一点也被忽略掉了。然而，他信似乎致力于这样一条道路。他也有可能继续连任。他信看起来似乎已经将其无数的民粹主义计划焊接在了一起。对于他的选举前途来说，其中大部分计划都有一个中期的保质期。

## 结论：泰国公司还是他信公司？

他信的四年任期已经过半，他在民主治理下精心培育的政治稳定局面前所未有，给人印象深刻，即使以过去军事独裁的标准来看也是如此。他非常精明地战胜了对其统治的诸多挑战，包括他本人的腐败案、内阁部长腐败指控案、来自于王室的不满、军营的流言蜚语以及来自非政府组织、学界和媒体的异议。行游于先前民选政府知难止步的政治险境，他信巩固了对下议院的控制权，并掌握了绝对立法优势。他信重组军队以巩固其统治，安插亲信，替换掉那些难以掌控的军队高层。由于他信的坚决态度和立法控制，政府机构进行了110年来第一次大规模改革。总理也经历过大肆吹嘘的独立民主机构对其的审查，比如国家反腐败委员会、宪法法院和选举委员会。这些机构已经变得政治化，渗透着与政治党派相关的党派利益——他信不再需要修改宪法来遏制这些机构的权威。

尽管在过去的一年里，泰爱泰党实力得到增强，但是反对党民主党一直低迷。由于底气更足，他信继续推进经济民族主义品牌，试图将泰国变成一种介于新加坡和马来西亚之间的混合新模式，这种模式是以占有议会绝大多数的政党一党独大并具有民主气息的强大国家。目前的问题是两种方案应当如何抉择，一是泰国公司，二是他信公司。由于更多旨在促进某些行业经济增长的工业政策的相继出台，以及“自力更生”观念和民族主义思想的强力驱动，泰国更像是一个由政府主导的“发展型国家”。显而易见，这种模式就是他信与其战略家们心目中所希望的，选择中小企业、农业企业、汽车业、农业、旅游业等行业，引领泰国经济的长期增长。他信政府的主导政策与此前日本、韩国、新加坡和中国台湾地区所采用的类似策略的基本区别在于，泰国依赖内需主导而不是出口导向。在喜欢专制的体制内，他信与其经济团队力图将GDP中60%的出口份额降低到40%，并刺激国内消费来弥补这一差额。在这种情况下，泰国无疑像家长制的国家，更多地依靠内需拉动而非依靠出口导向的经济增长。

另一方面，他信公司方案将他信的草根政策当作牟利的工具，包括宽松消费信贷政策、乡村周转基金计划，以及与内阁成员和政府资金提供者有关的产业选择推广项目，通过让选民更多地从中获取既得的利益，确保选民的支持。总理他信的西那瓦电信集团蓬勃发展就是这种既得利益的缩影。他信公司具有泰国领导人所宣称的自力更生和民族主义特色，但是其真正的受益者都是政府内部人士。尽管农民可以获得信贷，但最后只会导致农民欠债更多，以致无法偿还，最终被政府的承诺误导。他信草根政策下的信贷体系甚至比1997年经济危机之前的标准还要糟糕。以房地产投机和不计后果的信贷扩张为根源的经济泡沫会破坏经济的增长。政府债务会急剧增加，挥霍无度的支出计划超过收入。拉美式的财政危机若隐若现，最终以含泪失败结束。

迄今为止，他信政府出台的相应政策和承诺是两种方案的反映。无论是泰国公司还是他信公司，是否能够站稳脚跟将取决于他信，毫无疑问，他信希望这两家公司能兼容共生，而不是相互排斥。

［原文“Thailand: Democratic Authoritarianism”载于《东南亚事务》（*Southeast Asian Affairs*）2003年，第275—290页］

## 注释：

1 尽管目前得出他信领导下的泰国政治前景的结论为时尚早，但一些学者已经开始指出自《1997年宪法》颁布五年以来泰国政治体系的缺陷。比如，Duncan McCargo, “Democracy Under Stress in Thaksin’s Thailand”, *Journal of Democracy* 13, no. 4 (October 2002); “Balancing the Checks: Thailand’s Paralysed Politics Post-1997”, *Journal of East Asian Studies* 3 (2003)。

2 更多有关他信电信集团的崛起的细节，参见Ukrist Pathmanand, “The Thaksin Shinawatra Group: A Study of the Relationship between Money and Politics in Thailand”, *Copenhagen Journal of Asian Studies* 13 (1998)。

3 “NAP Officially Dissolved”, *Bangkok Post*, 2 April 2002. 新希望党是合并入泰爱泰党的第二个政党。第一次政党合并是在2001年，自由正义党及其14个议员被吸收进执政党。

4 “Reshuffle Provides Very Little Change”, *Bangkok Post*, 8 March 2002.

5 *Matichon sudsapda* (in Thai), 3-9 June 2002, pp. 9-11.

6 *Matichon sudsapda*, 9-15 September 2002, pp. 10-11.

7 *Matichon sudsapda*, 24-30 January 2003, p. 11.

8 “Sirin Gives Up His Role as Chairman”, *Bangkok Post*, 6 July 2002; “Chairman Picked, at Last”, *Bangkok Post*, 30 November 2002. Jarupat Ruangsuwan是一位退休将军，2002年10月当选为第五届选举委员会委员。

9 “Watchdog, Judges in Turf Battle”, *Bangkok Post*, 7 October 2002.

10 "Pichet Asset Case Likely to Drag on Longer", *Bangkok Post*, 15 February 2003. 有关Pichet的最后的定论预计要等到2003年才能见分晓。

11 "Three Cheers for Landmark Ruling", *Bangkok Post*, 16 February 2003.

12 各种媒体报道，总理的同伙经营部分泰缅边境的酒店和赌博业务，他们也持有股份，同时还坐享西那瓦家族卫星通信业务在缅甸的巨额利润。

13 *Matichon sudsapda*, 17-23 June 2002, p. 9; 15-21 July 2002, p. 13.

14 *Matichon sudsapda*, 5-11 August 2002, p. 9.

15 *Matichon sudsapda*, 9-15 August 2002, pp. 9, 13.

16 "Why and How the PM Picked His Men", *The Nation*, 5 October 2002.

17 在这次事件中，《评论周刊》（*the Review*）发表了正式的道歉声明，并对泰国民众而非他信表示"遗憾"。该杂志也没有开除受质疑的两个记者。参见"Review Apologises for Controversy", *Bangkok Post*, 5 March 2002。

18 这项禁令实际上可以被理解为，如果一旦有问题的期刊进入市场流通，泰国当局将没收这些期刊，因此《经济学人》（*The Economist*）决定将不再发布关于泰国的调查资料。

19 "Panel blames two chiefs over probes", *Bangkok Post*, 16 March 2002; "Nation executives point finger at PM over financial probe", *Bangkok Post*, 13 June 2002; "Judge backs revocation of AmIo order, clears Thaksin", *Bangkok Post*, 21 June 2002.

20 "UBC 'Pressured to Axe Nation Channel'", *Bangkok Post*, 15 March 2002.

21 "Nation Chief Claims AIS Tapped Phone", *Bangkok Post*, 14 March 2002.

22 这部分是基于 "Thailand: Country Report", *Economist Intelligence Unit*, February 2003; "Economic Review Year-End 2002", *Bangkok Post*, 30 December 2002。

# 泰国2003年

## Thailand 2003

# 泰国：政治他信化

【泰】Chookiat Panaspornprasit①著　　陈欣　姚键　译

## 引　言

在他信执政的最初两年期间（2001—2002），由泰爱泰党（the Thai Rak Thai Party）领导的联合政府的主要政治战略十分明显，一要对国内政治挑战保持中立，二要巩固他信在泰国政坛的政治权利基础。依靠他信政党多管齐下的草根政策和主动权，他信主导泰国政治的决心有增无减，这一点并非是反对派能撼动的。他信公开宣称他领导的执政党——泰爱泰党将在接下来的二十年持续执政[1]。2003年为他信通过宏大的政治举措在国内和国外大展拳脚提供了大好机会。他信对毒品、恐怖主义和贫穷等长期性问题发起宣战。在府尹和大使职位实施CEO理念，以及倡导亚洲合作对话机制都有利于他信达到政治目的。他信受到一些业界人士的好评，认为他是东南亚最富有远见的领导人，尽管得出这种结论还为时过早[2]。然而其他人却不买账，认为他信成为区域领导人实属偶然[3]。

① Chookiat Panaspornprasit是曼谷朱拉隆功大学安全与国际研究所（Institute of Security and International Studies, Chulalongkorn University, Bangkok）主任。

# 他信与国内政治：没有什么不敢想

整个2003年，他信政府专注于国内社会和政治新议程。他信因为先前所倡导的草根政策大获成功而信心满满，包括“农村缓期还债”计划、“乡村周转基金”计划和“30泰铢治百病”计划（每次就医）。通过对毒品、贫困、贫民窟和文盲的宣战，他信再次将其“新思想、新行动”（Think Anew and Act Anew）的口号付诸实践[4]。表面上，泰国公众虽然往往表示支持消除这些社会问题，然而公众最为关注的还是国家当局如何解决这些问题。此外，几乎每个泰国人都不看好为赢得这场“圣战”而制定的严格的日程表。

他信于1月份信誓旦旦地宣称，泰国将在3个月内成为一个没有毒品的地方；五年内根除贫民窟，而泰国社会的贫穷有望在六年之内得到消除。他信宣布的泰国在十年内扫盲的决定着实让教育改革者们措手不及。泰国国内社会问题具有长期性，错综复杂，要解决这些问题必须由各相关部门采取联合整治的策略。对一些批评家来说，他信的宣战只是政治伎俩而已，因为无论在地方层面还是国家层面都不见任何有关综合战略的实施细则出台，甚至对于重点实施的主体是谁都不清楚。从逻辑上讲，保障人类安全应该是新成立的社会发展和人类安全部（the Ministry of Social Development and Human Security）的工作重心，该部门是根据2002年官僚机构调整和内阁重组法案（the Bureaucratic Restructuring and the Ministerial Restructuring Bills）建立的。遗憾的是，这个部门还处于襁褓期。尽管他信6月再次简要申明，他将向贫困和文盲宣战，但是仍然没有具体行动计划[5]。

他信的剿毒行动在国内或国外都一直备受争议。为实现预想的结果，他信政府设定了严格的日程表以及几个限定的行动参数。相关部门被限定在3个月时间内解决毒品问题，时间从2月1日到4月30日。规定期限内未完成任务者，要么接受处分，要么降级。这导致了两个严重的后果。首先，毒品贩子和毒品犯罪嫌疑人之间的区别有时被故意混淆了。其次，更令人担忧的是，所谓不经调查便法外处决以及下落不明的案件有所增加。这样的杀戮已经如此普遍，以至于泰国国家人权委员会（NHRC—the Thai National Human Rights Commission）和其他人权组织的主要成员竭力寻求联合国人权委员会（the United Nations High Commission for Human Rights）的干预。但是，他信以其通常的方式驳回联合国负责该问题的特别代表所做的多项观察报告[6]。这表明了他信对批评十分敏感，此前著名学者、社会评论家，甚至泰国前总理也曾表达过这样的批评意见。川・立派警告他信政府，这将被国际社会看作违反人权[7]。

接着，他信政府于8月突然决定同意实施两项新的反恐法令，这引发了公众对于国家权力机关为了国家反恐斗争的利益而侵犯人权的担忧[8]。尽管这一举动受到穆斯林领导人、学者、议员、人权组织的质疑，但他信却强调“政府不搞独裁”[9]。事实上，素腊・舍瓦拉（Sulak Sivalaksa）和提拉育・布米（Thirayuth Boonmee）这两位著名的社会批评家先前就曾好几次指控过他信所执掌的独裁政府[10]。提拉育，泰国国立法政大学（Thammasat University）的人文社会学教授，强烈抨击府尹和大使职位上运用的西方CEO理念，因为这样可能导致个人权力垄断[11]。这种CEO理念正在泰国驻比利时、中国、印度、日本、老挝和美国的六个大使馆试点。另一个造成负面影响的是公众认为有任人唯亲和裙带关系之嫌。例如总理的两个亲信差舍・西那瓦拉上将（General Chaisit Shinawatra）（总理的堂兄）与颂吉滴・乍甲巴中将（Lt.-Gen. Songkitti Chakkabat）（总理在泰国军官预备学校的同班同学）被提拔到军队高层[12]。猜亚色上将取代颂塔・阿达南上将成为新任陆军司令；而颂吉滴中将，先前还是驻东帝汶的联合国维和部队指挥官，现在摇身一变成了泰南第四军区司令。

泰国于2003年还清债务，不再受国际货币基金（IMF—International

Monetary Fund）义务的约束。政府利用该事件来刺激爱国情怀。他信宣称，泰国经济不再需要国际货币基金组织[13]。人们推测，总理对政府的经济智囊团——国家经济与社会发展委员会（NESDB—the National Economic and Social Development Board）——所估计的4.5%的经济增长率表示不满。出于对“他信经济学”（Thaksinomics）的自信，他信更愿意接受的数字是超过6%。这种由总理干预经济的做法在泰国政治历史上是极其罕见的。

## 混乱中的反对派

主要反对党的前景黯淡，无力向泰爱泰党发起像样的挑战。2003年，民主党（DP—the Democrat Party）内的派系政治斗争并无休止的迹象。继川·立派（Chuan）于2002年宣布将辞去民主党党魁之后，民主党内的一位保守派戴隆·素旺纳奇里（Trairong Suwannakhiri），坚决反对任何让川回来角逐党内领导权的企图[14]。民主党在2月份举行的研讨会上，有迹象表明，川·立派的门徒阿披实·维乍集瓦（Abhisit Vejjajiva）凭借其人气，会继承川成为民主党的领袖[15]。全国45个党的分支机构负责人中有60%强烈支持阿披实担任该党主席，这远远超过了其他两个竞争者——班亚·班塔坦（Banyat Bantadtan）和阿提·乌来拉（Arthit Ourairat）。班亚·班塔坦得到沙南·卡宗巴萨（Sanan Kachornprasart）（民主党著名的特立独行、位高权重的政治家）的大力支持，但也有人批评他缺乏长远发展的眼光，并怀疑他是否有能力全面改善党的政治纲领。然而，在4月举行的党内大会上，班亚·班塔坦在三方角逐中胜出，仅以13票之差击败了亚军阿披实[16]。班亚·班塔坦任命阿披实担任新班子九个副主席当中的一个职务，此举被普遍视为安抚党内的派系斗争的一种策略。

不过，政治阴云仍旧笼罩着班亚·班塔坦领导层。首先，他虽然取得了胜利，但人们普遍认为这并不等于就可以无可争辩地向全党发号施令。究其原因，部分在于川公开表示班亚·班塔坦可能想加入泰爱泰党领导的联合政府，尽管班亚·班塔坦信誓旦旦地保证他仍将留在反对派阵营[17]。另外，权威专家和政治学者也对班亚·班塔坦的前景表示怀疑。例如，他们声称："他与川先生的生活背景类似，但却没有川先生那样的风度、操守和尊严。"[18]如出一辙的是，民主党的中坚分子通常坚定认为，党的新领导人必须提出新的政治纲领和策略。作为反对党领袖，在议会谴责他信政府五位部长并对其进行不信任投票的辩论中，班亚·班塔坦的政治表现初次接受考验。这些部长分别是农业和合作社部部长、商业部部长、教育部部长、交通部部长、信息和通信技术部部长[19]。结果，五位部长在不信任的投票辩论中保住了乌纱帽，而身为反对党领袖的班亚·班塔坦，其领导力却辜负了公众的期望。

由已故前总理差猜·春哈望将军（General Chatchai Choonhavan）建立的国家发展党（CPP—the Chart Pattana Party）的核心领导层也发生了更迭。在差猜最喜欢的侄子——功·塔帕朗西（Korn Dabbaransi）的领导下，国家发展党成为参加泰爱泰党领导的联合政府政党之一，功·塔帕朗西出任副部长；秘书长苏瓦·立达班洛（Suwat Liptapanlop）出任劳动部部长。然而，国家发展党的政治影响力在联合政府里却很弱。坊间广泛认为苏瓦特是该党的主要资助人，后来取代功·塔帕朗西成为新的领导人，这引起公众揣测国家发展党将会解散并与泰爱泰党合并，尽管苏瓦特本人保证这与事实恰恰相反[20]。内阁于2003年11月进行改组，国家发展党的所有前部长均未入选，受其余波的影响，国家发展党未来的政治前景令人担忧[21]。更糟糕的是，功·塔帕朗西反水泰爱泰党，引发了其他成员竞相反水，这使国家发展党的声誉跌到历史最低点[22]。2003年底，外界广泛推测，国家发展党做出向反对派倒戈的政治决定并不会给民主党领导的反对派阵营增加多少筹码。

# 亚洲合作对话机制：神话或是现实？

显而易见的是，他信政府旨在国际事务中扮演重要角色，从而在泰国对外关系史上青史留名。他信首倡的亚洲合作对话机制（ACD—the Asian Cooperation Dialogue）是对亚太地区已有的无数个多边框架的又一补充。据称，亚洲合作对话机制的主旨是打造亚洲诸多次区域之间的"链接"。通过亚洲合作对话机制，将东北亚国家（中国、日本和韩国）与九个东盟成员国（缅甸除外）、三个南亚国家（印度、巴基斯坦与孟加拉），以及波斯湾地区最后两个盛产石油的国家（巴林和卡塔尔）连接起来[23]。其他四个国家——哈萨克斯坦、阿曼、科威特、斯里兰卡也表示有兴趣想参加这一框架。关于1997年金融危机的负面影响，他信警告说："我们没有时间自鸣得意。为了我们的共同利益，我……将整合我们的优势致力于让亚洲重返繁荣。"[24]在这一倡议的发展过程中，积极思考得到了强调，倡导思考如何在非正式、非制度化、富有开放性和包容性的协商基础上开展合作。亚洲合作对话机制包括东盟（ASAEN）、"东盟十加三"（ASAEN+3）、南亚洲区域合作联盟（SAARC）、孟加拉湾多部门技术经济合作计划（BIMSTEC—Bangladesh, India, Myanmar, Sri Lanka and Thailand Economic Co-operation：孟加拉、印度、缅甸、斯里兰卡和泰国经济合作组织）和海湾合作委员会（GCC—the Gulf Cooperation Council），旨在诸如能源安全、消除贫困、生物技术、电子商务、电子政务、金融合作和人力资源开发等领域建立合作。据称如果理想的话，亚洲合作对话机制有助于从总体上提高亚洲人的生活水平，促进和加强亚洲共同体的团结，与世界其他地区形成战略伙伴关系。为了显示泰国现政府的热情和领导力，两次部长级会议分别于2002年6月和2003年6月在泰国召开。

然而，这种基于泰爱泰党"新思想，新行动"口号的宏大构想，并非未曾遭来批评和怀疑。两个主要缺陷让其并不完美。首先，正如评论界所说的那样，启动和促进亚洲合作对话机制主要是为了让当前政府在地区事务中担当领头羊。第二，该组织框架之大，层次之多，使得大多数成员国认为巩固在自己区域内已有的次区域合作计划或许更划算。根据亚洲合作对话机制发行亚洲债券的想法受到了冷遇，只有印度表示愿意出资10亿美元作为初始资金。

## 与邻国的关系

### 柬埔寨骚乱：不信任再现?

2003年1月末，柬埔寨金边发生反泰暴力抗议和骚乱，抗议的民众试图烧毁泰国大使馆建筑和在柬埔寨首都的泰国商业机构，泰柬两国关系骤然紧张。局势非常糟糕，泰国外交人员决定逃离大使馆。引发暴力事件的直接原因，表面上是一位当红的泰国电视女星无意间说到泰国对吴哥窟拥有管辖权[25]。由于柬埔寨7月大选在即，这句话是否被参与竞选的政党政治化了，我们不得而知。然而从历史来看，这一事件突出了柬埔寨人对古泰王国“老大哥”政策持有一种根深蒂固的否定态度。

在这种紧张局势下，东盟在柬埔寨和泰国政府之间的斡旋未果。泰国政府最初采用的报复性手段就是关闭边界、中止贸易和技术援助、冻结外交关系，中止柬埔寨作为一个观察员身份参与“金色眼镜蛇”（the Cobra Gold）年度军事演习。泰国女王储对金边的正式访问也被取消，致使当时双边关系降至最低点。在整个化解危机的谈判过程中，泰国政府明显行使了更强大的政治影响力并取得了一定的成功。他信提出了改善外交关系不可或缺的三个相关要求：对隶属于泰国政府和泰国企业的损失进行经济赔偿，将凶手绳之以法，对整个事件做出详尽的解释[26]。危机爆发后不到两个月，柬埔寨政府按协议支付赔偿2.5亿泰铢。6月份，两国政府举行了联合内阁会议，并由泰国政府根据《经济合作战略》（ECS—the Economic Cooperation Strategy）履行了经济援助计划，可这些未必能消除柬埔寨人关于泰国政府对柬政策挥之不去的不信任。

## 与老挝和越南的关系：坚持扩大互动

泰国和其他两个中南半岛国家的双边关系从未经历过如此的压力。为了打击边境一线的毒品非法交易，泰国政府与老挝寻求在边境巡逻与情报交换方面进行合作的可能性[27]。两国之间正就有关文化交流、学生交流、边境划分进行磋商。在泰国内政部长的倡议下，为了促进两国更紧密的联系与合作，今年10月沿湄公河岸的泰国十一府府尹和接壤泰国的老挝九省省长举行了第一次直接会晤。同时，两国政府一致同意进一步研究中国岩石暗礁爆破工程对湄公河的影响。然而，两国政府仍然存在棘手的政治问题，泰国刑事法庭拒绝将三年前攻击老挝海关的16个老挝籍嫌疑人引渡给老挝。

总的来说，泰国和越南的关系一直是温情脉脉的。越南军方首次表现出浓厚的兴趣，意欲与泰国武装部队就军事与战略文化进行观点和信息的交流，以期让两国军事机构彼此了解对方的战略和军事背景。按照他信与其他邻国举行联合内阁会议的一贯模式，他信提议在泰国的东北部那空拍侬府（Nakhon Phanom）或越南的顺化（Hue）或岘港（Danang）举行第一次泰越联合内阁会议。

## 缅甸的民主化：僵局仍在持续

缅甸的族群政治，人权的广泛侵犯，民主改革的悲观前景，有利可图的泰缅边境毒品走私，使得他信政府拿仰光的独裁政权十分头痛。

尽管对克伦族人（the Karens）和全国民主联盟（NLD—the National League for Democracy）政治活动的镇压仍在继续，但是仰光政权却与产毒贩毒的佤邦（the Wa）少数民族势力相互勾结，事实清楚，证据确凿。泰爱泰党领导的联合政府尽管意识到根除边境毒品走私行动十分困难，但却不愿意尝试与仰光政权撕破脸。这样，尽管两国政府有关打击毒品走私网的讨论和合作仍在继续，但人们普遍认为他信政府避免就缅甸的人权状况发表评论。除此之外，一些泰国内阁成员默许解除仰光军人政权的制裁，这立场受到一些崇尚自由的上议员的强烈抗议。这些议员提醒泰国政府考虑东盟各国外长要求释放全国民主联盟领袖昂山素季（Aung San Suu Kyi）的呼吁。上议员克拉萨·春哈万（Kraisak Choonhavan）警告泰国外交部部长不要充当仰光政权的官方“发言人”。重要的是，这些直言不讳的上议员仍然不相信泰国当局会寻求与仰光政权开展充分合作，加强打击共同边境的贩毒活动。

就缅甸民主化的问题而言，将于今年8月就职的新当选总理钦纽（Khin Nyunt）没有提出与全国民主联盟和解的想法。至于缅甸军人政权对全国民主联盟为首的反对派团体采取何种政策，泰国政府的影响无论如何都是有限的。举例来讲，由泰国政府提出的解决政治危机和促进缅甸民主的路线图在仰光就受到了冷遇。为此，泰国外交部部长处心积虑地努力寻求中国和日本政府对路线图的支持，希望这种支持会影响仰光的军事领导人。然而，尽管他信本人试图暗示，他与钦纽11月在经济战略合作峰会期间的私人会晤会带来突破，但是这种努力看起来只是徒劳。

除这一僵局外，两国政府之间的各项合作都已完成。他信内阁批准了一项1亿泰铢的预算，用以修建连接泰国边境的达府（Tak）和北碧府（Kanchanaburi）与缅甸边境城市的两条公路。一个跨境大桥建设项目也在泰国最北部的清莱府（Chiang Rai）启动。2003年6月，两国政府签署了一项正式协议，批准缅甸在泰移民劳工的合法化。缅甸移民劳工构成了泰国制造行业移民劳工总量的大部分。

# 泰美关系：平等的伙伴？

他信政府和布什政府之间渊源深厚，尤其是基于两国均面临恐怖主义威胁的考虑。2003年，泰国与美国举行代号为“金色眼镜蛇”的年度重大军事演习，重点演练了反恐行动以及维和任务。泰国军队已经计划为399反毒特遣部队（Task Force 399）采购33架美国制造黑鹰直升机（Black Hawk helicopter），但国防部提议缩小该特遣部队编制，配备有8架直升机足矣。然而直到2009年，总理才批准了购买这33架直升机。

可以预计，泰美的亲密关系将会列入他信政府2005年初大选的竞选议程。首先，像与澳大利亚、中国、印度、日本等其他国家建立双边关系一样，泰国政府为与美国磋商建立双边自由贸易协定（FTA—Free Trade Agreement）而沾沾自喜。然而，著名经济学家对此表示担忧，认为事先不做好研究就签署协议会埋下若干隐患。此外，评论人士指出，他信政府不分青红皂白努力签订众多双边自由贸易协议，这反映了其对外经济政策迷失了方向[28]。

其次，泰国和美国政府在打击恐怖主义威胁方面，尤其是在10月的亚太经合组织（APEC）峰会上表现出良好的协作关系。人们普遍怀疑，泰国政府早些时候曾秘密许可美国军方使用泰国东部的乌塔堡（U-Tapao）军事基地对伊拉克实行军事打击。他信政府不希望公开这次军事支持，因为担心泰国因此可能成为恐怖分子袭击的目标，这将破坏泰国的旅游业。然而事实上，布什政府并不满意泰国政府这样暗中支持。他信于6月对华盛顿进行非正式访问，趁机对布什阐明其立场，尽管他信公开对此予以否认。同样是在这次会晤中，泰国国防部长汤玛拉·伊萨朗恭上将（General Thammarak Issarangkul）对泰国南部局势做了简要介绍。无论是巧合与否，就在他信访问华盛顿期间，三个伊斯兰祈祷团（Jemaah Islamiah）嫌疑犯在泰国被捕[29]，还从一名泰国嫌疑人手中缴获了用于制造脏弹的放射性材料铯-137[30]。但是，缺乏足够的证据证明这些嫌疑人与伊斯兰祈祷团有关系。

两国领导人于6月会晤，泰国政府最终在两个问题上做出承诺。第一，泰国当局须保证，无论美国人在泰国领土上犯下何种罪行，均不得将美国公民提交国际刑事法庭受审，因为美国不是该国际机构的签字国。第二，授予美国政府在对东南亚的恐怖主义作战中拥有驻军与设立基地的权利。领导人会晤后发表了联合声明，只字未提由于剿毒战争滥杀无辜而导致泰国人权状况恶化问题。

亚太经合组织峰会刚一结束，泰国政府就着手推进国家情报协调中心（the national intelligence co-ordinating centre）升级的工作。这个国家反恐中心，起初是为了亚太经合组织大会临时而建，现已经升级为永久反恐中心[31]。这一新的国家情报协调中心，由副总理差瓦立·永猜裕（Chavalit Yongchaiyudh）任首脑，整合了国家情报局（the National Intelligence Agency）、国家安全委员会（the National Security Council）、警察特别分署（Police Special Branch）、武装部队安全中心（the Armed Forces Security Centre）等机构的资源。亚太经合组织会议结束后不久，布什政府将泰国列为其新“非北约重要盟友”（MNNA—major mon-NATO ally）。正是基于这一新的身份，泰国才决定重组反恐机构。这一新身份受到来自前外交部部长和著名学者们的批评，认为这在遭遇严重恐怖袭击时将会使国家变得更脆弱，尽管总理本人试图提出相反的意见。

与美国的其他盟国一道，泰国也参与以美国为首的伊拉克重建和康复计划。共有443名军人，其中有250名技术人员、70名医生、26名前线指挥军官、50名安保人员和一个拆弹小组被派往伊拉克南部执行人道主义使命。由于伊拉克各地饱受战争摧残，对外国军事人员的袭击持续不断，此时决定派泰国军事人员去伊拉克便招来一连串的公开批评，尤其是当两个泰国军官在伊拉克南部牺牲之后。然而，他信宣布对伊拉克使命的承诺没有动摇。人们普遍认为，这个任务是为了泰美两国密切关系的利益，而非人道主义援助。

## 结 语

他信政府采取的政治策略和相对较新的举措受到了泰国社会绝大多数人的赞扬和欣赏。对他信执政表示不满的少数人要与大多数人抗衡并不是一件容易的事。他信平步青云至权力的巅峰并牢牢地掌控权力，既有环境的也有社会结构的诸种有形和无形变数的影响——包括反对派的软弱无力和他信本人强大的政治意愿。在为2005年初的大选造势活动中，大家普遍预计，他信和他的泰爱泰党将会加大宣传一些新的具有争议性的宏大项目并使其政治化，以赢得选民。但至少需要一次政治波折来及时敲响警钟，提醒他信和泰爱泰党有必要回到并重新评估他们迄今为止所许下的政治承诺。

［原文“Thailand: Politicized Thaksinization”载于《东南亚事务》（*Southeast Asian Affairs*）2004年，第255—266页］

## 注释：

1 “TRT Set for 20 Years in Power, PM Tells Faithful”, *Bangkok Post*, 28 April 2003, p. 1.

2 “Thaksin Hailed by U.S. Group”, *Bangkok Post*, 16 October 2003, p. 1.

3 “Thaksin Atop Asean Tree by Fate, Says Abhisit”, *Bangkok Post*, 21 September 2003, p. 3.

4 *Bangkok Post*, 12 January 2003, p. 1; 22 January 2003, p. 4; 27 January 2003, p. 3; 6 April 2003, p. 2; 9 May 2003, p. 3.

5 “Thaksin Says Key Policies to Be Sped Up”, *Bangkok Post*, 21 June 2003, p. 2.

6 *Bangkok Post*, 13 February 2003, p. 3.

7 *Bangkok Post*, 3 March 2003, p. 1.

8 "Outcry over Laws by Decree", *Bangkok Post*, 12 August 2003, p. 1.

9 "Govt Not Dictatorial, Says PM", *Bangkok Post*, 13 August 2003, p. 1.

10 *Bangkok Post*, 6 January 2003, p. 1; 20 May 2003, p. 3; 22 May 2003, p. 1.

11 "PM Scoffs at Thirayuth's Criticism of CEO System", *Bangkok Post*, 13 September 2003, p. 3.

12 "Is Reality Biting among the Ranks of the Cronies?" *Bangkok Post*, 13 August 2003, p. 12.

13 "IMF Won't Be Needed Again", *Bangkok Post*, 3 August 2003, p. 3.

14 "Leadership Tussle Splits Democrats", *Bangkok Post*, 10 January 2003, p. 1. 15.

15 "Abhisit Favourite to Challenge Thaksin", *Bangkok Post,* 23 February 2003, p. 3.

16 "Banyat Takes the Helm", *Bangkok Post*, 21 April 2003, p. 1.

17 "Chuan Wary of Banyat's Reassurance", *Bangkok Post*, 22 April 2003, p. 1.

18 "Banyat Not Likely to Become Premier", *Bangkok Post*, 21 April 2003, p. 3.

19 "Banyat Kicks Off Censure in Debut as Opposition Leader", *Bangkok Post*, 29 May 2003, p. 3.

20 "Chart Pattana Will Keep Its Independence", *Bangkok Post*, 8 January 2003, p. 3.

21 "PM Rejigged His Lineup Nine Times", *Bangkok Post*, 9 November 2003, p. 3.

22 "Korn Leaves Chart Pattana for TRT", *Bangkok Post*, 12 November 2003, p. 1.

23 参见泰国外交部下属政策和规划办公室（the Policy and Planning Office, the Ministry of Foreign Affairs, Thailand）2003年5月20日官方文件。

24 "Asian Prosperity Needs a Pooling of Resources", *Bangkok Post*, 7 October 2002, p. 12.

25 "Actress Denies Politicking", *Bangkok Post*, 29 January 2003, p. 2.

26 "Formal Ties Linked to Fulfilling of Demands", *Bangkok Post*, 25 February 2003, p. 5.

27 "Talks to Focus on Patrols, Intelligence", *Bangkok Post*, 25 August 2003, p. 5.

28 "FTA Would Hurt Thais, Expert Warns", *Bangkok Post*, 19 August 2003, p. 5.

29 "JI Terrorist Suspects Seized Here", *Bangkok Post*, 11 June 2003, p. 1.

30 "'Dirty Bomb' Material Seized", *Bangkok Post*, 14 June 2003, p. 1.

31 "Anti-Terror Centre Now Permanent", *Bangkok Post*, 23 October 2003, p. 1.

# 泰国：国际恐怖主义和南方穆斯林问题

【泰】Kavi Chongkittavorn①著　　陈欣　姚键　译

## 引　言

伊拉克战争于2003年3月爆发，泰国总理他信随即宣布泰国保持中立，因其不愿让生活在泰南穆斯林社区的大约600万人受到影响。就在国际媒体报道他信的立场后，他信又有了新的想法。2003年5月，他信改变立场，承诺泰国将全力支持美国在伊拉克的战争，并声称泰国是美国在亚太地区的五个盟友之一，有义务按照泰美防御条约（the Thai-U.S. Defence Treaty）为美国提供援助。

在他信执政的前三个年头，像这样翻手为云覆手为雨的事已司空见惯。在伊拉克战争开始之前，他信一直否认在泰国存在恐怖组织。2001年美国“9·11恐怖袭击事件”和“2002年10月巴厘岛爆炸案”之后，众多国际媒体报道声称国际恐怖组织与区域性的恐怖组织伊斯兰祈祷团（JI—Jemaah Islamiyah）有着千丝万缕的联系，并据此引申说，基地组织已经渗透进泰国。巴厘岛大屠杀之后的近10个月，泰国政府就恐怖主义问题守口如瓶。他信驳斥说这些报道毫无根据，并声称这都是那些记者们的疯狂所为。但是，到2003年下半年，他信与泰国军方领导人开始承认，一些国际恐怖分子可能途经泰国，甚至可能留在泰国重新集结。本文主要探

① Kavi Chongkittavorn是总部设在曼谷的泰国英文报刊《民族报》（*The Nation*）助理编辑。

讨“9 · 11袭击事件”之后泰国的反国际恐怖主义政策，以及这些政策对穆斯林占多数的泰南那拉提瓦（Narathiwat）、北大年（Pattani）和也拉（Yala）三府的影响。

## 晴天霹雳：泰国的伊斯兰祈祷团

2003年6月10日，伊斯兰祈祷团嫌疑人迈苏里（Maisuri Haji Abdullah）（50岁）、他的儿子穆雅希（Muyahi Haji Doloh）（22岁）以及旺马哈迪 · 旺刀（Waemahadi Waedao）博士（40岁）被逮捕。这一事件在穆斯林占多数的泰南地区成为局势发展的分水岭。这些人被指控试图策划对曼谷和其他地方几个大使馆和旅游景点进行恐怖袭击。在过去，涉嫌穆斯林叛乱的活动与当地分离主义团体有关联，例如北大年联合解放组织（PULO—Pattani United Liberation Organization）或团结组织（Bersatu—Barisan Kemerdekaan Pattani），也被称作北大年独立联合阵线（United Front for the Independence of Pattani）。这一次，政府指责区域性的恐怖组织——伊斯兰祈祷团，这标志着政府首次把当地的穆斯林叛乱置于区域大背景下来看待。尽管美国和联合国都认定伊斯兰祈祷团是一个海外恐怖组织，但在伊斯兰祈祷团嫌疑人被逮捕事件之前，泰国公众从未听说过该组织。

这次逮捕行动令人瞩目，泰国由此在国际联合打击恐怖主义行动中从一个坚决抵制反恐的国家转变成为一个积极主动的国家。这标志着泰国在态度和政策方面的重大改变。在此之前，西方报纸多次报道称，泰国是国际恐怖分子的避风港。十分明显，被捕的基地组织成员像奥马尔 · 法鲁克（Omar al-Farouk）和伊斯兰祈祷团头领阿里 · 吉弗隆（Ali Gufron）在对其他地区国家执行恐怖活动前均曾到过泰国。但泰国领导人尤其是总理他信始终否认这种说法，并称这些说法是破坏泰国旅游业，玷污泰国作为外国游客安全目的地旅游国美誉的邪恶阴谋。在巴厘岛爆炸案之前，泰国计划保持每年拥有大约1 100万名外国游客。但是巴厘岛爆炸案之后，只有数千名游客决定经由印度尼西亚转往泰国。承认泰国的确不是一个安全港将给泰国经济带来不利影响。毕竟，政府已经承诺要继续保持经济的高速增长。因此，它难以承受吓跑游客和挫伤商业信心的代价。尽管如此，非典（SARS）爆发并从中国南部蔓延到东南亚和世界其他一些地区，减少了泰国外来游客的数量。然而，从对羁押在美国、新加坡、印度尼西亚和马来西亚的一些基地组织和伊斯兰祈祷团成员的审讯中得知，有越来越多的证据表明，恐怖分子频繁地把泰国作为避风港。这里面有诸多原因。一是由于泰国地处东南亚的腹地，有数百家航空公司的数百架航班飞达该国，交通极为便捷；二是落地签证和宽松的移民政策鼓励了恐怖分子在泰国作短期或长期停留。此外，曼谷还被认为是国际护照的伪造中心和洗钱中心。

从历史上来说，泰国为自由战士和地下运动提供庇护可谓轻车熟路。19世纪20年代，越南主席胡志明（Ho Chi Minh）就居住在泰国东北部从事反法游击战。从19世纪30年代到40年代，来自东南亚的其他地下组织也在曼谷设立办事处。这一趋势一直持续至今。目前至少有十几个地下组织在泰国首都派有常驻代表。泰国当局执著地相信，只要恐怖分子不伤害泰国公民，就随他们去，也不招惹他们。这便是泰国政府数年来所奉行的实际政策，尽管没有人愿意提及此事。泰米尔猛虎组织（Tamil Tigers）在过去20年里与斯里兰卡政府为敌，一直利用泰国西部沿海省府给驻扎在斯里兰卡北部战士提供武器。从泰国向亚齐省（Aceh）叛乱武装的非法武器走私也屡见不鲜。

然而，美国恐怖袭击事件以后，考虑到国际社会的担忧，因为国际社会已把恐怖主义和基地组织视为共同的威胁，如果泰国继续对这些组织宽宏大量则会凶多吉少。造成202人丧生的巴厘岛爆炸案之前，泰国一直保持置身事外的立场，好像只要对恐怖主义睁一只眼闭一只眼，恐怖主义就不会影响国家及其公民。但是爆炸案把反恐怖主义战火烧到了泰国的前院。2003年10月，亚太经济合作组织（APEC—Asia-Pacific Economic Cooperaton）领导人会议在泰国举行。作为东道主国家，泰国领导人面临一个巨大的挑战，即如何确保来访政要的安全。在巴厘岛爆炸案和美国入侵伊拉克之后，恐怖主义威胁正处于顶峰，泰国领导人不得不迅速采取措施。峰会召开前的几个星期，数以万计的警察检查峰会及其他会议场馆附近的主要建筑物，对所有入境点的外来游客进行广泛的监控。

随着峰会的临近，一些亚太经济合作组织成员方对其在泰国的安全表示担忧。与此同时，美国利用这个机会对泰国施压，要求泰国在反恐行动中给予更广泛的合作。泰国情报部门后来披露，作为建立信任的手段，政府把由美国情报部门提供的220位外国人姓名列入其监视名单，其中包括128名与基地组织相关的人员和13名与伊斯兰祈祷团相关的人员[1]。作为在曼谷召开的亚太经合组织峰会的成果之一，各成员方坚定承诺，发表声明打击全球恐怖主义和应对便携式防空导弹对航空的威胁。从这个意义上说，2003年6月逮捕伊斯兰祈祷团三名嫌疑人表明了泰国对以美国为首的反恐战争的支持。但是泰国民众对政府的行为大为吃惊，因为在此之前政府曾否认国内存在任何恐怖组织。在亚太经合组织峰会之前对外交圈子举行的简报会上，外交部部长曾否认恐怖主义或伊斯兰祈祷团活跃在泰国领土上。此外，这次抓捕行动正好从时间上与他信的华盛顿正式访问相吻合，因此该事件很快变成了他美国之行的亮点。总统布什称赞泰国这一行动是“向全球反恐战争迈出积极的一步”。两国领导人承诺将增强他们在各个领域的反恐合作，包括情报交流和培训。

此次访问之后不久，双方的合作进一步加强。接下来通过双边的共同努力，有关当局找到基地组织亚洲头目杜安·伊萨姆迪（Ridduan Isamuddin），俗称汉巴里（Hambali），位于大城府（Ayutthya）的寓所。经过两个月的监视，汉巴里于8月11日被逮捕。美国安全与情报机构协助他们的泰国同仁追踪汉巴里，此人使用假名字和护照一直躲藏在泰国和柬埔寨。这次抓捕立即使泰国站在了反恐战争的最前沿。亚太经合组织峰会召开之前的两个月，逮捕汉巴里提升了泰国的国际形象，证明其为参会者提供安全保障已经准备就绪。汉巴里告诉美国和泰国的审讯人员，伊斯兰祈祷团并没有打算袭击亚太经合组织会议，而是把美国、澳大利亚和以色列大使馆作为袭击目标。总理他信这才第一次认识到泰国可能成为恐怖袭击的目标。他下令所有安全部队24小时处于警戒状态。同时还出台了移民程序，其中包括对边境过境人员实行更为严格的筛查。

最为重要的是，内阁通过了两项有关反恐和反洗钱的紧急法令并即刻生效。政府认为，要打击恐怖主义和伊斯兰祈祷团的威胁，必须制定新的法律。然而相关律师和人权积极分子对此却反应强烈，声称制定这样的法律是违宪的。为此，泰南三府的穆斯林社区在北大年举行集会，抨击该法律不民主并主要针对穆斯林团体。穆斯林的宗教老师们警告说，该法律也不利于他们建立对政府的信心和信任，因为法律授予当局广泛权力，包括签发拘捕证和审问可疑恐怖分子。2004年2月宪法法院的裁决对政府有利，宣布这些法律符合宪法。

## 泰国南部的范式转变

泰国加入国际反恐联盟的举动，以及决定向伊拉克派遣泰国军队，造成了泰国穆斯林社区的进一步不满。他们敦促政府重新考虑派遣泰国军人驻扎在巴格达南部的卡尔巴拉（Karbala）的利马营地（Lima Camp）的计划。在他信·西那瓦访问美国时，他提出要派出泰国军队帮助美国对伊拉克的国家重建。他的提议得到布什和美国政府的热烈欢迎，因为美国正在寻求更多的盟友支持重建和维和行动。然而在泰国南部，这一举动导致反美情绪的蔓延，增加了人们对其他地区穆斯林的同情。此外，他信亲美的反恐政策加深了泰国穆斯林青年人的猜疑。据外交部报道，从1988年到

2003年，有2 500名泰国穆斯林学生从沙特阿拉伯学校毕业，另有2 500多名学生从也门、苏丹、叙利亚、利比亚、科威特、阿联酋、巴基斯坦、伊拉克、伊朗和埃及等各种伊斯兰大学毕业。毕业回国之后，这些年轻的毕业生很少有人能找到一份工作，靠来自中东伊斯兰国家的捐助人的救济为生。他们最终成为宗教老师或社区项目工作人员，或做临时工。2003年4月，泰国当局确定阿哈拉玛（AL Haramayn）伊斯兰基金会（Al Haramayn Islamic Foundation）、国际伊斯兰救济组织（International Islamic Relief Organisation）、伊斯兰世界委员会科威特分会（Islamic World Committee Kuwait）、伊斯兰遗产复兴协会（Revival of Islamic Heritage Society）为南部慈善活动的主要捐助者。“9·11恐怖袭击事件”之前，大多数这样的经济援助广受欢迎，并被认为对于改善泰南穆斯林青年的教育和社会发展是必要的，特别是提供教学材料和修建庇护所——“旁多克”（Pondok）学校。然而，于2001年末实施的联合国制裁措施遏制了潜在的恐怖组织利用商业银行和被称为“哈瓦拉（hawala）”的非正式手段进行跨境非法转账。

但2004年1月4日，在南方范式发生了转变。一群武装分子袭击了那拉提瓦府的一座军营，并从府驻军仓库抢劫了约350支枪支。同时，在那拉提瓦府和也拉府，大约20所学校被付之一炬。他信总理认定这些袭击者是职业恐怖分子。在此之前，他把此类野蛮行径视为恐吓公众以敛财的土匪所为，其目标是为了暗杀政府官员、士兵和警察。然而，1月4日的袭击是首次针对军营的，并且导致4名士兵丧生。在过去的40年来，南方的暴乱已经司空见惯；任何对官员、警察局或学校的攻击都被指责为穆斯林叛乱分子所为。这次也不例外——政府立即宣称袭击者与伊斯兰祈祷团有关系。令人恐惧的是，无论在袭击过程中还是在袭击之后，袭击者都表现出了良好的军事素养和协调合作能力。其军事实力让泰国安全部队相信，袭击者曾接受过国外的战术训练。

2004年1月下旬，由于三名佛教僧侣和两名学生被不明身份者乱刀砍死，南部的局势变得更加恶化。因此，三个动荡不安的省府实施了戒严。这次屠杀立即遭到泰国穆斯林社区的谴责，蓄意杀害僧侣可能引起的令人厌烦的宗教战争让人担忧。很明显，杀戮背后的动机是想分离穆斯林社区和佛教徒社区。在接下来的6个星期里，又有一些政府官员、军队和警察人员以及普通村民相继被杀害。截至2月底，共有40人被杀害，然而凶手的身份仍未确认。随着伤亡人数的增加，政府不得不另外派遣安全部队来保护政府大楼和学校。泰南三府的近1 000所学校不得不暂时关闭，因为父母都不敢送孩子去上学。2月下旬，政府决定提前两周进行考试，这样学生就可以提前放假离开学校。为了确保安全，有好几十个家庭决定把孩子送到泰国的其他省府就读。

## “旁多克”学校的管理

随着伤亡人数的不断攀升，泰国政府强化了其对宗教学校的政策。该类学校在泰国被称作“旁多克”，被认为是潜在的穆斯林激进分子的滋生地。在三个最南部的省府，要求所有的伊斯兰宗教学校都必须向有关当局注册，而截至2004年2月底仍然没有进行注册的学校将被关闭。2004年1月中旬以来，教育部已注册220所“旁多克”学校，其中包括1 045名教师和13 516名学生。其他尚未注册的“旁多克”学校将宣布为不合法。在泰国南部，包括附近的省府，至少有500所“旁多克”学校尚属非法性质。

已经注册的“旁多克”学校将得到政府援助，以帮助它们改善教学条件和学校环境。按照计划进行监督是必要的，并且早该如此，这样可以确保学生的身心健康和教育质量。他信表示，注册的宗教学校将增设科技科目。泰国前外交部部长、穆斯林学者素林·比素万（Surin Pitsuwan）提议，政府应该制定一个长期计划，向“旁多克”学校提供训练有素的泰语教师、英语教师、数学教师和科学与现代科学实验室教师，以提高这类学校的教学质量。这样当学生从“旁多克”学校毕业时，他们将能够找到工作并从全球化中受益。素林说，这样的学生可以带来伊斯兰教育所需要的真正改革。

不幸的是，尽管政府一番好意，但是负责维持和平和追踪罪犯的安全官员们却没有对穆斯林文化的自豪感表现出类似的敏感性。例如在2月初，一群士兵对几天前杀害了一名军官的嫌疑人穷追不舍，擅自闯入了位于北大年府的一所宗教学校进行搜索。这一突击行动使得南方三府穆斯林领导人失去了耐心。第二天，穆斯林领导人发表了一份联合声明，宣称他们已经暂停与政府官员所有形式的合作。然而以前，当地的宗教领袖和泰国政府进行经济、政治和社会事务的合作是司空见惯的事。

自从15世纪阿瑜陀耶时期（the Ayutthya period）“旁多克”学校首次出现以来，它就成为泰国穆斯林的终身学习中心。泰国“旁多克”以其教授伊斯兰传统科目而在该地区享有盛誉。政府认为，泰国“旁多克”应该像马来西亚和文莱那样进行改革。有趣的是，泰国决定采纳马来西亚模式。可这个决定的前提是，马来西亚执政党——马来民族统一机构（UMNO—the United Malays National Organisation）在未来数十年将继续治理国家，因此也将继续抑制原教旨主义伊斯兰元素的影响。虽然马来西亚是一个世俗的伊斯兰国家，多年来其政府都在与原教旨主义者呼吁建立一个基于伊斯兰教法的伊斯兰国家做斗争。这些人属于泛马伊斯兰政党（the Pan-Malayan Islamic Party），或人们更为熟知的马来缩略词PAS（Parti Islam Se Malaysia）。他们在马来西亚北部和泰国最南部的三府颇有影响。泰国与马来西亚边境的关系紧密，其中大多数都是泛马伊斯兰政党的支持者。人们经常会看到泛马伊斯兰政党领导人到泰国南部访问并就传统的伊斯兰教进行讲学。马来西亚政坛的任何风吹草动都会给泰国政策带来麻烦。此外，任何激进的变化都可能使得“旁多克”经营者和其他宗教老师转入地下工作，这将使未来的监控变得更加困难。在20世纪50年代后期和60年代早期，因为政府当时把学校视为反政府活动训练场地，陆军元帅沙立·他那叻（General Sarit Thanarat）想尝试规范管理“旁多克”学校，但是未能成功。政府并没有吸取历史教训，尽管他们对一些“旁多克”学校和他们的宗教老师与政府离心离德早已心知肚明。行使注册制给有些家庭造成很大的压力，因为这些家庭的孩子在迄今仍未注册的私立“旁多克”学校就读。

## 经济发展优先于政治发展

持续七周的暴力事件促使他信认识到泰南问题与经济因素有关。他要求相关部门尽快起草一份全面的经济方案，以帮助陷入困境的泰南三府落实发展。2月24日，政府批准了由国民经济与社会发展委员会（NESDB—the National Economic and Social Development Board）提出的220亿泰铢预算，用于包括消除贫困、增长经济、链接交通，以及社会和人力资源开发在内的105个开发项目。国民经济与社会发展委员会秘书长查格莫·帕苏卡瓦尼（Chakramon Phasukhavanich）说，政府已经为该地区的发展设定几个经济目标，其中包括农业年度增长不低于7%，与马来西亚边境贸易增长10%，清真食品出口至少增长15%，年度旅游增长7%。作为吸引外国投资方案的一部分，政府计划在北大年府建立一个清真工业区，该地区作为穆斯林纺织产品及设计的中心将获得整体升级。在接下来的6个月，政府承诺将为当地的人们创造超过10 000个工作岗位，给所有85 415名无地农民划拨土地，并建设超过13 000个避难所帮助所需之人。两年之内，将给三个府所有的村庄提供电力、水、道路和电话等基础设施。交通项目还包括那拉提瓦机场的升级、北大年府和那拉提瓦府港口的改造。另外，还将修建新公路，包括一条投资18亿泰铢连接也拉府勿洞区（Betong district）到那拉提瓦的边境公路。他信说，三年之内，随着这整个一揽子经济配套措施的落实到位，南部叛乱将会得以消除，南方人的幸福安康将得以保障。他甚至许诺，南方各地所有的角落在夜晚都将灯火通明，再没有杀人事件发生。

用这种方法来解决南部问题是对过去四届政府的解决方案的颠覆。过去，在炳·廷素拉暖将军（Genral PremTinsulanond）、班汉·信拉巴差（Banharn Silapa-acha）、差瓦立·永猜裕将军（Genral Chavalit Yongchaiyudh）和川·立派（Chuan Leekphai）执政期间，解决南部问题总是政治措施优先，其次才是经济发展计划。从1997年到2000年的川·立派执政时期，内政部泰南边境省府行政中心（the Interior Ministry's Administrative Centre for Southern Border Provinces）被用作相关各方的信息交换场所。该中心曾为士兵、警察、穆斯林领导人和宗教老师和地方官员提供了会见、交流思想与交换意见的场所。然而，2001年6月，他信在担任总理6个月以后便废除了该中心。这种机制，尽管不够完美，但可以使冲突各方各抒己见，表达不满。它有助于减少紧张局势，并防止冲突升级。该中心废除以后，每个集团继续生活在相互隔离之中，没有共同的对话论坛。这有助于解释为什么负责向南方公众提供安全和保护的军队和警察之间缺乏配合与协调。

最近媒体报道表明，军方和警察内部的特权阶层也是导致冲突的主要原因。在当地社区，各方均对某些土匪或暴徒群体有影响。他们中的一些人更愿意从事暴力或可能诋毁其他组织的活动。对军队和警察高层的重新洗牌并没有改善他们之间的配合与协调，也没有减少彼此间的钩心斗角。情况发展到这种状况，引起了王室的极大关注。2004年2月23日，国王决定发表讲话，呼吁各机构间寻求团结和理解，步调一致解决南部问题。尽管国王没有具体指明是哪一家机构，但是他强调各相关部门必须就基本问题达成共识，必须用统一的方式努力恢复地区和平。他的话被理解为对当前政府政策的批评。自1959年以来，国王都会定期访问南方。自1973年以来，国王不仅定期访问该地区，还每次在这里住上1个月。早些时候，玛哈·却克里·诗琳通公主殿下（Princess Mahachakri Sirindhorn）曾参观北大年府和那拉提瓦府。国王的讲话和诗琳通公主的到访有助于让泰国公众相信，他们和泰南人有很强的纽带关系。

## 结　语

政府主要关注经济增长导向型的政策，却遭到穆斯林的怀疑。他们感觉到自己受到不公平的对待，因为政府没有显示出对该地区穆斯林信仰、身份、文化等方面的特殊关注。对他们来说，精神的成长与经济的发展同样重要。由于政府将目标锁定穆斯林叛乱分子及其广为报道的与境外恐怖分子的联系，这将更可能忽略穆斯林的情感。并且在未来几个月里，可能会有更严厉的安全措施。对于驻扎在南方成千上万的泰南穆斯林士兵而言，歧视有可能愈演愈烈。在这样的条件下，穆斯林的疏离感只会有增无减。真正的危险还在于地方当局，特别是警察，挥舞手中新的权力大棒，例如讯问重要的宗教教师，这将进一步加深穆斯林的积怨。他信必须避免掉入权宜之计的陷阱，不能单靠向南方投入大量发展资金。最终，任何政策，只要被视为对伊斯兰教傲慢无理的，即使附带有经济激励措施，一样会激起反抗曼谷的圣战，或者说讨伐“邪恶”的中央权力的运动。

最后，尽管国际社会欢迎泰国在打击恐怖主义方面日益表现出的严肃认真态度，但泰国公众仍然缺乏对伊斯兰祈祷团以及对恐怖分子威胁的大致了解。虽然政府敦促公众成为其反恐耳目，但公众关心的问题尚待回应。在这个问题上，政府需要制定全面的公众信息战略来教育人们。从长远来看，让公众做好准备并了解威胁是进一步避免暴力的最好办法。

［原文“Thailand: International Terrorism and the Muslim South”载于《东南亚事务》（*Southeast Asian Affairs*）2004年，第267—275页］

## 注释：

1 Kavi Chongkittavorn撰写报告，参见the *Nation* newspaper, 26 November 2003。

# 泰国2004年

## Thailand 2004

# 泰国：统治的现实与谎言

【澳大利亚】Michael Kelly Connors①著　　陈欣　姚键　译

2001年1月，他信当选总理。2005年初，他作为第一个做满任期的民选总理前往投票站投票。尽管2004年的诸多危机让人们对提前举行大选充满各种猜测，但他信的地位在很大程度上却毋庸置疑。这不仅仅是他信战胜外部环境的个人胜利，他信的得票优势和稳获连任的胜算照亮了泰国的后改革时代。从“巩固民主（democratic consolidation）”的角度来说，做满一届任期并且大选连任，这本身就表明民主准则和规约已经成为常态。从表面来看，目前泰国的精英竞争很少遵从民主游戏规则。有关政变的谣言尽管没有绝迹，但已经鲜有所闻[1]。奇怪的是，通往这一成就的所有里程碑都在削弱泰国羽翼未丰的自由民主性质，而自由民主是受《1997年宪法》保障的[2]。《东南亚事务》（*Southeast Asian Affairs*）杂志先前有几篇有关泰国的文章强调，他信颠覆了旨在对政府首脑的权力监督与制衡制度，加深了对独立媒体的敌意和反对行动，对名义上独立的上议院实施政治化以及法外处决常态化[3]。2004年，这种民主不适继续加剧，尤其是在泰南三府强制实施宵禁法以镇压“分裂主义”和黑手党似的暴力造成的混乱局面。在这种“民主”规则下，他信的政治生命经久不衰。适逢其时，某些国家势力已将其触角伸向泰国南部和其他地区，破坏了泰国原本就很脆弱的宪政本质。尽管如此，他信还是因为在其第一任期内取得了重要的经济和外交成就而获得了观察家们的赞扬。

① Michael Kelly Connors是澳大利亚墨尔本拉筹伯大学（La Trobe University, Melbourne, Australia）政治教师。

## 他信事业未竟

从经济上来讲，泰国历史上从来没有过像他信政府那样雄心勃勃的政府。他信政府所选的路径与其特有的名称十分贴切：“他信经济学（Thaksinomics）”，现已成为标准的词语；而“CEO主义（CEOism）”与此也不分伯仲。前者充分体现了政府的“双轨制”的政策取向，即追求以出口为导向、外国直接投资为刺激的工业化目标（例如汽车行业）；在城市和农村地区建设国内的“支柱”经济。他信说，“对于全球化以及日益融入全球经济体系的风险”，国内需要拥有一个“具有相当程度的免疫力”[5]。“CEO主义”表明他信青睐使用管理术语，并将它们运用于官场和政治领域。他信CEO执政方法的基本要素是强调领导的重要性，犹如“唯意志论者的意志”将可能影响经济、社会和政治结果。在泰国官僚主义背景下，他信的管理风格导致对社会变革大肆鼓吹宣传的风险，言论草率，继而要么是尴尬的沉默，要么是过早地宣布成功，就如“禁毒战”那样。组织、调整和改变泰国的动态社会结构以满足其商业目的是一项十分繁复的工作，是他信的“领导主义（leaderism）”不易左右的。他信至少在口头上发起了一场反官僚资本主义国家以及掠夺势力的斗争。然而，他信有限的治理风格无力于根除官官相卫的统治模式。因此，他信求助于他曾宣称将要超越的势力和组织。麦卡高（McCargo）和尤克里斯特（Ukrist）曾做过一次重要且颇具说服力的分析，他们详细分析了他信如何创建一个与军队、官僚、政治和资本势力串通一气的政治经济网络，与前总理炳·廷素拉暖（Prem Tinsulanonda）的网络相抗争。一般认为该网络缺乏制度化，因为在很大程度上是以他信为中心的[6]。

在1997年亚洲经济危机的背景下，泰国对国际贸易和投资的过度依赖证实了泰国经济基础极其脆弱，这为他信官至总理提供了绝好的时机。面对跨国资本的冲击，国内资本集团力图巩固其地位，政府希望减轻危机的负面影响，保护经济核心部门和相关的资本集团，并建立强健的国内政治经济新体系。然而，与此前预期本届政府在很大程度上将是一个保护主义和反西方的政府相反，政府热情地接受了国际经济提供的机会[7]。在本届政府的任期内，经济增长已经回归到一个稳定的水平。2001年、2002年和2003年，GDP分别增长了1.9%、5.3%、6.6%。尽管受到油价上涨、南方危机和禽流感再度爆发的影响，2004年的经济增长预计只是略低于上一年[8]。经济增长的恢复得益于出口部门的实质性成果，其中2001年、2002年和2003年出口增长分别为6.4%、4.6%、17.4%。预计2004年出口增长会超过20%[9]。早在他信任职之初，他就宣布希望泰国转变对主要市场，特别是美国的依赖。政府在拉丁美洲和中东地区发起了贸易博览会，以使出口目的地多样化。在出口总量绝对增长的背景下，对“其他国家”的出口（不包括美国、欧盟成员国、日本和东盟）大幅增长，从2001年占出口总额的29%增长到比2004年的34%还多[10]。他信曾试图纠正以曼谷为基础的经济增长方式产生的结构性偏差所导致的失衡，通过一系列措施让各个地区都能分享经济增长的红利。这一系列措施包括给各府注入资金，支持中小企业，支持在国内与国际经济之间起着纽带作用的地方企业家阶层的兴起。另外，他信还推出了重要的扶贫措施，包括债务延期偿付计划、贫困登记计划和资产实现方案[11]。

提拉育·布米（Thirayuth Bunmi）提出，如果考虑到为创建充满活力的企业家阶层而付诸的诸种努力，他信的国内方案可以理解成是一种自由的民粹主义[12]。他信并不是简单地以某种乡村民粹主义的形式来重新分配泰国国家资本这块蛋糕，而是试图奠定充满活力的国内经济基础，同时也构建起自己的网络。经济政策引发了很多争论。自由主义经济学家声称，除了国家资金像击鼓传花似地在各个项目进进出出外，基础经济并没有从根本上得到改善。批评人士指出，当鼓声停止的时候，泰国才会意识到，由于债务、消费以及对于许多项目胎死腹中须承担的挥之不去的责任，经济不可持续发展[13]。不出十年，泰国将面临第二次大危机。如果他信连任的话，有关他信经济学的争论无疑将持续到他信政府的第二届任期。然而，批评者并不能浇灭他信的热情。在泰爱泰党的10月竞选期间，他信进一步承诺资助乡村发展；通过贫困登记方案和进一步提供小额贷款解除贫困，摆脱债务。更广泛地说，他信承诺让人民更容易获得教育机会和接受医疗服务，同时减免中等收入者的税收，并将“契约变成现金”[14]。

2004年下半年，他信将另一个重要主题推到了风口浪尖，那就是所谓的“反贪廉政风暴（war on corruption）”。之前，曾有一名枢密院大臣发起过旨在消除公共服务领域腐败问题的项目。值得关注的是，在他信第一个任期内几乎没有采取什么措施铲除盛行一时的贪污贿赂、裙带关系和欺诈行为，这些都是泰国商界、政界、官僚、军队中精英阶层的长期特质。据国家反腐败委员会（NCCC—the National Counter-Corruption Commission）一份报告称，地方政府机构腐败案件呈惊人的上升趋势（表1），而这仅是冰山一角罢了。尽管报告所称腐败案件增多可能仅是报告本身意愿强加的结果，但表中的数据说明了这是多么棘手。

然而，由于人们认为反洗钱办公室（the Anti-Money Laundering Office）和国家反腐败委员会深受国家行政首脑的左右，因此可以预料这场“风暴”具有明显的侧重性。

**表1　地方政府机构官员腐败案例统计[15]**

| 年 | 案例 | 涉及人数 |
| --- | --- | --- |
| 2000 | 501 | 813 |
| 2001 | 629 | 920 |
| 2002 | 918 | 1661 |
| 2003 | 852 | 1504 |
| 2004（1月—4月） | 285 | 529 |

数据来源：　*Prachachart Thurakit*, 2004年9月27日。

## 放眼世界

2003年，泰国获得了美国的“非北约重要盟友”（major non-NATO ally）地位之后，政府与美国的关系相对良好。尽管2003年9月在伊拉克部署了一支400多人的强大的泰国分遣队，而且该部队已于2004年9月回国，泰国官员暗示愿意对伊拉克境内的维和行动提供进一步的支持。两国政府继续通过设在泰国南部的反恐情报中心（the Counter Terrorism Intelligence Centre）以及举行联合军事演习展开合作。泰国政府炫耀说已于年中开始自由贸易谈判，以表明双方之间的良好关系。尽管他信主要出于经济目的，但美国政府的视野更为广阔，这在接下来的国会报告中可见一斑。

> ……政府把提议中的自由贸易协定视为加强与泰国合作的双边、区域和多边论坛。就双边关系而言，自由贸易协定可加强泰国作为主要军事盟友的地位，尤其是在反恐战争中……自由贸易协定可以鼓励泰国积极与美国合作支持多边贸易谈判……[16]

## 经济行动主义

当代泰国的外交政策是以经济利益驱动的。由于除了假想的与中国、美国和日本相关的危机外，并不存在重要的常规安全威胁，泰国地区安全环境相当不错。2004年他信政府与六七个国家，包括美国和日本，就创建自由贸易区（FTA—Free Trade Areas）问题进行磋商。尽管他信仍然支持在东盟、世界贸易组织、亚太经合组织框架内的多边自由化，但他认为自由贸易区使得泰国在全球贸易的价值链中的排位上升：

> 今天你看到国际公司兼并与收购的全球化商业趋势。兼并与

收购不仅使他们能够达到规模经济效应，同时也能加快经济发展速度。同理，国家之间也需要培育更为紧密的经济联系……[17]

在东南亚地区，泰国外交同样以行动主义为标志。泰国继续向柬埔寨、缅甸和老挝大献殷勤，率先提出建立所谓的经济合作战略（ESC），以减少国与国之间在贸易和旅游方面的繁文缛节，同时协调交通和通讯联系。因泰国向其经济合作战略伙伴提供发展援助，一些观察人士暗示说，这是泰国梦寐以求的在次区域对其邻国具有支配地位思想的复活[18]。2004年，泰国大肆吹捧的亚洲合作对话机制（Asia Cooperation Dialogue），其实是于2002年发起的一项泰国外交政策倡议，旨在对所谓的新兴地区主义配上一个松散的制度结构，该机制仍然没有跳出目标模糊的境地。然而，政府却利用该机制来推动亚洲债券市场的发展，借此使亚洲有可能摆脱对西方金融市场的依赖。

## 缅　甸

像通常一样，缅甸问题一直考验着泰国外交部和他信政府。继2001年2月缅甸和泰国军方交火以后，2002年5月仰光政府军队在追赶武装反叛分子时侵犯了泰国领土。泰国军方开枪示警，对缅甸军队入侵表示不满。双方军队在边境两边不断集结。他信出面干涉，下令泰国军队撤退，并声称泰国军队反应过度[19]。与缅甸的和解仍在继续，然而在国际上，泰国政府一直试图证明自己对支持该国自由化的关切。2003年年底，泰国政府发起了“曼谷进程（Bankok Process）”而备受称赞，旨在就政治改革问题促成与缅甸的对话。缅甸军政府拒绝参加2004年4月的第二次会议，从而阻止了这一进程。泰国政府接下来对缅甸军政府采取了软外交模式。建设性的接触意味着持续的贸易往来。的确如此，泰国进出口银行（the Export-Import

Bank of Thailand）为缅甸军政府提供了超过100亿泰铢贷款用于各种项目，包括支持电信宽带项目，其中一部分项目承包给了由西那瓦家族掌控的新集团（Shin Statellite PIc）[20]。2004年下半年，尽管缅甸国内政治发展表明强硬派的地位进一步巩固，但他信政府仍然积极与缅甸军人政权保持关系。2004年12月中旬，他信与缅甸将军举行会见，他信说："丹瑞（Than Shwe）将军告诉我，每次释放她［昂山素季（Aung San Suu Kyi）］都会带来麻烦。缅甸方面希望把事情安排好，等一切都井井有条后，才释放昂山素季。"这番善解人意的话语实际上是不得不对要求缅甸加快民主化进程的国际社会所做的声明[21]。与民主党统治时期和拥护政治自由主义相反，政府地区外交政策深受重拾"亚洲价值观（Asian values）"的立场和不干涉东盟成员国事务的政治纲领影响[22]。

## 国内政治：巩固议会权力，消灭反对党

### 占绝对多数的反对党

在2001年1月的大选中，他信领导的泰爱泰党（TRT—Thai Rak Thai Party）离绝对多数尚有一步之遥，拥有议会500席位中的248个席位。2001年2月，自由正义党（Seritham Party）的14名议员加入泰爱泰党，这使得他信派拥有了绝对多数席位。他信与新希望党（NAP—New Aspiration Party）和泰国民族党（the Chart Thai Party）组建了联合政府。2002年初，泰爱泰党吞并了新希望党，从而在500席位的议会中占有近300个席位。2003年和2004年，泰爱泰党继续从源源不断的"蚱蜢政客"（转党跳槽）中受益，这些政客想依靠占有支配地位的政党寻求更加光明的仕途。然而并非所有的人都仓促地加入该党。拥有30个议席的国家发展党（CPP—Chart Pattana）就是这么一个时断时续、摇摆不定的联合政府伙伴，并不理会与

泰爱泰党合并的“最后通牒”[23]。因此，他信于2003年11月将国家发展党逐出联合政府。几个同意合并的国家发展党议员最后加入了泰爱泰党[24]。随后，在2004年的市政选举中，国家发展党罢免了泰爱泰党支持的呵叻市（Korat）市长。意识到国家发展党在东北地区的选举力量，他信提议让其回到联合政府；8月，国家发展党提出并入泰爱泰党[25]。与联合政府的另一个伙伴、由前总理班汉·信拉巴差（Banharn Silipahca）领导的泰国民族党的合并，开初与兼并发展党如出一辙，但却以失败告终[26]。民族党中重要人物，包括武里南（Buri Ram）派系老板奈威·齐措（Newin Chidchorp），带领十几位议员于2004年中期时加入了泰爱泰党。一些民主党议员也跳槽加入了政府，这在政府承诺实施特大项目来提振经济的南方表现得尤为突出。一位民主党议员解释他加入泰爱泰党的原因时说：“在我决定转党之前，我都给选举拉票人（the hua khanaen）和地方政府的核心人物打过招呼。每个人都同意……如果我反对，那么地方政府就很难得到预算拨款。”[27]据泰国议会的官方网站信息，到2004年底，在下议院的500个席位中，泰爱泰党占有319个席位（高于2001年1月大选时的248个席位），联合政府同盟泰国民族党占有27个席位（低于2001年1月大选时的41个席位），反对党民主党占有110个席位（低于2001年1月大选时的128个席位）[28]。

泰爱泰党占有议会多数席位的增加并不能说明政党的凝聚力也随之加强；如果说有什么区别的话，这代表了在泰爱泰党庇护之下的联盟政治的内化。小党派变为泰爱泰党的“子公司”的想法早在2004年4月就有了。据说是照搬马来西亚执政党——马来民族统一机构（UMNO—United Malays National Organization）的理念，即小党派保持自己的党组织和身份，但通过与泰爱泰党联合融为一体而更加安全。尽管泰爱泰党在2001到2003年实行了“并购”策略，诺帕坤（Nophakhun）指出，但直至2004年初都没有说动泰国民族党和国家发展党。因此，泰爱泰党愿意退而求其次，选择成为其他小党派的控股公司这样一种政治上的权宜之计[29]。它将提供资源给这些党派，但作为回报会获得对方保证支持的承诺。虽然国家发展党并入泰爱泰党的情形与这一分析有所出入，但泰爱泰党看起来确实有点像旗下不乏大党派的控股公司。兼并泰国民族党和国家发展党使得原本就困难重重的党内派系结构变得更加复杂。每个派系，除了各自承担其经费来源与对议员的利益体系之外，还指望进一步向苛刻的选区提供商品和慷慨赠予[30]。

要让泰爱泰党发展壮大，他信还需要扩大自身的关系网。这就解释了他信为什么要依赖其他派系领导和联盟伙伴。这在某种程度上也可解释2004年的两次内阁改组，此后他信进行了10次内阁改组。2004年10月的改组牵涉到汪博巴派系（Wang Bua Ban）和汪南耶派系（Wang Nam Yen），两派为了争夺有利可图的内政部的地盘搞得关系十分紧张[31]。泰爱泰党内的这种分分合合和难以确定的平衡在3月举行的府级政府组织选举（the March Provincial Administration Organization elections）中尤为明显。选举期间，不管是昔日老友还是新交的朋友，派系之间以及盟友之间彼此暗斗。泰爱泰党赢得了47个府，民主党赢得了13个府，其余的由泰国民族党、国家发展党和独立候选人瓜分[32]。尽管这将意味着泰爱泰党处于支配地位，但必须指出，泰爱泰党内部不同派系之间的斗争非常激烈。在一个案例中有材料证明，一个府级竞选团队在不同的拉票活动上，分发带有四种不同政党标志的选举材料[33]。

他信寻求通过合并扩大泰爱泰党基础的一个原因是，以此抵消由保皇派沙龙·天通（Snoh Thientong）领导的汪南耶派系（Wang Nam Yen）的影响。这一目标是自2002年与新希望党合并以来泰爱泰党国内政治恒久不变的主题。沙龙由于担心这样会削弱其派系的影响力而一直批评这种进一步的合并，这一点也不足为奇。2004年，他无奈地接受了国家发展党的合并。他信试图依靠这一相关事件的突发性既接纳沙龙·天通又将其边沿化。然而，十分明显，泰爱泰党需要来自沙龙派系的支持以维持政府的稳定。事实上，他信最明显的野心就是尽可能地拥有更多的席位，以制衡党内关键派系的力量，同时也使泰爱泰党免于审查。因此，在整个2003年以及进入2004年后，有人不断吹嘘，泰爱泰党将在下届大选中获得超过400个席位。随着2004年的时间推移，经过重新计算，泰爱泰党宣称其目标是拥有350个席位。

这些目标不应该被解读为狂妄自大。对于一位外表强大但内心相对脆弱的领袖来说，这是具有政治意义的。泰爱泰党没有一个稳定的政治构造，生于危机之中，易于分崩离析。换句话说，尽管有他信的统治，该党也完全可能产生内爆。如果他信关于危机可能会让泰爱泰党失去50至100个国会议员的假设是合理的，那么储备一些议员倒是一个合乎逻辑的保险政策。同时，声明拥有400个席位的目标，只是他信吸引政客加入泰爱泰党的老把戏而已。对于400个席位目标的最险恶的解释，也是公众普遍接受的一种解释，是他信想确保在他领导之下的政府未来不会受到任何谴责议案。在他信的任期内，他无须面对不信任动议。反对派达不到所需要的200票来提出这样的议案。然而，内阁成员容易受到不信任动议，因为只需要100张选票就行了。这些责难辩论的总体效果是让政府看起来肮脏龌龊。鉴于当前企业和政府之间的密切关系和可能暴露的利益冲突，对政策腐败的关注，以及持续存在的政治庇护，努力获取对下议院的绝对控制是有意义的。在下议院拥有400席位会把整个政府保护得严严实实。尽管这种希望随着2004年所遇到的问题仅是昙花一现，但是如果2005年他信能够再次执政的话，他将通过兼并、联合、吸引反对派倒戈来继续追求这个目标。

## 反对、托词与闹剧

班亚·班塔坦（Banyat Bantadtan）于2003年接替了川·立派（Chuan Leekpai）出任民主党领袖之后，力图构建政党平台，以便在具体的措施和政策上向泰爱泰党叫板。民主党模仿泰爱泰党政策上的魄力，宣布了针对有抱负的“穷人”的政策，承诺持续消除债务，并提出通过组建永久性的代表机构全国农民委员会（National Farmer’s Council）[34]。这些举措应该与民主党试图在东北部建立大本营的背景联系在一起来看待，该地区拥有400个选区席位中的138个席位。但是在2001年，因民主党与国际货币基金组织项目有关联，同时压制农村抗议活动，一些进步组织和农民团体发起了反对民主党运动。为此，民主党在东北地区只赢得了5个席位。2004年4月在一次民主党集会上，班亚试图提出比泰爱泰党更优的承诺，提出了免费医疗，降低大学学费，以及一笔勾销因现行政府各种小额信贷计划而发生的贷款人债务。民主党还试图树立一个自由形象，表达对充满活力的公民社会独立运作的关心[35]。民主党在2004年取得了一些成功，在2004年2月底在宋卡府（Songkhla）的补选中，民主党的一名新候选人设法保住了该党的席位，顶住了泰爱泰党的强大竞选运动。民主党赢得了在合艾（Hat Yai）的市级选举，据说泰爱泰党也花费了相当大的精力想要拿下这个席位。意义最为重大的是，在曼谷——2001年泰爱泰党在此赢得了37个议会席位的29席——8月底民主党推选的曼谷府尹候选人取得了决定性的胜利。而泰爱泰党候选人表现不佳，在50个选区中只赢得了7个选区的选票[36]。这让他信在政治上感到极为不安，因为这显示出由“内陆地区”选出历届政府在泰国政治周期上的漏洞，曼谷正在置他们于死地[37]。

然而，2004年民主党也有失利。民主党选举战略家和长期支持者沙南·卡宗巴萨（Sanan Kachornprasart）副主席阿内·劳覃玛塔（Anek Laothammathat）于7月退出民主党，组建了大众党（Mahachon）。早期的报告显示，新政党是泰爱泰党的走狗，专门用来进一步分裂民主党，并对于前民主党人在下一届选举后进入以泰爱泰党为首的联合政府提供机会。大众党推举出了一些旧派的政治家作为候选人和支持者。据说，沙南离开民主党是因为他未能阻止民主党对泰爱泰党秘书长素立亚·曾隆朗吉（Suriya Jungrungreangkit）的谴责提案。据说，素立亚·曾隆朗吉是沙南的亲密伙伴[38]。民主党领袖阿内提出了与泰爱泰党合作的可能性：

> 如果我们是联盟伙伴，我们能够监测可能发生的利益冲突……最理想的是，我想领导一党制政府。其次就是成为民主党领导的联合政府的一员。如果条件不允许的话，我相信人民会希望我们党能够对下一届联合政府发挥制衡作用。[39]

由于他信不断重申他渴望在下次大选后拥有绝对性的多数席位的一党制政府，加之泰爱泰党的沙龙一直不愿意与沙南共事，大众党转而持反政府的立场。12月中旬，沙南解释说，建立大众党是必要的，因为民主党无法与泰爱泰党抗衡，尤其是在东北地区。沙南引用20世纪70年代古格·巴莫（Kukrit Pramoj）领导的少数派联合政府为例暗示说，如果泰爱泰党拥有的席位少于250个，大众党或许可能与民主党一起领导一个少数派的联合政府[40]。尽管这有点像天方夜谭，但考虑到反对泰爱泰党的力量犹如星星之火可以燎原，什么样的情况都有可能发生。

反他信的形式匪夷所思。国家安全局前局长和外交部前部长巴颂·顺西里（Prasong Sunsuri）于2001年8月写了一篇文章嘲笑当年宪法法院的判决，该裁决推翻了国家反腐败委员会有关他信故意隐瞒资产的调查结果[41]。推翻该委员会裁决的8位法官以诽谤罪起诉巴颂。2004年10月和11月，该案举行听证，被告方抗辩称他信的同伙早已私下里奖赏宪法法院的法官做出有利于他信的判决。12月，刑事法庭驳回了该诽谤案，裁决巴颂的文章出于公利，尽管在裁决中也称其使用了蔑视法庭的“侮辱性语言”。刑事法庭还批评其中一个原告对他信所做的“无罪”结论前后不一致[42]。诽谤行动导致对司法干扰的指控再次冒了出来，进一步给2001年有争议的裁决蒙上了一层阴影，并且进一步削弱了政府的合法性。

商人恩格育·安查卜（Ekkayuth Anchanbutr）的出现让事态的发展变

得更加扑朔迷离。8月，恩格育宣布，他和他的同事——主要是移居国外的泰国人——将为经济拮据的民主党人提供大量的资金，当然前提是他们同意反对在国际货币基金组织指导期间强加给泰国的《经济十一条》（the Eleven Economic Laws）[43]。而民主党人拒绝了这项提议，因为班亚说，政党不是一个可以买卖的公司。恩格育继续推波助澜，声称自己的政党——人民正义党（Prachatham）将参加下一届竞选[44]。他信的对手、上议院前议长玛嫩吉·鲁卡宗（Manoonkrit Roopkachorn），与前总理炳·廷素拉暖（Prem Tinsulanond）有联系，两人也都与人民正义党有关联，均是巴颂的同伙人。这不免让人怀疑恩格育背后与军方人物关系密切[45]。9月，恩格育指控联合政府里的30名政客操纵股票市场，但却未能提供证据。面对这些意想不到的反对活动，他信愈感恼怒，未加考虑发表了一项声明："来吧，推翻我的政府！什么样的手段都用上吧，推翻我。否则，如果你失败了，我会揍扁你！"[46]恩格育和其他著名的民族主义商人为反对政府的私有化计划推波助澜，帮助组织反政府集会，吸引了国有企业的工人，这些工人一直在与政府提出的国有企业公司化和私有化做斗争，并取得了一定的成功[47]。巴颂和恩格育上演的小插曲使人想起了泰国政治中老生常谈、屡见不鲜的现象：居心叵测的"第三势力"。在目前这些情况下，这一术语似乎完全是指反他信的新兴势力，而这一势力一直因他信掌控的国家机器和日益增长的经济实力而备受压抑与挫折。

## 再见了，斡旋者

2001年，他信通往权力的道路不仅仅是建立在政策基础之上，抑或是通过通常的金钱政治机制的，他还接触各种非政府组织、宗教和知识分子关系网络，并通过这些关系将选民团结起来为其事业效力。而眼下这些人中的绝大部分转而反对他信。这些团体包括来自泰国的自由知识分子的组织。这些人表达反对的方式颇具戏剧性——一本畅销书《看透他信》（*Seeing through Thaksin*）现已着手写第二卷。这些书以通俗的文章批评他信政府的方方面面，由此还成立了"看透他信"俱乐部（"Seeing through Thaksin" clubs），这里聚集了一大帮形形色色的长期批评政府的持不同政见者，包括精英皇家体育俱乐部（the elite Royal Bangkok Sports Club）的一些成员。

他信在其权力争夺战中还拉拢"资深人士"和非政府组织，但是现在很少有人支持他信政府。也许在政界和商界之外找不到一个与布拉卫·瓦辛（Prawase Wasi）博士一样重要的支持者个人了。布拉卫负责好几个基金会，被视为各种适度健康、道德和文化改革的非政府组织的知识分子领袖，在全国拥有成千上万有影响力的成员。他也逐渐脱离了他信。导致两人决裂的催化剂是他信政府反对泰国健康促进基金会（Thai Health），这是一个负责监管数百个项目和非政府组织计划的公共基金组织，其中一些组织一直对政府不满。政府未经证实便以财务与程序不规范为由，撤销了布拉卫的一个亲密伙伴在泰国健康促进基金会的董事职务。在10月的一次演讲中，很少对个人进行指责的布拉卫指出：

> 泰国人应该感谢他信先生，因为他向我们展示了，金钱的力量足以制造政治真空以夺取国家权力，然后变为独裁……金权政治（Thanatipathai）是一个金钱享有至高权力的制度。今天，无论你去哪里，你通常都能听到人们对贪污腐败、利益冲突和独裁统治的议论。这就是我为什么说我们应该感谢他信先生，因为这些社会教训都是拜他所赐。让我们祝福他吧！[48]

他信已经失去了其他的支持者。由于最高代理主持的任命纠纷，具有影响力的僧侣銮达·玛哈卜（Luangta Maha Bua）现在也反对他信，据说其关系网成员也有成千上万之众。据说銮达·玛哈卜的关系网在2001年的选举中负责动员为他信投支持票，在资产申报案期间组织声援他信。僧侣銮达·玛哈卜现在开始刻薄地批评政府的腐败及其鼓励消费的政策[49]。国有企业工会，以前是支持他信的，现在通过了一项动议，在下一届选举中投政府的反对票。切断各种支持自己网络链接以后，他信干净地走进了2005年的大选，他相信不再需要这些斡旋者也能继续赢得群众的支持。由于泰国充斥着由泰爱泰党策划的、由现金推动的各种方案，泰爱泰党似乎不再需要之前曾使用过的关系网了。他信在官场和有影响力的内政部还享有一定程度的支持率，这些部门长期以来一直支持他信大搞中央集权。这将使人想到高度政治化的国家机器，在某些情况下有可能形成党派割据的局面。

## 南方：当现实胜过谎言

在泰国南部马来穆斯林占多数的府，如那拉提瓦、也拉、北大年、陶公府以及马来穆斯林人口相对较少的沙敦，与信奉佛教的泰国的紧张关系由来已久。南部地区曾是东南亚伊斯兰教学术中心和马来苏丹国的领地。从上世纪初，因该区域并入泰民族国家而在历史、文化、政治和经济上造成的不满情绪过去一直是滋生穆斯林少数民族中分裂主义与宗教极端主义政治的温床，现在仍然如此。20世纪80年代的政治自由化为穆斯林精英进入政坛打开了空间，直至20世纪90年代初期，大家普遍认为武装分裂组织已是强弩之末。然而，在他信执政期间，高级别的政治暴力再次回归，到2004年时达到了巅峰。

2004年期间，据称分裂主义分子杀死了500多名地方官员、警察、教师、僧侣和普通民众，大多是采用突然袭击的手段。其中一些杀戮类似于2003年对所谓的毒贩的法外处决，这意味着至少在许多情况下，私人和既得利益者可以使用“恐怖主义”这一替罪羊掩盖他们的罪行。最近的“断头”事件也表明是仿效跨国武装分子所为或者已有跨国武装分子介入。与此同时，有100多名穆斯林似乎成了国家相关机构的目标，他们也失踪了。

南方已经成为一个情报和反情报的游乐场，很难区分真相与谎言。例如，1月4日武装分裂主义分子涉嫌对一个军营发动袭击，抢夺武器并杀害了4名士兵。在泰国，有人声称军方内部人士策划了这一攻击案以掩盖他们把武器销售给亚齐（Achenese）叛军；也有人站出来驳斥这种说法。他信与南方的学者们一样，通常把当前与过去的暴力归咎于强盗土匪以及国家机器内的犯罪和腐败分子，而不是伊斯兰激进分子[51]。

舍利差·覃亚舍利（Sirichai Thanyasiri）将军是南部边境府和平建设指挥部的主任，在总结这些扑朔迷离的事件时说道：“我承认我不知道谁是敌人，但我将尽我的最大努力抓住他们……”[52]这里所谓的无知在某种程度上是由于他信的口头禅“要么好好干，要么离开”造成的，这导致了南方无能为力的状态：他信频繁调整机构和领导人，没人有时间来处理这些难题。政府未能认真落实相关政治、社会和经济措施来缓解造成民众不满情绪的原因，比如副总理乍都隆·采盛（Chaturon Chaisang）就提出了若干建议，其计划包括特赦措施，暂停使用区域外的军队和警察以及经济增长措施等[53]。政府和军方内部的一些势力受到该计划的威胁，立即采取了行动排斥乍都隆。此外，接下来发生的事情也使他信身边势力更加强硬。

2004年4月28日（这是对1948年残酷镇压穆斯林持不同政见人士造成数百人死亡的周年纪念日），100名穆斯林人士，大部分是青年，他们手持砍刀，公然上演了袭击检查站、警察局和军事基地的一幕。当他们撤退进神圣的柯瑟（Krue Se）清真寺时，杀害了30多人。在政府镇压过程中，总共有107人丧生。一些人认为这场“叛乱”证明了这是一股新的但隐藏得很深的伊斯兰武装分子团伙。根据政府安全顾问及南方武装部队前司令吉蒂将军（Kitti Rattanachaya）的说法，这些事件是叛乱愈演愈烈的进一步证据。从今年开始，吉蒂就反复提到，情报部门声称已发现一份七点叛乱计划，据说与北大年独立联合阵线（BERSATU—United Front for Patani Independence）有联系。该计划概述了试图创立伊斯兰和泰南三府民族主义意识，瓦解泰国的国家意志并发动暴乱建立北大年伊斯兰教徒自治区[54]。在该计划披露之后，有关激进的伊斯兰学者对伊斯兰学校的渗透的报告明显增多。

然而，其他人对这些说法却保持谨慎。陆军第四军司令披桑（Pisarn Wattanawongkiri）将军认为，年轻人对分裂主义分子的同情心被犯罪分子所利用，这些犯罪分子包括在禁毒战争中被驱离北方的毒品贩子和寻求颠覆政府的南方既得利益集团[55]。在接下来的评论中，人们对在南方煽风点火的各种嫌疑都有所提及（伊斯兰激进分子、更早一点的分裂主义势力、政治—官僚—军队关系网、美国中央情报局、黑手党），但是没有确定系何人所为。大家可以考虑以下这些事件的可能性（顺序排列与可信度无关）：1月4日的突袭和暗杀事件或许幕后有人操纵；叛乱的威胁可能被夸大以支持安全部队在南方的状况，从而保护他们的各种利益，包括控制资源和掠夺性开采；夸大或许有助于军队内部民族主义派系对国内安全的考虑；跨国激进分子在该地区可能确实很活跃；那些曾经具有马来民族本性的分裂主义组织现在可能以激进的伊斯兰政策为中心；中情局（和其他情报机构）可能想挑起宗派政治以进一步使其“反恐战争”合法化[56]。

尽管不确定谁是各种事件的幕后黑手，但政府支持采取措施镇压南方人民。最令人关注的是于10月25日发生在那拉提瓦府（Narathiwat）达百（Tak Bai）事件。当时数以千计的抗议者呼吁释放村民，因为这些村民涉嫌将交由他们保管使用的边境防御武器给了“武装分子”。一些示威者在和平游行中被枪杀。军方逮捕了1 000多人并押送至军营审问。在途中，有78人窒息死亡。尽管他信宣称，军方是在雅阁执行他的命令，

但12月份的政府调查发现，该案与他并无关系。调查发现，军方官员应该对该事件负责，但是却让政府来决定如何处罚[57]。11月和12月期间，反对派民主党议员和政治活动人士开始传播有关达百事件的视频和VCD。警方援引《国内安全法》暗示说，散布与播放这些资料是非法的。期刊《在同一片蓝天下》（*Faa Diaw Kan*）的编辑们在他们发行的期刊里附上达百事件的VCD，显示了新一代活动家的勇敢风范[58]。

随着年关将至，他信宣布抓获了该动乱事件的主谋嫌犯，并揭露该事件有马来西亚和印尼的伊斯兰主义者参与，这进一步加深了马来西亚和泰国之间的裂痕[59]。他信现在似乎认为南方动乱事件的主要原因是伊斯兰学者对穆斯林青年教化的结果以及外部激进分子的影响。吉蒂路线似乎已占了上风。当泰国按部就班进入选举之时，如果将这些事件简单地归结为主要是受伊斯兰分裂主义分子的驱使的话，或许会让民族主义分子不费吹灰之力就获得选举的意外之财。尽管如此，这样做低估了国家和私人利益集团的违法关系网络的作用，并打着国家安全的幌子使持续镇压合法化。就像早些时期的共产主义幽灵，“恐怖”幽灵有助于掩饰身份政治与种族政治中的不平等性与复杂性，而这个问题，如果需要找到一个真正的解决方案的话，是必须要解决的。

同时，继海啸之后，南方还面临一场完全不同性质的挑战。12月26日的大海啸冲击了普吉岛（Phuket）、攀牙湾（Phang Nga）和甲米（Krabi）。据报道此次海啸导致5 000多人丧生，数以万计的人无家可归和失业。虽然政府通过泰国旅游局已经尽力对该地区进行检疫隔离以防止灾疫进一步向南方蔓延，但至关重要的旅游业仍在苦苦挣扎。政府拨付了数十亿泰铢进行重建，包括救济、重建家园、援助商业和渔业。在撰写本文的时候，海啸似乎增强了泰爱泰党在2005年选举中获胜的可能性，因为人们觉得政府对海啸的应对有力。

# 结 论

尽管人们对他信有很多批评，但必须指出的是，他信不仅花费大量精力用于提高自己企业利益，同时也在提高他眼中的国家利益。毫无疑问，他信用以构建泰国经济的措施的确富有创造性，并且令人关注。拿政府本身的话来说，政府在经济上取得了一定的成功。他信关注的重点是长期以来一直被忽视的政策举措。然而，满载着泰国社会锐意进取的行业部门的希望与信任，他信走马上任，带来的却是四年的动荡。他恐吓异己，寻求谅解，姑息镇压，笼络明星。他以自诩为牛仔的风格处理国家大事[60]。他所谓的对全球经济秩序的挑战及其貌似进步的国内医疗保障和债务减缓政策与空前的法外谋杀与压迫统治形成了对照。执政的前三年明显表现出的独裁倾向，到了2004年变本加厉，而发生在南方的大屠杀正是其独裁的结果。在他信的密切关注下，美国与泰国关系的日益密切是以进一步疏远穆斯林为代价的。12月，军事飞机投放了数以百万计的千纸鹤，将和平的信息传递到南方各地区。他信宣称："这表明，不管宗教信仰如何，我们整个民族是团结的。它传递着信号，我们爱我们的祖国，没有人可以将它分割开来。"[61]有些人将之视为噱头而不放在心上，即便对民族主义如此诉求，也将难以打动日益增长的反他信力量。

[原文"Thailand: The Facts and F(r)ictions of Ruling"载于《东南亚事务》(*Southeast Asian Affairs*) 2005年，第363—384页]

## 注释：

本文的某些部分取自于论文《他信的泰国——永远掌控在手》（“Thaksin's Thailand—to have and to hold”），该论文提交给麦考瑞大学举办的“今日泰国会议”（Thai Update Conference, Macquarie University）。该会议于2004年4月20日至21日举行。麦卡高（McCargo）提供了特有的穿透性批评指正，为此我深表感激。

1 “Pluk krasae ratthaprahan” [Stirring up a coup d'etat] *Krungthep Thurakit* online, 1 October 2004.

2 See Ji Giles Ungpakorn, “From Tragedy to Comedy: Political Reform in Thailand”, *Journal of Contemporary Asia* 32, no. 2 (2002): 191-205.

3 特别参见, Thitinan Pongsudhirak, “Thailand: Democratic Authoritarianism”, in *Southeast Asian Affairs* 2003, edited by Daljit Singh and Chin Kin Wan (Singapore: ISEAS, 2004). 2004年，内阁讨论了废除自1996年开始实施的总理监管制度，该制度要求就重大项目的影响进行公共听证。参见*Matichon* online, 13 October 2004, http://www.matichon.co.th/.

4 Robert Looney, “Thailand's Thaksinomics: A New Asian Paradigm?”, *Strategic Insights* 2, no. 12 (December 2003), http://www.ccc.nps.navy.mil/si/dec03/eastAsia.asp.

5 引自“Thailand Looks to a Global Strategy”, *The Nation* online, 24 August 2001, http://www.nationmultimedia.com/。

6 Duncan McCargo and Ukrist Pathmanand, *The Thaksinization ofThailand* (Copenhagen: Nordic Institute of Asian Studies: 2005), pp. 209-217. 关于军队的再政治化问题，参见第121—165页。

7 Jim Glassman, “Economic ‘Nationalism’ in a Post-nationalist Era”, *Critical Asian Studies* 36, no. 1 (2004): 37-64.

8 数据来自于国家经济与社会发展委员会（NESDB）网站 http://www.nesdb.go.th/econSocial/macro/NAD.htm#qgdp, accessed 14 December 2004 (in Thai)。

9 Ministry of Commerce, “Talat song ok samkan khong thai pi 2535-2547” [Important Thai Export Markets, Years 1992-2004] available at http://www.ops2.moc.go.th/trade/trade_exp.html, accessed 14 December 2004.

10 这个不包括美国、欧盟成员国、日本和东盟。2003年，这些国家在泰国的出口中分别占17%、14.7%、14.2%和20.6%。同前。

11 Pasuk Phongpaichit and Chris Baker, *Thaksin: The Business of Politics in Thailand* (Chiang Mai: Silkworm, 2004), pp. 116-117.

12 Thirayut Bunmi, "Wikro Sangkom Thai" [Analysing Thai Society] *Matichon* online, 6 January 2003.

13 These debates may be found in the yearly *Economic Reviews* issued by the *Bangkok Post*.

14 "Bid for Second Term", *The Nation* online, 18 October 2004.

15 这些数据只表明当地政府机构的腐败程度。数据的上升与权力下放导致的当地政府预算增加有密切关系。这些仅仅是报告提到的案例。

16 Raymond J. Ahearn and Wayne M. Morrison, "U.S.-Thailand Free Trade Agreement Negotiations", 1 April 2004, Congressional Research Reports RL 32314, p. 2.

17 Woranuj Maneerungsee, "Caught up in FTA Mania", in *Bangkok Post*, "Mid-Year Economic Review", 2004.

18 Anuraj Manibhandu, "Neighbours Turn to Mending Fences", *Bangkok Post* online, 14 October 2004.

19 "Thai Burmese Ties Back to the Usual Acrimony", *The Nation* online, 31 May 2004.

20 "Burma Power Play: Exim Loan Alarm", *The Nation* online, 21 October 2004.

21 "No Hint of Suu Kyi's Freedom: Thaksin", *The Nation* online, 10 December 2004.

22 Asda Chainam, "Kanthut yuk Thaksin (Thaksiplomacy)" [Diplomacy in the Thaksin Era], in *Ruthan Thaksin* [Seeing through Thaksin], Volume 2, edited by Chermsak Pinthong (Bangkok: Khokhit Duaykan, 2004), pp. 211-257.

23 *The Nation* online, 27 August 2003.

24 *The Nation* online, 8 March 2004.

25 "CPP Board Disbands, Agrees to Merge with Thai Rak Thai", *The Nation* online, 11 August 2004.

26 "Half of Chart Thai Party MPs to Defect to Thai Rak Thai", *The Nation* online, 23 July 2004.

27 "Pattani Darusalum", *Focus Pak Tai* online 347 (21-27 August 2004), http://www.focuspaktai.com.

28 应该指出的是,由于反对党议员源源不断转入其他政党，精确数据难以获得。上面的数据来自泰国议会网站http://www.parliament.go.th: 8 1/member/view-inf.php, 2004年12月12日访问该网站，获得以下信息：泰爱泰党319个席位，民主党110个席位，泰国党27个席位，大众党1个席位，新希望党1个席位，42个空缺席位（自从Newin转出泰国党以及国家发展党与泰爱泰党合并后，该网站似乎已经更新）。

29 Nophakhun Limsamarnphun, "Bringing the Holding Company Structure to Thai Politics", *The Nation* online, 18 April 2004; 同时参见Rangsan Thanaphomphan, "Thai rak Thai Kap amnat phukat thangkanmuang" *Phujatkan* online, 19 February 2003。

30 一份报告指出，泰爱泰党议员获得每月额外200 000泰铢，以分发给他们各自的选民。议员们将这称为"pasi sangkhom"或"社会税"，用于帮助选民。见*Thai Post* online, 20 September 2003, <http://www.thaipost.net/>。

31 See "Reshuffle Highlights Premiers Lack of Options, Confirms that Old-style Faction-Fighting is on its Way Back", *The Nation*, 7 October 2004; detailed analysis in *Matichon* online, 7 October 2004, "phinit pa mai kaey ang naiyok".派系力量各异，汪南耶派系大约70—90个强，而最近的报道称，汪博巴派系由泰爱泰党的秘书长素里耶·曾隆朗吉（Suriya Jeungrungruangkit）和他信的妹妹瑶瓦帕·翁沙瓦（Yaowapa Wongsawat）联合，大约有100个。

32 *The Nation* online, 17 March 2004.

33 关于泰爱泰党（TRT）性质的更深入讨论，参见McCargo and Ukrist op. cit., pp. 70-120.

34 Democrat Party "Naiyobai" [Policy], available at http://www.democrat.or.th/aboutpolicy.asp, accessed 19 April 2004.

35 *The Nation* online, 26 April 2004; Prachachart Thurakit online, 3 July 2003, 7 July 2003.

36 "Apirak Wins in 42 out of 50 Districts", *The Nation* online, 31 August 2004.

37 参见Anek Laothamatas, "A Tale of Two Democracies", in *The Politics of Elections in Southeast Asia*, edited by Robert H. Taylor (New York: Cambridge University Press, 1996), pp. 201-233。

38 "Political Warning: Untouchable Government?", *The Nation* online, 3 July 2004.

39 "A New Beginning" *The Nation* online, 8 July 2004.

40 "Sanan... yang juppak po.cho.po" [Sanan still kisses the Democrats] *Phujatkan* online, 15 August 2004. 沙南暗示其政党将在曼谷和东北部地区取得重大胜利，并暗示将赢得60到100个席位。独立分析人士认为大众党赢得席位不会超过30个。

41 占隆·西蒙（Chamlong Srimuang）于1993年免去巴颂（Prasong）职务，并任命他信（Thaksin）担任外交部部长。

42 "Prasong Libel Case: Ura Decides Not to Aid Defence as a Witness", *The Nation* online, 15

October, 2004; “Defamation case: Prasong Wins”, *The Nation* online, 3 December 2004.

43 “Ekkayuth’s Overture: Democrats Given Two Weeks”, *The Nation* online, 14 August 2004. Ekkayuth 因1980年初的非法商业活动面临指控，为此逃亡海外。现诉讼时效过期了。

44 “Ekkayuth Bombshell: Data Support Manipulation Charge”, *The Nation* online, 7 September 2004.

45 “Naew daan thai rak thai” [Opposing Thaksin], *Matichon Weekly* online, 10-16 September, p. 9.

46 引自Sutichai Yoon, “Thai Talk: Topple Me if You Can, but if You Cannot ...”, *The Nation* online, 16 September, 2004。

47 “Anti Government Rally: Workers Vow to Oust PM”, *The Nation* online, 26 September 2004.

48 引自Suthichai Yoon Thai Talk, “A Prescription from a Disillusioned Doctor”, *The Nation* online, 28 October 2004。

49 “Luangta maha bua”, *Phujatkan* online, 16 December 2004.

50 “Ruamphon khon (Ruthan) kliat Thaksin”, [Assemble the People who (see tiirough) hate Thaksin] *Matichon Weekly* online, 10-16 September 2004.

51 Pasuk and Baker, *Thaksin*, pp. 234-38. 军队在事件背后撑腰的观点常见诸南部著述之中。参见Koi-lin Anwa and Suphalak Kanjonkhun *Fai tai kraijut* [Who is lighting the Southern Fire?] (Bangkok: Indochina Publishing, 2004), pp. 79-122。

52 Chang Noi (pseud.), “Knowing and Yet not Knowing the South”, *The Nation* online, 8 November 2004.

53 “Chaturon’s Peace Plan Faces Delay”, *The Nation* online, 7 April 2004; Chiangsowlong (pseud.), “Naiyobai 66/2447 Yuthasat sang santiphap 3 jangwat pak tai” [Policy 66/2547: Strategy to build peace in the three provinces of the South], *Putjakan* online, 5 April 2004.

54 “Nuay khoa pluk pi phak tai tua mai paet 7 khandon” [Intelligence Agency Creates a New Southern Spectre: 7 Stages], *Thai Post* online, 20 January 2004. 七点叛乱计划在泰语媒体中偶尔会有所提及，但更多的是被忽略。吉蒂（Kitti）坚持认为，这是事先早有预谋，而且不断升级的叛乱的根源所在，成千上万的经过穆斯林学校“灌输”的青年学生参与了这些叛乱。吉蒂自行出版了一本书，摘录了大量的被查封文献。北大年联合解放组织（PULO）、全国革命阵线（BRN及其协同组织）领袖，GMP、

GMIP、BIPP均被列为北大年独立联合阵线（BERSATU）的成员名单。这些文献中，关于祈祷圣战中的牺牲者在天国中得到善报的相关资料，看似伊斯兰教与所谓的叛乱有着千丝万缕的联系——但是一些人对吉蒂的观点以及相关文献的真实性持怀疑态度。参见Kitti Rattanachaya *jut fai tai tang rat patani* [Igniting the South. Establishing the Patani State], (Bangkok, 2004)。

55 "Jap dai loy kwaa sop" [More than a hundred deaths], *Focus pak tai* online, 1-7 May 2004.

56 On an alleged CIA extended presence in the South, beyond the joint US-Thai Counter Terrorism Intelligence Centre, see "CIA-palangngan-muslim-kankorai" [CIA-Power-Muslims=Terrorism], *Focus pak tai* online, 30 January-6 February 2004.

57 "Some Worrying Parallels with Knie Se", *The Nation* online, 3 November 2004; "Official Tak Bai inquiry: Report Stops Short of Blame", *The Nation* online, 18 December 2004.

58 "A Right to Know", *The Nation* online, 19 December 2004.

59 "PM Names Indonesia as Another Training Ground", *Bangkok Post* online, 19 December 2004.

60 "I'm a Cowboy too, Says Thaksin", *The Nation* online, 17 December 2004.

61 "Thais are United on the South", *The Nation* online, 3 December 2004.

# 泰国经济复苏的悖论

【澳大利亚】Peter Warr[①]著　　陈欣　杜洁　译

在2005年2月的议会选举中，泰国总理他信·西那瓦（Thaksin Shinawatra）领导的泰爱泰党（Thai Rak Thai Party）大获全胜。该政党组建了泰国历史上第一个做满四年任期的民选政府。泰爱泰党现在又成为第一个获得议会多数席位的独立政党，而且是绝对多数[1]。政党的选举成功既归因于他信本人的政治能力，也归因于在他信政府领导下泰国实现了经济复苏。自1997至1998年亚洲金融危机以来，泰国人均实际产出在2004年首次超过1996年危机前的水平。从这个方面来讲，泰国终于摆脱了经济危机的后遗症。在诸多方面，泰国经济也正在走向繁荣。

2004年，尽管农村地区出现干旱、禽流感和"非典"（SARS）的肆虐，令人恐慌，南方穆斯林政治暴动持续不断，但实际GDP的增长估计达到了可观的数字：6.4%，仅仅略低于2003年的6.8%。预计2005年增长速度会稍微放缓，略高于5.0%，主要是出口增长放缓，外商直接投资流入减少，以及2004年12月26日海啸所造成的经济损失。

海啸造成人力成本的严重损失，对经济的影响最为显著。与其他印度洋沿岸的国家相比，尤其是印度尼西亚、斯里兰卡或者是缅甸，泰国受到的影响没有那么严重，但是数千人丧命（大概有300 000人口的地区可能有8 000至9 000人丧生），并且整个地区遭到摧毁[2]。短期内，旅游业遭受严

① Peter Warr是澳大利亚国立大学（the Australian National University）克劳福德经济与管理学院（Crawford School of Economics & Government）农业经济学教授、贫困研究中心（Poverty Research Centre）主任。

重影响；长期来看，影响依然存在，只是这些长期性影响的严重程度尚不清楚。如此巨大的灾难所带来的问题不可避免，但泰国在赈灾方面的反应却给人留下深刻印象：一部分是因为良好的基础设施已经到位，一部分是因为政府反应相对迅速，同时也因为普通的泰国民众对受灾的泰国人和外国人的友好态度。

泰国的经济复苏既是至关重要，又是众望所归。本文从四个层面探讨其特点。第一部分描述整体的宏观经济图景。奇怪的是，经济复苏的实际情况与他信总理所承诺实现并貌似精心设计的成效大不相同，无论是其速度还是其构成。第二部分回顾他信政府相对其既定目标而言的减贫工作成效。第三部分分析南部穆斯林政治冲突持续不断的经济根源。该地区的经济环境有助于我们理解泰南地区长期冲突的本质吗？第四部分分析2004年12月海啸所导致的经济影响。最后，本文对经济前景进行展望。

## 宏观经济学[3]

泰国摆脱危机实现经济复苏既证明了其市场导向经济的巨大弹性，又在很大程度上证明了他信政府在恢复经济信心方面取得的巨大成功。他信政府在恢复经济信心方面颇具特点，但绝非仅如同其前任政府那样，在泰国公众面前佯作采取特别行动以促进经济发展，而是做点实事，能够做出明确的决定，并让一切都在控制之中。

表1　泰国GDP与人均GDP的增长率，1951—2004年

| 时期 | 实际GDP增长 | 实际人均GDP增长 |
|---|---|---|
| 1951年到1986年（第一阶段）繁荣前 | 6.5 | 3.9 |
| 1987年到1996年（第二阶段）繁荣期 | 9.2 | 8.0 |
| 1997年到1998年（第三阶段）危机时 | - 6.1 | - 7.1 |
| 1999年到2004年（第四阶段）危机后 | 4.4 | 3.7 |

续表1

| 时期 | 实际GDP增长 | 实际人均GDP增长 |
|---|---|---|
| 从1951年到2004年 | 6.2 | 4.2 |

数据来源： 1951年到1986年的数据来源于泰国中央银行（Bank of Thailand）；1987年的数据来源于国家经济与社会发展委员会（National Economic and Social Development Board）。

## 经济产量

首先，我们通过比较东亚国家（地区）的经济状况，分析泰国近期的经济表现。8个东亚经济体，包括泰国（图中的粗虚线表示），实际GDP数据在图中一一呈现。图1的相关数据显示，各国（地区）在前金融危机时期的实际GDP，即1986年到1996年的GDP。其中，每个国家（地区）1986年的GDP指数被设定为100。图2显示的是从危机时期到后危机时期，即1996年到2004年实际GDP数据。这个时间段的实际GDP以1996年的指数100为基准。图1显示泰国是8个东亚国家（地区）中经济最景气的，但只是略微好些。新加坡、马来西亚、印度尼西亚、韩国和中国台湾地区紧随其后。

1998年，韩国、马来西亚和印度尼西亚的实际GDP严重收缩。图2显示，相对于1996年而言，泰国的初始收缩是最严重的（也是粗虚线表示）。紧跟着的是印度尼西亚，其收缩也是最持久的。泰国的金融危机，最初比印度尼西亚更为严重，但是印度尼西亚没有经历1999年的相对复苏阶段。人们普遍认为，印度尼西亚的经济危机比泰国更严重。但是这些数据表明，截至2002年，实际国内生产总值的收缩规模，与1996年相比，两国几乎相同。印度尼西亚只是在2002年以后才表现较差的。

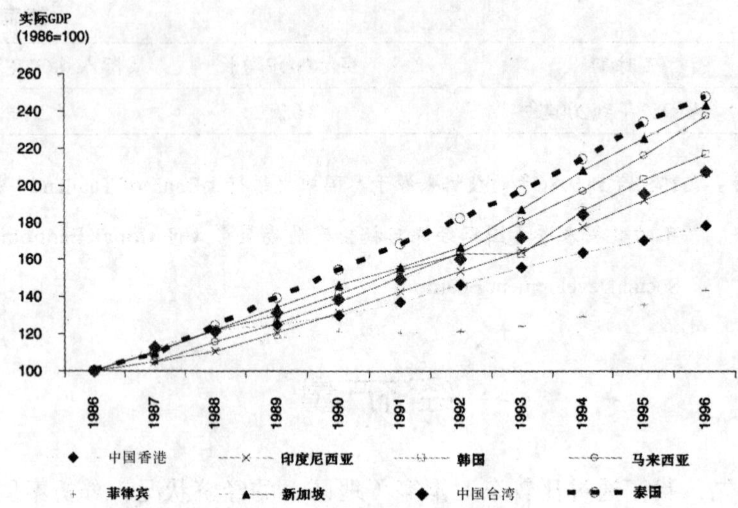


数据来源： 亚洲开发银行（Asian Development Bank）《主要指标》（*Key Indicators*）。

图1 东亚国家（地区）的实际GDP，1986—1996年

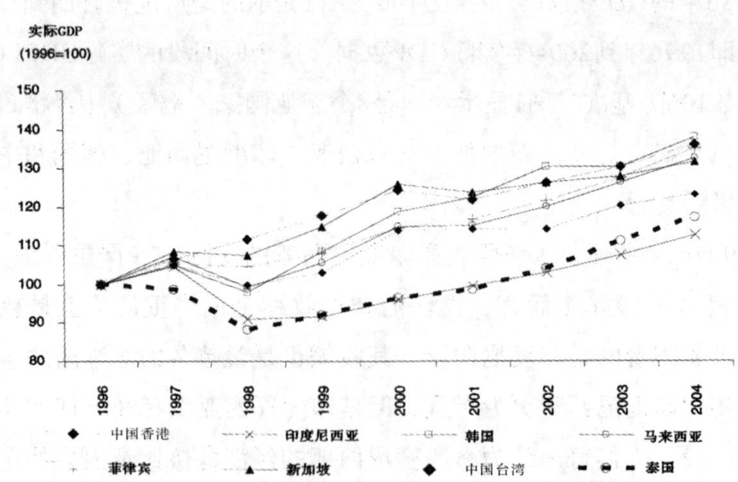


数据来源： 亚洲开发银行《主要指标》（*Key Indicators*）。

图2 东亚国家（地区）实际GDP，1996—2004年

图3反映了泰国经济危机及其之后经济复苏的变化情况，更多采用从1995年到2004年期间每一季度的实际国内生产总值及其增长率数据。1998年，实际GDP收缩更为严重，在第二季度和第三季度，实际增长率同比下降到-14%。1999年中期，初期一度呈现快速增长，超过了8%。增长率在2000年中期回落至2%，两年之后稳步增长到6%左右，然后增长逐步趋缓，到2004年第三季度达到6%。

要更好地理解所发生的这些变化，我们可以先分析泰国国内生产总值的构成。表2总结了1994年到2003年（2004年数据尚未公布）期间泰国总需求的构成。在正值金融危机的1997年和1998年期间，宏观经济的主要变化是私人投资需求的崩溃——导致GDP从约33%降到约10%。净收益在总需求中萎缩，尤其是在耐用消费品制造业方面下降非常严重，比如建筑业。

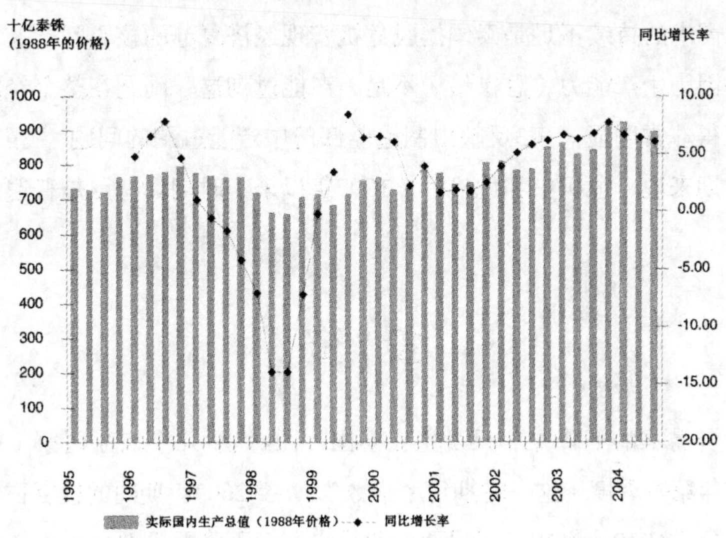


数据来源：国家经济与社会发展委员会（National Economic and Social Development Board）。

图3　泰国季度实际GDP及其增长，1995年（第一季度)至2004年（第三季度）

表2　泰国1994—2003年总需求构成（GDP的百分比）

| | 1994 | 1995 | 1996 | 1997 | 1998 | 1999 | 2000 | 2001 | 2002 | 2003 |
|---|---|---|---|---|---|---|---|---|---|---|
| 私人消费 | 55.2 | 54.4 | 54.4 | 54.4 | 53.8 | 53.7 | 53.8 | 54.8 | 54.5 | 54.7 |
| 公共消费 | 8.2 | 7.9 | 8.4 | 8.2 | 9.6 | 9.4 | 9.3 | 9.3 | 8.9 | 8.3 |
| 私人投资 | 32.9 | 34.5 | 32.8 | 22.6 | 9.6 | 10.9 | 13.3 | 13.8 | 14.5 | 16.3 |
| 公共投资 | 8.7 | 8.9 | 10.4 | 11.6 | 9.2 | 8.5 | 7.4 | 6.8 | 6.1 | 5.0 |
| 出口 | 44.6 | 47.1 | 42.0 | 45.7 | 55.3 | 57.7 | 64.8 | 61.0 | 64.3 | 62.2 |
| 进口 | −47.8 | −52.5 | −49.2 | −44.3 | −38.8 | −41.0 | −49.9 | −46.3 | −48.9 | −47.8 |

数据来源：　作者的计算来源于NESDB提供的数据，2003年2月公布的《季度国内生产总值》（Quarterly Gross Domestic Product 2/2003）。网址：http://www.nesdb.go.th/Main_menu/Macro/GDP/menu.html tables 2 and 12。

总需求的持续不足是泰国摆脱危机实现经济复苏的核心问题。复苏缓慢不是因为生产能力（总供给）不足，产能过剩这一问题在整个经济中已经表现得非常明显。表3反映出制造业部门中产能过剩的问题[4]。相对于危机前时期来说，危机中和危机后（1997年以来）时期的特点是普遍的产能过剩。

## 投　资

投资需求的下降并非只发生在泰国。图4显示几个东亚国家（地区）从1997年第一季度（这一时期比率指数为1）到2003年期间的投资占GDP比例。投资占GDP比例在印度尼西亚和马来西亚下降严重并且旷日持久，但是泰国的投资危机最为严重，一直延续到2003年。到2002年，私人投资占GDP比例仅上升至14.5%，2003年达到16.3%（前面表2）。投资增长的趋势是正确的，但这个方面的复苏却远未完成。

表3　泰国工业产能利用率，1995—2003年（百分比）

| | 1995 | 1996 | 1997 | 1998 | 1999 | 2000 | 2001 | 2002 | 2003 |
|---|---|---|---|---|---|---|---|---|---|
| 总计 | 77.5 | 72.5 | 64.8 | 52.8 | 61.2 | 55.8 | 53.5 | 59.5 | 66.2 |
| 食品 | 42.4 | 38.1 | 37.7 | 33.5 | 42.6 | 44.1 | 42.1 | 45.1 | 53.9 |
| 饮料 | 82.3 | 83.0 | 79.1 | 77.2 | 101.9 | 32.6 | 36.4 | 50.5 | 56.6 |
| 香烟 | 75.2 | 84.2 | 75.8 | 60.4 | 54.4 | 53.7 | 52.1 | 53.8 | 55.8 |
| 建筑材料 | 97.3 | 78.7 | 72.9 | 44.6 | 49.8 | 50.1 | 52.3 | 56.9 | 57.6 |
| 钢铁产品 | 64.2 | 65.2 | 50.6 | 35.9 | 39.6 | 47.0 | 50.0 | 60.6 | 62.7 |
| 车辆设备 | 81.4 | 67.6 | 48.5 | 23.4 | 35.6 | 40.1 | 44.5 | 54.6 | 69.6 |
| 成品油 | 93.2 | 85.7 | 90.1 | 84.0 | 85.7 | 83.9 | 74.8 | 76.2 | 79.4 |
| 电器电子产品 | 63.9 | 67.8 | 62.2 | 47.5 | 53.4 | 65.4 | 47.5 | 59.7 | 62.1 |
| 其他 | 80.0 | 77.7 | 66.1 | 68.9 | 72.9 | 75.4 | 77.0 | 71.5 | 73.9 |

数据来源：　泰国中央银行。

备　　注：　以上类别占1995年制造业增加值的44.5%。

在1997至1998年金融危机期间，外商直接投资净额并没有立即下降，但在2003年却萎缩到大约1998年水平的五分之一。这一点可以从图5中看出。把外商直接投资的下降和国内投资的下降放在一起分析，可以很明显地看出投资者对泰国经济的信心还没有完全恢复。恢复投资者信心是他信政府在第二个任期内不可懈怠的一项任务。投资者信心的恢复决定经济的可持续增长。保持经济改革的动力和提升泰国政府管理是发展的必然之路。

宏观经济的悖论是，他信在2001年出任总理时曾经“承诺”实现两位数的经济增长率，提倡不是像过去那样依靠出口刺激经济增长，而是依靠国内需求。然而，事实上经济并没有达到上述水平的增长，而是重新回到1950年到1986年长期繁荣前时期的水平（见表1），在6%与7%之间。更荒谬的是，作为经济增长动力的出口业务，其重要性增加了，而不是降低了。泰国现在比以前更依赖出口贸易。

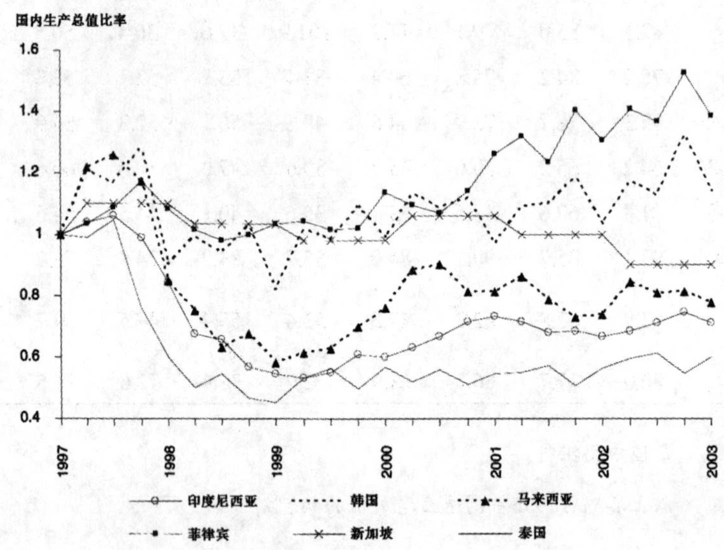


数据来源： 数据来自于Roong et al.（2003），可查询网址: http://www.bot.or.th/bothomepage/index/index_e.asp。

图4 东亚投资占GDP比例，1997—2003年

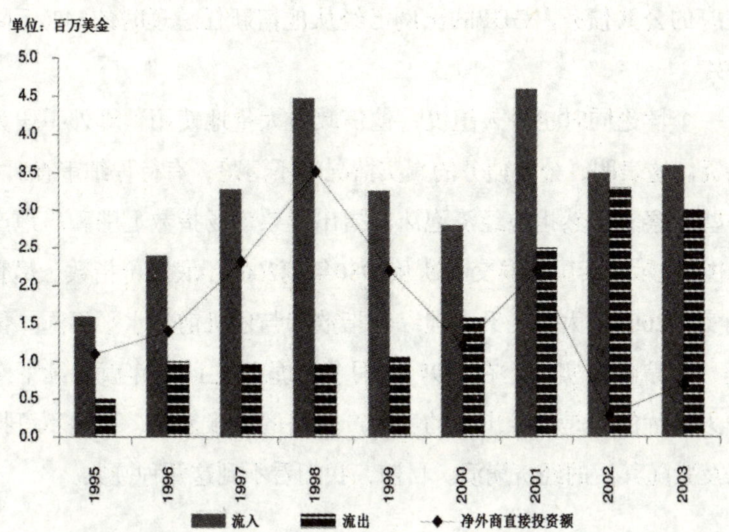


数据来源： 泰国中央银行（Bank of Thailand）。

图5 泰国外商直接投资流入和流出，1995—2003年（美元）

## 新的经济增长泡沫?

在他信政府的最初时期，其民粹主义言论与有点夸大的经济承诺让许多观察家心存顾虑，担心会由此产生类似于当年引发1997至1998年金融危机的经济泡沫。他信曾经承诺要恢复两位数的经济增长目标，已被证明在危机前时期难以实现，因为投资过度。此外，轻率的财政政策可能会导致严重的公共债务问题。如果他信的承诺得以实现的话，经济发展应该会比现在更合理，更具有持续性，这是一个悖论。增长率已经恢复到6%—7%的长期增长水平，而在1987年到1996年的繁荣时期之前，这样的增长率曾经持续了30多年（见表1）。

另外，财政扩张小于预期，而经济复苏带来的财政收入增长超过预期。政府的公共债务占GDP的比例已经从他信新任总理时的54%下降到现在的39%[5]。

另一个悖论同时也令人担忧，他信政府大量地使用预算外手段为政府项目融资。这表明，公共债务的真实情况还不清楚，有待仔细审查。

一些观察家仍然担心经济泡沫，指出股票市场指数上涨和房地产价格飙升。图6显示了泰国证券交易所从1980年到2004年底股价指数。尽管股票价格确实在2004年大幅上升，但综合指数却与危机前的水平不同。值得注意的是，股票价格实际上在1997年7月货币危机之前一年就持续下滑。因此，令人担忧的不是已经出现的房地产价格的稳步复苏，而是不可持续的繁荣以及紧随其后的经济崩溃。目前，我们看不到这两种迹象。

数据来源： 泰国证券交易所（Stock Exchange of Thailand）。

图6 泰国证券交易所指数，1980—2004年

# 贫困问题

总理他信强调减少贫困，并将其确定为政策目标。因此我们来看看减贫工作方面的资料，这似乎也是有道理的。表4汇总了近期公布的泰国贫困发生率的相关数据。这个数据基于对泰国家庭进行的社会经济调查（SES—the Socio-economic Survey），由泰国国家统计局（National Statistical Office）每两年发布一次。而贫困发生率的估算工作，则由其姊妹机构泰国经济与社会发展委员会来执行。2004年的初步数据已经发布在经济与社会发展委员会的网站上，在接下来的讨论中我们将使用这些数据。

值得注意的是，“2004”的SES数据实际上也包括2003年的一段时间。同样的情况也适用于其他早一些的年份。因此更加准确地说，2002年与2004年的数据比较，其中也包括了2001年2月和2003年4月的数据。如果纳入政策对实际家庭收入影响的滞后效应因素，那么基于2002年和2004年社会经济调查的数据比较，可以被认为与他信政府前两年的变化大致对应。

根据国家经济与社会发展委员会的数据，从2002年到2004年，贫困发生率从15.5%下降到了12.0%，占总人口的比例平均每年下降1.75个百分点。这当然是鼓舞人心的事。通常来说，人口比例中贫困人口从数字上逐年下降，比如从15.5%（2002年比例）到13.75%（2003年人口推定比率）到第二年的12%（2004年比例）。假设，贫困人口按照这个年度率持续下降的话，按照2002年的档案数据15.5%，贫困发生率将会在9年内消失。尽管这与他信在其执政早期所承诺的“六年内消灭贫穷”可能不尽相同，这仍然会是个奇迹。

表4 泰国贫困发生率与基尼系数，1988—2004年（减贫措施，占总人口的百分比）

| | 贫困发生率（减贫措施，占人口比） | | | 不平等（基尼系数） |
|---|---|---|---|---|
| | 合计 | 农村 | 城市 | 合计 |
| 1988 | 44.9 | 52.9 | 25.2 | 0.482 |
| 1990 | 38.2 | 45.2 | 21.4 | 0.520 |
| 1992 | 32.5 | 40.3 | 14.1 | 0.541 |
| 1994 | 25.0 | 30.7 | 11.7 | 0.522 |
| 1996 | 17.0 | 21.3 | 7.3 | 0.518 |
| 1998 | 18.8 | 23.7 | 7.5 | 0.515 |
| 2000 | 21.3 | 27.0 | 8.7 | 0.525 |
| 2002 | 15.5 | 19.7 | 6.7 | 0.501 |
| 2004 | 12.0 | 15.4 | 4.8 | 0.499 |

数据来源：国家经济与社会发展委员会，网址: http://poverty.nesdb.go.th/ poverty_new/doc/NESDB/wanchat_20041 220041 907.ppt。

备　注：2004年数据为原始数据，较高的基尼系数值表明不平等的加剧。

这些数据所显示的减贫率与之前时期相比情况如何呢？并不是特别好。从表5可以看出，在1988—1996年的繁荣前时期，平均减贫速度保持3.5%的惊人速度，是2002至2004年平均减贫速度的两倍。接下来的1996年到2000年是经济萎缩和停滞的4年，其中贫困发生率以每年1.1%的速度增长。于是，在2000年到2002年的适度扩张时期，贫困人口的比例再次以2.9%的平均速度下降，几乎是2002年到2004年速度的一半。从1988年到2002年的整个时期内，包括金融危机时期，贫困发生率以年度平均率2.1%的速度下降[6]。这就是说，减贫的数量看起来每年都在下降。

与1988年到1996年的经济繁荣时期相比，其结果更令人感到紧张，因为实际产出的增长速度在经济繁荣时期要比现在高得多。理所当然，减贫率同样也高。每个时期的实际GDP平均增长率在表中的第二列。第三列位于第一、第二列之后。第三列表示的是在每个时期每一单位的经济增长所带来的年度减贫率。在1988年到1996年的繁荣时期，贫困现象以每一单位实际GDP增长0.38%年平均率下降。在危机期间（1996年至2000年）由于产量（负）增长，贫困发生率增加的比率几乎也如此。于是，在紧接下来的2000到2002年，随着产出再次开始增长，大量的暂时未就业和失业人口摆脱贫困，减少贫困的增长率也变为0.85%。但来自于他信政府执政的最初两年（2002—2004年）数据显示，一旦有状况发生，政府减贫能力的增强也会减弱。当然并没有迹象表明减贫能力已经得到了增强。

**表5　泰国贫困发生率及其增长率，1996—2004年**

| 时期 | 年度减贫率（%每年） | 每年的实际增长率（%每年） | 人均实际国民生产总值增长每单位减贫数量 |
|---|---|---|---|
| 2002—2004 | 1.75 | 6.6 | 0.265 |
| 2000—2002 | 2.9 | 3.4 | 0.853 |
| 1996—2000 | −1.1 | −2.9 | 0.372 |
| 1988—1996 | 3.5 | 9.2 | 0.380 |
| 1988—2002 | 2.1 | 4.2 | 0.505 |

数据来源：　作者的计算基于表4。增长数据源自曼谷的国家经济与社会发展委员会。

以这些数据进行解释，对未来的经济研究而言是很好的内容。做一个简单的假设，当有重大的经济增长时，许多人可以有机会提高收入到贫困线以上。如果经济持续增长，大量的贫困人口会减少，那些不能利用经济机会脱贫的人口会占余留贫穷人口的更大比例。这些人包括老年人、单身母亲、残障人士，还有那些远离社会、与外界隔离的人。因为经济增长对

这些群体的影响比其他人要小，随着贫困发生率降低，经济增长推进减贫的效力下降。要达到这些群体脱贫的目的，寻求依赖经济增长以外的办法就显得尤为重要。除非对这些群体采取有效的办法，否则即使经济保持稳步增长，年度减贫数量也仍会减少。

他信政府实实在在地执行减贫政策，这些政策都并非单纯依靠经济增长。但是，减贫政策更多地依赖增加消费贷款和坏账注销。在早期执政的2001年，他信宣布三种类别的减贫政策：设立乡村基金，为村组织提供贷款计划；为欠债的农民进行债务注销；为廉价公共医疗提供补贴。这些政策效果明显，反响热烈，但以上分析表明，这些政策没有能够有效防止经济增长推动减贫的力量减弱。

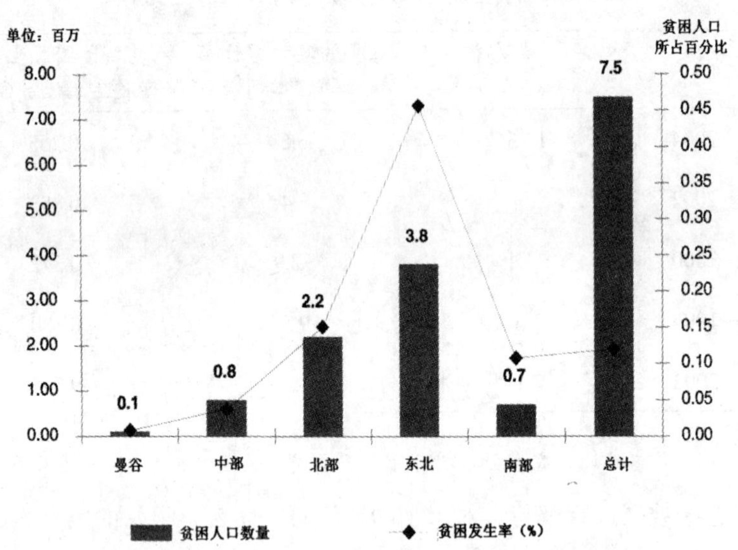


数据来源：作者计算的数据源自国家经济与社会发展委员会，网址：http://poverty.nesdb.go.th/poverty_new/doc/NESDB/ wanchat_20041 220041 907.ppt。

备　注：均为原始数据。

图7　泰国地区贫困发生率，2004年

图7通过显示测量到的2004年度地区贫困发生率，更加深入地洞察了泰国贫困问题的本质。图中数字表示每个地区的贫困人口数量，以百万为单位。贫困具有很强的区域性特征。曼谷地区的贫困发生率最低，为0.9%；其次是中部地区，为3.7%；南部地区为10.8%，北部地区为15.1%。其中东北部地区为目前贫困发生率最高的地区，达到45.7%。鉴于下面将讨论南部地区的贫困发生率，应该指出的是，这个地区有全国750万贫困总人口中的70万贫困人口，其贫困发生率为10.8%，低于全国12%的平均水平。然而我们将在下面看到，这种笼统的计算掩盖了南部地区的高贫困发生率。事实上，南部地区的贫困发生率远远高于全国的平均水平，甚至高于东北部地区的平均水平。

一个更有力的数据说明，贫困发生率与家庭户主的受教育状况有很大关系。图8提供了2004年的相关数据。贫困发生率与受教育程度密切相关。对于户主未接受过正规教育的家庭来说，贫困发生率是全国平均水平的2倍，几乎达到了25%。受教育程度越高，贫困发生率越低。解决贫困问题的长远之计，并非只是临时拨款或贷款给贫困人口，尽管这些措施很受欢迎，应该解决贫困的根源问题。暂时的资金注入未必能可持续地提高贫困人口的生产能力。

对于一项审慎的扶贫计划而言，改善教育体系应该是显而易见的着眼点，尤其是针对农村人口。泰国90%的贫困人口分布在农村地区。农村地区教育落后，教学质量和入学率都非常低。最近一项由舍利腊萨南·郭曼（Sirilaksana Khoman）[7]做的调查研究显示，泰国教育体系非常薄弱，尤其对农村人口来说，实施教育领域的重大改革其意义举足轻重。然而遗憾的是，在他信政府的第一届任期内，教育改革被证明是举步维艰，最不成功的。教育部官僚体系庞大，权势根深蒂固，几乎不可撼动。显然，教育改革应是他信政府在第二个任期内的当务之急。

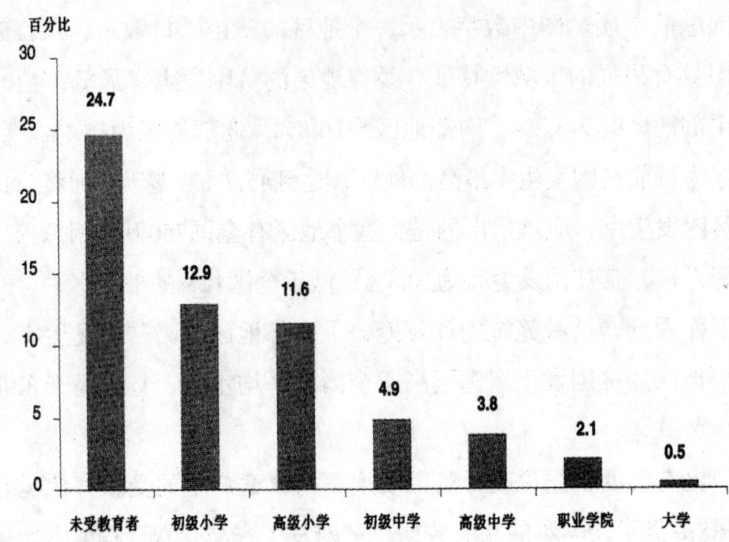


数据来源：作者计算的数据源自国家经济与社会发展委员会，网址：http://poverty.nesdb.go.th/poverty_new/doc/NESDB/ wanchat_20041 220041 907.ppt。

备　注：均为原始数据。

图8　泰国家庭户主受教育情况及其贫困发生率，2004年

## 南部暴动的经济根源

2004年，泰国南部政治暴动致使超过500名泰国人遇难，不仅包括许多平民，而且还有警察、士兵和政府公务人员。那拉提瓦（Narathiwat）、北大年（Pattani）、也拉（Yala）泰南三府是问题的核心所在，这里聚集有大量的穆斯林人口。当然，还有其他因素导致南部问题，而经济因素是其中之一。

表6显示的是2001年人均地区生产总值（GRP），包括泰国的主要地区

和南部地区14个府中的5个府。这五个府当中，其中三个是前面提到的有大量穆斯林人口的府。为了便于比较，其余两个府大为不同，分别是旅游大府普吉岛（Phuket）和宋卡府（Songkhla）。表6所采用的数据是2001年的相关数据，也是最新的府一级数据。尽管南部地区人均产出低于国内平均水平，但是与北部和东北部地区相比，南部地区并不算穷。这是许多泰国人都能意识到的地区差别。因此常听到这样的言论"南方并不穷啊"。但是这些广泛的区域性差别却遮盖了南部各府之间的悬殊。

这些数据表明，在那拉提瓦、北大年、也拉泰南穆斯林三府，人均产出远远低于南部其他府，也远远低于全国大多数地区。而且，这并不是一个新问题。与全国其他地区相比，泰南三府至少20多年来毫无生产力可言。更值得人们关注的是，表中所显示的泰南三府与全国其他地区之间的差距随着时间的推移在不断加大，特别是南部其余各府。表中第二列显示，泰南穆斯林三府的农业比重大于全国其他地区，也大于南部其他府。

**表6　泰国2001年人均地区生产总值（GRP）和农业比重，以及家庭人均收入**

**（泰铢/人、目前价格、农业比重的百分比）**

| | 2001年人均GDP | 2001年GDP中农业的比重 | 2002年家庭人均收入 |
|---|---|---|---|
| 曼谷大都会 | 239207 | 0.6 | 28239 |
| 中部地区 | 78588 | 10.7 | 14128 |
| 北部地区 | 40352 | 20.1 | 9530 |
| 东北部地区 | 27381 | 18.9 | 9279 |
| 南部地区 | 54176 | 33.9 | 12487 |
| 陶公府 | 31412 | 37.1 | 7603 |
| 北大年 | 47690 | 50.8 | 9703 |

续表6

| | 2001年人均GDP | 2001年GDP中农业的比重 | 2002年家庭人均收入 |
|---|---|---|---|
| 也拉 | 44160 | 28.5 | 10018 |
| 普吉岛 | 225060 | 10.5 | 26363 |
| 宋卡 | 62544 | 35.1 | 14192 |
| 泰国 | 81435 | 10.4 | 13736 |

数据来源：曼谷国家经济与社会发展委员会以及《泰国数字》（*Thailand in Figures*），第8版（Bangkok: Alpha Research Co., Ltd., 2005）。

表中第三列的人均家庭收入数据更进一步证实了这一结论。泰南穆斯林三府确实很穷，因为即使按照东北地区的标准，这三个府也被广泛认为是泰国最穷的。

表7将泰南穆斯林三府的失业率与全国其他地区进行比较，所采用的数据来自于《劳动力调查》（*the Labour Force Survey*）。在2004年，泰南三府的失业率高于全国其他地区。但是1996年的情况并非如此。近年来，这三个府在经济方面的落后更加明显，至少相对于其他领域而言。

最后，表8使用《社会经济调查》数据对穆斯林三府和全国其他地区进行比较。在1990年和2000年，这三个府的贫困发生率高于全国其他主要地区，甚至高于东北部地区。这个差距再次随着时间的推移而加大。尽管在这十年里，穆斯林三府的贫困发生率已经显著下降（从46%下降到21%），但其下降的速度低于泰国其他地区，甚至低于南方其他府。

**表7　泰国地区失业率，1996—2004年**

| | 失业率（%） | |
|---|---|---|
| | 1996年 | 2004年 |
| 曼谷大都市 | 1.11 | 1.50 |

续表7

| | 失业率（%） | |
|---|---|---|
| | 1996年 | 2004年 |
| 中部地区 | 0.97 | 1.59 |
| 北部地区 | 1.67 | 2.23 |
| 东北部地区 | 2.11 | 2.27 |
| 南部地区 | 1.06 | 2.03 |
| 穆斯林三府 | 1.26 | 2.72 |
| 普吉和宋卡 | 0.74 | 2.04 |
| 其他地区 | 1.68 | 1.43 |
| 泰国 | 1.10 | 1.50 |

数据来源： 作者的计算源自曼谷国家统计局，1996年和2004年的《劳动力调查》。

备　注： “穆斯林三府”指那拉提瓦、北大年、也拉三府的人口加权均值。“普吉和宋卡”指另外另个府的人口加权均值。“其他地区”指南部地区其余九个府的人口加权均值。

表8　泰国1990年和2000年，不同地方的贫困发生率

| | 1990年 | | | 2000年 | | |
|---|---|---|---|---|---|---|
| | 人口比重 | 贫困发生率 | 贫穷比重 | 人口比重 | 贫困发生率 | 贫穷比重 |
| 曼谷大都市 | 10.13 | 2.41 | 0.83 | 6.66 | 0.18 | 0.15 |
| 中部地区 | 17.18 | 22.52 | 13.21 | 26.71 | 3.54 | 11.49 |
| 北部地区 | 20.22 | 24.67 | 17.03 | 22.49 | 6.92 | 18.91 |
| 东北部地区 | 35.82 | 44.47 | 54.39 | 27.18 | 16.46 | 54.37 |
| 南方地区 | 13.78 | 30.03 | 14.13 | 16.96 | 7.31 | 15.08 |
| 穆斯林三府 | 2.99 | 45.78 | 4.67 | 3.39 | 21.07 | 8.69 |
| 普吉和宋卡 | 2.36 | 16.85 | 1.36 | 0.04 | 1.28 | 0.49 |

续表8

| | 1990年 | | | 2000年 | | |
|---|---|---|---|---|---|---|
| | 人口比重 | 贫困发生率 | 贫穷比重 | 人口比重 | 贫困发生率 | 贫穷比重 |
| 其他地区 | 8.44 | 28.14 | 8.11 | 0.84 | 4.65 | 5.89 |
| 泰国 | 100.00 | 29.29 | 100.00 | 100.00 | 8.23 | 100.00 |

数据来源：作者的数据计算来自于1990年和2000年社会经济调查国家统计局的1990年和2000年《社会经济调查》。

备　注：对“穆斯林三府”、“普吉和宋卡”以及“其他地区”的定义参见表7。“人口比重”指一个区域的人口（府或地区）占国家总人口的百分比。“贫困发生率”指一个区域的贫困人口占总人口的百分比，也就是说其家庭实际人均收入长期处于贫困线以下。“贫穷比重”指某区域的贫穷人口与全国贫困人口总数量之比。

以上数据表明，与大众的普遍想法相反，经济因素确实导致了那拉提瓦、北大年和也拉泰南三府的不满情绪。经济因素并不是刺激冲突的唯一问题，但它确实起到了推波助澜的效果。这三个府的特征是：低生产力、低收入、高失业率和高贫困发生率。因为整个南部地区并不贫穷，但是南部其他地区的相对富裕却掩盖泰南三府的贫困特征。泰南三府的经济落后尚未得到充分的认识，其与南部其他地区的经济差距一直还在拉大。解决该地区政治与安全问题的长期方案不能单单依靠“说教”。该地区的经济落后状况必须得到解决。

特别值得关注的是，他信在2005年2月大选后宣布了一套村庄分级体系，将泰南三府的村庄分为三类：那些不配合政府安全措施的村庄被归为“红色”，那些合作不够充分的村庄被归为“黄色”，那些愿意配合的村庄被归为“绿色”。对于红色区域的人来说，政府将拒绝给予部分甚至所有的开发资金，也不免除他们的税收[8]。对于黄色区域，会部分削减其开发资金；绿色区域则不会有任何损失。观察人士指出，这种集体惩罚式的政策只会加大相关领域的经济悬殊，势必更加强化当地人在泰国社会中的被排斥感，而这正是许多泰国穆斯林，特别是那些泰南穆斯林感受深切的。

## 海啸的经济损失

泰国国家经济与社会发展委员会对海啸造成的经济影响进行评估[9]。根据分析，经济净效应实际上是积极的，相当于105亿泰铢或占GDP的0.15%。得出这个结论是通过把海啸的净效应分为两个部分：负效应和正效应。它们分别占GDP的0.48%和0.63%。负效应是指因资产和自然资源而导致的经济价值损失，“特别是在2005年初，海啸所导致的旅游收入的减少”，以及原本就业人口因失业所导致的产出损失。与此相反，评论指出有关正效应的评价是基于事实“2005年，受灾府的恢复将会增加经济活动”。据说这种假设的积极影响由三个部分构成：私人部门投资重建企业；因更换家庭受损资产的私人开销；政府的重建支出，包括政府的救济基金。

不幸的是，所谓的“正”效应的推理是错误的。其中隐含的假设是用于重建的资源不是事先不用的。也就是说，由这些支出产生的收入被假定为原本不存在。事实上，现在那些被用来修复资产损失和因海啸受灾的私人和公共基金不是从一无所有创建出的，而是必须从其他支出中转移而来，但这些支出现在并没有产生。因此，这些不是新建立的支出，也没产生新的收入，仅仅只是支出搬了家而已。这就正如某家庭原本用来买其他商品或服务的钱现在必须用来修建房子，或者原本打算借给别人的资金现在用来借给房屋受损的家庭。所谓的“正”效应是虚幻的[10]。的确，如果它是有效的，从字面上来讲，资产损失是经济增长的源泉。

所谓预计“正”效应超过预计“负”效应的事实意味着置换受损资产

的支出（所谓的“积极”的影响）将超过国家经济与社会发展委员会所估计的该资产的经济价值（消极影响）。这大概以为这资产在重建的过程中将要升级。但任何这样的升级都和海啸的经济成本没有关系。后者大致对应于国家经济与社会发展委员会分析所提出的“负面”效应。尽管在整个分析过程中存在瑕疵，但国家经济与社会发展委员会对负面效应的大小的计算还是很有意义，很有趣。

预计负面影响包括以下成分。第一，旅游业收入的损失。就国际游客而言，估计在2005年第一季度下降40%，在第二季度下降30%。收入的损失将是340亿泰铢，占GDP的0.42%。国内旅游业的减少和私人消费的损失相当于42亿泰铢，占GDP的0.06%。

企业的损失估计还有356亿泰铢，占GDP的0.51%。大多数损失发生在攀乐湾府（Phang Nga）。国家经济与社会发展委员会分析称，整体评估并未将这些数字计算在内。因为“受损物业资产是不计算在GDP中的，因为资产已经投资了”。这一理由也是无效的。确实资产损失不计入GDP。例如，资产的折旧通常发生在生产过程中，但是GDP（国内生产总值）不支持经常发生的这种资产损失。这被广泛理解为GDP的缺陷之一，尽管GDP是被作为真正经济产出的衡量标准。因此许多分析家倾向于使用NDP（国内净产值）作为衡量真正产出的标准，因为它支持资产的折旧和其他来源的资产损失。

GDP对某些因素的忽略并不意味着这些因素不是经济成本的真实成分。很明显企业受损也算成本，因为它减少了未来的生产能力。本来可能用于其他方面的投资，现在却不能了，因为现在把资金用于受损企业了。资产损失显然应该统计在海啸对经济影响的总体评估当中。

从其表面价值来看，根据国家经济与社会发展委员会提供的保守数据，估计海啸对经济的总体影响几乎相当于GDP的1%。从国家层面来说，这看起来似乎不多。但是这个损失却集中于南部地区，而南部地区总体来说，却占不到国民生产总值的9%。因此保守估计，海啸在南部地区造成的损失相当于该地区11%的地区生产总值。这大约相当于1997至1998年亚洲金融危机时国家层面GDP的收缩规模。因此就南部地区而言，海啸是等同经济危机的一次重大事件。对于普吉岛和攀牙湾的人们而言，其影响更甚。

## 结 论

从经济方面来看，泰国已经成功地摆脱了危机，尽管遇到意想不到的挫折，比如农村干旱、亚洲禽流感、“非典”（SARS），以及南部政治暴动，特别是最近的2004年12月26日大海啸。他信·西那瓦政府的确做了大量恢复经济信心的工作，同时也赢得了2005年2月的大选胜利。如果长期性的改革得到充分重视，经济发展的远期前景也势必颇为乐观。该国陈旧的教育体系改革应该首当其冲，增进国内经济竞争则应位居其二。鉴于他信政府在第二届任期内拥有议会大多数席位以及总理本人的超高人气指数，他信领导的泰爱泰党政府拥有得天独厚的机会解决改革的基本问题。当然这一切还有待于观察，看其是否会把握好这个机会。

[原文“Thailand’s Paradoxical Recovery”载于《东南亚事务》（*Southeast Asian Affairs*）2005年，第385—404页]

## 注释：

1 在2001年的选举中，泰爱泰党赢得将近一半的席位，并且仅仅通过吸收小党派掌控了议会多数席位。

2 2005年2月1日，普吉岛海啸地震和海啸救援中心（the Phuket-based Tsunami Earthquake and Tsunami Relief Centre）网站说，经确认的死亡人数，也就是说已找

到尸体的有5 395人，其中1 899人为泰国人，1 953人为外国人。剩余的1 531具尸体身份尚未确认。

3 有关这部分更充分的讨论见 Peter Warr, "Boom, Bust and Beyond", in *Thailand Beyond the Crisis*, edited by Peter Warr (London: Routledge, 2005), pp. 1-65。

4 这些数据来自于Roong Poshyananda Mallikamas, Yunyong Thaicharoen and Daungporn Rodpengsangkaha, "Investment Cycles, Economic Recovery and Monetary Policy", Monetary Policy Group, Bank of Thailand, August 2003. Available at: <http://www.bot.or.th/bothomepage/index/index_e.asp>。

5 引自 the *Economist*, 5 February 2005, p. 23。

6 如表4所示,1988年到2002年期间与不平等现象的加剧相符合。鉴于此,所报道的2002年和2004年基尼系数的（小）下降难以和表5所提供的证据相符合。表5所提供的证据显示减贫的增长动力在后期明显低得多。

7 Sirilaksana Khoman, "Education: The Key to Long-term Recovery", in *Thailand Beyond the Crisis*, op. cit., pp. 251-84.

8 一些报告表明那拉提瓦府（Narathirawat province）三分之二的村庄可能落入"红"的类别。

9 该文件出自亚洲开发银行（the Asian Development Bank）网站: http://aric.adb.Org/asiantsunami/tsunamiimpactassessment.asp#Thailand，并链接到国家经济与社会发展计划报告（the NESDB report）: "Assessment of the Tsunami impact on the Thai Economy in 2005", National Economic and Social Development Board—Thailand, 18 January 2005。

10 这里提出的观点忽略了本应该储蓄而实则已经被支出的基金。消费收入而不是储蓄收入比例的增加是可能的，引起收入净的暂时性增长。但这种短期效应会比较小，并且至少会在将来部分抵消储蓄收入的增加。

# 泰国2005年

Thailand 2005

# 泰国他信政府的独立机构：无情的僵局与不确定性

【新加坡】Alex M. Mutebi①著　　郭粒粒　杜洁　译

过去，军事干预常常导致泰国政府频繁更迭，而这似乎已成为泰国政治的主旋律。相较以往，如今的泰国政治体制更加稳固和透明。最近一次的政变发生在1991年，1992年5月事件紧随其后，治安警察在曼谷街头冲突对抗中导致至少50名手无寸铁的平民死亡。这起事件震动了泰国政坛，并促使泰王国的民主状况得以显著改善。从那时起，不仅军队不再干预政府运行，并且还成功举行了五次选举，完成了政府的和平过渡。此外，泰国的政党制度也在日渐稳固。2001年1月，他信·西那瓦的泰爱泰党（TRT—Thai Rak Thai party）几乎以绝对多数票赢得了新宪法体制下的第一次大选，随后它又吸纳了其他一些派别和政党到其阵营中来。

2005年2月大选期间，泰爱泰党打败了其他四个政党，建立了第一个拥有广泛选民基础的一党政府。2005年选举是泰国民主的一个分水岭，泰爱泰党的胜利确保了总理在不需要其他联盟伙伴的情况下对议会和其他重要国家机构独揽大权。这似乎让总理对于民主协商的不屑得以合法化[1]。无论人们把他的政权定义为“半独裁主义（semi-authoritarian）”、“软独裁主义（soft-authoritarian）”、“削弱的民主（diminished democracy）”，或是“委任民主制（delegated democracy）”，毫无疑问的是，相较之前一任

① Alex M. Mutebi是新加坡国立大学李光耀公共政策学院（the Lee Kuan Yew School of Public Policy, National University of Singapore）助理教授。

政府，他信政府表现出了更强烈的独裁主义倾向。在他信任期里，经常有妨碍泰国民主机构的行为发生，多到他的政府被批判为几乎达不到真正民主的最低标准[2]。列维茨基（Levitsky）和威（Way）提出的“竞争性威权主义（competitive authoritarianism）”一词，用于形容他信式的政权再恰当不过[3]。在这一模式的政权领导下，现任政府常常严重违背民主原则，以不公平的手段对付反对党。现任政府滥用国家资源更是司空见惯，给反对党找麻烦，拒绝承认其媒体报道，并监视、威胁、骚扰、甚至逮捕政府批评人士[4]。

本文探讨了他信对国家政治机构实行霸权性控制而给泰国民主所造成的严重后果：总理的同盟者们涉嫌操纵独立监察机构。文章以四个泰国立法和司法中里程碑式的重要机构为例——由于它们在强势政府面前更加势单力薄，不时成为反对党攻击的焦点。尽管他信的泰爱泰党占据了下议院的大多数席位，反对党与进步势力仍然利用一些机构作为进行民主争论的舞台，尤其是在上议院。一些司法部门的法官们也同样利用其司法独立权与不受行政控制的部分权限，阻挠总理与其同党的行动。

## 对《1997年宪法》独立机构寄予厚望

1997年1月选出的有非党派人士广泛参加的议会对国家宪法重新进行了修订，并于当年10月开始实施[5]。宪法共33条，包括西方宪法中可见的一些标准条款，甚至某些部分条款更多。宪法还重新调整了许多公共和非公共部门，如立法机关、选举制度、司法机关、内阁、政府机构等。

新宪法的一项重大改革便是成立了一批独立机构，以达到政治体制中的相互制衡。其中最引人注目的是旨在平衡和控制行政权力的机构（包括宪法法院（Constitutional Court），行政法院（Administrative Courts），国家人权委员会（National Committee on Human Rights），国家审计总署（State

Audit Commission），督察专员（Ombudsman），以及其他一些旨在平衡和控制政治权力的机构（包括国家选举委员会（EC—Election Commission），国家反腐败委员会（NCCC—National Counter Corruption Commission）。在这些新成立的独立机构中，后两个最具争议，即选举委员会和反腐败委员会。理论上政府不能干预它们的工作。这些机构的成员任命避免了政治干预，并且他们能够行使非选举官员很少能享有的权利[6]。

选举委员会的主要作用是组织选举与规范政党，肩负杜绝贿选的责任。除此以外，选举委员会还负责调查所有涉嫌选举欺诈的行为和纠纷。如果法官裁定选举涉嫌欺诈，委员会有权下令任何或者所有的投票站举行新的选举或者进行公投。委员会也有权下令进行重新选举，取缔贿选者再次参选的资格，解散不遵守规则的政党。选举委员会的裁决将不得上诉[7]。

进入选举委员会的政客，与大部分高级官员一样，每年有责任向国家反腐败委员会汇报其资产和负债情况。委员会有权调查并做出政府官员是否“异常富有”的结论，查证其贪污腐败，或虚报少报个人资产的问题[8]。经宪法法院批准，委员会将判决违反者最高5年不得从政。

国家审计总署由独立、公正的审计署长领导，其职能是审查国家开支是否存在滥用资金的现象。它更具体的职责包括审计每个财政年度的所有公共开支和发票，审计国家的货币储备账户，审查与税收相关的费用以及审计机关的其他收入。在履行审计总署职责的同时，审计署长享有相应的搜查权和扣押权[9]。

就宪法法院而言，其职能是监督和决定新宪法下的所有的法律条文、法令、条例和法案[10]。按照新宪法规定，还新成立一个机构——行政法院［包括两个下级法院：最高行政法院（Supreme Administrative Court）和中央行政法院（Central Administrative Court）］——以处理政府部门之间或政府官员与私人组织、普通公民之间以及政府部门和官员之间的案子[11]。

新宪法还成立了督察专员办公室（Ombudsman’s Office），负责监管政府官员违反法律，超越岗位权限，或未履行自身职责等案子——此类违法违纪行为将可能被送至宪法法院或行政法院，等待进一步的处理[12]。建立国家人权委员会旨在保障人权，主要通过审查指控并向国会报告审查结果[13]。

除此以外，宪法还批准新建了两个独立机构——国家广播事务管理局（NBA—National Broadcasting Authority）和国家电信委员会（NTC—National Telecommunications Authority），分别负责规范媒体和电信部门[14]。成立这些机构旨在削弱少数小单位和私人老板对媒体、广播和电信的控制[15]。

他信在任期间，大部分监察机构都陷入了无休止的领导权和执行权间的斗争，这很大程度上是由于立法、司法和行政等各方在任命委员的资格与合法程序上存在着分歧。尽管总理对于监察机构人员任命的争论试图置身事外，但仍有评论认为他任人唯亲，干预政治，尤其是在下议院。

## 新建的四个独立机构：在他信领导下前景堪忧

本文无法全面讨论他信任期内独立机构受到削弱的问题，仅试图对批评者们指出的四面楚歌的这四个机构，分析它们的主要问题是任人唯亲、行政操纵、政治干预甚至政府要员直接插手。

### 国家审计总署

近年来或许没有其他政治斗争像“扎鲁万事件”这样，这次事件引发了包括官僚机构和民间社团在内的进步力量纷纷抵制政府内外强大的既得利益集团。“扎鲁万事件”不仅说明既得利益集团努力协调的结果是将如扎鲁万·迈达贾（Jaruvan Maintaka）坤英（Khunying，意为“女士”）这样诚实守纪的官员从政府高位上拉下马，同时也暴露出泰国政府重要机构公正性的缺失[16]。扎鲁万顽强地挑战政客圈子中的重量级人物、人脉通达的公务员和商界既得利益者。这些人大多与他信关系密切，他信也曾想方设法拖延对她的任命——进而影响到整个国家审计总署的全面职能——超过四年之久。

整个事件起于2001年7月国家审计总署署长班亚·坦迪亚瓦荣（Panya Tantiyavarong）提交给下议院的三个审计长候选名单。扎鲁万是其中最被看好的候选人，之后也得到了皇室的认可。人人都认为扎鲁万是一个能力过人、受人尊敬的反腐官员。她曾经查过一些政治交易的重大黑幕，其中还涉及一些重量级政治人物[17]。

大约两年之后，即2003年6月，参议员素拉蓬·白努（Surapong Painual）和宪法法院意外地提出了一份质疑扎鲁万任命手续合宪性的请愿书。一年之后，法院做出了颇具争议的裁决，认为扎鲁万的任命程序违宪。法院认为泰国宪法仅允许国家审计总署提名获得了最多票数的候选人，而不是同时提名三个人，扎鲁万即是如此被提名。国家审计总署在第二天便暂停了扎鲁万的工资，隔天又任命一名审计署副署长代理署长职务。然而，扎鲁万发誓要坚守岗位，这一点着实让人意外。她认为自己是由皇室依法任命的，因此也只能由皇室下令罢免——由此引发了近年来最棘手的政治争斗。国家审计总署在2004年10月提名前财政部常务副次长维素·摩迪瓦（Visut Montriwat）为新任审计署署长，正面回应了扎鲁万的抗议。6个月之后，2005年5月10日就提名维素·摩迪瓦进行投票，107名参议员投票赞成。国家审计总署随后在其网站上发布公告，宣布扎鲁万不再担任泰国审计总署署长，援引宪法法院关于其任命违宪的判决[18]。

几个月之后，下议院议长素春·查理格鲁（Suchon Chaleekrua）透露，事实上他早在6月就偷偷向皇室递交了对维素的提名。权力掮客沙龙·天通（Snoh Thientong）汪南耶派系（Wang Nam Yen）旗下大约60名执政党议员对素春的这一举动提起了抗议，但在总理发出严厉警告后，他们立即撤回联名签署的请愿书。即便如此，总理的警告显然没能阻止前内阁成员。

汪南耶派系议员布拉姆·卢亚纳色里（Pramuan Rujanaseri）对此心怀不满，编写了一本在当地颇受欢迎的畅销书，书名为《皇权》（*Phra Ratcha-amnat*），内容涉及在宪法与历史视阈中的国王的权力。写这本书是为了让政府难堪，因为皇室迟迟没有对扎鲁万提名一事做出表态。由于书中质疑总理对皇室忠诚性的内容让总理感到十分难堪，因而部分泰爱泰党成员试图将这位反叛的议员驱逐出党[19]。

人们认为这次事件仅仅对于他信政府亲近的既得利益群体有利。为了平息各种说法，他信被迫打破沉默，对“扎鲁万事件”发表意见。他强调自己忠诚于泰国王室，委婉地否认了政府对此次事件的干预。

> 我们的政府效劳于国王陛下。我们超过100%地效忠于陛下。我们所做的每一件事都是为了让陛下龙颜大悦。……我毕业于预备学院和警察学院……一路走来，培养了我对国家和君主高度的忠诚。[20]

这是所有的应对中最聪明的一着——尽管有人会嗤之以鼻——此举正好牵制了那些批评总理的声音，至少在一段时间内。但是维素出人意料地请求撤回对其的任命，再次把政局搅得更浑[21]。6天之后，盖萨·阿提波迪（Kaewsan Atibhodi）带着22名参议员提出紧急动议，要求参议院将扎鲁万官复原职，为她重回审计总署署长职位铺路[22]。

最终，国王的首席私人秘书与国家审计总署进行了沟通，传达国王对该事件的意见，并达成一致意见，国家审计总署将恢复扎鲁万的职务[23]。国家审计总署最终做出根本性让步，一致同意国王对扎鲁万的任命仍然有效，并且也没有任何理由可以让扎鲁万下台。事实上，国家审计总署不仅被迫放弃物色新的审计总署署长人选，并且因涉嫌向扎鲁万和下议院议长素春透露这一决议而受到指控，正在考虑对扎鲁万进行补偿[24]。

## 国家反腐败委员会

与国家审计总署非常相似，在他信执政期间，国家反腐败委员会的工作也未能幸免，由于种种原因被一再拖延，不能顺利地开门营业，执行公务。造成一再拖延的原因是所谓的政治干预以及政府各机构普遍的任人唯亲，最终国家反腐败委员会委员在选举过程中问题严重。幕后操纵和意见分歧主要集中在下议院的选拔与审核过程中。下议院中的进步力量常常利用法律赋予他们的民主空间，以阻挠他信的亲信和朋友在委员会任职。

可以肯定的是，因为对涉嫌腐败案件的秉公处理，格拉纳荣·占迪（Klanarong Chantik）领导下的首届国家反腐败委员会赢得了广泛的赞誉与公众的信任。2001年1月，委员会关于他信瞒报资产案的判决最让人记忆犹新[25]。但是在2005年5月，国家反腐败委员会做出了一次历史性的裁决，认定所有委员均涉嫌滥用职权。此后，国家反腐败委员会的工作就全面陷入瘫痪。这最终导致委员们的辞职——鉴于这些委员们被认为是泰国反腐斗争的领军人物，情况的进展愈发令人感到讽刺[26]。

几个月前，203名参议员和议员指控国家反腐败委员会的委员们擅自给自己大幅加薪，审判庭掌握了国家反腐败委员会委员不法行为的证据[27]。审判庭因此暂停了委员们的工作，并责成检察官提起诉讼。根据审判庭的裁决，检察官根据泰国刑法第157条提起诉讼。2004年3月，国家反腐败委员会主席乌提猜·舍利拉他戊（Wutichai Srirattanawuth）将军和其他八位委员以腐败和滥用职权的罪名被最高法院传唤。他们随后被停职并且都被判处两年监禁，缓期执行——该裁决迫使他们立即辞职。

乌提猜将军领导的委员会意外夭折有以下几个重要原因。首先，国家反腐败委员会委员们的判决对宪法法院、议会监察专员办公室（Office of Parliamentary Ombudsman），以及选举委员会等其他监察机构成员们来讲——实际上包括所有此前给自己加薪的人，都是一个恶兆[28]。立法者以国家反腐败委员会为先例，呼吁其他机构中的委员选择辞职，否则就站上法庭被告席。其次，颇为有趣的是，这些事情都正好发生在反对党准备对丑闻缠身的他信政府发难之时。实际上，国家反腐败委员会还有大约7 000个尚未判决的腐败案件，包括20件涉及教育部长阿滴塞·普塔拉米（Adisai Bodharamik）和前内政部长汪姆哈玛·诺玛塔（Wan Muhamad Noor Matha）等政府要员的案件。其他重大案件还包括空丹（Klong Tan）污水处理厂丑闻，以及铤而走险的入学考试泄题案。国家反腐败委员会的组建被一再拖延，这意味着其中部分案件最终将会因为国家法定的时效而不了了之（事实也的确如此）。此外，《1997年宪法》规定任何涉及贪污的不信任案都必须同时提出弹劾议案——而这必须通过上议院和国家反腐败委员会——各种政治力量之间的民主论争正是在这两大机构内外得以展开[29]。

总理对此鲜有发言，这一点着实出人意料，并且引发了接连数月的争论。政府决定改变宪法规定的国家反腐败委员会构成方式，此举引发争议。根据这个决定，立法选拔小组将从80名提名申请人中新选出18名候选人，供上议院200位议员定夺。名单中的大多数候选人都与政府高官及其家人关系密切，甚至是总理[30]。这些候选人中有五位极有可能成为国家反腐败委员会委员，因为他们与执政党泰爱泰党的高层人物过从甚密[31]。

2005年11月1日，经过几小时的激烈辩论，部分参议员退席抗议。果不其然，上议院选出了9名与政府高官关系密切的候选人[32]。经过第一轮投票，7名候选人赢得了上议院的多数票[33]。在第二轮投票后，国家情报局（the National Intelligence Agency）副局长索姆波特·甘扎那伯（Sompote Kanchanaporn）和总理副秘书诺·纳拉荣［Naengnoi na Ranong，他是总理夫人柏扎嫚（Pojaman）助手的亲戚］赢得了最高票。

## 广播和电信委员会

1997年11月，泰国政府采纳了国家电信委员会（NTC—the National Telecommunicaitons Commission）的总体规划，为建立独立公正的监察机构提供了指导方针。但始料未及的是，如此亟须成立的委员会大概一直拖了9年才得以成立[34]。2000年1月，政府颁布了涉及频率、电波分配额、广播监督、电视和电信企业等相关法案（《频率法》），这为国家电信委员会及其姊妹机构——国家广播委员会（NBC—the National Broadcasting Commission）的成立铺平了道路。这两个机构旨在监管和规范电信与广播业务。宪法赋予了国家广播委员会保证和监督无线电波在相关各方之间得到平均分配的权力。国家广播委员会负责起草广播法，以更好地推进制定国家广播媒体规划、分配频率、颁发许可证等各项工作。国家电信委员会则负责调控许可证的颁发、频谱管理和监督电信部门。因此，国家电信委员会要处理如互联、竞争、资费调整和完善标准等一系列棘手的问题。

一时间，电信和广播部门的各项体制改革似乎都走上正轨；但是，1997年经济低迷，加之维护“草根阶层”利益的他信泰爱泰党在选举中取得压倒性胜利，致使此类改革的进程被无限期推迟，包括国家电信委员会和国家广播委员会的成立。选拔方式缺乏透明度，又一次为部分政府机构和重要政治人物提供了可乘之机，从而操纵（甚至决定）电信和广播部门的政策走向。这促使一些国内外的进步力量对重要政治人物的利益发起挑战——这部分解释了两个委员会推迟成立的原因。

国家电信委员会委员的选拔始于2000年8月，70名来自泰国社会各界的人士提交了国家电信委员会成员的报名申请。这是一个很好的例子。由总理委任的选拔小组将选拔14名申请人，上议院最终从中选出的7人将负责国家电信委员会的运行。一位落选的候选人，卜拉姆·苏达布达（Pramut Sutrabutra）指控国家电信委员会委员的选拔过程有失公正，而行政法院于

2002年1月认可了他的指控，国家电信委员会委员的选拔工作被迫停止[35]。2003年12月，新一轮的国家电信委员会委员选拔工作重新启动。总理办公室再次提名14位候选人，由上议院从中选出7人。这次国家电信委员会委员选拔工作（同国家广播委员会一道）也同样半途而废[36]。

长期以来，他信政府一直受到操纵国家广播委员会委员选拔的质疑。众所周知，部分独立机构候选人是政府的同情者和支持者——这些均是他信的批评者认定为政府操纵选拔的证据[37]。选拔委员会由17名委员构成。2003年1月，其中8名委员受命物色国家电信委员会委员候选人，以补齐由于辞职造成的职务空缺，其他代表民间团体的委员则致力于与他信扶助大企业的阴谋相抗争[38]。

可以确定的是，推迟成立这两个独立机构只是拖延媒体和电信部门系列重大体制改革的开始。这样的拖延让政府可以不必立即着手去解决此类盈利部门中的争议性问题。这样的延迟也意味着，由前总理川·立派（Chuan Leepkai）政府推出的转换电信特许权计划进展十分缓慢。批评者认为，此举旨在让私人电信公司从中受益，而让泰国电话组织（TOT—Telephone Organization of Thailand）①和泰国通信管理局（CAT—Communications Authority of Thailand）等国有电信机构蒙受巨大损失[39]。进程的搁置导致政府打算推迟原先的两项计划，即泰国电话组织和泰国通信管理局分别在2002年4月和6月的上市计划[40]。此外，幕后纷争也导致了《电信业务法案》（the Telecommunications Business Operations Bill）的停滞，制定这项法案原本是为了规范和约束国家电信委员会的权力。这项法案很有争议，它将废止1934年通过的《电报与电话法案》，并废除泰国邮政和电话部的市场垄断权（这项权力将转给泰国通信管理局和泰国电话组织），

① 译者注：泰国电话组织（TOT—Telephone Organization of Thailand）是泰国最大的国有电信运营商，于2002年重组成为TOT公共有限公司（TOT Public Company Limited）。

以及规范私人经营执照的发放。最后，这项法案却在递呈上议院考虑的漫长等待中日渐凋零。

成立后的国家电信委员会还负责处理《电信法》中一条具有争议但又十分重要的条例，这项条例规定了外国资本持本土电信公司25%的股份上限。可以预见，大型的本土电信公司并不赞成这一条例，许多此类企业的外资股份已经超过了这个上限。在他信总理的第一个任期中，泰国内阁原则上批准了此项法案的修正案，但在实施方面却毫无进展。2004年9月初，差·布隆卜拉舍（Chuchart Promprasit）将军最终被选为国家电信委员会第一任主席，但是关键时机已然错失，却让那些既得利益集团从拖延当中获益。众所周知，真正从国家电信委员会陷入僵局以及相应的行业自由化的缓慢推进中获益最多的公司，当属新集团（Shin Corporation）下的手机旗舰公司——高级信息服务公司（AIS—Advanced Info Service）。新集团由他信总理一手创办，直到2006年初都一直由其家族掌控。电信行业自由化进程越缓慢，高级信息服务公司这样的电信巨头就能更长久地利用其特许权保持相对其竞争对手的优势[41]。

在国家广播委员会人事方面的拖延以及相应产生的政策真空也为部分广播业的既得利益集团创造了可乘之机，利用国有媒体大赚一笔。根据媒体自由化方案，国家广播委员会负责监督社区电台的频率分配，以促进地方服务。但是一批所谓的“社区”电台却在没有向国家缴纳特许权费用的前提下从事商业操作，尤其是在总理的故乡——清迈地区[42]。但这些电台并未受到政府的任何管束，这只能说明有一个强大紧密的利益链在操控这些电台。毕竟所有的地面电视服务仍掌握在政府部门、军队或者有着政治背景的富商利益集团手中。

从2004年6月起，泰国广播业一直由总理办公室下设的泰国公共关系部（PRD—Public Relations Department），以及泰国大众传播机构（MCOT—Mass Communication Organization of Thailand）把持，直至最近它们推出的三项计划遭到民主人士、新闻自由和消费者保护运动倡导者的强烈反对。有评论称，政府急于推出这些计划，其目的是想让既得利益群体可以利用国家广播委员会尚未完全运行前的政策真空[43]。其中第一项计划是要将泰国大众传播机构私有化，尽管这有违宪法第40条中所规定的成立国家广播委员会以规范和分配广播频率。泰国大众传播机构最终被私有化，并且在泰国证券交易所（SET—Securities Exchange of Thailand）上市交易。第二项计划是将一些泰国公共关系部控制下的几个卫星频道授予有政府背景的公司，这同样也是赶在国家广播委员会成立并分配调节公共广播之前。第三个计划是让由军队控制的第5频道（Channel 5）控股的一家公司上市。这家名为RTA的娱乐图片技术公司（RTA Entertainment PIc）属于第五频道、富商集团以及军官集团所有。时任陆军总司令、总理的堂兄猜亚色·西那瓦（Chaisit Shinawatra）上将提出了这项倡议，其中包括在泰国证券交易所上市前调整RTA公司的资产负债表，并将其债务转给第五频道——第五频道本身是一个准国有企业，属于公共财产，并且让RTA娱乐持有所有电视台服务销售业务的收入[44]。由于遭到激进分子、公共部门和议会反对派的强烈抗议，总理被迫出面干预并暂停了这项计划。然而，他也通过成立专门的调查委员会来拖延时间，并未对这位明显违宪的军官做出任何惩罚。第四项计划颇具争议，最终遭遇失败，是关于成立6个新的卫星电视频道。这导致了继泰国公共关系部此前成立两个频道事件之后的又一次政治风暴[45]。

国家广播委员会委员名单于2005年最终敲定，但随后行政法院命令取消该次选举结果，理由是选举小组中的一名委员没有资格。广播业的这场混乱引发人们思考，总理行使正义、遵循法纪和遵守宪法精神的意愿到底怎样[46]。显而易见，一些机构在这个拖延过程中渔翁得利：电视频道可以通过卫星技术将其频率划分成更多的频道；11频道（Channel 11）按照自身的利益解读过时的法律法规；购买电视台股份的投资人在泰国证券交易所上市；经纪人和节目制作人与政界有着千丝万缕的关系；而由总理家族操控

的泰国泰科大众有限公司（Thaicom Satellite）将其卫星转发器出租给了电视频道。另一方面，因为拖延过程而蒙受损失的包括独立电视和广播节目制作人，其中有的失去了许可证，有的未能成功竞标获得新的许可证——这明显是为了防止国家广播委员会可能以他们不能把控好自己的节目为由实施接管。蒙受损失的还有对国家电视台拥有集体所有权的泰国纳税人，合法但却没有政府背景的经纪人和节目制作人，在WTO规定下的全面开放市场中准备不足的地方媒体产业，以及因为传媒行业呈现两极化以及腐败的长期放任而蒙上阴霾的国家声誉[47]。

## 宪法制衡向何处去？

泰国《1997年宪法》汇聚了泰国政坛各股改革力量的渴望[48]。一方面，自由激进分子不仅通过寻求立法来适应泰国社会的快速变迁，并且还彻底革新了泰国从前对人民不负责任的独裁统治。另一方面，开明的保守派对腐败的政客、频繁的军事政变以及政策的不连贯而感到失望，而经济治理方面的精英则希望建立更稳定的政府，更多地制衡政客的行为。

《1997年宪法》最终成为一份综合反映各方愿望的文件。宪法旨在建立政府权力的制衡体系，实施分权治理以更好地授权于民，并鼓励人们更广泛地参与政治过程。它明确表达了对当权者的不信任，同时决定分散其权力，并密切监察其权力运行。宪法特别涉及政治、社会和经济领域的重大改革，试图以此粉碎势力强大、背景深厚的特殊利益集团，并给予非特权和贫困阶层更多的话语权，还建立了人人平等的系列制度法规。为了增强泰国重要部门的诚信度与透明度以及权力限制，尤其是政府机构，新宪法建立了一系列权力分散并相对独立的机构，并赋予其不同的责任领域。宪法还包括了《权利宪章》（Charter of Rights）、《弹劾条款》（Provisions for Impeachment）、《信息自由法案》（Freedom of Information Act），以及国家主导的广播、电信、电子媒体领域的市场化计划。

事实上，新宪法为泰爱泰党政府颠覆宪法起草者们的初衷铺平了道路。宪法为了制衡政府和反对党的权力，让各个党派提名候选人。泰爱泰党政府实际上却利用其多数的优势来压制反对派民主党的影响力。因此在泰爱泰党的领导下，一些用来制衡政府权力的所谓的重要独立机构的权力被蚕食。总理的批评者们认为，这些独立机构之所以很难建立自身的威信和信誉在于，既得利益集团不惜牺牲公用费用以谋求自身利益的最大化[49]。批评尤其指出，泰爱泰党自2001年当权以来，不仅悄悄占据了上议院中的大多数席位——而上议院本应保持政治中立，还在其他政党和党内派系中安插了自己的亲信和亲戚。上议院常常利用自身权力在各个独立机构中委任政府官员的亲信和朋友。

然而，尽管他信总理试图以独裁手段控制泰国各个机构，但一些民主机构却给反对派提供了与他信较量的重要渠道。任何试图进行独裁统治的人，包括泰国总理，都将在其道路上遇到来自国内的重大阻力，包括上层集团的分裂，应对敌手的高成本，暴露国家弱点等[50]。事实上，泰国的各种进步力量常常利用立法、司法和媒体中的有限空间，挑战、破坏甚至偶尔击溃他信破坏国家民主理想的各种初步方案。例如，反对党（由于被占议会大多数的泰爱泰党压制因此无法发起对政府官员的不信任动议）利用有限的政治空间提出对宪法的修正案作为其唯一的反抗方式[51]。其他社会团体中的成员则利用媒体表达他们对上议院欺瞒行径的不满。他们抱怨上议院实则加速了民众对国家制衡机制的信任感的下降[52]。比如，当上议院错误地委任了一些操守不端的国家反腐败委员会委员后，不仅没有试图物色更合格的候选人，反而继续选拔和确认了一批新的委员。而这些人的背景有争议，难以得到公众的信任，公众愈发失望。

除媒体外，泰国民主论争的另一个重要舞台便是行政法院。这是根据《1997年宪法》建立的一个独立机构。与其他监察机构不同，行政法院的法官们因为在执行涉及侵犯公共自由或福利的次级法律时所表现出诚实、严谨以及对宪法精神的尊重和灵活性而被备受赞誉[53]。而这些优点却常常被宪法法院、国家反腐败委员会和国家选举委员会等其他宪立监察机构所轻视，事实上有时还遭到他们的耻笑。从之前2002年6月行政法院做出的一桩历史性裁决来看，法院的确是质疑滥用国家权力的一个重要舞台。在那次丑闻中，总理涉嫌利用反洗钱办公室（AMLO—the Anti-Money Laundering Office）非法转账到对政府提出批评的记者银行账户中去[54]。

## 结　论

本文以国家反腐败委员会、国家审计总署、国家广播委员会和国家电信委员会为例，对执政党霸权控制国家政治机构背景下的泰国民主进行了分析。本文还着重分析了泰国诸多民主领域如何成为抵制活动与民主论争的焦点。

如果这一切继续发展下去，泰国各大领域的政治论争会让他信总理的独裁统治自相矛盾。因此，他信总理被迫面临两种选择：要么以国内冲突和国际谴责的代价继续严重违反《1997年宪法》，要么承担可能被赶下台的风险放任这些对他领导方式的挑战。

［原文“Thailand’s Independent Agencies under Thaksin: Relentless Gridlock and Uncertainty”载于《东南亚事务》（*Southeast Asian Affairs*）2006年，第303—321页］

## 注释：

1 Erick Kuhonta and Alex Mutebi, "Thaksin Triumphant: The Implications of One-Party Dominance", *Asian Affairs*: An American Review 33, no. 1 (2006).

2 Duncan McCargo, "Democracy under Threat in Thaksin's Thailand", *Journal of Democracy* 13, no. 4 (2002): 112-26; Pasuk Phongpaichit and Chris Baker, "Thaksin Dismantles the Opposition", *Far Eastern Economic Review*, 168, no. 3 (March 2005).

3 S. Levitsky and L. Way, "Elections Without Democracy: The Rise of Competitive Authoritarianism", *Journal of Democracy* 13, no. 2 (2002): 52-65.

4 同上，第53页。

5 以武天·披差春（Utiiai Pimchaichon）和阿南·班雅拉春（Anand Panyarachun）为首的宪法起草大会（CDA—the Constitution Drafting Assembly），由99名代表组成，其中76名代表来自泰国各府，8名为公共法律专家，8名为政治和公共管理专家，以及7名资深官员，一起负责宪法和法律的起草，并负责政府监管。

6 *The Economist*, 28 February 2002.

7 Articles 136-48, Constitution of the Kingdom of Thailand be 2540 (1997).

8 Articles 297-307, Constitution of the Kingdom of Thailand be 2540 (1997).

9 Article 312, Constitution of the Kingdom of Thailand be 2540 (1997).

10 Articles 255-70, Constitution of the Kingdom of Thailand be 2540 (1997).

11 Articles 276-80, Constitution of the Kingdom of Thailand be 2540 (1997).

12 Articles 196-98, Constitution of the Kingdom of Thailand be 2540 (1997).《监察专员组织法》（The Organic Law on Ombudsmen）于1999年9月15日生效。

13 Articles 199-200, Constitution of the Kingdom of Thailand be 2540 (1997). For more on the roles of the various bodies, see Pichet Soontompipit, "Is a Culture of Accountability Developing in Thailand?" (paper presented at a conference hosted by the Center for Democratic Institutions (CDI), Canberra, Australia, 23 April 2002).

14 Article 40, Constitution of the Kingdom of Thailand be 2540 (1997) .

15 Duncan McCargo and Ukrist Pathmanand, *The Thaksinization ofThailand* (Copenhagen: Nordic Institute of Asian Studies Press, 2005), pp. 23-69.

16 "Thailand's Iron Lady: Jaruvan" , *Nation*, 31 August 2005.

17 同上。

18 "Jaruvan 'Relieved of Duties'", *Bangkok Post*, 27 June 2005; and "OAG Says Jaruvan No Longer at the Helm", *Nation*, 27 June 2005.

19 Anand Panyarachun, "The King's Constitutional Powers and Beyond ...", *Nation*, 6 September 2005.

20 Jintana Panyaarvudh, "Thaksin Won't Have His Royalty Questioned", *Nation*, 9 September 2005.

21 "Impasse Eased After Surprise Move by Visut", *Nation*, 24 September 2005.

22 "Request to Reinstate Jaruvan", *Nation*, 30 September 2005.

23 "SAC Restores Khunying Jaruvan's Status", *Bangkok Post*, 5 February 2006.

24 同上。

25 关于审判的细节，参见Paskuk Phongpaichit and Chris Baker, *Thaskin: The Business of Politics in Thailand* (Chiangmai: Silkworm Book, 2004), pp. 1-7。

26 "Graft-busters Guilty of Abuse of Malfeasance", *Bangkok Post*, 27 May 2005.

27 2004年7月29日，检察长阿塔坡·亚萨旺（Atthapol Yaisawang）宣称，9位新任委员中，武提猜（Wuthichai）每月津贴45 500泰铢，其他8名委员每月42 500泰铢的津贴。

28 Suphon Thanukrit, Kornchanok Raksaseri, "NCCC Ruling Bodes 111 for Other Bodies", *Nation*, 27 May 2005.

29 同上。

30 一些更重要的人物包括陆军总司令Pravit Wongsuwan, 但他不久就退役了, 总检察长Khampee Kaewcharoen、前最高法院法官Prasert Khiannilsiri、前最高法院法官Thiradet Meepian、府行政部总干事Siva Saengmanee、农业土地改革办公室秘书长Adisak Srisanpakit、审计总署副署长Sajja Sasanavin、前国家情报局局长Pumarat Thaksadipong、前国防部局长Chuchart Suksa-nguan, 以及第三军指挥官Picharnmet Muangmanee中将。其他较不为民众熟知的人物有食物和药品管理局秘书长 Pakdi Pothisiri, NESDB 副秘书长、外交部常任副秘书Chalermpol Ekuru、旅游与体育部常任副秘书Pirom Simasathian、金融部常任副秘书Prakob Tantiyapong、泰国前陆路交通局局长Preecha Awprasert、高等教育委员会副秘书长Suchart Muangkaew、国家警察局副局长Piya Jiamchaisri将军、国家警察局局长助理Wanchai Srinualni中将、最高法院首席法官Kulpat Ithithamwinit, 以及刑事法庭首席法官Santi Wongrattananond。

31 这些分别是陆军总司令Prawit Wongsuwan，府行政部总干事Siva Saengmanee，总检察长Kampree Kaewcharoen，前总理办公室顾问Damn Sothibandhu，以及前法官Prasert Khiennilsiri。

32 可以肯定的是，一些参议员已经意识到他们的大多数同事做错了，因为他们仓促提名并确认了9名新委员，尽管法律要求考虑18位成员。第18位候选人，已退休的陆军总司令巴维·翁素万（Prawit Wongsuwan），在提名程序最终结束前退出竞选，但令人费解的是上议院却未遵守法律提名新的候选人来替代他。

33 除了达鲁（Darun，总理在警察学院时的老师）和史瓦［Siva，2001年泰爱泰党大选获胜之后，他被提拔到内政部一个令人垂涎三尺的职位，并坚决维护政府对南方达百（Tak Bai）事件的处置立场与方式］，Wanchai Srinualnad，原警察总长助理（他信警察学院的同学）；Surapol Ekyokha，高级法院法官；Sawai Janthasri，刑事法院高级法官；Kasemchat Naretseni，国防部顾问委员会主席；以及Somsak Kaewsutthi，大城府府尹（内政部副部长的密友）全部都入选该委员会。Wanchai得到最高130票，之后是Sawai (128), Siva (125), Somsak (116), Damn (112), Surapol (111)以及Kasemchat (108). 参见Prapasri Osathanon, "NCCC List Full of PM's Friends", Nation, 2 November 2005。

34 总体计划也要求泰国通信管理局（CAT）和泰国电话组织（TOT）两大国有企业私有化，对现有的建设转让经营权转换成经营执照；让泰国的电信市场逐步走向自由化竞争。

35 后来，法院做出了类似的不利于国家广播委员会（NBC）的裁决，接着又是心怀不满的国家广播委员会候选人的上诉。最初的17位国家广播委员会选拔小组成员都是报名参与竞争团队的代表。他们中的6位后来因不满竞选的不公平提出了辞职。接着3位学者填补了提名委员会名单中的空缺席位，但还是继续拖延，部分原因是非政府组织的空位补选一再拖延。参见"Judge Backs Lower Court", Nation, 14 January 2003, and "NBC Candidate Choices Nullified", *Nation*, 5 March 2003。

36 2003年12月的总理提名名单如下：最高副指挥官Songkram Tanavora将军，教育部常任副秘书Paiboon Seingkong，信息技术和电信部常任副秘书 Ms Tananuj Tritipbutr，商务部法律顾问Worarak Chansamart，安理会秘书 Winai Pattiyakul将军，技术学院电信工程部负责人Kobchai Dejharn，朱拉隆宫大学电子工程部负责人Somchai Jitapankul，朱拉隆宫大学泰国工程学院院长Ekachai Sangin; Sri Pratum大学工程学院院长Narong U-thanom，泰国工程协会Chamnan Hokiat，电子计算机、电信和信息技术协会Vallop Surakampoltorn，信息技术网络协会Sayant Chowpreecha，泰国电信协会Anan Voranitipong，消费者基金会Ms Saree Ongsomwang，人权保护协会Pairoj Polpetch，儿童发展基金会Ms Chantana Bansirichoti以及 泰国盲人协会Torpong Selanont。

37 Parista Yuthmanop, "Thaksin 'Weakening' Charter's Institutions", *Bangkok Post*, 28 January 2005; Veera Prateepchaikul, "Thaksin's NCCC Flip-flop Worrying", *Bangkok Post*, 6 June 2005.

38 在2003年1月12日集体辞职之前，国家电信委员会选拔小组由17人组成，他们来自4个团队：（a）国家机构制定代表：最高副指挥官Songkhram Thanaworn将军，教育部常任副秘书Paiboon Siangkong，交通部监察长Chalor Khacharat，商务部法律顾问Wararak Chansamart，以及国家安理会秘书长Winai Pattiyakul将军;（b）开设电信课程的高等院校当选代表：泰国国王科技大学Thawil Puengma, Lat Krabang，泰国马汉科理工大学Athikom Kritsabutr，泰国国王科技大学Chanin Wong-ngamkam，以及泰国兰实大学讲师Pisit Chankiatkong;（c）电信或IT相关职业当选代表：泰国工程学会Amarit Phumirat、泰国电信协会 Kraisom Pornsuthi，IT网络协会Anan Worathitipong，以及泰国计算机产业协会 Manu Oradeedolchet;（d）非盈利电信消费者组织当选代表：Pakdi Sirichanthakul、Sawaeng Boonruang，Visit Chavalitnititham和Pratuang Yankoses。集体辞职的是第二和第三团队成员，第四团队成员则竭力抵制辞职。参见"Mass Resignation from Telecom Panel", Nation, 13 January 2003。

39 在特许权的转让条件下——这是市场放松管制的一个关键方面——现有的特许权费用将转变成许可证费用，为现有的电信公司和新进入者创造一个公平的竞争环境。

40 转换条件之一是私营电信特许经营者必须从泰国通信管理局（CAT）和泰国电话组织（TOT）买回它们的网络——特许销售商顽固地拖延这一举措，因此泰国通信管理局和泰国电话组织不可能列出它们的资产价值清单。

41 "Indecisiveness Stalls Reforms", *Nation*, 13 February 2002.

42 同上。

43 "Battle Shifts to MCOT", *Nation*, 15 March 2004.

44 Chang Noi, "Tradition of Turning State Assets into Crony Wealth", *Nation*, 21 June 2004.

45 "Furore Kills New Channels", *Nation*, 23 June 2004.

46 "NBC Selection Process Was Against Law", *Nation*, 24 November 2005.

47 "Academics: PM Must Act", *Nation*, 28 June 2004.

48 Borwonsak Uwano and Wayne D. Burns, "The Thai Constitution of 1997 Sources and

Processes", *University of British Columbia Law Review* 32, no. 2 (1998): 227-47.

49 "Insidious Threat to Democracy", *Nation*, 4 November 2005.

50 Levitsky and Way, op. cit., pp. 62-63.

51 "Democrats Seek Help to Amend Charter", *Nation*, 25 April 2005.

52 "Public's Been Cheated", *Nation*, 3 June 2005; "Watchdogs Weakened in Crisis", *Bangkok Post*, 21 November 2005; Somroutai Sapsomboon and Kornchanok Raksaseri, "Cash Is King in the Upper Chamber, Senators Say", *Nation*, 11 February 2006.

53 参见"Somroutai Sapsomboon", "An Island of Prosperity", *Nation*, 6 November 2005; and Opas Boolom, "The Country's Last Truly Independent Organization?" *Nation*, 6 November 2005。

54 Kesinee Taengkiew, "'Nation' Wins Key Battle over AMLO", *Nation*, 21 June 2002; and "The 'Thaksingate' Verdict Is a Victory", *Nation*, 26 June 2002.

# 他信政治生涯的巅峰与低谷

【泰】Thitinan Pongsudhirak[①]著　　郭粒粒　姚键　译

2005年很可能成为自1932年以来泰国民主政治发展史上不同寻常的一年，甚至是十分独特的一年而被铭记于心。在这一年，泰国总理他信·西那瓦（Thaksin Shinawatra）的政治生涯达到了前所未有的高峰，随后又急转直下跌入谷底。他所领导的泰爱泰党（TRT—Thai Rak Thai）在2005年2月的大选中卫冕成功。但不到一年，他信就面临以曼谷为中心的叛乱。人们要求他信辞职并且永不再踏入泰国政坛。作为大多数泰国民众选举出来的总理，他信为何会有这般大起大落呢?

本文阐述他信2005年2月取得连任胜利后的几个主要事件。文章首先分析了连任的意义和泰爱泰党取得压倒性胜利的原因。在他信连任后不久，他一反常态地展现出宽大和仁慈的政治家风度，但这只维持了几周。到2005年年中，他的独裁主义倾向开始充分表露，并引起了人们对他领导方式的不满。到了9月，反他信运动公开爆发，为首就是其昔日的盟友、后对他执政方式不满的传媒巨头。这场运动原先仅局限在曼谷地区的知识分子、中产阶级和民间社会团体，但到了2006年1月，当他信家族控股的新集团（Shin Corp—Shin Corporation）出售给新加坡国有企业淡马锡（Temasek）控股后，发展成为一场大规模的反他信运动。只要他信无法对这笔具有争议的交易做出令人信服的解释，其作为总理的政治声誉就难

① Thitinan Pongsudhirak是泰国曼谷朱拉隆功大学政治科学学院国际关系系（Faculty of Political Science, Department of International Relations, Chulalongkorn University, Bangkok, Thailand）国际政治经济学助理教授。

以维系。本文归纳了这些事件的发展对后他信时代以及泰国近期前景的影响。

## 压倒性的选举胜利

与普遍期望的一致，他信和泰爱泰党在2005年2月6日的大选中取得了压倒性的胜利。尽管有关于贿选和舞弊的非议，但这场选举在泰国还是相对公正的。泰爱泰党获得了500个议席中超过75%的选票，包括67个党内议会席位。民主党（the Democrat）仅获得包括25个党内议员在内的不到100个席位，少于它们在2001年1月大选中所取得的129个席位。泰国民族党（Chart Thai Party）保持相应的25个席位。大众党（Mahachon Party），一支从民主党派别斗争中分离出来的新政党仅赢得了一个选区席位。这进一步证明，在泰国政治的新时代，只有拥有选民基础的现存政党才能存活下来。其他20多个政党表现得无足轻重。对他信来说，泰爱泰党的选举结果远高于他在选前乐观估计的350个席位。因此，他信对泰国政治局势的掌控坚如磐石，这在泰国历史上任何当选领导人来说，都是望尘莫及的[1]。

选举结果带来了一些重要的启示（表1），包括泰爱泰党在曼谷市区拥有绝对的支持。执政党获得了首都37个席位中的32个，否定了先前的看法，即由于民主党在2004年8月赢得府尹选举，实际上就重获了曼谷市长的选举。这表示民主党之所以赢得曼谷府尹选举，其部分原因是泰爱泰党推选的候选人缺乏竞争力。民主党夺得了南方选区绝大多数席位，却在全国其他选区得票甚少，民主党因此成为区域化的政党，缺乏全国范围的影响力。很说明问题的是，在由马来穆斯林叛乱势力控制的三个最南部省府的11个议员席位中，民主党获得了10个，泰国党1个，而泰爱泰党0个。最南部省府的穆斯林社区显然在他信和执政的泰爱泰党身上找不到政治吸引力。

表1　泰国2005年2月6号选举各地区得票数

| 政党 | 曼谷 | 中部 | 东北部 | 北部 | 南部 | 选区总席位 | 政党席位 | 议员人数 |
|---|---|---|---|---|---|---|---|---|
| 泰爱泰党 | 32 | 80 | 126 | 71 | 1 | 310 | 67 | 377 |
| 民主党 | 4 | 7 | 2 | 5 | 52 | 70 | 26 | 96 |
| 泰国党 | 1 | 10 | 6 | - | 1 | 18 | 7 | 25 |
| 大众党 | - | - | 2 | - | - | 2 | - | 2 |
| 总数 | 37 | 97 | 136 | 76 | 54 | 400 | 100 | 500 |

数据来源：　泰国选举委员会（the Election Commission of Thailand）。泰爱泰党在之后新一轮选举中输掉了两个选区席位给泰国党和大众党。

## 思维方式的短暂改变？

出人意料的是，他信在第二个任期伊始便展现出与其前一任期截然不同的风格。他一反常态地展现出其朴实和谦逊的一面，显然是想弥补之前四年所犯的错误和引发的争议。他在2005年3月23日的议会上所做的政策陈述，与其第一任时的情形相比形成了鲜明反差，当时完全在于为了迎合草根阶层而大谈国家基金计划、利益冲突、国家支持的暴力、镇压异己和独裁统治等问题，这些也是其当时执政的标志性问题。把他第二任期伊始视为更友善，更温和，更包容不无原因。他心态上的明显变化有助于达成国内政治共识，并且反映出以一种更行之有效的方式来解决南部的暴力冲突[2]。

这次，他的政策陈述综合全面并且明显不再那么平民化。新的关注焦点是包容性和良好治理。他信保证要给予在他第一任期时被边缘化的民间团体更多的政治空间。他还承诺将重新考虑处理位于南部边界的也拉（Yala）、北大年（Pattani）和那拉提瓦（Narathiwat）三府的叛乱。从年初到3月份，这些地区的死亡人数已接近600人。他任命时任联合国改革小组组长阿南·班雅拉春（Anand Panyarachun），一位备受泰国人民敬重的前总理和资深政治家，组织并指导一个一流的国家委员会来处理与南部穆斯林的和解问题。他信承认有必要遵照国王提出的“理解、认同和发展”的理念来改进上述泰南三府的整个冲突解决与管理的法律程序，告别过去在处理南部骚乱时那种急风暴雨似的粗暴的惩处性方式。

政策陈述中还提到将通过工业化升级以及竞争力的提升来打造泰国的知识型经济。他信把经济结构调整计划的重心放在基础设施建设上。在5年内，将投入2.35万亿泰铢用于基础设施建设，尽管政府称将把1.55万亿泰铢用于缓解财政问题。这项庞大的投入将由国有企业、政府预算、民营部门注资，通过国有企业上市，外国借贷以及供应商信贷和易货贸易等渠道筹措资金。而政府未来的预算花费不会超过总投资金额的50%。他信指望改善基础设施能成为推动GDP中期增长的主要动力，同时他似乎还承诺进行一次规模宏大的基础设施检修。在泰国历史上，他信主持的是第一个由单一政党执政的政府，他本人也是第一位任期满四年并连任的总理，因此他分明感到权力十分稳固。但就现在的情况看来，他证明了对他的评论并不正确。他信对推行一个符合民主价值观，更亲善、更廉洁的政府显得信心十足。就像泰国其他的一些杰出政治家一样，他信似乎将民主看作是一项永恒的政治遗产。

## 他信巩固泰爱泰党

在取得2月份连任的巨大胜利后，执政的泰爱泰党开始了党内的争论和内讧。党内存在裂痕是很正常的。由于泰爱泰党是由建立在资助关系网上的几个派别所组成的，选举胜利后各派别领导人都争先邀功请赏。但他信并不全部买账。他并没有任命一些重要派别的领导人进入内阁，

转而任用亲近他的私交或政策专家。这些派别的领导人因此在媒体上对他口诛笔伐。2005年4月24日，他信与派别领导的冲突在一次政党会议上达到白热化程度。在这次事件中，他信对内部做了大清洗，重新稳固了他在泰爱泰党内的权威，从而确保那些不守规矩的派别无法动摇他的连任[3]。

过去，由于党内的派别太过强大，泰国的政党一直表现得较弱。这些分裂而任性的派别可以绑架整个政党，也确实致使多个联合政府垮台。民主党已有60年的历史，是唯一还保持着内部凝聚力的党派。即便如此，民主党也经历了多次的分裂，包括在2004年分裂出去的一个小派别，后来由该派别创建了大众党。尽管泰爱泰党成立不过7年，却代表着泰国政坛的一种新现象。从没有一个大党对它内部的派别有如此强大的控制力。泰爱泰党之所以能做到这点要归功于他信的足智多谋。他用分而治之的手段控制住了党内的重要派别。他信通过三方面的支持使自己不受各府巨头的牵制。他控制着由他妹妹瑶瓦帕·翁沙瓦（Yaowapa Wongsawat）领导的来自北部的汪博巴派系（Wang Bua Ban wing）和素达拉·革育拉攀（Sudarat Keyuraphan）领导的曼谷派。除此之外，他信在泰爱泰党提名选举的100名议员中安插了他的忠实拥趸者，他们中有很多人都入选下议院。这三个重要的基础使他信有足够的实力去惩处外府行为不端的派别。只要他信政府能够压制来自派别的倒戈威胁，他就可以全面驾驭泰爱泰党的各个派别。

但在选举后，各府的派别领导人竞相提出主张，争执十分激烈。他们在媒体上攻击他信的独裁主义作风。布拉暖·拉卓舍里（Pramual Rujanaseri）作为代表东部的汪南耶派系（Wang Nam Yen）的助理——一个由沙龙·天通（Snoh Thientong）领导的颇具规模的老派议员派别——出版了一本书直接批判他信。因此，召开党内会议给了他信一个机会去算总账，去重新制定泰爱泰党的体系结构，去进一步实现党内的制度化。他信棋高一着，辞去了党内领导人的职务，这一举动使得执行委员会所有成员自动离职。然后，他信又重新当选为党的领导人，交通部长素里耶·曾隆朗吉（Suriya Jeungrungruangkit）则重新当选为党的总书记。原来95人的执行委员会扩大到了119人，并且严格按照派别的势力范围进行任命。新的阵容里包括21位党的副主席，他们同样按照派别进行均等委任。为了维持对党的政策的控制，他信把副总书记的职位从以前的7个减少到了5个，并全部任用自己的亲信。普拉姆艾尔（Pramual）遭到排斥，失去了党内所有的职位。“他信—素里耶组合”的回归也解除了人们对两位领导人不合的质疑。

他信还改进了党内事务处理程序与决策机制，更加强调泰爱泰党的制度建设。他承诺将逐渐减少党内政治活动中的金权政治现象，并将泰爱泰党的地位置于自己之上。随着泰爱泰党的充分制度化，他信就能够选择他的继任者。从目前其新的面貌来看，泰爱泰党将有望在一个由一党统治的政治体系中茁壮成长，发展成为一个像马来西亚的马来民族统一机构（United Malays National Organisation）那样稳固的大党，而他信则稳掌航舵。由于他信的权威在党内各派别不断加强，其在泰爱泰党的地位和第二任期执政显得固若金汤[4]。

## 不信任案后的内阁重组

由于泰爱泰党领导的政府在国会中占有压倒性的多数优势，2005年6月27日对时任交通部部长素里耶·曾隆朗吉的不信任案的结果就可想而知了。政府中377位泰爱泰党议员早在辩论前就得到总理的授意，投票支持素里耶，以表达自己对总理的忠诚。在这次事件中，素里耶获得367票而取胜，只有议长及其两个副议长与少数具有叛逆性的议员未投票或弃权[5]。但投票结果并没有打消人们对素里耶的质疑，认为素里耶涉嫌卷入新机场购买CTX爆炸物探测器的贪污腐败丑闻。不信任案结束后，另一项主要针对

商务部副部长素里耶·拉维苏提信（Suriya Lapwisuthisin）的家族企业股票欺诈和挪用公款的丑闻又冒了出来，素里耶为了避免更多不利的报道，于2005年7月6日辞去其内阁职务。不信任案后的政治形势进一步推动他信加速改组内阁并免去素里耶交通部长的职务。

不信任案后开始的改组旨在解决腐败的根源，审查各经济部门，以及改善对叛乱严重的泰南三府的管理。改组随之变成了一场由他信的心腹和泰爱泰党巨头们操控的旷日持久的击鼓传花似的淘汰战。作为一次修补政府贪污腐败形象、提高执政效率的操练，重组的结果是令人失望的。它掩盖了腐败问题，并没有解决当务之急的经济难题以及南部问题。从重组结果也可看出，他信在壮大内阁问题上逐渐才思枯竭，江郎才尽。

在他信的三个主要忧患中，由于不信任案摧毁了人们对当时交通部长素里耶·曾隆朗吉的信任，腐败问题成了当务之急。不信任案后民意调查表明，人民对政府的信任创了新低，人们对于素里耶所涉及的32亿美元新机场建设和设施采购问题感到十分沮丧。由于他是泰爱泰党的第二号人物，其政治前途考验着他信的勇气。为了给自己的总书记保留面子，总理选择了妥协。素里耶尽管不再担任有利可图且易于滋生贪污的交通部部长一职，但却被任命为工业部部长和副总理。作为副总理，素里耶对交通部仍有管辖权。这一结果也导致公众对政府腐败的批评之声不绝于耳。他信对素里耶职位的调动是为了安抚素里耶领导的汪喃永（Wang Nam Yom）派系里近百号的议员。取代素里耶出任交通部部长的是他信的危机处理专家和心腹蓬萨·拉达蓬派讪（Pongsak Raktapongpaisal）[6]。

因为他信无法找到一位合适的财政部部长，重组工作持续了几周才最终完成。他虽然接触过一些有经验的熟手，但他们都表示拒绝。提议任用新人来激发投资者的信心也未获成功。随着他信政府的人气开始急剧下滑，经济发展变缓，没有人愿意加入他信政府。因为颂吉（Somkid Jatusripitak）请求调离他现有的财政部部长职位，他信只得对财政部部长和商务部部长实行对换。这样一来，颂吉既是商务部部长，同时也保留了副总理的职务，负责对整个经济发展进行监管。财政部部长的职位则给了他信的另一个亲信塔农·披塔亚（Thanong Bidaya）。塔农曾经为他信的家族企业工作，之后成为泰国军人银行（Thai Military Bank）行长，并为他信的公司提供贷款，满足其融资需要。塔农也是1997年泰铢危机时期的财政部部长。许多观察家因此仍然对新集团躲过泰铢危机而安然无恙表示质疑。他信当选总理后，塔农很快出现在多个优质国家企业的董事会里。对塔农的任命反映出信任是他信进行任命的首要原则，同时也反映出他信的候选人中缺乏有足够声望、才能和经验的财政部部长人选。塔农和颂吉都来自他信的内部圈子，30年前在大学教书时彼此就已经认识。

重组为改进泰南三府的危机处理提供了机会。在这个问题上，他信做何抉择都可能加大风险。乍都隆·采盛（Jaturon Chaisaeng）调任教育部部长。不久后，他宣布改革三个主要穆斯林省府的教育课程以体现对马来文化的传承。改革还包括教授爪夷文（Jawi），一种用阿拉伯字母拼写的当地的马来语。乍都隆如此积极有为，为解决南部冲突问题开了一个好兆头。但他信同时任命空军上将空萨·旺他纳元帅（Marshal Kongsak Wantana）为内政部部长。空萨和国防部部长探玛叻·伊沙朗军将军（Genral Thammarak Israngkul）以及新的司法部部长和副总理奇猜·万那萨提警上将（Police Genral Chidchai Wannasathit）组成了处理南部叛乱强硬的鹰派三人组。他们与乍都隆之流领导的亲民鸽派之间的冲突不断加深，破坏了对南部冲突的解决。让未经沙场的空萨去负责国内安全事务，这对于解决南部叛乱问题凶多吉少。这次任命完全反映出他信和空萨的私交，因为空萨的妻子与他信一家关系密切。

## 南部叛乱[7]

南部边界北大年、也拉和那拉瓦提三府的叛乱不断升级，是他信整个2005年倍感挫败的难题。一方面，叛乱在这一年明显愈演愈烈。每天都有泰国的官员、穆斯林以及佛教平民被行踪诡秘的马来穆斯林分离叛乱分子杀害。另一方面，叛乱升级并没有对如股票市场、外资投资和泰铢造成明显的影响。到2005年末，泰国的安全风险评级似乎和印度尼西亚相同，成为一颗已投掷出去随时都可能爆炸的炸弹。一些因素表明，叛乱有扩大化的风险，外部势力介入日益增多。

首先，南部的穆斯林叛乱能够搞到必要的资金，可以肆无忌惮地进行暴力袭击，目标从地方领导、告密者，到僧人、士兵、警察和政府人员。叛乱活动一直持续并且日趋复杂。尽管叛乱分子藏头匿尾不愿暴露身份，但学术研究、新闻调查和官方情报以及军事数据都显示，暴乱经由北大年联合解放组织（PULO—the Pattani United Liberation Organization）、新北大年联合解放组织（the New Pulo）、北大年民政党伊斯兰圣战组织（GMIP—the Gerakan Mujahideen Islam Patani）、全国革命阵线（BRN—the Barisan Revolusi Nasional）以及全国革命阵线协同组织（the BRN Coordinate）等分裂主义集团而不断激化。这些集团的分离主义活动已有几十年的历史。但这些分裂主义组织的组织形式、凝聚力和目标都尚不清楚。但调查显示，其中一个分支全国革命阵线协同组织曾经在幕后组织策划了泰国最严重的一次暴力袭击事件。这些分裂组织的成员、阴谋和战术在多大程度上依赖与泰国南部隔境相望的马来西亚的吉兰丹州（Kelantan），目前仍不清楚。

但已经明确的是，叛乱有一个指挥控制系统，可以根据现场结果发布命令。观察家们关注的焦点是，这些叛乱集团以获取更大自治权以及在1902年前的北大年王国的基础上建立一个独立的国家为目的，是否会合并在一起形成统一的、有组织的、步调一致并且有明确政治目标的运动？到那时，这样规模的运动就能提出与泰国当局对话的要求。这与印尼亚齐省（Aceh）的和平进程极其相似。还有一种真正的危险，即在该地区的穆斯林极端分子，尤其是伊斯兰祈祷团（Jemaah Islamiyah）会渗透进这些叛乱集团。尽管现在还没有证据显示它们之间存在联系。但随着叛乱的升级，外国或地区伊斯兰圣战分子介入的可能性也随之增加，尤其是考虑到曼谷方面对此掉以轻心的话。

其次，他信政府在处理南部危机过程中接连出错。一系列的重大事件激化了南部穆斯林的不满。2005年9月初，131名泰国穆斯林因为担心他们的人身安全逃到了马来西亚，制造了一起难民危机，引起了联合国难民署（UNHCR—the United Nations High Commissioner for Refugees）的关注，使泰国和马来西亚的关系变了味。不久后，他信对联合国发表了尖刻的评论，矛头直指联合国难民署和马来西亚政府，进一步将泰国政府本不打算公开的问题国际化了。几天后，在那拉提瓦府的丹荣利莫村（Tanyonglimo）事件标志着叛乱的再一次升级。当天早些时候，几个当地穆斯林在黑社会式的枪击事件中丧生，愤怒的村民扣押了两名泰国海军陆战队士兵做人质，但人质却被不明身份的杀手刺死。他信立刻谴责了海军陆战队士兵的被刺事件，但却没有平息当地村民们的愤怒和抱怨。他信同时承诺将会继续“打击”叛乱分子。2005年10月中旬，叛乱分子在寺庙里又枪杀了一名僧人和两名侍从，这进一步激怒了他信。几乎同时，他信政府将治理泰南三府的紧急状态法再延长3个月，法令的实质是将这三府划定为交战地带。在遭遇政府的强硬回应后，叛乱分子的攻击路线变得明朗化。人们把它看作是南方叛乱组织和他信政府之间的一场非常规的有限战争。

南部危机似乎还得经过黎明前的黑暗。人们指望他信保持其民族主义感染力，反对一切分裂主义企图；只要叛乱分子不停止进攻，就予以严厉镇压。前方的路很漫长，如果叛乱分子能自身组织起来，极有可能会涉及谈判的过程。但他信领导下的政府本来就无意谈判。只要他信在位，采取任何一种解决方式似乎都十分艰难。

## 街头政治卷土重来

2005年底，街头政治在曼谷卷土重来。1992年5月，几万人曾在曼谷聚集，抗议当时的政府。这场反对由军队撑腰的政府的群众运动演变成了一场暴力冲突，带来了之后历时五年的改革，最终起草并颁布了一部折中性的宪法，以提高政治制度的透明度，建立问责制度，以及建成稳定高效政府。2005年和1992年的这两起事件的相似性十分耐人寻味。当时想要推翻总理的改革派是颂提·林通恭（Sondhi Limthongkul）。他拥有一个传媒集团，背靠经理人传媒公司（Manager Group），对电信业、房地产业、酒店业和出版业领域均有涉足，其麾下产业包括《经理人报》（*Manager Daily*）和设在香港的《亚洲时报》（*Asia Times*）。1997年的金融危机对林通恭举债过多的资金状况是灾难性的打击，导致他最终宣布破产。他的传媒集团几乎瓦解。他信和林通恭在1997年前曾是合伙人。正是从他信开始执政的2001年1月开始，林通恭从国有泰京银行（Krung Thai Bank）得到了注资和债务减免，又从国有电视频道获得了有利可图的时间档，原本奄奄一息的传媒帝国这才重振雄风[8]。

尽管对他信贪污腐败、任人唯亲和对令人崇敬的普密蓬·阿杜德国王（King Bhumibol Adulyadej）不忠的指控引起了曼谷人民的共鸣，但人们并不清楚林通恭的动机和时机。没人知道他为什么会在2005年下半年大张旗鼓地对他信反戈一击。1992年5月，当时推翻得到军队支持的政府的运动由占隆·西蒙（Chamlong Srimuang）带头，他曾是曼谷最受欢迎的市长，同时也是颇具影响力的达摩力量党（Palang Dharma Party）的创始人。而这次不同的是，林通恭扮演的孤胆英雄再次得到了“人民力量”的支持，毫不理会来自他信阵营的哪怕是最尖刻的批评。但林通恭的成功之处在于他替选民们呐喊助威，选民的不满遭到他信专制统治的镇压，并且还明目张胆地篡夺了宪法赋予的独立机构以及检查与平衡机制。

与1992年5月相比，2005年末的政治形势完全不可同日而语。他信在过去5年内两次压倒性地赢得了选举，并且在2005年2月的选举中赢得了37个议员席位中的32个，这使得他信在最为重要的曼谷地区有了更多的选民基础。他信政府的腐败问题多以明显的利益冲突加以搪塞，而对其议会独裁的指控也没有影响他所向无敌的民主使命。民众干预军队引发了泰国1991年2月的政变，这次政变引发了一年后的大叛乱。但他信作为曾在军官预备学校毕业的前警官，他精明地把自己的同学一一安排在关键指挥位置与最高统帅部。

总理与国王间的关系广受争议，泰国人越来越把国王看作是监督他信权力失控的制度保障。尽管如此，他们两者之间的关系尚未到破裂的地步[9]。2005年12月9日，林通恭对他信的深仇大恨已变得忍无可忍，各个领域反对他信的人们在曼谷中心的伦披尼（Lumpini）公园举行集会。虽然参与集会的人数众多，但仍不足以动摇他信的地位，尚需要一个导火线来引爆公众对他信的不满[10]。

## 新集团丑闻[11]

尽管将他信家族控股的新集团出售给新加坡国有企业淡马锡的交易持续进行了几周时间，但整个过程仍然十分神秘。这笔泰国企业历史上最大的股权交易，为西那瓦和相关的达玛蓬（Damapong）家族带来了733亿泰铢的收益，而淡马锡则得到了新集团49.3%的股份。新集团是他信花费30年时间建立起来的一家横跨多个领域的企业，业务包括移动手机、卫星服务、电视以及一家廉价的航空公司。按照他信的解释，卖掉新集团能让他放开手脚更好地执政，避免身陷从他2001年执政以来就令他困扰的不同利

益主张的冲突。另一个普遍的说法是，出售新集团纯粹是一个精明的生意策略。泰国电信业将因不再享受特许优惠而面临激烈地竞争。但似乎最合理的解释是，他信可能已经意识到对他统治的反对之声与日俱增，自己也许无法完成第二任期。这笔交易让他的资产具有了可流动性。很多人怀疑如果他信不得不离任，他很可能为他的资金找到更为安全的地方，或许转移到国外。新集团的出售因此被视为他信为自己如果不光彩下台所做的政治保险。据此，他信涉嫌非法获得的资产可能被搜查并没收。

第一种廉价出售新集团来减少政治责任的说法难以让人信服。如果他信真的打算撇清他与利益冲突的矛盾，提高政治透明度，那他就应该在上任前五六年或者2005年成功连任前卸掉新集团的担子。恰恰相反，新集团的出售反而导致对他生意往来更为严格的审查。他的政敌们严密地监督交易后资金的流向。他信几乎没有上税就将交易所得收入囊中并因此承受着巨大的压力。交易还暴露出更多法律上的问题：以前规定外国公司所占股份以25%为限，但就在这次交易达成前几天颁布了新的泰国电信法，允许外国公司持有49%的股份。尽管他信一再声称加强政治透明度，但新集团的出售并没有减少他的政治责任。与之相反，围绕这一颇引人争议的交易，其见不得人的背景，令人窦生疑云，已经动摇了他信执政的根基，引发了2006年2月的泰国政治危机。

第二种解释认为这是他信精明的生意决策，但这同样缺乏说服力。按照这个说法，电信业的竞争将随着特权优惠的取消而变得十分激烈，更多新公司将加入到这场竞争中来。而随着电信业的发展，3G技术需要大量资金的投入。他信可能希望在这场竞争升级前将公司套现退出。但这种说法也只是一种片面的猜测，即新集团的股价多少已经见顶，并由于竞争的加剧和他信政治权力日渐衰微而不可避免地会下跌。然而，新集团根据特许经营协议充分利用垄断权并取得了辉煌的成绩。比如，它旗下一家名为高级信息服务公司（AIS—Advanced Info Service）的手机运营商，占据了泰国市场的大半壁江山。AIS的年收入还将继续增加，尽管其利润空间会慢慢缩减。其一边倒的市场优势也将使得对诸如3G这样的技术投资物有所值。AIS的市场支配力实际上是淡马锡将它全部买下的一个主要原因。新集团独享的市场优势，包括它牢固而强大的卫星装备，这让其他竞争者望而却步，无法与之角逐。淡马锡之所以全部买下新集团，这一决定本身就证明新集团仍具有吸引力。

而要找到新集团交易的合理根据，应该研究其交易的时机和当时的局势。考虑到这场以曼谷为根据地的反他信运动羽翼日渐丰满，他信肯定意识到了自己的政治地位可能很快不保。过去的一些政治家，也像他信那样遭到公然而广泛的腐败指责，眼睁睁地看着自己的资产被查封和充公。因此，出售新集团是在政局不稳的情况下，他信为自己和他的家族所上的政治保险[12]。

## 政治边缘政策

2006年1月末新集团被出售后，泰国政局进入了一个政治边缘政策的狂躁期。一边是由经理人传媒集团的林通恭领导的反他信联盟，另一方则是由他信、泰爱泰党官员与内阁组成的联盟。2月4日，由林通恭领导的力量在首都曼谷召开集会，包括曼谷社会活动人士、非政府组织（NGOs）、知识分子、心存不满的中产阶级和愤怒的商人等，吸引了超过10万名街头抗议者加入，要求他信辞职。他们认为新集团和淡马锡之间的暧昧交易已令人们对长期的腐败和利益冲突变得忍无可忍。对他们来说，新集团交易后，他信已经完全丧失其政治合法性。

面对反对党，他信从他北部的家乡清迈开始重整旗鼓，在那里他有数万名支持者。由于在一年前的选举中以绝对的优势而赢得连任，他信对自己仍然手握统治权没有丝毫动摇。在全国其他地方，挺他信和反他信的势力彼此纷纷叫板。势力的较量明显将泰国分为了两个阵营，一方由支持他信的农村农民和城市贫困人口组成，另一方则由反对他信的主要城市的城市知识分子、非政府组织和民间社会团体组成。随着以曼谷为根据地的反他信力量逐渐壮大，以及反对派号召于2006年2月11日再次召开反他信集会，他信深知，小不忍则乱大谋。由于反他信联盟分明是不惜一切代价也要把他信拉下马，这把整个事件推向了绝境，加剧了政局的不稳定性。

事件在2006年2月末走入了死胡同。随着推翻他信政府的联盟持续发展壮大，其群众基础更为雄厚，运动规模更大，更多的人自发地加入进来，反他信联盟有了新的名称：人民民主联盟（PAD—the People's Alliance for Democracy），几乎囊括了所有民间社会团体。无论在规模上还是在地域上，人民民主联盟都远远超过了由林通恭在2005年9月煽动发起的反他信的运动。但他信不甘心就此悄悄离开。他选择避其锋芒、拖垮对手的策略来渡过难关。双方展开长时间的僵持战，使得泰国的政治与经营环境几乎停滞不前。

人民民主联盟联合议会中共同致力于他信下台的各路势力，计划于2月26日举行一次重要的街头集会。人民民主联盟推翻他信政府的诸种努力，既不通过议会来解决，也不符合宪法规定的程序。而泰国国立法政大学学生征集到了五万个签名要求弹劾总理，这虽然不依赖议会但尚在宪法框架之内。民间社会团体，尤其是大学教师，几乎每天都在发起辩论和运动，要求他信辞职。值得注意的是泰国学生联合会（SFT—Students Federation of Thailand）的加入，尤其是泰国法政大学学生的纷纷参与。在1973年10月和1992年5月的政治暴动中，大学生曾是捣毁军事独裁者运动的中坚力量。人民民主联盟的出现对他信是一个不祥的征兆，它代表着泰国社会更广泛的基础，并因林通恭决定成为集会组织者而具有了更大的可信度[13]。

有关4月19日即将举行的上议院选举，总理试图通过提议对相关修宪问题进行全民公决，来减缓他所面临的公众压力。但是，这项提议很快被撤回，因他信得到提醒说，全民公决需提前90天提出方能实施。他信政府因而提出在其网站听取公众对修订宪法的看法。与此同时，泰爱泰党的幕僚们宣布计划组织一次全国性支持他信的反集会。2006年2月26日，他信政府把由政府赞助的活动安排在大皇宫（Grand Palace）附近的皇家田（Sanam Luang）广场举行，试图阻止人民民主联盟使用该场地。为了避免泰爱泰党的各个派别在关键时刻改旗易帜，他信挥舞权力大棒，将一些派别逐出了泰爱泰党并且解散了下议院，迫使其就范。这些议员因此需要重新入党并达到90天才能参加竞选。

## 政治绝境[14]

他信避其锋芒的策略旨在让人民民主联盟和议会中的反他信力量不知所措。一时间，他信似乎稳住了阵脚，尽管反他信联盟发展——尤其自从他信无法合理解释新集团与淡马锡的交易黑幕以来——进一步扩大和深入。泰国的政治危机进一步加深并且走入了一条死胡同。他信迫于公众要求他下台的压力，于2月24日解散了下议院。下议院的解散使得他信的第二任期提前三年谢幕。议会解散后，加上定于在2006年4月2日提前举行选举，泰国政治变得反复无常，动荡不安，分化加剧，对抗升级。

他信希望通过解散下议院并提前举行选举，来缓解人民民主联盟领导的街头抗议要求他立即下台的压力。为确保再一次压倒性的连任胜利，他信利用职权提高了公务员工资，并单方面发表了一封致选民的公开信，以澄清与新集团丑闻的干系，同时紧锣密鼓地准备提前选举。这一招极为出人意料，使得他信的对手来不及挑选候选人，调集选举基金以及准备竞选宣言。

因为缺乏基金和准备时间，民主党、泰国党和大众党面对注定的失败，宣布联合抵制选举。然而，由于担心公众舆论指责以及抵制选举造成民众信任度下降，反对党随后更改策略，向他信发出最后通牒，要求他信同意按照设定的方式和日程来推行宪法改革，作为换取反对派参与选举的条件。他信表面上同意他们的要求，实则按自己的方式和日程来安排宪法改革。反对党因此觉得他信缺乏诚意且用心险恶，于是继续抵制选举，导致泰国政局一片混乱。

在大多数人看来，这场前所未有的抵制运动是非民主的，而且缺乏职业政客的水准。首先，如果他信在2006年4月2日如期举行选举并获得连任，即便之后可能被迫辞职，反对党仍然不可能接管政府，因为只有现任的议员才有资格领导政府。但另一方面，因为泰爱泰党是竞选中唯一的大党，抵制活动剥夺了他信作为选举人的正当权利。由于是处于过渡期的提前选举，他信因此提出推迟选举以给选民更多的准备时间。但反对党迟迟不给出回应。议会流程和选举前景一片混乱。议会中的反对派拒绝提前选举，这进一步强化了人民民主联盟的街头抗议活动。人民民主联盟把2006年3月5日定为迫使他信辞职的下一个“行动起始日”（D-Day），这给人以一种不祥之感。反他信联盟没有透露，如果超过最后期限他信仍然在位的话，他们究竟将采取什么行动。许多上议员联名要求他信立即辞职。妇女权利组织和大学生这样的社会群体也站出来对他信施加压力，要求他辞职。尽管他信得到草根阶层选民和城市贫困人口的支持，但由于他无法在把新集团以19亿美元出售给淡马锡的丑闻中澄清自己，因而也难以从危机中抽身。因此，来自方方面面的不满汇集于一点：要求他信立刻辞职。

## 结语：后他信时代的启示

对于逐步升级的泰国危机而言，对问题的症结做一扼要回顾将更具指导意义。双方的争执在于，少数派指责他信缺乏政治合法性，而多数派则支持作为平民领袖的他信，因为他照顾到了农村草根阶层长期被忽视的需求和不满，同时也存在大家公认的腐败问题。毫无疑问，他信利用在曼谷和农村之间长期存在的收入差距，在他五年的任期中实施了多项亲民政策，从农村的全民医保到设立创业基金以及暂缓农民债务，这些举措都取得了巨大的成功。他信创立了具有前瞻性的经济政策平台，包括汽车、时尚、食品、医疗保健和旅游等成长型产业的目标市场选择。他对外表现出独断的领导力，通过积极谋求区域性的合作以及在反恐中所做的努力，在国际舞台上赢得了一席之地。参与国际反恐还使泰国成为美国的“非北约重要盟国”（major non-NATO ally）。

但同时，在国家治理与问责制度建设方面也存在严重的问题。在其政敌看来，他信是伪装成民主主义者通过选举上台的独裁领导人。因此他们以人民民主联盟为靠山，于2006年2月在曼谷街头举行了大规模集会游行要求他信立即辞职。他信滥用权力侵犯宪法机制，对议会中的反对派实施边缘化，处理泰南穆斯林叛乱不当，威胁恐吓民间社会团体，并将国有电子媒体变为政府刺激农村消费的宣传机构，甚至利用职权为家族企业谋利。在他信的国内批评者眼里，政治合法性在泰国不仅仅需要选举的胜利，还应该包含道德、伦理和诚信等综合因素，而这些正是在他信的执政中所没有的。

公众对他信的独裁趋向不满，隐瞒腐败问题长达数月之久，在新集团丑闻曝光后，这种情绪一下子爆发出来。这笔交易成为引发包括知识分子、中产阶级和民间社会力量在内的各行业反他信抗议活动的导火索。反他信联盟不断扩大，形成一场推翻总理的群众运动。运动指控他信违反宪法、贪污腐败甚至是叛国。为了坚持问责制，最大限度地减少利益冲突，受改革驱动产生的《1997年宪法》规定禁止政府官员拥有公司或经商。关于出售家族电信集团套现问题，他信坚称是他的几个孩子签订的合同，但这一解释并不被他的政敌所接受。由于新集团与淡马锡之间的交易涉及错综复杂的股份转让以及一家在英属维京群岛（the British Virgin Islands）的托管公司，他信涉嫌利用国内的税收漏洞和内部消息。由于新集团的资产涉及国家对敏感与受保护业务的特许，如卫星业务、手机服务业务、电视台和一家廉价航空公司，民众认为将这些业务出售给一家外国公司，可能会违反国人所有权法并会影响国家安全。具有讽刺意义的是，他信原本在平步青云过程中精心培育的民族主义情感，现在矛头调过来直指他本人、他的家族和他的同伙。

泰国接下来的局势还是一个问号。但是，只要他信仍然无法对新集团交易做出令人信服的解释，那他的执政就终将难以为继。由于反对党抵制在2006年4月进行提前选举，他信和泰爱泰党可能在选举后被剥夺其政治合法性。一方面是人民民主联盟施压要求他信辞职，而另一方面是他信的坚决抵抗，泰国政治正因此走向一个死胡同。一旦他信离职，泰国国王可能会出面干预这一段权力的真空期。由国王任命的临时政府将监督宪法的修订并为新的选举铺平道路，恢复政治秩序和正统[15]。

当城市少数派系在首都街头信誓旦旦说要推翻他信的时候，他们就不应该对泰国稚嫩的民主规则视而不见，就不应该对他信长期致力于受压迫的农村问题视而不见。他们必须尽全力去维护宪法中的制度和条款，并且给予他们的农村同胞更多的关注。他们不应拥立像他信先生这样的人来当权，而又在他信取得两次选举胜利的五年后在街头将他推翻，然后依赖他们年迈的君主来收拾残局。少数派有权将他信推翻，但同时也有责任支持宪政以及缩小城乡分化，起初正是这样一种使命才把他信推上了权力的宝座。对2005年的泰国进行回顾可以看出，他信弄权不仅促进了他信公司也促进了“泰国公司”的发展[16]。在他当权期间新集团以超过三倍市值的价格出售，他信因此从他信公司成功套现。新集团丑闻引发的政治负面影响也使得他信不得不放弃“泰国公司”。而在2006年政治危机中所暴露出的政策混乱，社会对立分化，未完成的外交政策尝试，收入差距以及地区分化问题还有待将来的政府去解决。

［原文“Thaksin’s Political Zenith and Nadir”载于《东南亚事务》（*Southeast Asian Affairs*）2006年，第283—302页］

## 注释：

1 查阅详细资料，参见Thitinan Pongsudhirak, *Thai Politics After the 6 February 2005 General Election*, Trends in Southeast Asia series (Singapore: Institute of Southeast Asian Studies, March 2005)。

2 *Matichon sudsapda*, 1-7 April 2005, p. 10; Thitinan Pongsudhirak, “Thaksin’s Second Chance in Thailand”, *Straits Times*, 26 March 2005.

3 “Annual Convention: Thaksin Calls for Reform of TRT”, *Nation*, 25 April 2005.

4 *Matichon sudsapda*, 29 April-5 May 2005, pp. 11, 13-14.

5 “Easy Win for Suriya as ‘Rebels’ Hide”, *Nation*, 30 June 2005.

6 “Cabinet Reshuffle Announced”, *Nation*, 2 August 2005.

7 这个部分摘自“Thailand’s Emergency Decree: No Solution”, *International Crisis Group Asia Report*, October 2005; Rohan Gunaratna, Arabinda Acharya, and Sabrina Chua, *Conflict and Terrorism, in Southern Thailand* (Singapore: Marshall Cavendish, 2005)。

8 *Matichon sudsapda*, 25 November-1 December 2005, pp. 9-12.

9 议会打算替换审计署署长（the Auditor-General）扎鲁万·迈达贾（Jaruvan Maintaka），但由于国王没有签字同意新的候选人而作罢。这被视为他信与国王之间紧张关系的一个突出案例。参见“Committee Agrees to Reinstate Jaruvan as Auditor-General”, *Nation*, 16 February 2006。

10 参见<http://www.nationmultimedia.com/specials/sondhi/>。

11 *Matichon sudsapda*, 27 January-2 February 2006, pp. 9-16.

12 Thitinan Pongsudhirak, “Thaksin’s Political Insurance Policy”, *Bangkok Post*, 26 January 2006.

13 *Matichon sudsapda*, 3-9 March 2006, pp. 9-12.

14 This section draws on the *Nation*, various issues during 25 February-15 March 2006.

15 Thitinan Pongsudhirak, “Thailand: Thaksin’s Challengers Have Responsibilities, Too”, *International Herald Tribune*, 14 March 2006.

16 Thitinan Pongsudhirak, “Thailand: Democratic Authoritarianism”, *Southeast Asian Affairs* 2003 (Singapore: Institute of Southeast Asian Studies, 2003).

# 泰国2006年

Thailand 2006

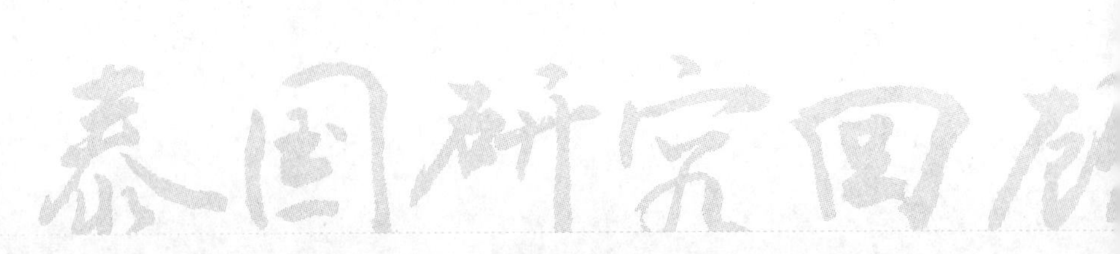

# "9·19"政变的教训：推进泰式民主？

【澳大利亚】Surin Maisrikrod①著　　郭粒粒　姚键　译

在2006年的"9·19"政变后两天，英国政治学家邓肯·麦卡高（Duncan MaCargo）就泰国人解决政治问题的野蛮方式做了一番评论。他在《卫报》的评论中写道："此刻，那些洋洋自得的泰国精英们应该感到深深的羞愧：为什么事实证明他们只能诉诸不合时代潮流的军事干预手段来推翻他信政府呢？"[1]事实上在政变之后第二天，麦卡高就在英国广播公司（BBC World Service）发表其观点，认为时至今日泰国人依然丝毫不懂民主和法治。在他看来，这次政变显然是一次民主的倒退。

表面上看，最近这次政变与往常一样，都是由陆军牵头的武装力量从滋生腐败、滥用职权的民选政府手中夺取政权，并信誓旦旦地承诺将恢复国家的民主。泰国政局在短暂的议会政治与军事接管之间反复摆动的频率不断加快。这样的"恶性循环"在20世纪70和80年代十分普遍。然而，如果考虑到影响泰国政治制度的文化和历史因素，则有许多情况说明最近这次民主倒退与之前的状况是有所区别的。其中最令人感兴趣的是"泰式民主"（TSD—Thai-style democracy）这个概念的出现，这是作为除了西方民主之外泰国的又一选择。这也许是在过去的74年当中，泰国和西方的泰国政治分析家没有予以足够重视的方面。

泰式民主概念产生于泰国知识分子们就政变的好处展开激烈辩论之

① Surin Maisrikrod是澳大利亚昆士兰詹姆斯库克大学艺术与社会科学学院（the School of Arts and Social Sciences, James Cook University, Queensland, Australia）政治学高级讲师。

际。这场辩论涉及许多方面。首先，君主的角色在“泰式民主”的发展进程中得到了前所未有的强调。其次，政变是守旧的传统主义者——或按照一些人的说法，也可称为保皇主义的传统主义者——对他信领导的包含各个权力集团和资产阶级在内的强大政治联盟的一次反击，后者在过去5年间将前者逐渐边缘化。这使得“9·19政变”不同于以往历次政变。以往的政变主要是保守势力为了防止左翼势力的政治影响而上演的。再次，政变为“官僚政体”的回归铺平了道路。“官僚政体”是1932年后在泰国占主导地位的政治形式，但在过去15年间已经衰微。最后，泰国选举政治的作用，特别是其作为政治官员合法化机制的作用引发了争议。这篇文章将首先分析以上这些问题以及“泰式民主”的理念，然后讨论有关新近农村地区政治化的政治意蕴。

## 《1997年宪法》下的体制改革：过于理想化？

要对他信担任总理期间的历史背景进行简短的讨论，需结合理解由政变引起的一些关键问题，这些关键问题将对泰国政治形势的未来发展产生深远的影响。

他信政府是1992年“黑色五月”（Black May）后政治改革运动的产物。当时的“中产阶级革命”推翻了由素金达·甲巴允（Suchinda Kraprayoon）将军领导的军事政权。1997年新宪法是这次改革运动的高潮。这部被誉为泰国最进步和民主的宪章，其主旨在于为进一步实现泰国政治民主化制订重要措施和制度。这一系列体制改革的主要特点如下：

- 推进人民参与政治进程与决策：加强法治和人权；言论、宗教和集会自由；享受卫生保健和12年免费教育的权利；以及对政府机构所掌握的公共信息具有知情权。在这个方面，宪法的其他相关规定还包括弹劾涉嫌腐败或滥用职权的官员须至少5万名合格选民直接向议会提交议案或者请愿。宪法同时强调对政府的权力与职能实行分权，交由府、郡、次郡的当地人管理。宪法要求地方政府机构中的所有人员由选举产生并拥有金融、税收和人事管理的决定权。宪章还认可社区组织和非政府机构在诸如环境保护和监督国家选举等方面决策时的作用。

• 建立更强有力的制衡制度，实行政府和官员行为问责制：宪法规定了相关的措施，防止利益冲突，确保从政为官的诚信度和问责制，促进民众参与各级政府权力行使情况的审议。例如：禁止政府官员从国家谋取任何形式的特权，禁止在公司中拥有超过5%的股份，并且要求任职、离任时或离职一年后公布其资产和债务状况，包括子女和配偶的财产。如果发现个人“异常富有”，国家反腐败委员会（NCCC—National Counter-Corruption Commission）须报告给检察机关并进入最高法院审理程序。获罪的官员五年内将禁止从政。国家成立了一批负责监察政府官员或高级政府官员滥用职权情况的重要机构，包括泰国选举委员会（ECT—Elections Commission of Thailand）、国家反腐败委员会（NCCC）、宪法法院（CC—Constitutional Court）。行政法院（AC—Administrative Court）、议会监察专员办公室（OPO—Office of Parliamentary Ombudsman）、全国人权委员会（NHRC—National Human Rights Commission）、国家审计总署（SAC/OAG—State Audit Commission and Office of the Auditor-General）、国民经济和社会咨询理事会（NESAC—National Economic and Social Advisory Council）以及国家广播与通信委员会（NBC and NTC—National Broadcasting and Telecommunications Commissions）。

• 预防联合政府发生动荡，培育一个强大的执行机构，以确保政府的政策能够得以顺利持续的贯彻实施，尤其在经济发展领域。这就要解决泰国议会体制在过去30年来的一个突出问题，即缺乏一个稳定的政府。此外，宪法还就如何产生与保持坚强有力的总理职权、担当责任的职业政党以及更高效能的国会等方面做出了规定。

• 改革选举制度以确保选举公正，以确保选民能够真正地行使其至高无上的权力，而不是将选票卖给出价最高的贿选人：《1997年宪法》试图禁止那些无能、腐败和无耻的政客担任议员。众议院是其中的一个重大变化，即下议院新的人选构成。下议院将由两种类型的议员构成——100名议员由政党名单制（party-list system）产生，400名议员从全国76个较小的单议席选区（single-member constituency）产生。选区由大化小，主要是从小选区可降低竞选花销考量，从而能让贫穷但符合资格的候选人参与议员竞选。

政党名单制的基本原理是允许选民表达其对政党方针路线的偏好。为了吸引选民投票，政党须把颇具资历与知名度并在专业领域内取得突出成就的候选人列入政党名单中。与此同时，政党名单中的候选人可以在一定程度上免去参加个人竞选的麻烦。这对缺乏竞选技巧或者不喜欢在政治竞选中“毁谤”对手的人来说具有吸引力，如成功的商人、学术界人士或退休的外交家。

上议院第一次按简单多数制直接选举产生出200名议员。自此以前，上议员由总理任命，因而造成上议员对政府立法投赞成票。根据《1997年宪法》，当选上议员被赋予了更多制衡权以确保政府对廉洁透明和问责制的执行。上议院的权力空前强大，其中包括选拔、任命、提名或批准以下部门人员职务：选举委员会、议会监察专员办公室、全国人权委员会、宪法法院、司法委员会、行政法院、国家反腐败委员会和国家审计总署。这些机构将在上议院的监督下共同行使对政府的问责制。上议员任期6年，不得连任，以杜绝政治偏袒。这次改革大大转变了过去上议院唯政府马首是瞻的情况。

强制性投票也是首次被纳入《1997年宪法》。此外按照宪法规定，《1999年选举法》作为一项基本大法，规定所有符合资格的选举人可以在其所在地进行投票。这适用于迁移的人群，尤其是从外府移居曼谷工作的人，以及旅居海外的泰国人。

令人遗憾的是，在他信总理执政的头5年，即新宪法实施期间，由于这位总理的干预和操控，一些重要的问责机构并未发挥作用，包括国家反腐败委员会在内[2]。选举委员会分别在2001年和2005年举行了两次大选，并且能够在一个合理的程度上运用新的选举规定，以杜绝包括贿选和其他舞弊形式的选举违规行为。但是它最终仍然未能阻止保守腐败的政客当选。在农村地区，政治庇护制度仍然破坏了民众在选举过程中的参与意义。贿选依然存在，并且有关恐吓威胁选民为某些候选人投票的报道不绝于耳[3]。在《1997年宪法》下举行首次大选之后，麦卡高发表评论说："泰国政治在许多方面几乎毫无变化。金钱仍然左右着谁将赢得选举并获得内阁席位。政治仍然主要是机会主义者和皮条客们的专属领地，容不得哪怕一点点的真诚和公益精神。"[4]

"9 · 19政变"废止了《1997年宪法》，但一些重要的独立机构却得以保存，包括选举委员会、宪法法院和行政法院。选举委员会选出一位前大法官担任委员会主席，替代了与他信过从甚密的原任警上将。

## 2001年选举和他信政权的出现

《1997年宪法》下的首次大选于2001年1月举行。他信的泰爱泰党（Thai Rak Thai Party）获得了压倒性的胜利。这次胜利被誉为开启了泰国的新民主时代，强大的制衡体系、强政励治的政府以及民众广泛参政议政三者并存。然而，三年后的真实状况却与此大相径庭。他信绝非是民主主义者，他的执政方式甚至类似于独裁。滥用职权、任人唯亲以及恐吓威胁政敌的案例随处可见。政治评论人士采用了多个术语来形容他信的统治，如他信经济学（Thaksinomics）、他信式民主（Thaksinocracy）和他信式任人唯亲（Thaksinocrony）。总之，这些统统都是"他信政权"（Thaksin

Regime）的代名词。他基本无视这部借鉴西方民主模式而制定的《1997年宪法》的价值观与目标。

特殊的时代造就了他信的崛起。1997年泰国经济崩溃后，他踩着民族主义浪潮一路坐上了总理的宝座。国际货币基金组织（IMF）协调各方提出了救助方案。作为救助计划的一部分，允许国外的跨国公司购买泰国的资产。这引发了泰国人强烈的仇外情绪——认为国家将被卖给西方国家或外国公司。1997年11月经济危机之后，川·立派（Chuan Leekpai）当选为泰国总理。人们认为他领导的民主党（the Democrat Party）是卖国党，与国际货币基金组织和其他外国机构相互勾结，将国家“出卖”给外国资本家。

他信充分利用了公众的这种情绪，并将自己的形象塑造成为从外国人手中拯救泰国的“白马骑士”。他的人气迅速攀升，得到了来自保守官僚机构、中产阶级、知识分子、企业、非政府组织（NGOs）、民间社会团体以及媒体的广泛支持。他于1998年建立的泰爱泰党也迅速地发展壮大。事实上，泰爱泰党是一个由国内新兴资产阶级、白领/中产阶级、中小企业家、初出茅庐的政治家和技术治国论者（technocrat）组成的同盟，它与军队和国家警察建立起了密切的关系。他信此前的个人事业成就赋予了他打造如此强大的政治联盟的能力。首先，他拥有令人羡慕的教育背景。他上过泰国军官预备学校，从这里毕业的学生将进入四大主要军事领域服役——陆军、空军、海军和警察。因此，他信在这四大军事领域都有朋友。他信曾获得美国大学的博士学位，人们称他为博士，并把他归为知识分子。作为资产上亿的成功商人，他信又是令人羡慕的商界精英。在他的前任中，还没有人同时兼具这些资历。富有的企业家往往是未受过正规教育的华裔移民，而受过高等教育学位的贵族阶层却对生意界不感兴趣。20世纪70年代到80年代，现代泰国政治具有一个显著的特点，即将两类人的优势结合起来的一个重要方式——对政治不感兴趣的泰国华裔为受过良好教育、有政治悟性的泰国人提供资金，帮助他们步入政坛以保护自己的商业利益。但是他信却集这些品质于一身，这使他成为“绝佳”的领导人选。

在他信的仰慕者和支持者当中，有一个学生领袖群体被称作“十月党人”（Octoberists）——在1973年10月到1976年10月期间，他们抵抗军事独裁统治，并将民主引入了泰国。他们大多数是农民、劳工、小商人和政府中下层官僚的子女。“十月党人”才智聪明，渴望出人头地，希望拯救穷人，尤其是个个政治才干了得。正是这些“十月党人”向他信提供了许多进步的政策建议和成功的政治策略，并为他信与非政府组织以及其他农村草根群体之间建立起了紧密联系——至少最初是如此的。他们在他信势力崛起的过程中扮演了关键的角色。同时，他信还拥有工商集团的支持。例如，占2002年泰国股市市值20%的七大企业帝国控制着他信政府[5]。

可以预见的是，通过其草根政策，他信领导的同盟赢得了选举政治，并获得了对议会的支配权。这些政策包括“百万泰铢乡村贷款”计划、“小额信贷”计划、“小农户缓期还债”计划，以及“三十泰铢治百病”计划。他信拥有几乎绝对的权力这一新的政治现象，显然对国内其他现有的势力构成了威胁。他正在这个国度建立一种长期的政治霸权——一种零和游戏——“要么与他为友，要么与他为敌”。

他信当权后，通过以下途径进一步巩固了他的地位：

• 巩固一党执政：尽管泰爱泰党在议会中占有压倒性的多数，但通过兼并小党派，泰爱泰党的地位又得到了进一步的巩固。他信通过这种方式控制了下议院500个席位中的339个。这使得其对手无法针对他发起不信任案，因为宪法规定发起不信任案至少需要200票通过。

• 利用政治权力为其企业谋利并扩大他在商界的地盘：他信经由政府获得特许经营权，从而打造了他个人强大的电信企业。他所拥有的权力也确保了其企业的长期扩张。他总爱说将担任8年总理，而他的政党将执政至少20年。按照《1997年宪法》的规定，他信政府应组建国家广播与电信委员会（the National Broadcasting and Telecommunication Commission）。但是，由于其对频段和其他电信业务的统一管制分配职能可能触及他信私人企业的利益，国家广播与电信委员会的组建进程非常缓慢。2003年下半年，政府颁布紧急法令（Emergency Decree）而非议会法案（Act of Parliament），决定修改国家电信机构和私人特许经销商之间的相关约定，内容涵盖特许经营费和消费税。消费税按固定税率缴纳，而特许经营费根据利润率缴纳。他信的移动电话公司将从中受益。同时，他信边缘化了一些由技术官僚控制并在传统上能影响政策制定的经济机构——尤其是泰国央行（the Bank of Thailand）和国家经济与社会发展委员会（NESDB—the National Economic and Social Development Board）。

- 强化并控制安全机构：为了强调政治秩序和政治稳定，他信不惜以牺牲人民的自由和权利为代价。人们期望政治稳定有利于促进企业成长和经济发展。反对派常常被贴上非建设性和“不爱国”的标签。这便是试图建立社会秩序却阻碍了公共问责的症结所在。例如，2003年年初，在政府打击贩毒的行动中，2 500名嫌疑犯被执行了法外处决。他信无视来自全国人权委员会和国际人权组织的抗议。由于对秩序和社会稳定的重视，国家专政机器得到了进一步强化，包括警察部队、军队以及内政部（the Interior Ministry）。与此同时，他信将其亲信安插进安全部门并委以重任，这些安全部门包括陆军、空军和国家警察部队。他还迅速将他妻子同父异母的兄弟提拔为海军上将，又将其妹夫委任为司法部（the Ministry of Justice）常任秘书。

- 谋求对包括宪法法院、选举委员会和上议院在内的问责机构实施影响：一位对他信不满的上议员颂吉·奥韦姆（Somkiat Onwimon）抨击他信说：“议会十分软弱。下议院被政党操纵，而上议院则四分五裂。实际上，政府正在逐步蚕食上议院的权力。尤其当政府决定通过一项对电信行业（由他信及其密友所有）有利的议案时，对政府议案投赞成票的上议员数量会增加50至80人不等（总数200人）。”[6]

• 驯化媒体并使民间社会力量边缘化：他信通过使用他及其好友企业广告费，并给各类政府部门划拨巨额公关费预算，从而将媒体拉向了政府一边。泰国媒体的自我审查制度已经非常普遍。他信还收购了一家电视台。非政府组织受到冷落、取笑、威胁，甚至因为批评政府而遭到起诉。他信将一种新的政治语言带入政府。泰爱泰党的“新思想，新行动”（think new, act new）不仅仅是一句口号。它带来了一种新的政治活力和气象。至少在他信担任总理的早期，他给人们注入了新的信心，尤其是强烈的创业意识。人们相信，在他信的领导下经济状况能够得到好转。他计划斥巨资在城市和农村推行草根政策与促进消费，使得实现“迅速致富”不再是一句空话。当人们通过小额贷款计划和其他便利的信贷赚到了真金白银时，人们感到经济状况的确有所改善。

他信通过官僚机构改革和其他途径给公共管理引入了一种商务管理模式和文化。电子政府、CEO管理模式等代表高效行政管理的术语以及国际竞争力得到了大力推广，这些新的管理模式取代了基于规则的旧式的官僚精英统治。他信认为管理政府如同管理公司，这意味着处理国家事务方式的重要转变。“公司即国家，国家即公司；两者相同，管理亦然。”[7]

## 他信与民主

《1997年宪法》是针对泰国政治弊病的一剂西式药方。他信并未采纳。尽管他信是借了民主的东风，但却透露他对民主并不感兴趣。如他所说，“民主只是工具，并不是我们的目的”。他想要的是“平静的政治”（still politics），即一种没有强大制衡制度或其他诸如言论自由与反对党之类的平衡势力累赘的政治模式。对他信来说，“平静的政治”可以让他政令通达，不受阻碍；“平静的政治”可以让他在政府机构或者其他问责机构如宪法法院、国家反腐败委员会以及国家选举委员会中的重要位置安插他的亲信。

他信虽然满口民主，但是却赤裸裸地排斥民主的实质。在西方，民主是一种生活方式，体现在社会生活的各个方面，而不仅仅是在官方机构中。但民主的理念和实践在包括泰国在内的第三世界国家中却基本不存在，这才让他信能够为所欲为地实施不民主的政策。西方的民主早已不仅局限于投票，而泰国的民主却止步于此。他信的民主被批评人士评价为“三秒钟”的民主。一旦选民填写完选票，民主也就结束了。

他信对外府地方政府实施自上而下、专制主义的CEO管理风格。他挑选了一批重点府省来“实验”府尹与首席执行官（CEO-governor）体制——府尹和首席执行官是泰国地方政府的关键所在。此举旨在提高效率和国家的国际竞争力，但却与参与式民主背道而驰。它破坏了《1997年宪法》中将中央和地区机构的权力与责任下放给当地民众的设想。他信曾经通过国家电视台直播内阁会议，让公众了解了CEO式管理模式在现实中如何有效。直播中最与众不同的是他信对待部长们的方式：整场会议成了他信个人的一场“脱口秀”[8]。

## 他信倒台：丧失道德威信的选举力量

2001年正值泰国因1997年经济危机而持续受创之际，他信身边聚集了大批支持者，因为大家认为他代表了这个国家新的希望。到了2004和2005年，他信的支持者们纷纷弃他而去，因为他们认为他信缺乏统治国家的道德威信。原来的一些支持者变成了反对者。在他们看来，选举委任仅仅是赋予一个人成为领袖的部分合法性；而道德才是其合法性的另一个决定性因素。道德威信在政治领域是一个重要的问题。领导人想要赢得这一威信并不容易。圣雄甘地（Mahatma Ghandi）、马丁·路德金（Martin Luther King）、胡志明（Ho Chi Minh）或李光耀（Lee Kuan Yew）之所以仍然在他们的子民以及世界各地人民的心中占有一席之地，是因为他们具有卓绝的领导素质、伟大的个人牺牲精神、诚实守信的品质、爱国主义的情操，以及为了伟大的社会政治事业扶助弱者而奋斗不息的精神。

基于泰国的文化背景，政治领袖的一个重要的道德源泉是佛教所提倡的美德，包括诚实、正直、正义、仁爱、简朴、无私和奉献。人们普遍认为普密蓬·阿杜德（Bhumibol Adulyadej）国王无可争议地拥有构成道德权威的上述美德。帕塔那·葛迪阿萨（Pattana Kitiarsa）评论说：

> （他信的）政治权力来源于他的财富，常常与非道德性的……渠道相关联。人们不会把他视为是一位品德良好或者有超凡魅力的人或领袖。他无法取得像普密蓬国王及其手下（例如炳·廷素拉暖将军）所拥有的象征佛教正义的魅力光环。[9]

人们认为，国王及其手下代表着各种基于佛教的传统价值观和美德，而他信则与这些毫不沾边。这很好地说明了他执政合法性危机产生的原因。实际上，炳·廷素拉暖（Prem Tinsulanonda）在政变前出来反对他信并不仅仅是做做样子，炳代表了道德秩序。正是因为这一点，公众才将此视为是一场好人与坏人之间的战争，是一场有道德、爱国的泰国人和一个不道德、不忠诚并且对外国资本卑躬屈膝的泰国人之间的战争。这场政变实际上是佛法（道德/道义）与邪恶之间的较量。正如政变的一个重要领导人萨帕朗·开雅那密（Gen Sprang Kalyanamitr）所分析的那样：“要不是灾难即将发生，我们怎么会那么做。我们只想保护我们的祖国、君主制度和公共利益不受侵害。我们相信佛法终将战胜邪恶。”[10]

以佛教教义为基础的传统价值观和他信现代信仰之间存在巨大的反差，这从他信无休止地追求国际资本主义导向的经济发展与国王“自给自足经济”（sufficient economy）的理念之间的差异上可见一斑。国王的“自给自足经济”理念并不排斥市场的作用，而是强调一种更加均衡、全面与可持续的发展路径。正如前总理阿南·班雅拉春（Anand Panyarachun）所指出的：“受佛教的感召，（自给自足经济）强调将‘中间道路’（the middle path）作为检验所有人——无论是个人、社区、企业还是政府——行为准则和生活方式的高于一切的原则。”[11]

由于另外两个关键对手——布拉卫·瓦辛（Prawes Wasi）博士和退役的占隆·西蒙（Chamlong Srimuang）将军的出现，他信缺乏道德合法性的问题变得更为突出。这两人都以信守道德、廉洁奉公和刚正不阿的品格闻名，并且二人还都是虔诚的佛教徒。占隆一贯反对他信促进消费。他信本来计划收购英国的利物浦足球俱乐部，但因为这两位“道德卫士”的强烈反对而搁置下来。销售彩票以筹集资金的计划也遭到他们的反对，担心这会在泰国人，尤其是年轻人中进一步提倡赌博行为。

他信的其他支持者，包括非政府组织和民间社会团体中的成员，尽管不像布拉卫博士和占隆将军一样持强烈的道德立场，但已对他信倍感失望并开始质疑他的真实动机。如上所述，他信利用了国际货币基金组织拟定的计划出台之后被人们视为“卖国”计划这一时机，凭借爱国主义浪潮而当上了总理。但在他任总理期间，却未对川·立派政府时期的法规做任何变动，要知道，之前他曾轻蔑地把这些法规称为“11条卖国法规”。他的虚伪让支持者们感到失望。

颂提·林通恭（Sonthi Limthongkul），他信曾经的支持者，或许也是导致他信垮台的最大始作俑者。他为反他信活动开辟了一个新的极具杀伤力的维度：他信的反君主举动。从2005年末开始，林通恭每周末举办谈话节目，首先是在曼谷法政大学（Thammasat University）的礼堂而后转到曼谷中心的伦披尼公园（Lumpini）。涓涓细流，终汇成河，由此最终发展成为人民民主联盟（PAD—the People's Alliance for Democracy）。人民民主联盟计划在2006年9月20日举行大型示威游行，有人断言可能会与他信的支持者之间发生流血冲突。这便给了军方发动政变的口实，即防止流血事件的发生。

拥有1 600万选民的支持，这是他信在此之前走投无路之时屡试不爽的咒语，忽然间却变得毫无意义。他信的曼谷盟友们纷纷弃他而去，只剩下那些没有话语权的农村支持者追随其后。他变得更加举止无常。最终压垮他信的那根稻草是他将其家族的电信业务帝国——新集团（Shin Corp）以732亿泰铢卖给了新加坡国有企业淡马锡（Temasek）控股，未向国家缴纳任何税收。他作为一名为穷人和国家谋福祉而奋斗的民族主义者的形象被彻底抹杀。事实上，在他任总理的末期，他的一些亲信，包括副总理威萨努·科乐昂（Wissanu Krue-ngam）博士和他的秘书布隆萨·乌旺诺（Borwonsak Uwano）博士也纷纷弃他而去。

## 朝泰式民主前进？

表面上看，2006年9月的军事政变是泰国民主萌芽的一次倒退。但这仅仅是以西方民主标准衡量的结果。而现在更为实际的是，“泰式民主”作为合法的政治理念为人们提供了除西式民主之外的另一个选择。人们对“泰式民主”理念并不陌生。过去，这个概念是用来嘲讽泰国民主的。更为重要的是，在过去五年里关于“泰式民主”的讨论反映出该理念的拥护者们在政治上已变得相当成熟——这种成熟是随着他们对泰国民主过去的失败的激烈争论和分析累积起来的。

证据何在呢？首先，许多像沙能·占玛（Saneh Chammarik）和布拉卫·瓦辛一样具有社会影响力的学者们认为，政变是泰国解决政治问题的独特方式[12]。事实上，帕塔纳指出，这种解决问题的方式植根于泰国“赞颂或保卫国王与国家，即便要停止民主的进程也在所不惜”的传统[13]。

其次，这是第一次引发泰国精英激烈争论的政变，争论的双方分裂成为支持政变和反对政变的两个阵营。历史上，泰国的知识界和中产阶级从未对政变产生过分歧。政变最终是不被接受的。在更广泛的层面上，争论更多的是关于政变的好处。政变的支持者认为，夺权是用“必要的罪恶”来除去比军事政变更大的罪恶——他信政权。他们进一步主张，用法律手段已经不能有效地使他信就范。像沙能·占玛教授、布拉卫·瓦辛教授和提拉育·布米（Thirayuth Boonmi）教授这样有影响力的知识分子就是这一阵营的代表。

不出所料，这引发了亲西方自由民主党人的强烈反应，情有可原，也包括那些身在西方国家的泰国人。对于这些知识分子而言，民主原则是必须坚持的，并且无论在什么情况下都不能使用非法手段颠覆一个民选政府的正当性，不管这个政府如何滥用职权以及有多么腐败。当然，这是在西方的外国领导者对泰国政变的主要观点。帕塔那·葛迪阿萨对对立阵营双方均有清晰的描述，并把他们分别称为“泰式民主”的倡导者和西方民主的倡导者[14]。换句话说，这些对立观点可以看作是泰国和西方关于政变的不同观点。从某个方面来讲，这与双方在文化和经济上等其他领域所持有的不同观点是一脉相承的。这类似于东亚和西方学者以及政策制定者在民主和人权的普遍性和文化相对主义问题上所展开的长期辩论。这也可以解释为主要是以规则为基础的西方政治和以文化为基础的第三世界国家务实政治之间的差异。

泰国的知识分子之间以及他们与西方持不同观点的人之间关于泰国政变的辩论是前所未有的。任何一方都不能小觑。赞成政变的知识分子并不是站在情感的立场，而是经过了深思熟虑。在过去几十年，他们经历了无数次的政治危机，甚至不惜冒着生命危险尝试“拨乱反正”，并发挥了关键作用，而且已经在脑中对他们为之奋斗的民主有了清晰的概念。换句话说，这些人并不是突然间明白什么形式的民主才是适合泰国的。虽然对于“泰式民主”的特征还没有十分清晰的说法，但泰国著名的学者素拉·司瓦拉差（Sulak Sivaraksa）对此提出了他的一些看法。他认为“泰式民主”是植根于佛法的（佛教中的美德和原则）[15]，包括“善治、正义的统治者和佛法王权”[16]。

其他一些泰国学者也就“泰式民主”发表了各自的见解。朱拉隆功大学（Chulalongkorn University）政治科学院前院长阿玛里·朋萨皮（Amare Pongsapitch）教授强调，历史和文化因素在塑造不同国家民主形式时发挥了重要作用。作为一位曾在筛选新宪法起草成员中发挥了关键作用的学者，阿玛里认为“泰式民主”的特点应该是将部门代表制和更为常见的普选制相结合。她还把这个想法置于亚洲民主的背景之下：

> 泰国是时候探索发展“泰式民主”的路径了。我们也到了接受不同社会和历史背景下所产生的不同形式的民主的时候了。……纵观亚洲国家，我没有发现一个国家采取的是西式的民主。因此，我们有必要另写一本关于亚洲民主的教科书。[17]

泰国国立法政大学历史学家猜瓦·布那郎（Chaiwat Boonnag）赞同泰国应该提倡一种“首先植根于‘亚洲风格’而后体现‘泰国风格’的民主”。他同样也支持部门代表制。他认为不同的部门应该有他们自己的代表体制，这也包括王室[18]。

在君主立宪制下讨论部门代表制是前所未有的。由此看来，他信时代引发了人们对于君主在泰国民主中的作用的重新思考。来自威斯康星大学的泰国教授通猜·维尼察古（Thongchai Winichkul）认为，这次政变并非军事政变而是“保皇派别有用心发动的政变”[19]。在通猜看来，保皇派推翻他信的原因是这位前总理“寻求扮演拥王者的角色”，而这必将破坏枢密院的作用，因为枢密院自认为在王位继承上起着不可或缺的作用[20]。因此，从通猜的观点来看，王位继承问题还因泰国政治中其他一些重大支撑力量变得错综复杂，亦即民主化的问题（包括政党、民选政治家和议会）以及军队的作用问题。

虽然外国记者、评论家和学者自由讨论泰国的君主制问题已有一段时期——以批评为主——但泰国知识分子却一直不忍心这么做。其部分原因可能在于他们担心会落下个“大不敬”（lèse-majesté）的罪名，这在泰国属于刑事犯罪。但也部分因为泰国的学者像大多数泰国人一样十分尊敬君主。毫不夸张地说，泰国的学者如多数泰国人一样，非常敬重普密蓬国王，因为他们相信这位君主在过去的60年里为泰国及泰国人民的团结、良好形象和福祉做出了卓越的贡献。国王被认为是集泰国政治、社会、文化和精神领袖于一身。他忠于自己的子民，是这个民族的灵魂。因此，许多人都认为国王是神圣的。

附带说一下，通猜或许是利用自己不在泰国的优势而发起了这场辩论，他的观点就应该得到重视。通猜所做的就是要让君主成为泰国民主化进程的核心。如上所述，将君主置于民主化进程的核心能够让人们对植根于佛教原则和道德的“泰式民主”理念产生更多的信赖。换句话说，以国王为政治中心就是以道德为政治中心，因为国王代表着最高的道德秩序。

尽管还没有任何具体的说法，但“泰式民主”的理念表明，人们相信通向民主的路径不只一条。这是泰国人头一次讨论基于文化背景的政治模式。类似的争论过去也在其他一些亚洲国家出现过。当20世纪90年代一场关于亚洲式民主和西方式民主的辩论在新加坡和马来西亚轰轰烈烈地展开时，泰国的知识分子对此不屑一顾，仍然坚持对民主达成“共识”。他们基本上可以得心应手地处理民主问题，并全盘接受了西方民主意识作为其恰当的民主模式。因此，泰国的知识分子在那时认为自己比马来西亚和新加坡的知识分子更具备民主意义上的“文明”。

## 选举政治中的弊端：文化角度的分析

民主最常见的形式是代议制民主，而选举是使其合法化的重要机制。选举被普遍认为是对人民主权的一种诉求。然而，在许多发展中国家实际的政治体制中，选举权是人们表达基本民主权利的唯一方式，而给予选举权也并非那么爽快，甚至在很多情况下是很成问题的。泰国就是这样一种情况。泰国选举在多大程度上可以被看作是产生一个政府的合法机制？人们应该如何正确看待所谓的“选举授权”？归根结底，一个国家的民主水平并非仅仅看投票行为。更重要的是看选民心中想的是什么。换句话说，投票既是一种政治行为也是一种文化行为。仍然可以授意泰国选民如何投票，这一事实让这项“神圣”的政治实践很成问题。历届选举都是这些政客不断玩弄包括贿选和威胁恐吓一类老掉牙的政治把戏来获得选票。这种情形至今几乎毫无改变。他信比其他任何人更明白这一点，因而劝诱其他政党中的资深议员。这些老资格的政客将他们的庇护网也一并带进了泰爱泰党。随着传统的庇护网不断融入泰爱泰党，其所谓的“选举授权”变成了一句空话，也让民主这一概念变得荒谬可笑。

泰国社会仍保持着森严的等级制，庇护体系仍十分强大。人民对公民权利的理解十分浅薄，说来令人失望。例如，在政府打击毒品走私和毒品交易时，大多数人在调查中表示同意采取镇压的方式——法外处决，即让其绕过正当的司法程序。人们这样的状态将不利于民主的发展。但文化能被改变吗？泰国人能被改变吗？答案是肯定的，但只是过程会相当缓慢而漫长。

# 传统卫士进行反击：危险何在？

传统主义卫士——或者说保皇派传统主义者的反击与“泰式民主”的思想不无干系。这场由枢密院主席炳·廷素拉暖领导的反击，其矛头直指国内新兴资产阶级、“十月党人”、非政府组织以及他信领导的农村草根阶层组成的强大联盟。新联盟的崛起在政治、经济，甚至文化方面将传统主义守护者边缘化。从这个意义上说，政变与争取民主的斗争没有太多关系。相反，它是传统主义卫士通过军事斗争来维护自身的影响力。更具体地说，20世纪60年代和70年代的政变是为了保卫民族、宗教和国王，抵御左倾政治的威胁。而这次的威胁则来自于他信领导的以资产阶级为主的政治联盟。

在政变前，他信及其幕僚向那个他称之为“具有超凡魅力的人”发起了恶毒的攻击，指控此人通过违宪手段密谋推翻他信。他信没有公布这个人的名字，但据了解此人就是前陆军总司令和国家总理，现任枢密院主席炳·廷素拉暖。其实在指控发出前几周，炳身着军服在一系列军事会议上发表讲话，提出了善治和正义领导的概念，实质上是在批评他信及其政府。这次演讲实际上是呼吁军队忠诚于他们的君主而非政府。这完全是在针锋相对，等于在呼吁军队联合起来反对他信政府。

炳在1980年到1988年担任总理期间，和他有着密切联系的重要人士在政变前后发挥了关键作用。这些人都是传统主义卫士，包括米猜·雷初攀（Meechai Ruechuphan）、巴颂·顺西里（Prasong Soonsiri）和占隆·西蒙（Chamlong Srimuang）。米猜现任由军方任命的国会上议院议长，曾在炳的8年总理任期中长期担任部长。在政变中起到关键作用的巴颂目前是国民议会中的成员。他在炳出任总理时期曾是国家安全委员会（National Security Council）主任以及总理府秘书长。占隆还曾在20世纪80年代任炳的秘书长。因此，由军方任命的总理素拉育·朱拉暖（Surayud Chulanont）的内阁成员和国民议会成员都是现任或以前的技术官僚和军官。

## 官僚政体的回归？

炳的旧相识在政变前后及期间发挥了关键作用，并且这些传统卫士在政变后担任了重要的职务，这引发了人们对另一个问题的思考："官僚政体"模式的回归是否会成为泰国政坛显著特征？1932年之后，官僚政体曾在泰国政坛占主导地位，但在随后15年间渐渐衰微。官僚政体赋予了以军方为首并受到国内资产阶级和中产阶级的支持的官僚精英阶层极大的特权。

炳就是官僚政治的拥护者。在国家经历了1973至1976年的民主动荡后，他在1980至1988年任总理，他主政的这段时期成为最成功和最稳定的"官僚政体"时期之一。炳出任总理符合宪法。根据当时的宪法规定，总理不需要是当选议员，并且允许上议员一经任命——他们中的多数是在职和退役的官员和军官——即可参与推选政府首脑。炳从政党和技术官僚中挑选出他的内阁和顾问团成员。

官僚政体的回归可能会导致泰国新一轮的政治斗争。因为许多人会抵制官僚政治，尤其是军方如果打算更多介入政治的话。新宪法将决定官僚政体是否会成为现实。泰国的精英和知识分子已经厌倦了这一趋势，并表达了他们的担忧和不满[21]。

## "两种民主的传说"：一场赢取农村人心的战争

纵观第三世界国家，政体在城市（人们的生活以商业和工业为基础，受过更多教育，世故老练，更富裕，政治上更为自信）和农村（人们受教育程度较低，生活状况较差，政治上也更为被动）之间有一条泾渭分明的

界线。泰国的一位政治科学家阿内·劳覃玛塔（Anek Laothamatas）杜撰了这样一个著名的术语“两种民主的传说”[22]用来描绘现代泰国政坛：仅凭农村选票正常走上仕途的政治家往往被城市中产阶级，尤其是曼谷的中产阶级所推翻。更为尖锐的是，城市精英和中产阶级中的选民参与率向来就很低。这篇“两种民主”的文章的政治意蕴在于，政治家们为了要维护他们的权力需要投入大量精力和时间来讨好城里人，因而忽略了农村地区真正的选民。这种状况在泰国长期存在并根深蒂固，就如同在政变前曼谷的反他信势力所体现的那样。

现在的情况可能并不完全和过去一样。他信的草根政策——尤其是小额贷款计划——让农村人从中受益并清醒意识到政治与他们的生活息息相关。他信不仅将农村人看作他可以获取投票的来源，同时也把他们看作消费者。他相信如果给农村人足够的资源，他们可以创造相当额度的财富。他给农村人建立了一种希望，尤其是在经济意识方面。这是一种类似于“你也能致富”的花言巧语。他曾说，在他的总理任期内“将不再有穷人”。

他信在帮助农村人时表现得十分激进。他并没有通过传统的官僚渠道向村民发放好处，而是把好处直接送达到农民手中。这不但削弱了官僚体系，同时还对泰爱泰党这把保护伞下的政治体系以及与泰爱泰党政客有往来的商业实体，给予了实实在在的好处。从经济的角度看，他信帮助农村脱贫的计划是为了把农村和农村人口纳入整个国内市场——实际上也就纳入到了全球市场。从政治的角度看，农村人已经成为他信重要的支持者。消费主义思想正在取代民主参与意识。此外，他信领导的农村市场化也非常有效地孤立了非政府组织——要么自救要么毁灭的简单模式——这些组织从传统上讲本应长期依赖农村人来取得其合法性。将非政府组织与草根阶层相分离，削弱了民间政治团体，因而也削弱了民主。换句话说，通过农村的市场化/商业化，他信的作用在于让一个饥饿和沉睡中的农村巨人在政治上觉醒。这群被鼓动起来的人们将无法再回到过去的状态。因此，这场为赢取农村人心的战争将愈加激烈并且毫无疑问地长期影响泰国的政治。

# 结　语

自从1932年君主专制政体结束后，泰国的民主进程已经走过了74个年头。这是一条漫长而坎坷的道路。因为每个人的立场思想不尽相同，所以对于民主是进步了还是倒退了的评价也会大相径庭。造成人们很难去评价泰国的民主是失败还是成功的重要原因是评价的标准。很显然，如果按照西方的标准，泰国民主目前濒临死亡。这也说明了西方评论家，例如麦卡高总是说，泰国人并不了解民主和法治。实际上，泰国人从民主身上不但学到了不少东西，而且还逐渐认识到，应当严肃思考西方式的民主是否真的是泰国所要为之奋斗的。《1997年宪法》给在泰国建立参与式民主带来了希望。但遗憾的是在他信以及之后军方操控的政府领导下，泰国非但没能确立稳固的宪政反而经历了民主的倒退。因此，泰国现在正处于又一个岔路口。

“泰式民主”的概念便是在这样的背景下产生的。探讨“泰式民主”并不就意味着失败，反而是政治上的成熟。政变后泰国精英和知识分子之间激烈的思想碰撞，既是良性的，并且也是迈向成熟的标志。他信成立的政党称作泰爱泰党，他的口号是“新思想，新行动”。现在，他信虽然下台了，但也到了泰国人采纳这句口号之时，“泰国思维，泰国行为”。在建设“泰式民主”时，没有必要全盘抗拒西方民主模式。泰国人不能不分青红皂白地抗拒或者接受西方民主；而应该去反思，去倾听自己内心的想法，从自己国家的历史和文化中寻找答案。一个国家的政治制度不像技术设备那样可以引进并且立即投入使用。一种政治制度，以及民主是植根于文化和历史的，并且永远都不会改变。

［原文“Learning from the 19 September Coup: Advancing Thai-style Democracy?”载于《东南亚事务》（*Southeast Asian Affairs*）2007年，第340—359页］

## 注释：

1 Duncan McCargo, “Democracy’s Beach Holiday: Tuesday’s Coup Has Left Thailand in a Political and Moral Cul-de-sac”, http://commentisfree.guardian.co.uk/duncan_mccargo/2006/09/duncan_mccargo_onjhailand.html.

2 参见Alex M. Mutebi, “Thailand’s Independent Agencies under Thaksin: Relentless Gridlock and Uncertainty”, in *Southeast Asian Affairs* 2006 (Singapore: Institute of Southeast Asian Studies, 2006)。

3 参见Surin Maisrikrod, “Political Reform and the New Thai Electoral System: Old Habits Die Hard?”, in *How Asia Votes*, edited by John Fuh-Sheng Hsieh and David Newman (New York and London: Chatham House Publishers, 2002), pp. 187-209。

4 Duncan McCargo, “Democracy under Stress in Thaksin’s Thailand”, *Journal of Democracy* 13, no. 4 (2002): 125.

5 Rattapong Sornsuparb and Prachak Namprasarnthai, *The Economic System under Thaksino’s Model* (Bangkok: U-Express, 2003), pp. 91-93.

6 Somkiat Onwimon, “A One-Party Government: Feasibility, Implications on Thai Politics, and Some Concerns”, *Sor Sor Ror Newsletter of the Club for the Former Members of the Constitutional Drafting Assembly*, Vol. 1 (2004): p. 9.

7 Chumphon Phatraphon, *Thaksin rui thaorai nae* [How rich is Thaksin really], quoted in Pasuk Pongpaichit and Chris Baker, *Journal of Democracy* 16, no. 2 (2005): 62.

8 *Nation* (Bangkok), 11 December 2003, quoted in Pasuk Pongpaichit and Chris Baker, *Journal of Democracy* 16, no. 2 (2005): 58.

9 Pattana Kitiarsa, “In Defense of Thai-style Democracy”, http://www.ari.nus.edu.sg/showfile.asp?eventfileid=188, p. 6.

10 “New Style of Politics May Be in the Offing after CNS Steps Down”, *Nation*, 3 December

2006, http:/www.nationmultimedia.com/search/page.news. php?clid= 1 1 &id=30020580.

11 Anand Panyarachun, "HM the King Offers a Global 'Middle Path'", *Nation*, 5 December 2006, http:/www.nationmultimedia. com/search/page. news. php?clid= 1 1 &id=30020757.

12 Pattana Kitiarsa, "In Defense of Thai-style Democracy", http://www.ari.nus.edu.sg/showfile.asp?eventfileid=188, p. 6.

13 同上。

14 同上。

15 This is an interpretation of Sulak Sivaraksa's thoughts by Pattana Kitiarsa. 参见Pattana Kitiarsa, "In Defense of Thai-style Democracy", http://www.ari.nus.edu.sg/showfile>. asp?eventfileid=188。Pattana Kitiarsa, "In Defense of Thai-style Democracy", http://www.ari.nus.edu.sg/ showfile.asp?eventfileid=188, p. 4.

16 *Nation*, http://www.nationmultimedia.com/search/page. news. php?clid=5&id=30020450.

17 同上。

18 Thongchai Winichakul, "Bad Excuses for the Coup", http://rspas.anu.edu.au/rmap/newmandala/wp-content/uploads/2006/09/thongchai- per cent20bad per cent20excuseper cent20for per cent20the per cent20coup.pdf.

19 同上。

20 *Nation*, http://www.nationmultimedia.com/searcfi/page.news.php?clid=5&id= 30021697.

21 "A Tale of Two Democracies: Conflicting Perceptions of Elections and Democracy in Thailand", in *The Politics of Elections in Southeast Asia*, edited by R.H. Taylor, pp. 201-23. (New York: Cambridge University Press, 1996).

# 泰国：历史清算开启

【新加坡】Michael J. Montesano[①]著　　郭粒粒　姚键　译

## 引言：2006年11月12日铁西林寺

2006年11月12日下午，天空晴朗，阳光明媚；一群善良且虔诚的人们聚集在铁西林寺（Wat Thepsirintharawat Ratchaworawihan）参加由王室操办的江萨·差玛南将军（Genral Kriangsak Chomanan）的火葬仪式。江萨·差玛南将军在1977年至1980年间任泰国总理，于2003年年底去世。时隔三年，他的火葬仪式让人一瞬间感受到那早已久违的、倍感宁静与秩序的内心慰藉，尽管这一年泰国的时局发展令人迷茫沮丧。

出席葬礼的人中不乏在泰国近期历史上颇具影响的人物，包括泰国前外交部部长、空军元帅（退役）西堤·沙卫西拉（Siddhi Savetsila），前总理川·立派（Chuan Leekpai），以及20世纪70年代末期和80年代早期主要的技术治国论者（technocrats）。正大集团（CP—Charoen Pokphand Group）谢国民（Dhanin Chearavanont）也出席了仪式——或许是为了感念江萨任总理期间促成正大集团成为中国早期的重要外国投资商。

好像是在提醒大家过去不久的岁月，仪式在时间点的选择上颇有一番用意。尤其正值2006年9月19日曼谷军事政变后不到两个月之际，他们在此

① Michael. Montesano是新加坡国立大学艺术与社会科学学院（Faculty of Arts and Social Sciences, Southeast Asian Studies Programme, National University of Singapore）东南亚研究项目助理教授。

地相聚。江萨一生可算得上是政变老手。他是1976年10月政变的主要参与者。这场政变结束了泰国为期三年的开放式民主政治试验。一年后，法官他林 · 盖威迁（Thanin Kraivixien）领导的政府表现出了极端右倾的倾向，迫使江萨发动了另一次政变。这次政变事先并未征得王室的同意，政变后江萨成为泰国新的总理。在他执政期间，江萨开始抑制右翼势力、保皇群众运动以及农村童子军的政治影响力。江萨决心让泰国君主真正不干预政治，相信要解决国家面临的困境需要从体制上突破。因此，他只在极其必要时才与国王进行商议[1]。据说，这样的决断引起了王室对他长久的不满。

没有任何王室成员出席火葬仪式，由枢密院（Privy Council）主席炳 · 廷素拉暖将军（Prem Tinsulanonda）（退役）代表国王主持了11月12日的仪式。炳 · 廷素拉暖在葬礼中的角色不无讽刺意味。他曾是江萨内阁的成员。但1980年，在两位军官觐见了国王之后，江萨辞去了职务，而炳取代他成为总理。从此，炳开始了长达八年的总理生涯。尽管江萨身为杰出的职业军人、前武装部队最高指挥官以及担任总理职务，但参与了“9 · 19政变”的现役军官却无一人出席其火葬仪式。原枢密院大臣、退役将军素拉育 · 朱拉暖（Surayud Chulanont）在10月初由发动政变的军方委任为总理，当天却在拷艾国家公园（Khao Yai National Park）与来自以穆斯林为主、动荡不安的泰国南部的年轻人郊游[2]。而素拉育政府的副总理（兼财政部部长）、帕蒂亚通 · 德瓦库拉（Pridiyathorn Devakula）以及国防部部长出席了火葬仪式。

对于一个国境内正在激烈开战的国家而言，这样一个公开宣布的户外活动吸引了国内众多政坛名流，江萨将军的火葬仪式安保措施的缺乏是显而易见的。难怪乍都隆 · 采盛（Chaturon Chaisang），流亡前任总理他信 · 西那瓦（Thaksin Shinawatra）的泰爱泰党的代理主席，当天下午抵达铁西林寺时，激起了人们的热情与兴趣。

# 目中无人的他信：2006年1月1日到9月19日[3]

推翻民选总理他信的行动从一开始就具有很高的风险[4]。他信自以为是，直言不讳，决心重塑泰国政治秩序；毫不遮掩地实施富人治国统治，无所顾忌地卷入利益冲突；即便声名狼藉，也要固执己见，不愿做任何调整。如此种种一直对他的执政形成了真正的风险。当然，过去30年里，泰国的许多政治人物都是声名狼藉的。但与这些人的不同之处在于，他信身上还有若干让城市民众或者说相对较为富裕的人们赞赏的特质。这些人最不能容忍的就是外府政客的“教父”作风，他们在过去30年里主导着泰国的政治。而他信本人却是一位富有的儒雅之人，大谈特谈从那些浅薄的商务畅销书直接搬来的全球化问题。而他在商业上的成功则完全依赖于从政府获得的特许权，因为呼机、有线电视、手机和卫星都还属于高科技产业。况且，他信还拥有犯罪学的博士学位[5]。

虽然他信的这些“优点”打动了曼谷选民，但选民的善变却是出了名的，并且在2005年下半年表现得尤为突出。他信和泰爱泰党在2005年2月大选取得压倒性胜利8个月后的短短几周内，曼谷选民就开始对他信表现出明显的厌恶。通过与专业人士、办公室工作人员和其他首都曼谷市民的随意交谈，令人惊讶地发现，毫无疑问，他们已经迅速地“移情别恋”了。2006年开始，特立独行的传媒企业家，他信曾经的生意合伙人颂提·林通恭（Sonthi Limthongkul）领导了长达4个月的反他信运动，并且每次集会都吸引了数以千计的人参加。如果要彻底摧毁他信而不是让这场运动渐渐偃旗息鼓的话，颂提还急需有盟友或者绝好的时机。同时，他信总理和普密蓬国王（King Bhumibol）之间存在着摩擦在坊间流传已久，颂提对此非常清楚，因此标榜自己是为国王而战，尽管这多少让人感到有点怪异。为了向国王致敬，他开始表现出黄衫军的姿态并敦促他的支持者也效仿。

颂提与其支持者组成的强大联盟很长时间之后才粉墨登场，或者说才公开亮相。但1月下旬，他信就为反他信运动提供了一次绝好的机会。这样的契机竟然源于一纸协议。新加坡多种经营的国有控股公司淡马锡（Temasek）将收购新集团（Shin Corporation）。新集团是由他信成立的一家可称作泰国顶尖级的电信集团。他信最终由于同意出售公司而让自己从高空钢索上摔了下来。

他信和淡马锡之间的交易存在着诸多争议[6]。首先，他信显然直接参与了这次交易。这违反了泰国《1997年宪法》禁止内阁部长在私营企业担任实质性职务的规定。其次，影响了泰国证券交易所（Securities of Exchange of Thailand）的交易。作为新集团股份的合法持股人，他信及其家族成员均未为这笔18.5亿美元的交易上税。第三，就在达成这笔交易前几天，他信政府成功地把外资可收购泰国电信公司股份的上限提高，实际上等于把泰国政府授予的若干有利可图的特许权和优惠转让给了外国利益集团。

人们油然而生的愤怒成为颂提反他信运动的助推力。运动先从几十人的聚会逐渐发展成为曼谷街头数以万计的人参加的反他信集会，将最初一个人的运动演变成为了更广泛的人民民主联盟（PAD—People's Alliance for Democracy）。颂提和人民民主联盟先后鼓足勇气，请求普密蓬国王按照泰国《1997年宪法》第七条的规定，出面干预并指定一位新的总理。2006年，泰国人曾接受他信的提议，身着黄衣庆祝国王登基60周年[7]，而如今大批反他信的群众却绑上黄色的头巾或者穿着黄色的运动衫以示抗议。人们在这些集会中展现了良好的秩序和幽默感。同样引人注目的是，退役的占隆·西蒙（Chamlong Sirmuang）少将决定加入人民民主联盟。他是炳将军任总理时期的秘书长。占隆反对民选总理的历史可以追溯到30年前，即1976年他就参与了反对舍尼·巴莫（Seni Pramoj）的集会。1980年，他曾插手策划了由炳取代江萨的行动；1992年，他还领导了反对素金达·甲巴允（Suchinda Kraprayoon）的抗议活动[8]。占隆在20世纪90年代早期曾介绍他信加入他当时领导的政党。而如今，他却领导其禁欲主义的“正义大军”（Dharma Army）讨伐他昔日的门徒[9]。

2月23日，他信总理与枢密院主席炳会晤。第二天，他信宣布将解散议会并举行新的选举。4月2日进行的民意调查显示，选举只是他信的一厢情愿。人民民主联盟的集会还在继续，他们希望如果不通过民选，就由王室来任命一位新的总理。而反对党则拒绝参加选举。精心策划这一切的既不是民主党（the Democrat）领导人，也不是有希望成为下一任总理的阿披实·维乍集瓦（Abhisit Vejjajiva），而是民主党精明的前秘书长、退役的沙南·卡宗巴萨（Sanan Kachornprasart）少将。因此，在这样一场泰爱泰党无疑具有压倒性优势的选举中，民主党、大众党（Mahachon）和泰国民族党（Chat Thai）只好作壁上观。泰爱泰党在曼谷不太富裕的选民中和北部以及东北部农村中拥有的选民基础将确保他们在选举中获胜。

泰国《1997年宪法》规定，在执政政府成立前必须先建立完整的下议院，并且候选人至少须获得20%合格选民的支持。然而，4月2号的民调显示，泰爱泰党的选举阵营完全成了先前一些名不见经传的党派组成的大杂烩。但是据民调显示，有多达1 000万的泰国选民拒绝表明其对按照比例代表制选出议会20%席位的赞同态度；按通常理解，这些等于是投了他信的反对票。而与2005年按照政党名单制的选举中泰爱泰党获得的1 900万选票相比，这次泰爱泰党仅得到了1 600万的选票。实际上，泰爱泰党在曼谷和南部的选举中也都以失败告终。在首都36个选区中的9个选区，选民对泰爱泰党投出的“反对票”要多于赞成票[10]。并且在南部54个选区中的36个选区中，泰爱泰党的候选人未能获得当选议员所需的20%的选票。

他信欣然接受了这样的结果，并将其视为对其政府选举的支持。但经过又一次与普密蓬国王本人而非枢密院主席的秘密会晤之后，他信突然否认在新选议会召开后重任总理的计划。他信在选举获胜三天后，给自己安排了休假，由副总理在他离开期间代理他的职责直到新政府成立。撇开这种安排的合法性或者合宪性不说，王室的干预的确产生了影响。

人民民主联盟坚持反对“他信政权”（Thaksin Regime）的抗议活动。尽管需要增加选票来填补议会中的全部席位，但国家可能会面临一个一党制的下议院。因此，要求王室干预任命一位总理的呼声再次响起。在整个2006年上半年，人们都在期待以及希望1992年的先例重演。那一年国王进行了两次政治干预，坚强有力并且卓有成效。他首先在电视上公开斥责素金达和占隆，从而结束了曼谷街头的暴力活动，并且迫使素金达辞去了总理职务。其次，他私下做出一个更为重大的安排，重新任命阿南·班雅拉春（Anand Panyarachum）出任总理，尽管新当选的议会分明对总理一职另有人选[11]。

2006年4月25日，国王再次出面干预，但这次没有再任命新总理。国王宣布仅有一个政党参与的选举是非民主的，并拒绝由他来任命新的总理。国王责成行政法院（Administrative Court）、最高法院（Supreme Court）以及宪法法院（Constitutional Court）的法官们共同解决国家目前的“烂摊子”[12]。他的话立即得到了回应。宪法法院很快便找到理由宣布4月2日的选举无效。三个法院联合要求选举委员会全体成员辞职，并指控泰爱泰党虚拟政党参与竞选，指控民主党抵制选举以及让国王任命新总理等。

他信结束7周的假期回来时正好赶上国王登基60周年庆典，他背负着越来越大的压力。他信政府中的两位德高望重的法律顾问宣布辞职。以炳为核心的关系网中的中坚成员也都撕去了中立的伪装。在过去的30年间，王室就是利用这个关系网对泰国政府和政治局势施加相当的影响[13]。炳作为枢密院主席为王室机构效力，据说这是超越政治的。然而，他不仅发表了一系列广为传播的反他信演讲，而且还利用这些演讲号召军队应效忠国王和国家而不是执政政府[14]。阿南·班雅拉春和布拉卫·瓦辛（Prawes Wasi）博士是泰国“君主关系网”中突出的仆人，也加入了对看守总理①的谴责。现

① 译者注：某些国家议会通过对内阁不信任案后，在新内阁组成之前，原内阁继续留任，或另行组成临时内阁，处理日常工作，被称作看守内阁或看守政府。看守政府总理被称作看守总理。

在回想起来可以明显发现，反他信运动的指挥棒实际正从人民民主联盟移交到关系网的手中。在反他信的接力赛中，人民民主联盟已经尽力，而接下来的事情则需要后者来完成。

截至7月，这场接力赛明显已经进入最后的弯道。国王宣布4月举行的选举无效。法院提议解散组织这场选举的选举委员会。比较理想的是，随着新的选举委员会的产生，泰爱泰党在连续三次大选中所取得的压倒性胜利可能遭到否认。但三名前委员会委员坚决拒绝辞职。为打破这一僵局，普密蓬国王在7月20日签署了一份敕令，巧妙地安排在10月中旬举行新的选举[15]。刑事法庭对这一讯号心领神会，立即指控三名拒不辞职的委员导演了4月2日的选举投票，因而将其投入监狱并且不得保释[16]。

此外，陆军总司令颂提·汶雅叻格林（Sonthi Boonyaratkalin）突然命令100多名中层军官辞职。他们中多数掌管着曼谷地区的军队，并且与看守内阁总理（care-taker prime minister）他信关系密切的高级军官有联系[17]。美国有线电视营运商威廉·蒙森（William Monson）是他信曾经的生意合伙人，这次旧案重提，指控他信作伪证。8月24日，警察报告称阻止了一起针对总理的暗杀。暗杀者在总理的车上安装了炸弹，并试图在从他信位于吞武里府（Thonburi）的家到政府办公楼的途中引爆炸弹。这真的是一场暗杀企图吗？抑或是泰爱泰党或他信的宣传噱头？抑或是他信的反对者已准备对他动手而发出的警告？答案不得而知。在这次事件后不到1个月，他信的反对者果然发动了政变。

## 他信坚持到底

面对2006年前9个月对其个人逐步升级的攻击，他信以灵活的姿态进行了勇敢的抵抗，这在泰国政治史上是少有的。而这导致他的对手不得不诉诸政变——这发生在21世纪的头一个10年——足以证明他的反抗是多么有效！

在他信藐视一切的心底是他始终不渝的坚持——在2005年2月和2006年4月的大选中，大多数泰国选民最终将选票投向了泰爱泰党和他本人。他反复强调，他当选总理是有民主基础的，而那些企图推翻他的势力有着反民主的本质。这当中有两股反对他的势力，一股势力是由颂提·林通恭领导的，而另一股势力则是由枢密院主席炳领导的。因此，他信需要与两个不同的敌对势力展开唇枪舌剑。

在宣布解散议会以及在4月举行选举的决定时，他信指责他的政敌企图达成“暴民统治”（mob rule）。他将自己由民选授权与“某一群人”的欲望相对比。他提及“那些注定会失去既得利益的人企图推翻政府的企图”[18]。在上半年，泰国的政治危机似乎就是他信和人民民主联盟之间的对抗；他信的上述评论似乎也反映了对这一危机的理解。他信所指的“某一群人”仍有可能被解读为是针对曼谷富裕阶层的批评，他们对泰爱泰党的农村权力基础不屑一顾，并且也对他信把他们比作注定会失去既得利益的人不当一回事。问题的焦点在于彼此抵触的民主愿景。人民民主联盟与其支持者强调的是程序规范、新闻自由，以及监督体制等他信执政时遭到彻底破坏的东西，而他信则强调大多数选民的意愿，并揭露其对手不过披着泰国民主的外衣罢了。

2月初，他信曾说只要普密蓬国王一句话就足以让他辞职[19]。权威人士在之后的几个月大用特用这句话。实际上，这真正反映了他信出于礼节对却克里王朝九世国王名望的公开认可。在陆军元帅沙立·他那叻（General Sarit Thanarat）的军事政权支持泰国保皇主义复兴后的半个世纪以来[20]，对国王意志的遵从已经等同于对整个国家的忠诚。但情有可原地表示效忠与秉承王室的意志行事则不可同日而语。他信与枢密院主席炳在2月底的谈话内容以及与国王本人在4月初的谈话内容仍不得而知。但无论是何种形式，每一次会谈都几乎可以肯定透露出了国王的旨意——这个旨意是他信事先承诺必须遵从的。正如上面所述，正是由于他信与国王的会晤，他信选择了在担任看守内阁总理期间休假，并且承诺在新议会召开期间将不会重返总理职位。

然而事实上，这些声明只是他信的拖延战术。7周之后，他信就重返看守内阁总理一职。在“9·19政变”之前，他一直在领导着泰爱泰党奔向新的大选胜利和新的政府组建，无论是否会由他出任领导。他信成功地阻止了王室与司法部门打算成立一个对泰爱泰党不利的选举委员会的合谋[21]，并计划对泰国军队高官重新洗牌，这可能为他在未来的数年锁定兵权[22]。他信依然把通过民主选举制度得到的绝大多数选民的不断支持作为其抗争的基础。但是，最为重要的是，他将重点重新调整为抗衡第二股反对势力。

7月初，焦点发生了非常明显的转移。他信利用高级公务员会议谴责说“有个魅力超凡、置身宪法以外的人物”企图推翻他。如果此人指的是普密蓬国王，那在一个对君王“大不敬”仍是重罪的国度，如此言论实为指控，令人震惊，况且人们已经几十年未曾就君主统治的优劣展开过公开的讨论。就这场危机而言，任何评论员或者参与者，无论是挺他信还是反他信，都不敢公开妄自猜测他信指控的真实意义，也没有人敢推断国王即指控的对象。关系网在尝试了所有其他手段推翻他信无果的情况下，差不多花了3个月时间最终才找到自信，果断采取军事行动，并把坦克开到了曼谷的街头。

## 潮流与暗流

泰国军方于9月19日夺取政权后，军政府领导层经常会拐弯抹角地提到政治“暗流”，明显是指挺他信的势力决心实现这位被逐总理再度执政。在整个事件中，并没有确凿证据证明存在破坏军事政权并让他信重新上台的有组织的秘密行动。而真正深刻影响泰国局势的是政变前9个月不断涌现出的潮流和暗流，而非叛乱之后的政局。每一种潮流虽然都值得专门撰文讨论，但在本文中仅做简短介绍已足矣。

如果2006年对泰国来讲是危机深重的一年，是对未来更加不确定的一年的话，那么对2006年泰国社会与政治秩序的一系列展望和了解既让人感到绝望，同时也带来希望。其中既有令人不安的分化，也存在新的契机。

其中一种潮流就是保皇主义。新年伊始，人们就期待着2006年的一大盛事——普密蓬国王登基60周年庆典。6月初的这些庆祝活动非常成功，几十位外国王室成员代表出席了活动，并有近百万臣民汇聚曼谷皇家广场（Bangkok's Royal Plaza）一睹国王的风采。这一整年，尤其在星期一，不管泰国的富人或穷人都身着黄色运动衫以示对国王的崇敬。

2006年盛行的却克里王朝保皇主义是一个综合现象。它获得巨大成功的同时也面临着人们记忆中最严重的危机。举例来说，长达60年的统治行将结束。普密蓬国王能否在他的有生之年复活君主制而成为泰国生活的中心力量仍然不得而知。但至少枢密院，这个王室赖以持续发挥影响的一个机构在这一年中受到了不同寻常的关注[23]。枢密院主席炳将军一开始就在这次国家政治危机中扮演了核心人物的角色。当人民民主联盟在反他信运动中退居其次而让位于关系网后，炳领导发起了对他信的正面进攻。早在2月曼谷就传出消息，虽然不甚公开，说枢密院考虑直接通过王室的直接干预解除他信职务并重新任命新总理。据说，枢密院的素拉育·朱拉暖（Surayud Chulanont）将军（退役）是他们最理想的总理人选。

但国王并未干预新总理的任命。他在4月25日接见法官时表示，他这样做的目的是为了尊重议会体制。一些观察家认为，国王不做任命是担心直接的干预可能会失败，并会对王室的威望造成严重后果。对于许多极端的保皇党人来说，避免过多的干预能保护王室机构不至于直面四分五裂的危险的政治局面。具有讽刺意味的是，其中一些死挺皇权的铁杆分子却更希望对皇权加以限制。另外一件事也说明了保皇党人的担心。颂提·林通恭

和其他人一样费尽心机，想把泰国王室牵扯进反他信的群众运动中来，但他却被普遍视为一名坚定的共和党人而非虔诚的保皇分子。因此，王室与这样一个人建立过于紧密的联盟或许是不明智的。

至少在上半年，虽然王室、关系网以及极端保皇党人始终谨小慎微，但最终却证明并不可行。而人民民主联盟相信，要从他信·西那瓦手中拯救泰国的民主需要世袭王权的积极协助。虽然这得到了反对党以及许多公众的附和，但却让众多泰国人感到别扭。这种不安产生了忧患意识的暗流，成为理解泰国整个一年走势的关键。

尤其是在泰国十分活跃又颇具影响力的知识界，要求王室干预引发了激烈辩论[24]。由于泰国对于公众公开议论君主有着完善的审查制度，因此对这次辩论并未进行新闻报道。但在网上却辟有论坛供人们进行坦诚而激烈的交流。泰国并没有对1976年10月6日安全部队、农村童子军以及右翼治安维持会在国立法政大学（Thammasat University）犯下的血腥暴行进行深刻反省，这成为人们交流中尤为尖锐的问题[25]。人们逐渐清楚意识到，要不是军事独裁者他侬·吉滴卡宗（Thanom Kittikachorn）和巴博·乍鲁沙天（Prapas Charusathien）的拙劣表现，由王室干预解决政治危机就绝不可能成为泰国的一个政治范式。从表面上看，2006年人们争议中的“民主”，若不是因为这一意外事件（王室干预），会以一种更加强健与自立的形式不断成长。撇开这种不切合事实的推测不说，甚至在保皇党人发动“9·19政变”前，2006年有关泰国君主制的言论、文章、出版物与讨论把这个国家带入一个完全陌生的领地。

与这一年一些泰国人在议论君主时所表现出的小心谨慎形成强烈反差，许多泰国人在反他信运动中则表现出激情四射与毫不掩饰的社会偏执[26]。他们认为，他信破坏了对于民主治国来说十分重要的道德、程序以及制度规范，并公开鄙视他在农村所拥有的选举基础。重要的是，这个基础在北部与东北部仍有生命力。政变后一段时间，军队支持的政府将试图平息在北部和东北部地区支持他信的浪潮。

泰国最南部持续的分裂主义叛乱是另一种地区性浪潮[27]。截至年底，在过去三年中暴力事件已经夺走了2 000人的性命。叛乱分子发动了一系列重大暴力袭击：一天内甚至发生多起爆炸事件以及其他破坏行动，也拉府（Yala）的大约20家银行同时发生爆炸，那拉提瓦府（Narathiwat）的一名前上议员被枪杀，合艾市（Hat Yai）中心被安置炸弹。暴力事件的逐步增加已成家常便饭，加之泰国安全部门无力保护普通公民——不论穆斯林或者佛教徒——教师以及其他公务员，悲剧的不断上演就成了这一年的主基调。如果说泰国军队小心翼翼地避免了重蹈2004年初血腥教训的覆辙，这同时也反映出其应对叛乱时的束手无策。

对于曼谷方面试图解决南部叛乱来讲，6月到8月这一段时间出现了许多重要的时间节点。全国和解委员会（NRC—the National Reconciliation Commission）在6月份发布了关于解决南部冲突的报告[28]。报告提倡以北大年府（Patani）马来语作为泰国远南地区的“工作语言”，并呼吁成立非武装性质的和平机构。报告同时强调改善治理方式并促进泰国政府与南部穆斯林地区间更有效的沟通[29]。枢密院主席炳迅速表达了对使用马来语的强烈批判[30]。

当南部的穆斯林精英们开始比过去更愿意表达对其宗教同胞从事暴力活动所带来的危险的担忧时，与南部穆斯林对话显然更加复杂。这本身就是一大转折点，对于处于持续暴乱中的南部穆斯林社会来说，这种立场的转变凸显了新兴潮流的作用。这暗示了在泰南三府所存在的对泰国的政治威胁不会轻易得到化解。同时，国家武装力量也面临日益强大的军事威胁。另一值得关注的发展趋势出现在8月底。也拉府的银行爆炸事件后，陆军司令颂提·汶雅叻格林将军提出与南部叛乱分子展开对话[31]。然而，一开始泰国官方内部普遍对这一想法持反对意见。

这一年中，泰国南部的持续暴力活动与国内因政治危机造成的暴力活动全面平息形成了反差。成千上万的人们在曼谷街头进行和平示威游行已经成为泰国的一种政治文化。但不要就此误以为就没有暴力了。早在2月份时，有一些亲人民民主联盟的人希望将群众集会升级为冲突性流血事件，迫使王室介入以推翻他信政权。但人民民主联盟领导层成功阻止了这些人的行动。在泰国军队中也同样存在意识形态上的分歧：一些士兵具有明显的亲共和主义倾向。这也成为1月至9月间的一股暗流。

## 恢复秩序的失败：2006年9月9日至2006年12月31日

对于他信或将对高级军官重新洗牌，并在未来长期控制军队的担忧促成了“9·19政变”。军事夺取政权的计划虽然早在政变前7到8个月就已准备妥当，却竟然与政变时的实际情形大致相同[32]。截至9月中旬，其他试图推翻他信的手段都没能奏效。利用他信在纽约出席联合国大会（United Nations General Assembly）的契机，泰国陆军总司令颂提·汶雅叻格林和他的同谋展开了行动。

这些同谋者中有两位是泰国四大军区的司令员：驻扎在曼谷的第一军司令阿努蓬·保金达中将（Anupong Paochinda）和总部位于北部彭世洛府（Phitsanulok）的第三军司令萨帕朗中将（Saprang Kalayanamitr）。枢密院主席炳究竟在多大程度上参与密谋这次政变不得而知。但可以明确的一点是，他与颂提将军和素拉育将军合作构成了关系网[33]。

军政府自称为君主立宪制下的民主改革委员会（CDRM—the Council for Democratic Reform），并于9月19日晚上向泰国民众宣布其对政府的接管。其成员除颂提将军外还包括海军、空军和国家警察部队的指挥官，以及陆军的最高司令官。尽管在政变中各兵种团结一致，但并没有做紧张的人员调换，各军种也没有受到多少影响，政变是由陆军完成的。新的军政府在解释夺取国家政权的决定时，历数的社会分裂与腐败的严重性，国家机构的过度政治化以及他信政权对君主的大不敬等[34]。

政变没有造成流血事件或人员伤亡。《1997年宪法》被废除，政治活动受到禁止，发布了戒严令，并承诺在一年内进行新的选举。报刊登载了一张颂提将军及其随从军官与枢密院主席炳在吉拉达宫（Chitralada Palace）午夜会议上坐在国王和王后前的地板上的照片[35]。会议的主旨至今仍然不清楚，正如政变期间国王的健康状况尚不明朗一样。国王在登基60周年庆典几周后做了一次脊柱方面的手术。

"9·19政变"在泰国并没得到普遍的赞同。但由于戒严令，以及复兴后的王室任命颂提担任军政府首脑一职[36]，人们即便不赞同也不敢言。同时，发动政变者对王室的效忠，以及他信在下台前几个月反抗政敌所取得的成功使其四面树敌，使政变得到了广泛的支持。全世界都知道，泰国人把这次政变视为"正义的政变"[37]。外国人需要理解的是泰国的一批平民政治家和公认的进步知识分子心甘情愿地支持军事夺取政权，其中一个重要目标就是要从民选政治家手中拯救世袭君主制。另外，这些民选政治家和知识分子在泰国仍有许多往日的崇拜者，他们也在为理想不致破灭而斗争。

不久后，军政府更名为国家安全委员会（CNS—the Council for National Security），并于10月1日任命枢密院委员、前陆军总司令（退役）素拉育·朱拉暖为总理。在此之前，素帕猜·巴尼巴滴（Supachai Panitchpakdi）拒绝出任总理。素帕猜目前正主持联合国贸易和发展大会（United Nations Conference on Trade and Development）的工作，之前还担任过世界贸易组织（the World Trade Organization）总干事，并在由川·立派的民主党领导的政府中担任过副总理和商务部长。素帕猜在金融方面的才干虽然为他赢得了国内和国际声誉，但最终不为军政府所接受，因为他要求由自己任命内阁成员。国家安全委员会显然将治理泰国经济放在第二位，而置于首位的则是其决心在任期内将泰国的政治秩序恢复到其自身与支持者都认可的状态。

在王室同意枢密院大臣素拉育出任总理一职，并且得到枢密院主席炳·廷素拉暖“首肯”后不到10天，素拉育任命了内阁成员。在关键的部长职位中，泰国央行行长帕蒂亚通·德瓦库拉（Pridiyathorn Devakula）出任财政部部长，尼亚·披汶颂甘（Nitya Pibulsonggram）出任外交部部长，阿里·温甘拉亚（Ari Wongaraya）出任内政部部长。帕蒂亚通还同时担任副总理一职。尼亚和阿里都曾经在他们现在负责的部门里担任过常任秘书。他们都曾是职业公务员。作为一名来自泰国中部的穆斯林和前总理班汉·信拉巴差（Banharn Silpa-archa）的门徒（阿里曾在班汉·西巴阿差的籍贯和政治势力所在府担任府尹），阿里曾在他信政府担任过一段时间的教育部副部长。作为玛希隆（Mahidol）家族强劲对手陆军元帅銮披汶·颂堪（Plaek Pibulsonggram）的儿子，尼亚之所以能与关系网重归于好并被接纳，可能出于炳在20世纪80年代任首相期间，尼亚的美国妻子曾做过他的英语家教的缘故[38]。

在对其他许多内阁成员的选择上体现了素拉育政府的政治基础与定位。哥西（Kosit Panpiemras）是一位农业和农村发展政策专家，曾在1992年素金达·甲巴允（Suchinda）将军的短命政府中担任财政部部长，这次出任副总理和工业部部长。他之前在盘谷银行工作，炳在那里给他挂了一个闲职，现在重新回到政府中工作。布洛·索姆塔（Boonrod Somthat）将军出任国防部部长，他曾是素拉育在军事学校的同班同学，并且长期担任素拉育的副官和高尔夫球玩伴。与总理以及国家安全委员会领导人颂提一样，布洛的军事背景在于真枪实弹地上过战场。政府物色到了葛乐盖·猜拉帕（Kroekrai Chiraphaet）这样一位能干且口才好的商务部长。

“9·19政变”的上述理由和素拉育政府及其在国家安全委员会的主子所要达成的使命大体一致。与政变的理由一样，该使命包括三个方面：除掉他信现象这个政治怪物，营造维护君主制的国家政治局面，以及平定南部暴乱。

截至年底，第一个目标的执行颇有闹剧性。让人难以理解的是，军政府并没有在政变后立即没收他信国内的剩余资产。相反，他们将重心放在寻找合法手段来一劳永逸地除去他信在泰国政治中的恶劣影响。而这些手段让人感到困惑不解。与此同时，他信不时在亚洲国家旅行或购物消遣露面，搞得国家安全委员会和新政府惊慌不安。他信的这些伎俩之所以成功，突出说明了两个现实问题：一是他信在其执政初期所展现出的炉火纯青的政治驾驭能力并没有离他而去，另一个则是他让推翻他的关系网显得非常被动。素拉育政府初显霉运。

新政府也非常不善于处理公共关系，而在当时，把政府的目标和计划与民众做有效沟通不知有多重要。对他信的调查势必重新公开淡马锡和新集团之间的黑色交易。在交易运作中，淡马锡显然使用了代名人来规避泰国对外资公司所有权的限制。然而，对这次交易的审查，以及利用审查结果作为摧毁他信的手段是有风险的。因为审查会让人们意识到，外国公司利用代名人或其他方式来规避对外国公司所有权的限制，这在泰国早已成为惯例[39]。人们的关注将迫使许多外国公司重新考虑在泰国做业务的方式。极端悲观者甚至预料，会强迫廉价拍卖外资股份给希望恢复1997年国家经济秩序的相关利益集团。而政变后进一步追逐“自给自足经济”（the “sufficiency economy”）这一时尚[40]，也让一些观察家们更加担忧泰国经济的民族主义抬头以及由此引发的后果。

实际上，“自给自足经济”这一时尚与全国安全委员会及其任命的新政府所制定的第二个重要目标息息相关。11月7日，在由泰国外国记者俱乐部（the Foreign Correspondents’ Club of Thailand）举行的大型晚宴上，枢密院大臣素拉育首次以总理的身份致辞。他直截了当地表明：“成功的政治改革是我们的首要任务。”[41]他内阁中主要经济事务部门的一些负责人也在私下明确告知参加晚宴的人，他们的任务是政治性的而非经济性的。改革与那些任务两相并立。

对于他信这样一个以北部和东北部广大农村人口为后盾的政敌，关系网深感恐慌，王室更甚。他们必须阻止事态的发展，因为这是对国王最引以为傲的成就进行挑战；国王倾其毕生精力和才干致力于灌溉技术，关心农业，以及为泰国农民服务所表现出的魅力。当然，泰国农村已不再是九世王在位早期时的样子。在宣布对于不平等收入的关切后[42]，关系网承认了农村对他信和泰爱泰党支持的合理性。接下来，关系网需要从思想上或是组织上重新建立村民和王室之间的联系，不再让任何政党从中离间他们。

素拉育的父亲是一名军官，曾加入过泰国共产党（CPT—Communist Party of Thailand）并从事地下活动。素拉育与其国家安全委员会保皇主义同僚均由泰国军队一手培养，这支队伍有着骄人的平叛记录，并深受全民作战、特殊战争和心理战等冷战思维的影响。最近几年，素拉育凭借自己枢密院大臣身份和父亲的关系，与泰国共产党的退伍军人建立了联系。就任总理后，他首先前往北部和东北部会见了一些泰国共产党的前基层组织工作者[43]。在自上而下的组织形式和抵抗自由资本主义方面，保皇党和从前的共产主义和反共反叛乱时代农村动员的愿景有很多共通之处。不知何故，实现这一愿景成为关系网政变后最为重要的优先任务。在这样的背景下，就不难理解有报告说农村童子军[44]正在复活了。

想用这种方法将泰国农村并入素拉育政府和国家安全委员会寻求建立的政治秩序中来，几乎并没有多大胜算。无论是对左翼还是右翼党人来说，这个方法都从未奏效过。如今随着首都与农村互动的进一步加强更加难以实现。而作为政变后政治改革努力的一部分，要想在第二个维度取得成功似乎同样不可能。

这个维度就是恢复20世纪八九十年代的平民议会统治。当时，在炳的总体管理下，关系网的活动在于监视桀骜不驯的多党联合政府[45]。这些联盟内在的不稳定性使得关系网必须定期进行干预；在一个显然越来越民主的平民议会制时代，这有助于赋予关系网君王般的权力。这些行动在过去通常都是成功的，但是像他信这样的人物的崛起以及泰爱泰党的统治优势使得这些行动不再可能（当然，也没有必要）。

他信流亡到伦敦后，于10月初辞去了泰爱泰党主席一职。他信政府的前教育部长乍都隆·采盛（Chaturon Chaisang）出任泰爱泰党的代理主席。乍都隆来自北柳府（Chachoengsao）一个显赫的政治家庭，曾是学生运动活跃分子。但泰爱泰党仍有面临被强制解散的可能。然而同样有可能的是，在由关系网执掌的新的议会秩序下，泰爱泰党作为几家中等规模党派的一员存留下来。要恢复那种秩序，其关键是要颁布一个新的宪法，并且要看宪法的条款如何拟定。国家安全委员会部署了新宪法的起草，并大胆承诺将对起草后的宪章进行全民公决。到那时，其领导力将在公民投票中提前接受民意的考验。

尤其是对于炳将军这样一位甚至比普密蓬国王更为资深的人物的依赖，素拉育和国家安全委员会一心想要恢复的泰国议会秩序注定难以实现。泰国已经变了。他信·西那瓦有助于他们认清这一点。关系网执意要恢复旧秩序，那么实际是在进行一场赌博。不论是这场赌博还是走农村路线，显然都寄希望于为却克里王朝十世王奠定良好的基础[46]。

素拉育和国家安全委员会的第三个使命是解决泰国南部的危机。从某个层面上讲，这个使命就是要达成和解。新总理首先造访南部穆斯林聚居区，并为他们在泰国受到的待遇表示歉意。尽管这样开局引人注目，道歉的目的是为了将关系网对南方问题的处理方式与他信时代的处理方式区别开来[47]。而重建他信在2001年解散的南部边境省府行政中心（SBPAC—Southern Border Provinces Administrative Center）也传达出类似的信息。作为中心的主席单位，国家安全委员会任命内政部的一位职业官员担任新中心的主席，此人的哥哥先前也曾担任过同样的职位，尔后在枢密院供职[48]。但泰国南部目前无休止的战争显然远比南部边境省府行政中心的前身当年帮助平息的冲突要严重得多。但既然选择重新恢复中心，国家安全委员会就不会完全按照旧的解决方案来行事。原来的行政中心曾经代表王室为国王在南部的穆斯林臣民提供服务，并且取得了成功，穆斯林臣民们也都接受了国王的仁慈和善意。包括素拉育本人在内的一些新政府成员都相信，解决南部危机的关键在于释放比他信更多的善意。

素拉育作为总理首次出访吉隆坡并重新开启两国间的协商谈判，这进一步暗示泰国政府对南部战争的方式方法有了改变[49]。但素拉育政府是否将谈判作为一种策略——一种使叛乱分子分裂成妥协派与死硬派的手段，至今尚不清楚。泰国军队是否能在不造成大量平民伤亡的情况下取得战争的胜利让人质疑。而南部叛乱分子却以暴乱不断升级来回应新政府的和解姿态。这只会凸显对曼谷方面的军事挑战[50]。同时，随着南部危机的进一步加深，在曼谷的人们越发担心素拉育政府过于专注于南方问题，全然不顾许多其他问题的处理。当然，这样的专注无疑也反映了素拉育作为枢密院大臣对其所效忠的国王对南部问题的关注心领神会。

同往常一样，国王在每一年的12月5日生日前夕向全国人民发表讲话。电视转播了国王乘坐一辆高尔夫球车穿过曼谷迟塔拉达宫前往皇宫（the throne hall），他的子女则步行陪在身边。素拉育及其内阁成员与高级军官和文职官员及其他人士正在那里等候国王发表讲话。国王乘车经过成千上万的臣民；人们坐在王宫的草坪上，每个人脖子上似乎都系着一条乡村童子军的围巾[51]。普密蓬国王曾在2006年的生日讲话中强调，拥有一批资历深厚、经验丰富的官员是政府的一大优势，正如素拉育政府这样。这一讲话的重要性在于君主公开表达了对素拉育政府的支持[52]。

进入12月后，新政府却依然举步维艰。泰铢急剧升值并由此引发出口压力，泰国央行于12月8日实施全面干预。央行宣布对进入泰国的外资实施30%的准备金规定，为期一年。这一举措一经宣布，泰国证券交易所（SET—Securities Exchange of Thailand）指数立即下跌了15个百分点，造成股票市值损失超过8 000亿泰铢。政府很快就出尔反尔，宣布具有正当用途的外国资本流入不受政策限制。但财政部长帕蒂亚通否认参与这项政策的制定，这一说法进一步损害了政府形象[53]。

素拉育政府和颂提领导的国家安全委员会之间的日常工作关系也一直含混不清。这些官员在职位上的表现乏善可陈，虽然原因多种多样，难以划一，但相对集中体现在优柔寡断，温良恭俭让，唯唯诺诺以及完全缺乏对泰国历史的了解。尽管官员的表现不佳，但王室与其卫士——炳、素拉育、颂提以及其他相关人物——的利益、立场，甚至命运都已经紧紧绑在了一起难以分割。对此，一些观察家们表示赞同，而另一些则表示担忧。

## 历史的遗留问题

泰国2006年所经历的无情危机凸显了泰国近期历史中的一些相关遗留问题。其中许多反映了政变前的潮流和暗流。

由于自身权利的冷落，泰国军方在21世纪的第一个十年发动了政变。这反映出泰国长期以来都未能解决的军人插手国防以外事务的老大难问题[54]。在联手民众发动1932年政变并结束了君主专制后，军官们很快就让他们政变中的文官盟友靠边站。到20世纪40年代末，泰国军队再次掌握了权力，并持续整个20世纪70年代。军人也成为王室的最佳政治盟友[55]（因此也就成了关系网推行君主制的差役）。泰国最近的这次政变说明，尽管在1992年后有许多关于不断提升军队职业水准的报道，但军队高层仍视自己为国家福祉的守护者。这种国家福祉以沙文主义观念和无与伦比的强制力为基础，破坏了泰国将建立负责任的代表制政府制度化的努力。

过去半个世纪，历史留给泰国的重要遗产是普密蓬国王的成功统治。国王1951年从瑞士回国，当时他还是一个不谙世事甚至有些孤僻的年轻人。他首先在年长的贵族王孙圈子中获得了支持，之后获得了一个意想不

到的人物——陆军元帅沙立·他那叻（Sarit Thanarat）的支持，这给予了他展示其巨大天赋的机会[56]。却克里王朝九世王统治时期取得了不少成就，并且在20世纪70年代初之前又重新使君主制成为泰国的中心。但对于泰国来说，其统治本身就是在走钢丝。它暴露出的不是这个国家一路跌跌撞撞最终滑落的风险，而是这种行为结局的必然性。

普密蓬国王将要传给他继承人的是一个比他在1946年从去世的哥哥那里继承王位时更为复杂的泰国。泰国的人口增加了，总体来说人民更富裕了，受教育程度也更高了，并且与外界的接触也更频繁了。教育、财富与交流使泰国人对他们的社会和政治秩序有了更多的期望。然而，因为担心冒犯君主以及出于本能不愿公开谈论普密蓬国王不可避免的过世，阻碍了人们去严肃地讨论泰国君主制在制度、实践和政治上的未来。在泰国经历了2006年好几个月无休止的危机后，这样的结果引发了根深蒂固的民族忧患意识。“9·19政变”之所以获得广泛支持，其部分原因就在于人们对王权统治末期感到恐惧。那些关于政变后政治体制的国内外批评遭遇了拙劣而丑陋的反应，这种情绪也从中可见一斑。

他信·西那瓦在其2001至2006年执政期间所表现出的对泰国的把控能力，以及他再次控制泰国的可能性，是九世王统治时期遗留下的另一个更为突出的问题。王室制度的一时繁荣正好印证了对于建立竞争、开放、民主秩序十分重要的许多其他体制的贫乏[57]。1997年金融危机的副作用，泰国城市选民的变化无常，他信及其盟友们的政治天赋，所有这些因素综合在一起，一下子就摧毁了在20世纪80年代末到整个90年代期间看似强大的平民议会秩序。

这种平民议会秩序的快速崩塌引发了一系列棘手的问题。对于这些问题，2006年给出的答案相当令人不安。由炳精明掌控的关系网君主制所实施的非民主阴谋，究竟在多大程度上巩固了前他信时代泰国民主的成果？[58]又是哪些势力对泰国长期以来无法建立健全治理、监管和司法体系负有责任？

显然，像1997年宪章那样的乌托邦式的宪法草案，是无法凭空像变戏法似的变出这些体系来的。但是这样体系的缺失究竟多大程度上造成或者至少部分造成了一系列的紧迫问题呢？

举例来说，“9·19政变”之后几个月，一些泰国人突然开始同情在2003年他信野蛮的“毒品战争”中被法外处死的那两千多人和他们的家庭[59]。这种情绪的确带来了小小的安慰，但它并不能阻止将来泰国政府还会发起类似的行动，也不论这些行动是否具有像国家安全委员会军政府戒严令这样合法的遮羞布。

同样，正如全国和解委员会报告中指出的那样，2006年变得愈发清晰的是，强调“公正”对待南方穆斯林的问题，实际上已经成为一些政党抵制行政分权的幌子。“只道歉不交权”似乎是个办法。它反映了对朱拉隆功大帝和他的弟弟丹隆·拉查奴帕（Damrong Rajanuphap）王子所发展的内部殖民体系的一种承诺[60]。历史早已证明这样的体系与民主治理体制是相对立的，而他信的政敌却在2006年声称它是民主治理的一部分。泰国一些观察家担心，在下一届统治期内，维持这些体系不但会造成曼谷方面和南部穆斯林的摩擦，甚至会造成首都和其他地区间的摩擦。

曼谷和许多外府之间的分歧——尤其是与北部和东北部之间的分歧——是2006年讨伐他信战争的一个重要特点，也是近代史上又一个更为纠缠不清的遗留问题。这个分歧部分源于泰国长期在人力资源上投入的不足。这是经济学家们20年来一直提请关注的一个问题，也是泰国大多数人口并没有在经济快速增长部门取得应有机会的原因。反过来，这种经济的结构性机会主要受制于泰国国际竞争力的长期下滑与1997年经济危机后的经济重组[61]。

而从很多方面看，“他信与泰爱泰党现象”也是1997年经济危机的产物。与其说是因为当年的金融危机，还不如说是之后经济调整过程中泰爱泰党实施的“民粹主义”政策，从而为它赢得了大量的选民。然而，产生

这种吸引力的一个原因却与金融危机无关。尽管最近几十年“民间社团”和非政府组织得到了所谓的发展，但泰国选民能够从中挑选他们支持的政党的政治图谱仍然不完整，这令人感到吃惊。选民不得选举左翼政党。泰国的政党体系显得十分僵化，惧怕像冷战时期那样被扣上共产党帽子的大有人在[62]。尽管非政府组织及其支持者数量庞大并且过度活跃惹人眼球，遗忘了在泰国经济及社会处于弱势的选民群体，他们因无法选择一个哪怕与社会主义或者社会民主义沾点边的政党，只好转而支持泰爱泰党。

1997年后的调整过程还重创了泰国先前一批以政治经济学为主导的经济支柱产业。而对于那些在危机中几乎毫发未损或者甚至更为富有的巨头来说，比如像他信及其政治盟友，通往权力之路豁然洞开[63]。即便他信不强势地冲向这条权力之路，也会有另一个和他类似的人这样做，这么说并不是低估他信险恶的政治天赋。

从另一角度看，泰国2006年危机是1997年危机的一个后遗症。1997年下半年泰国经济出现下滑，此时国际资本乘虚打进国内市场。规模之大，超过这个国家以往任何时期。国内银行体系一直以来都是国家经济的关键以及历届政府经济政策人才的孵化器，但现在却成了一些外国人诟病的对象，而这些人并不了解它之前所起的作用以及所取得的成绩。外国资本拥有的泰国资产之多，控制的领域之广，就连研究泰国经济和贸易史的人也难以识别泰国的现状。正如他信代表的是10年前金融危机的产物，那么，淡马锡能够收购新集团在很多方面也是同样的危机后果的延续。然而，泰国电信行业如此轻易就落入外商手中，与其说与新集团与淡马锡交易的暗箱操作有关，不如说是1997年后泰国整体呈现出的衰落所致。

最终，经济上的迷失可能导致政治上的极端化。在2006年席卷泰国的政治斗争是两股本质上非民主的敌对势力之间的较量：财阀统治和世袭君主制[64]。泰国似乎得直面解决近期历史的遗留问题——军人统治、君主制的复活、日益加剧的社会经济分化、制度不健全以及1997年危机对方方面面的影响——但可供泰国选择的解决方案十分有限。

## 结语：2006年除夕水牛桥与胜利纪念碑爆炸案

尽管完全忽视安保规定，江萨将军的火葬仪式仍然办得庄严而祥和。但仅仅6周后，就在曼谷市中心的公共集会开始前几小时，相继发生了爆炸事件。从除夕夜下午6点开始，6起小规模爆炸袭击了首都曼谷——开始的几枚炸弹在水牛桥（Saphan Khwai）与靠近胜利纪念碑的地方爆炸；6小时后，最后一枚炸弹在靠近2007年新年庆祝场地爆炸。最后一次爆炸发生后，当局取消了迎新活动。当晚的爆炸造成至少3人死亡和超过35人受伤。在南部武装暴乱不断升级的3年后，新集团出售引发反他信运动的1年后，暴力事件终于光顾了曼谷。

这些暴力事件的幕后主使尚不清楚。他信的支持者？军队中对政变后利益与职权分配不满者？南方的叛乱者？与国家安全委员会军政府关系密切的政党？无数想要利用2006年泰国政治秩序崩溃的人或者通过阴险手段主宰当前局面的人？任何答案都只是不负责任的猜测。但是2006年12月31日的曼谷爆炸事件让人们清楚地认识到，泰国仍然处在严重的危机当中。他信·西那瓦、王室机构、国家军队、名声扫地的知识分子、议会，甚至泰国选民未来在泰国的作用，都还不得而知。在却克里王朝九世王统治末期，泰国开启了一场棘手且艰难的历史清算。

［原文“Thailand: A Reckoning with History Begins”载于《东南亚事务》（*Southeast Asian Affairs*）2007年，第311—339页］

## 注释：

作者谨向以下泰国国内与国外人士致谢，他们的思考与观察对作者理解形势发展给予极大的启发。

1 1976年至1980年期间，江萨（Kriangsak）进入政坛，他与那个年代重要人物的关系描述，参见Paul Handley, *The King Never Smiles: A Biography of Thailand's Bhumibol Adulyadej* (New Haven: Yale University Press, 2006), chaps. XIV and XV (pp. 257-98)，书中对这个问题做了深入的讨论。江萨将军的生平和事迹拍成了纪录片，参见*Chiwit lae phon ngan phanathan phon ek Kriangsak Chommanan*（《敬爱的江萨将军生平与成就》）(Bangkok, 2006)，这是在11月12日的火葬仪式上提供的两集纪录片中的一部。

2 "PM Quashes Thaksin Return", *Nation* (Bangkok), 13 November 2006; see photo caption.

3 关于反他信运动第一阶段最有价值的分析，参见Suphalak Kanchanakhundi, "Khabuankan prachachon kuengsamretrup" (A semi-realized people's movement), *Fa Diaokan* IV, no. 2 (April-June 2006): 166-87。对政变更详细的分析，参见Michael J. Montesano, "Political Contests in the Advent of Bangkok's 19 September Putsch" in a forthcoming collection of papers presented at the 2006 Thailand Update Conference, edited by John Funston (Canberra: National Thai Studies Centre, 2007)。两篇文章都对泰国2006年做了综合性的总结。泰国2006年危机涉及许多方面，文章只能省去部分专业性较强的内容。同时，文章试图综合与借鉴报刊杂志、学术论文以及网络中以泰语、英语或其他语言出现的关于泰国这一年发生事件的分析。

4 两篇关于他信现象的精辟分析文章，分别是Pasuk Phongpaichit and Chris Baker, *Thaksin: The Business of Politics in Thailand* (Chiang Mai: Silkworm Books, 2004), and Duncan McCargo and Ukrist Pathamanand, *The Thaksinization of Thailand* (Copenhagen: Nordic Institute of Asian Studies, 2005)。

5 "Thaksin Shinawatra to Receive Sam Houston Humanitarian Award", http://www.shsu.edu/~pin_www/T@S/2002/ShinAwardRel.htm (Sam Houston State University news site, 20 October 2002), downloaded 11 February 2007. 尽管他信与许多城市阶层讨厌的政客有着相似之处，他早期仍然获得了泰国城市阶层的支持，参见James Ockey, "On the Expressway, and Under It: Representations of the Middle Class, the Poor, and Democracy in Thailand", in *House of Glass: Culture, Modernity, and the State in Southeast Asia*,

edited by Yao Souchou, pp. 313-37 [esp. pp. 321ff] (Singapore: Institute of Southeast Asian Studies, 2001)。

6 迄今为止，整笔交易的内情仍然知之甚少。早期在弥补其透明度不足这一问题方面的努力，参见Phinyo Traisuriyathamma et al., *25 Khamtham Bueanglang Thekowoe Chinkhop* [25 questions: the inside story of the Shin Corp. take-over] (Bangkok: Openbooks, February 2006)。

7 Duncan McCargo, "A Hollow Crown", *New Left Review* 43 (January-February 2007): 135^14 [esp. 135-36].

8 作者非常感谢迈克尔·纳尔逊博士（Dr Michael Nelson）允许分享其有关占隆（Chamlong）作为总理克星生涯的观察评论。

9 Thailand's Tiny Buddhist 'Army'", *Christian Science Monitor*, 9 March 2006.

10 "Poll: 70% in Bangkok Query Election Winners' Legitimacy", *Bangkok Post*, A April 2006.

11 Handley, *The King Never Smiles*, pp. 356-57, 对关于1992年6月阿南·班雅拉春（Anand Panyarachum）再次受命出任总理的外围环境做了非常有价值的讨论。同年初，王室也出面处理"五月事件（May events）"，其化解危机的睿智与作用又一次得到了体现。3月12日晚，在王室的命令下，电视台重播——没有任何解释——国王在1992年5月20日会见素金达（Suchinda）和占隆（Chamlong）的录像。参见"King Whispers Out", Nation, 13 March 2006。

12 他第一次使用"mua"一词。就国王对判决的评论，参见"*Phraratchadamrat Nai Luang Naew Thang Kae 'Wikrit Chat*'"（《国王的演讲：化解"国家危机"之路》），*Matichon* (daily), 27 April 2005。

13 关于泰国"王室关系网络"及其功能,参见 Duncan McCargo, "Network Monarchy and Legitimacy Crises in Thailand", *Pacific Review* XVIII, no. 5 (December 2005): 499-519, and "Thaksin and the Resurgence of Violence in the Thai South: Network Monarchy Strikes Back?" *Critical Asian Studies* (Thematic issue on "Patani Merdeka - Thailand's Southern Fire") XXXVIII, no. 1 (March 2006): 39-71. This essay and others from the special issue of *Critical Asian Studies* on the Thai south are available in Duncan McCargo, ed., *Rethinking Thailand's Southern Violence* (Singapore: NUS Press, 2007)。关于炳•廷素拉暖将军在却克里王朝第九世王统治后半期成为王室倚重的要员，参见Handley, *The King Never Smiles*, above all, chap. XV (pp. 276-98), "In the King's Image: The Perfect General Prem"。

14 "Troops 'Belong to King'", *Bangkok Post*, 15 July 2006; "Prem Slams 'Unethical Leaders'", Bangkok Post, 29 July 2006; and "Prem Pours Scorn on Money Politics", *Bangkok Post*, 19 August 2006.

15 "King Endorses Election Decree", *Nation*, 21 July 2006.

16 "Ex-EC Trio Released on Bail", *Nation*, 28 July 2006.

17 "Sonthi Stuns by Shifting PM's Allies", *Nation*, 21 July 2006.

18 "Thaksin Tackles Critics: 'Me or Them'", *Nation*, 25 February 2006.

19 "PM Would Go only If King Tells Him", *Bangkok Post*, 5 February 2006.

20 Kobkua Suwannathat-Pian, *Kings, Country, and Constitutions: Thailand's Political Development, 1932-2000* (London: RoutledgeCurzon, 2003), pp. 155-63; Handley, *The King Never Smiles*, chapter VII (pp. 139-55), "Field Marshal Sarit: The Palace Finds Its Strongman".

21 "New Election Commission: 'Anti-Thaksin' 3 Lose Out", *Nation*, 9 September 2006.

22 "Thai Coup Pre-empted Shake-up of the Military", *Asian Wall Street Journal*, 22-24 September 2006.

23 James Ockey, "Monarch, Monarchy, Succession and Stability in Thailand", *Asia Pacific Viewpoint* XLVI, no. 2 (August 2005): 115-27 (esp. 120-23)，提供了枢密院的简要历史，许多泰国人都对该机构的作用和构成很不了解。

24 Patrick Jory, "The Silence of the Intellectual Lambs", *Bangkok Post*, 23 February 2007.

25 Thongchai Winichakul, "Remembering/Silencing the Traumatic Past: The Ambivalent Memories of the October 1976 Massacre in Bangkok", in *Cultural Crisis and Social Memory: Modernity and Identity in Thailand and Laos*, edited by Shigeharu Tanabe and Charles F. Keyes, pp. 243-83 (London: RoutledgeCurzon, 2002).

26 "Chang Noi: Giving Up on Democracy for Thailand", *Nation*, 27 November 2006, analyses this current of bigotry with great clarity. (The pseudonymous Chang Noi's columns, going back to 1996, are available online at http://www.geocities.com/changnoi2/.)

27 关于2004年初泰南地区的系列事件有大量的文献，良莠不齐。其中，非常有价值的有Nithi Iaosiwong, "Mong sathannakan phak tai phan waen kabot chao na", *Sinlapa Watthanatham* XXV, no. 8 (June 2004): 110-24 (available in English as "Understanding the Situation in the South as a 'Millenarian Revolt'", *Kyoto Review of Southeast Asian Studies* 6, March 2005, http://kyotoreview.cseas.kyoto-u.ac.jp); and Duncan McCargo, ed. *Rethinking*

*Thailand's Southern Violence*。麦卡高（McCargo）即将由康奈尔大学出版社出版的关于泰南危机的专著的价值将同样会经得起考验。从宏大的历史视角探讨泰南问题，参见Patrick Jory and Michael J. Montesano, eds., *The Plural Peninsula: Studies in the History of Ethnic Interactions in Southern Thailand and Northern Malaysia* (Singapore: NUS Press, forthcoming)。

28 National Reconciliation Commission (NRC), *Raingan khanakammakan itsara phuea khwamsamanachan haengchat ao chana khwamrunraeng dual phalang samanachan* [Report of the National Reconciliation Commission: besting violence through the power of reconciliation] (Bangkok: NRC, Office of the Cabinet Secretary, 2006), available at http://www.nrc.or.th. *Fa Diaokan* (http://www.sameskybooks.org), Thailand's most important journal of current affairs, devoted much of its April-June 2006 (*Fa Diaokan* IV, no. 2) to enlightening critiques of the NRC report and its proposals, offered from a variety of perspectives.

29 Michael Connors, "Addressing the Southern Conflagration", *Bangkok Post*, 13 June 2006.

30 "Prem Not Happy with NRCs Idea", *Nation*, 27 June 2006.

31 "Thai General Urges Talks with Muslim Insurgents", *Financial Times*, 1 September 2006.

32 "Chang Noi: The Persistent Myth of the Good Coup", *Nation*, 2 October 2006.

33 "Profile: Gen Sonthi Boonyaratglin — Meteoric Rise to Power", *Nation*, 21 September 2006. 其实这种合并并不困难。他信于2005年10月决定任命颂提将军为陆军总司令以及"9 · 19政变"之后，虽然国内外媒体更多关注其伊斯兰信仰，其实应该更多关注的是其传记中的其他细节。颂提将军家两代从戎。其祖父母的姓氏——Ahamatchula和Bunyaratkalin——已经由瓦吉拉伍德国王（King Wachirawut）（1910-1925年在位）亲自分别授予其大家族成员。完全是为了其军事生涯的进一步发展，颂提的父亲选用了其母亲的娘家姓氏Bunyaratkalin。这个姓氏最初是1915年由国王授予暹罗一位海军将领的（在此三年以前，他曾打算授予一位名叫Phin的陆军少尉"春旺"（Chunhawan）的姓氏，因为他锲而不舍建立了泰国20世纪最重要的政治军事王朝）。参见Charin Chaesakhon, *Phon ek Sonthi Bunyaratkalin: khunsuek ku phaendin* [General Sonthi Bunyaratkalin: the warrior who redeemed the land] (Bangkok: Green Libra Publisher, 2007), pp. 17-33, and *Akkharanukrom namsakun praratchathan nai phrabatsomdetph ramongkutklaochaoyuhua* [Directory of royally bestowed last names from the reign of Rama VI] (Bangkok: Rama VI Memorial Foundation, 1991), pp. 72, 135,

358。这些资料来源在某种程度上使其家族成员对"Bunyaratkalin"的拼写做了小小的调整成为了可能。无论怎样，政变领袖绝不是是泰国保皇派军队的局外人，这一点与其宗教信仰无关。

34 "Statement from the Administrative Reform Council", *Nation*, 20 September 2006. http://www.nationmultimedia.com/2006/09/20/headlines/headlines_30014072.php. 同时参见"Must Read: CNS Coup White Paper", *Nation*, 12 December 2006(available in unofficial translation, at http://www.nationmultimedia.com/2006/ll/27/headlines/headlines_30020056.php)。

35 参见"Thais Put Their Trust in the Military", *Age* (Melbourne), 23 September 2006, http://www.theage.com.au/news/world/thais-put-their-trust-in-the-military/2006/09/22/1158431902364.html, accessed 23 February 2007。

36 "Chronology: Coup as It Unfolds", *Nation*, 2 October 2006.

37 关于"9·19政变"的声誉以及由此产生的泰国民主自由价值危机，都值得深入的研究。参见"Chang Noi: The Persistent Myth of the Good Coup"。同时参见 Jory, "The Silence of the Intellectual Lambs", 它对泰国知识分子阶层的自由主义苍白的承诺提供了初步的考虑。

38 "The Surayud Cabinet", *Nation*, 23 October 2006; "Analysis: Retired Diplomat Nitya to Retain Foreign Policies", Nation, 10 October 2006.

39 "Thais to Clarify Foreign Ownership Laws", *Financial Times*, 4/5 November 2006; Thanong Khanthong, "Old Money Strikes Back Like a Blast from the Past", *Nation*, 15 December 2006; and "Thais May Redraw Law on Foreign Ownership", *Financial Times*, 28 December 2006.

40 例如，参见Korn Chatikavanij, "On 'Sufficiency Economy': A List of Achievable Aspirations", *Bangkok Post,* 9 December 2006; Korn 是民主党的主要成员。与黄衫军一道国王提出的*setthakit phophiang* 或"自给自足经济"的"新理论"在2006年得到了广泛的推广。关于这一概念的历史发展, 参见Paul Handley, *The King Never Smiles*, esp. chap. XXI (pp. 407-26), "The Economic Crash and Bhumibol's New Theory", and also pp. 389-90 and 432-34。

41 演讲的原文最初是用英文发表的，参见"PM's Speech at FCCT", *Nation*, 8 November 2006, http://www.nationmultimedia.com/2006/ll/07/regional/regional_30018323.php.

42 同上。

43 "Surayud Calls for Equality in Society", *Nation*, 12 December 2005; "Comradesin-Arms: Their War Gone By", *Nation*, 12 January 2006; "Interim Government: Renewing Old Connections", *Nation*, 15 October 2006; "Surayud Calls on Former Communists to Help Govt", *Nation*, 21 October 2006. 非常重要的传记， Watsana Nanuam, *Senthang lek phon ek Surayut Chulanon chak luk khommiwnit supho. bo. tho bo* [将军素拉育·朱拉暖（General Surayud Chulanont）的成长之路：从共产主义之子到陆军总司令] (Bangkok: Matichon, 2003), 对素拉育与他父亲的关系给予了相当的关注。

44 Handley, *The King Never Smiles*, pp. 222-36, discusses the Village Scouts, their ties to the palace, and their involvement in right-wing agitation and violence during the 1970s. See also Katherine A. Bowie, *Rituals of National Loyalty: An Anthropology of the State and the Village Scout Movement in Thailand* (New York: Columbia University Press, 1997). 普密蓬国王一直致力于加强与农村臣民的血肉联系，增进国家的团结，这是Handley这本书的重要主题；参见第298-297页关于他们在炳时期开展工作的精彩论述。

45 McCargo, "Network Monarchy and Legitimacy Crises in Thailand", explains the origins and operations of this order.

46 关于同样一个问题更为极端的论述，参见Paul Handley, "What the Thai Coup Was Really About", *Asia Sentinel*, 6 November 2006, http://www.asiasentinel.com/index.php?option=com_content&task=view&id=249&Itemid=3 1。

47 "Surayud Issues Tak Bai Apology", *Nation*, 2 November 2006; "Time for Peace, Reconciliation", *Nation*, 3 November 2006.

48 "Sonthi Backs Ending Emergency in South", *Nation*, 31 October 2006; "Peace Initiative: Pranai to Head Up Revived Southern Border Committee", *Nation*, 1 November 2006. 关于南部边境省府行政中心（SBPAC）及其被看作君主制的产物，参见McCargo, "Thaksin and the Resurgence of Violence in the Thai South: Network Monarchy Strikes Back?"。

49 一个自称为"Barun"的泰南事务问题评论员，直言不讳，消息灵通，利用其专栏评论谈判协商的现状；"'Kaptak Cheracha' khong Nakkha Fai Tai"（《泰南军火商的谈判陷阱？》）, Nechan Sutsapda, 13 October 2006, p. 86。Barun的早期专栏文集——关于泰南战争不可或缺的资料——是Barun, *Yihat Si Thao*（《灰色的圣战》）(Bangkok: Sarika Press, 2005)。

50 "Fear Is Now the Rule in Thailand's South", International Herald Tribune, 26 February 2007.

51 参见上面第40条。

52 "HM Backs Surayud Govt", *Nation*, 5 December 2006. An unofficial English-language translation of the speech is available at "His Majesty's Full Birthday Speech", *Nation*, 5 December 2006, http://www.nationmultimedia.com/2006/12/05/headlines/headlines_30020787.php.

53 "Baht Crisis: BOT Bid to Limit Currency Dealings", *Nation*, 19 December 2006; "Bt 820-billion Blunder", *Nation*, 20 December 2006; "Credibility Damaged by Fast U-turn", *Nation*, 21 December 2006; and "Capital-Control Fiasco: Pridiyathon Denies Any Intervention", *Nation*, 11 December 2006.

54 军队政变后不到24小时,因强烈反对他信的声音,为此2006年9月20日晚泰国外国记者俱乐部将志在必得的Kraisak Chunhawan推到了事件的顶峰。直到最近外交事务委员会（the Foreign Affairs Committee of Thailand）主席Kraisak首次当选参议员。Kraisak的祖父是Phin Chunhawan元帅，发起导致泰国长达25年之久的军事独裁统治的1947年政变的主要参与者。他的父亲是已退休的Chatichai将军，于1988年作为国会议员取代炳将军成为民选议员的总理，此前其民族党在（Chat Thai）于同年7月的大选中赢得了最多的席位。由于其言论和执政风格的影响，民选议员总理Chaticha在奉行泰国民选议会规则方面发挥了很大作用。Chatichai聘请Kraisak担任其顾问，Kraisak颇具影响力，一直到1991年2月军政府发动政变。2006年9月20日在泰国召开的FCCT会议上，他指出军事势力介入政治生活已是不争的事实——这正如1973年那样，2006年亦是如此——为了抵制邪恶的政权，军方支持大众起义是大有必要的。人们不禁怀疑1976年时他是否也曾有过同样的感慨。Kraisak采用如此的言辞和语调，充分说明了自由民主理想在2006年的泰国正面临危机。

55 参见Handley, *The King Never Smiles*, pp. 139ff, 187ff, and 283-84, on some of the important moments in the evolution of this partnership, with it various strands。

56 同上，参见chaps. V-VII (pp. 80-155)。对于理解泰国君主制在19世纪下半叶的复苏，Handley的著作是至关重要的，即使颇有争议。自20世纪30年代以来的二十多年时间里，关于普密蓬国王（King Phumiphon）与其祖父朱拉隆功大帝（King Chulalongkorn）之间一脉相承的结论，已经不仅让大多数泰国人民，并且让大多数来自皇家学会名不见经传的观察员们一头雾水。但是即便像David Wyatt这样与却克里家族关系亲密的学者，也早在二十多年前就已经指出了这一问题；参见David K. Wyatt, *Thailand: A Short History* (New Haven: Yale University Press, 1984), p. 245. In its treatment of the past two decades, Duncan McCargo, "Network Monarchy and Legitimacy

Crises in Thailand" 对Handley的著作是必不可少的补充。

57 事实上，最为重要的观点数据见Handley, *The King Never Smiles*。

58 在这一点上，参见McCargo, "Network Monarch and Legitimacy Crises in Thailand"。

59 "DSI to Probe Four Murders from 'War on Drugs'", *Nation*, 14 December 2006.

60 参见Tej Bunnag, *The Provincial Administration of Siam, 1892-1915: The Ministry of the Interior under Prince Damrong Rajanubhab* (Kuala Lumpur: Oxford University Press, 1977), 而且，对曼谷中央势力对原北大年苏丹国的延伸的最新解读，参见Tamara Loos, *Subject Siam: Family, Law, and Colonial Modernity in Thailand* (Ithaca, NY: Cornell University Press, 2006), esp. chap. 3 (pp. 72-99)。

61 这些评论借鉴了泰国当代最精明能干的一位口译译员Chris Baker 的言论，就以下问题展开讨论，参见"Does Thailand Need a New Government?", Foreign Correspondents' Club of Thailand, 17 August 2006。他强调1997年后，泰国经济在全球化的背景下实现了工业生产的集中化，参见"Chang Noi: Giving Up on Democracy for Thailand", 引自以上文献。

62 关于这个问题的一次引人入胜的讨论，参见 Satya Sagar, "Thai Coup in Hot Soup", *Znet*, 17 October 2006, http://www.zmag.org/content/showarticle.cfm7SectionID=44&ItemID=11205。同时参见Michael J. Montesano, "Rational Debate on FTA Nearly Impossible", *Nation*, 29 June 2006, and "Letters to the Editor: By Avoiding Electoral Politics ...", *Nation*, 13 July 2006。自2005年以来，人民联合党（the People's Coalition Party, phak naewruam phak prachachon, http://www.pcpthai.org/web01/）一直致力于填补泰国政党政治领域的左翼空白。其中一位组织者Giles Ji Ungpakorn，将建党的来龙去脉述于"There Was a Democratic Alternative to the Coup", New Mandala, 25 September 2006, http://rspas.anu.edu.au/rmap/newmandala/2006/09/25/there-was-a-democratic-alternative-to-the-coup/当中。

63 参见Thanong, "Old Money Strikes Back Like a Blast from the Past"; and Pasuk and Baker, *Thaksin: The Business of Politics Thailand*, esp. pp. 57-59 and 69-74。

64 但是，一个重要的提醒，泰国社会某些部门把国王想象成民主的守护神，参见Chris Baker, "Revival, Renewal, and Reinvention: The Complex Life of Thailand's Monarch", *Asia Sentinel*, 8 September 2006, http://www.asiasentinel.com/index.php?option=com_content&task=view&id=1 54&Itemid=34的最后几段。

# 泰国2007年

Thailand 2007

# 泰国：充满焦虑的国度

【英】Duncan McCargo①著　　郭粒粒　姚键　译

“当今，泰国人民失去了希望……他们的生活也充满了不确定性。”[1]

这句话并不是出自某个泰国的学者或者社会评论家之口，而是一位深受欢迎的年轻艺人帕查拉信“葛拉梅”班洁明（Patcharasri “Kalamare” Benjamas）所言。她透过2006年末到2007年上半年泰国那场非同寻常的查督堪·拉玛贴（Jatukham Ramathep）护身符热，正在撰写一本有关泰国人民的焦虑的书[2]。因为对国家的经济、政治以及王位继承问题深感不安，泰国人购买了数百万这样的流行护身符来驱灾避祸。由于种种原因，对于泰国和泰国民众而言，2007年是多灾多难的一年。

在1997年改良主义宪法颁布之后，泰国社会呈现了难得的安定。从2001年到2006年，他信当权，直至2006年9月的军事政变而告终，泰国又回到了混乱不堪的多党制政治格局[3]。但这不是简单回归到1997年前的状况，而且政治上的不合也不仅仅是党派间的分歧问题。政治局势又回到了改革前的混乱状态，同时两个截然不同却又有着内在联系的权力圈子间存在着明显的冲突，而这些圈子无不掌握着现代泰国国家的命脉。正如他信过去的发言人贾卡波·彬盖（Jakrapob Penkair）所说：

> 我认为这不是为争取民主而奋斗，我认为这是反对贵族统治的战争。我希望除掉贵族和独裁者们，因为他们串通一气，通过

① Duncan Mccargo是英国利兹大学（the University of Leeds, U.K）东南亚政治学教授。

政变剥夺了人民的自由与权力。[4]

2007年，泰国政治的好斗本性表露无遗。民众分裂为两个阵营，一派是2006年“9·19政变”被赶下台的前总理他信的支持者，另一派则是他信的政敌。他信的支持者来自不同的背景：泰国北部和东北部支持泰爱泰党（TRT—Thai Rak Thai）“草根”政策和项目的农村选民，以及为他信批判官僚主义和包括王室在内国家传统机构拍手叫好的中产阶级和工商业界人士。但事实证明并不能过于简单地将泰国政治局势解读为“两个国家”，即城市与农村之争[5]。不仅他信的政敌没有呈现出内聚力，甚至反对党民主党（DP）的支持者，与“君主圈子”的势力有交往或者持同情态度的人士[6]，以及广大受够了他信傲慢、独裁倾向和质疑其权力行使的普通选民（包括许多城市选民或者中产阶级选民）亦是如此。泰国因他信而呈现前所未有的分裂局面；据说政变的领导者得到皇室的支持[7]，在2007年一直在开展反他信的宣传战，但最终证明徒劳无功。尽管这位前总理出于自身安全考虑而选择流亡海外，整个2007年都不在泰国，但他仍然是泰国最有影响力、最饱受争议和最令人畏惧的人物——是一位看不见却又无处不在的年度风云人物。

2007年在一声巨响中开始：8次小规模爆炸震撼了曼谷，造成3人死亡。爆炸案是军方中持不同政见者，他信的支持者，或是其他团体所为。在一番申诉和反诉后，这些问题没有得到一个令人满意的答案。这一系列悬而未决的爆炸案证实了当年的一个政治怪象：前枢密院委员素拉育·朱拉暖（Surayud Chulanont）将军领导的军事政权每当有了新的进展以及遇到一次新的挫折，都会引发人们去质疑他信是否参与事件，介入有多深，扮演了什么样的角色，以及倒他信运动与皇室是否有牵连。沙马·顺达卫（Smak Sundaravej）同意担任人民力量党（PPP—People Power Party）的党主席后，声称希望澄清他信对国王不忠的罪名。他辩护说：“军方现在利用君主的名义发动了一场诋毁他信的运动，这实在是太拙劣了。”[8]

2007年发生了几件具有里程碑意义的政治事件：5月份，法律裁决解散泰爱泰党并判决该党111名执行委员5年内不得从政；起草新宪法；8月19日举行宪法公投；人民力量党替代泰爱泰党闪亮登场，其他诸多小党纷纷亮相；12月23日的大选，人民力量党赢得了议会接近半数的席位。

## 解散泰爱泰党

他信·西那瓦虽然被军方赶下了台，但他的政治影响力却依然存在。他领导的泰爱泰党在2001年和2005年的大选中都取得了压倒性的胜利，并且他信和其他党员仍有资格参加政变后的竞选。政府已承诺会在2007年举行新的选举。泰爱泰党和民主党因为在2006年4月的选举中涉嫌违规而受到指控。法院后来宣布该次选举结果无效。宪法法庭（Constitutional Tribunal）（不要与依照《1997年宪法》行使权力的宪法法院相混淆）最终决定解散泰爱泰党并且判决该党111名执行委员5年内不得从政[9]。不仅他信本人没有资格参与选举，他信政府的部长级人物也被剥夺了这一资格。对此，观察家们轻率地得出结论，泰爱泰党已走到尽头。不久后，军政府任命的资产调查委员会（Assets Examination Committee）没收了他信家族接近17亿美元的资产——尽管针对他信腐败的指控过程进展缓慢，困难重重。

在宪法法庭宣布最终判决之前几天，国王发表了长达1小时的讲话。国王称不论法庭做出什么样的判决，都将会引发新的问题。对于即将做出的裁决，他说道：“我心里有自己的答案，但我无权发言。”而就他2006年的政治干预（普遍认为这导致了2006年4月举行的选举结果被废除），他告诉法官们：

如我一年前在华欣（Hua Hin）所言，你们真正地担负起了

> 应有的责任，此后也出现了许多状况。其实那些事情各有其原因，但后来却纠缠在了一起，很快还可能变得更复杂。你们必须准备好面对责难——不是以法官身份，而是以个人或者专家的身份——阻止我们的国家继续沉沦，不要让人们说我们毫无作为而不是努力解决问题……请继续为改善国家现状而努力，而今年的情况可谓糟糕透顶。[10]

国王意有所指的演讲被普遍解读为国王建议采取“中间路线”，即惩处那些对错误负有直接责任的人，而不提倡解散任何政党。但宪法法庭果断采取了对泰爱泰党不利的行动，而让民主党免于处罚。这次事件表明了日益增加的“司法化”趋势，即目前大力提倡的一个观点：复杂的政治问题不应该通过选举政治或者由当选的官员来解决，而最好留给知识渊博且德高望重的法官们去解决。这个观点通过国立法政大学学者和辩论家提拉育·布米（Thirayudh Boonmi）2006年5月的一篇论文而广为传播。他建议可以通过司法来解决与政治改革相关的问题[11]。然而在实际操作中，所谓“司法”的内涵极为广泛：包括职业法官，由上议院任命的宪法法院法官，或是由国家安全委员会（CNS—Council for National Security）任命的临时宪法法庭的法官[12]。尽管国家安全委员会和政府冠冕堂皇地说这是“法治”，但这些临时的司法干预却缺乏法律依据。这一趋势反映了长期以来人们对政党和选举的不信任，而且这种不信任由于他信问题而进一步加剧。司法化成了反他信政策的最新外衣。如果军事政变是用来推翻他信的钝器，那么司法化则是君主关系网在政变后试图用来管理和整顿政治权力的手段。

泰爱泰党解散后不久，国家安全委员会主任颂提·汶雅叻格林（Sonthi Boonyaratglin）便提出赦免被禁的泰爱泰党执行委员，这增加了人们的猜测，以为军政府不满宪法法庭的裁决结果[13]，因为军政府可能更希望看到两个政党都被禁。虽然那样的结果看起来或许更“公平”[14]，但更重要的是能为改变泰国的政治局面提供更大的空间。颂提的提议也引发了民众的猜疑，认为国家安全委员会与他信达成谅解，允许他信及其同盟重掌政权。到底国家是否分裂成为他信和国家安全委员会两个阵营？法庭法官是否真的听命于国家安全委员会或者皇室？他们是否误解了掌权者们对他们的期待？或者他们只是依照事实证据做出的裁决？正如近期泰国政治上的其他问题一样，对这些问题的回答见仁见智。但无论如何解读，解散泰爱泰党所带来的社会震动给泰国政治上了重要的一课。很显然，他信不能再孤注一掷：他必须与其可能控制的多个政党联手参加下一次的竞选。

## 《2007年宪法》

泰爱泰党解散之后的好几个月，泰国全国上下高度关注两大政治问题：一是为即将到来的选举制定游戏规则，二是对参选政党进行排队。游戏规则在宪法起草的过程中经过反复推敲研讨后拍板，并在8月19日就该宪法草案举行了前所未有的全民公投。就程序上而言，《2007年宪法》因为经过了全民公投，所以被赋予了无可比拟的合法性。然而事实上，许多泰国人仍然为《1997年宪法》（people's constitution）的废止而感到惋惜，因为该宪法是在一届民选政府支持下起草并批准的，而且还进行了广泛的磋商。《2007年宪法》的起草过程效仿了《1997年宪法》——包括召开各府的协商会议——但仍然被广泛视为是一次自上而下的过程。用来教育民众了解新宪法的资料中充满了反泰爱泰党的言论[15]。除了将佛教确立为泰国国教的议案未获通过以外，新宪法的内容几乎没有遭到基层组织的有效反对。佛教激进分子在议会外举行了大规模游行示威，但部分游行领导者承认自己是机会主义者，只是想借机让国家安全委员会领导人颂提·汶雅叻格林（他本人为穆斯林）下不了台，并为投反对票造势[16]。

新宪法中的一个重要内容是恢复1997年前的多席位选区制

（multimember parliamentary constituencies），选出共400名议员（宪法第93条规定）[17]。过去，多席位选区制（每一选区通常可选3名议员）是为了给小党派以更多机会，但这样也会产生不稳定的联合政府。考虑到新宪法的主旨在于反他信，小党派和内部争执不休的联合政府再次成了香饽饽：《2007年宪法》的起草者们想方设法避免造成他信当权的体制弊端；政党名单制得以保留，但议员人数从100位减少到了80位；投票也不再是全国范围，而是按10个大选区进行（新宪法第95条—98条规定）。这些精心炮制的条文旨在避免再次出现泰爱泰党式的一党独大的政党。

所有上议员由选举产生的制度于1997年后创立，被150人制的上议院取代，每个府（目前为76个）选出一名上议员，剩下的上议员通过任命产生（新宪法第111、112条规定）。任命的上议员由高级别的法官委员会和独立机构负责人从候选名单中产生（新宪法第113条规定）[18]。有猜测称，国家安全委员会打算在民选政府上台后，利用这一任命机制来继续长期控制上议院。新宪法中一个重大的改变是议员或者政府官员的亲属不能担任上议员（新宪法第115条规定）。尽管议员不再需要持学士及以上学位，但上议员和部长们仍必须具有研究生学历。根据新宪法，不信任案的提出更为简单：只要得到1/6议员的支持就能对部长发起不信任案（新宪法第159条规定），而得到1/5议员的支持就能发起对总理的不信任案（新宪法第158条规定）。这也是针对之前让他信逃过议会监督审查的条文而设定的。新宪法还规定了总理的连续任期不得超过8年（新宪法第171条规定）。关于选举以及政党的详细规章制度，在一系列组织法中做了详尽规定。

## 暧昧的公投

政变后没几天，国家安全委员会立即宣布对新的宪法草案进行全民公投，协助其他权力部门让人们接受政变是具有“泰国特色”的“民主”政变这一牵强附会的观点。在围绕公投的大量宣传活动期间，一些真正利益攸关的问题仍存在争议。2 600万人投票，但明显只有少数人在投票前仔细阅读过宪法草案，或者能解释《2007年宪法》与《1997年宪法》的主要差别。大多数参与人并不是在针对宪法草案真正投赞成票或反对票。为了获得更多的赞成票，政府在宣传活动时强调对宪法草案投赞成票是下一步举行选举的关键，因此许多选民之所以投赞成票只是为了早日恢复议会体制。国家安全委员会支持的政府的这一招十分老辣，借此十分狡猾地呈现出自己"支持民主"的形象。地方政府官员想方设法争取更多的赞成票：泰国政府在宣传公投方面投入了大量的人力、物力、财力。政党被禁止号召民众反对宪法。军政府还采取了一系列策略，包括激发人们的保皇主义情感，来压制投否决票的宣传活动[19]。

东北部的武里喃府（Buriram）是他信好友陈乃温（Newin Chidchob）的大本营。在那里，官方的骚扰达到了登峰造极的程度，军人们在投票前夜热情款待了各村村长和村下一级的负责人（kamnan）[20]。在泰国，这就是所谓的"鸡犬不宁之夜"，在这期间各种贿选和其他不合法的选举行为上演着最为疯狂的一幕。最终，武里喃的宪法公投结果是55票赞成，45票反对，这与东北部的整体趋势截然相反。"武里喃模式"说明国家安全委员会决心挫败挺他信的活动，并以此影响选举结果，这对接下来的大选并非良兆[21]。但要迫使地方领导人和选民就范需要大量的投入，因此这样的模式实际上无法推广。

与此相反，他信的支持者倡导对新宪法投"否决票"，以使得国家安全委员会和素拉育政府名声扫地[22]。他们将公投看作展示自己不断获得政治支持的机会。从这个角度看，公投成了对他信的公投。实际上，公投也是对政变本身的一次公投，国家安全委员会本来对公投获胜志在必得，但最后结果却与军方的预计相接近。宪法在全国获得了57%的支持率，而在他信的大本营——人口稠密的东北部——62%选民投了否决票，并且北部的许多府都不支持新的宪法[23]。

如果回头来看，国家安全委员会领导人一定十分懊悔承诺开展公投。这说明，在泰国令人担忧的政治环境中，测定公投结果的过程仍然十分复杂和混乱。政变已经过去了一年，但国家安全委员会和素拉育政府仍没能赢得他信之前的支持者。宪法公投是即将在12月23日举行的大选的一次预演，并且公投结果显示他信的忠实支持者依然具备相当强大的政治实力。面对政府希望民众支持宪法的请求，许多选民不为所动；公投的投票率依然低于60%。而那些没有参与公投的人在大选中不太可能成为反他信、挺政变的支持者。

## 逍遥法外的他信

整个2007年，他信·西那瓦都是新闻人物和权力经纪人。有一些关于他信和泰国领导人通话、会面的消息以及猜测不胫而走。据称这属于意外泄露，因为军政府竭力想让他信从电视荧幕和媒体上消失。有一段时间，他信常常出现在伦敦的哈罗德咖啡店（Harrod），那里成为他的非正式“朝廷”[24]。6月时，他信收购了一家英国足球超级联赛俱乐部曼城队。这是他信一次十分高明的公关之举，借此他能够通过泰国对英国全国联赛的不间断转播始终出现在公众视线。但他本人对这些赛事并无兴趣[25]。他信的英国支持者们为了方便把他叫做“辛那特拉（Sinatra）”。接近年末，他信将他的活动基地从英国搬到了香港，那里他接待了一大批支持他重新担任部长或者其他职位的恳请者。

他信离开泰国后的几个月，泰爱泰党内部出现分裂。泰爱泰党名义上由前教育部长乍都隆·采盛（Chaturon Chaisang）领导，但乍都隆并不是他信圈子内的人，并且也缺乏赞助经费以留住重要的政客。前泰爱泰党政客分为两类：一类是5年内被禁从政的111名执行委员（他们中许多人试图通过资助政治派系或者提名人来保持影响力）；另一类是非执行委员，他们不受再次参选的限制，可以代表赞助人和政治导师参加选举。不管是被禁或者没被禁的泰爱泰党政客都面临同样的两难境地：到底是离开泰爱泰党重新建立新的政党还是等待泰爱泰党改革？一开始，许多泰爱泰党的主要政客都认为他信将不能重振其政党雄风，并且其政治影响力可能将不复存在。其中有许多人对他信的幻想已经破灭，见到他信失势如释重负，很快就建立了他们自己的政党。而其他一些政客坚信他信会卷土重来，则选择等待泰爱泰党改头换面，东山再起。

泰爱泰党很快得到复兴：在遭遣散后不到两个月，大批前泰爱泰党党员重组加入人民力量党（Phak Phalang Prachachon；泰语和英语的缩写均为PPP），并迅速任命前曼谷市长沙马·顺达卫为党主席。人民力量党的标志与泰爱泰党十分相似，人民力量党成员也毫不掩饰两党一脉相承的关系[26]。沙马甚至宣称他只是他信的“代言人”[27]。通过妻子柏扎嫚（Pojaman）的协助，身在流亡地的他信在操控着人民力量党，这已经是一个公开的秘密。

沙马是一个充满争议的人物，他最早出名是以不败的冠军参赛者形象出现在一档名为“Tick Tack Toe”的电视智力竞赛节目上。凭着过人的记忆力和三寸不烂之舌，沙马后来成为铁杆右派分子，是镇压20世纪70年代学生运动的刽子手。1976年国立法政大学大屠杀事件后，他担任内政部长，因下令逮捕了几百个左派嫌疑分子并禁止大批马克思主义文章而臭名昭著。在接下来的几年里，他公布了自己登上泰国总理宝座的“三步曲”计划。1979年，他实现了第一步：他所领导的小党——泰国民众党（Prachakorn Thai Party）横扫曼谷并取得了压倒性的选举胜利。但是他粗暴的个性、“个人表演秀”式的管理风格，尤其是他薄弱的政治基础——实际上他在首都以外的地区毫无选举号召力——阻碍了他的进一步晋升。在20世纪80年代和90年代早期做了一段时间的通信部长和副总理后，他最

终退出国家政坛，在2000年参加曼谷市长选举并当选。

为什么他信会指定沙马来领导人民力量党呢？一开始，人民力量党作为具有挑衅意味的政党面对的是来自军方、皇室以及一些顽固政治势力深深的敌意。他信因此判断一位谦谦君子将不能胜任党主席一职：他需要的是一个强势且不惧威胁的人选。人民力量党还任命了一些名声不太好的人担任党内的核心职务，包括武里喃府的政治家陈乃温（虽然被禁从政但却是他信重要的军师），以及曾做过警察、有着曼谷“教父”之称的差林·育班隆（Chalerm Ubumrung），他后来出任内政部长。从整体上看，人民力量党领导层的水平要比泰爱泰党弱很多。考虑到政变领导人对他信不忠的指控，沙马称自己之所以被任命为党主席是因为对君主的忠诚。但事实上，鉴于沙马与枢密院主席炳·廷素拉暖（Prem Tinsulanond）的关系并不那么稳固（2006年2月，沙马曾因为在一档电视新闻节目上涉嫌诋毁炳而被逐出该节目），沙马自称忠君多少有点牵强[28]。沙马的任命实际上反映出他信誓与国家安全委员会抗争到底的决心。他信希望借助沙马在曼谷的影响力来帮助自己提振在首都不断下滑的支持率。虽然与他信达成同盟有助于沙马最终实现自己梦寐以求的总理一职，但沙马须鞍前马后为他信效力。至少，理论上是这样。而实践中，沙马不太可能做一个任人操纵的木偶，要他安于现状只是一厢情愿。但遗憾的是，一旦赢得选举并完成新政府的组建，在他信看来，沙马的利用价值也就基本没有了。

## 其他党派

参加选举的新政党如下：由资深政客沙龙·天通（Sanoh Thienthong）在2006年1月成立的皇家人民党（Pracharaj），沙龙与他信之间有着很深的私人恩怨；前泰爱泰党部长颂塞·贴素廷（Somsak Thepsuthin）成立的中立民主党（Matchima Thippathai），后来由颇具争议的金融家以及他信公开的批评者巴差·廖柏拉（Prachai Liewpairat）出任党主席（他之前曾是皇家人民党成员）；同心发展党（Ruam Jai Thai Chart Pattana），混合了多个党派中的成员，包括过去泰爱泰党中的许多杰出人物和其他前泰国发展党（Chart Pattana Party）的重要角色，并由前民主党的铁杆党员巴迪·巴他拉巴舍（Pradit Phataraprasit）出任秘书长；参加选举的还有表现十分突出的为国党（Puea Pandin Party），由资深的前部长素威·坤葛迪（Suwit Khunkitti）领导，表现灵活，既能与人民力量党合作也可以与民主党结盟。有小道消息称，为国党得到来自军方的资助[29]，因为军方希望推举素威作为总理人选。从这些政党的名称和政治口号来看，他们希望推广的是一种中立、温和的政治形象。

一位泰国学者把这些新成立的小党派形容为“两派的藏龙卧虎之地”，这四个党派的主要人物中既有他信之前的政敌也有他的支持者。这四个党派似乎在政治上很会见风使舵，根据需要支持人民力量党或者民主党。尽管有许多分析家最初认为这些小党派主要是一些对他信感到失望的派系的政治工具，但这样的解读实际上太过简单。事实上，尤其当这四个党派在2007年12月23号大选中失利，并且明白自己缺乏讨价还价的筹码后，才不得不很快与人民力量党结为合作关系。

## 民主党和泰国党

在给予人民力量党和新党派充分关注后，再来讨论一下泰国历史悠久的反对党。民主党在2007年的发展举步维艰。党主席阿披实·维乍集瓦（Abhisit Vejjajiva）曾在牛津大学读书，虽然得到曼谷选民的支持，但其能力却遭到来自党内南部核心地区的一些质疑。2007年5月泰爱泰党解散后，阿披实曾有机会成为新的国家总理，但是民主党却没能以一个积极、充满活力的形象赢得东北部人口密集地区的选民。民主党感觉上是属于南方人、曼谷人和中产阶级的政党，而一些来自其他地区的民主党议会候选人都早已转投了他信。

即使是阿披实最热情的支持者都不得不承认他政治上的幼稚和经验不足：43岁的他本来可能成为泰国战后最年轻的总理，但他却缺乏部长以上的任职履历。由于在国外接受教育，他缺乏对泰国社会，尤其是泰国农村的了解。但阿披实最大的问题在于他在党内缺乏稳固的政治基础。正如民主党前总理川·立派（Chuan Leekpai）一样，川曾是以秘书长沙南·卡宗巴萨（Sanan Kachornprast）为首的一群党派大亨的挂名负责人，阿披实也曾受过素贴·特素班（Suthep Thueksuban）的恩惠。素贴是一名南部政客，因为在土地分配丑闻事件中的角色而备受争议。那次事件导致了1995年民主党政府的下台。但在川的第二个任期中，他拥有一个由一干技术官员和一批拥有美国博士学位的成员组成的内阁——给人印象尤为深刻的是素帕猜·巴尼巴滴（Supachai Panitchpakdi）、他林·尼曼哈明达（Tarrin Nimmanahaeminda）和素林·比素万（Surin Pitsuwan）。相对而言，阿披实能够调遣的人才就要逊色多了。因为在泰国，资深的政客并不愿意在一位如此年轻和资历浅的领导人手下工作。民主党力求仿效泰爱泰党和人民力量党的那些广受好评的政策，同时也一并承接了注重公共关系、政治营销以及使用诱导性口号的传统[31]。

从理论上说，民主党与泰国党应该站在同一阵营。泰国党的党主席班汉·信拉巴差（Banharn Silpa-archa）一直希望能够作为各方妥协的人选出任总理。但当泰国党前副主席初维特·卡莫韦斯特（Chuwit Kamolvisit）在11月要求班汉承诺不加入人民力量党领导的联盟时，遭到了班汉的拒绝。初维特因此将自己的餐桌搬到挨近班汉和阿披实用餐的地方，并且故意张扬地点了一系列的鳗鱼菜。事实证明，初维特将班汉比作滑溜溜的鳗鱼是有预见性的。泰国党之后的确加入了人民力量党领导的联盟，而民主党则成了孤立的反对党[32]。

# 君主关系网

2007年的多半时间人们都在猜测选举的具体日期：如果考虑到人们对他信以及他的同盟欢迎程度不减当年，国家安全委员会是否会推迟选举？总理素拉育·朱拉暖为了维持信誉，一直反对将选举推迟到2008年。这可能让人们误以为素拉育真是出于民主的动机，但实际上素拉育信守承诺的一个重要原因是他本人明显无意于总理一职。在卸任后，素拉育承认他一直非常不情愿担任总理一职；在做总理时，他每天最开心的时刻就是上床睡觉的时间；如果让他重新选择，他在一开始就会拒绝担任这个职务[33]。政变的核心人物之一——陆军总司令颂提·汶雅叻格林（Sonthi Boonyaratglin）将军也明确表示：素拉育是总理一职的错误人选，应该在一开始就拒绝出任。颂提认为素拉育缺乏解决泰国当前紧迫政治问题的必要魄力，并且从不尽力清除他信势力[34]。但对颂提本人来说，搞政变绝非其本意，他一直试图与他信保持良好关系。

与观察家的预测相比，2006年政变与1991年政变并没有太多相似之处。从1991年到1992年，苏金达·甲巴允（Suchinada Kraprayoon）尽管有很多过失，但并不失为一位充满热情的政变领袖。他渴望将军权转化为他自身的政治力量。为此，他说服阿南·班雅拉春（Anand Panyarachun）作为他抛头露面的负责人。阿南是一位适合出任总理的一流技术官僚。他在职期间通过了一系列的改革立法。与此形成反差的是，2006年到2007年间，泰国执政的两个人物——一位是不太心甘情愿的二流政变领袖，另一位是勉强就任的三流总理，他俩对于未来的目标都没有清晰的设想，并且都缺乏完成有限目标的能力和决心。阿南结束任期时声望倍增，而素拉育卸任时却声名扫地。颂提和素拉育对2007年选举的结果都感到非常不满，但也似乎回天乏术。

从某个层面上看，2007年对于泰国君主是胜利的一年：2006年的登基

60周年庆典因为12月5日国王80岁寿辰所激发的新保皇主义情感而更加圆满。11月7日，国王生病接近四周后终于在医院露面。此前不久，上百万泰国人联名上书祝福国王早日康复。因为当天国王穿着象征吉祥的粉红色衬衫和夹克，因此他的忠实拥护者们立马将穿了一整年的黄色衬衫换成了粉红色。

2006年和2007年在民众间产生的君主热在逐渐消退，而对王位继承问题的焦虑感却在逐渐增长。未来的继承人玛哈·哇集拉隆功（Maha Vajiralongkorn）王储仍是一个颇具争议的人物，常年传闻不断。7月时有谣言称他因一种怪病已在瑞典去世。王室无力应对民众对于继承问题的焦虑，这可能使九世王的光辉统治受到影响。尽管几乎没人敢对国王本人评头论足，但君主关系圈子中的其他成员则受到了完全不同的对待。枢密院主席炳不时遭到他信支持者以及亲他信网站的中伤[36]。他信政府的前发言人贾卡波·彬盖经常直言不讳地批评炳和他的同伙。他认为泰国需要摆脱“贵族”的统治，认为他们在现代社会不再有一席之地。

他宣称：贵族是民主人士的敌人……应该把像炳这样在背后操纵国家安全委员会的人从枢密院除名，因为这些人是破坏民主的元凶。国王应该将这些人逐出枢密院[37]。

直到最近，这样的言论都是一大禁忌。然而，作为一种奖赏，贾卡波之后却被委以在沙马政府担任部长职务，而他信心直口快的律师及辩护人诺帕多·巴达马（Noppadon Pattama）出任外交部长。人民力量党经常被指控具有反君主的立场。例如，在东北部的选举集会上有传单散布消息称人民力量党希望推翻君主政权[38]。在选举后，他信愤怒地否认怀有任何的反君主情绪[39]。但是选举后，沙马指责有一双“肮脏的手”企图干预选举结果——人们普遍认为这是指炳[40]。

尽管国王可能比以往更受欢迎和尊重，但君主关系圈子作为一种政治势力却已日薄西山。国王在2007年12月生日演讲时呼吁人民保持团结一致，但这个演讲既没能避免选举出现严重的争执，也没能阻碍亲他信势力重新掌权。国王生日时大赦了25 000名囚犯。这激发了许多观察家和刑事司法官员的复杂情感，尽管不可能公开评论这一极度宽宏大量的行为。君主的关系圈子仍然有能力通过军事和司法途径干预政治，但却明显无法改变选举政治的历程，选举政治作为目前泰国政治权力的核心所在业已确立。

## 选 举

当人民力量党在12月23日晚上以最强大的政党姿态胜出，之前关于选举将是一场“隐形政变”的猜测不攻自破。换句话说，军方会操纵或者推翻选举结果以保证民主党胜出的传言已被粉碎。之前国家安全委员会公布的一份机密备忘录加重了人们的这一猜测，备忘录中谈到了如何扰乱人民力量党的候选人，以及动用国家机构来破坏和诋毁人民力量党的竞选[41]。尽管备忘录的公布引发了人们的担心，选举委员会依然拒绝欧盟派出观察员来监督选举[42]。结果，无论是出自哪种形式的选举破坏行为，要么以失败告终，要么过早夭折。

第一种方式是试图通过堵截拉票活动来影响选举结果，但这在武里喃府根本不可能大规模实施。

第二种破坏方式是通过支持其他“提名”政党来破坏人民力量党的竞选。这种方式最终也十分失败。事实上，对为国党来说，这种失败让军方非常失望。

第三种破坏形式是向小党派施压，迫使他们与民主党而不是人民力量党结盟，以建立一个强大的非人民力量党联盟。但由于人民力量党在选票上的优势，这样的方式同样不可行。事实上，选举结束后，像同心发展党（Ruam Jai Thai Chart Pattana）这样的小党派立即表示愿意加入人民力量党。因此，建立一个强大的反人民力量党联盟的设想一开始就注定会失败。

第四种潜在的破坏形式涉及利用选举委员会的权力禁止涉嫌贿选及其他选举舞弊行为的候选人参选——这就是所谓的“红牌”。第一届选举委员会——主持过2000年上议院和2001年下议院选举工作——就曾签发过大量的红牌，而第二届选举委员会（据说被泰爱泰党控制）很少干预2005年选举。理论上，如果有足够多的人民力量党候选人被红牌罚下，那么该党将不能组建政府。然而，实际上，只有在民主党赢得了所有人民力量党被红牌罚下的席位后，这种情况才能成立。而如果与人民力量党结盟的较小党派取得上述席位，这些红牌将不会影响人民力量党组建由其执政的联合政府。

尽管媒体大肆讨论签发红牌一事，但最终仅发出7张红牌，其中4张发给了人民力量党的候选人[43]。总共发出了24张黄牌（宣布选举结果无效但允许该候选人重新参选），其中大多数发给了人民力量党候选人[44]。发牌制度并没有破坏掉人民力量党和它的同盟，反而让人民力量党最终获得了同样多的席位：人民力量党中设法取得了3个黄牌竞选席位，抵消了之前因为红牌而失去的席位。人民力量党原本赢得的后因为红牌而被罚没的席位，悉数被沙马领导的联合政府成员获取，而在碧差汶府（Petchabun），民主党候选人因吃了黄牌而输给了人民力量党。之前人们曾认为将很难对这次选举进行裁判。但与此相反，与2005年较为被动的选举委员会相比较，2007年的选举委员会更多地干预了选举过程。由于贿选和其他舞弊形式在泰国议会选举中普遍存在，所以从理论上讲，选举委员会成员要动真格的话，可以一直要求重新选举。但这样久而久之可能会破坏组织该类选举的法律推定，并使整个政治进程不合法。

第五种破坏形式是利用法庭解散在选举中违规的政党。猜瓦·信素翁（Chaiwat Sinsuwong），一个不安分守己的民主党候选人，对人民力量党提起了诉讼，认为它是在5月被解散了的泰爱泰党的化身。猜瓦的诉讼反映出政治的司法化，因此迫使法庭做出回应。而他的指控实际很难驳斥：人民力量党本就是泰爱泰党的化身。上百万的泰国选民正是因此才支持人民力量党：法庭有权解散一个已经在大选中胜出的政党吗？如果法庭真的解散了人民力量党将会造成什么样的后果？民主党领导层也反对猜瓦这一举动，因此他最终撤回了起诉并退出了民主党。但宪法法庭仍在商议针对泰国党和中立民主党的指控。而宪法法庭本身的合法性也遭到一些律师的质疑，他们认为法庭只是国家安全委员会的政治工具，因此应该被解散。不仅选举政治的游戏规则饱受争议，并且被指定的游戏裁判所持的立场也受到了争议。鉴于民众既然有此选举结果就得接受这个结果的意见，当局很难利用职权来操控和改变选举结果。

这次选举有几个显著的特点。首先，尽管军方和政府对人民力量党怀有敌意，但它仍轻松地赢得了选举。人民力量党在政党名单制下获得的选票接近于泰爱泰党在2006年4月那次颇具争议的选举中赢得的1 570万票。当时的选举遭到了反对派的抵制，并最终被法院宣布无效。但这次民主党在政党名单制选举中表现十分出色，尽管它取得的选区席位要远远少于人民力量党。在一些地区，人们虽然为人民力量党候选人投了票，但却将他们政党名单制下的选票投给了民主党。这样分开投票或许反映了为政治体系引入平衡机制的努力。

贿选问题依然在全国大部分地方普遍存在，尤其是在东北部的农村地区。对此，人民力量党声称他们深受欢迎，用不着贿选，但这一说法遭到了质疑。面对三个候选人，许多选民采取了1997年前的策略，即“出售”一张或多张选票，然后把剩下的选票投给他们支持的候选人。詹姆斯·奥克（James Ockey）暗示说，超过60%的选票被不同政党的候选人瓜分了[45]。这反映了一个普遍做法，即候选人是作为个人而非团队参与竞选。在某些选区，三人竞选团队中的主要候选人在竞选时甚至完全不会提到其他两位名义上的竞选伙伴。在之前的竞选中，拉票员（hua khanaen）仍然是影响选举结果最重要的角色；竞选中的赢家通常得到了最有影响力和最具效率的当地拉票团的支持。他们通过发钱以及其他奖励形式将选民调动起来[46]。但竞选活动的形式五花八门，将传统和现代竞选方式融为一体。

表1　2007年12月23日选举结果

（依照2008年1月13、17、20、27日重新选举结果修改）

| | 选区席位 | 政党名单席位 | 总数 |
|---|---|---|---|
| 人民力量党（People Power Party） | 199 | 34 | 233 |
| 民主党（Democrat Party） | 131 | 33 | 164 |
| 泰国党（Chart Thai） | 30 | 4 | 34 |
| 为国党（Puea Pandin） | 17 | 7 | 24 |
| 同心发展党（Ruam Jai Thai Chart Pattana） | 8 | 1 | 9 |
| 中立民主党（Matchima Thippathai） | 11 | 0 | 11 |
| 皇家人民党（Pracharaj） | 4 | 1 | 5 |
| 总数 | 400 | 80 | 480 |

数据来源：《民族报》（*The Nation*），泰国选举委员会。

全国上下，政府官员力图求得投票率的最大化，故将选民名单中不会出现在投票点投票所谓“幽灵”选民清除出去[47]。在某些府，投票率最高的地区长官将获得一定的奖赏[48]。在全国许多地方，一些所谓的幽灵选民实际上不仅没死而且身体强健，但他们却没了选举的权利。泰国官方长期以来一直非常在意投票率的增加，而在这次选举中达到了新的高峰。尽管这些数据相当值得怀疑，但投票率高并未对人民力量党的表现造成丝毫影响——事实上还可能造就了该党的出色表现。

## 素拉育的遗留问题

选举当晚，沙马·顺达卫宣布，“政变已经完蛋”[49]。一些观察家认为政变垮台已有一段时间。素拉育·朱拉暖对于就任总理一职表露出了明显的不情愿，而他的“老姜”内阁成员也是一些退役的、老气横秋的官僚。因此，许多评论家认为，素拉育政府缺乏工作重点并且缺乏建树。政治学家他内·查雷穆（Thanet Charoenmuang）将素拉育任总理期间令人失望的、缺乏热情的工作表现和他信当时积极的工作风格进行了鲜明的对比，认为这是人民力量党在选举中获胜的主要原因[50]。在就职近一年时间里，素拉育似乎濒临辞职的边缘：他面对国家安全委员会以及媒体不断对他平庸表现的批评。而且，他还无法对自己庞大的私人财产给予合理的解释——尤其是他位于拷艾国家公园（Khao Yai）的别墅为何建造在一块他不具备所有权的土地上。颂提在9月底就将从陆军司令一职退役，有传闻称他可能会取代素拉育的位置，或者他野心勃勃的副手萨帕朗（Saprang Kalayanamitr）可能会发动第二次政变。结果，颂提成了副总理，萨帕朗被成功淘汰出局，而素拉育又继续在职位上待了四个多月。

然而，就凭素拉育政府这种模样就认为其毫无作为，具有相当的误导性：军方任命的国民立法大会（NLA—National Legislative Assembly）通过了一系列新的立法，尤其是在2007年最后几个月。这些立法大多非常保守并且旨在巩固安全部队和官僚势力，以及加大对情报的控制。素拉育的一个重要举措就是将前ITV频道收归国有，但却误导性地美其名曰“公共广播”[51]。新的立法包括一项严格的网络犯罪法案；一项具有争议的新国内安全法，该法律限制了总理干预年度军队人事安排的权力；新的著作权法；限制酒类广告的立法；广播和电视广播法案（保证了军方和官僚机构对广播频率的垄断控制，这样的垄断虽不合时宜但却十分有利可图）；关于大学自治的新法案；以及水资源法案，通过该法案国家控制了国内的所有水

源。负责人和村长法案废除了村长选举制，允许现任村长干满到60岁——这是官僚势力的一次重大复辟，颠覆了20世纪90年代政治改革的成果。

泰国著名律师和前参议员通柏·通宝（Thongpai Thongbao）把休会前最后几周的国民立法大会形容为“法律工厂”：12月13日星期四共通过了24条法案，尽管大会不够法定人数[52]。这些非常重要的法案几乎在毫无争议的情况下，多数只用了几分钟就通过了。只有少数人投否决票或者弃权票。在国民立法大会休会前的最后三天，共通过了64条法案，包括在12月21号最后一天通过的27条法案，尽管公民社会积极分子多次呼吁，在一个更合法的政府成立之前暂停大会职能。非政府组织领袖在12月12号发起了游行示威，要求终止“无耻的大会”；前参议员卓·育坤帕（Jon Ungpakhorn）为首的10名重要人物被逮捕。尽管民众对政变的支持已不复存在，政府的公信力也是江河日下，但国民立法大会仍然是某些把持立法进程的保守、商业与监管利益集团的忠实代理。

虽然素拉育政府在某些领域有所坚持，但却因在对其他一些事情上表现得犹豫不决而犯有过失。政府没能出手解决一些非民选政府本可以很好处理的棘手问题。泰国的冒犯君主法是过时的，并且在他信时代被政治化和广泛滥用。一名瑞士人奥利弗·尤费（Oliver Jufer），因为污损了国王肖像而在2007年3月被判入狱，尽管他之后被皇室赦免。国民立法大会不仅没有改革并清晰界定这些法律，反而提出进一步扩展冒犯君主法的适用范畴；但值得庆幸的是，由于国王明确表示异议，这则具有争议的提案之后被撤销了。目前新的趋势是以网络犯罪法案等变通的立法来处理涉及违反冒犯君主法的人[53]。4月时，You Tube网站上出现了一段粗制滥造44秒长的讽刺国王的视频截图，素拉育政府要求删除该视频，却引起了全球媒体的关注。政府的这一举动产生了意想不到的效果，该视频被多达几百万人点击观看[54]。具有影响力的时事和政论性期刊《同一片天空》（*Fah Diew Kan*）的网站由于涉及批判皇室的评论而在2008年1月被禁。与此同时，国家安全委员会政权对于滥用诽谤法束手无策，其泛滥程度不亚于他信时期，并且纵容有权势的富人肆无忌惮地恐吓威胁批评者。军政府提出的警察改革这一饶有兴趣的提案也毫无进展；并且随着政权合法性遭到削弱，解决棘手的既得利益问题的初衷也随之作罢。

## 经 济

素拉育政府上台时强调支持普密蓬国王提出的“自足经济”理论，并重视“基层民众的幸福”而非GDP。自足经济原则甚至写进了《2007年宪法》（78条），而在实践中新政府却淡化了这一宗旨，这引起了国际投资者的担忧并损害了政府的信誉。这一年中，素拉育政府主要靠粮食出口来提高经济增长。面对较美元坚挺的泰铢，以及来自中国、越南和其他区域对手的激烈竞争，泰国政府试图努力改变国家整体经济增长减慢的趋势。GDP增长预计会达到约4.3%，比他信时期的平均值低了大概1个百分点；但由于受到中国经济发展良好态势的刺激，整个亚太地区的GDP增长都达到了两位数[55]。东盟（ASEAN）五国的（印度尼西亚、马来西亚、菲律宾、泰国和越南）平均增长率为5.8%，而就区域来说，泰国的表现明显较弱。

扣除物价因素，较为贫穷的人们感到了工资的减少，以及农业收入增长的变缓。石油价格的上涨对于上下班的人们和小企业是一个打击。尽管多数工薪阶层仍体面地开着新车，穿着得体的衣服，但泰国却在向着妈妈牌方便面（“Ma Ma”）①的社会发展：表面上风风光光，私下却常常躲在家里吃一种颇受欢迎的方便面。农民、工人和中产阶级曾在高辛烷值汽油、高消费的他信时期大肆借贷，现在却要努力偿还他们的贷款，还要应

① 译者注：妈妈牌方便面（Ma Ma）是泰国最畅销的方便面。文中说泰国向妈妈牌方便面社会迈进，指的是如果妈妈牌方便面卖得好的话，说明人民生活贫困，只能靠方便面度日。

付日常开销。8月份泰国家庭的平均债务达到了132 262泰铢——或者说收入的31.23%，创了历史新高[56]。汽车销量在头9个月下降了7.6%。泰国是一个对汽车着迷的国家，因此这是一个重要指标[57]。泰国2008年的财政预算自2003年以来首次出现赤字，并高达16 500亿泰铢，或者GDP的1.8%[58]。这样的赤字主要是由于军队预算的大幅度增加——2007年增加了34%，而2008年增加了28%——从2006年政变前的812亿泰铢增加到了2008年的1400亿泰铢[59]。军方打算购买一批瑞典战斗机、一艘潜艇以及一些乌克兰装甲车。政治局势的不确定影响了国内需求和对内投资，并持续引发人们对沙马政府长期执政以及皇室继承人选的焦虑，而这些不确定性在2007年不会得到改善。

## 安全挑战

2006年的军事政变让泰国与其他各国的关系变得比较复杂，整个2007年泰国都处于国际社会的观察期。他信政府不断惹得美国人生气，而美国只能暗中对政变寄予极大的同情。但华盛顿方面依法暂时中止了每年对泰国价值约2 400万美元的军事支援计划[60]。然而，对于反恐的支持并未停止，2007年5月，一年一度的金色眼镜蛇联合军事演习在泰国照常举行。欧洲国家倾向于谨慎对待素拉育政府。相比之下，中国很快便接受了军政府，并提供了价值4 000万美元的军事训练和援助[61]。在没有民选政府的情况下，泰国只得淡化其区域和国际作用，并且无法在东盟展现领导作用。在缅甸2007年9月镇压民主游行示威时，泰国没有对比邻的军政府发挥任何积极的协调作用，这一失败尤为严重[62]。

尽管素拉育政府以泰国南部边境持续的冲突事件作为增加军费开支的理由，但国家安全部队却在控制北大年、也拉和陶公府激烈的军事暴力活动方面毫无实质性进展。枪击事件几乎每天上演，而平民仍是暴力事件中的最大受害者[63]。2007年底，实施了大批逮捕叛乱者的政策，减少了暴力事件的发生，但同时又有新的成员不断加入暴力组织中。政府主要的策略是将前线的安全任务尽可能分包给巡逻队和当地的防卫志愿者，但这一策略反而加剧了许多农村地区的紧张局势[64]。全国对曼谷政权以及政府与他信之间僵局的高度关注意味着南部冲突——自2004年1月以来已造成3 000人丧生——仍不会是泰国政治问题中的重点。

南部动荡已经慢慢演变为一场旷日持久的内战，并且成为泰国令人不安的象征。在里程碑式的《1997年宪法》中所体现的这个国家富有创意的妥协精神已经不复存在，无法挽回。自20世纪70年代以来，国家还从没有过像现在这样分裂得如此泾渭分明。现在谈论民族和解不过是虔诚的保皇党人的一个愿望；2007年底，他信的支持者赢得了选举并重获权力。但令人悲哀的是，找不到充分的理由相信，2008年会使得泰国人民减少焦虑。

［原文“Thailand: State of Anxiety”载于《东南亚事务》（*Southeast Asian Affairs*）2008年，第333—356页］

## 注释：

作者想要感谢Michael Connors, Michael Montesano, Oraorn Poocharoen, Ubonrat Siriyuvasak, 和Chanintira Na Thalang的帮助。文章中表达的是他的个人观点。

1 Patcharasri ‘Kalamare’ Benjamas, “Prakotkan haeng thiphung” [Phenomenon of hope], *Nation Weekend*, 28 April 2007, p. 39.

2 关于该事件的详细论述，参见*Nation Weekend*, 27 April 2007。Sanitsuda Ekachai认为泰国现在的国教是泛灵论而非佛教。

3 关于政变的一系列重要文章，参见 *Journal of Contemporary Asia* 38, no. 1 (February 2008), edited by Michael K. Connors and Kevin Hewison。

4 参见采访，网址<http://www.nationmultimedia.com/2007/06/16/headlines/

headlines_30037021.php>。

5 这些观点由Anek Laothamatas进一步阐明，Anek Laothamatas原从事政治学研究，后转入政坛。

6 这个提法是将泰国君主看作一个复杂的政治角色，“王室关系网”并不单指国王和王室成员，还包括枢密院大臣以及其他保皇党。他们中一些与王室甚至并没有直接的官方联系。参见Duncan McCargo, “Network monarchy and legitimacy crises in Thailand”, *Pacific Review* 18, no. 4 (2005). 499-519. For a recent paper in Thai by Nidhi Aeosriwongse discussing the concept, see <http://www.fringer.org/?p=310>. 一篇颇有见地的文章阐释了王室关系网的观念基础，参见Michael K. Connors, “Article of faith: the failure of royal liberalism in Thailand”, *Journal of Contemporary Asia* 38, no. 1 (February 2008)。

7 在一次与肖恩·克里斯平（Shawn Crispin）的访谈中，颂提（Sondhi）认为他自己是传统精英的代言人，包括泰国农民银行（Thai Farmers Bank）总裁兰珊（Lamsam）。素拉育（Surayud）怂恿他让示威者采取暴力行为。“Recollections,revelations of a protest leader”, *Asia Times*, 27 April 2007, <http://www.atimes.com/atimes/Southeast_Asia/ID27Ae01.html>. 在洛杉矶的一次公开演讲中，颂提明确表示其反他信活动得到了王室的资助，并说演讲后他将很难回到泰国。详细的论述参见 <http://bangkokpundit.blogspot.com/2007/11/bleg.html>, <http://www.sameskybooks.org/board/index.php?showtopic=4224&st=0&gopid=18437&#>。

8 Shawn W. Crispin,“The Thai military’s democratic nightmare”, *Asia Times*, 16 November 2007.

9 这次判决的泰文原文，参见<http://files.thaiday.com/download/trt_party.pdf>。

10 *The Nation*, 25 May 2007.

11 参见“Thirayudh Boonmi chu tulakanphiwat kae wikhrit-pathirup kanmuang”, [Thirayudh Boonmi pushes judicialization to solve crisis and reform politics], *Matichon*, 1 June 2006。

12 这个情况让人感到困惑：军方任命的宪法法庭由6名高级法院审判员和3名高级行政法院法官组成， 包括这两个法院的主席。国家安全委员会（CNS）可以声称宪法法庭的所有成员都是“法官”，但是宪法法庭的成立本身让人觉得很随意武断。参见“Thailand: The judiciary is the real loser”, statement by Asian Human Rights Commission, 31 May 2007, at <http://www.ahrck.net>。

13 *Bangkok Post*, 1 June 2007.

14 必须说明的是，对民主党的指控避重就轻，远没有对泰爱泰党的指控那么严重。

15 这个事例被广泛传播，政府资助发行的手册*Prachathipatai chai dai ching ching: khu mue khon Thai*（《真正可行的民主：泰国人民手册》）, (Bangkok: Project to support political knowledge and participation, Faculty of Political Science, Chulalongkorn University, 2007)。手册中批判了他信领导下的许多政治不民主的问题。比如第42页讨论了多党合并的不良影响，手册中还有他信和与泰爱泰党合并的其他政党三位政治家的卡通形象。

16 2007年5月17日采访议会外反对者领袖的田野笔记。其中一位领袖原来是亲差瓦立·永猜裕（Chavalit Yongchaiyudh）的“革命委员会（Revolutionary Council）”的成员之一，前总理他信的盟友沙龙·天通（Sanoh Thienthong）对此极为不满，笔记中对他也有记录。

17 《2007年宪法》最终稿的非官方英语翻译文本，参见<http://www.parliament.go.th/parcy/sapa_db/committee0-upload/0-20080208162151_0-20071122144805_cdca.pdf>。

18 上议院选拔委员会由宪法法院主席、选举委员会主席、司法特派员主席、国家反腐败委员会主席、国家审计总署署长，以及一名最高法院法官和最高行政法院法官组成。

19 宣传海报上的口号“爱国王。关心国王。参见公投。接受《2007年宪法草案》”在东北部地区流传广泛。*Bangkok Post*, 12 July 2007.

20 采访，泰国东北部，2007年12月17日。

21 Chang Noi, “Following the political money”, *The Nation*, 3 September 2007.

22 由被禁的前泰爱泰党执行领导在反公投运动中的照片，参见http://www.thairakthai.or.th/index.asp——这些照片很难在主流媒体上看到。

23 共有14 727 306张“赞成票”（占票数的56.69%）和10 747 441张“否决票”（占票数的41.37%）。来源：泰国选举委员会（Election Commission of Thailand）。由Chris Baker提供的一份全国对宪法的支持情况说明图，参见<http://rspas.anu.edu.au/rmap/newmandala/2007/08/20/the-pinkzones/#more-1416>。

24 他信的伦敦生活详细参见Sunisa Lertpakawat, *Thaksin: Where are you?* (Bangkok: Unusual Publishing House, 2007), 基于一位军队女中尉非官方授意采访的客观记述。

25 参见Andrew Marshall, “Thaksin Shinawatra: shooting to win”, *Sunday Times*, 5 December 2007; regular coverage on the website <http://citeh-citeh.blogspot.com/>; and Thapon Wanchuplao, *Maew mai mo* [Thaksin doesn’t brag] (Bangkok: Lok wan ni, 2007)。

26 关于人民力量党和泰爱泰党的政党标识，参见政党网页<http://www.ppp.or.th/index.asp>, and the still-functioning <http://www.thairakthai.or.th/index.asp>。

27 例如，参见*The Nation*, 27 August 2007。沙马（Samak）被任命为总理后，在多次采访中拒绝自己“代言者（nominee）”的标签。

28 沙马（Samak）亲自给这段插曲做了一个注解，说他和其他几位主持人在炳（Prem）提出异议之后，主动停止了他们的电视节目。

29 参见*Pak Samak* [Samak's mouth] (Bangkok: Lok Wan Ni 2007), p. 116。沙马（Samak）在20世纪70年代曾被认为是典型的保皇派。29 Daniel Ten Kate, “Thailand at the brink”, *Asia Sentinel*, 20 December 2007。

30 例如，Ruam Jai Thai的意思是“泰人之间的团结”，而Matchima的意思是“中间道路”。

31 参见Wongthonong Chainarongsing, *Question Mark* (book length interview with Abhisit Vejjajiva) (Bangkok: A Book, 2007), pp. 66-68。

32 详细参见*Matichon*, 6 November 2007; *Naeo Na*, 20 January 2008。

33 “Surayud rues the day he became premier”, *Bangkok Post*, 31 January 2008.

34 Wassana Nanuam, “Sonthi admits Surayud failed in interim govt”, *Bangkok Post*, 28 January 2008.

35 根据*Matichon*，诗琳通公主（Princess Sirindhorn）继占星家们指出火星（与星期二和粉红色有关）会有助于国王身体康复之后，开始身着粉色外衣。在2006年和2007年的大部分时间里，政府官员和许多泰国人身穿黄色衬衫，因为黄色与星期一有关，星期一是国王的出生日。在国王的姐姐加亚妮·瓦哈娜公主（Princess Galyani Vadhana）1月2日去世以后，泰国进入了全国哀悼期，黑色取代了黄色和粉色，成为忠于王室的第一颜色。

36 其中最为著名的是 <hi-thaksin> (originally hi-thaksin.org, later moved to <hi-thaksin.net> after the site was blocked by Thai authorities)，以他信忠于君主的形象开篇，但是实际上全是反炳（Prem）的内容。参见<http://www.hi-thaksin.net/contentdetail.php?ParamID=11906>。

37 一段对贾卡波（Jakrapop）的英文采访网络直播，参见<http://www.nationmultimedia.com/2007/06/16/headlines/headlines_30037021.php>. He went even further in another recording <http://www.uploadd.com/download. aspx?pku=3825AC32954EFJJJHQ7WV5328CSWHO>。

38 作者最早战友的一份传单，得自人民力量党（PPP）一名黎逸府（Roi-et）同盟之手，18 December 2007。

39 “Thaksin blows top in anti-monarchy perception”, Thai News Agency, 28 December 2007.

40 *Thai Post*, 6 January 2008.

41 2007年9月14日这份长达9页的备忘录全文，有“保密”标记，再现于<http://www.hi-thaksin.net/contentdetail.php?ParamID=74539>。

42 我在拜访东北地区的选举委员会办事处（Election Commission office）时，遭到过官员的质询，明显怀疑我是在执行欧盟的一项秘密任务。田野笔记，19 December 2007。

43 此外，下议院议长、人民力量党名单制议员和党内执行委员永裕·提亚柏拉（Yongyuth Tiyapairat）于2008年2月26日被发一张迟到的临时性红牌。

44 非常感谢选举委员会提供了整个重新选举的详细资料，这是在2008年2月11日一次私下交流中获知的。

45 James Ockey, “The partisanship dilemma and democratization in Thailand”, paper presented at the Tenth International Conference on Thai Studies, Thammasat University, 9-11 January 2008, 作者进行口述笔录.

46 关于拉票员，参见Anyarat Chattharakul, “Networks of Vote-Canvassers in Thai Elections: Informal Power and Money Politics”, unpublished Ph.D. thesis, University of Leeds, 2007。

47 投票人数将除去不可能参加投票的选民，并按照符合资格的实际投票人数计算，因此地方官员可以人为地提高当地的投票率。但一些本已被删除的选民却出现在了投票现场并引发了新的情况。

48 Fieldnotes, Chaiyaphum province, 23 December 2007.

49 Samak television interview, 23 December 2007, fieldnotes.

50 Thanet Charoenmuang, “Kanleuktang jak mum thongthin” [The election from a local perspective], Special interview, Prachatai, 25 December 2007.

51 Ubonrat Siriyuvasak interview, 16 May 2007.

52 “A law factory in Thailand”, *Bangkok Post*, 16 December 2007.

53 很多参加者在2008年1月10日国立法政大学举行的第十届国际泰国研究大会关于“冒犯君主罪”（*lèse-majesté*）的专题讨论会上提及了这一趋势。

54 关于东南亚新闻联盟（the Southeast Asia Press Alliance）对此问题的讨论，参见

<http://www.seapabkk.org/newdesign/newsdetail.php?No=640>。

55 World Bank, Forecast Summary, Global Economic Prospects 2008, at <web.worldbank.org>.

56 *The Nation*, 26 August 2007.

57 *The Nation*, 19 November 2007.

58 Richard Kilner, "Thai economy to be bolstered by democracy", *Banking Times*, 27 November 2007, <http://www.bankingtimes.co.uk/27112007-thai-economy-to-bebolstered-by-democracy/>.

59 *The Military Balance*, 2007 and 2008, International Institute of Strategic Studies, London. Also, "Thai military seeks US$8.8b for weapons: army", AFP, 26 November 2007.

60 P. Parameswaran, "US to resume military aid to Thailand", AFD. 6 February 2008.

61 <http://www.foreignpolicy.com/TopTenStories2007_print.html>.

62 背景资料，参见Kavi Chongkittavorn, "Asean needs to rein in its rogue member", *The Nation*, 28 September 2007。

63 参见Human Rights Watch, "No One Is Safe, Insurgent Attacks on Civilians in Thailand's Southern Border Provinces", 28 August 2007, at <www.hrw.org>。

64 参见International Crisis Group, "Southern Thailand: The Problem with Paramilitaries", Asia Report No. 140, 23 October 2007, at <www.crisisgroup.org>。

# 泰国2008年

Thailand 2008

# 2008年泰国：民主与街头政治

【新西兰】James Ockey著①　　杨蓓　姚键　译

反独裁民主联盟（UDD）的抗议者和我们一样也是泰国人，但他们却被误导了。正是因为如此，只需把他们打得走不动路就行，而不是置他们于死地。

——队长松葛洛·彻初朋（Songklod Chuenchupol）

人民民主联盟（PAD）武器教官

《曼谷邮报》　2008年9月7日

现在我女儿问我，曾经和平的人民民主联盟示威游行为何变得如此的恶心丑陋……泰国被那些自称爱国和拥护国王的人毁了。泰国什么时候才能变回一个和平的国度……

写给主编的信

《曼谷邮报》　2008年11月30日

试设想，万一政府倒台——那时泰国会变成什么样？街头政治还会持续好几年。我们怎么教育孩子们？我们如何面对那些外国人并告诉他们泰国是一个文明的国家？我们会变得愈发贫穷，犯罪率也会增高。有才干的人们不再从政——任凭政治成为狗咬狗的疯狂

① James Ockey是新西兰克赖斯特彻奇市坎特伯雷大学政治科学系（the Department of Political Science, University of Canterbury, Christchurch, New Zealand）副教授。

斯杀。人们来到我们的国家，看到我们时，眼神中流露的不再是钦佩而是怜悯。这难道就是我们想要的？

《曼谷邮报》的网络评论　2008年8月27日

2008年对泰国民主政治来说又是一个多事之秋。又一部新的宪法出台，新机构层出不穷，社会分化严重，这无疑是充满挑战的一年。红衫军（red shirt）和黄衫军（yellow shirt）多次发生对峙，最后以黄衫军占领曼谷机场结束，造成上万名旅客滞留机场。虽然示威者最后和平撤离，但对各大机构来说，2008年注定是大伤元气的一年。泰国还面临着经济困境和诸多外交关系方面的挑战。本文先从社会分化说起，通过对过去的简单回顾，阐明泰国社会分化的缘起与深层次原因。然后将视角转向这一年的政治事件，最后简单讨论有关经济和外交关系问题。

## 泰国社会的分化

要厘清泰国社会的分化非常容易。按照地域划分，泰国北部和东北部属于一派，南部和曼谷市为另一派；以社会阶层来划分，则是中产阶级为一派，贫穷人群为另一派，而富裕人群意见分歧。但要记住，这种分化并不只是结构性的，其渊源并不久远。2001年，泰爱泰党（Thai Rak Thai）吸引了社会各阶层的选民，无论是在全国性选举还是在曼谷市国会选举中都占据了大多数席位。在南部，民主党（the Democrat Party）的底子雄厚。而正是在那里，亿万富翁他信·西那瓦（Thaksin Shinawatra）领导的泰爱泰党才感到步履维艰。此外，对于泰国政界而言，他信在当时还算是新人，但他却通过其政治盟友占隆·西蒙（Chamlong Srimuang）初次进入了内阁。在那几年，传媒巨擘颂提·林通恭（Sondhi Limthongkul）也是他信的盟友。直至四年任期期满之时，泰爱泰党依然取得了极大的成功，以在现代泰国政治史上最大的压倒性优势再次赢得了竞选。这次竞选和上次一样，在曼谷的表现可圈可点，仅在南部遭遇考验。就在这次竞选大胜后不久，泰国社会开始出现了分化，尽管其根本原因在于地域及阶层差异。

随即出现了反对他信的声音，这主要归因于颂提·林通恭。他不但领导反对他信的活动，还为反他信活动提供资金。特别是刚开始的时候，颂提还充分利用其传媒帝国来造势。他先是在每周广播里谴责他信政府的腐败，不久改换成露天集会。腐败问题虽然在泰国屡见不鲜，但肯定依然会在一定程度上触犯众怒。而要推翻这样一个民众喜爱的政府，就要将运动引向深入，颂提需要找到一个更为煽情的问题。他从泰国民族主义中找到了这个问题，具体来讲，就是作为泰国民族主义三大支柱之一的君主制。随着备受尊敬的国王年事已高，许多人担心他的身体及其身后事。颂提此时宣称，他信暗地里是个共和主义者，意图篡夺皇权[1]。这无疑是一箭双雕，一举挑起了民众的民族主义和保皇主义激情，颂提也提供了他所需要的运动深度。他信平时深受民众爱戴，此时却被指控为反君主主义分子，这在其支持者中引发了激烈的反应。有关是否忠于泰国最受人爱戴的君主制的相互指责，便成为泰国社会分化的中心问题。颂提后来与其他反对他信的势力联合组成了人民民主联盟（PAD—People’s Alliance for Democracy），而后将魅力超群但态度强硬的占隆·西蒙纳入该党领导层。人民民主联盟日益转向采用非民主的行事方法，包括要求建立由王室指定的政府以及呼吁发动军事政变，他们开始将自己标榜成君主制度的捍卫者而非民主制的维护者，使得君主制与王室象征广受争议。国王和王室成员十分审慎，避免参与评论，但有些人却不假思索地对任何言行举止，只要能抓住哪怕一点点蛛丝马迹，一概以冲突的眼光来加以解读。双方互相指责对国王“大不敬”，且愈演愈烈，这表明如何向君主制宣誓效忠已成为这场政治纷争的核心问题。

2006年9月的军事政变之后，政变领袖们着手通过消除他信的影响来解决国内社会分化问题[2]。他信被指控贪污，他信及家人的资产均被没收。而他领导的泰爱泰党也遭解散，党内105位领导被判五年内禁止从政。颁布了新宪法，规定权力下放，这一切安排都有利于他信政敌未来的选举。政变集团也似乎涉嫌干涉选举流程以支持某些政党[3]。最终，所有消除他信影响的企图均付之东流。他信本人及其政策赢得了许多忠诚的选民，尤其得到了北部和东北部选民以及更为广大贫苦阶层的支持。泰国社会分化之根深蒂固，这从2007年12月的选举就可见一斑。虽然选举制度在1986年、1996年和2007年间变化频繁，但一个选区允许多个候选人的选举制度从未变更，即一个选区会可选出1至3名候选人。要能在拥有3个候选人的选区赢得三席，就意味着当地对一个政党的全力支持。看看选民排着长队把选票投给一个政党而不是分投几个政党的选区有多少，不失为观察政党与社会分化的好方法。表1是多候选人选区三次选举的结果统计。

表1

| | 1986年 | 1996年 | 2007年 |
|---|---|---|---|
| 三席选区数 | 77 | 93 | 90 |
| 完胜选区数 | 22 | 40 | 60 |
| 竞投选区数 | 55 | 53 | 30 |
| 完胜占比（%） | 28.6 | 43.0 | 66.7 |
| 二席选区数 | 52 | 56 | 63 |
| 完胜选区数 | 20 | 25 | 40 |
| 竞投选区数 | 32 | 31 | 23 |
| 完胜占比（%） | 38.5 | 44.6 | 63.5 |

1986年，单独一个政党能够囊括全部席位的选区数仅占三分之一。即便在1996年，泰爱泰党崛起以前，完胜的比例也仅为44%。到了2007年，竟然达到约三分之二选区。泰国社会的深度分化由此可见。这些选区是以地理位置来划分，当然社会分化的实质也有地理因素的影响。诚如之

前所提到的，民主党在泰国南部各选区大获全胜，人民力量党（Phalang Prachachon party）作为他信的泰爱泰党解散后的继承者，则在北部和东北部大部分选区独占鳌头。当然，在正常环境下，出现这样的社会分化对于一个民主政体来讲既不值得大惊小怪，也无危险可言。但由于抗议示威活动的领导者们坚持要把该问题与忠诚混为一谈，而不是作为不同政见来对待，再加上双方都有一些强硬的利己主义者（尤其是颂提、占隆、他信和沙马），社会环境注定无法正常。

## 社会分化和沙马·顺达卫（Samak Suntharavej）政府

2007年12月23日的选举结果最终浮出水面，人民力量党赢得了下议院480个席位中的233席，民主党仅获得165席。选举委员会（EC—the Election Commission）取缔了一些人民力量党候选人的资格（与之相比，民主党候选人被取消资格的要少得多）。但民主党的总席位数依然过少，不足以建立以民主党领衔的联盟；即便所有小党派也加入，人数也刚刚过半，其优势也不明显。无论在选举期间还是选举之后，尽管选举委员会均备受各方批评，被指分明缺乏中立立场，但选举委员会还是着手调查各种指控。这些指控有可能导致政党解体，尽管谁也不愿意看到这样的事情发生。同时，人民力量党急于拼凑出一个联盟并组成政府，且希望与选举委员会和其他非当选党派的任何操纵传闻撇清干系。1月初，联盟宣告成立，人民力量党领导人沙马·顺达卫出任新总理。

沙马登上总理职位多少让人感到意外。他的政治生涯始于上世纪70年代，最初是国会民主党议员，1976年发生法政大学大屠杀事件（the 1976 massacre）后，开始自立门户组建政党。长期以来，沙马与人民民主联盟领袖占隆·西蒙以及民主党一直是死对头。他是一名极右主义分子和保皇主义者，并以咄咄逼人的政治风格闻名。在泰爱泰党于早期获胜时，沙马表面上承认了自己无缘问鼎总理一职，随后将重心转向曼谷，赢得选举，成为曼谷市市长。尽管如此，在泰爱泰党遭到解散，所有党内领导被禁止从政之后，人民力量党推出沙马来力挽狂澜。沙马是一个不折不扣的保皇主义者，考虑到人民力量党与政变领导者之间的问题，他硬朗的政治作风似乎正好派上用场。作为一位运动领袖，沙马似乎是最理想人选，但是人民力量党内不少成员一想到让沙马做领导人心里就不了然。就连沙马本人也对于仅仅是作为他信的替身而感到不满。于是在他成为总理之后，在政敌的怂恿下，无论是党内还是与对立派系间的气氛立刻变得紧张起来。

人民力量党内派系结构非常复杂，大致分为三派：来自北部的议员，他们支持他信；来自上东北部的议员，其中包括东北发展（Isan Phattana）派系，这一派也支持他信；以及由来自中部和下东北部的议员组成的乃温·齐措（Newin Chidchob）派系，这个派系由30名核心成员和70名非核心成员组成，他们支持沙马。他信的支持者期望新政府的主要目标是修改宪法，为他信的回归做准备，然后再举行新一轮选举。而沙马及其支持者却希望他的执政时间能够更长一些。为了争夺内阁席位，各派系间的分化越显复杂。最后，陈乃温派系获得的席位比例高于东北发展派系。虽然人民力量党是多数党，党内的派系纷争却将政府置于险境。沙马还面临政敌的两项指控，人民力量党也因一名高官贿选而受到指控，而这些指控有可能使得人民力量党遭到解散。

人民力量党的首要目标之一是为他信的回归做好铺垫。这一目标随着他信于2008年2月28日回到曼谷而完成。虽然他信因一件仍悬而未决的贪污指控在机场被捕，但在案件提交法院后很快准予保释。尽管这一目标很快得以实现，但并未缓解紧张氛围。他信的支持者急于要求修宪，这样才有可能导致国会解散和新一轮选举，支持者们希望他信能重归政

坛。另一方面，沙马最终实现了他的毕生愿望，成为泰国总理，自然也不会轻易放弃这个位置。加上人民力量党的反对者们也不希望修宪，因为他们和沙马一样，担心他信就此回归政坛。

政府不断推动修宪进程，人民民主联盟因此再次走上街头展开持久抗议。虽然和以前一样，示威得到主要是来自颂提传媒王国捐助资金的支持，但很明显的是，抵制修宪并不会给持续示威带来必要的底气。特别是所有政党都赞同对宪法进行一些修改，只是对如何修改尚存争议而已。于是，人民民主联盟再次诉诸民族主义[4]。虽然捍卫君主制依然是唤起民族主义的重要手段，但人民民主联盟此次还采取了新的策略。柬埔寨一直试图为位于柬泰边境边远山区的柏威夏寺（Phreah Vihar temple）申报世界文化遗产。第二次世界大战后，柬埔寨和泰国对该寺庙的归属问题就一直争论不休，直到1962年国际法庭（World Court）裁定该寺庙归属柬方。虽然多年来不少泰国人一直不能完全接受这个裁定，但是两国还是建立了合作关系，共同开发当地旅游业。抵达这个寺庙最方便的途径——直到最近也是唯一的通道——要途经泰国，因此柬泰两国均能从中获利。边境哨所安置在一个便利的位置，哨所和寺庙间有约4.6平方公里的争议地带。这个事实上的边境虽然促进了旅游业发展，却引起了安全部门中一些人的关注，尽管还不至于刺激到两国关系。人民民主联盟决定以此做文章，以获得民族主义分子的支持。正如我们将在下文所见，这样的后果不仅使民族主义变成了盲目的爱国主义，还最终导致泰柬两国军队在该地区发生武装冲突。

曾经交好的沙马政府和柬埔寨洪森（Hun Sen）政府如今也因边境问题产生裂痕。沙马政府曾将外交关系的首要重点放在加强与邻国建立良好关系上，因此决定支持柬埔寨申请世界文化遗产，前提是不把具有争议的领土纳入申请范围。经过协商，泰国外长诺帕多·巴达马（Noppadon Pattama）签署了联合公报。虽然国家安全官员对此次协商结果感到满意[5]，但民主党决定向国会提交不信任案。人民民主联盟领袖颂提·林通恭一边宣称，“我们神圣的任务是保卫祖国，夺回属于泰国的领土”，一边利用民族主义来加大反他信活动的投入，发动在曼谷和泰柬边境的示威[6]。人民民主联盟声称，政府试图改善与柬埔寨间的关系，实则是为他信在该地区的业务往来扫清阻碍。虽然民主党的不信任案未获通过，但却显示出了反对人民力量党的各团体间的相互合作。宪法法院（Constitutional Court）接手了这个议案，并最终裁定联合公报相当于一个条约，外长诺帕多违反了宪法要求，即所有条约必须由国会签署批准。诺帕多被迫辞职。人民民主联盟开启了其崭新的民族主义事业，并且旗开得胜，支持者们为之倍感振奋。尽管失去了泰国的支持，柬埔寨世界文化遗产的申请还是获得了联合国教科文组织（UNESCO）的批准。

综合考虑疲软的经济以及法院做出的大量不利于他信和执政政府的判决，边境争端不仅坚定了人民民主联盟核心支持者的信心，也更引发联盟内部的不满情绪[7]。最终，为了加强政府的合法性，沙马以诺帕多的辞职为由重组内阁。他还宣布了一些新计划，决定向民间投放货币以刺激经济发展。这些计划随即被其反对者视为走“民粹主义（Populist）”路线。与此同时，修宪的呼声再次响起，这让人民民主联盟更为恼火。内阁的重组并没有得到更多的支持，沙马也没有时间来执行新的计划。事实上，内阁重组加深了党内派系间的裂痕。新内阁席位之争让他信与沙马各自的支持阵营进一步分裂。陈乃温派系在力挺沙马的过程中再次功勋卓越，沙马当然也不会亏待他们。报道称，陈乃温派系这次也开始建议人民力量党党员募集捐款组建一个新党，以防止人民力量党遭到解散。他们还建议与反对党民主党建立联合政府，在可能时取代现任联合政府[8]。结果这个建议并没有受到党内亲他信派系的欢迎。人民力量党因内讧不断遭到削弱，即便面临着来自国会内外以及反对派的挑战，也不

例外。

尽管党内出现分裂，抗议活动还一直在上演，但是对于人民力量党联合政府，政府内各党派，以及政府领导个人来说，最大的威胁却是越来越政治化的“能动法庭（activist court）”[9]。军队一再拒绝人民民主联盟的政变要求，而法院一直在处理一系列针对政府的案件，这些案件都有可能被利用来赶政府下台。从逃税案起诉中获得保释的他信和宝乍文（Potchaman）接受亲信的建议，申请前往中国参加北京奥运会。7月底，他信和宝乍文声称不可能在泰国得到公平的审判，弃保潜逃，返回伦敦。不过他们也保证将在未来某个时候回到泰国。人民民主联盟并没有因此宣布胜利，相反却加大了示威游行的力度。他们声称，他信必须为自己的罪行付出代价，现任政府必须被一个与他信毫无瓜葛的政府所取代，否则他们绝不停止游行示威活动。虽然英国政府后来迫于压力做出让步并撤销了他信的签证，但直至年底他信依然流亡海外。

再次成功迫使他信流亡海外，很有可能使人民民主联盟的示威者散离。因此，人民民主联盟的领导者们就需要寻求一条新途径，再次坚定支持者继续抗争的决心，否则经过艰苦抗争获得的权力及影响力将有失去的危险。为展示新的攻击性，人民民主联盟一直在训练安全保卫人员，这些安保人员能够组成突击队参与进攻。他信支持者组成的反独裁民主联盟（UDD—United Front for Democracy against Dictatorship）也组建了安全部队，人们对双方擦枪走火发生武装冲突愈发感到担忧。颂提担心人民民主联盟逐渐失去人心，于是号召所有支持者参加8月26日的集会。他认为此举是“最后的检举（the last whistleblow）”。人民民主联盟指望从会场出发占领政府大楼，阻止内阁会议。他们还计划封锁政府大楼、曼谷和全国各地的主要道路以及合艾（Hat Yai）机场与普吉（Phuket）机场。颂提发誓说：“如果这次行动失败了，我们会退出，把国家交还给他们。若人民不再在乎我们，我们也没有必要在乎他们。

那让其他人来接手这个国家吧！”[10]人民民主联盟非常乐观地估计能够召集到30万人参加集会，这个人数几乎占到全国总人口的0.5%。而实际上，参加集会的人数比预期少了很多，大概只有3万人。与此同时，一项民意调查显示，即便在人民民主联盟支持率最高的曼谷，大概有70%的人反对这些颠覆政府的计划，而另一项民调则显示反对率高达90%[11]。人民民主联盟的示威者们中，不乏佩戴枪支和刀具的武装分子，他们袭击了政府的广播电视台，不少媒体工作人也开始反对人民民主联盟。尽管如此，目的已经达到，占领政府大厦还是成功地鼓舞了人民民主联盟核心支持者的士气。

沙马随即要求召开国会紧急会议，应对政府大厦和其他政府建筑被占领事件，之后飞往华欣（Hua Hin）面见国王[12]。人民民主联盟和反独裁民主联盟示威者发生冲突，导致后者死亡一人。沙马随即宣布在曼谷实施紧急状态法，但收效甚微。联合政府随后决定展开公投，让人民决定政府是否应下台，这一决议遭到了人民民主联盟拒绝，于是政府对人民民主联盟领导者们发出了逮捕令。政府不愿利用武力遣散人民民主联盟示威者，同时再也不能完全对这些示威者睁一只眼闭一只眼，局势尚未平息，政府无力处理其他事务，日益陷入瘫痪状态。与此同时，人民民主联盟拒绝任何协商，除非沙马及其内阁辞职。

僵局在9月9日终于被打破。宪法法院以9票对0票做出裁决，由于沙马曾参加了两档电视烹饪节目，违反了宪法禁止领导人在外兼职的规定，沙马与其内阁必须立刻辞职。法院再次在危机时刻扮演起了政治角色，再次满足了人民民主联盟的要求，但许多政府支持者却视其为轻率的决定[13]。不过，宪法法院还是留给了沙马再次上任机会，他的联盟伙伴随即宣布了对他的支持。

# 人民民主联盟与颂猜·翁沙瓦（Somchai Wongsawat）

在此之后，为了结束这场政治危机，联盟伙伴和人民力量党内各派系领导者们承受了巨大压力，最终放弃了对沙马的支持。其中，人民力量党内部各个派别起到了重要作用，那些在之前内阁重组中失势的派系急于想要扳倒沙马。沙马及其盟友迅速采取行动以阻止反对派，但最终未果。9月12日，国会召开会议就总理任命进行投票。联盟伙伴和人民力量党约70名成员缺席会议，导致会议未达到法定人数而无法投票。最终，正是人民力量党党内各派别阻止了沙马的回归。联盟伙伴声称，他们完全未加干预，给了人民力量党必要的时间来解决党内矛盾问题。当然，由于缺少这70票，沙马是不可能成功当选的。除了最亲密的支持者，其他人都背弃了沙马，他不得不选择退出竞选。陈乃温及其所在派系也是输家，他们一贯支持沙马，也曾采取行动帮助沙马重回总理宝座。

当沙马离任已成定局时，政府内其他候选人展开了竞争。经过大量造势工作，甚至包括让他信通过电话方式参与，最后颂猜·翁沙瓦作为理想人选浮出水面。颂猜是前司法部常务秘书长，和他信的妹妹瑶瓦帕（Yaowapha）结婚。而瑶瓦帕是前议员，一直掌控着该家族在国会中的派系势力。颂猜长期混迹官场，享有一定的威望。与此同时，其地位非常倚重他信妹妹在政府内的派系势力。因此，他的升迁表明了他信的核心支持者在新政府内越发重要的作用。人民民主联盟决定继续示威，重申反对修宪，要求政府去民主化，根除他信在政府的一切政治影响力的决心。他们坚持要求政府审判他信，然而他信依然流亡海外，任何一届政府都无法满足他们的要求。另外，虽然颂猜没有像前任总理一样面临关于自身合法性的挑战，但有关人民力量党的解散一案仍在“能动法庭”的审理之中，尚未得到裁决。

就在此时，成功推翻沙马的人民民主联盟再次意识到自己可能失去支持。领导者们打算故技重施，采取当年逼迫他信流亡的手段，继续展开攻势。就在国会举行会议听取新政府的政策报告并举行就职典礼时，人民民主联盟示威者游行到国会大厦并将其包围，阻断了会议进程，将议员们困在楼内。包括新任总理在内的不少与会者不得不翻过围栏以避开示威者。当警察赶到进行清障时，现场爆发了暴力冲突。为平息冲突，警方动用了催泪瓦斯。两名抗议者死亡，400多人受伤，其中包括8名警察[14]。警方被指责要对示威者的死亡负责，民众对政府产生反感情绪，转而对示威者表示支持。王后为伤者成立了医疗救助基金，还出席了其中一位死者的葬礼[15]。此举被人民民主联盟解读为王室支持他们的事业，这进一步增强了他们的决心。

人民民主联盟继续滞留在政府大楼，举行各种集会。然而或许是因为那些暴力事件，或许是因为嘉拉雅尼公主（Princess Galyani）的葬礼，以及11月中旬密集举行的一系列宗教仪式，人民民主联盟才没有采取更具攻击性的策略。人民民主联盟还是庆祝了另一次胜利：他信被最高法院以5票对4票裁定贪污罪行成立，缺席判处两年监禁。他信的妻子宝乍文获得无罪释放。但是只要颂猜总理从示威者那里得到一丝喘息的机会，他即刻便会面临来自军方的巨大压力。陆军总司令阿努蓬·保金达（Anupong Paochinda）提议颂猜辞职，为政府对示威者使用暴力承担起责任。不少人认为，刚好两年前军方发动了政变，这一次来自军方的施压看似不可抗拒，一时间有关政变的传闻甚嚣尘上。但颂猜坚持认为，阿努蓬·保金达仅仅只是建议，而且与传闻相反，他任命了一个独立小组来调查暴力事件[16]。军方认为，直接夺权将一无所获，因此不会考虑强行干涉政事。

对他信的定罪使他信的支持者担心对他的支持度可能会因此削弱。因此，就在人民民主联盟暂时不采取更具攻击性的策略时，他信和反独裁民主联盟组织的集会却不断升温。他信计划通过越洋电话和自己的支持者们对话。组织者本打算现场直播，最终还是决定在曼谷一个大型体育场举行这次活动。尽管这类集会已不是第一次举办，但这次活动得到了大肆宣传，以表达对受到军队施压的政府和他信本人的支持。超过8万人参加这一集会并与他信进行电话对话[17]。全国好几个省府也爆发了示威游行，并且还计划将于12月举行另一次集会。军方对这场支持秀表示不满，随即指责他信将王室牵扯到政治中来。因为他信在电话中告诉他的支持者们，只有王室赦免或是人民的力量，才能让他回到泰国[18]。这样一来，效忠王室再一次成为泰国政治分化的中心问题。

公主葬礼结束后，反独裁民主联盟与人民民主联盟示威者之间的紧张关系日益加剧。他信的一名支持者，卡迪亚·萨瓦滴朋（Kattiya Sawadiphol）少将向人民民主联盟发出最后通牒，要求他们离开政府大楼，否则后果自负。随即，一枚炸弹落在了政府大楼内，这是游行示威开始以来的几次炸弹事件之一。两派之间的暴力冲突也随之增多。他信称将在下次集会上对政敌进行指名道姓的批评，随后又有国会人民力量党的一名议员宣称，他信或他的妻子将在12月25日回到泰国，局势因此更加恶化[19]。虽然他信对此事不置可否，但人民民主联盟支持者是绝不会让到手的胜利竹篮打水一场空。因此，他们开始为其领导人所谓的“最后的战役”做准备。

11月22日，最后的战役准备工作就绪。颂提在向人民民主联盟支持者演讲时，再次直接搬出保皇民族主义，为即将到来的这次艰难而又危险的示威游行打气。他说：

> 我恳请大家加入这场最后的战役。我们清楚我们的所作所为，也坚信我们正在做的和将要做的事情是为了同一个目标，那就是保卫我们的国家（国民）、宗教和君主制（国王）。[20]

11月23日，人民民主联盟支持者聚集在政府大楼实施他们称之为“郑王行动（King Taksin Operation）”的计划[21]。这个计划要求占领国会，阻止修宪，占领财政部及其他金融中心，以及占领曼谷两个机场中较小的廊曼机场（Don Muang airport）。其原因是，自从政府大楼被占之后，内阁会议就转移到这个机场召开。他们希望通过这个行动向政府施压，最终迫使总理颂猜无条件辞职。由于人民民主联盟扩充了原有的计划，行动于11月24日才正式开始。他们首先游行到国会，议长随即取消会议；然后他们前往在曼谷的其他几个地点，其中包括廊曼机场、最高统帅部（Supreme Command）和民族党（Chat Thai party）总部。在廊曼机场，内阁没有丝毫反抗便做出了退让。警方在整个过程中十分被动，只能作壁上观。情形很快变得明朗起来，最后的战役绝不会发生。

为了制造对峙，占隆宣布了人民民主联盟关于夺取素万那普机场（Suvarnabhumi airport）的决定，以附和那些游行示威者[22]。颂猜参加完在秘鲁召开的亚太经合组织（APEC）峰会后，将按计划回国。示威者希望通过占领该机场阻止颂猜回国。与此同时，关闭机场显然已成为不可能不引起注意的一个行动。于是，11月25日他们占领了素万那普机场，取消所有航班，数千名国内外旅客滞留机场，身在海外的泰国人也无法回国。尽管如此，颂猜还是经由清迈机场返回了泰国。

泰国国内经济遭受巨大破坏，而政府却因机场攻占事件而陷于瘫痪。或许是担心有百弊而无一利，或许也是因为内部分裂严重而无所作为，军方拒绝加以干预。即便颂猜总理已重新任命了国家警察部队指挥官，警方也未加以干预。或许最令人吃惊的还是，甚至当人民民主联盟的公众支持率下降至11%[23]，受到外交官们与海外投资商们的严厉批评之时，王室对此竟依然保持沉默，尽管人民民主联盟声称其不得人心的所作所为全都是为了效忠君主的缘故[24]。

最终激进的宪法法院再次介入此事，结束了僵局。尽管审理人民力量党解散案和另外两个涉嫌贿选的联合党派的案件仍处于开始阶段，法庭却决定不听取任何证人的证词，直接进行最后陈述并立即判决[25]。由于审判过程如此的非常规，宪法法院的裁决就可想而知了。法院再次做出不利于他信支持者的裁决，三党均被解散，包括总理本人在内的党派领导人未来5年内禁止从政。随着人民力量党的解散，总理的下台，人民民主联盟宣告胜利。他们还坚称，如果新政府依然不符合他们的要求，他们就会再次占领机场，而由此产生的沉重的经济代价，与保卫国家与国王的事业相比则不值一提。

人民力量党成员早已为本党可能被解散做好了准备。鉴于法院早就做了裁决，即使还为时过早，但解散是不可避免的。为泰党（Phuea Thai party）早就准备好替代人民力量党，人民力量党的所有国会议员均有意加入该党。新任总理将由选举产生，而政府联盟基本不变。但是为了让民主党执政，联盟成员和人民力量党各派系承受了巨大的压力，被要求脱党。这个时候，心存不满的派系领导人陈乃温发现自己能够左右高管要职的任命，这无疑是他中意的职位。在接下来这个星期里，各方向他游说希望得到他的支持。他同意支持民主党领导的联盟，以便为自己的派系在内阁弄到有利的职位。或许是为了安抚人民民主联盟，或许仅是为了确认与之建立的长期联盟，民主党任命了争议性人物，曾支持示威者占领机场的甲西・披龙耶（Kasit Piromya）为外交部部长[26]。民主党党魁阿披实・维乍集瓦（Abbhisit Vejjachiwat）成为当年泰国第四位上任的总理。

## 外交关系

2008年整个一年内，泰国的外交关系一直受到政治骚乱的严重影响。沙马总理上任伊始，遵循泰国传统，首先访问周边邻国以巩固地区外交关系。然而正如前文已经讨论过的那样，人民民主联盟指控政府支持柏威夏寺申遗是叛国行径，这一切努力因此前功尽弃。人民民主联盟利用柬埔寨正值竞选期间，在此事上大做文章挑起泰国国内民族主义情绪，导致两国关系紧张。双边均往争议地区增派军队，最终在10月引发冲突。两名柬埔寨军人在冲突中身亡，双边都有数人受伤。冲突发生后，泰国外交部部长呼吁在柬泰国公民离开柬埔寨。虽然双方均试图修缮关系并争取在年底划定边境线，但人民民主联盟推行的政治化疏远了泰国与邻国柬埔寨的关系。曼谷是连接老挝、柬埔寨、缅甸和越南的重要航空枢纽，人民民主联盟占领曼谷机场导致泰国与这些邻国间的关系进一步恶化。占领机场事件对邻国造成了巨大影响。邻国尽量减少对素万那普国际机场的依赖，这可能动摇曼谷长期以来作为地区航空枢纽的地位。另外，占领曼谷机场还造成原定12月在曼谷举行的东盟峰会被迫推迟，使泰国在签署东盟自由贸易协定的过程中落后于其他国家。

泰国与西方国家的关系也因其政局不稳而遭受破坏。由于人民民主联盟抗议他信滞留英国，英国处于一个非常尴尬的境地。英国最终采取了不寻常手段，在他信赴亚洲旅行期间取消了其英国签证。然而，攻占曼谷机场对泰国与西方关系造成了最为严重的影响。澳大利亚与欧洲国家被迫通过其他机场将本国公民转送回国。欧盟大使连同美国、澳大利亚、加拿大、日本、韩国和新西兰等国大使发表联合声明，表示占领曼谷机场的行动是危险的，不适当的，有损泰国国际形象。他们呼吁以民主的方式解决这些问题[27]。美国单方面又宣布，以占领机场来表示抗议，这一方式是不能接受的，并希望人民民主联盟撤离机场[28]。美国国务院还发布了旅行警告（travel advisory）。然而，影响最大的还是民间的交往：数千名滞留在机场的旅客带着破灭的幻想离开，还有数千人不得不取消他们的泰国之行。

## 经　济

近年来，由于缺少过剩产能（excess production capacity）和政局不稳定，泰国的经济增长受到了极大的制约。要解决生产力的瓶颈问题，吸引

更多的国内外投资非常有必要，而政局的不稳定却又影响投资。政局动荡，政府变化频繁，其中有两次甚至是整个政权的更迭，让潜在投资者对泰国经济政策走向感到疑惑，而泰国高涨的民族主义情绪可能也加深了外国投资者的这种疑虑[29]。泰国自2006年陷入政治动荡以来，经济增长一直落后于整个地区。如果投资环境得不到改善，经济就难以好转。然而2008年第一季度，泰国经济增长超过预期，同比增长6.1%，这主要归功于强劲的出口[30]。从经济角度来讲，一季度是一年中的高潮。到了第二季度，由于高通胀和人民民主联盟展开示威活动导致政局不稳，增长速度放缓。下半年，泰国开始受到全球经济下滑的影响。虽然这缓和了通胀，却削弱了曾在第一季度引领经济强势增长的出口业。由于全球经济下滑和国内政局不稳，2008年下半年的泰国经济举步维艰。

全球经济衰退在不断蔓延，泰国的政治不确定性也逐渐加深。11月，人民民主联盟占领机场，暂时切断了曼谷的国际航空货运业务。出口业曾带动第一季度经济增长，如今同比下降18.6%，这是2002年以来第一次下滑，也是近年来下滑幅度最大的一次[31]。据泰国经济学家预测，机场占领事件将导致旅客抵达数量下降40%——下滑幅度甚至高于非典时期和2004年的海啸。据估计，泰国经济的损失将会达到约1 400亿泰铢，失去约100万个工作岗位。商业信心指数下降至34.4%，达到过去10年最低水平，事实上比历史最低水平还要低5%[32]。年底，泰国证券交易所的综合指数已从858.10点下降到449.96点，跌幅将近48%[33]。与该地区其他国家一样，泰国政府也宣布了一项规模宏大的经济刺激计划，并非常乐观地希望把2009年的经济增长率控制在0—2%之间[34]。在这个大环境下，要克服缺乏经济进一步发展所必要的过剩产能的问题，就需要更多的投资；考虑到全球经济衰退可能引发经济增长放缓，虽然不是那么紧迫，但几乎可以肯定地说，要解决这一根本问题，绝非一朝一夕之功。

# 2008年的泰国

2008年对泰国来说是艰难的一年。由于民主政治制度遭到破坏，泰国的经济、国际形象以及几乎所有的主要政治机构都深受其害。泰国的社会分化不断加深。只要看看泰国社会的主要机构，就不难发现它们所遭受到的破坏。在警方驱散10月7日示威游行的行动中，由于一名示威者遭受催泪弹袭击而死亡，警方被推到了舆论的风口浪尖。警方无力控制示威游行，最终导致局势失控。从一个角度看，军方自我标榜不介入政治，或许他们的损失相对不大。但从另一个角度来看，军方的确插手政治，因为他们向政府施压，逼迫政府下台。然而政府却完全不理会军方，根本不把军方放在眼里。政党体系受到破坏，不少政党被解散或被新政党所取代，事实上却换汤不换药。因此要建立稳定的政党体系变得愈发困难。至于君主制，泰国王室及王室官员始终如一表达了其超然于政治的愿望，而且王室也不持任何公众立场。然而，人民民主联盟和其他政治人物坚持认为，他们所有的政治行动都是为了效忠君主，他们让君主制成为泰国社会中政治分裂的中心问题。可以看出，随着对王室“大不敬”案件的不断涌现，君主制成为人民民主联盟与其反对者之间的争论中心。两派势力都利用这个话题来攻击对方以表达自己对国王的忠诚。目前依然有40多个对王室“大不敬”的案子正在审理之中。除此之外，泰国还关闭了2 300多个被认为对王室不敬的网站[35]。如此将君主制卷入政治，给泰国政治制度和王室都造成了不少的麻烦。对法院来说，尤其是宪法法院，公然扮演起政治角色，不断干预政事，分明损坏了法院自身的信誉。著名的经济学家，前财政部长，前泰国央行行长蒂耶通·铁瓦恭（Pridiyathorn Devakula）表示：

> 一些案件的审判影响了人民对司法体系的信任。我的确明白，这样的审判有助于缓解紧张政局。但以之与国内外人民对整

个司法体系的信任作交换，这是不值得的。政治上的问题就应该用政治手段来解决……[36]

然而，受到损害最大的还是民主制度本身。人民民主联盟拒绝接受民主结果，不愿妥协，鼓吹政变，倡导建立一个新的非民主化制度，这一切破坏了泰国民主制度的基础。更令人头疼的是，人民民主联盟认为他们的事业是正义的，是在保卫这个国家，因此强调他们有权力不择手段地推翻政府。事实上，他们对任何一个政府都动用否决权，即便是一个通过民主选举并深得民心的政府也不例外。当然，如果人民民主联盟有这样的权力，那么其他组织也会提出这样的主张。年底，反独裁民主联盟示威者在游行示威时就采取同样的立场，使用了与人民民主联盟早期示威时相似的策略。街头政治与国会政治因此并驾齐驱，甚至相互竞争，或许前者会变得比后者更为重要。政府必须采取办法来改变这种新的街头政治文化，否则泰国社会将愈发难以得到有效治理。由于民主党事实上是由少数人选举产生的少数派政府，要改变现状更是难上加难，泰国政治能否保持稳定也更加扑朔迷离。

［原文“Thailand in 2008: Democracy and Street Politics”载于《东南亚事务》（*Southeast Asian Affairs*）2009年，第315—333页］

## 注释：

1　参见Duncan McCargo, “Populism and Reformism in Contemporary Thailand”, *South East Asia Research 9* (March 2001): 89-107; “Network monarchy and legitimacy crises in Thailand”, *Pacific Review* 18 (December 2005): 499-515; and “Toxic Thaksin”, *Foreign Affairs,* 27 September 2006, online at <http://www.foreignaffairs.org>。

2 这些事件可详细参见 James Ockey, “Thailand in 2007: The Struggle to Control Democracy”, *Asian Survey* 48 (January-February 2008): 20-28.

3 在观察东北部选举情况时，我发现两个小党派贿选现象非常公开化，有谣传说是得到了军队的支持。在其中一个案例中，一位候选者跟我吹嘘说，他的党派一定会胜出，因为他们有安保部队的支持。另一方面，我很难找到人民力量党的办公室的所在处，因为候选者们都选择尽量避免有关腐败指责曝光。

4 示威者中似乎有人民民主联盟支持者、从南部坐巴士来的民主保皇派，以及雇佣来的示威者，鱼龙混杂，随时都在变化。受雇佣的示威者不见得就相信示威的理由。

5 *Nation,* 18 June 2008.

6 Noppom Wong-Anan, “Temple Tantrums Stalk Thai-Cambodia Relations”, *Reuters,* 20 July 2008. 需要注意的是，Noppom Wong-Anan曾是他信的律师。

7 除了人民力量党议员因涉嫌选举违规被取消资格外，还有三名内阁成员也被取消了当选资格。一名政党副主席因选举舞弊被定罪，这便自动启动了解散该党的法律诉讼程序。法院针对沙马（Samak）的案子仍在审理之中。他信的妻子宝乍文（Potchaman）因逃税获罪，他信夫妇还涉嫌房地产欺诈，这使得事情看上去更加糟糕。

8 参见Pradit Ruangdit, “PPP Rifts Expose ‘Gang of Four’”, *Bangkok Post,* 8 August 2008。

9 2006年4月国王对最高法院法官发表讲话，建议法院承担起解决当时政治危机的责任，因为国王自己无权干涉政事。虽然国王针对的是一个具体的政治危机，并拒绝人民民主联盟（PAD）提出的王室介入的要求，但从那时起，法院开始更加积极参与政事，一般都是偏袒人民民主联盟及其盟友的。有关国王演讲翻译，参见*Nation,* 27 April 2006 <http://nationmultimedia. com/2006/04/27/headlines/headlines_30002592. php>。

10 *Bangkok Post,* Breaking News, 25 August 2008.

11 曼谷大学民调（Bangkok University poll）“曼谷人对人民民主联盟行为的看法”，参见网站：<http://research.bu.ac.th/>; Suan Dusit Poll, “Khwamkhithen khong prachachon to hetkan mop phantamit” [People’s Opinions Regarding the Events of the PAD “Mob”], online at <http://dusitpoll.dusit.ac.th/polldatay2551/2551_048.html>。较低的支持率说明大部分泰国的中产阶级反感人民民主联盟（PAD）的策略及其事业，把任何事件都说成是阶级斗争，未免太过于简单化了。

12 *Nation,* 4 September 2008.

13 在他信称自己无法获得公正的审判后，他的支持者也不再相信法院。后来法院做出不利于人民力量党的裁决也被认为是不公正的。

14 "Thai Protesters Vow to Press On", *BBC News,* Internet edition, 8 October 2008.

15 *Bangkok Post,* 8 October 2008; 14 October 2008.

16 *Bangkok Post,* 18 October 2008.

17 *Bangkok Post,* 2 November 2008. 我们应该审慎地对比出席集会与参加示威的区别，这次活动是人民民主联盟（PAD）本年度组织的最大规模的集会。

18 *Bangkok Post,* 4 November 2008.

19 "*Bangkok Post,* 13 November 2008. 他点出各路政敌姓名的首字母。其中两个与枢密院两个退役军人吻合。

20 *Nation,* 23 November 2008.

21 *Nation,* 24 November 2008.郑王（King Taksin）曾在1767年大城王国毁灭后重新组织泰国军队。他最著名举动是命令他的军队在一次战争前打破饭碗，以表在下餐来临前就结束战斗的必胜决心。

22 *Thairath,* 26 November 2008.

23 曼谷大学民调403（Bangkok University poll 403）（网址：<http://research.bu.ac.th>, 27 November 2008, "Khwamkhithen khong prachachon to kankratham lae kansadaeng khong klum tang tang" [The Opinions of the People to the Actions and Demonstrations of Various Groups]。

24 王室官僚阶层意识到王室的公共形象很重要，他们意识到将王室和不受民众喜欢的示威活动联系在一起的危险性。国王身体抱恙，无法完成几天后例行的生日前夕讲话，这或许部分解释了王室保持沉默的原因。包括人民民主联盟支持者在内的一些人却将这种沉默视作王室对他们行动的默认。

25 *Bangkok Post,* 29 November 2008.

26 至少三名人民民主联盟主要成员被任命为内阁顾问长。如前所述，人民民主联盟非常重视民主党在南方的支持者。虽然民主党领导层有意让自己与一些颇具争议的做法划开界限，但总体方向还是和人民民主联盟一致。

27 *Nation,* 4 December 2008.

28 *Bangkok Post,* 30 November 2008.

29 对一些药物强制授权和企图改变海外投资和零售业法律都是过去几年间民族主义对泰国经济政策制定过程产生影响的实例。外商对此困惑不解。详情参看奥基

（Ockey）的文章2008年，第27页。

30 *International Herald Tribune,* 25 August 2008.

31 “Thai Exports Shrink Most in 17 Years on Global Slump”, *Bloomberg,* 22 December 2008.

32 See Bank of Thailand <http://www.bot.or.th>. Economic Indices, Table EC_EI_005.

33 Stock Exchange of Thailand, Market Statistics <http://www.set.orth/en/marketymarket _ statistics.html>.

34 “Three Top Agencies See 0-2 per cent Growth for 2009”, *MCOT English News,* 5 February 2009.

35 *Nation,* 29 January 2009.

36 *Nation, 5* January 2009.

# 危机：泰国不能承受之重

【澳大利亚】Peter Warr[①]著　　郭粒粒　姚键　译

## 引　言

泰国最近遭遇了一系列的危机：1997至1999年亚洲金融危机，始于泰铢崩溃，此后投资者信心不断下滑长达十年之久；2004年12月的海啸灾难；SARS和禽流感的暴发；农村发生旱灾；泰南穆斯林三府无休止的暴乱，已造成4 000多人死亡；关于全球气候变化对泰国影响。雪上加霜的是，2008年泰国遭遇了另一场双重危机：自酿的国内政治危机加深了泰国的社会分裂并以2008年末关闭曼谷国际机场达到高潮；受到自20世纪30年代以来最严重的全球金融危机的负面影响。

与东亚其他地区一样，目前泰国前景黯淡。在这样令人沮丧的状况下，很难从长远角度去思考泰国的未来。但尽管存在诸多严重问题，泰国人日常生活的质量在过去几十年里却仍然在逐渐改善，贫困发生率也在持续下降。在其他大多数发展中国家落后于预期发展计划的情况下，泰国却已经基本完成了它所有的千年发展目标，这要比2015年的目标日期提前了许多，但当前的危机无疑将导致经济的明显萎缩以及贫困率的上升。虽然

① Peter Warr是澳大利亚国立大学（Australian National University）克劳福德经济与管理学院（Crawford School of Economics & Government）农业经济学教授，兼任the Amdt-Corden Division of Economics召集人，澳大利亚国立大学泰国研究中心（the National Thai Studies Centre at ANU）主任。

没人知道“去全球化”的过程会有多长，但这些危机将只是暂时的。应当出于经济长期增长的眼光来看待问题，一旦全球危机消退，经济仍然有望继续增长。

因此，本文将首先讨论泰国目前的双重危机：国内政治危机和全球金融危机。然后，通过回顾泰国经济的长期发展经历，尤其是上一次严重经济危机——1997至1999年亚洲金融危机带来的影响，从长远的角度对这些事件进行分析。回顾之前几次经济滑坡的后果将有助于了解目前经济萎缩可能产生的影响。

## 国内政治危机

泰国持续的政治冲突事关向传统精英阶层的挑战，所谓精英阶层是指受过良好教育的曼谷中产阶级，包括公务员、军人和贵族。发起挑战的是一批受广大农村选民支持的政治企业家。

这些政治企业家中最重要的一位是他信·西那瓦（Thaksin Shinawatra）。作为一位精明的商业巨头，他分别于2001年和2005年两次以大多数选票当选总理。他信通过向广大农民提供一系列的草根政策而成功当选。但他在2006年9月被军事政变推翻，据称是由于腐败以及所谓的对君主不忠（按照发动政变的将军们的说法）。他信否认了不忠的说法，但在他流亡期间，法院做出裁决，禁止他在泰国从事一切政治活动并且以涉嫌选举舞弊为由解散了他的泰爱泰党（TRT—the Thai Rak Thai Party）。此外，他信缺席受审，法院判决他在任总理期间滥用职权以帮助妻子获取商业利益。

在之后2008年1月的大选中，人民力量党（PPP— People’s Power Party）作为遭禁后泰爱泰党的延续，在资深右翼政治家沙马·顺达卫（Samak Sundaravej）的领导下赢得了选举的胜利。这一结果激怒了他信及其盟友的反对者。他们穿着黄色衬衫作为标识，因为黄色被视为是王室的象征颜色，还颇具反讽意味地自称为人民民主联盟（PAD —People's Alliance for Democracy）。他信的支持者则着红色衬衫以示区别。人民民主联盟与他信的支持者之间爆发了公开的暴力冲突。到2008年底，人民民主联盟对人民力量党政府的抗议越发尖锐，并坚持认为沙马和人民力量党完全是流亡海外的他信的傀儡。

沙马担任总理期间仍旧在主持一档带薪的电视烹饪节目。9月时，宪法法院全体法官一致裁定，沙马身为总理继续主持电视节目涉及违宪，因此免去了他的总理一职。执政的人民力量党立即以他信的妹夫颂猜·翁沙瓦（Somchai Wongsawat）取代沙马出任总理。此举进一步激怒了人民民主联盟。

11月25号，人民民主联盟占领了曼谷的素万那普（Suvarnabhumi）国际机场，要求颂猜下台，并造成了机场一度被关闭。随后的混乱局面给泰国旅游业以及依赖空运的商业造成了巨大损失。之后，宪法法院（the Constitutional Court）再次以选举舞弊罪解散了参与联合政府的三个政党，包括人民力量党在内。至此，历时八天的机场围攻事件终于在12月2日收场。

让几乎所有人惊讶的是，前人民力量党中的一些成员竟然同意与反对党民主党结盟，支持其党主席阿披实·维乍集瓦（Abhisit Vejjajiva）出任总理。人民民主联盟之前也曾表示只接受阿披实担任泰国总理。因此，他们完全可以声称这样的政治结果是其战略上的胜利，而解散人民力量党则证明他们以选举腐败为由反对政府是正义的行动。这些政治肥皂剧的背后蕴含着一些基本的东西，即有关民主意义的争议，或者说泰国应该采用什么样的民主形式。

人民民主联盟反对他信和他的“傀儡”的本质不仅仅是反对他们以贿选手段获取了权力，这一点似乎已由法院对泰爱泰党和人民力量党的判决得到了支持，而更重要的是对一人一票选举原则的挑战。

他信的才能体现在先操纵政府电信监管机构让自己从中获取大笔利益，然后再利用这笔财富提升自己的政治地位。接着他又再利用新获取的政治权力使自己、家族和最亲密的支持者们致富，甚至走得更远。但如果没有民众的支持，他信不可能获得这样的政治权力。因此，他在政治上探索出一条驾驭农村选民力量的路子。这其中的秘诀便是先承诺他们一系列的由公共财政买单的经济救助计划，然后兑现这些承诺。他信始终受到广大农民的敬仰，这也是他的政治基础。这些人只在乎他信执政时带给他们的经济利益，毫不关心对他信的腐败指控或他个人的贪婪行径。

传统精英们既惧怕他信同时又蔑视他。与其名称相反，人民民主联盟实质上是一场保守中产阶级运动，他们的愿望是回归，至少部分回归到泰国过去的专制统治。他们认为他信、沙马及其盟友在选举中取得的成功证明了选举式民主的失败，因为这威胁到了精英们的主导地位。这些精英包括军人、公务员和贵族。他们了解选举式民主会带来什么样的结果，因此并不认同。因此，无论是否真的存在选举舞弊，他们都会反对他信的统治。

在反对沙马政府期间，人民民主联盟领导人一方面要求沙马下台，一方面还提出两项改革要求。首先，议会的选举比例应该限制在30%，而其余的由精英进行任命。其次，他们要求总理可以作为非当选的议员。他们指出，最近几十年里两位最受人尊敬的总理炳·廷素拉暖（Prem Tinsulannonda）和阿南·班雅拉春（Anand Panyarachun）都是由国王直接任命而非选举产生的。因此，人民民主联盟的立场是要求废除一人一票的民主选举制度。而这背后隐藏的是城里人长期以来对受教育程度低下的农村人口选举能力的鄙视，因为正是这些农村人让他信和沙马当选的。在他们眼里，他信是一个狡诈的政客，善于操控农村选民。据透露，人民民主联盟的网站上甚至使用了“低级”这一字眼来形容他们的政敌红衫军。这无疑涉及两个社会阶层间的对抗。大致可以说，在人民民主联盟的领导者和支持者的眼里，他信的农村选民只是一群无知的水牛，怎么能让他们抉

择国家领导和国家发展的方向呢？这实属精英们的事。

自阿披实执政以来，全球金融危机已经成为公众关注的焦点，而潜在的国内政治冲突被淡化了。然而，一旦举行新的选举，他信的盟友或者他的“傀儡”很可能再次获胜。这便是农村选民支持人人多势众决定的。而一旦出现那样的选举结果，危机又会再度爆发。泰国正在探索一条适合自身情况的民主道路，尽管有时难免磕磕绊绊。而潜在的危机已非一日之寒，难以轻易解决。

## 全球金融危机

金融危机的严重程度超乎了所有人的想象。信贷是促进全球贸易体系运行的润滑剂。发放信贷取决于对债务能够且一定会得到偿付的信任，尤其金融机构之间的借贷尤其如此。然而，金融危机破坏了这种信任。人人都害怕放贷，因为担心借款人最终无力偿还。全球信贷供应也因此蒸发了，国际贸易大幅度萎缩。像泰国这样依赖出口的国家因此遭受了巨大损失，并且未来还将面临一系列更为严重的问题。“去全球化”成了一个全新无情的经济术语。亚洲各国政府近期的经济预期都同样显得过于乐观，泰国也不例外。随着全球危机的加重，持续采取保护主义措施将带来经济进一步萎缩的风险，就像20世纪30年代的那次危机一样，引发灾难性后果。

金融危机并不是主要通过金融机构波及泰国的。值得庆幸的是，泰国的金融机构受美国和欧洲金融机构破产的直接冲击很小。同样，问题也不是出在泰国经济供给瓶颈上，而是由于对泰国输出需求的萎缩，尤其是对其出口商品需求的萎缩。和许多东南亚邻国一样，泰国通过加大出口受益于全球化，但其不利的一面是容易受到出口需求萎缩的影响，而现在这种情况就实实在在地发生了。出口需求高达泰国产出的75%，这很不正常。2009年1月，泰国的出口量同比萎缩了26.5%，总需求萎缩了20%。虽然消费，尤其是私人投资需求也受到负面影响，但主要问题还是在于出口需求的萎缩。

为什么会出现如此大幅度的出口萎缩呢？美国和欧洲当前GDP的缩水程度在2%—4%之间。这如何导致它们对发展中国家的进口需求以1/10的比例下降呢？原因在于融资在这些发达经济体国家变得非常昂贵，并且在某些情况下还无法融资。发达国家的货币发行机构迅速将资金投入到金融体系中，但金融体系中介作用的退化使这些资金没能用于满足企业的信贷需求。金融机构对发放贷款仍然顾虑重重。由于无法获得营运资金，或者获取的成本过高，零售和批发业者只能减少库存。在他们减少库存的同时，他们对新产品的需求可能会为零。

因此，如果说一下子将库存削减至一个理想的水平会放大对新产品需求的萎缩是一个坏消息的话，那么好消息是这种需求的萎缩只是暂时的，毕竟库存不会收缩至零。当库存减少到了理想的最低值，对于新产品的需求就将增加。由于发达经济体中消费者和投资者支出的减少，新的需求量可能会低于以往水平，但会较不怎么理智的库存紧缩时期的需求量要高。

那么泰国应该如何应对呢？就目前出口需求萎缩的情况来看，能采取的办法并不多。唯一能做的就是尽量平稳地渡过难关。然而，泰国还有机会扩大其他领域的需求量。这些领域包括：增加私人消费性开支（占GDP的57%），增加私人投资（占GDP的19%），减少进口（占GDP的75%），以及增加政府支出（占GDP的24%）。经济新闻报道让消费者和投资者们感到不安，因此很难让他们在如此不稳定的环境下支出更多。无论是消费者或投资者的支出都在减少，而政府对此却一筹莫展。

如果能够减少进口需求，那么国内生产商就有更多机会填补由此产生的需求空缺。这就是为什么在经济滑坡时期，政府会倾向于采取保护主义措施。但这其实是一个巨大的错误。保护主义就像可卡因，它会即刻刺激经济的增长，但这种短期的增长是以破坏长期的经济效益的基础为代价

的。并且它像可卡因一样会上瘾；一旦加大进口保护，之后就很难摆脱这些保护了。

上世纪30年代大萧条时期，全球保护主义的泛滥加剧了世界经济的进一步萎缩。而美国国会就是这方面的始作俑者。1930年的《斯姆特-霍利关税法》（Smoot-Hawley Tariff Act）引发了全球性的保护主义，对经济大萧条以及引发第二次世界大战的局势形成起到了推波助澜的作用。最近，美国总统奥巴马将“购买美国货”塞入了他近期的财政援助计划中。从中可以看出，美国国会并未从历史中吸取教训。其他国家不应仿效这一做法来增加贸易保护。庆幸的是，阿披实政府在这方面展现了积极的区域领导作用。阿披实总理在2009年2月东盟领导人峰会上讲话，敦促大家关注采取贸易保护主义的风险。然而，如果经济持续萎缩，这样的决心还能维持吗？这对于泰国和其他国家来说都是一个难题。

如此一来就得考虑政府的支出问题。算法很简单：出口需求是政府支出的三倍。如果出口需求缩减10%，那么要弥补总需求的缺额，政府的支出就得增加30%，以此类推。要弥补26%的出口缩减，政府就需要将支出增加到78%。而这根本是不可能的。

公共债务还有增加的余地，而通货膨胀目前也不算严重。但这些都还不是最棘手的问题。棘手的问题是迅速大量增加的政府开支将给后勤保障造成巨大的压力。据说，有一系列的基础设施项目正等待政府批准，但这并不足以扩大开支从而避免产出的缩减。这在对于政府开支上的腐败问题严格监察的情况下，问题尤为突出。印度尼西亚也存在同样的问题。政府官员因为担心出错，往往不愿意雷厉风行地扩大采购，以免为日后落下贪污或渎职犯罪指控的把柄，这是可以理解的。

泰国政府已经宣布，其目的在于扩大政府开支以减小危机造成的总需求量缩减的负面影响。这一措施是可取的，将会减小经济衰退的幅度，但似乎不足以防止经济在2009年甚至2010年出现负增长。

遗憾的是，政府并没有预见到这一点。其经济预测对于构成总需求的各个方面，尤其是出口需求方面，都进行了过分乐观的估计。2009年2月23日，政府经济规划机构——国家经济与社会发展委员会（NESDB — National Economic and Social Development Board）发布报告显示，实际GDP在2008年第四个季度下降了4.3个百分点，造成全年的GDP增长仅为2.6%[1]。这份报告还对按照2009年总需求在各个主要领域的增长率做了预计：私人消费支出（2.2%），私人投资（−3.0%），出口（−6.2%），进口（−5.4%）。这些预测结果详见表1。

**表1　泰国：以出口增长拉动目标GDP增长率所需政府支出增长率的预测（%）**

| 目标GDP增长率 | 私人消费预计增长率 | 私人投资预计增长率 | 出口预计增长率 | 进口预计增长率 | 政府开支增长需求变化 |
|---|---|---|---|---|---|
| （1） | （2） | （3） | （4） | （5） | （6） |
| 0.0 | 2.2 | −3.0 | −6.2 | −5.4 | 0.4 |
| 2.0 | 2.2 | −3.0 | −6.2 | −5.4 | 7.9 |
| 3.5 | 2.2 | −3.0 | −6.2 | −5.4 | 14.2 |
| 5.0 | 2.2 | −3.0 | −6.2 | −5.4 | 20.5 |

备　　注：假设GDP所占份额为：私人消费占57%，私人投资占19%，出口占75%，进口占75%，政府开支占24%。

数据来源：作者根据国家经济与社会发展委员会（NESDB）2009预测报告所进行的计算。

表1中第一栏显示的实际GDP目标增长率由作者编制。第二栏到第五栏分别是国家经济与社会发展委员会所预测的私人消费、私人投资、进口和出口的增长率。最后一栏（第六栏）里显示的是作者根据国家经济与社会发展委员会对于前面四项的预测，计算出的达到GDP目标增长率（第一栏）所需增加的政府开支比率。根据这些计算，如果不需要实现GDP的增

长，那么则不用扩大政府开支。而要实现GDP5%的增长，则仅需要增加20%的政府开支。

表2 泰国：以出口增长拉动目标GDP增长率所需政府支出增长率的预测

（2008年1月到2009年1月的数据）（%）

| 目标GDP增长率 | 私人消费预计增长率 | 私人投资预计增长率 | 出口预计增长率 | 进口预计增长率 | 政府开支增长需求变化 |
|---|---|---|---|---|---|
| （1） | （2） | （3） | （4） | （5） | （6） |
| −2.0 | 2.2 | −3.0 | −26.5 | −5.4 | 54.8 |
| 0.0 | 2.2 | −3.0 | −26.5 | −5.4 | 63.1 |
| 2.0 | 2.2 | −3.0 | −26.5 | −5.4 | 71.4 |
| 3.5 | 2.2 | −3.0 | −26.5 | −5.4 | 77.7 |
| 5.0 | 2.2 | −3.0 | −26.5 | −5.4 | 83.9 |

备　　注：　假设GDP占有份额见表1。

数据来源：　作者根据国家经济与社会发展委员会（NESDB）2009预测报告所进行的计算。

问题是国家经济与社会发展委员会几乎所有的预测都过于乐观。表2与之前的预测只有一个不同之处，即用2008年1月到2009年1月实际观测到的出口增长率−26.5%，取代了国家经济与社会发展委员会所预计的−6.2%。但这其中的变化却十分惊人。按照表2，即使GDP不做任何增长，政府开支也需要增加63%，但这是根本不可能的。而要保持实际GDP的下降不超过2%，那么政府开支仍需增加55%。但像这样的政府支出增加幅度是不可行的。因此，如果2009年出口的实际萎缩情况与2008年1月到2009年1月相似的话，GDP的大幅度缩减则不可避免。泰国政府的预测似乎过于乐观，错误地暗示泰国经济有可能避免衰退。

无论如何，保持总需求与维持就业率并非是同一码事。与行业平均情况相比较，出口行业失业的员工多为劳动密集型员工，这意味着出口行业中每减少100万泰铢的产出，要比其他所有行业同样货币价值的平均产出减少解雇更多的员工。换句话说，由出口缩减造成的正规部门就业率下降的比例将大大超过GDP减小的比例[2]。但与行业平均情况相比，公共投资往往偏重资本密集型，尤其是等待政府实施的一系列大型基础设施项目。对这些资本密集型行业每100万泰铢投资所产生的工作岗位，与由于出口需求每减少100万泰铢所造成的失业人数相比，完全是杯水车薪。因此，为了维持就业率，政府实际需要的公共投资甚至要比上面所计算出的更多。

## 长远角度

### 经济的长期增长和亚洲金融危机

泰国长期的GDP增长情况如图1所示。其中显示了每年的人均实际GDP（竖线）及其从1951年到2008年以来的增长率（实线）。图表将泰国近期的经济发展划分为四个时期：Ⅰ—繁荣前期（1951年至1986年），Ⅱ—繁荣期（1987年到1996年），Ⅲ—危机期（1997年到1999年），和Ⅳ—恢复期（2000年到2008年）。从1968年到1986年，泰国实际国民生产总值（GNP）的平均年增长率为6.7%（人均大约5%），而中低收入国家的平均增长率为2.4%[3]。在1987年到1996年的十年间，泰国经济得到了蓬勃发展，实际增长率达到了9.5%。这十年中，泰国成为世界上经济增长最快的国家。

1997至1999年的金融危机中断了经济的繁荣，造成了巨大的经济破坏，带来了极大的困难。危机虽然侵蚀了长期经济发展所带来的部分成果，但并没有吞噬殆尽。在1998年危机最为严重的时期，人均GDP的水平比两年前，即1996年几乎低了14%。然而，由于危机前经济的持续增长，1998年人均

GDP水平即便有所下降，仍高于1993年，并且是1951年的7倍。

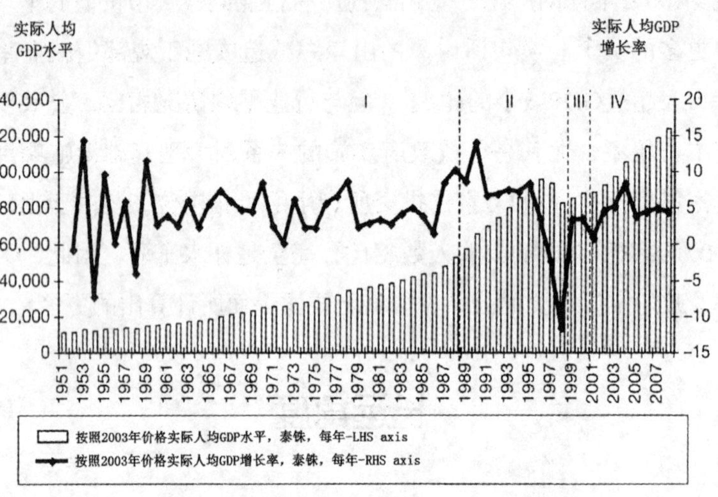


数据来源：　作者根据曼谷国家经济与社会发展委员会（NESDB）提供数据进行的计算。

图1　泰国：实际人均GDP和实际人均GDP增长率，1951—2008年

自危机爆发以来，泰国的经济复苏呈现缓慢趋势。实际GDP的增长率一直低于其长期趋势比率，并且直到2003年实际人均GDP才恢复到1996年危机前的水平。外国直接投资自1998年以来大幅下降，国内私人投资也呈现低迷状态。尽管经济恢复的速度比预期的要慢，但2006年实际人均经济产出水平还是比1996年危机前高出了19个百分点，并且几乎是55年前的10倍。这55年里的实际人均GDP平均年增长率为4.2%。

图2将泰国的情况与东南亚国家进行了比较，包括泰国、印尼、马来西亚和菲律宾的实际GDP数据。根据生活指数将所有数据调整为上述各国1970年人均GDP值为100。而之后泰国呈现了繁荣趋势。20世纪80年代中期到90年代中期，马来西亚和印尼的经济发展受到了亚洲金融危机的影响。这些国家中，泰国经济增长的趋势最为强劲，但大多数东亚国家（除菲律宾外）也紧随其后。

如图2所示，泰国、马来西亚和印尼在1997年到1999年遭遇了严重的经济萎缩。相对于1996年，泰国经济最初萎缩的状况最为严重。印尼和泰国经济萎缩持续的时间也最长。上述三个国家在1997年到1999年间经历的危机就是三国在过去10年分享的出口导向型投资繁荣破灭[4]。金融危机虽然抹杀了这些国家在之前繁荣时期经济发展的一小部分成果，但并不是全部。由于菲律宾没有经历经济的繁荣，因此亚洲金融危机对它几乎没有造成什么影响。

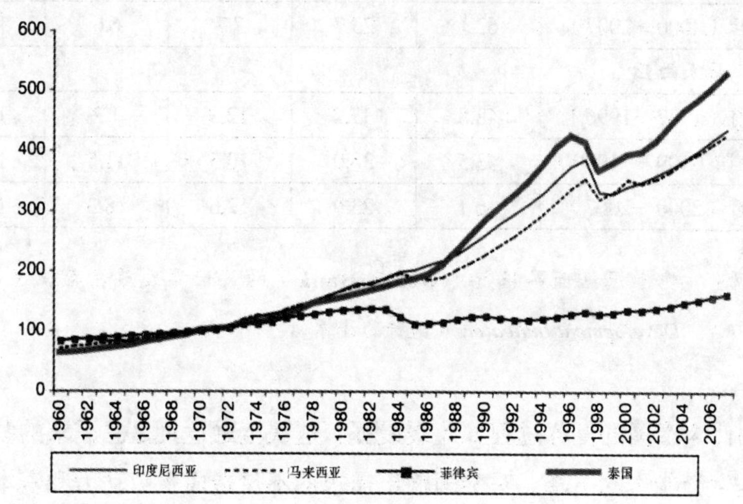


备　注：　按照2003年价格的实际人均GDP增长率。

数据来源：　世界银行的世界发展指数。

图2　印尼、马来西亚、菲律宾和泰国：实际人均GDP，1960—2008年（1970年数值=100）

**表3　泰国、印尼、马来西亚：GDP支出（1987—2007年）**

| 国家/时期 | 消费 | 投资 | 政府 | 净出口 | 总额 |
|---|---|---|---|---|---|
| 泰国 | | | | | |
| 危机前（1987—1996） | 54.8 | 38.9 | 9.9 | −5.0 | 100 |

续表3

| 国家/时期 | 消费 | 投资 | 政府 | 净出口 | 总额 |
| --- | --- | --- | --- | --- | --- |
| 危机时期（1997—1999） | 54.0 | 27.0 | 10.5 | 8.5 | 100 |
| 危机后（2000—2007） | 57.6 | 26.0 | 11.3 | 5.3 | 100 |
| 印尼 | | | | | |
| 危机前（1987—1996） | 55.0 | 27.8 | 9.1 | 0.4 | 100 |
| 危机时期（1997—1999） | 65.0 | 24.5 | 6.5 | 5.0 | 100 |
| 危机后（2000—2007） | 62.1 | 23.7 | 7.7 | 6.6 | 100 |
| 马来西亚 | | | | | |
| 危机前（1987—1996） | 48.8 | 37.2 | 12.8 | 1.2 | 100 |
| 危机时期（1997—1999） | 43.5 | 35.0 | 10.5 | 11.5 | 100 |
| 危机后（2000—2007） | 46.1 | 23.0 | 12.6 | 18.3 | 100 |

数据来源：作者根据世界银行（World Bank）的《世界发展指数》（*World Development Indicators*）进行的计算。

为什么泰国的复苏过程如此缓慢呢？这次金融危机是总需求的萎缩，而不是生产能力的下降。对泰国输出需求的不足造成了劳动力和资本的利用率不足。而这些需求上的减少是如何产生的呢？如表3所示，它是由私人投资的减少造成的。表的上半部分显示了泰国在危机前的繁荣时期（1987年到1996年）、危机时期（1997年到1999年）和危机后的恢复期（2000年到2007年）各阶段的GDP支出构成。在金融危机时期，投资在GDP中所占的比重下跌了13个百分点。由于危机引发的一系列事件，投资者的信心受到了严重打击。并且在危机后的恢复期，投资所占比重也没能恢复到泰国长期的增长水平。

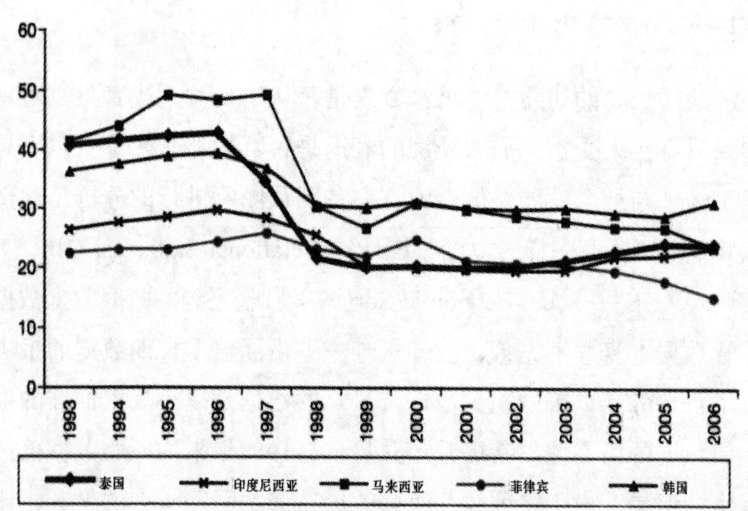


数据来源： 作者计算所使用数据来自世界银行（World Bank）《世界发展指数》（*World Development Indicators*）。

图3 东亚：投资占GDP比重，1993—2007年

金融危机后投资者信心的降低并不只出现在泰国。表3显示了其他两个受危机影响的国家——印尼和马来西亚所遭遇的同样境况，而且其模式都很相似。最终，图3显示了五个受金融危机影响的国家投资在GDP中所占比重的年度数据，这五个国家分别是泰国、印尼、马来西亚、菲律宾和韩国。虽然泰国私人投资与其他国家一样大幅缩减（与马来西亚相似），但数据显示几个东亚经济体危机后投资的恢复过程都十分缓慢。当然，如果仅看国别原因是不恰当的。投资者信心的下降是区域性的，尤其是在受危机影响严重的国家。危机表明投资者可能因为宏观经济问题而破产，因为这些问题是他们无法控制和有预兆的。私人投资的大幅度缩减是危机带给这些国家的不良影响，而且关键是投资者的信心一旦受损，恢复的过程就会十分困难和缓慢。

## 贫困率和贫富差距

经济的增长真的如此重要吗？穷人是否从中受益，或者只是对富人有利？如果只有富人受益，那么经济的衰退是否真的那么严重？以下是根据泰国国民经济与社会发展委员会的官方贫困预测所进行的分析。这份预测报告和其他贫困预测一样，以国家统计局（National Statistical Office）的社会经济调查（SES—Socio-Economic Survey）所收集到的家庭收入数据为基础。尽管数据本身并不完善，但却是唯一一份涵盖了长期数据的报告。报告收集了自1962年以来的相关数据。最早的数据是以小规模抽样的形式收集的，但数据的可靠性不断提升。并且，自1988年来的原始数据已经有了电子版本。但是，由于贫困线几经修改，造成实际购买力的上升，比较各个时期的数据具有一定难度。图4总结了作者以贫困线不变，即以实际购买力为不变量绘制的从1962年到2007年以来的长期贫困率级数。

图4主要采用常见的按人头计算贫困率的方法：家庭人均收入低于贫困线的特定人口的百分比。直到最近，国家统计局社会经济调查的数据才按照居住地划分成了城区、卫生区和村庄三个范畴统计。这些区域分别对应内城区（历史上划定的城市地界）、外城区（新城区）和农村地区。农村地区的贫困率最高，其次是外城区，最后才是内城区。当按照每一居民区所分摊的贫困人口总数及其分摊的总人口数分别重新进行计算时，如图中最后两行所示，就能发现一个惊人的特点。2006年，农村地区占到贫困人口总数的86%，但却只占到总人口数的64%。

图4还显示了体现贫富差距的基尼系数。该指数的可能值在0到1之间，数值越高意味着贫富悬殊越大。泰国的这项指数在过去45年间大幅度上升。结合同一时期绝对贫困的减少，这意味着虽然穷人的收入随着经济增长而增加，但富人的收入增长得更快。数据显示到1996年，贫困率有了大幅度地下降，1998年略有回升，并在随后两年进一步上升。1988年到1996

年这八年中，贫困率持续下降，有多达21.4%的人口脱离了贫困，而平均年贫困率的下降率为2.7%。

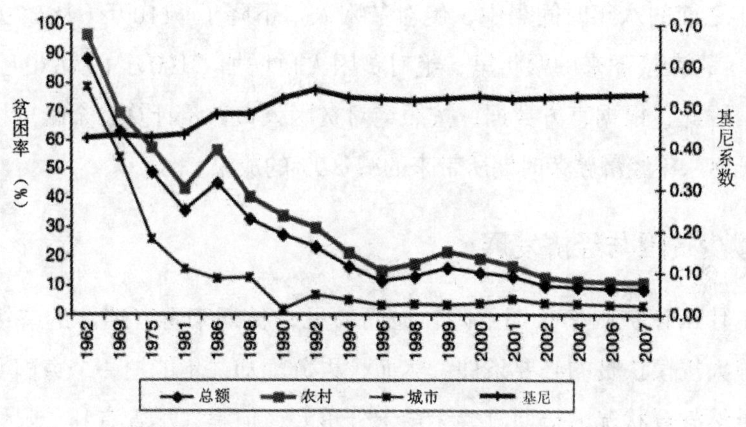


图4　泰国贫困发生率与不公平，1962—2007年

备　　注：　贫困率（Poverty Incidence）是指参照组人口中的贫困人口占该组总人口的比例。按照人头计算的总体贫困率是指扣除一定时期内物价上涨因素其收入低于贫困线的人口比例；农村贫困率是指扣除一定时期内物价上涨因素其收入低于贫困线的农村人口比例，以此类推。贫困比例（Poverty Share）则是指参照人口组中的贫困人口数与总人口中贫困人口总数的比例。人口比例是指参照组人口占该组总人口的比例。图中数据与国家经济和社会发展委员会发布的1988年到2006年数据相同，唯一的差别是原有的市区和卫生区域的数据按它们各自所占市区（两区之和）的人口比例之和为权重合并为“城市”一栏。而早年的数据与这组新发布的级数进行了拼接，因此最终各个级数1988年国家经济与社会发展委员会的级数完全匹配。根据泰国政府的数据统计习惯，表中所反映的不论是贫困率还是贫富悬殊的数据都是基于收入而非支出形成的。基尼系数越大则表示贫富差距越大。

数据来源：　作者计算数据来自曼谷国家经济与社会发展委员会。

这意味着每年平均有2.7%的人口收入从贫困线以下上升到贫困线以上。在随后的两年直至1998年底，贫困率增加了1.5个百分点。此外，1996年之前的八年时间当中，绝对贫困人口下降了1 110万（从1 790万到680万）；在接下来的两年里，绝对贫困人口增加了100万（从680万到790万）。因此，根据官方数据，按照绝对贫困人口数量计算，金融危机颠覆了危机前八年经济繁荣时期所带来的减贫9%的成果。

### 减少贫困与经济发展

是什么让贫困率长期下降？显而易见，长期来看，经济的持续增长是实施大规模扶贫的必要条件。然而，再分配却并不能把一个穷国变为富国。虽然教育状况的长期改善无疑十分重要，但是，尽管有其局限性，国家统计局社会经济调查的数据清晰呈现出了贫困率下降和经济增长之间的短期关系。具体数据如图5所示。它呈现了由表4中的数据得出的贫困率变化与同期实际GDP增长率之间的关系。

经济的较快增长带来了贫困率的快速下降。1962年到1981年经济较快速的增长与这一时期贫困率的稳步下降相吻合。而20世纪80年代初期至80年代中期世界经济衰退，造成了泰国经济增长放缓，因此，1981年到1986年泰国的贫困率也随之上升。之后，20世纪80年代晚期到20世纪90年代早期，泰国经济的繁荣与这一时期贫困率的大幅度下降相一致。最后，在1997年至1999年的金融危机之后，经济的衰退又造成了贫困率的上升。而危机后经济的复苏也带来了贫困现象的显著减少。由此可见，经济增长对于穷人和富人都非常重要。

如图5所示，两个变量之间的确存在着关联性。然而，其中一对观测值出现了明显的异常——1996年至1998年亚洲金融危机影响下的数据点。需要指出的是，1997年到1999年的贫困数据无从获得。根据危机时期前后贫困率下降和增长的关联性，可以预测出GDP的大幅度下降，比如金融危机时期，造成的贫困率下降幅度比实际情况更大。这一点在表4和图6中有更系统的说明。表4是对贫困率（负值意味着贫困率的下降）、因变量、同期GDP增长率和自变量的变化幅度之间关系所做的回归分析。第一组复原包括了所有的数据点。估算出的系数符合预期（经济增长越快，贫困率下降得越快），呈负值并且高达5%。

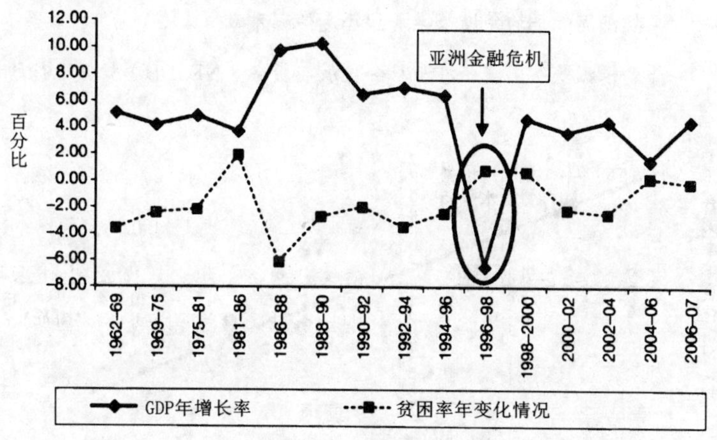


数据来源：　作者计算所用贫困方面数据来源同图4，GDP数据来自曼谷国家经济与社会发展委员会（NESDB）。

图5　泰国贫困发生率与经济增长，1962—2007年

**表4　泰国贫困—增长率回归分析**

| 自变量 | 系数 | t统计量 | p值 |
|---|---|---|---|
| 1. 他变量dP；所有观测数据 | | | |
| 截距 | −0.247 | −0.35 | 0.729 |
| 实际GDP增长 | −0.346 | −3.01 | 0.011 |
| $R^2$=0.430；adj$R^2$=0.383；F=9.07；p=0.0108 | | | |
| 2. 他变量dP；除1996—1998年外的所有观测数据 | | | |
| 截距 | 0.960 | 0.85 | 0.416 |

续表4

| 自变量 | 系数 | t统计量 | p值 |
|---|---|---|---|
| 实际GDP增长 | −0.548 | −2.90 | 0.014 |
| $R^2$=0.433；adj$R^2$=0.381；F=8.40；p=0.0145 | | | |

备　注：回归方程：dP=a+by。dP是贫困率在数据间的年变化幅度。y是实际GDP在数据间的平均年增长率。a和b是估测系数。

数据来源：作者根据曼谷国家经济与社会发展委员会（NESDB）数据进行的计算。

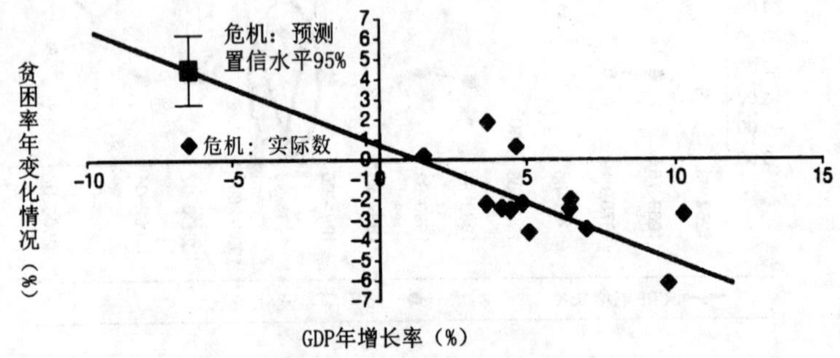


数据来源：作者计算所用数据来源同表4和图5。

图6　泰国增长/贫困关系与亚洲金融危机

第二个回归方程除了没有亚洲金融危机时期泰国的数据点外，与第一个方程相同，估测的系数偏大并且也高达5%。第二个方程是用于预测危机时期实际GDP减少所可能造成的贫困率的变化。计算结果见图6。GDP年增长率为−6.5%（实际上发生过这样的事），预计会造成年贫困率上升4.52%。围绕该预测值95%的置信区间为[2.92，6.12]。这就是说，按照这一回归方程的估算结果，我们可以有95%的信心认为实际GDP增长率为−6.5%会导致贫困率水平在2.92%到6.12%的区间内波动。但观测到的贫困年增长率（见图中“危机：实际数”）只有0.8%，超出了95%的置信区间。贫困率并没有如预测的那样随着实际GDP的减少而呈现与之相应的增长。

几种假设可以用以解释这一似乎反常的现象。一是危机之后泰铢大幅度贬值，造成了包括主要农产品的出口商品价格上涨。这使得农村贫困人口受益，但却损害了城市贫困人口的利益。其净效应可能是贫困率的下降。另一种假设是泰国人在危机中少见的互助精神所起到的作用，这得到了大批坊间证据的支撑。从建筑业和制造业下岗的城镇工人回到了他们大家庭所在的府，并加入了各自的家族业务中，因此，家庭收入（计算贫困率的基础）的损失比预计的要少得多。

## 结论：泰国的双重危机

不得不说泰国人民将经历一段经济艰难期。两种危机仍将产生严重影响：一是国内的政治冲突，二是全球金融危机。下一次选举可能引发新的政治冲突。虽然现在无法预见冲突的具体形式，但冲突也会对经济造成负面影响。令人感到遗憾的是，由于政敌们的政治支持势力已经意识到，以占据公共设施来胁迫当局是一种有效的策略，例如机场，因此未来可能会有更多类似事件发生。

出口需求和私人投资都受到了全球金融危机的负面影响。2009年，经济可能会下滑4到5个百分点。增加公共支出将减缓经济萎缩，但却不足以防止总输出的缩减。泰国经济具有弹性，并且中央银行准备了充足的国际储备来安全渡过危机。随着全球经济状况的改善，泰国与任何其他国家一样完全有能力从当前的危机中迅速解脱出来。但遗憾的是，没人知道这一天何时会到来。

贫困率会随着经济增长的变化而变化，并且将受到未来经济衰退的影响[5]。然而，对1997年至1999年的亚洲金融危机研究表明，贫困率并没有如之前依据其和经济增长的统计关系所预测的那样增加。泰国人在这一时期少见的互帮互助精神在一定程度上缓解了贫困率的上升。如果全球金融危机的影响如预期的一样可怕，那么泰国社会这种“减震”的能力可能将再次发挥作用。

［原文“Thailand's Crisis Overload”载于《东南亚事务》（*Southeast Asian Affairs*）2009年，第334—354页］

## 注释：

在此感谢Razib Tuhin对于研究的帮助。本文文责自负。

1 2.6%的年增长率是由5.1%的农业增长、3.4%的工业增长和1.2%的服务业增长所构成。农业呈现罕见的高增长率是受第二季度8.6%和第三季度9.6%的增长率影响。这些数据尚需进一步查证。

2 这大概就是为什么中国的出口缩减会导致中国的整体就业率下降，尽管公布的GDP增长率仍保持在6%。中国的出口行业均为高劳动密集型。

3 World Bank, *World Development Report* 1998 (New York; Oxford University Press, 1998).

4 Peter Warr, ed, “Boom, Bust and Beyond”, in Thailand Beyond the Crisis (London: Routledge, 2005). pp. 3-65.

5 World Bank, *Thailand Economic Monitor,* December 2008, World Bank Office, Bangkok, available at <www.worldbank.or.th>.

# 泰国2009年

## Thailand 2009

# "团结"——泰国极化政治的说辞

【新加坡】Pavin Chachavalpongpun①著　　郭粒粒　姚键　译

2006年9月19日晚，军队将坦克开上曼谷街头；这是自1932年泰国废止绝对君主制实施民主制度以来的第17次军事政变。政变领导者颂提·汶雅叻格林（Sonthi Boonyaratglin）将军在强调军事干预的合理性时说："泰国呈现出了前所未有的两极化，前总理他信·西那瓦（Thaksin Shinawatra）的支持者和反对者之间的大规模对抗即将升级为暴力冲突。"[1]颂提意指始自2006年5月下旬的，由人民民主联盟（PAD—People's Alliance for Democracy）上演的长达数月的反他信运动。人民民主联盟同样声称，他信政府以非法手段为自身谋利，这导致了社会的分裂[2]。

三年来，总理阿披实·维乍集瓦（Abhisit Vejjajiva）为打破旷日持久的政治僵局，呼吁其内阁成员和全体泰国民众各尽其责，恢复泰国和谐社会。阿披实说道："每个人都应该思考，为了让国家重回正轨，我们应当做点什么。"[3]实际上，他信的支持者和曼谷精英利益的守护者之间仍存在着巨大的分歧，这种分歧的确威胁着泰国人高度赞美的"团结"二字。泰国在历史上从未真正沦为过他国的殖民地，泰国人都为国家能够保持独立而感到骄傲。这种独立，拿泰国领导人的话来说，应该归功于民族团结的优秀品质[4]。但从泰国近期的政局发展来看，曼谷精英和红衫军之间为维护自身利益发生激烈冲突，这似乎预示着实现团结的大前提可能已经不复存在。

---

① Pavin Chachavalpongpun是新加坡东南亚研究所东盟研究中心（ASEAN Studies Centre at the Institute of Southeast Asian Studies）政治与战略事务首席研究员。

本文认为，所谓团结的话语权一直被掌控在泰国传统精英的手中，不容他人染指。团结的确是一个自上而下的概念，由领导者定义和推动。他们敦促国民尤其要在危难时分维持团结。团结的优势显而易见。团结在过去对国家治理发挥了很好的作用，并使得政治领袖们能够获得公众支持以抵御来自内部和外界的威胁，看到这一点至关重要。然而，人们还须认识到一个重要事实，那就是掌握团结的话语权对于领导者来说还具有隐性的作用，可以用来强化统治精英们的权力，并且同时遏制可能会危及其政治地位的观点主张。团结的政治意义是统一、同一和一致。团结通常被界定为不可分割或不可打破的完整状态，或者圆满的总体性。团结意味着将所有的成分、元素和个体融合成为一个有效的整体[5]。因此，团结是与多样性、纷争与多元化相对立的概念。团结可以用以维持政治现状，排除其他政治势力的干扰，甚至阻碍民主的进程，因为后者倡导的是多样性和差异性。从这个角度来说，精英们呼吁泰国民众团结一致未必有助于化解危机；相反，他们宁愿让业已盛行的不同政治信念被视而不见。因此，对国家支持的和解政策有必要进行认真的重新解读。

根本性的问题是：团结的目的是什么？团结的对象是谁？在目前各大政治派别争权夺利的情况下，曼谷精英们明显在利用团结来孤立他信与其追随者，指责他们以不同政见来分裂泰民族的完整性。此外，精英统治阶层还试图将团结与泰国特色概念混为一谈，并且批评那些分歧制造者不是真正的“泰国人”，因为他们一点也不在乎形成并巩固这个国家的优秀品质。这种观点认为，没有团结，一个国家固然可以生存，但具有社会不稳和政治动荡的风险。这成为传统精英在泰国维持其霸权地位的重要理由[6]。然而，红衫军们正在挑战精英们的所谓团结。事实上，他们的其中一位领袖贾卡波·彬盖（Jakrapob Penkair）事先警告说，“已经没有时间达成和解”[7]。他们向曼谷精英们施压，迫使他们顺乎人民政治思想上的突变，并且拓宽政治领域以及允许不同政见，正如其他正常的民主社会一样。

## 团结的政治策略

在泰国人的意识中，团结是一个具有可塑性和易操纵的概念。泰文将它翻译为*khwam samakki*，但这个翻译并非一成不变。有时，它指的是*khwam pen an nung an diew kan*，或者说是“统一”；有时它又与*ekkachan*的意思相通，或者说是“一致”。在殖民主义盛行的年代，暹罗君主不断呼吁其臣民们紧密团结起来，以便在欧洲人的威胁下求生。然而，马修·科普兰（Matthew Copeland）认为，君主们这样做的目的不仅仅事关暹罗与西方之间的斗争，同时也是历代暹罗统治者与反抗的臣民们之间的斗争[8]。朱拉隆功国王（1868—1910年）反对西方的民主概念，因为他认为这会导致暹罗人的不团结[9]。同样，朱拉隆功的儿子，瓦栖拉兀（Vajiravudh）国王（1910—1925年），以文章不适宜泰国社会为由，禁止第一篇泰文经济学文章的发表。他认为，除泰国君主外，其余的子民们都是平等的。但经济学可能会造成社会的不团结或者破坏，因为它涉及贫富两个社会阶层[10]。在他的统治时期，华人被逐出暹罗社会，并被视为是对其统一王国的威胁。他在一篇题为《东方的犹太人》（*The Jews of the East*）的短文中对华人进行了批判，尤其是对那些华商移民，声称他们在暹罗的富庶生活造成了社会的进一步分化。由此可见，讲团结具有极大的弹性，不仅能够用于对抗不同的意识形态，而且还可以用于对抗对皇权构成潜在威胁的不同族群。

精英们需要灌输民族团结意识，以便将人民关锁在“顺从”的笼子里，他们在整个冷战时期一直如此，时断时续。上世纪70年代，泰国处于一系列专制政权的统治下。军队中的精英们利用他们的无线电台在每天上午的6:45和下午的6:00广播两套节目，呼吁秩序与团结，并激发人们的民族主义情感以及建立针对国内外共产主义威胁所需的国家安全意识[11]。军方声称泰国处于诸多危险之中，只有人民的团结和强有力的领袖才能带领国家走出这样的危险境地。这令人想起了战时总理及陆军元帅銮披汶·颂堪（Phibun Songkhram）（1938—1944年和1946—1957年）的一段著名声明。他曾反复重申："当国家处于危机中并且无所依靠时，要做的就是服从统治者的领导。"[12]在这样的背景下，尽管团结是捍卫国家的必然选择，但它同时也是用来培育顺民以及巩固政权的工具。国家媒体和教育机构在牢固树立人民的团结意识方面发挥了重要作用。"团结就是力量（Unity is Power）"已成为一句著名的全国性口号。泰国政府借此教促国民们维护团结拒绝分裂[13]。民族主义歌曲的创作则是为了提醒泰国人，任何与政府相左的意识形态都是不允许的。例如，珍爱团结（*Ru Rak Samakki*）和相亲相爱（*Rak Kan Wai Thued*）告诫人们要避免不和谐因素，鼓励来自不同背景的人们相亲相爱，并保卫君主不受国内外的威胁[14]。这样一个服从型社会，完全被团结话语所封闭，一直支配着泰国人的生活，直到2001年他信的出现才被打破。

1976年在国立法政大学（Thammasat University）发生的屠杀学生示威者事件，揭露了国家可以不惜动用武力来维护所谓的民族团结并严惩异己。支持民主的学生们联合抗议他侬·吉滴卡宗（Thanom Kittikachon）元帅重回泰国。他侬·吉滴卡宗作为一名独裁者已在三年前被迫下台，但之后他又以僧侣的身份重回泰国。多年来，知识分子和学生们对连续的独裁政权颇感不满和厌恶，拒绝以国家构建的所谓团结来约束自己的非传统政治观点，遂发起了这一抗议活动。纵观整个泰国现代史，泰国的统治精英们一直存在一个顽固的念头，即以团结为灵丹妙药以及制定社会成员行为准则来维护其政治地位。但在他信统治的六年当中，他为穷人们提供了相对更好的生活条件并刺激了他们的政治思想，尤其是对于传统精英的蔑视。随着农村居民的势力扩大以及对他们对他信的感激日益增加，长期以来在泰国发号施令的三位一体的既成权力结构——军方、君主和官僚体系遭遇了与他们截然不同的一种新兴政治文化。因此，他们比以往更加卖力地倡导民族团结并惩处那些涉嫌唆使反政府的人。他们以破坏泰国政治共识为由，发动了对他信的军事政变，以徇私枉法罪判处他信两年监禁[15]，并以他在任总理时滥用职权为由没收了他的部分资产。泰国人就团结问题引发的斗争不时涉及暴力和政治压迫。目前，有关叛国、叛乱以及冒犯君主的指控早已司空见惯。

## 保护社会团结

泰国正逐渐成为一个两极分化的国家。具有讽刺性的是，泰国的传统精英们一方面自豪地声称泰国是一个真正民主的国家，甚至自称泰国为“自由的国度”，但另一方面他们又拒绝承认政治的多元化和人们发表不同政见的自由。得到军方和王室派系的支持后，身着黄衫的人民民主联盟宣称自己是政治共识的监护人，而这一角色过去是由曼谷的精英们担当的。这样一来，铲除民选总理他信似乎也就具有合法性了，因为他挑战政治共识并且威胁民族团结。这也就解释了为什么人民民主联盟的一些非法活动能够公然得到纵容，例如占领政府大楼以及曼谷两个机场，因为这些都是反对他信及其傀儡行动的一部分。面对社会的不公正，红衫军被激怒了，他们向传统精英的双重标准发起了挑战[16]。如今，黄衫军和红衫军分别代表两个不同的政治立场，因此要达成政治和解十分困难。人民民主联盟想要以其“新政”的观念进一步巩固传统精英的权力，该观念要求30%的议会议员由选举产生，而70%的议员则通过任命产生[17]。而另一方面，红衫军要求更开放的政治空间和无限的政治参与，即使他们的政治思想尚不够明确。红衫军在偏远地区的支持者们十分反感以曼谷为中心的政治体系[18]。他们的实际诉求是一种政治包容意识，而非团结或者政治共识。贾卡波称：“这是旧势力和贵族们与人民站在一起的最后机会。”[19]

随着泰国权力斗争的愈演愈烈，传统精英们似乎像往常一样打着团结的幌子来压制其他新兴的政治思想。泰国前总理阿南·班雅拉春（Anand

Panyarachun）（1991年3月—1992年3月和1992年6月—9月）与王室关系密切，含蓄指责他信是国家危机的罪魁祸首，并警告说除非大家齐心协力地结束分裂局面，否则泰国将会成为失败之国[20]。与此同时，泰国前总理及现任枢密院主席炳·廷素拉暖（Prem Tinsulanonda）将军在2006年9月18日，政变的前一天，在接受《远东经济评论》（*Far Eastern Economic Review*）的采访中说道：

> 在这个国家，我们认为我们都是国王的臣民。武装部队（也是属于国王的）。我们的誓言是我们须从属于国王，并且需要公开表明这一立场。或许这样说更简单易懂……你知道赛马吗？赛马时，马都有马厩，而马厩的主人就是马匹的主人。骑师在比赛时骑着赛马，但骑师并不拥有这匹马。这很容易（理解）。一个好的政府以种种伦理道德标准来成为一个好的骑师……我们的国家有800年历史，我们管理的国家是一个王国。我们永远也不会成为共和国或是没有国王的国家。这才是关键，只有这样才能将所有人团结在一起。因此，只要我们有国王，有现在“这个非常非常优秀的国王”，我们就能继续前进，无论快慢，但我们会保持团结一致。[21]

炳提及国王的话传达出一条重要的政治讯息。因为普密蓬国王是现在的大多数泰国人唯一记得的君主，他被许多泰国人视为民族团结的象征[22]。作为国家元首，国王有责任维护国家的和平和统一。葛诺·翁达甘（Kanok Wongtrangan）认为国王心目中的良好公民涉及好几个概念，其中包括团结。对于国王来说，“人民必须团结一致，国家才能进步和繁荣，国家安全才有保障。团结关系着国家存亡，民族自豪感和民族尊严。团结是国家最强大的力量。国家一旦达到了团结，就能激励人民万众一心不断前进，共同维护国家安全”[23]。因此，团结成为国王许多次演讲中的主题。比如，国王在2007年12月生日当天的演讲中说道：“无论是士兵还是平民，都必须团结一致，就像我们的双腿必须相互配合一样——这就是说，一前一后才能向前行走。失去了团结，国家就将面临巨大的灾难。”[24]2009年8月，在海边宫殿发表的一次演讲中，国王警告说如果政治派系彼此争斗不能团结一致，国家就将面临崩溃。他说：“我最近感到我们的国家可能会面临衰落，因为没人在为社会的和谐而努力。人们之间相互争斗却互不理解。”[25]促进民族的团结已经成为国王终身的根本事业。凯文·休伊森（Kevin Hewison）①认为，普密蓬国王诠释了一位保守君主的形象，他支持稳定和秩序，权威和传统，团结和统一，以及民族沙文主义[26]。迈克尔·康纳斯（Michael Connors）②指出，国王进行政治干预的目的是为了恢复社会秩序和平静，从而被视为在敌对社会势力中间起到调和作用。国王的这个角色再次印证了他对团结和纪律的重视。但显然，一些传统精英在政治上利用了王室推崇的团结这一概念。他们不时引用国王演讲中的内容作为打击政治对手的武器。当他信打算将政治天平向他的新兴派系和贫困地区的选民倾斜时，传统精英把这解读为他信企图恶意削弱倡导团结统一的王室机构的基础。这样一来，就将他信置于与君主的严重冲突中。

## 团结——有害的陈词滥调？

泰国在过去50年经历了一系列的动荡，从境内境外的共产主义威胁，1976年国立法政大学大屠杀，1992年的黑五月事件[28]，到1997年的金融危

---

① 译者注：凯文·休伊森（Kevin Hewison）是澳大利亚西悉尼大学研究中心主任，泰国问题专家。

② 译者注：迈克尔·康纳斯（Michael Connors）是英国诺丁汉大学亚洲政治学教授。

机；但从没有哪一次危机像这次一样对泰国政局造成如此大的改变，致使社会分裂为了两个阵营。表面上看，这次危机可以被简单理解为派系间的权力斗争。但从深层次分析，这次危机对泰国的政治文化、泰国人对自我及其同胞的界定方式，以及处于平民阶层政治意识更加强化的时代背景对泰民族的意义都产生了巨大的影响。自他信下台已经过去了三年，而他的支持者和亲当权派之间的分歧却日渐扩大。人们对双方的刻板印象都十分深刻：他信和红衫军据称是为了努力实现民主，而传统精英则看似保守且拒绝改变现状。但这些刻板印象并不可靠，并且还会造成理解上的错误。没有迹象表明他信和红衫军的民主承诺是真实可信的。同样，也没有证据表明黄衫军和曼谷精英比他信和他的追随者更民主或相反。

迄今为止，两个阵营均未能找到一个解决政治严重极化的方案，既不以任何一方政治立场为代价，也能为双方所接受。传统精英继续提倡通过全民合作来实现民族团结，并以此作为弥合分歧的关键，但却拒绝交出手中的支配权。与此同时，红衫军则决心要把贵族，或者拿贾卡波的话来说，官员（the *khun nang*）长期统治下的泰国政治转变为为农村劳动人民，或者普通老百姓（*phrai*）服务的政治[29]。由于双方都不肯妥协，这就导致了泰国在政治转型过程中偶尔爆发暴力冲突，并因此给国家经济造成了负面影响。直到目前，双方仍没有任何妥协的迹象。泰国历史学家参威德·格舍色里（Chamvit Kasetsiri）在一次采访中说道，过去关于团结的概念与今天的社会现实无法同步。据他观察认为："今天的人们不再像过去一样听话顺从。普通公众也不再对上层人物唯命是从。"[30]另一位泰国历史学家东猜·维尼察古（Thongchai Winichakul）补充道：

坚持团结，就不会有分歧。每种政治文化都会面对团结统一与多样化和分歧之间的冲突，但区别在于，各种政治文化是如何理解和面对这些冲突以及如何减少或者化解冲突的。团结统一在

> 泰国的最终表达是“对君主的忠诚以及国家的领土完整”。无论团结的具体概念是什么，“秀”或者向公众展示团结与和解与其实质同等重要。[31]

传统精英坚持维护民族团结意识，并建立一个有序社会，在这个社会中，以立国三原则——“民族、宗教和国王”形成民族认同，并且任何人不得加以冒犯。此外，一个新的“第四原则”的概念正在兴起，它是泰国民族认同的本质。第四原则代表着一个影响力日益强大的民主自由社会。他信和他的红衫军运动迅速利用了这一新兴的自由形势，重塑自己民主支持者的形象。泰国政治上旷日持久的僵局源自于传统的三大原则和新兴的民主社会之间缺乏关联性。事实上，传统精英认为新兴的民主和自由社会对他们的强权利益构成了威胁。因此，即使引发严重冲突，他们也要不惜一切去维护自身利益。

在新的形势下，“团结”这个说词本身很快丧失了它的效力。在泰国日益多元化的环境中，它没能很好地发挥作用。帕尼坦（Panitan Wattanayagom）认为：“社会的核心价值观得以重新组建，虽然有时出现相冲突的价值观，但这也很正常。当一个不太民主的社会从传统阶段过渡到一个更民主的阶段，从封闭状态走向更开放的状态，从传统社会到迈向现代社会时，都会经历观念上的冲突。”[32]怎样以和平的方式结束政治冲突是泰国政治转型成功与否的关键。在这点上，强调团结并不保证能和平结束动乱。实际上，如果传统精英继续滥用团结的概念来压制异己，将会带来不良影响。新兴势力希望通过新的政治平衡点来确保公平，杜绝歧视。

## 结 语

泰国在过去几年发生了巨大的变化。出现了一些新的元素，而这些新兴力量纷纷加入到政治舞台中来。他们拒绝被动，并已经开始在政治进程中施加自身的影响。在泰国过去20年的经济繁荣时期，这些大多来自贫困外府的新生力量眼看着财富与他们擦肩而过，落入了曼谷城市精英（urbanité）手中。他们渴望政治的包容性和公平分享国家财富的经济繁荣。但他们看到的却是一出出肥皂闹剧以及关于团结一致的官样文章。

造成冲突持续不断的根源之一在于传统精英们的顽固心态，他们仍然听不得不同政见。反过来，他们进一步将团结这一传统观念神圣化，并以各种方式批判那些他们圈子以外的人。这些人被迫遵守统治精英们定下的秩序，并为了和平与秩序牺牲了他们的政治信念。然而一个和平、有序的泰国并没给他们带来任何政治上的好处，而是加强了统治精英们本已牢固的权力。而且，在普密蓬国王统治的最后阶段，他们对手中的权力可能会拽得更紧。因此，民族团结的呼声会一浪高过一浪。与此同时，对破坏团结的处罚也会变本加厉。社会不同阵营间达成和解的可能性会明显减少。

提塔南·蓬苏迪拉克（Thitinan Pongsudhirak）曾建议，如果泰国要重新站稳脚跟，社会必须达成新的共识。而这种共识必须建立在相互尊重和通融的基础上[33]。当两个阵营冲突不断，而精英圈子以外的人们试图以尊重多样性和政治差异的新兴观念建立领导权时，对团结这一说辞的重新解读十分必要。

［原文“‘Unity’ as a Discourse in Thailand’s Polarized Politics”载于《东南亚事务》（*Southeast Asian Affairs*）2010年，第332—342页］

## 注释：

1 泰国外交部。*Handbook on Thailand's Political Situation,* Thailand: News Division, Department of Information, Ministry of Foreign Affairs of Thailand, 2007.

2 引自人民民主联盟（PAD）领导人萨玛·芒桑（Samart Mangsang）翻译和总结ASTV *Manager Daily,* in "Why Thaksin Gets Stronger?" 2Bangkok.com, 10 April 2009 <http://newsgroups.derkeiler.com/Archive/Soc/soc.culture.thai/2009-04/msg00305.html> (accessed 7 November 2009)。

3 "Parties Promise to Honour Royal Call for Unity", *Bangkok Post,* 1 December 2009.

4 泰国国歌歌颂作为国家象征的团结理念。它在第一句中唱道："泰国是血和肉的团结。"歌曲中还强调："所有泰国人都团结在一起。泰国人热爱和平但也无惧战争。他们绝不会让任何人影响国家的独立。"国歌歌词由Luang Saranupraphan创作。

5 *Merriam-Webster's Dictionary of Synonyms: A Dictionary of Discriminated Synonyms with Antonyms and Analogous and Contrasted Words* (Massachusetts: Merriam-Webster, 1984), p. 844.

6 参见Pavin Chachavalpongpun, *A Plastic Nation: The Curse of Thainess in Thai-Burmese Relations* (Lanham: University Press of America, 2005), p. 10。

7 Nirmal Ghosh, "Little Time Left for Reconciliation", *Straits Times,* 21 April 2009.

8 Matthew Phillip Copeland, "Contested Nationalism and the 1932 Overthrow of the Absolute Monarchy in Siam". (Ph.D. dissertation, Australian National University, 1993), p. 9.

9 朱拉隆功国王1885年曾说："在暹罗实行议会制类似于用欧洲种小麦的书来教暹罗人种稻谷，是不会有好收成的。"引自Pisanu Sunthraraks, "Luang Wichit Watakan: Hegemony and Literature" (Ph.D. dissertation. University of Wisconsin-Madison, 1986), pp. 45-46。

10 Thongchai Winichakul, *Siam Mapped: A History of The Geo-Body of A Nation* (Honolulu: University of Hawai'i Press, 1994), p. 4.

11 同上，第9页。

12 参见Toemsuk Numnonda, "Mueang Thai Yuk Chuea Phunam" [When Thailand followed the leader], in *Thammasat University Journal 1,* no. 1 (July-September 1977)。

13 参见<http://leamers.in.th/blog/benylove/321226> (accessed 19 January 2010)。

14 这两首歌由纳空·他农萨（Nakom Thanomsap）在2000年创作。他曾获泰国国家文化委员会颁发的文化领域国家杰出艺术家奖。

15 他信因公私利益冲突罪被判两年监禁。有些人怀疑公私利益冲突是否是他信获刑的真正原因。迈克·比林顿（Mike Billington）似乎认为他信比国王“更受欢迎”才是他被推翻并获刑的真正原因。参见Mike Billington, “Blow Dealt to British Subversion in Asia”, *Executive Intelligence Review* 36, no. 43 (30 October 2009)。

16 Thitinan Pongsudhirak, “New Consensus is Needed for Thailand”, *Straits Times,* 4 November 2009.

17 人民民主联盟（PAD）相信通过这一新的政治模式，政治家们将合理并有限地运用他们的权力。这是一条明显的反他信措施。参见Pavin Chachavalpongpun, “In Thailand with the PAD: ‘New Politics’ or New Communists?” *Opinion Asia,* 29 September 2008 <http://opinionasia.com/InThailandwiththePAD> (accessed 8 November 2009)。

18 Peter Vail, “Red Shirts Not Just a Proxy of Thaksin”, *Straits Times,* 16 April 2009, p. A22.

19 Nirmal Ghosh, “Red Shirts’ Plan Massive Protest”, *Straits Times,* 4 April 2009, p. C4.

20 Surasak Glahan, “Thailand at Risk of Becoming a Failed State”, *Bangkok Post,* 31 August 2006. 阿南·班雅拉春在9月30日曼谷大使宾馆由泰国记者协会组织的一次演讲中做了这样的表述。

21 Prem’s interview with Colum Murphy, 18 September 2006. In “General Prem Tinsulanónda”, *Far East Economic Review,* 19 September 2006 <http;//www.feer. com/interviews_premium/2006/september/general-prem-tinsulanonda> (accessed 25 September 2009).

22 Office of His Majesty’s Principal Private Secretary (OPPS), *A Mémoire of His Majesty King Bhumibol Adulyadej* (Bangkok; Office of His Majesty’s Principal Private Secretary, 1987), p. 11.

23 引自Kanok Wongtrangan, *Naeo Phrarachadamri Dan Kanmeuang Khong Prabatsomdet Phrachaoyuhua* [Royal edicts on politics and government of the King, (Bangkok; Sathaban Thai Suksa, Chulalongkom University, 1988), pp. 190-91. 引自Michael Kelly Connors, *Democracy and National Identity in Thailand* (Copenhagen, Nordic Institute of Asian Studies, 2003), pp. 132-33。

24 Ambika Ahuja, “Thai King Calls for Unity Ahead of Vote”, Associated Press, 5 December 2007 <http;//hicomrade.wordpress.com/2007/12/05/afp-awestruck-crowdsgreet-thai-king-on-his-80th-birthday/> (accessed 8 November 2009).

25 “Unite, Thai King Tells Rival Factions”, *Sunday Times,* 23 August 2009, p. 2.

26 Kevin Hewison, “The Monarchy and Démocratisation”, in *Political Change in*

*Thailand:Democracy and Participation,* edited by Kevin Hewison (London; Routledge, 1997), p. 63.

27 Connors, *Democracy and National Identity in Thailand,* p. 131.

28 1992年黑五月指的是1992年5月17号到20号曼谷大规模的反素金达·甲巴允（Suchinda Kraprayoon）政府游行，随后政府军镇压了由占隆·西蒙（Chamlong Srimuang）少将领导的民主运动。

29 采访贾卡波·彬盖（Jakrapob Penkair），Bangkok, 26 June 2008。

30 引自Nirmal Ghosh, "Seismic Shifts Challenge Thai Elites to Compromise", *Straits Times,* 4 September 2009, p. A2. Chamvit是泰国法政大学的历史教授。

31 同上。东猜（Thongchai）在威斯康辛大学麦迪逊分校任教。

32 同上。帕尼坦（Panitan）原是朱拉隆功大学的政治学家，目前担任阿披实总理的发言人。

33 Thitinan, "New Consensus is Needed for Thailand".

# 泰国2009年：不寻常的政治归于常态

【泰】Chairat Charoensin-o-larn①著　　杨蓓　姚键　译

2008年12月17日，民主党年轻党魁阿披实·维乍集瓦（Abhisit Vejjajiva）宣誓就职，成为泰国第27任总理，也是当年第三位上任总理。由于不寻常的政治局势，他接手的是一个经济疲软的烂摊子，社会分裂已长达三年之久[1]。在就职仪式后的演讲中，他承诺成为“每个泰国公民的总理”，捍卫君主制，将君主制视为令人尊崇的制度[2]。阿披实说服了现已解散的人民力量党（PPP—People's Power Party）主要派系及前联合政府中一些小党派为他投票，从而获得了议会支持，成功当选总理。据称，陆军总司令阿努蓬·保金达（Anupong Paojinda）出面游说起到了重要作用[3]。阿披实的上任，从一方面说，标志着泰国政治中他信·西那瓦（Thaksin Shinawatra）差不多长达八年的统治时代（2001年至2008年）的终结。

阿披实总理掌权的方式也标志着曾经污浊（nam nao）的肮脏政治或金钱政治的回潮。金钱政治总体来讲在泰国政治中十分典型，而在他信执政时期，此风尤为盛行。这是否意味着泰国政治也将回到旧时相互排挤、争权夺利和为了自身利益而讨价还价的时代？为何人民民主联盟（PAD—People's Alliance for Democracy）不惜一切代价进行示威游行，却以又回到他们如此坚决反对的政治现实收场？阿披实执掌政权再次打破了政治活动家们和道德卫士们的神话，即只需归咎并清除掉一个有争议的人物，泰国政治就能轻易地得以整肃——最近最值得注意的一个例子当然就是流亡中

① Chairat Charoensin-o-larn是泰国曼谷国立法政大学政治学系副教授（Faculty of Politics Science, Thammasat University, Bangkok, Thailand）。

的前任总理他信。新政府成立，却换汤不换药。

阿披实总理满怀政治善意，尤其是政治期望走马上任。他希望能使国家政局恢复常态，希望经济复苏，希望维护君主制，希望民族团聚。这些希望与2006年“9·19政变”时所提出的如出一辙，但几乎没有一项成为现实。一位《曼谷邮报》（*Bangkok Post*）的专栏记者对刚过去不久的充满戏剧性的泰国政治事件有这样的描述：“这就像为了除掉几只耗子，却烧掉了一整栋房子。”[4]但是无论如何，那些支持民主党执政的人都辩解说，建立一个“切实有效的政府”十分必要[5]，因为泰国已经有接近一年的时间没有这样的政府了。不过，这种乐观的看法尚待考验，因为谁也不能保证在社会分化严重的泰国能有这样一个切实有效的政府。另外，阿披实政府重要组成派系领导人乃温·齐措（Newin Chidchob）就曾因贿选而臭名昭著。他信政府和他的傀儡政府也正是因为贿选失信于民。泰国政治虚伪的一面昭然若揭。

为了回馈曾经帮助建立新政府的人，自豪泰党（Bhumjaithai Party）内陈乃温派系的成员都在交通部和内政部担任要职；而国防部部长则由一名与陆军总司令关系亲近的退休将军担任。为了答谢人民民主联盟在推翻他信政权中所提供的支持，一位表现活跃的人民民主联盟发言人被任命为外交部部长。此人曾称柬埔寨首相洪森（Hun Sen）为“恶棍”，也曾支持关闭曼谷的两个机场。

显而易见，泰国政治已无法回头。过去几年里，泰国民众，尤其是农民们的政治意识和政治期望得到了提升。这主要归功于《1997年宪法》的实施和前总理他信提出的草根政治，广大乡村选民已经政治化了。无论他信主张的草根政治有多少问题，它确实提高了全国农村选民的政治意识。而现已废除的《1997年宪法》滋生了泰国人民的“民主思想”。

泰国的政治分裂局面并非源于城乡民众的经济差异。换句话说，这并不是阶级矛盾，最近不少学者也主张这一观点。相反，这实际上是源自人们对泰国民主与政治的基本组成存在的不同认识。这些不同的认识体现在两种民主形式上：（1）以精英为首的民主政治，主要体现在人民民主联盟示威，民主党的政治姿态，以及打着民主政府的招牌而实际拥戴国王为国家元首的城市精英；（2）以广大民众、“草根主义”为特点的民主，比如他信及其泰爱泰党（TRT—the Thai Rak Thai Party）。

此外，一些城市精英，如人民民主联盟里的城市精英，一直都瞧不起农村选民，觉得他们愚昧无知。这些歧视迄今还未给专制政体和官僚政体造成麻烦。但按照他信推行的草根政治，选举流程使得权力的天平倒向农村选民那边。新型权力均势对泰国精英分子是一种威胁。所以，目前这个由他信政权引发的政治冲突可以概括为传统精英与广大农民之间的鸿沟，而后者对民主的内涵已逐渐形成了一种不同的观点。随着农村选民逐渐主导和支配选举进程，泰国的精英阶级中开始出现抵制人民民主的情绪，最终导致朗西埃（Ranciere）所说的“憎恶民主”[6]。于是，这种蔑视民主选举和农村选民的情感通过“民粹主义”“他信政权”和“草根”等这些带有贬义的术语得以表达。无论是根据《2007年宪法》规定的部分参议员由选举产生，还是人民民主联盟提出的“新政治（New Politics）”建议中要求70%的议员采取任命制，都是这种蔑视的体现。最近根据现已废除的《1997年宪法》对选举体系进行的变革，尤其是对政党名单选举制度的变革，给泰国政治带来了根本性的变化[7]。这些变化让那些泰国精英尤为震惊。正是由于他们惊慌失措，这才导致了2006年“9·19政变”、人民民主联盟的激进活动、重写宪法，以及实现在阿披实政府掌控下以精英为主导的民主回归常态。

## 重大事件

2009年再次成为泰国的多事之秋，这年发生了不少重大事件，这一年的泰国几乎可称之为“奇观社会（The Society of Spectacle）”[8]。首先，依据宪法规定，阿披实政府要宣读政策声明。地点是在外交部，而非议会。这是因为红衫军封锁了议会大门。反对党为泰党抵制政府宣读政策，并寻求宪法法院（the Constitution Court）裁决阿披实政府不合法。虽然阿披实政府批评人民力量党的草根政策，但他们还是决定将水费、巴士费、轨道交通费和电费补贴再延长6个月，以帮助低收入家庭度过这突如其来的经济衰退难关。

澳大利亚作家亨利·尼克莱斯（Henry Nicholaides）因诋毁王储被泰国法庭判决三年监禁。他认了罪并最终得到国王的宽恕[9]。尼克莱斯的案子只是“9·19政变”以来诸多冒犯君主罪案件中的一件，其中许多案件至今悬而未决。苏维猜·他空（Suvicha Thakhor）曾是一名石油工程师，却因在网络上传一些被视为侮辱王室的资料被判刑十年[10]；达拉尼·差春舍里帕功（Daranee Charnchoengsilpakul），也就是著名的“达多比多”（Da Torpedo），曾是反政府的反独裁民主联盟（UDD—United Front for Democracy against Dictatorship）主要发言人，也是因为在2008年一次集会中发表攻击王室的演讲被判入狱18年。苏维猜是第一个依据颇受争议的《计算机犯罪法》（Computer Crime Act）受到对冒犯君主罪裁决的人[11]。不少网站依然因为这条法令的实施而关闭[12]。遭受冒犯君主罪名指控的人数在不断增加。2009年3月，50位著名的国际学者和公众人物一致要求阿披实政府停止利用这些指控来压制言论自由和操纵权力[13]。

4月，泰国在红衫军暴乱中度过了传统新年宋干节（Songkarn Days）。红衫军发动暴乱目的是推翻阿披实政府，但他们却受到了血腥镇压。暴乱结束几天后，在曼谷市中心发生了针对人民民主联盟领导人颂提·林通恭（Sondhi Limthongkul）的谋杀未遂事件。他逃过了枪林弹雨，仅仅头部受轻伤。有传闻称，军方想在成功镇压了红衫军之后将他干掉。8月中旬，红衫军举行了一场大型集会，同时他们将收集了350万个签名的请愿书提交给国王，请求国王赦免他们流离海外的敬爱领袖他信·西那瓦[14]。这次请愿行动给阿披实政府制造了巨大的压力。

2009年最值得注意的一件事情是9月21日泰国最高法院公职人员刑事法庭（Criminal Division for Political Office Holders）无罪释放了陈乃温和橡胶树苗案件（rubber sapling case）的不少被告[15]。在这场备受期盼的“年度审判（trial verdict of the year）”中，法官裁定44名被告腐败和渎职罪不成立。从很多方面来讲，这次审判充满争议。首先，2006年“9·19政变”的目的是要揭露他信内阁的几个部长和政府高官，他们与来自正大集团（Charoen Pokphand Conglomerate）的几名商人涉嫌一桩金额巨大的腐败案件。涉案金额达14.4亿泰铢，用于采购9 000万株橡胶树苗，以帮助贫穷农民新建一个橡胶种植园。其次，这也是政变集团任命的资产审查委员会（ASC—Asset Scrutiny Committee）督办的第一个腐败案件，该委员会宣布他信政府涉嫌渎职犯罪。政府的腐败是引发军事政变的主要原因之一，而法庭无罪释放涉案人员引发了对他信政权腐败指控的诸多质疑。

第三，案件还有一点具有争议，即国家审计总署（OAG—Office of the Attorney General）建议资产审查委员会在将此案件移交法院之前，须进一步证实所有证据。但资产审查委员会并未遵守要求，而是选择通过国家反腐败委员会（National Anti-Corruption Commission）来调查此案[16]。国家审计总署指出资产审查委员会在证据不齐全的情况下一意孤行，已经损害了国家的声誉。第四，五位被释放的政客之一就是臭名昭著的陈乃温。他是他信政府前农业合作部副部长，也是促成阿披实政府建立的权力掮客。法庭对他的无罪释放很大程度上让他得以洗清罪名。在得知裁决结果后，陈乃温眼里饱含热泪，语无伦次地保证说要“誓死保卫君主制”。具有讽刺意味的是，此案是在陈乃温还在他信阵营时开审，却在他投靠现在的联合政府之后结案。那么，法庭的无罪释放也并不足以为奇。对前总理他信来说，此次审判证明军队是错的，而对其政府腐败罪名的指控也是子虚乌有的。

最后，有谣言说法庭宣判前已将结果泄露给了被告[17]。政府和最高法院法官否认了此说法，认为这个说法毫无依据可言。这一否认是对一个叫泰国法律评论（Law Review of Thailand）的宣传团体的诉状的回应。该团体引用了人民民主联盟领袖颂提的预测为证，即法院会以8票对1票的结果通过无罪释放的裁决。此外，泰国法律评论向国家反腐委员会投诉，要求进行贪污调查，调查9位法官和44名被告的资产情况。似乎陈乃温和他的自豪泰党已经事先知道了审判结果，因为早在审判前一天自豪泰党就庆祝了陈乃温的无罪释放。

第15届东盟峰会于2009年10月低调召开，泰国是东道主国。东盟领导不断收到会议地点和日期变更的通知。峰会最先定在曼谷召开，当时是沙马政府任内。然后峰会改在清迈举行，这次是颂猜政府决定的。最后阿披实政府决定将峰会放在芭提雅（Pattaya）。但在芭提雅，峰会却因红衫军游行示威者冲击会场而突然中断，东盟领导人被匆匆疏散，使得泰国政府颜面尽失。最后，峰会于10月下旬在华欣（Hua Hin）继续召开，却以阿披实和柬埔寨首相洪森间就后者任命泰国前总理他信为其经济顾问一事而展开口水战收场。峰会易址凸显了泰国国内骚乱对国际事件的影响。同年10月底，泰国南部发生铁路罢工，这也给联合政府的稳定带来潜在威胁。

10月，有谣言说国王的身体情况每况愈下，已经任命了总督，这导致股市摇摇欲坠。随着谣言的疯传，10月14日到15日交易期间，泰国证券交易所（SET—Stock Exchange of Thailand）指数下跌7.2%。从9月19日起，国王因患肺炎在诗里叻医院（Siriraj Hospital）接受治疗。一时间流言满天飞，导致王室和公主不得不出面予以公开否认。而在10月23日拉玛五世国王（King Rama V）纪念日的当天，国王未对外宣布，便乘坐电动轮椅来到医院大楼拉玛五世的塑像前表示敬意，此举使得所有关于国王的谣言不攻自破。十分明显，流言的出现就是为了制造恐慌，谋取经济和政治利益[18]。人们之所以恐慌主要是因为王位继承是一个忌讳不谈的问题。如果国王不在了，大部分泰国人和外国投资商都会丧失安全感[19]。

不用说，泰国南部的骚乱自2004年1月开始一直持续到现在，已经成为人们日常生活的一部分。2009年，有报道的暴力袭击事件达到平均每月86起，而2007年和2008年为60起。大多数暴力袭击事件都是歹徒从车内开枪射杀和炸弹爆炸。“南方纵深观察”（Deep South Watch）的数据显示，2004年1月到2009年8月间，共3 611人死于暴力袭击，6 073人受伤[20]。更糟的是，在2004年10月的达百（Tak Bai）惨案中，85名示威者在被押送到一个军营的途中闷死于军车内。宋卡府（Songkhla）法院因此开除了涉案的渎职安全官员。法庭裁定军人只是在执行任务，不应受到谴责。况且，他们是根据《紧急状态法》（Emergency Law）执行任务的，该法保障他们在执行任务时免于承担任何民事责任、刑事责任和其他形式的责任[21]。眼下还没有一个有望让南部回归常态的可行办法，这完全是由于连续几届政府根本不知道自己的敌人是谁，而这些敌人却还能肆意妄为地挑选杀害目标。主管南部事务的内政部副部长塔旺·盛年告诉新闻记者，“至少需要20年”才能让南部局势归于常态时，这一说法令人深思[22]。

11月上旬，前总理差瓦立·永猜裕（Chavalit Yongchaiyudh）将军，也是他信在人民力量党2008年年底解散后新成立的为泰党主席，提出以特别行政区的形式给予南部也拉府（Yala）、北大年府（Pattani）和那拉提瓦府（Narathiwat）自治权的想法，例如建立北大年市政府[23]。可是阿披实政府对此却进行了严厉的批评。如果在宋干节暴乱期间镇压红衫军抗议者揭示了泰国社会结构中的不公正，即对红衫军与黄衫军的区别对待，那么用给予自治权来平息南部暴力问题的想法便揭示了泰国社会不可思议却又无法形容的一面。南部自治在泰国政治词汇中已然是禁忌语。

9月20日到12月4日间，开展了一个有组织的爱国主义活动，发起人是总理府部长萨迪·翁隆特（Satit Wongnongtoey）。萨迪来自民主党，主管政府公共关系[24]。该活动在全国76个府同时举行，人们轮流演唱国歌，由国家电视台每晚6点进行实况转播，同时在全国范围内举行降旗仪式。每天的播放是按照各府泰语字母顺序依次进行的。活动计划于12月5日国王生日前夕在曼谷结束。或许是因为泰国人早已厌倦了两股对峙势力所造成的政治和社会分裂，决定用一种不同的方式来发泄自己的失望，最终这个活动取得意想不到的成功。

泰国社会的爱国情绪从“9·19政变”以来一直就很浓烈。政变后不久，泰国国内便展开将电信业国有化的讨论。这是由于流亡总理他信将自己控制的电信企业卖给了新加坡投资商，而此举引发了泰国国内精英阶层对国家安全的担忧。10月初，一家地方报纸曾报道，两名警察因缺席了一次在曼谷警察总部（Metropolitan Police Headquarters）的每日升国旗仪式而受到了惩罚[25]。参加每日升旗和降旗仪式并唱国歌成为阿披实政府促进民族团结的策略之一。值得一提的是，最近政府试图颁布一条法规，要求所有在公共街道上行驶的机动车在升、降旗仪式播放国歌时必须停车。幸好，这条法规没有被通过。

3月初，罗勇府（Rayong）行政法院将曼达普（Map Ta Phut）工业区划定为污染控制区，环境保护和商业投资利益之间产生矛盾。另外，泰国电力局（EGAT—the Electricity Generating Authority of Thailand）因在南邦市（Lampang）美莫（Mae Mo）区建立煤电厂导致当地村落受到污染。清迈（Chiang Mai）行政法院裁定泰国电力局向受污染村落村民赔偿30亿泰铢。9月29日，行政法院命令暂停76个在曼达普地区的工业项目，这在泰国商界引起了轩然大波。这是由于附近村民和环保组织指控相关行业玩忽职守，未向当地民众和独立环保部门征求意见便擅自引进项目，违反了《2007年宪法》第67条和国家环境局（NEB—National Environment Board）的相关规定[26]。受污染地区检测出高含量化学与致癌物质，已威胁到当地居民的生命健康。在商界的眼里，法院的裁决成为他们在泰国投资的障碍，因为这甚至会危及他们在其他领域，例如旅游业和农业，做新的投资。

2009年泰国经济的总体情况黯淡无光[27]。年初，泰国受到全球金融危机的严重影响。这场始于美国的全球衰退也拖垮了泰国出口业。泰国出口业是泰国主要的经济增长引擎，占全国GDP的70%。出口的下滑意味着经济的衰退。商务部估计2009年全年出口可能会下降13到15个百分点[28]。前10个月出口下降15.6%，仅为4.25万亿泰铢，各行业出口额全面缩水。过去10个月泰铢兑美元汇率从36.2比1升至33.1比1，并且还在继续攀升，这给出口业带来更大的压力。泰国和柬埔寨之间的冲突也是导致出口下滑的原因之一。泰国总体通胀率预计为-0.9%。作为另一个泰国经济支柱产业的旅游业也遭遇下滑。前9个月，海外游客到港数量为989万，同比下降12.1%。这主要与全球经济衰退以及游客担心出游泰国的安全性有关[29]。年初失业人口达到100万，而年末又减少至44万人。通常情况下，泰国平均失业人口人数为35万。财政部长解释说，失业率的降低主要归功于政府的刺激政策与出口的复苏[30]。但是到了年底，当负债累累的迪拜世界公司（Dubai World）陷入危机的消息见诸报端时，新一波金融危机再度来袭[31]。财政部长坚称迪拜世界公司的危机不会影响泰国经济，相反泰国经济正在逐步复苏[32]。

阿披实总理无论身处何处都会见到红衫军。红衫军们挥舞着中国制造的其标志性的红色脚板形塑料拍板，叫嚷着“阿披实滚出去”——让人不禁想起了不久前人民民主联盟示威者高喊“他信滚出去”的场景。这样的情形令总理安全保卫工作变得十分紧张，花费巨大。而总理渴望成为“每个人的总理”的梦想还任重而道远。在前往华富里府（Lop Buri）的途中，总理的车队遭遇了示威者投掷塑料水瓶、拖鞋和大便[33]。就拿阿披实最近访问了乌汶府（Ubon Ratchathani）的海（Hai）老太太来说吧。她在过去的32年间一直抗议，要求政府补偿因国家修建大坝工程而失去的土地，这次总理就是给她送赔偿金支票去的[34]。但阿披实总理此行极为不易，天上有配备直升机军事保护，身边有5 000名安保人员保卫以防止红衫军接近。11月底，报道称清迈一名社区电台播音员威胁要在阿披实总理访问清迈时刺杀他。由于清迈恰好是亲他信的红衫军的大本营[35]，阿披实随后取消了清迈之行。

上半年，泰国被指责虐待来自缅甸的穆斯林罗辛亚（Muslim Rohingya）难民，强迫他们回到安达曼海域（Andaman Sea），而他们只提供了很少的食物和水给这些难民。年底时，泰国更是遭到来自“国际社会”的谴责。原因是，泰国强行将4 000名老挝赫蒙族（Hmong）难民从碧差汶府（Phetchabun）遣返回老挝[36]。赫蒙族是老挝北部山区的少数民族。冷战时期，他们成为美军招募的游击战士，并参加了打击老挝共产主义势力的“密战（secret war）”。尽管国际社会对此表示关注，却没有任何国家表示愿意重新安置这些赫蒙族人。同时，泰国从未将碧差汶府的赫蒙族视为难民，而是将他们界定为非法移民。泰国也因不允许联合国难民事务高级专员（UNHCR—United Nations High Commissioner for Refugees）接触赫蒙族难民以确定其难民身份而受到谴责。援引了泰老边境和平局势、赫蒙族非法移民的身份，以及与老挝政府达成的协议，阿披实政府成功实施了将赫蒙族驱逐出境的计划。

12月28日，三军总司令以及军队高级官员和一些重要人物共同造访枢密院（Privy Council）主席炳·廷素拉暖（Prem Tinsulanonda）将军位于佘绍特温（Si Sao Thewes）的寓所，向他祝贺新年。此事政治意义非同一般，至少表现在两方面：首先，这明确地显示出三军都一致支持炳将军。自从9月政变以来，炳成为红衫军无情抨击的主要对象，他被红衫军视为泰国主要的反民主力量。但炳的身份是王室首席顾问（Chief Royal Advisor），对他进行抨击让民众开始越发怀疑红衫军对君主制的忠诚。其次，身着军装的炳将军却鼓励来访的祝福者们阅读由人民民主联盟黄衫军的一名核心成员兼主要发言人所撰写的一篇新闻文章。这篇文章最令人瞩目的地方在于，由于红衫军反独裁民主联盟计划于2010年1月初在泰国各地举行大规模集会，不惜一切代价来推翻阿披实政府，因此泰国已处在内战初期[37]。文章提到，红衫军计划于2010年1月11日举行大型集会的地点就在前总理和前枢密院委员素拉育·朱拉暖（Surayud Chulanont）位于呵叻府（Nakhon Ratchasima）绿色区（Sikhiu）的大山（Khao Yai Thiang）森林寓所。红衫军指责素拉育将自己的寓所修建在国家森林保护区。文章的最后引用了一句中国谚语：射人先射马，擒贼先擒王。而谚语中的“王”无疑就是指前总理他信·西那瓦，而“马”当然是指红衫军。如果泰国的精英们真的相信了这条中国谚语，情况会非常令人担忧。炳将军最后一次身着军装是在2006年8月，也就是“9·19政变”前夕。炳在政变时发表了一系列演讲，号召武装部队忠于国王，而不是他信政府。为了淡化戎装形象的政治意义，炳声称穿上军装是能让自己感觉“老当益壮”[38]。历史是否会重演还尚待观察。与此同时，军队总司令阿努蓬·保切达将军向泰国民众保证，军队会成为一支维稳的力量，防止流血事件和政变的发生[39]。

12月23日，约300名红衫军在选举委员会（EC—Election Commission）总部办公室外示威，抗议选举委员会未能就民主党解散一事做出决定[40]。民主党被指控非法收取泰国石油宝麟公司（TPI Polene）2.58亿泰铢的献金。选举委员会没有裁决此案，却让选举委员会主席兼政治党注册处主任（Political Party Registrar）阿披猜·苏坎葛诺（Apichart Sukhagganond）来决定是否解散民主党。讽刺的是，阿披猜早前就已经表明过其立场，他会叫停解散民主党的指控[41]。此案的推迟审理无疑被红衫军和反对党为泰党进一步视作是对待民主党和现在已经解散的泰爱泰党与人民力量党的“双重标准”或不公平对待的铁证。而只要是与泰爱泰党及人民力量党相关的案件，选举委员总会迅速作出裁决。

阿披实政府计划于12月23日下午举行政府执政第一次年度工作报告。但就在当天上午，为泰党籍议员、反独裁民主联盟红衫军核心领导人之一乍杜邦（Jatupom Promphan）发布了据称是外交部机密文件的第二部分内容。这个文件制定了对抗柬埔寨和“除掉”前总理他信·西那瓦的行动计划[42]。文件第一部分已于一周前发布。发布文件第二部分的目的是为了将民众注意力从政府工作报告转移开来。根据乍杜邦的解读，文件中“除掉”一词就是“谋杀”的一种代称，因为在文件中，他信被认为是撼动阿披实政府的“主要因素”，因此必须清除。乍杜邦引用了文件内容，指控阿披实政府正在制定一个谋害他信以及与柬埔寨交战的秘密计划[43]。但阿披实对两项指控均予以否认[44]。就在这一闹剧上演前几天，西瓦拉克·初提蓬（Sivarak Chutipong）获得了柬埔寨国王的赦免。西瓦拉克11月初因在他信访问柬埔寨期间获取他信航班日程而在柬埔寨被捕，并被指控间谍罪被判入狱七年。回到泰国后，西瓦拉克称，感觉自己像是两国政府政治博弈中的受害者。他认为自己被释放要归功于前总理他信和反对党为泰党[45]。

表面上看，2009年泰国政治局势要比上一年安宁一些。2008年的泰国政治局势混乱不堪，人民民主联盟领导的黄衫军举行了各种荒谬的街头政治活动[46]。尽管如此，自“9·19政变”以来，2009年泰国依然为深刻的政治分裂带来的诸多问题所困扰[47]。2009年，似乎政客们和权力精英们都相中了老牌传统的选举政治而不再是上一年的街头政治。但这却掩盖了泰国社会与政治出现的一些根本性变化。而最引人注目的事件则是新的政治角色的崛起——主要指红衫军——这些人充满新的政治意识，拥有更高政治期望。所以，我们可以认为2009年泰国的政治形势不完全是泰国精英们在成功建立阿披实政府后所期望的“常态政治”。2009年泰国的政治分裂局面依旧现实而紧张。对阿披实政府成员来说，国内不少地方已成为他们的虚拟禁区。总理曾在2009年1月中旬在外国驻泰国新闻记者俱乐部（Foreign Correspondents Club）论坛中表示：“我们已经回归常态，开始营业了。”这句话或许说得为时过早。阿披实还在论坛中表示，他的政府将履行自己的职责，透明和善治；他的内阁将“杜绝腐败，绝不侵犯人权”[48]。

## 对腐败行为的指控

阿披实政府自执政以来一直深陷在一系列腐败行为指控的困境中。其中大部分腐败丑闻都与政府经济刺激计划“泰国力量（Thailand Strength/Thai Kem Kaeng）”有关联。这项经济刺激计划预算达14 960亿泰铢，主要来源于计划外贷款[49]。首先，据称，系列方案中的基金控制人索要20%至25%过高的腐败回扣，而通常回扣率只有5%至10%。事实上，几乎每天都会发生新的与“泰国力量”有关的腐败欺诈案件。腐败案包括：学校牛奶饮用项目中牛奶变质；在全国开展的爱国主义唱国歌活动中，每根旗杆的采购单价竟然高达49 500泰铢；高价购入的医疗器材却不适用于社区医院[50]；以及在耗资260亿泰铢的社区充足项目实施过程中也出现了腐败，涉及购入社区并不需要的饮水机，此外还以安装这些不必要的设施为由来向项目实施社区的商店勒索钱财。

大部分的腐败指控都涉及了执政党民主党的一些部长与政客。民主党第一个引咎辞职的内阁成员是社会发展与人类安全部部长维铎·南布（Witoon Nambutr）。反对党为泰党向维铎施压，要求他承担向南部洪灾灾民分发腐烂的鱼肉罐头的责任[51]。2月，学校购买的牛奶被发现质量不合格，这是其中有人串通牛奶定价造成的[52]。学校牛奶供应项目招标中的违规行为导致全国各地学生都喝到了变质牛奶。10月，乡村医生协会（RDS—Rural Doctors Society）揭发了公共卫生部名下购买医疗器材过程中的违法行为，而公共卫生部是民主党把持的部门[53]。

联合政党的腐败行为非常普遍，特别是自豪泰党。最有争议的一个案件就是交通部部长提出的关于租赁4 000辆价值超过600亿泰铢的天然气巴士（NGV—Natural Gas Vehicle）的项目。这个租赁项目在两方面值得关注。第一，这个项目暴露了执政党民主党与自豪泰党之间的内讧。第二，该项目还反映出以讨价还价做交易为特点的泰国老牌政治手段。巴士租赁项目最早是沙马（Samak）政府筹划的，但却因民众的反对而未能成形。值得一提的是，当阿披实还是反对党领袖时，他是极力反对这一计划的。而自豪泰党陈乃温派系重新包装了这项计划并扩大了其规模。为了拖延这个项目的实施，阿披实要求国民经济与社会发展委员会（National Economic and Social Development Boards）就购买还是租赁巴士进行研究，做出最好的选择。但就在9月下旬，在民主党与自豪泰党间的一番交易之后，内阁便批准了该项目。《民族报》（*Nation*）新闻专栏记者他农·坎通（Thanong Khanthong）在6月3日发表的博客中提到，一位议员向他透露，巴士租赁计划的佣金已经达到200亿泰铢，如果民主党支持此项计划并投赞同票，就能得到50亿泰铢。政治佣金成为“所有政治交易的源泉”[54]。此外，还有人推测，民主党的这次政治交易是为了换取自豪泰党在其提议的修宪公投中的支持。

总体来讲，对大面积腐败行为的所有这些指控搞得泰国社会人心惶惶。“9·19政变”领导者们就是主要利用腐败案件罢黜他信政府的。而现在拥有了军队支持的阿披实政府又出现了腐败行为。讽刺的是，泰国的主流媒体却对与阿披实政府有关的腐败丑闻避而不谈。换句话说，唯一让民众关注的腐败事件都是与他信及其傀儡政府有关的。

“泰国力量”计划的主要目的并非提高生产力和拓展本土市场，而是为了巩固联合政府中两个政党间的关系。此外，巴士租赁计划的真正创意大部分都是复制他信执政时期的民粹主义项目。因此，商界领军人物在政府处理经济问题中的执行力调查问卷中只打出了平均分5.3的低分（满分10分）也就不足为奇了[55]。调查结果公布的前一天，商会宣布，由于现任政府在经济领域的政策中缺乏一致性，商会将自行制定该领域的国家战略[56]。

阿披实总理的“廉洁先生”形象及其政府的公信力迅速削弱。引用人民民主联盟领导人颂提的话，他认为阿披实政府时期的腐败问题“比他信时期更加严重”。在一次民意调查中，50%的受访者认为“泰国力量”项目缺乏透明度[57]。除了腐败丑闻，政府行使“双重标准”也是泰国政治分裂中两端势力矛盾产生的源头，也助长了红衫军的不满情绪。

## 联盟裂痕

联合政府内部的矛盾主要是执政党民主党与其最大联盟政党自豪泰党之间的矛盾。总的来说，这种不和根植于政府高级官员改组中两党的权利之争，双方都为了在2010年举行的大选中抢占优势地位而战。自豪泰党十分清楚民主党十分依赖自己以保全联合政府，承受不起置政府的稳定于危险境地。所以，自豪泰党的领导人毫不犹豫地向民主党狮子大开口，以准备下一次大选。在联盟成立1个月之际，联合政府内两大党派间第一次出现了裂痕，当时来自自豪泰党的交通部部长索蓬·扎鲁（Sopon Zarum）提出关掉廊曼机场（Don Mueang），保留一个机场的政策[58]。政策的目的是为了将素万那普机场（Suvarnabhumi airport）变成泰国唯一的机场，同时提升泰国成为东南亚地区的航空中心和旅游中心。而这项政策是对上届政府政策的大逆转。为了缓解自2006年9月28日所有航班迁移至素万那普机场后造成的拥堵现象，2007年3月25日，廊曼机场重新开放。阿披实及其民主党反对这项提议，却因担心造成联盟内的不稳定，不得不做出让步。随后，自豪泰党又提出了那个颇有争议的租赁（非购买）4 000辆公交车计划。如前文所提，阿披实要求国民经济与社会发展委员会研究这一计划，以决定是购买还是租赁巴士。自豪泰党认为阿披实及其民主党在采取拖延战术。于是，作为报复，他们不赞成民主党以低额租金向贫困农户出租国家土地（每年每莱①10泰铢）的计划。

两党矛盾中一个最臭名昭著的例子是关于国家警察总长（National

① 译者注：莱（rai），泰国面积单位，1莱约合2.4亩。

Police Chief）的任命。报道称，阿披实支持当时是督察长的卜拉贴·覃巴舍（Prateep Tanprasert）成为警察总长。与此同时，阿披实的总理秘书尼波·布罗班（Niphon Prompan），民主党籍副总理、民主党秘书长素贴·特素班（Sythep Thuagsuban），和自豪泰党的领袖们都支持姆蓬·梅麦（Chumpol Manmai）成为警察总长。初姆蓬·梅麦当时是副警察总长，也曾是前总理他信·西那瓦的同班同学及支持者。但由于媒体传闻已有“特殊信号”显示初姆蓬将被任命为警察总长，任命过程变得复杂化。“特殊信号”的谣言越传越远，人尽皆知。可奇怪的是，阿披实却表现得对此事一无所知，继续坚持自己的选择，拒绝“特殊信号”。或许阿披实还在等待另外一个“特殊信号”，又或者可以理解为他想选出一个只听命于自己而非总理秘书、政党秘书长和副总理的人。任命警察总长的谣言到本文开始撰写之时还一直在流传中。在这种情况下，阿披实唯一能做的就是推举自己的人选为代理警察总长。

有关新一任警察总长任命的冲突不仅导致阿披实的总理秘书辞职[59]，还加剧了民主党内部的裂痕[60]。“特殊信号”事件的严重后果是阿披实没能为自己的警察总长人选赢得支持，即使他自己还身为泰国皇家警察厅（Royal Thai Police Office Board）主席，且多次召开相关会议。阿披实很难想象，自己的理想人选却被主要由“总理的人”所组成的委员会所否决[61]。而他得力的国家管理者形象和其政府的公信力也因此变得污迹斑斑[62]。

此外，还有人认为阿披实干涉警务[63]。他先是将时任警察总长的帕差拉瓦·翁素万（Patcharawat Wongsuwan）撤职，然后任命韦奇恩·颇特弗西里（Wichean Potephosree）上将为代理警察总长。而前者是国防部部长，自豪泰党成员，退役将军巴威·翁素万（Prawit Wonsuwan）的弟弟。帕差拉瓦因在4月红衫军示威活动中未能确保阿披实的安全而被撤职降级。另外一个原因是认为他依然效忠前总理他信。他曾在2008年10月7日的示威游行中为驱赶黄衫军人民民主联盟使用暴力手段，造成两人死亡，多人受伤。帕差拉瓦辞去了警察总长的职务，而阿披实却威胁不让他辞职，而是开除他的公职[64]。不过，此事并未发生。他已按照自己的计划退休，而阿披实政府却要追溯他的问题并开除他。这一切都可以理解，因为在新任警察总长任命过程中，又传出了关于国防部长巴威·翁素万将军将辞职的传闻，人们对联合政府的稳定性感到恐慌[65]。不过，这个传闻也并未发生。

除了警察总长任命一事，民主党和自豪泰党的矛盾还在每年一度府尹和一些政府部门常务次官的人事改组中凸现出来[66]。在大选中，府尹为政党的利益效力，具有战略作用。自豪泰党通过内政部、商务部和交通部的人事改组成功地巩固了自己的权力。比如，在内政部中，常务次官和所有权重部门的主管都是来自自豪泰党。但是，在警方高官的任命上，民主党势力超越了自豪泰党[67]。

在任命政府官员的过程中，两党的矛盾在任命商务部常务次官问题上显露无遗。控制着商务部的自豪泰党推举来自国内贸易部门（Internal Trade Department）的主管延荣·布拉（Yanyong Puangrach）出任商务部常务次官。然而，阿披实对此表示反对。报道称，这是阿披实对于自豪泰党阻碍他任命新一任警察总长而做出的直接回应[68]。时任商务部部长的彭席瓦（Porntiva Nakasai）做了大量的努力才让延荣·布拉成为商务部常务次长。还有报道称，阿披实不愿任命延荣·布拉的另一个原因是，后者曾在一次内阁会议中以极为失礼的态度和阿披实说话，使得阿披实十分难堪，以至于不得不让延荣·布拉离开会场。延荣·布拉傲慢的态度耽误对他的任命[69]。另外，据说商务部内部对人员改组也出现争论，而来自自豪泰党的部长和来自民主党的副部长阿隆功（Alongkorn Polabutr）在内部管理问题上也存在分歧。民主党主管经济事务的副总理科布塞·萨卜哈瓦苏尔（Korbsak Sabhavasu）和来自自豪泰党的商务部部长在农作物抵押贷款方案上意见不合，这也是两个联盟党派间的矛盾之一。11月初时就有报道称，由于未事先获得内阁的同意，科布塞没有批准向中国销售20万吨木薯粉。此举让自豪泰党大为光火。

另一个说明这两个联合执政党派间出现内讧的实例就是南部的铁路工人罢工事件。泰国铁路局（SRT—the State Railway of Thailand）工会在10月中旬号召停止火车运行，原因是一位铁路工程师被解雇[70]。10月上旬，一辆火车在班武里府（Prachuap Khiri Khan）的夏涛站（Khao Tao）脱轨，导致7人死亡，88人受伤。这辆死亡列车的司机在控制室内失去知觉，自动刹车系统也失灵了。罢工的目的是对铁路员工安全管理体系失灵表示抗议。工会认为，有问题的火车对乘客和铁路员工的生命安全都会造成威胁。他们要求泰国铁路局局长为自己的管理不力引咎辞职，参加罢工的铁路员工不会因此受到惩罚，以及南部的所有火车头应维护在最佳工作状态。此次铁路系统的停工导致几千名游客被迫滞留在南部多个府的车站内[71]。

来自自豪泰党的交通部部长和泰国铁路局管理层开除了一些员工，其中包括工会的领导人物。此外，泰国铁路局管理层还招募了技术良好的火车头驾驶员以取代参与罢工的司机，并在警察与军队的帮助下从罢工者手中夺回了火车。民众认为铁路局工会的停工就是在挟持人民为人质，而迫于这样的压力，以南部为重要票仓的民主党只得进行调解以解决问题。来自民主党的内政部副部长塔旺·盛年与铁路局工会领导人达成了口头协议。而自豪泰党的领导人却公然表明不会遵守这一协议，与之相反，坚持必须解雇这些煽动罢工的铁路工人和工会领导人[72]。交通部部长索蓬·萨兰公开表示，如果这些被解雇的工会工人恢复了原职，阿披实要承担全部责任[73]。由于执政党民主党在未与主管此事的交通部部长索蓬商量的情况下与铁路局工会达成协议，政府内这两个联合政党的关系出现裂缝。

南部铁路工会工人与人民民主联盟关系紧密，工会领导人萨韦·盖万（Sawit Kaeowan）就是人民民主联盟的第二代领导人之一，在人民民主联盟新成立的新政治党（NPP—New Politics Party）内担任职务。交通部长解雇工会工人后，阿披实政府未做出任何反应，人民民主联盟和新政治党秘书长苏里亚塞（Suriyasai Katasila）出面质疑民主党为何如此轻易就屈服于自豪泰党的压力。苏里亚塞公开询问民主党，到底是想和人民民主联盟新成立的政治党成为朋友还是敌人。而另外一方面，交通部部长则提出一项改革债务缠身的铁路局方案，而将危机变成了绝好的时机[74]。事实上，早在10月份的罢工前，铁路工会就曾在6月份要求举行罢工，反对阿披实政府对铁路局进行改组重建[75]。工会在政府接受了推迟私有化改革计划的要求后停止了罢工活动。

两个联合执政党派间的矛盾在其他方面也能看出。例如，来自自豪泰党的下议院议长渍·齐措（Chai Chidchob），乃温·齐措的父亲，自豪泰党事实上的领导人，突然取消议会8月底的会议以阻碍2010年预算法案的进程。这是为了表达对阿披实的不满，因为阿披实削减了下议院用以支付研讨会和议员出国的7亿泰铢的特别预算[76]。此外，自豪泰党没有事先与执政党民主党商量就径自向议会提交了他们的政治特赦法案。民主党当然对此持反对意见。虽然来自自豪泰党的下议院议长将政治特赦草案提到议会日程，但是草案却并没能得到多少来自各方的关注。

在矛盾重重的情况下，是什么让两党依然联系在一起呢？答案很简单，就是他信·西那瓦。如果今天下议院被解散，要重新选举，他信极有可能接手政府。因此，两党需要时间来巩固自己的地位。在这个节骨眼上，泰国政治的悖论即为：如果今天举行选举且他信的为泰党获胜，国内的暴力事件和骚乱将极有可能增加。但是如果他信受到牵制，就像政变之后这种情景，执政政府就无法正常地运作，正如阿披实政府在2009年的表现一样。

## 他信的幽灵

流亡中的前总理他信·西那瓦，一位德勒兹式（Deleuzian）的流浪者[77]，自从2006年“9·19政变”以后就一直是泰国政治中的一根刺。虽

然过着流浪式的生活，他信在泰国领土以外的各种行动都深深地影响着这个国家的政治格局[78]。毫无疑问，他信曾经是泰国社会和政治分裂的力量，现在也不例外。泰国媒体和国际媒体的日常新闻里，总会有关于他的行动的报道。从被迫逃亡海外那天起，他信就成了泰国国内势力集团和他的政治对手心中挥之不去的阴影[79]。他信熟练地利用任何可以使用的现代通信方式与他在泰国的支持者们取得联系。这些通信方式包括了网络视频转播。他信利用这一通信技术与自己的主要政治支持者，反独裁民主联盟，即红衫军举行集会。他还建立了自己的网站www.thaksinlives.com/radio，开设了以thaksinlives和thaksinbiz为名字的推特（Tweeter），使用脸书（Facebook）和SMS，进行个人访谈，在国际媒体发表文章，并与自己在泰国的支持者进行直接通话[80]。一家名为“他信牛肉面（Thaksin Beef Noodle）”的餐厅最近在新加坡开业，而类似的餐厅说不定也会在其他地方突然出现[81]。

2009年7月26日，身着红色衬衫的他信在迪拜通过电视转播与来自泰国各地的支持者们庆祝了自己60岁的生日。在他的生日演讲中，他信宣布要建立一个“全球电视网络体系”来促进泰国“一村一产品”（OTOP—One Tambon One Product）项目的推广，期间播放了一个实境节目，这个节目是关于泰国贫困人民的生活现状以及可能解决这些问题的办法的，此外还播放了为泰国学生准备的教育类节目[82]。据称，他信还通过直拨电话的方式与出租车司机和农民对话。这种毫无界限的通信技术帮助他信以游牧的方式不受束缚地进行着自己的政治活动。简而言之，这些技术能够让他信一直生动地存在于他的支持者和反对者的意识之中。他信与支持者间的电话联系对其支持者有着深远影响。2009年6月，一名来自沙功那空（Sakon Nakhon）的为泰党候选人得到了他信的电话帮助，以压倒性优势在补充选举中战胜自豪泰党候选人。为帮助这名候选人，他信将电话拨到了甘姆南（Kamnans）村，向村长表示了自己对为泰党候选人的支持[83]。此外，泰国的第一个网络电视台于11月23日正式开播。这个名为“声音电视（Voice TV）”的网络电视台全天候播放节目。电视台由他信的两个子女掌管，主要的受众群是泰国年轻一代。这个电视台还有50万DTV卫星电视观众，这些观众大部分都是红衫军[84]。他信的媒体攻势迫使阿披实政府下令要求所有国家机构都要开通自己的脸书和推特账户，保证公众随时都能了解国家活动的动态[85]。

最近，就在11月上旬，他信被柬埔寨首相洪森任命为柬埔寨政府经济顾问。这使得泰国与柬埔寨本来就脆弱的关系更加紧绷。阿披实政府将之视为对泰国国内政治的干涉，他信作为有罪之人应当被引渡回国服刑，而不是被任命为国家经济顾问；这也表明柬埔寨政府无视泰国司法体系。洪森首相却公开宣称，他将他信视为政治受害者，绝不会把他信送回给泰国官方。更加火上浇油的是，洪森还表示，如果前总理他信愿意，会为他提供政治避难。阿披实政府最为担心的就是他信可能利用邻国柬埔寨作为政治基地来攻击泰国政府。

与此同时，阿披实政府又将这一事件视作提高自己政治评级的绝佳机会。而此前，他的政府评级已经降到最低点。阿披实政府决定走一步极端爱国主义的险棋，而这步险棋的走法与他们在议会外的政治同盟——人民民主联盟的方式如出一辙[86]。如果他信让其掌控的为泰党在议会为他的事业而战，让红衫军反独裁民主联盟在街头示威，那么阿披实政府也会让民主党人和其他联合执政党派人士在议会支持政府，也会让人民民主联盟也走上街头。双方都有各自的电视台为自己不断宣传造势：黄衫军人民民主联盟控制的亚洲卫星电视台（ASTV），红衫军反独裁民主联盟控制的（P Station），以及由阿披实政府控制的国营全国广播电视台（NBT，原泰国11频道）。

阿披实政府召回其驻柬埔寨大使，并声言任命他信为柬埔寨国家经济顾问，不仅伤害了泰国司法体系，也伤害了泰国人民的感情[87]。在大肆宣传极端爱国主义情节的过程中，阿披实政府威胁称，将单方面撤销所有与柬埔寨签署的谅解备忘录[88]。柬埔寨政府也以召回驻泰国大使并威胁将关闭两国边境予以回击。紧张局面使得高达数万亿泰铢的泰柬两国贸易陷入一片混乱。

鉴于这两个邻国的关系对东盟内部的稳定至关重要，关系的恶化也引起东盟各国领导人的担忧。东盟秘书长、泰国民主党党员素林·比素万（Surin Pitsuwan）建议阿披实政府接受印尼提出有关争议斡旋的提议。但是阿披实拒绝了这个提议，他认为这一事件是内部事务，不会影响东盟工作的进行。阿披实以极端爱国主义的视角来看待整个大局，他将他信看作罪犯，现在更是叛国者，认为他信是泰国问题的唯一原因，而不是这个国家的社会政治结构有什么问题；而洪森是受到了他信的蛊惑。

除了他信本人及其盟友，阿披实政府实施的一系列政治行动也对在泰国公众中塑造他信的幽灵形象起到了推波助澜的作用。比如，关于撤销他信警衔和收回其王室奖项的新闻进一步离间了那些先前就因为吊销他信护照分成两派的挺他信阵营和反他信阵营[89]。任何人只要批评政府，就成了他信的“傀儡”、叛国者，和不忠于君主制的人。这一切都加剧了他信的支持者与反对者之间的裂痕。泰国势力集团与阿披实政府对他信的憎恶使得他信成为挥之不去的幽灵，甚至成为阿披实政府治理国家的参照和指南。简言之，精英阶层对他信的憎恶变成了最终对他采取抵制行动的正当理由。

2009年10月，他信呼吁为泰党人放弃修改《2007年宪法》的协议，转而寻求恢复于2006年9月军事政变后被废除的《1997年宪法》。在如此情况下，阿披实总理威胁将停止修宪进程。事实上，民主党从未热情支持过修宪。若非联合执政政党强烈要求修宪，民主党也不会不得已而为之。修宪曾是民主党当初建立联合政府时与联合执政党所做交易的一部分。为减慢修宪进程，阿披实先是通过设立国家民族和解委员会

（National Reconciliation Committee），研究如何修改宪法，然后再呼吁举行关于修宪法案的公投[90]。实际上，终止修宪进程有利于民主党——这样就可以避免违背对联合政党的承诺。到目前为止，民主党是唯一一个没有受到《2007年宪法》第237条影响的政党。而这一条款是联合政党始终想要修改的六个条款之一，它关系到政党和对政党高管的惩戒问题。根据该条款，如果发现一个或多个政党高管涉及选举舞弊，那么整个政党就必须解散，政党高管5年内禁止参政。阿披实政府中的一些联合执政党曾因此条款受到影响[91]。

在红衫军集会并最终导致宋干节流血骚乱的过程中，他信每天晚上都通过网络视频电话鼓动集会人群。3月27日晚，他信公开点名指出炳·廷素拉暖将军是2006年"9·19政变"的幕后策划者，并披露炳将军就是那个他曾经称之为"一个魅力非凡，超乎宪法的人物"，他除了担任枢密院主席，还不断干涉泰国政治[92]。就在那次游行集会中的另一个晚上，他信呼吁全国各地的红衫军全部出动，为"国家的重大变革"而斗争[93]。他信成功地说服了差瓦立将军担任自己的为泰党主席，这在泰国势力集团圈内造成不小的轰动，因为差瓦立将军的外交影响力和与军队的紧密关系足以让为泰党实力大增。极少在媒体面前接受采访的炳将军走到公众面前，警告差瓦立将军要"三思而后行"，否则他的行为可能有被视作"叛国行为"的危险[94]。他信在泰国军官预备学校（Armed Forces Academies Preparatory School）的同学，一群退休了但仍具影响力的军官和警官并未因炳的警告而退却，他们蜂拥而至加入了为泰党[95]。最终，当红衫军号召在11月28日举行大规模游行时，他信却因国王生日临近，时机不合适为由要求取消这次游行。接下来，红衫军领导者"无限期"推迟了集会时间[96]。由此可见，他信的政治影响力依然无处不在。但是，媒体推测推迟集会是他信想要与政府做交易的姿态：如果允许他回国，且不用服刑，那么他就让红衫军不给政府制造麻烦。而政府一方并未做出回应[97]。

# 军队的角色

在与泰国公众的关系方面，泰国军队所扮演的角色有了一个重要的转变。过去，泰国人民不敢聚众游行，因为担心军方会以此为借口发动军事政变。但是现在泰国人却可以利用示威和游行来创造一种局面，让军队干预政治以清除他们的敌人。人民民主联盟反他信及其傀儡政府的集会就是这样。其次，军队一直都是泰国近来各次政治骚乱的受益人。自2006年军事政变以来，他们每年的预算都有显著增加。政变前，军队的预算为860亿泰铢，十分有限；2007年就飙升至1 150亿泰铢，2008年为1 430亿泰铢，2009年则达到1 670亿泰铢——仅仅三年时间，预算就几乎翻了一倍。据报道，9月底，就在阿披实前往纽约参加G8峰会期间，军队又获得100亿泰铢资金[98]。据称，这笔资金是政府为确保阿披实离开泰国这段时间军队不发动军事政变与军方交换而来的。预算的增加与军队的权力增大有不可分割的关系。

第三，军队在泰国政治中的支配方式从曾经作为“白马骑士（white knight）”——现身于危难之际，通过整顿国家、建立政治游戏新规则，拯救民族于水火之中，变成了如今——主要的调解人。在重要政治局势中，军队采不采取行动决定着现任的民选政府是否能幸存下来。2008年，军队拒绝听令于人民力量党执政的两届民选政府，没有阻止人民民主联盟包围总理府和机场，相反却提出要么政府辞职，要么解散议会的建议。但是，他们更乐意在宋干节流血骚乱中驱散红衫军示威者。这两个事件，在政府看来有着极大的不同。因此，为了稳固政权，现任民选政府不得不十分依赖军队的支持来稳定其统治。所以，军队并不是国家机器的一部分，而是一个国中国。

那么，之前试图将军队去政治化并像其他成熟的民主国家一样让其只从属于民选政府的想法，是完全行不通的。最近，军队强调，要成为专业化军队，就必须从政治中独立出来。军队总司令曾经主张政治问题应当通过政治的方式解决。军队不属于政府，它属于国家和泰国人民。军队的主要作用是保卫王权。有趣的是，军队现在虽非权力持有者，但却是政治角逐中的决定性因素。军队可以在幕后控制泰国的政治。他们成功地将自己的身份从民主制度的守护者转变成了自我标榜的国家与君主制的保卫者。这两个目标看上去都是政府与政客们无法企及的，那么就只有军队来完成了。因此，在军队帮助下建立起来的阿披实政府只是外强中干。而真正创造这些权力的，是军队自己。

第四，实施《国内安全法》（Internal Security Act）使得军队有可能回归到政治中来。这一法令的实施让国内安全行动司令部（ISOC—Internal Security Operation Command）起死回生，并在国家内部安全问题中起着重要作用。总理是国内安全行动司令部挂职领导人，而真正掌握实权的是陆军总司令。一旦宣布紧急状态或者启用国内安全法令，陆军总司令就有权力调动部队进行维和与秩序管理。阿披实政府曾数次启用国内安全法以控制红衫军集会活动。根据安全法，军队全权负责并采取其认为必要的所有行动。除了安全法令，军队还可以实施《国防部法令》（Defense Ministry Act），这一法令可以禁止总理干涉军队人事变动。

最后，在近期的泰柬摩擦问题上，军队已展示出他们才是政治博弈的高手。尽管阿披实政府以牺牲人民利益为代价采取极端爱国主义的方式来处理这一问题[99]，但军队却选择向柬埔寨军方示好。他们认为，两国之间的摩擦是政府之间的问题，与军队无关。他们还在芭提雅友好地举行了为期两天的边界委员会会议（GBC—General Border Committee），以和平的方式解决两国边境争端问题。泰柬双方军队同意全面合作，以确保两国人民的安全与和平[100]。很明显，泰国军方并没有扮演政府的安全臂膀角色。相反，他们的事他们自己做主。这对于一个民主政府来说并不是一个好的信号。总而言之，军方比过去20年里的任何时候都更有权力。

# 结 语

由于最近的军事政变，直至2009年底，因政府的民主形式遭到破坏带来一系列的问题，泰国的政治格局仍然令人担忧[101]。如果用医学用语来形容，自军事政变以来，泰国就真的患了病。所有的社会、政治机构都面临着信任危机，甚至合法性问题。正如法国的文艺评论家罗兰·巴特（Roland Barthes）所描述的那样，三年的政治骚乱让泰国的政治越发像日本的文乐木偶戏[102]，在这场戏剧里，所有的政治力量都跳了出来。在这场政治混乱中，人人都撕下了各自的伪装，也没有人能从这蹚政治浑水中独善其身，哪怕是枢密院主席。但是，在这场危机当中，军队成为“最大的赢家”[103]。

泰国农村民众的政治觉醒和军队在泰国政治中的优势地位将成为决定2010年泰国政治走向的两个主要较劲势力。

［原文“Thailand in 2009: Unusual Politics Becomes Usual”载于《东南亚事务》（*Southeast Asian Affairs*）2010年，第303—331页］

## 注释：

感谢John Benson, Carlo Bonura, Geoff Husic, Coreen Phuengkasem, and Thanasak Saijampa，感谢他们的支持。

1 在他之前的两任总理是沙马·顺达卫（Samak Sundaravej）和颂猜·翁沙瓦（Somchai Wongsawat），都来自人民力量党。人民力量党是流亡总理他信·西那瓦的泰爱泰党的代替党，而泰爱泰党于2007年5月经宪法法庭（Constitutional Tribunal）裁定解散。沙马后于11月底因肝癌去世。

2 “PM Abhisit Vows to be ‘Prime Minister for Everybody’”, *The Nation* (online),18 December 2008.

3 Both General Anupong Paochinda and Newin Chidchob, a leader of the defectors' faction, became "persons of the year" of *The Nation* newspaper. See "Persons of the Year, Masters of the Game", *The Nation* (online), 29 December 2008.

4 Sanitsuda Ekachai, "Some Taking Matters into Own Hands", *Bangkok Post* (online),18 December 2008.

5 Veera Prateepchaikul, "Into the Unknown with Newin", *Bangkok Post* (online), 22 December 2008.

6 Jacques Rancière, *Hatred of Democracy*, trans. Steven Corcoran (London: Verso,2006).

7 例如，参见Erik M. Kuhonta, "The Paradox of Thailand's 'People's Constitution'", *Asian Survey* 48, no. 3 (2008), 373-92, and Allen Hicken, "The 2007 Thai Constitution: A Return to Politics Past", *Crossroads* 19, no. 1 (2007), 128-60。

8 Guy Debord, *The Society of the Spectacle*, trans. Donald Nicholson-Smith (New York; Zone Books, 1995/2002). In Thailand this means a society in which images replace substances, rhetoric takes over speech, and sensation and distorted information overshadow accurate information.

9 *Bangkok Post,* 22 February 2009, p. 1.

10 Surasak Glahan, "Man Gets 10 Years for Insulting Monarchy", *Bangkok Post*, 4 August 2009, p. 1.

11 "Royal Slur Gets Da Torpedo 18 Years Jail", *Bangkok Post*, 29 August 2009, p. 1.

12 "Prachatai's Webmaster Held by CSD", *Bangkok Post*, 1 March 2009, p. 3.

13 "International Scholars Call for Reform of Thailand's Lèse Majesté Law", Press Release, 4 March 2009. 2008年5月，前总理办公室部长贾卡波·彬盖（Jakrapob Penkair）因在与外国驻泰国新闻记者俱乐部（FCCT）发言被指控犯冒犯君主罪被迫辞职。贾卡波目前还在流亡中。

14 他信于2008年被最高法院刑事司判处两年徒刑，罪名是担任总理时滥用职权帮助当时的妻子朴乍曼（Khunying Potjaman Damapong）以低于2003年市价的价格购买了曼谷一处黄金地段地皮。

15 "Rubber Sapling Scandal; Teàry Newin Gets a New Lease on Life, Leaving Many Worried", *The Nation* (online), 22 September 2009.

16 "OAG Furious Over Sapling Case Fiasco", *Bangkok Post* (online), 23 September 2009, and "Graft Acquital; Prosecutors Blame AEC for Failed Case", *The Nation* (online), 23

September 2009.

17 "Rubber Sapling Verdict; Leaking of Verdict Groundless; Suthep", *The Nation* (online), 24 September 2009.

18 "Rumours on HM's Health Are Deplorable", *The Nation* (online), 16 October 2009, and "Princess Says King 'Doing Well'", *Bangkok Post*, 17 October 2009, p. 1.

19 关于泰国君主制的分析,参见James Ockey, "Monarch, Monarchy, Succession and Stability in Thailand", *Asia Pacific Viewpoint* 46, no. 2 (2005), 115-27。

20 Assawin Pakkawan, "Changes Urged to Reporting Casualty Numbers in the South", *Bangkok Post*, 27 September 2009, p. 4, and <http://www.deepsouthwatch.org/nod/343>.

21 "Court Clears Military in Tak Bai Case", *Bangkok Post*, 30 May 2009, p. 3.

22 "Fixing South 'Will Take 20 Years'", *Bangkok Post*, 8 August 2009, p. 3.

23 "Chavalit Pushing Special Zone for South", *The Nation* (online), 2 November 2009.

24 "About Politics; Sing Your Lungs Out", *Bangkok Post*, 31 October 2009, p. 12.

25 "Flagged Down", *The Nation* (online), 9 October 2009.

26 Apinya Wipatayotin and Mongkol Bangprapa, "PM Moves to Free Rayong Projects from Suspension", *Bangkok Post*, 31 October 2009, p. 4.

27 Bhanupong Nidhiprabha, "The Hard Road Ahead for Thailand's Economic Recovery", *Asian Economic Papers* 8, no. 3 (2009), 113-37.

28 Phusadee Arunmas, "Export Slowdown Eases with 3% Slide in October", *Bangkok Post*, 21 November 2009, p. Bl.

29 Chatrudee Theparat, "Chumpol: 14m Arrivals Still Possible", *Bangkok Post*, 21 November 2009, p. BIO.

30 "Korn Sees Employment Returning to Normal", *Bangkok Post*, 28 November 2009, p. Bl.

31 "Dubai Debt Crisis Rocks Markets", *Bangkok Post*, 28 November 2009, p. 1.

32 "Ministers Set to Discuss Dubai, Dong", *Bangkok Post*, 29 November 2009, p. 1.

33 "Losing Our Sense of Identity", *The Nation* (online), 15 September 2009.

34 "The Poor Understand the Word 'Use' and 'Abuse'", *The Nation* (online), 25 September 2009.

35 "Abhisit Gets Radio Death Threats", *Bangkok Post*, 21 November 2009, p. 1.

36 "Repatriation of Hmong", *The Nation* (online), 28 December 2009; "General Insists Hmong Head Home Voluntarily", *Bangkok Post* (online), 29 December 2009; "Govt Boots out

Hmong to World Fury", Bangkok Post 27 December 2009, p. 1.

37 "Rogue Generals on Thaksin's Payroll Cry for Final Showdown", *The Nation* (online), 29 December 2009.

38 "Read All About It—It's a 'Civil War'", *Bangkok Post* (online), 29 December 2009; "Prem Plays Down His Wearing of Military Attire", *The Nation* (online), 30 December 2009. The recommended article is Chirmsak Pinthong's, "Rao kamlang you nai yuk songkram klangmueang" (We are in the era of civil war), *Naew Na daily*, 28 December 2009, 3.

39 "Army Determined to Prevent Bloodshed and a Coup", *The Nation* (online), 29 December 2009.

40 "Daeng puen krung klang khom kor kor tor kheu tam phaeo ban" (Red stirs the city, angry at EC, threatens to burn house). *Thai Post*, 24 December 2009: 1-2.

41 "Apichart to Decide Democrat Party Case after New Year", *The Nation* (online), 23 December 2009.

42 "Jatupom Reveals More Papers", *Bangkok Post* (online), 23 December 2009.

43 "Jatupom Insists Govt Plan to Kill Thaksin", *The Nation* (online), 23 December 2009.

44 "No Plan for War with Cambodia, Says Abhisit", *Bangkok Post*, 26 December 2009, p. 1.

45 "Thaksin Supporters Flock to Cambodia", *Bangkok Post*, 20 December 2009.

46 James Ockey, "Thailand in 2008: Democracy and Street Politics", *Southeast Asian Affairs*, edited by Daljit Singh (Singapore: Institute of Southeast Asian Studies, 2009, pp. 315-33.

47 John Funston, ed. Divided Over Thaksin: *Thailand's Coup and Problematic Transition* (Singapore: Institute of Southeast Asian studies, 2009).

48 *Bangkok Post,* 15 January 2009, p. 1.

49 *Matachon Daily*, 14 October 2009, p. 1.

50 Apiradee Treerutkuarkul, "Health Procurement Projects Put on Hold", *Bangkok Post*, 3 October 2009, p. 2.

51 *Bangkok Post*, 28 January 2009, p. 2, and 4 February 2009, p. 1.

52 *Bangkok Post*, 21 February 2009, p. 1.

53 "Health Officials Linked to Equipment Scam", *Bangkok Post* (online), 14 October 2009.

54 <http://blog.nationmultimedia.com/thanong/2009/06/03/entry-1 >.

55 Phusadee Arunmas, "Govt Scores Poorly on Economy", *Bangkok Post*, 30 November 2009, p. 1.

56 Phusadee Arunmas, "Business to Give Its View on Economy", *Bangkok Post*, 29 November 2009, p. 3.

57 "Poll Faults Kem Kaeng Scheme", *Bangkok Post*, 4 October 2009, p. 3.

58 *Bangkok Post,* 9 January 2009, p. 1.

59 *The Nation* (online), 5 October 2009.

60 "Where Did Mr. Nice Get So Slippery?" *Bangkok Post*, 12 September 2009, p. 12.

61 Tulsathit Taptim, "Are All the PM's Men Revolting!", *The Nation* (online), 21 August 2009.

62 "Abhisit says He's Still in Driving Seat", *Bangkok Post*, 22 August 2009, p. 1.

63 "Poll: Police Chief Delay Due to PM's Interference", *Bangkok Post*, 18 October 2009, p. 3.

64 "The Big Issue: Police Chief Blues", *Bangkok Post*, 13 September 2009, p. 2.

65 "Prawit Vows to Stay on in Defence", *Bangkok Post*, 12 September 2009, p. 3.

66 "Coalition Discord Set to Heat Up", *Bangkok Post*, 2 September 2009, p. 1.

67 *Thai Rath* (online), 24 November 2009; Piyanart Srivalo, "Ruling Coalition is Slowly Drifting Apart", *The Nation*, 2 December 2009, p. 16À.

68 Piyanart Srivalo, "Top Appointments Renew Coalition Tension", *The Nation* (online), 2 September 2009.

69 "Sorry About My Choice of Words", *Bangkok Post*, 19 September 2009, p. 12.

70 *Bangkok Post,* 17 October 2009, p. 1.

71 "Southern PAD Chapter Back Railway Union", *Bangkok Post* (online), 23 October 2009. Within a week, the stoppage cost the SRT 43 million baht in damages: 25 million baht in lost passengers and 18 million baht in lost freight charges.

72 "Not Another Coalition Scrap", *Bangkok Post,* 1 November 2009, p. 12.

73 "More SRT Rallies Mean No Resolution: PM", *The Nation* (online), 4 November 2009; "Sophon Would Never Hold Me Responsible: PM", *The Nation* (online), 5 November 2009.

74 Piyaporn Wongruang, "Getting the Rail Network Back on Track", *Bangkok Post*, 8 November 2009, p. 4.

75 "Please Sir, Stop the Strike", *Bangkok Post*, 27 June 2009, p. 12.

76 "Has Abhisit Begun to Regret that Embrace?" *The Nation* (online), 27 August 2009.

77 Gilles Deleuze and Felix Guattari, *A Thousand Plateaus: Capitalism and Schizophrenia,* trans. Brian Mussumi (Minneapolis: University of Minnesota Press,1987), pp. 351-427.

78 Martin Petty, "Thaksin Raises Stakes with New Offensive", *Bangkok Post*, 1 November 2009, p. 9.

79 The idea of spectre is borrowed from Jacques Derrida, *The Specters of Marx*, trans. Peggy Kamuf (New York: Routledge, 1994), and Jean Baudrillard, *The Mirror of Production*, trans. Mark Poster (St. Louis: Telos Press, 1975).

80 "Depending on Tactics?" [Panhar you thi luk kheaw?] *Thai Rath* (online), 2 November 2009.

81 Pavin Chachavalpongpun, "Where's the Beef? In a Name, Plenty", *Bangkok Post,* 5 December 2009, p. 11.

82 Details of the event are provided by Tulsathit Taptim, "Follow it with the Electors: Now, the Real 'Big Surprise'", *The Nation* (online), 27 July 2009.

83 Aekasach Sattaburuth, "Puea Thai Wins by a Landslide", *Bangkok Post*, (online), 22 June 2009.

84 "Thaksin Television?" *The Nation* (online), 24 November 2009.

85 *The Nation* (Intemationai Edition), 16 November 2009.

86 "Support for Govt Rockets after Protest", *Bangkok Post,* 1 November 2009, p. 3.

87 Achara Ashayagachat, "Recalling Ambassador Seen as 'Over-Reaction' in Dispute", *Bangkok Post*, 1 November 2009, p. 3.

88 Wassana Nanuam, "Navy Chief Warns Govt on MoU", *Bangkok Post*, 21 November 2009, p. 3.

89 "Stripping Thaksin Medals Could Re-ignite Social Conflict", *Bangkok Post*, 1 November 2009, p. 3.

90 Kamol Hengkietisak, "Constitution Amendment Faces Hurdles", *Bangkok Post*, 17 October 2009, p. 10.

91 另外一条要修改的宪法条款是第190条，该条款要求政府在签署国际协议时要寻求议会的许可。宪法第265条禁止内阁成员、议员及其配偶、子女，及身份代表内阁成员或议员的人，在政府机构或国家企业担任职务。

92 "Prem, Surayud 'Behind Coup'", *Bangkok Post*, 28 March 2009, p. 1.

93 "Thaksin: No Negotiation", *Bangkok Post*, 4 April 2009, p. 1.

94 "Puea Thai Slams Prem over Waming to Chavalit", *Bangkok Post*, 18 October 2009, p. 3.

95 "Chavalit's Intrigues Only Add Fuel to Fire", *Bangkok Post*, 24 October 2009, p. 2.

96 "Red Shirted Protest Postponed Indefinitely: Veera", *The Nation* (online), 25 November.

97 "The Big Issue: Wheeler Dealer", *Bangkok Post*, 29 November 2009, p. 2.

98 "The Public Purse", *Bangkok Post*, 27 September 2009, p. 2.

99 Supalak Ganjanakhundee, "Road to Nowhere", *The Nation,* 2 December 2009, p. 16A.

100 Wassana Nanuam, "Border Rows to be Fixed 'Amicably'", *Bangkok Post*, 28 November 2009, p. 2.

101 A detailed account of this period is provided by Chairat Charoensin-o-larn, "Military Coup and Democracy in Thailand", in *Divided over Thaksin: Thailand's Coup and Problematic Transition*, edited by John Funston (Singapore: Institute of Southeast Asian Studies, 2009), pp. 49-79.

102 Roland Barthes, "Lesson in Writing", in *Image Music Text*, trans. Stephen Heath (London: Fontana, 1977), pp. 170-78.

103 Chang Noi (pseud.), "Military Biggest Winner in Political Conflict", *The Nation* (online), 2 February 2009.

# 泰国2010年

Thailand 2010

# 竞争性外交：周旋于中美对抗间的泰国

【新加坡】Pavin Chachavalpongpun[①]著　　杜洁　姚键　译

泰国国内政治危机始于他信·西那瓦（Thaksin Shinawatra）政府（2001—2006年）的最后一年，在2006年9月军事政变中达到顶峰，并一直持续到当前阿披实·维乍集瓦（Abhisit Vejjajiva）总理领导下的民主党执政时期。这也对泰国的外交政策产生了影响，尤其是影响了其与大国之间的关系。这场危机为这些大国提供了一个平台，主要是美国和中国——二者在泰国正经历政治动荡之际，为维持本国与泰国的战略纽带关系而相互角逐。然而我们有必要在一个更为广阔的背景下去分析华盛顿和北京在泰国这场旷日持久的危机中所发挥的作用，即两国为争夺东南亚影响力而展开的角逐。本文对美国与中国处理泰国危机的不同路径进行分析，并提出这样一个问题：哪一种路径能更加有效地赢得对泰国的影响力？本文旨在研究这两个大国之间的竞争是如何影响泰国外交事务的。文章的最后一部分简要论述了东南亚国家联盟（简称东盟，ASEAN—the Association of Southeast Asian Nations）对两极分化的泰国政治所持立场，旨在阐明泰国是否能够利用其在东盟中的地位来“稀释”美国和中国对其国内外事务的影响力。

① Pavin Chachavalpongpun是新加坡东南亚研究所东盟研究中心（the ASEAN Studies Centre at the Institute of Southeast Asian Studies, Singapore）政治和战略事务研究所研究员，首席研究员。

# 鹰龙之争

伊安·布莱莫（Ian Bremmer）非常明智地指出，美中两国彼此之间的敌意与日俱增，这一点颇为危险。他提出质疑：这会比冷战更糟吗[1]？事实上，过去几年中美关系中出现的“一系列的摩擦”证实了布莱莫的这一观点。例如，纵观2010年，不断升级的双边紧张关系几乎引发了一场贸易与货币战争。美国财政部长（U.S. Treasury Secretary）蒂莫西·盖特纳（Timothy Geithner）声称，中国拒绝加快人民币升值的步伐是对美国经济复苏的伤害。中国领导人对这一言论予以抨击，指出美国错误地将其自身的经济困境归咎于中国[2]。除此之外，美国还指责中国没有对外国公司的知识产权实施保护。但是，经济问题并不是中美关系的导火索。两国在对伊朗核项目实施制裁的问题上存在分歧。美国密切关注朝鲜的权力过渡，因为朝鲜与中国之间存在着一种特殊的关系。同时，中国指责美国干预中日关于钓鱼岛（the Diaoyu Islands）的主权争端问题——这一问题于2010年10月在河内（Hanoi）召开的第17届东盟峰会（the 17th ASEAN Summit）上引人关注。在东南亚，美国对于中国与缅甸两国领导人之间的亲密关系感到不安。此外，南海再起领土争端，牵涉到中国以及四个东盟成员国——越南、马来西亚、文莱以及菲律宾——这给该地区的和平与安全造成了威胁。美国认为南海的事态发展威胁到了其自身的利益，即在该争议水域的自由航行权。2010年7月，美国国务卿希拉里·克林顿（Hillary Clinton）在越南召开的东盟地区论坛（ARF—the ASEAN Regional Forum）上，称该冲突是美国“优先要解决的外交事务”[3]。

但是这些问题仅仅是中美不良关系的表象。其潜在的真实原因是中美之间的势力对抗，一个至今维持着世界唯一超级大国的地位，另一个则是现行国际秩序新的挑战者。本文总体认为，中国的经济和军事崛起必然改变美国自冷战结束后帮助维持的该地区格局。约翰·米尔斯海默（John

Mearsheimer）2005年提出："一个更加强大的中国也有可能试图把美国挤出亚太地区，就像19世纪美国将欧洲列强赶出西半球一样。"[4]由于美中双方均力图通过不同的路径和战略保持对东南亚地区国家的影响力，显而易见，东南亚已经成为美中两个大国势力博弈的战场[5]。中国有可能会利用其新获得的实力挑战美国自称的领导地位，尤其是在东南亚地区的领导地位。事实上，中国已经把影响力扩大到了先前一些为美国利益所主导的周边国家，包括泰国[6]。

## 干预与务实之争

2010年5月，美国负责东亚和太平洋事务的助理国务卿（U.S. Assistant Secretary of State for East Asian and Pacific Affairs）库尔特·坎贝尔（Kurt Campbell）前往内比都（Naypyidaw）时顺道短暂访问泰国，在此期间，他提议阿披实政府代表与挺他信的红衫军反独裁民主联盟（UDD—United Front for Democracy against Dictatorship）领导人进行会面。为其反客为主的行为进行辩护，坎贝尔如是转达了美国对泰国暴力冲突持续升级担忧日甚，并说这么做完全是因为泰国是美国的协约盟国。但是泰国的传统精英阶层并不买账。他们认为这是美国在操纵泰国的政治格局。泰国外交部部长甲西·披龙耶（Kasit Piromya）很快对坎贝尔充当和事佬的角色提出反驳，称之为插手泰国国内政治的阴谋[7]。最终，美国驻曼谷大使馆为坎贝尔、原他信内阁成员及红衫军领袖乍都隆·采盛（Chaturon Chaisang）和前泰国外交部部长及他信法律顾问诺帕多·巴达马（Noppadon Pattama）安排了一次工作早餐，但是政府代表未在受邀之列。这次会见激怒了曼谷当局的领导人。他们对美国政府政策明显的前后矛盾感到震惊，在此之前美国政府一直公开支持泰国传统精英阶层。在整个冷战时期，美国与泰国军队、官员和王室结成了紧密的同盟，共同对付共产党人[8]。然而随着泰国近年来政治格局的变化，这些亲密的关系已经变得松散。美国意识到有新的玩家进入到泰国政治领域，而且这些人并非传统精英阶层的盟友，因此开始布局其政策的多元化选择，至少表面上是这样。美国主动接触红衫军阵营，以便确保如果该派的政治代表赢得下一次大选，美国的利益不会受到影响。《亚洲时报》（*Asia Times*）记者肖恩·克里斯平（Shawn Crispin）认为，美国采用“干预主义手段”（interventionist approach），以便操纵泰国政治形势使其符合自身的利益；这样，美国既与泰国国内冲突的双方结成了朋友，又同样地激怒了他们[9]。例如，虽然坎贝尔的主动姿态或许表明美国同情红衫军运动，但另有报道称，美国情报官员还监听他信电话，同时美国还警告阿披实政府防止红衫军可能受命于他信在集会时使用暴力[10]。这则报道让红衫军领导层大为失望，认为美国不可信赖。

在另一方面，中国一直对泰国采取严格的不干涉政策。北京领导人专注于“赚钱而非树敌”，面对两极分化的泰国政治宁愿保持中立。克里斯平指出，美中两国为了争夺在泰国和该地区的更大影响力，已经陷入了一场越发微妙并日趋白热化的角逐之中[11]。而中国近年来在泰国危机中始终推行“务实外交”，又比美国的公开干预手段抢先了一步。当某些泰国政客以怀疑的眼神观望美国时，他们更乐于接纳中国在这场冲突中的立场。正如政府发言人帕尼坦（Panitan Wattanayagorn）所说：

> 我们的利益和国际关系正在变得更为复杂。我们明白超级大国竞争的好处。美国在泰国孤注一掷，积极地追求自身的利益……中国不如美国积极，方式更为间接，但在把控局势方面并不比美国逊色……中泰关系正变得越发具有活力。中国非常务实，但也非常热衷获取信息并据此做出反应。[12]

上述说法得到了中国驻新加坡大使魏苇（Wei Wei）的证实。他强调，

虽然中国或许渴望了解泰国的形势动态，但是中国坚持不干涉内政原则。他告诉本文作者：“这是泰国的内部事务。”[13]这两种方式的冲突意味着美国与中国之间的对抗难以调和。中国不干涉内政的做法在增强与柬埔寨、老挝和缅甸等国关系的实践中已经被证明是行之有效的。目前，这种做法得到了泰国精英阶层的赞同，他们一直坚持不受外来干预独立解决本国的内部问题。美国也许是泰国的战略伙伴，但是华盛顿反客为主的做法给这一伙伴关系蒙上了疑云。与此同时，中国不动声色地利用这一点，在泰国的冲突中不偏不倚，展现出了一个大国的形象。《亚洲时报》（*Asia Times*）报道称：“一名不愿透露姓名的中国官员暗示说，美国竟如此公然地干预泰国近期事务，真是大错特错了。他还赞赏说中国大使馆在危机中的表现就要审慎细致得多。”[14]此外，中国在促进人权和民主方面是动了真格的。这种坚定的姿态在很大程度上保证了中国势必不会迫切要求泰国搞政治改革，也不会批评“红衫军”的民主议程。

## 竞争性外交

泰美关系近年来变得有些捉摸不定。在这一时期，美国给予泰国“非北约重要盟友”（major non-NATO ally）地位[15]。泰国也发生了严重侵犯人权的事件，这也是布什和奥巴马两届政府都关注的问题[16]。虽然经济关系仍然是双边关系的一个核心要素，但是自由贸易协定（FTA—Free Trade Agreement）谈判却由于泰国的国内政治因素而不能走上正轨。事实上，泰国是美国在亚洲最早的盟友。1833年两国签署的《友好通商条约》（the 1833 Treaty of Amity and Commerce）确立了这个关系，并在随后几年变得至关重要，美国帮助泰国抵御敌人并摆脱险境，从而最终证明美国的友谊是有用的。例如，美国在第二次世界大战后保护泰国抵制英国提出的战争赔偿要求[17]。美国在冷战期间为了遏制共产主义，还向泰国提供了慷慨的财政和军事援助。作为回报，泰国不得不着力打造反共的形象，否则就对不起美国的援助似的[18]。互惠互利使得美国能够重构一个反共的泰国，而这个国家还公然纵容军国主义的抬头。1982年，泰国和美国军队开始举行被称作“金色眼镜蛇（Cobra Gold）”的年度联合军事演习，这标志着美国在东南亚的军事存在[19]。从历史的角度来看，美国找到的经常性地干预泰国国内外事务的“合法性”，其实完全是为了保护其在这个区域的霸权地位。

值得注意的是，泰美安全同盟（Thai-U.S. security alliance）一直是双边关系的基本内涵。当前，该安全同盟受到两个核心协议的规约：1954年《马尼拉条约》（the 1954 Manila Pact）和1962年《泰美外长联合声明》（the 1962 Thanat-Rusk Communiqué）。《马尼拉条约》源于冷战，并涉及澳大利亚、法国、英国、新西兰、巴基斯坦、菲律宾、泰国，以及美国八个国家，由有着北大西洋公约组织（NATO—the North Atlantic Treaty Organisation）孪生兄弟之称的东南亚条约组织（SEATO—the Southeast Asia Treaty Organisation）负责执行，旨在遏制共产主义的扩张。东南亚条约组织最终于1977年解散，但是《马尼拉条约》所规定的美国保护泰国并遏制共产主义的承诺仍然有效。《泰美外长联合声明》扩大了这一承诺。这份联合声明由泰国外交部部长他纳·科曼（Thanat Khoman）和美国外交部部长迪安·腊斯克（Dean Rusk）共同签署。声明承诺两国在遭遇外部攻击的情况下必须相互提供援助。这两份文件巩固了华盛顿通过武器、培训和教育等方面的援助对曼谷提供军事支持的地位。更为重要的是，文件赋予了美国广泛的比较优势，尤其是为增进其自身在泰国的利益进一步打开了空间。与美国不同，中国与泰国之间当然没有一纸可以用来“合法”推进其战略利益的防御条约，尽管北京在与曼谷打交道的过程中面临许多问题。

这两份协议让泰国和美国均等受益。在泰国方面，泰王国最大的获益是有机会参加对于武装部队专业化发展至关重要的演习和训练活动。通过“金色眼镜蛇”系列演习，泰国目前每年举行大约60次由美国主导的军

事演习。泰国从安全同盟中得到的好处还在于同盟提供的道义上的支持、教育机会和先进设备。在泰国遭遇外来威胁的情况下，美国的支持无疑是至关重要的。国防专家罗伯特·柯尼尔（Robert Karniol）认为，美国也同样从泰国大规模实兵演练场地和配套设施中获益。还有来自曼谷的广泛支持——反恐方面的合作，帮助遏制武器扩散，承办美国主导的区域救援行动，以及向达尔富尔派遣维和部队。由于双边安全同盟规定两国须共同打击贩卖军火，泰国因而被认为有义务在2010年11月将俄籍军火商维克多·布特（Victor Bout）引渡给美国。近几年来，虽然美国并未如其在菲律宾的做法那样向泰国政府施压，要求泰国按照安全条约提供更多设施及通道，但是据称美国已把泰国当作一个安全目的地，并在泰国一个军事基地建了秘密审讯中心，在这里关押巴基斯坦和阿富汗的恐怖主义嫌疑犯。一言以蔽之，按照既有防御协定开展双边行动，既促进双边更为广泛的合作，又让双方从中多方面受益。

但是目前泰国的国内形势使得美国的做法变得十分纠结。因为在这一冲突当中，美国无法在让某一派完全满意的同时而又不得罪另一派。随着中国与泰国的关系日益密切，这一情况变得更加复杂化。但是，美国利用与泰国牢固的战略伙伴关系作为自己的比较优势。泰国和美国已经建立起了覆盖所有重要领域的全面关系，涉及政治、经济、安全、国防、教育、健康和人类安全、科技以及环境的可持续发展。两国都设置有所谓的“泰美战略对话”（Thai-U.S. Strategic Dialogue）这样一个双边关系磋商和对话论坛。两国还就推进双边关系的路线图——泰美行动计划（a Thai-U.S. Plan of Action）达成一致意见。当然，美国具备一样中国没有的东西——某种被称作道德权威（moral authority）的东西。在政变之前曼谷政治局势最为紧张的时期，他信在2006年6月23日一封给布什总统的私人信件中说，他在政治上遭受威逼。他说：“自今年年初以来，泰国的民主一直遭受到威胁。关键的民主制度一再遭到破坏，包括选举和依照宪法治理国家。”[20]最近，由于美国的干预政策，阿披实政府对美国的态度很矛盾；尽管如此，仍然让阿披实政府十分欣喜的是，美国国会以411票同意、4票反对的投票表决支持泰国总理提出的和解计划。和解计划强调了维护君主政体、实施政治改革和实现公平正义的必要性[21]。阿披实即刻声称这一动议表明美国对其政府的积极评价[22]。与此同时，反独裁民主联盟（UDD）向美国驻泰国大使馆呈递了一封信函，要求美国众议院（the U.S. House of Representatives）重新审议其支持阿披实政府政治和解路线图的决议。在许多方面，泰国政治的弄潮儿们在寻求美方道义上的支持时，一直心照不宣地允许华盛顿插手其国内事务。

中国的战略一直谨慎而老练。泰国和中国于1975年建立外交关系。冷战的最后几年，泰国和中国形成了一个松散的军事联盟，以抵御越南共产党势力在印度支那（Indochina）的扩张[23]。冷战结束后，由于没有领土争端问题，泰国王室与中国领导层间关系牢固，华人社区空前团结，双边关系保持健康发展。他信，作为成功泰国华人的典范，利用其华人血脉以及公众中新生的了解中国的热潮，制定了亲中国的政策来迎合国内热情，与北京建立更为紧密的关系。2006年的一项民意调查显示，超过70%的泰国人认为中国对泰国的外部影响最为重要[24]。中泰自由贸易区（the Sino-Thai FTA）是中国与东盟国家建立的第一个自由贸易区，协议于2003年10月1日正式生效。自由贸易区的建立大大削减了进入彼此国家市场的水果和蔬菜关税。泰国声称，由于自由贸易区，双边贸易额达到了31亿美元；与2006年相比，2007年增长了23%[25]。自从20世纪80年代初开始，泰国根据此伙伴关系以“友好价格”购买武器和相关军用设备。用安东尼·史密斯（Anthony Smith）的话说，其中大部分相当于“无偿军事援助”[26]。尽管中国援助的一些武器只是过剩或淘汰的东西，但却标志着两国之间密切的军事关系。中泰军事联系是该地区发展势头最好的——仅次于中国与其准盟国——缅甸的军事联系。为展示两国的密切联系，中国人民解放军海军陆

战队（the Marine Corps of China's People's Liberation Army）在泰国湾（the Gulf of Thailand）与泰国海军陆战队一起举行了为期3周（2010年10月26日至11月14日）的集训。一些分析家认为，泰国正有意通过培养同中国更为友好的关系，平衡其在军事和经济方面对美国的依赖[27]。

然而在更深的层面上，尽管中泰防御演习（defence exercises）与其他军事交流（military exchanges）在这么多年以来得到了逐步推进，但是在数量和质量上均远远落后于美泰安全关系（U.S.-Thai security relations）。2010年初，中国向泰国领导人提议在泰国的丛林和海岸线开展联合军事演习，海陆空演习的所有费用自负。《全球邮报》（the *Global Post*）的帕特里克·韦恩（Patrick Winn）声称，人民解放军甚至建议复制美国的主要演练模式，即由水陆两用战车、武装直升机和直升机环泰国湾实施全方位海岸突击[28]。中国尽管抱负远大，但是并不具备与美国相当的军事实力，加之缺乏尖端的军事核心技术，尚不能吸引泰国脱离其美国朋友。然而，中泰关系多年来整体上有了明显的改善，中泰联合军事演习的规模将来有扩大的可能，这或许是不争的事实。但是，泰国与中国的关系不同于其与美国的关系。与其说是为了安全，倒不如说更主要是出于对政治和贸易的考虑。无论如何，预计泰国不会让泰中防卫关系与泰美军事关系同出一辙。朱拉隆大学（Chulalongkorn University）军事专家素拉差（Surachart Bamrungsuk）断言，泰国仍然会保留“金色眼镜蛇”军演以及泰国与美国的友好关系。由于两份重要防卫协议无与伦比的价值及美国方面在其中做出的坚定承诺，曼谷将不太可能愿意损害其与华盛顿的军事关系。然而与此同时，为了实现政策的多元化选择，泰国政府认为培育与中国的政治和经济密切关系并无不妥。

大多数的泰国内阁部长和大企业在中国都有巨额投资。泰国正大集团（Charoen Pokphand）是东南亚最大的企业之一，自1949年起一直在中国开展业务。盘谷银行（Bangkok Bank）还在著名的上海外滩（Shanghai's

Bund）设有最大的海外分行，只有少数其他外国银行能在那里取得富有象征意义的立足之地[29]。泰国和中国的企业集团频繁互访并共享商业信息。中国软实力在泰国颇受欢迎。如今越来越多的泰国学生热衷于学习普通话，这推动了中国将大量的语言教师派往泰国[30]。泰国尊重中国，把中国当作老大哥，坚持双赢的对华政策和“互相尊重主权”原则。泰国多次强调一个中国政策（one-China policy），支持中国在台湾问题上的立场。2008年4月，他信支持的沙马·顺达卫（Samak Sundaravej）政府向中国领导人做出承诺，保证奥运火炬传递顺利和平地经过曼谷，绝不允许藏独、反华抗议者做出让中泰两国感到难堪的事[31]。作为回报，北京一直避免干预泰国国内危机。现任中国驻曼谷大使管木（Guan Mu）能讲一口流利的泰语，在泰国18年，担任过许多不同的职务，这是与美国大使相比之下中国大使的优势所在[32]。

## 对泰国外交政策的影响

与此同时，泰国恢复了其传统的外交战略：让中美两个大国相互制衡以保持自身一定的国内外事务自治权，正如泰国一度在殖民时期（the colonial period）借英国制衡法国一样。因此，即使泰国一直在加强与中国的关系，同时也在寻求美国的保护。考虑到泰国政治的复杂性，我们需要问这样一个问题：泰国的战略真的行之有效吗？许多方面已经证明，这项战略不仅对泰国国内政治冲突中某些派别是有利的，而且对于处于国际政治背景下的泰国也是有利的。据报道，美国对泰国的某些举措心存不满，包括泰国决定与中国举行联合军事演习。管木大使深受泰国领导人的尊重，而泰国外交部长批评美国前驻泰大使约翰·埃里克（John Eric）在美国政府授意之下插手泰国国内政治[33]。美国公开表示不喜欢他信，这一立场激起了其红衫军支持者的不满；而中国一直与这位前总理及其政敌均保持着

友好关系。在2010年泰国危机最严重的时期，为了避免触怒传统的精英阶层，中国礼貌地要求他信离开该国。但是中国没有禁止他信今后入境，如果他信再次踏入中国境内也不会对其实施引渡[34]。事实上有报道说，他信于2010年11月20日再次前往北京，与反对党为泰党（Puea Thai Party）主席差瓦立·永猜裕（Chavalit Yongchaiyuth）上将会面，商讨应对万一阿披实政府提前举行选举的"政治策略"[35]。

然而，泰中关系也存在一些问题，这让美国得以保持其在泰国的作用和影响力。北京虽然凭借不干涉内政政策而获得影响力，但是红衫军部分成员提请公众注意长期的经济和社会差距以及国家财富的分配不公，他们认为这一切都是富有的泰国华裔精英阶层操控的。要判断这一趋势是否会对泰中关系产生影响还为时尚早。但可以肯定的是，中国不断增强的经济实力已经影响中泰全面贸易合作关系。泰中自由贸易区虽然促进了中泰贸易的增长，但是在自由贸易协定实施一年之后，泰国对华贸易逆差达到20亿美元[36]。双向贸易的急剧增长对中国非常有利，而那些往往把自己视为红衫军运动一分子的贫苦的泰国农民与工人一直在与中国廉价产品相抗争。泰国危机爆发之后，在地区政治事务中有可能让中国在建立互信并由此获得影响力方面付出的努力付之东流。因此，泰国已经加大力度应对中国快速发展带来的挑战。例如，据称泰国在老挝的合同农业项目的初衷就在于抵消老挝与中国的类似合作项目。目前，老挝根据合同农业计划生产玉米、大豆以及小豆蔻出口到中国[37]。老挝一直在试图减少对泰国的依赖，通过寻求中国和越南的帮助重振其疲软的经济。1988年邦交正常化之后，中国向老挝投入大量资金和技术援助，以期将万象（Vientiane）纳入自己的轨道并让其摆脱泰国和越南的影响。美国的存在很大程度上延缓了中国在该地区影响力的提升，因此与泰国制衡中国的政策相辅相成。此外，泰国与东盟和美国合作抵消各种可觉察到的来自中国的影响，尤其在南海的领土主张方面[38]。尽管泰国并不在提出领土要求的国家之列，但是泰国支持签署2002年《南海各方行为宣言》（the Declaration on the Conduct of Parties in the South China Sea）。这份宣言强调应该由直接有关的主权国家通过友好协商和谈判，以和平方式解决领土争端和管辖权争议，而不诉诸武力或以武力相威胁。2010年南海争议爆发，尽管泰国保持缄默，但是据称泰国仍然坚持对《南海各方行为宣言》的支持立场。

最终，泰国不得不向美国和中国通融，尤其是这可能意味着对某些政治派别利益的保护。但是，泰国也乐意让两个大国相互竞争，以遏制国内政治危机的蔓延，并为其外交事务赢得更广阔的策略空间。因此，预计泰国不会突然弃美国而去转而投向中国，反之亦然。

## 东盟的立场？

2009年4月，红衫军抗议者冲进位于芭提雅（Pattaya）的东盟十加三峰会（the ASEAN Plus Three Summit）会场，造成会议被迫取消。各成员国领导人不得不从酒店屋顶或后门通道逃离现场。这次事件提出了一个经典问题：是否应该继续坚持不干涉内政原则不动摇呢？迄今为止，一些东盟成员国家一直坚持维护这个原则，显然是为了保护各自在国内的强权利益。泰国驳回了外国驻泰国记者俱乐部（the Foreign Correspondents' Club of Thailand）关于举行有关越南人权迫害问题新闻发布会的计划，因为这有可能被视为干涉越南国内事务[39]。从更深层次来看，泰国对自己的人权状况存有争议心知肚明，因此强烈支持不干涉内政原则，以保护自己免受来自外界的批评。

东盟成员国已经接纳了多元的世界观，并采取了不同的策略，以适应其各自的国家利益。可以这样认为，不同于冷战时期轻易就能识别出共同的敌人，东盟一直未能在该组织面临的众多重大问题上表现出一致立场。一些成员国认为中国是其最大的挑战，而另外一些成员国并不同意这种看

法。一些成员国对美国在该地区的存在持怀疑态度，而其他一些成员国把华盛顿当作保障该地区安全不可或缺的力量。泰国准备好依靠东盟来平衡美国和中国了吗？答案是令人颇为失望的。事实上，现有的危机已经使泰国变得越来越自顾不暇。政变后的历届政府一直只顾着保护自己的政治生命。在柏威夏寺（the Preah Vihear Temple）领土争端最为激烈的时候，阿披实政府最初拒绝东盟关于泰国与柬埔寨之间冲突的调解提议，坚持通过双边渠道解决这个问题。美国与东盟再次联姻，加之新近加入东亚峰会，也许真的就是该组织削弱中国在该地区影响力战略的一部分。而且从理论上来讲，泰国应该采用相同的策略，利用东盟避免美国和中国与自己走得太近。遗憾的是，泰国在东盟内部并没有展现出其有能力实现这一目标的领导作用。

[原文“Competing Diplomacies: Thailand amidst Sino-American Rivalry”载于《东南亚事务》（*Southeast Asian Affairs*）2011年，第306—319页]

## 注释：

1 Ian Bremmer, “China vs America: Fight of the Century”, *Prospect* 169 (22 March 2010) <http://www.prospectmagazine.co.uk/2010/03/china-vs-america-fight-of-thecentury/>(accessed 27 October 2010).

2 Wang Yong, “Avoiding a U.S.-China Currency War: Need for Rational Calculation”, East Asia Forum, 11 April 2010 <http://www.eastasiaforum.org/2010/04/11/avoidinga-us-china-currency-war-need-for-rational-calculation/> (accessed 27 October 2010).

3 Daniel Ten Kate and Nicole Gaouette, “Clinton Signals U.S. Role in China Territorial Disputes After ASEAN Talks”, Bloomberg, 23 July 2010 <http://www.bloomberg. com/news/2010-07-23/u-s-says-settling-south-china-sea-disputes-leading-diplomaticpriority-.

html> (accessed 27 October 2010).

4 John Mearsheimer, "The Rise of China Will Not Be Peaceful at All", *The Australian*, 18 November 2005.

5 Wayne Bert, *The United States, China and Southeast Asian Security: A Changing of the Guard?* (Basingstoke: Palgrave Macmillan, 2003) p. 83.

6 Jörg Vogelmann, "The Ascent of China as a New Superpower and the Relationship with the Hegemonic United States: Rough Power Politics or Peaceful Economic Cooperation" (M.A. dissertation, Universität Stuttgart, 2008), p. 2. 同时参见Zalmay M. Khalilzad, et al., *The United States and a Rising China: Strategic and Military Implications* (Santa Monica: RAND Corporation, 1999), p. 70。

7 "U.S. Rebuked for Involvement in Thai Politics", *Bangkok Post*, 10 May 2010.

8 参见Daniel Fineman, *A Special Relationship: The United States and Military Government in Thailand, 1947-1958* (Honolulu: University of Hawaii Press, 1997), p. 3。

9 Shawn W. Crispin, "US Slips, China Glides in Thai Crisis", *Asia Times* (Online), 20 July 2010 <http://www.atimes.com/atimes/Southeast_Asia/LG20Ae01.html > (accessed 28 October 2010).

10 "UDD Submits Letter to US Embassy", *Bangkok Post*, 17 March 2010.

11 Crispin, "US Slips, China Glides".

12 同上。

13 一次与中国驻新加坡大使魏苇（Wei Wei）的私人谈话，2010年10月11日，新加坡。

14 Crispin, "US Slips, China Glides".

15 泰国于2003年得到这个地位。作为美国的"非北约重要盟友"，泰国现在有资格参与一些反恐行动，得到美国剩余军事物资（从限量供应到船只）的优先供应权，获得用于合作研发项目与评估的设备和物资贷款，利用美国的资助购买或租赁国防装备，以及接受互惠的双边军事训练。

16 包括缉毒战争（2003年在他信政府的领导下），2004年爆发的泰南地区冲突，目前亲政府军队与反政府武装之间的暴力冲突于2010年5月曼谷暴力事件中达到顶峰。

17 参见Sean Randolph, *The United States and Thailand: Alliance Dynamics, 1950-1985* (Berkeley: Institute of Southeast Asian Studies, University of California, 1986)。

18 Fineman, *A Special Relationship*, p. 97.

19 Michael Connors, "Thailand and the United States: Beyond Hegemony?" in *Bush and*

Asia: The US's Evolving Relationships with East Asia*, edited by Mark Beeson (London: Routledge, 2006), pp. 131-32.

20 他信写给乔治·沃克·布什总统（President George W. Bush）信件的个人副本，落款日期为2006年6月23日。

21 参见Press Release, Eni F.N. Faleomavaega, Chairman, the Subcommittee on Asia, the Pacific and the Global Environment, 1 July 2010 <http://www.hcfa.house.gov/111/press_APGE070110.pdf> (accessed 29 October 2010。

22 "PM Lauds US Congress Resolution on Road Map", *Bangkok Post*, 3 July 2010.

23 Sukhumbhand Paribatra, *From Enmity to Alignment: Thailand's Evolving Relations with China*, ISIS paper no. 1 (Bangkok: Institute of Security and International Studies, Chulalongkorn University, 1987), pp. 18-19.

24 Joshua Kurlantzick, "China's Charm: Implications of Chinese Soft Power", *Policy Brief* 47 (June 2006), p. 1.

25 东亚事务部，泰国外交部（Department of East Asian Affairs, Ministry of Foreign Affairs of Thailand）。

26 Anthony Smith, "Thailand's Security and the Sino-Thai Relationship", *China Brief* 5, no. 3 (1 February 2005), p. 1.

27 Richard S. Ehrlich, "China Sends the Marines to Thailand", *Asia Sentinel*, 28 October 2010 <http://asiasentinel.com/index.php?option=com_content&task=view&id=2786&Itemid=171> (accessed 1 November 2010).

28 伊恩·斯托里（Ian Storey）认为，中泰军事关系要与美泰军事关系抗衡仍然任重道远，美泰军方每年举行四十多次联合军演。选自Ian Storey, "China and Thailand: Enhancing Military-Security Ties in the 21st Century", *China Brief* 8, no. 14 (3 July Competing Diplomacies: Thailand amidst Sino-American Rivalry 319 2008), p. 7. 伊恩·斯托里指出，一次典型的"金色眼镜蛇"军演——集结12 000支部队，时间跨度为两周——足以让规模最大的中泰2005海上联合军演相形见绌，这场军演时长不到4个小时。

29 David Fullbrook, "So Long U.S., Hello China, India", *Asia Times*, 4 November 2004.

30 "The Soft Power of Happy Chinese", *International Herald Tribune*, 18 January 2006.

31 "Thai PM Proud to Host Olympic Torch", *USA Today*, 18 April 2008.

32 Crispin, "US Slips, China Glides".

33 与一名泰国外交部官员的一次私人谈话，2010年8月26日，泰国曼谷。

34 采访他信的香港私人顾问，2010年6月23日，香港。

35 采访已经解散的泰爱泰党（Thai Rak Thai Party）的一名执委会委员，2010年11月22日，泰国曼谷。

36 Julawadee Worasakyothin, *FTA a Year After: Does Thailand Win or Lose*?" International Institute for Trade and Development, 2006 <http://www.itd.or.th/th/node/234> (accessed 29 October 2010).

37 参见Anthony M. Zola, "Contract Farming for Exports in ACMECS: Lessons and Policy Implications," a paper presented at the meeting on Investment, Trade and Transport Facilitation in ACMECS, Bangkok, Thailand, 13 March 2007。

38 Mark J. Valencia, "The South China Sea Brouhaha: Separating Substance from Atmospherics", Nautilus Institute for Security and Sustainability, 10 August 2010 <http://www.nautilus.org/publications/essays/napsnet/policy-forums-online/security2009-2010/the-south-china-sea-brouhaha-separating-substance-from-atmospherics> (accessed 25 August 2010).

39 Pavin Chachavalpongpun, "Curbed Freedoms: Hypocrisy at New Heights", *Bangkok Post*, 29 September 2010.

# 泰国的紧急状态：奋斗与转型

【澳大利亚】Michael K. Connors①著　　姚键　杜洁　译

2010年，泰国的政治格局主要围绕制定权力合理运行的规则而展开，并形成了巨大的政治分歧。2008年，泰国人民民主联盟（PAD—the People's Alliance for Democracy）黄衫军抗议者曾上演过历时4个月的“民暴”，反对他们所谓的他信·西那瓦（Thaksin Shinawatra）流亡海外期间的非法代理政府。2010年与此如出一辙的是，来自泰国反独裁民主联盟（UDD—the United Front for Democracy Against Dictatorship）的“红遍全国”（Red All Over the Land）组织[1]的红衫军抗议者，发动暴乱反抗他们声称是“精英派”（the amaat）的官僚贵族权势。从3月中旬到5月19日，他们占领了曼谷主要的路口，要求军队抛弃政府。2010年，政治分歧造成血流成河。红衫军和泰国皇家军队（the Royal Thai Military）之间爆发致命冲突，造成90人死亡以及好几千人受伤。先前几次大规模抗议和镇压的历史——如1973年、1976年和1992年——都曾昭示着一个新的政治时代的到来。至于“四月—五月屠杀事件（the April-May killings）”情况是否也是如此，抑或这些事件只是这越发难以捉摸且远未结束的系列政治斗争中的一个部分，迄今仍然无法确定。

这一系列冲突凸显出自“2006年政变（the 2006 coup d'état）”迫使他信·西那瓦下台以来政治矛盾的危险发展[2]。这种政治以各种敌对与混杂的政治势力为特征，这些势力实际上破坏了其公开宣称的民主目标。自本

① Michael K. Connors是澳大利亚拉筹伯大学（La Trobe University, Australia）政治学与发展学教师。

世纪初以来，泰国为了实现理想的政权组织形式的斗争旷日持久，其中无一不是在位者以机构手段动用国家机器来对付政敌的，这对于信任执政当局按照约定范畴治理国家的少数派反对党来说就决无稳定可言[3]。局势在每一阶段不断地激化，投入赌注越来越高，和解空间越来越小，各种立场不可调和，阴谋与街头政治共同决定着政府和反对党的命运。不过就目前看来，关于内战的预测被证明是错误的[4]。

本文追溯2010年展开的这场斗争，同时也会涉及贪污腐败、政党政治、经济发展等老生常谈的问题，以及有关这些事态发展对于政权斗争这个较为广义的政治所具有的重要意义。但是首先，本文将对对2010年政局具有决定性影响的主要角色做出以下评述。

截至2010年底，以民主党（DP—the Democrat Party）阿披实·维乍集瓦（Abhisit Vejjajiva）为首的联合政府已经执政两年。2008年12月宪法法院（Constitutional Court）裁决解散了挺他信的人民力量党（PPP—People's Power Party），民主党由此成为联合政府的执政党。军事阴谋、各种交易以及现有的政党和派系竞争，导致小党和原人民力量党部分议员纷纷改投他党，民主党领导的联合政府这才得以建立[5]。作为一个纪律严明的政党，同样又是一个提倡精英自由、开明思想的政党，民主党宣称，一旦处理好动荡，就要把泰国带回到上世纪90年代自由民主的轨道。然而，民主党依靠其党内旧式富有政客及仍手握实权的联合执政同盟而在国会中位高权重，由此遭到人民民主联盟对其惊人的腐败程度的严厉指责。此外，民主党从实用主义出发，与蠢蠢欲动要求增加预算供给的军方和王室中央集权保守政治势力达成一致。同时，这些政治势力对红衫军运动（the red-shirt movement）持一种警惕和恐惧的态度。他们担心他信会在普密蓬国王（King Bhumiphol）病逝后控制王室[6]。

红衫军的行为及其持不同政见的言论，将民众对于经济福利、政治平等的向往以及对于独裁领袖（他信）命运的诉求表达紧密地联系起来。与其说反独裁民主联盟是一场社会运动，不如说是一个政治大杂烩，其与反对党为泰党（PT—Puea Thai Party）也有非正式的联系。这种关系势必带来两党在各府的资源相互调动互为支援。集地方政客、选举说客和反独裁民主联盟当地领袖于一身的现象也比较普遍。此外，通过领导层之间的联系，反独裁民主联盟在警方与官僚机构博得了同情和支持，甚至包括军方也有不同程度的支持。

红衫军运动的社会构成与人民民主联盟黄衫军社会构成呈现出显著的差异，后者主要以城市中产阶级为基础，尽管双方的支持者可能会来自同样的阶层。相比"通常的（generic）"黄衫军支持者而言，红衫军往往相对要更贫穷一些。前者往往在正规部门工作，后者更多是在非正式或地方部门工作或经营生意[7]。尽管如此，反独裁民主联盟一直以来都得到了来自曼谷职业中产阶层（the professional middle class）的支持。另外，尽管大都把红衫军运动称作穷人的运动，但评论家一语中的地指出，曾经的农民和农民企业家以及外省中产阶级下层的感受正是其社会基础[8]。提拉育·布米（Thirayut Bunmi）曾于五年前敏锐地指出，他信的草根政策主要针对的是新兴的小资产阶级[9]。但这并非是说他信和这场运动的支持者没有多少是穷人。

反独裁民主联盟实行多层级领导，由府领导人和地区领导人管理半自治的组织，负责筹集资金，提高政治觉悟，主持电台节目，发表文章，经营红色生意，为民众参加反独裁民主联盟集会提供便利。在高层有像贾兰（Jarun Dittha-apichai）和文·多集拉甘（Weng Tojirakarn）这样著名的政治领袖。最重要的是有有着"义勇三奇侠"之称的极具号召力的演说家——乍杜邦（Jatuporn Prompan）、纳塔武（Natthawut Saikua）和维拉（Veera Musikhapong）。三人在2008年联袂主持平日公共电视频道节目《今日真相（"Truth Today"）》，由此声名大噪。通过这个节目，他们对政变后的司法秩序和"独裁者的政党"——民主党进行了无情的抨击[10]。

反独裁民主联盟的抗议形式完全是人民民主联盟2006年和2008年抗议的翻版[11]。电视转播的政治集会俨然成为来自全国范围的红衫军支持者们的政治娱乐。在这些直播集会上，反独裁民主联盟也与人民民主联盟如出一辙，通过社交媒体采用流行音乐格式，恶毒的演讲，夸张的分析，以及令人震惊的爆料，难怪布拉维·罗亚那布鲁（Pravit Rojanaphruk）在提及红黄两种颜色时称之为“义务警员”媒体[12]。在各种集会上，反独裁民主联盟成员调皮地挥舞着塑料脚拍器，为痛批精英分子的接连演讲鼓掌喝彩，或许这是红衫军蔑视所谓社会优越性的一个信号，因为脚被认为是身体最卑贱的一部分。最起码，红衫军为长期嘲讽充斥官场生活和上流社会的伪贵族文化的流行文化赋予了足够的政治优势。

## 思想和力量的动员

在2009年4月曼谷的冲突中溃不成军之后，反独裁民主联盟展开重组，巩固其地位。特别是在“2006年政变”三周年政府援引《国内治安法》（the Internal Security Act）之际，反独裁民主联盟还定期举行集会。反独裁民主联盟的恒定主题是司法行政的双重标准。在2010年，约有一至两万名示威者到考艾国家森林公园抗议枢密院大臣素拉育·朱拉暖（Surayudh Julanont）在该处非法修建度假别墅。这种针对“phu yai”（字面意思是“大人物”）的示威，如果放在三年前还是不可想象的，现在却成了红色媒体对反他信势力可疑的经济利益的又一次曝光。素拉育的房子被拆除，对其他30多处非法占地的调查也展开了[13]。反独裁民主联盟无疑对重新认识不平等和双重标准方面起了一定的作用，由此产生了一种在泰语中称之为“taa sawang”的心境，或者说觉悟，这意味着敌对的精英分子的权力与利益构成必须是可见的，需要进行民主斗争也是可以理解的[14]。在2009年底和2010年初，反独裁民主联盟在整个东北地区稳步建立起抗议活动的基础设施，募捐数百万泰铢。在好几百个地方办起了非暴力和民主政治教育学校，教育培训数千名干部；而在其他地方，反独裁民主联盟领导人发表煽动性演说，告诉红衫军要以暴制暴[15]。

反独裁民主联盟预计，2月下旬最高法院可能会裁决查封冻结他信家族资产（被查封资产高达46亿泰铢）。由于针对素拉育的行动一举成功，反独裁民主联盟备受鼓舞，于是一鼓作气，将3月14日宣布为酝酿已久的曼谷游行日。该联盟呼吁为泰党成员们动员成千上万支持他们的选民。他们和基层领袖及政治活动家成功地发动了至少几十万人（有些人声称超过50万）。他们原本打算动员100万人，共睹政府在人间蒸发。红衫军领导人贾兰告诉《纽约时报》（*New York Times*）说，“我们的目的是要推翻政府，他们必须做出选择，要么镇压我们，要么下台”[16]。尽管政府下令设置路边检查，并援引《国内治安法》，曼谷游行仍旧声势浩大。从3月12日开始，数千人乘坐皮卡和巴士进入曼谷，他们挥舞着旗帜，播放着刺耳的音乐和演讲。他们个个思变，又因为曼谷居民的友好接待而士气大振。拉差当能路（Ratchadamnoen Road）成了集会的场所，反独裁民主联盟要求立即解散议会，并进行重新选举。两个星期来，红衫军转战曼谷各地进行象征性的抗议活动，如将1000公升示威者的鲜血泼洒在议会和总理官邸，总理事先听闻消息，逃进军营。红衫军拜访了驻扎在寺庙和学校里的部队，要求他们返回兵营。为了安抚民众，军方同意了他们的要求。

宣传动员部分出于他信势力的一种企图，即以此逼得选举或政府换届，以及恢复《1997年宪法》。这将全盘瓦解自“2006年政变”后实施的所有的法律和政治变革。但是，仅凭他信的命运还不足以起到如此的激励作用，即使其命运被证明是一种强大的能量资源；确切来讲，一个因在2006年和2008年两度被剥夺选举发言权而感到委屈的成员，正在向一个再也不能将自己的意志强加于民的旧有的既成势力发出通知[17]。其实，虽然反独裁民主联盟对其提交的执行双重标准的实例精挑细选，但却唤起了更多民众对泰国法治的落后状态的警醒。

政府在3月下旬提出了和谈，并对其中两次进行了电视转播。许多观察家希望和解与谈判可以达成政治过渡。泰国著名的非暴力主张者猜瓦·萨他安达（Chaiwat Satha-Anand）高度概括了这种向往："这一刻时间停止了，一切都前所未有。你真的看见了具有深刻政治分歧的人们走到了一起，文明礼貌地彼此交谈……它显示了泰国社会如何走向成熟，以解决政治冲突。"[18]相比关于内战可能性的喋喋不休，以及目前曼谷随处可能的居心叵测的爆炸活动，和解最终是不切实际的幻想。

由于选举日期方面的分歧，谈判最终破裂。反独裁民主联盟要求在两周内解散议会，而政府提出了9个月的期限。形势进一步恶化。反独裁民主联盟将其大本营搬迁至五光十色的商业区拉差帕颂（Rachaprasong）。一位红衫军的负责人解释说："我们来这里是因为这个区域是曼谷精英的象征。我们要告诉他们，如果得不到人民的共识，他们就无权统治。"[19]4月7日，红衫军冲进议会，政府随即宣布进入紧急状态，将大权移交军方，以恢复秩序。对此，反独裁民主联盟重新部署，扩大了对拉差帕颂商业区与其他几个据点的控制，确定采取长时间僵持策略。示威者人数已由3月14日曼谷游行时的几十万人下降至日夜辛劳参与活动的大约一至三万名中坚分子。他们的心态已完全改变，尤其希望采取暴力行动。

主要路口的交通管制就丢给了红衫军的"执法者"，他们挥舞着手臂指挥着来来往往的交通。就在事发现场，反独裁民主联盟领导人宣布政府非法，呼吁回归《1997年宪法》，号召军队加入他们的队伍，并指出"红番茄"警察队（tomato police）已经加入。红衫军被派往不同的地点去执行各种战术任务，很容易触犯《紧急状态法》。地下非法电台调侃政府的审查制度，反独裁民主联盟在这一主要网络遭到封锁后，改用短信服务网络来应对[20]。随着冲突不断加剧，战术却固守成规，抗议者队伍势力日渐单薄。

4月9日，一些反独裁民主联盟领袖在明知可能遭到镇压的情况下，为了播放其已被关闭的人民频道电视台（People Channel station）的节目，下令占领泰空卫星公司（Thai. Com）。在与军方发生冲突之后，红衫军成功占领了泰空卫星公司，但不到几个小时便被驱逐。于是乎事件的焦点又回到了拉差帕颂路口，防暴警察于4月10日受命封闭抗议现场，与示威者进行了紧张的谈判。随后，警方在示威者的欢呼和挥手致意中撤离了现场[21]。但就在距离拉差帕颂路的民主纪念碑不远处，情况却大相径庭。受命夺回反独裁民主联盟占领地段的军队最终与混迹于红衫军中的一些不明身份的武装人员，即所谓的"黑衣人（men in black）"或"浪人（Ronin）"交上了火。交火造成5名士兵和20名平民死亡。这正是一些红衫军强硬派和机会主义者最终希望看到的，这样的死亡人数和镇压很可能触发大规模的政局变化，就如同过去曾发生的那样。但事实并非如此。虽然反独裁民主联盟抬尸游街示众，并谴责政府是杀人犯，但正是因为明显有亲红派的黑衣人的神秘存在，国际社会反应平淡。

人们关注的焦点移至红衫军运动中的强硬势力，这些强硬势力此前不惜公开与中央领导层决裂。今年3月，素有"红色指挥官（Seh Daeng）"之称的卡迪亚·萨瓦滴蓬（Kattiya Sawasdiphol）将军与班洛·彬玛尼（Panlop Pinmanee）将军，曾对核心领导人的抗议战略表示失望——声称这不会取得胜利[22]。此外还有一些来自红衫军运动激进势力的文职领导人，例如组织涣散的红色暹罗（Red Siam group）。红色暹罗在2009年7月红衫军组织调整之后，就已经与主流的红色运动渐行渐远。尽管如此，一些立场较为激进的同盟，例如"红色指挥官"和其他好战分子，可以不受限制地游走于各种抗议活动之间，还组织了退休准军事巡警担当红衫军的卫士。有报道说，这些卫士和其他红衫卫士之间关系紧张。"红色指挥官"以其特立独行和硬汉形象成为红衫军中的热门人物，他被指控秘密组织了一支准军事的红衫力量，虽然他否认认识"浪人"。"红色指挥官"凭借其毫不妥协与表面抗争，在4月10日的冲突后声誉鹊起。他自始至终得到了他信的支持并随时与他信保持联络。或许由于考虑到诸如像“红色指挥官”这样的人物，政府才不断地对抗议现场的“恐怖分子”予以打击。

几个星期以来，反独裁民主联盟领导人与不愿执行逮捕令的警方之间玩起了猫捉老鼠的游戏。本场游戏最轰动的是那几幅关于大腹便便的反独裁民主联盟领导人阿里斯曼（Arisman）从酒店窗户逃生的画面。警方的不作为再一次在电视上曝光，成为人们的笑柄。在拉差帕颂，联盟领导人与支持他们的警方保持电话联系，要警方装腔作势地继续上演逮捕闹剧，事实也的确如此。但是，这些插科打诨中所隐藏的真正意图非常致命：嘲弄政府无能，要求更迭政府。随着时间的推移，红衫军肆无忌惮地挥舞着大棒，越来越具挑衅性。曼谷街头的场景可以说令人回想起了1848年震撼欧洲的那一个红色夏天，当时的普通民众、武装民兵和知识分子俱乐部投身于那场轰轰烈烈的变革，每天挑战国家权威。

由于零星暴力行为的陆续发生，包括4月22日是隆路（Silom Road）手榴弹袭击反红衫示威者，反独裁民主联盟的立场有所缓和，提出30天内解散议会，60天后举行选举。提议遭到了拒绝。5月初，阿披实政府提出2010年11月14日举行选举（以政治和平为条件），并提出和解路线图，其中包括社会和经济改革以及对四月事件进行独立调查[23]。在军队加紧调动的背景下，反独裁民主联盟领导人有条件地接受了政府的提议，仍然要求明确众议院解散日期，但没有再提对四月镇压的特赦问题。阿披实表示议会将于9月中下旬解散，但不会特赦。然而，反独裁民主联盟领导层内部却出现了分裂。和解路线图最坚定的支持者维拉（VEERA）从此消失，反独裁民主联盟的意图让人不解。一些具体事项出现分歧，谈判因此而搁浅。

据报道，他信与盟友曾阻止反独裁民主联盟领导人接受和解路线图，他们认为政府下台近在咫尺。不接受路线图的原因多种多样。如果实施路线图，就会让阿披实的联合政府有机可乘，他们可以掌控军队和警署官员的晋升。关键职务的人员安置弄不好会削弱一届新当选的为泰党政府的力量，就像2008年军方拒绝对人民民主联盟占领总督府和素万那普机场（Suvarnabhumi Airport）事件采取行动一样。3月下旬，就反独裁民主联盟与为泰党对2010年末解散议院的关注问题，《曼谷邮报》（*the Bangkok Post*）这样分析说："民主党期待任命帕拉育（Prayut）将军以达到互惠互利……［同时］内部安全行动指挥部（the Internal Security Operations Command），其年度预算超过80亿泰铢……可以成为民主党在竞选期间拉票的一个重要工具。"[24]面对这一前景，再加上对亲他信政府2008年在修订宪法和废止法律方面的无能为力至今耿耿于怀，反独裁民主联盟内的激进分子与中坚分子决定孤注一掷。"红色指挥官"对外宣称他信反对终止集会。非常有趣的是，在有报道声称一些反独裁民主联盟领导人正在与当局秘密谈判并打算交出红衫军的铁杆分子后，他声称他信支持重新组建一个新的领导班子[25]。他信通过推特（Twitter）注意到，路线图并没有规定解散议会的具体日期，便私下施加压力，并通过社交媒体表示他同意不接受该路线图："今天，来参加集会的兄弟姐妹们要比领袖们更有眼光。他们要求公正和民主。未经他们同意，任何人都很难替他们做决定。"[26]

到了5月12日，路线图寿终正寝。杀戮，以往还是打断抗议的手段，现在却成了脱缰的野马。5月13日，"红色指挥官"被暗杀。第二天政府宣布将强行终止抗议，最终于5月19日以暴力这样极具争议的手段平息事端。这些行动令超过50名平民丧生，令人发指的是，有六人是在一个已宣布为妇女儿童避风港的佛教寺庙内被杀害。尽管军队残暴枪杀示威者并烧毁了几十家曼谷的商店和一些外府的市政厅，但政府却幸免于难。泰国的紧急状态已演变成一种消除任何威胁其安全的危机的应急状态。暴力和政府更迭的历史脚本最终未能上演。

敌对双方互相指责对方使用暴力。国际人权律师罗伯特·阿姆斯特丹（Robert Amsterdam）受雇于他信，四处宣传他信的清白无辜和泰国的国家暴力问题。可以想象其报告所具有的偏袒性。尽管如此，也不难从其中看出国家犯罪的端倪，只不过拿了钱替人消灾，所述内容总是有所选择罢了[27]。政府机构就恐怖主义和推翻君主制运动发表了若干声明，但效果甚微，特别是其拒不承认军队射杀了手无寸铁的示威者。3至5月份究竟发生了什么将难以重见天日。然而，由专业和民间记者提供的大量证据表明，泰国军方对人群的控制超过了国际准则，士兵曾开枪打死手无寸铁的示威者[28]。有关黑衣人和其他暴力势力存在的说法，或许是军队采取低水准的不恰当反应的部分原因，但这并无确凿证据，反倒是反独裁民主联盟的相关势力分明也使用了暴力。

## 余　波

12月22日，政府终于解除曼谷和周边外府的应急状态，并援引《内部安全法》，授权国内安全行动指挥部来负责安全问题。到了年底，大部分红衫军领导人要么仍然在蹲监狱，要么继续躲藏。首先，他们是根据《2005年紧急法令》（the 2005 Emergency Decree）未经指控便被投入大牢的，后来才被控从事恐怖活动。甚至连数百名名不见经传的红衫军成员也遭羁押——他们中的一些仅是抗议活动的旁观者，一些涉嫌煽动激进行为，一些仅是违反紧急管制措施，如宵禁和集结。红色媒介，自紧急状态实施以来已遭到禁止，到了年底又开始重新冒了出来，同时也出现了一些中小规模的象征性的红衫军集会。

作为和解努力的一部分——尽管考虑到与紧急状态和新闻审查有些矛盾——政府制订了重大改革举措，由经验丰富的自由保皇派阿南·班雅拉春（Anand Panyarachun）和布拉卫·瓦辛（Prawet Wasi）主持该项工作，承诺反思泰国广泛存在的不平等现象。两人均是20世纪90年代改革进程中的核心人物，极具影响力[29]。虽然上述改革进程有可能通过这些委员会予以实施，以维护社会的稳定及增强凝聚力，但同样有可能的是，他们将充当烟幕，背地里却利用法律、舆论、镇压等手段摧毁红衫军的主要势力。政府还任命了一个真相与和解委员会（Truth and Reconciliation Committee）。该委员会一直审慎地审查政府和司法程序的漏洞，但并未实际授权强制索取国家机构的证词。该委员会报告说，直至年底军方尚未提交镇压过程中所采取的行动计划[30]。委员会催促政府给数百名仍然在押的红衫军示威者提供保释援助。然而，“四月—五月屠杀事件”带给人们的痛苦和其真相遭到的扭曲并不会轻易地一挥而去。例如，特别调查部（the Department of Special Investigation）尽管负责调查那些杀戮事件，但却没有发表任何有关事件的确切报告。在其一份临时报告中，它将所调查的12名死者中的8人的死亡归咎于红衫军和黑衣人，这个比例与事实并不相符。特别调查部对杀死其余4人的罪魁祸首没有定论[31]。国家的秘密，或许还有武装民兵的秘密，可能会让死者难以平反昭雪。

早在4月和5月的暴力发生前，反独裁民主联盟领导人文·多集拉甘（Weng）指出：“这是一个统一战线，也就是说，只要能合作，我们就要合作。不能合作的，我们搁置一边。”[32]与之相左的一个观点便是使用暴力，并且这个问题一直让反独裁民主联盟的温和派倍感困扰。无力应对这一状况的现实发人深省。反独裁民主联盟的组织结构以及通达他信的非正式权力路线倒是蛮适合从事一场目标自相矛盾的运动。虽然反独裁民主联盟在形式上是以集中制领导的亲民主运动，但在关键时刻却屡屡发生超凡调解斡旋凌驾于组织原则之上的事。对于其中坚分子而言，反独裁民主联盟需要一个含糊的组织构架，这样其权力线在必要时既可不引人注目，也可十分强大。事后对这些问题进行一段时间的反思之后，2010年12月出任反独裁民主联盟主席的提达·他沃申（Thida Thavornseth）指出，“文博士说，武装分子让警察逮捕他们……我告诉他，‘你一定要小心，不要成为这些武装分子暗杀的目标’……我们不需要任何武装势力横亘在我们中间，因为他们给我们带来麻烦。如果是这样，我们就要驱逐他们……但他们没有离开”[33]。在这次采访中，她还公开讲述了反独裁民主联盟内部有关武装斗争战略是否是可行的争论。显然有些人认为至少某种形式的暴力行为是必要的。

## 进入议会

议会这个舞台一直与紧急状态下的政坛和反独裁民主联盟的街头政治扯不上多大关系。然而在正式的政治领域当中，事态的发展颇为有趣。11月下旬，部分由于为泰党的抵制，议会混乱无序地召开了两院联席会议，初审通过一项修改宪法的提案。如果该提案获得采纳，似乎可能性极大，由政府发起的这项提案将以375个单议席选区取代现行的400个多议席选区系统，并将以125名单一政党名单席位取代目前的80个地区政党名单席位，这一变化似乎反映了联合政府各派别相互竞争的需求。联合政府中的小党强烈支持单议席选区，因为这将使他们能够集中资源，而不是因多议席选区太大而把战线铺得过长。最重要的是，增加政党名单席位有望惠及民主党。在2007年大选中，民主党的名单制选票几乎与人民力量党相当。就在这次议会会议上，一个与反独裁民主联盟有关联的组织提出一个由70 000个公民赞同的议案，要求有效恢复《1997年宪法》，这一议案虽未获得通过，但赢得了为泰党的国会议员和联合政府中一些党派成员的支持[34]。

自上台以来，阿披实政府一直以关爱穷人、致力改革的政府形象示人——不顾商界反对，大力推进土地改革，提供免费教育，提高最低工资等。为了扩大税基，政府提出了渐进式的土地税收。其他方面的改革还包括给老年人每月发放小津贴，援助被排除在社会福利基金之外的非正规部门工人。预期这些改革会扩大社会福利规定的受益人群，并有望超过他信的未竟事业[35]。那些把此举视为选举福利最新山寨版的人忽略了一件事，那

就是2005年民主党选举时同样采用了“民粹主义措施”，试图超越泰爱泰党[36]。政府对公众意见的应变能力已发生了永久性的转变，因为这种意见的直接后果导致了近十年来政坛的争执不断。

从负面来讲，一位民主党知情人士告诉笔者，尽管给村庄和地区增加了预算拨款，但官僚层级体系和逐级发放，实际上就是对地方财政预算的再次中央集权化。这极大地引起了外府和地区的政治阶层的不满，他们也通过红衫军运动部分表达了自己的思想。在2010年底，政府宣布，将提议下放和扩大地方财政预算，为期七年[37]。

看来政府已经不堪盟友的重荷，不惜草率推出这些政策。尽管阿披实在处理部长级高官贪腐问题上果断有力、态度坚决（两年中已有三位落马），但特别是在处理权重利多的内政部事务时，他却受到了党内顾虑的束缚。民主党担心联合政府的盟友，目前控制内政部的自豪泰党（Bhumjai Thai Party）会背弃内政部。如此的权宜联盟虽然使政府得以维系，但就“善治”而言，必将以其公信力降低为代价。

2010年，民主党所面临的最大的准危机是由于涉嫌选举违法而有可能被宪法法院解散。在4月的抗议活动中，选举委员会向法院转递了两起案件，均是反独裁民主联盟执行双重标准的产物。法院在11月29日和12月9日对其法律依据进行裁决，以选举委员会没有遵循正当程序为由，驳回了该案。对于民主党人来说，法律依据成了救世主；而对于红衫军来说，这是其双重标准的子弹再次出膛。这一点证据确凿，先前就曾有一段一名法庭官员和一个民主党议员一起讨论这两个案件的视频被上传到视频网站。一条鸿沟泾渭分明，一边是执政党的依法执政，一边是民间对反对红衫军和亲他信势力的法律的满腔愤怒[38]。

2010年，作为反对党的为泰党备受派系纷争、领导不力和内讧不断的困扰。2010年上半年，为泰党在很大程度上成为反独裁民主联盟的配角。虽然他信似乎希望保持为泰党的反对党身份，但又不愿意任其被单一的力量所控制，或许是因为他曾经因2008年乃温·齐措（Newin Chidchob）派系的崛起吃过不少苦头（这个派系背叛后转而帮助民主党组织联合政府），并且也在反思沙马·顺达卫（Samak Sundaravej）总理最终是怎样成为他的替身的，而且仅仅是有名无实。领导人之间关于党的组织问题的争吵经常见诸新闻报道，其中提及对流亡中的他信进行礼节性拜访或电话交谈[39]。为泰党仍然受他的影响，但已不能绝对掌控，一是由于所谓的资金支持，二是因为他的选举号召力。正如一位杰出的为泰党政治家指出的那样：“我看不出我们提出以他信为卖点有什么不利之处。我们应该认为我们在选择合适的产品。而其他产品不值得投资。”[40]这种营销可能包括他信的一名亲戚——为泰党的掌舵人。

2010年，为泰党确实获得了一些坚实的政治声誉。其成员致力于揭露执行政府的经济刺激方案中发生的各种腐败丑闻和违规行为。为泰党最大的成就是，尽管改弦更张具有充分补偿的诱惑，但它仍然保持其立场。最值得注意的是，尽管受到恐怖主义的指责，为泰党仍派出了一位被囚禁的红衫军领导人参加在曼谷的7月补选，并获得了40%的选票，民主党在12月补选中表现不佳，仅获得选区五个席位中的一个[41]。

## 这不是腐败

2010年泰国发生了几起突出的腐败丑闻，而GT200炸弹探测器丑闻尤其令人回味，说它是公开抢劫和厚颜无耻的抵赖也一点不过分。这一丑闻说明了泰国司法长久以来弊端：对腐败有罪不罚，对受害者麻木不仁，利用道德说教转移批评，对于潜在威胁不愿深究。

从2005年开始，军方高价采购了数百台GT200装置，其中大多数是在“2006年政变”后购买的[42]。这些装置最终被证明是加了一根天线的空塑料盒子。一位炸药专家对于该装置如是说：“从一个专业人员的角度讲，我会说这是一个空的塑料匣子。”[43]

GT200炸弹探测器供泰国军队和警察使用，尤其是在供驻扎在泰国南部马来穆斯林聚居区的军队与警察使用。2010年，这个地区反对曼谷中央政府的叛乱持续不断，已经夺去了500个人的生命。《民族报》（*Nation*）报道说，数百名叛乱嫌疑人已被逮捕，并关押在GT200爆炸化学品职业检测再培训营地[44]。人权监察站（Human Rights Watch）估计，被关押的分裂主义嫌疑分子中有10%是根据GT200的监测数值而遭关押的[45]。

阿披实取消了后续订单，但军方认为应该继续使用，并得到了大名鼎鼎的法医波提·罗扎苏（Porntip Rojanasund）的报告的正面支持[46]。波提常常应邀发表公正而大胆的意见，披露关于容易滋生腐败和弄虚作假的犯罪和安全环境的调查结果。这一次，她站到军方一边。她在《民意报》（*Matichon*）的一篇报道中指出，法医学研究所仍将使用GT200；虽然GT200装置不是一个科学仪器，它仍然可能派上用场：“［使用中］最重要的变量是操作人员，该研究所仍然可以有效地使用该装置。”这一观点得到了一名泰国陆军中士的肯定。他报告说，只要他夜晚睡眠不好，装置就不灵。但当他睡得很好时，装置的效果令人印象深刻。幸运的是，他解释说，睡眠不好时，他不会使用该装置。他补充说：“你一定不要觉得饿，不要想找个厕所解决燃眉之急，否则GT200将无法正常工作。”[47]

前陆军总司令阿努蓬·保金达（Anupong Paochinda）举行了新闻发布会，抨击对GT200的相关批评，以强横的口吻责问批评者是否居心叵测。他支持继续使用这种空塑料盒[48]。这个案子现在交到了审计处。几乎没有人指望会给什么人定罪或赔偿已开支的10亿泰铢。

就如同就泰国国家机构的腐败写一篇讽刺文章似的，GT200也是对泰国政治谎言的个案研究。2010年，泰国在透明国际清廉指数排名第78位，与2005年排名第59位相比明显更加腐败[49]。

## “展望未来”：泰国的经济——政治关联

2010年，尽管政治动荡，流血冲突不断，人们普遍情绪悲观，但却发生了一个小小的奇迹，泰国经济继续相对向好，尽管旅游业遭受重创[50]。政府已经宣布，力图促进国内消费，转变单一的出口导向型经济增长模式，因为政府认为这种模式不能解决贫富差距问题。目前，贸易项目约占GDP总值的70%[51]。然而受益于出口反弹和外资流入，与2009年降低了2.2%相比，2010年泰国经济增长了7%[52]。9月传来更多有关商业的好消息。中央行政法院（the Central Administrative Court）推翻了其于2009年做出的一个惊人的裁决——当时由于附近的居民投诉项目危害其健康，中央行政法院决定暂停政府批准在玛达浦工业区（the Ma Ta Phut Industrial Estate）实施的76个项目。商业对泰国投资环境的刺激迫使政府锐意进取，与商业组织携手，以满足法院对解除中止的条件要求[53]。实现了这一点，对于人类的健康福祉与环境的根本关注似乎得到了极大的改观。

2010年7月，泰国央行副行长反刍泰国良好的经济态势，尽管在过去两年全球经济增长放缓。然后，他的话题转到国内政局不稳的问题上，“最终，有关泰国的政治局势将如何发展，我们是有风险的”，并指出政治动乱所造成的短期影响。这位副行长多少有点乐观，看到了泰国的外国投资记录反映出的积极趋势，尽管与邻国相较，泰国的外来投资已经放缓。由于政局不稳，泰国的经济地位已受到影响，外国投资者对在泰投资比以往更加谨慎。这可能有政治影响的原因。

持久的政治不稳定可以撼动体系。一些重要玩家可能会重新评估迄今为止在这场头痛医头、脚痛医脚的修宪游戏中如何超越自身的立场与思想。当泰国的战略思想家和规划者考虑重新调整其政治经济结构时，他们或许会注意到，其他地方的集权发展主义制度，或新加坡和马来西亚的有限民主制度，并非对资本主义发展尤其不利。源于旷日持久的危机而对政治改革的期盼不必朝着自由的单一方向发展。或者说，如果需要按照自由的方向发展，也或许是一种自由监护形式。泰国自20世纪90年代以来就实行民主选举，但在"2006年政变"后中断。而与2010年充满争议的政治相联系的混乱状况与心灵创伤，或许就是限制和重塑民主选举的理由。这很容易让人记住，温和的社会思想家布拉卫·瓦辛支持上议院的先贤就《1997年宪法》举行辩论。这些曾经多少推动了对《1997年宪法》的辩论的想法，却在对选举和自由民主的一片乐观情绪中被抛弃一旁。但是，这些想法正在以某种形式卷土重来。根据由军方发起的《2007年宪法》实施的上议员半任命制，考虑让"足智多谋的老资格"当权者来对议会的立法方向和国家的独立机构施加影响。颂提·林通恭（Sondhi Limthongkul）在2006年倡导的，在2008年人民民主联盟抗议中发挥得淋漓尽致的组合主义或选择性民主形式，可能会逐渐获得支持。而领头羊一定是民主党，而且已有所动作。泰国财政部长空·乍滴甲瓦尼（Korn Chatikavanij）在日本发表讲话，听起来像李光耀，西装上仍散发着曼谷的闷烧味，怠倦地指出泰国人喜欢示威活动，并提到泰国的"民族妄想"（democrazy）。他称赞那些非民主政治制度，但能保证某种财富再分配和机会的国家。他的下述意见表达了明确的方向："如果亚洲需要吸取教训的话……这个教训或许就是，开放、竞争、相对平等获取资源和机会要比刻板遵循西方的民主模式更为重要。"[54]

这是否意味着20世纪90年代有关精英式自由民主对泰国资本主义发展有利的初步共识就此终结，目前仍不清楚。自21世纪第一个十年中期以来，这一共识已经中止，成为了无休止政权争斗的牺牲品。当然，一个经济上占主导地位的中国（泰国的第二大贸易伙伴）所产生的地缘牵引力以及其他相对成功的非西方的可控型民主模式会削弱这一共识的力量，就如同泰国出现的安全状态对其削弱一样。在国内，由于泰国统治阶层面临进一步动荡甚至被推翻的前景，对于保守的"泰式民主"形式予以现代化的压力也许最终会十分引人注目[55]。

［原文“Thailand’s Emergency State：Struggles and Transformations”载于《东南亚事务》（*Southeast Asian Affairs*）2011年，第287页—305页］

## 注释：

1 关于泰国反独裁民主联盟（UDD）为将自己与更为激进的“红色暹罗（Redsiam）”派别区别开来而进行的更名，参见“Weera phae N.P.C. prap khrongsang mai” [Veera announces new structure of UDD], *Prachatai*, 10 July 2009. 激进派反对皇室请愿，寻求宽恕他信。

2 参见“Thailand’s ‘Good Coup’: The Fall of Thaksin, the Military and Democracy”, *Journal of Contemporary Asia* 38, no. 2 (2008)。

3 参见Michael K. Connors, “Liberalism, Authoritarianism and the Politics of Decisionism in Thailand”, *Pacific Review* 22, no. 3 (2009): 355-73。

4 参见被广泛引述的文章，例如Jaermsak Pinthong, “Roa kamlang yuu nai yuk songkram kanmuang!” [We are in the middle of a political war], *Naewnaa*, 28 December 2009 <http://www.naewna.com/news.asp?ID=193202>。

5 Chairat Charoensin-o-larn, “Thailand in 2009: Unusual Politics Become Usual”, in *Southeast Asian Affairs 2010*, edited by Daljit Singh (Singapore: Institute of Southeast Asian Studies, 2010), pp. 303-31.

6 产生这种影响的谣言流传了很长时间，并似乎在美国驻曼谷大使馆电报事件中得到了验证，被《卫报》（the *Guardian*）网站转载，报道了泰国枢密院大臣（Privy Councillor）对他信与太子（the Crown Prince）之间关系所表达出的担忧。参见<http://www.guardian.co.uk/world/us-embassy-cablesdocuments/245161>。

7 参见Kamol Hengkietisak, “Who Are the Yellow Shirts and What Drives Them?” *Bangkok Post*, 17 July 2010以及 Aphichart Sathitniramai, “Paetwijairawn chamlae khrai kheu seu daeng lae khwaamkhapkhongjai? ” [Research and analysis: Who are the redshirts and (what are) their frustrations?] *Matichon*, 21 July 2010 <http://www.matichon.co.th/news_detail.ph

p?newsid=1279607815&grpid=01&catid>。

8 这个讨论引自我有幸读到的两篇文章：Naruemon Thabchumpon and Duncan McCargo, "Behind the 2010 Thai Redshirt Protests: Not Just Poor Farmers", 2010; Somchai Phatharathananunth, "Rural Transformations, Democratization and Popular Resistance: The Emergence of the Rural Redshirts in Northeast Thailand", 2010。

9 Thirayut Bunmi, "Wikro Sangkhom Thai yuk Thaksinuwat" [Analysing Thai society in the era of Thaksinisation], *Matichon*, 6 January 2003.

10 这发生在他信之前的沙马政府的任期内。参见Michael K. Connors, "Thailand's Media and Law Wars: The Hijacking of State Media", *Sovereign Myth*, 5 August 2008 <http://sovereignmyth.blogspot.com/2008/08/thailands-mediaand-law-wars-hijacking.html>。

11 Duncan McCargo, "Thai Politics as Reality TV", *Journal of Asian Studies* 68, no. 1 (2009), pp. 7-19.

12 "Interview with Pravit Rojanaphruk", *Prachatai*, 15 March 2010 <http://www.prachatai.com/english/node/1677>.

13 "Forestry Dept Ready to Seize More Land", *Bangkok Post*, 26 March 2010 <http://www.bangkokpost.com/news/local/35049/forestry-dept-ready-to-seize-more-land>.

14 Seth Mydans, "Bangkok Grows Calm, but Social Divisions Remain", *New York Times,* 20 May 2010. See also the 19 September 2010 declaration by UDD, "Commemoration 19 September: *Taa Sawang* Across the Land" <http://prachatai.com/journal/2010/09/31107>. Offering a critique of "old powers" and "families" that have destroyed democracy, the declaration also calls for a lower GST tax and guaranteed income for farmers.

15 例如，参见拷艾抗议事件中阿里斯曼（Arisman Pongruangrong）发表的演讲，号召大家一把火烧掉曼谷，否则反独裁民主联盟（UDD）将会被镇压。参见由Bangkok Pundit (pseud.) 提供的翻译版 <http://asiancorrespondent.com/29706/non-gandhi-style/>. Similar speeches were made from the UDD stage.

16 "Thailand Braces for Political Rallies in Capital", *New York Times*, 11 March 2010.

17 Chang Noi, "Witness the Death of Deference", *The Nation*, 22 March 2010 <http://www.nationmultimedia.com/home/2010/03/22/opinion/Witness-the-death-of-deference-30125247.html>.

18 Marwaan Macan-Markar, "Peace Talks Echo Spirit of Non-violence", *Irrawaddy*, 29 March 2010 <http://www.irrawaddy.org/print_article.php?art_id=18152>.

19 “Thai Protesters Swarm Bangkok Shopping District”, Reuters.com, 3 April 2010 <http://www.reuters.com/article/idUSTRE6320LL20100403>.

20 详细的媒体报道，参见*Prachatai,* prachatai.com, and Bangkok Pundit. ICG报道也非常全面。

21 不同的目击者陈述，参见New Mandala, Bangkok Pundit, and my own description of events at Rachaprasong at <http://sovereignmyth.blogspot.com/2010/04/some-observations-on-red-rally-at.html>.

22 “Hardliners Expelled after Damning Peaceful Approach and Calling for New Leaders”, *Bangkok Post*, 18 March 2010 <http://www.bangkokpost.com/news/politics/34588/split-in-udd-casts-cloud-over-future/page-3/>.

23 “Thai Protesters Mull PM Offer of November Elections”, *Bangkok Post*, 3 May 2010 <http://www.bangkokpost.com/breakingnews/176768/thai-pm-says-working-onroadmap-to-end-crisis>.

24 “Army Calls Shots on House Dissolution”, *Bangkok Post*, 31 March 2010 <http://www.bangkokpost.com/news/politics/35304/army-calls-shots-on-house-dissolution>.

25 参见 “Nophadon ang Maew mong phaen prongdong” [Nopadon says Thaksin is looking at the reconciliation plan], *Matichon*, 10 May 2010 <http://www.matichon.co.th/news_detail.php?newsid=1273387096&grpid=10&catid=01>; “Seh daeng buutMaew sangdang kaennam daeng run 2”, *Khao Sut*, 10 May 2010 <http://www.khaosod. co.th/view_newsonline.php?newsid=TVRJM016UTNOREExT0E9PQ==>。

26 “Nophadon aang Maew mong phaen prongdong”, *Matichon*, 10 May 2010.

27 The report is available at <http://asiapacific.anu.edu.au/newmandala/2010/10/27/robert-amsterdams-preliminary-submission-to-the-international-criminalcourt/>.

28 军队指定“自由开火区（live firing zones）”很可能会造成很大的伤亡。参见Human Rights Watch, “Thailand: Revoke ‘Live Fire Zones’ in Bangkok”, 15 May 2010 <http://www.hrw.org/node/90498>。

29 更多讨论参见Michael K. Connors, *Democracy and National Identity in Thailand* (NIAS Press, 2007), pp. 182-239。

30 参见“TRC Wants to Find the Truth, Not Pass the Blame”, *Bangkok Post*, 26 December 2010 <http://www.bangkokpost.com/news/politics/213113/trc-wants-to-find-the-truthnot-pass-the-blame>。

31 "Reds, 'Men in Black' Involved in Eight Cases of Deaths", *The Nation*, 17 November 2010 <http://www.nationmultimedia.com/2010/11/17/politics/Reds-&039;men-inblack&039;-involved-in-eight-case-30142435.html>.

32 引自BBC访谈,"Verdict on Thaksin Billions Unlikely to Heal Divide", 26 February 2010 <http://news.bbc.co.uk/2/hi/asia-pacific/8539305.stm>。

33 Thida Thavornseth "Kunseau nawkkhuk" [Thida Thavornseth (UDD's) advisor on the outside], *Post Today*, 24 July 2010 <http://www.posttoday.com/>.

34 "Yellow-shirts Rally against Proposed Charter Change", *Bangkok Post*, 23 November 2010; "Two Draft Charter Changes Approved", *The Nation*, 26 November 2010. Critics also note that remapping the electoral boundaries in the said manner will dilute the local votes of the northeastern Provinces — PT's stronghold. The UDD proposal also included amendments relating to the Privy Council.

35 See the view of Democrat MP Kraisak Choonhaven, "Thailand: A Class Struggle?" *Irrawaddy*, 1 May 2010 <http://www.irrawaddy.org/opinion_story.php?art_id=18361>.

36 参见Connors, *Democracy and National Identity*, p. 256。

37 现场记录，7 July 2010; 同时参见 "PM Sets Decentralization Plan", *Bangkok Post*, 19 December 2010 <http://www.bangkokpost.com/news/local/212008/local-bodybudgets-get-shot-in-arm>。

38 关于该项决定的强烈批评，参见Thitinan Pongsudhirak, "Thailand's Misrule by Law", *Wall Street Journal*, 15 December 2010 <http://online.wsj.com/article/SB10001424052748704694004576018852997282210.html>。

39 该过程的一个案例，参见"Thaksin Gives Go Ahead to Mingwan Bid", *Bangkok Post*, 29 December 2010 <http://www.bangkokpost.com/news/politics/213540/thaksin-gives-go-ahead-to-mingkwan-bid>。

40 "Pheu Thai Does Not Need a New Leader Because Thaksin is Already the Real Leader: Chalerm", *The Nation*, 6 July 2009 <http://www.nationmultimedia.com/2009/07/06/politics/politics_30106751.php>.

41 参见 "Panich Claims Victory in Hotly Contested By-election", *Bangkok Post*, 25 July 2010; "Govt Parties Buoyed by Poll Result", *Bangkok Post*, 13 December 2010。

42 "GT 200", *Khao Issara*, 20 February 2010 <http://www.south.isranews.org/talk-tothe-editor/195--200-.html>.

43 "UK Warns World about Useless 'Bomb Detectors'", BBC News Night, 27 January 2010 <http://news.bbc.co.uk/2/hi/programmes/newsnight/8481774.stm>.

44 "Islamic Panel Demands Retrials for Insurgents, Sympathisers", *The Nation*, 18 February 2010.<http://www.nationmultimedia.com/2010/02/18/national/national_30122871.php>.

45 Human Rights Watch, "Thailand: Stop Using Discredited Explosives Detector", 17 February 2010 <http://www.hrw.org/en/news/2010/02/17/thailand-stop-usingdiscredited-explosives-detector>.

46 "Maw Phonthip yan chai ngan daw" [Dr Phonthip confirms will still use (GT200)], *Matichon*, 16 February 2010<http://www.matichon.co.th/news_detail.php?newsid=1266332536&grpid=01&catid>.

47 Nasuerah Jehha, "In Praise of GT200 Bomb Detector", *To Khao Pak Tai*, 28 January 2010 <http://www.south.isranews.org/english-article/152-in-praise-of-gt200-bombdetector.html>.

48 "Army Drops GT200 Bombshell", *The Nation*, 19 February 2010 <http://www.nationmultimedia.com/home/2010/02/19/politics/Army-drops-GT200-bombshell-30122961.html>; "Dogs Could Sniff Bomb Out Better Than GT200", *The Nation*, 26 January 2010 <http://www.nationmultimedia.com/2010/01/26/politics/politics_30121150.php>.

49 每一年度透明国际清廉指数（Transparency International Corruption Perception Indices），参见<http://www.transparency.org/news_room/in_focus/2010>。

50 World Bank, "Thailand Economic Monitor", November 2010 <http://www.worldbank.or.th/WBSITE/EXTERNAL/COUNTRIES/EASTASIAPACIFICEXT/THAILANDEXTN/0,,contentMDK:22774608~menuPK:333302~pagePK:2865066~piPK:2865079~theSitePK:333296,00.html>.

51 "Back From the Brink", *Emerging Markets*, 10 October 2010.

52 参见Sakulrat Montreevat, "Economic Outlook: Thailand", in *Regional Outlook*: *Southeast Asia 2011-2012*, edited by Michael J. Montesano and Lee Poh Onn (Singapore: Institute of Southeast Asian Studies, 2011), pp. 166-71。

53 Daniel Ten Kate, "Thai Post-Coup Legal Maze Delays Foreign Investment", *Bloomberg Business Week*, 24 September 2010 <http://www.businessweek.com/news/2010-09-24/thai-post-coup-legal-maze-delays-foreign-investment.html>.

54 Korn Chatikavanij, “Towards the Enhancement of an Open Economic Partnership”, Keynote Speech at 16th Nikkei International Conference on “The Future of Asia”, 21 May 2010, Tokyo.

55 参见Kevin Hewison and Kengkij Kitirianglarp, “Thai-Style Democracy: The Royalist Struggle for Thailand’s Politics”, in *Saying the Unsayable: Monarchy and Democracy in Thailand*, edited by Søren Ivarsson and Lotte Isager (Copenhagen: NIAS Press, 2010)。

# 泰国2011年

Thailand 2011

# 他信劫后余生，国内忧患重重

【澳大利亚】Nicholas Farrelly①著　　　杜洁　姚键　译

2011年，近期政治冲突的遗留问题尚未得到解决，给泰国的和解前景蒙上了一层阴影。目前麻烦的核心在于2006年“9·19政变”，军方领袖与王室成员里应外合，废黜了他信·西那瓦（Thaksin Shinawatra）总理的民选政府[1]。政变是为了破掉对他信的盲目崇拜，根除其对国民生活有害的，甚至是独裁的影响。无论在当时或是现在，国家精英们无不担心他信可能破坏其他派系精心制定的有关经济、政治、王室等方面的计划。他信由于在电信领域的巨大财富和空前绝后的选民支持纪录，被描绘为国家统一的敌人。自政变以来，他信及其盟友与来自军方、枢密院、司法部门以及官僚机构的高级官员之间的角逐已逾五年之久。2006年违宪干预的幽灵以及接踵而来的不称职与暴力事件在2011年重演，成为政变者挥之不去的阴霾。2011年大选是公众对于政变及其后续影响的最终裁决。这对那些曾极力把他信拉下台的人来说前景黯淡。

非常明显，他信渡过了这次难关。为泰党（the Pheu Thai Party）在2011年7月3日大选中取得了完胜，组建了新一届联合政府。他信被驱逐出政坛而流亡海外的屈辱生涯或许就要结束了。所有想要肃清他信的行动均以失败告终。在很大程度上讲，他信一直是泰国历史上在选举方面最为成功的政治家。2011年发生的事件增强了他信非凡的民意号召力[2]。由于其妹妹英

① Nicholas Farrelly是澳大利亚国立大学亚太学院国际政治与战略研究学系（the School of International, Political and Strategic Studies, College of Asia and the Pacific, the Australian National University）研究员。

拉·西那瓦（Yingluck Shinawatra）当选总理，他信再次占据了举足轻重的地位。尽管英拉通常被描绘为“政坛新人”[3]，她的能力也受到众多质疑[4]，但英拉已经证明了自己是他信及其政治主张的有效代理人。在其他党派的政治运动中，以民主党（the Democrat Party）和新政治党（the New Politics Party）为代表的他信政敌，目前面临这样一个难题——他们的政策与个性无法获得广泛的选民支持。2011年，即便是持强硬路线的反他信阵营别出心裁的“投反对票”运动，也没有多大效果[5]。他信的大本营位于北部和东北部农业省府以及曼谷周边主要是劳工阶层的居住区域，这本身就很有影响力。任何想要诋毁他信的行动大都以失败告终[6]。2011年，有证据表明，对他信个人及其代表的民粹主义和惠民政策的支持仍然强劲[7]。

尽管如此，由军队、王室、司法以及官僚构织的反他信阵营所发挥的作用，是使得问题复杂化的一个因素。这些机构也许仅仅满足于民众对其政治议程的适度支持，因而很可能成为破坏为泰党领导的政府及其选举胜利成果的强大中心。陆军总司令巴育·占奥差上将（General Prayuth Chan-ocha）与枢密院主席炳·廷素拉暖上将（General Prem Tinsulanonda）等王室高级官员，竭尽全力削弱他信的影响力[8]。他们仍然对他信保持警惕，公开反对他信过去的腐败行为和破坏性。他们可能处心积虑地希望在未来的岁月里再次向他信发起挑战。在这种背景下，2011年大选之后不久，新加坡政治分析家巴温（Pavin Chachavalpongpun）甚至认为：“这位女总理是时候应该表现得像一个真正的战士了——解除给泰国利益造成极大损害的人［巴育上将］的职务。”[9]英拉还未接受这一意见。她踌躇不决的一种解释是，因为她获得了选民的支持，军方高级官员已不敢像以前那样为所欲为了。而且，自从2010年4月至5月期间暴力镇压支持他信的红衫军（Red Shirt）抗议者以来（当时91人被杀），王室和军方因其反民主倾向而遭到越来越多的指责[10]。将来任何逾越选举和议会程序的政治干预（泰国人经常称作“体系之外（nok rabob）”），都有可能在这个已经极度动荡的社会中引发更为严重的冲突。

然而，2011年年末的水灾又成为另一次不同性质的当务之急。7月至11月期间，洪涝灾害席卷了全国大部分地区，政府投入大量的人力与财力来进行清淤、恢复和重建工作。这一危机使公众对英拉政府有了初步的认知，尽管这届政府8月才开始执掌政权。在为泰党大选获胜以及随之而来的欢欣鼓舞情绪的背景下，洪灾成为一大挫折。受此影响，人们推测2012年会有内阁重大改组计划，2006年政变之后被禁止担任要职的政客可能重返政坛[11]。同时，在应对洪灾方面，泰国各派精英相对的优势和劣势完全无法体现出来：各方都因为明显投入不够而受到公开的批评。透过这个水棱镜，我们可以反思泰国政治、外交关系和军事问题的近期发展，我们也必须思考即将面临的王室继位问题。尽管这一年中曼谷并未发生暴力事件，但泰国仍然随时都可能爆发进一步的冲突。请记住这一点，泰国面临的最具爆炸性的问题，几乎没有取得任何积极的进展：泰国南部省府愈演愈烈的冲突问题，以及普密蓬·阿杜德国王（King Bhumibol Adulyadej）去世后王室的地位问题。

## 2011年大选

2011年初，关于该在何时举行大选产生新一届政府的问题，阿披实·维乍集瓦（Abhisit Vejjajiva）总理领导的政府的态度仍然模棱两可。阿披实政府从司法强制解散他信阵营的人民力量党（People Power Party）中获益，于2008年12月开始执掌政权[12]。军界高层分明积怨已久，这表明路线有可能发生改变，包括完全实施非选举的路线。在经受了2010年4至5月的骚乱之后，阿披实总理自然正在寻求可以连任的办法。当时在曼谷市中心发生暴力示威活动，他的政府处在摇摇欲坠的崩溃边缘。然而，其民主党历来在选举上表现不佳，自1992年实行定期民主选举以来只胜选过一次。

许多民主党的批评家津津乐道于该党在最近六次选举中的连续败北。刚一公布举行大选，陆军总司令巴育上将就鼓励泰国民众不要选“原有的”政客而要选“好人”[13]。他非常清楚地把阿披实总理划入“好人”之列，但是公众对将军的建议大都不买账。

2011年5月到7月为期七周的阿披实和英拉之间的竞选大战席卷全国，异常激烈。起初，英拉政治竞选经验不足，直到5月16日，在宣布进行大选的一周之后，她才被确定为为泰党政党名单制首席候选人[14]。竞选期间，英拉因为经验不足以及以前不太关心国家政治问题而受到攻击。然而，英拉在他信的传统票仓——北部和东北部农村地区开展了竞选活动，很快便赢得了尊重。选举泰国第一位女性总理的前景同样也助其一臂之力。

更为关键的是，在竞选期间英拉毫不掩饰将秉承哥哥的政治抱负执政。反而是他信的智囊团十分卖力，坚称英拉代表了成功的选举政治模式，有时也被贬称为“民粹主义”，这恰恰是政变前泰爱泰党时代的标志[15]。英拉虽然与他信具有显著的家族类似性，却从未因此失去过任何机会。在至关重要的决定政治权利斩获的农村选区，她的表现从容得体。面对2011年选举，由于在2001年、2005年和2007年大选中均战胜对手，英拉与其支持者信心更足。他们在过去十年中的唯一一次失败，是由于军队和司法的干预而取消了选举。

因此，2011年大选并不能被视作一场纯粹的政治竞争。这场竞争还将进一步对政变后这段历史，特别是街头暴力对抗这一段痛苦的插曲做出结论。在2008年、2009年和2010年，泰国历经了红衫军（大多支持他信）和黄衫军（坚决反对他信）两大政治派别上演的街头暴力。2010年，泰国安全部队在巴育上将和阿披实总理指挥下实施镇压，红衫军尤其对此深感愤怒。确定暴力事件的责任，或者惩治滥用武力者，已经成为红衫军活跃分子的核心诉求。

在社会冲突旷日持久的情况下，阿披实作为泰国难得的“无烙印的”

政治家之一，声誉一败涂地，无法提出足够强有力的变通办法。他的经济政策在英拉激进的民粹主义取向面前黯然失色。英拉在竞选期间，力求再度提出亲贫政策（the pro-poor policies），这一直被公认是他信执政风格的标志。即便阿披实和英拉倡导的路径相似，例如提高最低工资水平，为泰党往往采取更为激进的路线。7月3日大选的最初结果表明英拉大获全胜，也就不足为奇了。最终的结果也并不出人意料，为泰党成为泰国历史上第二个获得议会多数席位并组建一党制政府的政党。为泰党赢得了265个席位，而民主党仅获159个席位。就总选票而言，为泰党获得15 744 190票，民主党获得11 433 762票。阿披实的竞选口号“持续与稳定”没有能够让数以百万计的选民们信服。这些选民在2011年仍然对政治巨人他信·西那瓦忠心耿耿。新一届联合政府在几天之内完成组建，为泰党从而与其他4个政党一起占据了议会500个议席中的296个席位。

## 外交关系

这些国内政治事件在泰国外交政策方面产生了影响。2011年，泰国的对外关系由于两届政府而被一分为二。在上半年，阿披实总理任内的外交政策突出表现在与柬埔寨的暴力冲突，以及以外交部部长甲西·披龙耶（Kasit Piromya）为急先锋的在全世界范围内围剿他信的努力。围绕柏威夏寺（Preah Vihear Temple）及其周边领土划界争议，泰柬双方剑拔弩张，处于战争边缘，这导致了严重的双边关系破裂。2011年初，两国安全部队之间发生了数次冲突事件，造成了大约40人死亡。对阿披实政府而言，摊牌的另一个目的在于渲染坊间传得沸沸扬扬的前总理他信与柬埔寨首相洪森（Hun Sen）的密切关系[16]。一些人士对泰柬冲突表示严重关切，他们担心有人会以此为借口，让泰国军人干预政治的事件再度重演。泰国的极端民族主义分子，特别是已经江河日下的黄衫军街头运动的残余分子，希望阿披实政府会由于泰柬冲突而被迫下台。也许这种想法太过天真。一些人期待一个强硬的军人临时政权上台，以惩戒柬埔寨，更为大张旗鼓地讨伐他信。然而，泰国外交政策最终并没有对政治权力掌舵人的地位造成影响。

自大选以来英拉在成功取得国内授权之后，她把主要精力放在了国家问题上。平心而论，一些最为紧迫的问题并不需要国际社会的过多介入，特别是洪水危机。9月，英拉首次国际出访是到文莱达鲁萨兰国（Brunei Darussalam）。然而，到了年底，她频繁穿梭于许多其他国际活动。11月，她会见了缅甸民主党领袖昂山素季（Aung San Suu Kyi），以及该国的总统吴登盛（Thein Sein）。昂山素季和英拉站在普密蓬国王画像前的合影被登载上了世界各地的报纸。她还短暂会见了其他东南亚国家的领导人，包括印度尼西亚、越南、柬埔寨和老挝。一直以来，英拉的“蹩脚英语”受到批评；就在外交政策方面所表现出的睿智而言，人们客观地认为英拉和阿披实总理形成反差[17]。

## 大选后的政治

当然，也有人怀念阿披实文质彬彬的口才和在国际政治中与生俱来的禀赋；在这个方面，英拉（和他信）永远只能望其项背。阿披实在败选之后发表演讲，指出作为一个即将离任的总理，其功过自当由历史来评价。这是一个表示和解的演讲，但其中有几段刻意在为其过去几年行为辩护。他坚称“按照议会体制举行大选是迈向泰国民主的又一进步，其目的是让我们的国家走向和解”[18]。大选之后1个月，新议会于8月5日投票通过任命英拉为泰国第28任总理[19]。英拉在首次向议会做政策陈述时，提出了短期和长期目标，设立了不同于阿披实的基调。对英拉政府来说，最为紧迫的政策包括推进和解、惩治腐败、促进综合水资源治理、加快恢复泰南三府和平，以及增强与邻国合作[20]。英拉强调，由于通胀压力，政府有必

要提供经济支持和再次启用泰爱泰党时期诸如增大农民信贷供应等政策。此外，她的内阁成员包括他信的亲近盟友，如警监差林·育班隆（Police Capital Chalerm Ubumrung）（副总理）和警上将哥维·瓦达那（Police General Kowit Wattana）（副总理）。外交部部长素拉蓬·多威差猜恭（Surapong Tovichakchaikul）和国防部长佑萨沙克上将（General Yuthasak Sasiprapha），也都是他信的长期支持者[21]。

让经验丰富的官员和部长们以及他信的昔日盟友进入政府供职，这种做法使得外界对于英拉与其团队的一些最为严厉的批评销声匿迹。为了向公众呈现一个具有凝聚力与诱惑力的政策纲领，向他们引荐一个颇受好评的资深领导层，英拉做出了巨大的努力。鉴于国家正面临着诸多的政治挑战，英拉需要他们提供策略建议。但是，即便是这样一支团队，在胜选执政之后接踵而来的事件中也走得极为艰难。

2011年下半年的洪水危机是对英拉政府、他信以及为泰党的考验，其影响之大，完全出乎意料。2011全年的异常强降水造成泰国的北部和中部地区在雨季的高峰时期形成了巨大的洪流。洪灾在58个省府造成了严重的破坏，在诸如泰国主要制造业基地大城府（Ayutthaya）等一些地区的灾情尤为严重。毫无例外，有人抱怨政府应对时艰举措不力[22]。对英拉政府来说，这场灾害尤其难以接受，不仅好几个月来惊恐不安，还为党派较量衍生出了新的机会。政府对洪灾的处理受到广泛的批评，特别是那些对他信政治没有好感的人。据报道，许多地区几乎就没有得到过政府的援助，庞大的需求使得援助物资犹如杯水车薪。为挽回无所作为的不良印象，英拉以洪灾为由，决定不出席11月在美国举行的亚太经合组织峰会（the Asia Pacific Economic Cooperation Summit）。政府同时成立了高效率的委员会帮助推进洪灾救助工作。到10月和11月时，政府调动人力和物资援助灾区的工作有了较大的起色。11月洪水退去之后的重建阶段，政治上的钩心斗角与竞争再次抬头。英拉做出承诺，给予洪水受灾者赔偿。赈灾物资的管理问题将成为未来一年的又一个战场。

## 经济复苏

尽管遭受近期政治冲突的破坏，泰国经济仍保持了相对强劲的势头。年初时关于2011年的各种预期十分乐观。这表明，泰国经济增长将有可能超过3.5%[23]。截至年底，经济增长预测被下调到了1%[24]。这个数字是适中的。在此之前，2010年增长7.8%，2009年出现2.3%的负增长，2008年增长2.5%。总体而言，在国内政治动荡的情况下，泰国经济已经证明相当富有弹性。到港游客数量保持强劲，据2011年纪录有超过1 800万到港外国游客[25]。而且在考虑到自2008年以来全球经济不稳的情况下，泰国经济近年来的表现已被证明是强劲的。2011年7月，世界银行将泰国从中低收入国家升级为中高收入国家，便是泰国经济实力得到的认可。现在，泰国继马来西亚之后，成为归入这一类别的第二个东南亚国家。

尽管如此，2011年历经了许多其他的经济挑战，其中一些挑战在未来数年内仍然举足轻重。第一个挑战是日本的大地震和海啸。这足以破坏泰国与这个主要贸易伙伴的合作前景，并导致泰国今年第二季度出现了经济负增长[26]。尤其是全球汽车供应链的中断对当时是一大挑战。洪水带来了2011年的第二个经济灾难。中部平原的破坏最为惨重，尤其是以工业为主的大城府（Ayutthaya）。农业生产也遭受沉重打击。洪水给经济造成的全部影响在短期内还不得而知。真正的挑战是如何实现快速的复苏，尤其是尽快振兴泰国经济中对于全球具有重大影响的物资材料供应与交换工作。对于防洪减灾的任何新投入或许最终会造成经济陡然下降。这些投入无疑会在国家政治的层面上引发激烈的争论。

2011年竞选中提出了一份长长的经济议题清单，包括提高最低工资水平、投资主要基础设施项目、降低公司税，以及恢复大米典押政策。尽管泰国在过去四年的大部分时间内保持强劲的增长势头，全国民众仍然对国家的前景感到担忧。经济问题在选举中始终是有影响力的，并且在竞选活动中或许是决定性的。为泰党和民主党都竭力迎合那些因物价上涨而不得不为维持生计而挣扎的选民们的利益。泰爱泰党（Thai Rak Thai Party）早期所带来的泰国经济持续繁荣的传奇至今未被人们忘记。因而，西那瓦家族的CEO执政风格仍然获得了更多选民的支持。

## 他信与其反对者

令人好奇的是，泰国政治2011年的主要演进集中在了一个人物身上，而这个人在这一年中没有在泰国待过一天。前总理他信凭借其谋略与为泰党源源不断的选民支持，现在可以期待今后有机会决定政治格局。虽然军方、官僚以及王室的精英们仍然咄咄逼人地反对他信的活动，但由于他们为2006年政变所做的辩护漏洞百出，泰国选民的反驳之声不绝于耳，他们不得不重新考虑自己的选择。

更为重要的是，2011年越来越多的人一致认为，某些人对2006年政变的溢美之词或许有过头之嫌[27]。有人还私下暗示说，甚至是长期以来被视为最积极抵制他信的王后，也认为需要采取一种更为审慎缓和的方式。尽管人们对政变感到不安，但他信仍然是国家生活中最具争议的人物，他持续的政治活动所引起的仇视程度不容低估。虽然2011年没有出现类似2005年8月那样鲜明的大规模反对他信的抗议活动，但诋毁其声誉者却大有人在，尤其是在为泰党可能赢得大选变得逐渐明朗的时候[28]。

2011年的大选胜利，最终对于他信政治生命的复活功不可没。10月，作为具有高度象征意义的举措，英拉政府重新给他信发放护照。此前，他信的护照于2011年4月被以民主党为首的联合政府取缔[29]。从那以后，杰出的民主党发言人纷纷要求弹劾总理和外交部长，认为他们滥用职权为他信重新发放旅行护照。这些行动意欲破坏政府的稳定，破坏政府让他信2012年重返政坛所做出的努力。这进一步表明了泰国所面临着的深刻而尚未解决的挑战。许多反对他信的人士仍然认为他信是泰国的逃犯：由于一桩具有争议的曼谷土地交易案，他信于2008年被缺席宣判两年监禁。此外，泰国特别调查部（the Department of Special Investigation）以他信在2010年4月至5月的红衫军街头抗议活动中的所谓作用为由，准备以恐怖主义的罪名指控他信。之后，泰国刑事法庭（the Criminal Court）于2010年5月签发了逮捕令[30]。到了2011年，仍不时有指控他信恐怖主义罪名的事情发生，尽管特别调查部于年底前被迫否认，该局已经“抹去”了他信的相关档案[31]。

## 军事问题

就他信的主要对手而言，正是军方的高级官员最不愿意看到他信日趋活跃的政治影响。让问题更为复杂的是，泰国军方在2011年中遭遇了三次重大挑战：一是与柬埔寨关于帕威夏寺及其周边领土的争议问题，二是泰南地区无休止的国内冲突，三是需要专门用来应对曼谷政坛政治问题的各种资源。这一切都需要大量的战术、战略和政治投入。对军方来说，这是十分忙碌的一年。

## 帕威夏寺

帕威夏寺及其周边地区的两国边界划定方面存在的争议，是泰国和柬埔寨近期发生冲突的催化剂。从2008年开始，两国之间的紧张局势不断升级，冲突也时有发生。然而，到了2011年初，沿边境的军事调动——以前由于泰柬两国各自的国内政治问题亟待解决而在很大程度上搁置起来的积怨——导致了双方磨刀霍霍，进而发展成为更为严重的暴力行动。在这次与柬埔寨的冲突中，泰国部队数千名士兵与一支数量可观的柬埔寨分遣队对峙。双方在2月中有过数次交火，之后在紧张局势有所缓解之时，4月到5月初又爆发了一次大规模冲突。柬埔寨一方的人员伤亡数量难以核实。大约16名泰国士兵在战争中死亡，许多人受伤。

对于当时的阿披实·维乍集瓦总理政府而言，泰柬冲突为其在7月大选前的关键时期提供了展示领导才能的机会。然而，这次冲突不但没有加强民众对政府的支持，反而引发了外界对民主党领导下的联合政府及其泰国军队中的同盟的判断力提出质疑。可以理解的是，许多泰国人很想知道对柬摊牌的理由，有些人甚至质疑泰柬冲突是否符合国家利益。毫无疑问，还有一些人对于泰国当局在挑衅一个更加弱小的对手中所表现出来的狂热的民族主义情绪感到不安。泰国的空军力量、炮兵部队和装甲部队随时严阵以待。这可不是一段充分反映政府影响力或其外交实力的小插曲。这一问题最终由英拉大选获胜以及东南亚国家联盟，尤其是2011年东盟的轮值主席国印度尼西亚的干预得以解决。尤其是印尼外交部部长马提·纳塔莱加瓦（Marty Natalegawa）在最后停火的调停方面发挥了积极作用。

## 泰南地区

整个一年中最大的军事和安全行动发生在泰南地区。在动荡不安的也拉府（Yala）、北大年府（Patani）和那拉提瓦府（Narathiwat），政府军队和各种反对派之间的武装冲突持续不断。到底是谁在打仗，为什么打仗，人们往往并不十分清楚。这些省府到现在已经整整动荡了十年之久，而泰国政府究竟是在通过与当地居民达成妥协，还是通过赢得一场决定性的军事或政治胜利来解决问题，似乎都难以定夺。取得这样一场胜利的前景依然非常渺茫，因为泰国政府正在进行一场平叛战役。在当前形势下，叛乱成为暴力活动的全部，或许只是规模较小一些罢了。政府还得面对组织越来越严密的犯罪集团，其中一些显然与政府的安全部队相勾结。时局混乱，难以理清头绪。

但是泰国政府，更加准确地说是军队，似乎希望有一种永久性的配置。由来自军队、警方和文职机构的人员组成的泰国安全部队，长期以来一直在泰南冲突中浴血奋战。现在看来，他们之所以竭力继续参与，与其说是出于对战术或战略的考虑，不如说是由于自身的原因以及经济原因。冲突已经逐渐与安全部队的声望和预算捆绑在了一起。安全部队很可能会继续在最南部的几个省府大量驻军并形成常规编制。任何一届政府都难以把控这种无休止的冲突。特别是对英拉来讲，她的为泰党在泰南地区的省府中基本没有天然的政治支持。

## 介入国家政治

可以认为，对于军队高层来讲，在7月大选前后介入国家政治事务成为2011年的重中之重。军方的主要将领仍然非常担心他信可能会打乱普密蓬国王之后的王位继承计划。因此，巴育将军（General Prayuth）2011年继续推进军队在国家政治中保持积极的作用，尤其在捍卫国家神圣的“国家、宗教、国王”立国三原则方面。他在7月大选前夕发表声明，目的在于让军队介入到有关政治问题的讨论之中，并且提醒选民不忘军队的角色，即自封的道德、泰国特色和王室威望的卫士。

## 王室阴谋

2011年，皇位继承问题虽然变得至关重要，但却常常被忌讳提及。在普密蓬国王的统治下，整个国家就像谚语所说的房间里的大象，已经习惯

了君主制，也知道君主制还将继续影响许多政治结局。自从2009年9月以来，国王的健康一直是一个重大问题。大部分时间他都在曼谷诗里叻医院（Siriraj Hospital）就医。一些具有里程碑意义的时刻，诸如他6月份登基65周年庆典和12月份84岁生日庆典，都成为近期宣泄民族情感的绝好时机[32]。虔诚的祈祷活动已经变得愈发狂热，尤其当国王已经不能直接影响政治事件的时候。人们对他的崇拜有增无减。

事实上，他像幽灵一样徘徊于生与死之间，无比强大，其象征性与超凡魅力无可比拟。重要的是要记住，普密蓬在位时间超过了60年，是超过92%的泰国民众在有生之年唯一认识与了解的国王[33]。正如安德鲁·沃克（Andrew Walker）所认为的那样，国王的这种状态抑制了其他人物形成自身政治人格魅力的潜力，包括王室成员[34]。泰国目前正处在决定性的历史时期，围绕王室未来作用所形成的断层已变得日益明显。扶持王室成员个人声望和前途的努力一直在继续着，尽管有许多人明显地不相信这些问题能够轻易地得到解决[35]。

对许多观察家来说，最令人担忧的是利用“冒犯君主法”（the *lèse-majesté* law）惩治持不同政见者。2011年底出现了一系列的新案件：一些旧案中被判犯有“诽谤、侮辱或威胁”王室高级成员罪的人最终一概被处以长期监禁。有一个案件激起了民众格外的愤怒。“短信大叔”安普勒（Ampon Tangnoppakul）涉嫌发送诽谤短信于11月被判20年监禁[36]。通过这些案例可以看到，泰国建立在包容和政治多元化基础上的国际声誉在未来可能会面临威胁[37]。媒体铺天盖地报道了利用恐怖的“冒犯君主法”专门针对持不同政见者及那些不幸成为其攻击目标者的案例。在国际社会，泰国同时也因其强硬执行“冒犯君主法”引起了越来越多国家的担忧。更糟的是，在众多的意见当中，美国和联合国有节制的批评引起了一些保皇派组织的愤怒声讨。

关键在于，对“冒犯君主法”实施改革至今仍未得到高层的支持。

而精英阶层，甚至来自为泰党内的精英，都公开一致地支持继续执行该项法律。副总理差林·育班隆（Chalerm Ubamrung）年底宣称，要求改革这条法律的人们正在带来“混乱”[38]。他甚至反问：“他们难道没有工作可干？”一位外交部高级发言人坚称：“‘冒犯君主法’既非为了压制人民言论自由的权利，也非为了限制合法的学术自由活动，包括把君主立宪当作一种制度进行的辩论。”[39]

在类似言论的粉饰下，一些来自为泰党政府的高官成为继续实施“冒犯君主法”的最为坚定的支持者。他们清楚，通过努力打击持不同政见者，特别是那些拥护共和政体的人士，有可能坐实其保皇派的身份。从这个角度来说，表现出反君主制危险情绪的普通红衫军活动人士与“红衫军”或为泰党政治的最高层并不总是“同心同德”。这是一个或许会带来动荡的矛盾，因为一些红衫军感觉到他们的领袖并没有充分反映他们在2010年4月至5月为之战斗和牺牲的利益与权利。事实上，以“冒犯君主”之名大肆镇压持不同政见者对于泰国政治来讲还有一层含义，它表明了在近期的冲突中使用镇压手段并不是任何一方的专利。

## 结语：僵持与动荡

经过近年来公开的政治冲突，许多泰国人乐意看到一些国家领导人不赞成继续对抗，这是可以理解的。他信可以与其来自军队、王室、司法和官僚关系网的反对者达成重大妥协，这无疑将会打动无数的泰国民众，他们不想再有杀戮与破坏发生[40]。2011年的种种迹象表明，这样的格局慢慢初具雏形，英拉政府主要采取了亲近王室的公共导向，博得了那些曾经担心挺他信政客复仇的群体的由衷拥护。这使得挺他信阵营和反他信阵营之间在短期内不太可能发生直接武力冲突。由于英拉政府选择了一条更加温和的道路，否定了红衫军更为激进的提议，或许能够顺利驶向2015年的下一届大选。按照泰国政治的计算方法，那是下一任政府的事。届时，普密蓬国王可能已经不复在位，许多情况也会发生变化。

同时，我们可以得出结论，2011年是又一个动荡之年。近些年政治斗争的遗留问题——2006年政变制造者诋毁他信及其声望的未尽努力的全部后果——仍在人们的耳边大声回响。甚至还有来自泰国国立法政大学（Thammasat University）的一个颇具争议的学术团队发出呼吁，要求否定这次政变的法律效力[41]。但是，这恰恰就是英拉在其担任总理后的第1个月内刻意回避的一个极端化动议。在普密蓬国王漫长统治的最后阶段，为泰党政府迄今为止一直在寻求维稳，并没有以不正当的手段伤害王室和军队精英的利益，尽管这些精英感到他信有实力打破他们的计划。

但是现在有一些泰国人，由于近年的冲突，特别是2010年4月至5月红衫军的抗议活动而变得高度地政治化。他们认为，英拉政府的社会与经济政策仍然不够激进。英拉政府可能遭遇共和分子的强烈反对，这些人仍然感到国家主体政治剥夺了他们的选举权[42]。在这样的情况下，威胁仍然很大，甚至真实存在，确实有可能发生新的灾难与暴力。他信阵营和政变制造者之间的僵持已经多次被打破。正是通过大选获胜，创造民粹主义的繁荣，他信方能动摇甚至摧毁那些一致反对他的势力。2011年表明，他信极其庞大的势力仍然在政治上占有举足轻重的地位。

［原文“Thailand: Thaksin Survives Yet Disquiet Floods the Kingdom”载于《东南亚事务》（*Southeast Asian Affairs*）2012年，第301—317页］

## 注释：

（这篇文章得益于与许多人的讨论，特别是堪培拉澳大利亚国立大学（the Australian National University, Canberra）的同事们。本文作者对有关泰国2011年的最终结论承担全部责任。同时，特别感谢安德鲁·沃克（Andrew Walker）博士多年来在泰国社会与政治研究方面给予我的指导。）

1 在前期的一本《东南亚事务》（*Southeast Asian Affairs*）中，有人认为"用医学术语来讲，泰国政体自政变以来已经病入膏肓"。关于这一隐喻主题（metaphorical theme）的更多讨论，参见Chairat Charoensin-o-larn, "Thailand in 2009: Unusual Politics Becomes Usual", *Southeast Asian Affairs* (2010): 303-31。

2 事实上，他信现象非常独特；迄今为止，泰国还没有一位政治家赢得过如此广泛的支持，也没有人像他那样连续十余载深获拥戴。

3 在泰语中，她经常被描绘为"政坛新面孔"（nak kan muang na mai），《泰国日报》国际新闻（Thai Rath International News Team）；《新闻周刊》报道称"英拉"面孔虽新但不失刚强（"Newsweek chee 'Yingluck' phunamnamae tae kaengkreang"），《泰国日报》（*Thai Rath*），2011年9月21日。在英文报道中，一直有人称其缺乏政治经验，例如，参见Thomas Fuller, "A Political Novice Out to Prove She's Her Own Boss", *New York Times*, 5 August 2011; Lindsay Murdoch, "Tensions Grow as Thailand Awaits Thaksin's Return", *Sydney Morning Herald*, 29 December 2011。

4 参见 for example, Nattaya Chetchotiros, "Yingluck's Uphill Battle", *Bangkok Post*, 16 July 2011。

5 关于2011年竞选的更多细节，参见Aim Singpeng, "'Vote No' Logic Flawed", New Mandala, 21 May 2011.

6 2006年8月，泰国北部的一个政治集会打出一幅标语，道出了长期支持他信的民众心声："哪怕选举千万次，我们（始终）投票支持泰爱泰党［他信组建、现已遣散的政党］"。一位目击者在描述2006年9月政变前由前任总理主持的最后一场政治集会时，提到过这条标语。参见Nicholas Farrelly, "Yes Sir, I Understood", New Mandala, 16 August 2006。

7 2011年，政治学家Yoshinori Nishizaki发表了一篇关于素攀武里府（Suphanburi）政治巨人班汉·西巴阿差（Banharn Silpa-archa）职业生涯的重要分析文章。他对他信和班汉做了有趣的比较，并认为他们得到民众支持的"原因相同"，包括他们在实施地方开发项目方面所表现出的雷厉风行。参见Yoshinori Nishizaki, *Political Authority and Provincial Identity in Thailand: The Making of Banharn-buri* (Cornell Southeast Asia Program: Ithaca, 2011), 第132页。

8 Kevin Hewison, "Thailand's Conservative Democratization", in *East Asia's New*

Democracies: Deepening, Reversal, Non-liberal Alternatives*, edited by Yin-wah Chu and Siu-lun Wong (Abingdon: Routledge, 2010), p. 134. Pavin Chachavalpongpun, "It's Time the Army Learned to Stay out of Politics for Good", *The Nation*, 17 August 2011; see also Michael J. Montesano, "Political Conflict in the Advent of Bangkok's 19 September Putsh", in *Divided Over Thaksin: Thailand's Coup and Problematic Transition*, edited by John Funston (Singapore: Institute of Southeast Asian Studies), pp. 1-26.

9 Pavin Chachavalpongpun, "It's Time the Army Learned to Stay out of Politics for Good", *The Nation*, 17 August 2011.

10 关于这些事件及其后续影响的综合概述，参看 Human Rights Watch, *Descent into Chaos: Thailand's 2010 Red Shirt Protests and the Government Crackdown* (New York: Human Rights Watch, May 2011)。

11 "PT MP: Cabinet Reshuffle 'Mid-2012' ", *Bangkok Post*, 4 December 2012.

12 前任总理他信·西那瓦先后三次创建其政治机器。第一次是Thai Rak Thai（泰爱泰党），2001年至2006年执政；第二次是Phalang Prachahon（人民力量党），2007年12月大选中获胜，2008年被解散；第三次是Pheua Thai（为泰党），2008年组建，2011年大选中获胜。

13 Rachel Harvey, "Thai Army Xhief Prayuth Urges Vote for 'Good People' " BBC News, 15 June 2011.

14 泰国选举制度有两种下议院议员，有375个选区制议员（constituency MPs）和125个政党比例制议员（party-list MPs）。通常情况下，会把拟任部级高官的候选人列入政党名单，以确保能够当选。

15 为泰党的一些竞选口号毫无顾忌地表明了这一点。一条口号说"爱他信，选英拉（Love Thaksin, Vote for Yingluck）"，而另外一条口号说"他信想什么，为泰党做什么（Thaksin Thinks, Pheua Thai Does）"。

16 事实上，从2009年至2010年，他信甚至担任了柬埔寨政府的经济顾问。他辞去这个职务的决定也是模棱两可的。参见Supalak Ganjanakhundee, "Thaksin Quits as Penh's Economic Advisor", *The Nation*, 24 August 2010。

17 Supalak Ganjanakhundee, "Yingluck's Charm Goes a Long Way in Indonesia", *The Nation*, 24 November 2011.

18 "Prime Minister Abhisit Vejjajiva Bids Farewell to the Thai People", Government Public Relations Department, 5 August 2011.

19 英拉是泰国第一位女总理。一些泰国女权主义者表示会很高兴见到一位女总理，条件是她们不会提到西那瓦家族的姓氏。事实上，东南亚其他地区的女政治家往往凭借家族势力上台。在印度尼西亚，总统梅加瓦蒂·苏加诺（Megawati Sukarnoputri）是前任总统苏卡诺（Sukarno）的女儿，这是一个非常明显的例子。在菲律宾，参议员小贝尼格诺·阿基诺（Benigno Aquino, Jr.）的遗孀科拉松·阿基诺（Corazon Aquino）成为总统。格洛丽亚·马卡帕加尔·阿罗约（Gloria Macapagal-Arroyo）是菲律宾前总统迪奥斯达多·马卡帕加尔（Diosdado Macapagal）的女儿。缅甸的昂山素季堪称这种东南亚模式的典范。像英拉一样，她继承了家族未完成的政治事业。

20 "Prime Minister Emphasizes the Government's Determination to Foster Reconciliation and Harmonization", Government Public Relations Department, 25 August 2011.

21 尽管英拉作为泰国首位女总理的身份备受关注，但在其内阁的36位成员中，除她之外，仅有三位女性。

22 Sodchuen Limkriangkrai, "PM Yingluck Failed to Tackle Flood Disaster as Promised, States ABAC Poll", National News Bureau of Thailand, 2 October 2011.

23 World Bank, *Thailand Economic Monitor*, April 2011.

24 Parista Yuthamanop, "Floods Still Loom Large in Economic Outlook", *Bangkok Post*, 4 January 2011.

25 Chadamas Chinmaneevong, "Tourism Industry Jittery", *Bangkok Post*, 9 January 2012.

26 "Navigating Turbulence, Sustaining Growth", *World Bank East Asia and Pacific Economic Update 2011*, vol. 2 (November 2011): 77-79.

27 有许多来源支持这一分析，其中最为全面的是 Andrew MacGregor Marshall, *Thailand's Moment of Truth: A Secret History of 21st Century Siam*. In 2011 the first three parts were published online at <http://www.zenjournalist.com/>。

28 David Pilling, "The Ghost of Thaksin Still Haunts Thailand", *Financial Times*, 15 June 2011.

29 "Thai Foreign Minister Admits Thaksin Passport Revocation Annulled", MCOT, 16 December 2011.

30 "Court Issues Thaksin Terror Warrant", *Bangkok Post*, 25 May 2010.

31 "DSI Denies Erasing Thaksin File", *Bangkok Post*, 23 December 2011.

32 "Thais Happiest About King's Birthday Celebration, Recovery: Survey", *MCOT*, 28 December 2011; Tretip Kamolsiri, "Sounds of Celebration", *Bangkok Post*, 28 December 2011.

33 Nicholas Farrelly, "Thailand", in *Regional Outlook: Southeast Asia 2012-2013*, edited by Michael J. Montesano and Lee Poh Onn (Singapore: Institute of Southeast Asian Studies, 2012), p. 87.

34 Andrew Walker, "Why King Vajiralongkorn Will Be Good for Thai Democracy", New Mandala, 23 April 2010.

35 例如，2011年底，CNN播出了一个长达半小时的关于泰国与其前景的节目。这个节目的基调是称颂诗琳通公主（Princess Sirindhorn）。据报道，诗琳通是许多泰国人青睐的皇位继承人。这则CNN节目在网上受到批评，包括"CNN, the Royalist Trap and the Propaganda Time Warp", Political Prisoners in Thailand, 5 December 2011。

36 "Thailand's Extreme Lèse-Majesté Law Used to Sentence Another Victim", Political Prisoners in Thailand, 23 November 2011.

37 参见Atiya Achakulwisut, "Battle Lines Drawn Over Lese Majeste", *Bangkok Post*, 31 December 2011; James Hookway, "U.S. Man's Jailing Spotlights Thai Monarch Law", *Wall Street Journal*, 9 December 2011。

38 Thomas Fuller, "In Thailand, Support for King Grows Bellicose", *New York Times*, 23 December 2011.

39 "The Use of the Lèse-Majesté Law in Thailand", Government Public Relations Department, 16 December 2011.

40 这有助于理解在"泰国无政府状态"（"Thai Un-State"）的标签下所带来的这些变化。有关详情参见 Craig J. Reynolds et al., "Time's Arrow and the Burden of the Past: A Primer on the Thai Un-State", academia.edu, 7 September 2011。

41 "Nitirat to Push for Coup Nullification and Amendments to Lèse-majesté Law in January", *Prachatai*, 27 December 2011.

42 需要查询类似观点，参见Pavin Chachavalpongpun, "Thailand's False Peace", *Wall Street Journal*, 29 December 2011。

# 从流入到流出：泰国外国直接投资业绩评估

【新加坡】Aekapol Chongvilaivan[①]著　　杜洁　姚键　译

长期以来，外国直接投资（FDI—Foreign direct investment）一直是泰国经济和工业取得令人瞩目发展的重要促进因素。它不仅带来了资金来源，增加了就业机会，还带来若干新的变化，尤其是给国内上下游产业链接提供了新型技术、专门技术和组织管理技能。因此自20世纪80年代以来，泰国经济发展战略一直以引进外国直接投资为目标。由于泰国生产成本低廉，劳动力相对训练有素且资源富足，该项战略将泰国定位为外国直接投资的区域宿主国。即使这一战略被证明成功地推动了经济的巨大发展，但是瞬息万变的全球商业环境却显现出泰国竞争力的衰退。这在2008至2009年全球经济低迷之后表现尤为明显。劳动力成本不断攀升，政治长期动荡不安，中国和印度双双崛起。此外，基础设施落后和水务管理不当还酿成了最近的洪涝灾害。目前这些事态发展表明，泰国一直采用的常规的外国直接投资战略将会很快走到尽头，再也不能满足这个国家曾经历过的那种经济增长速度和工业化步伐。

在这种背景下，本文打算盘点泰国的外国直接投资，包括外国资本流入和本国资本流出，并对其潜能和绩效做出评估。尽管2008至2009年全球经济危机严重影响了泰国对外国投资预期，并造成了急剧的逆转，但是近来的发展表明，外国直接投资流入呈现出复苏的态势，总体上为

① Aekapol Chongvilaivan是新加坡东南亚研究院区域经济研究项目（Regional Economic Studies Programme, Institute of Southeast Asian Studies, Singapore）研究员、协调员。

泰国经济的强劲复苏奠定了基础。同时，总部设在泰国的公司也纷纷转型成为国际投资商。最近泰国的外国直接投资流出情况表明，越来越多的泰国企业已经开始离开他们的舒适地带，转向海外投资，寻求新的商业机会，通过协同增效、优势互补与新的伙伴共谋繁荣。尽管如此，问题和挑战依然存在，这严重阻碍了泰国全力发挥其巨大的潜能。这些问题和挑战包括，泰国采取消极被动的外国直接投资战略，令泰国陷入了低技术密集型的低端产品生产；基础设施不足与制度不健全，阻碍了泰国充分利用自身的巨大潜力；虽然存在与国外伙伴的互补合作以及新的商业机会，但本土企业海外投资的能力却差强人意。

本文余下部分主要围绕以下几个方面展开论述：第一部分对泰国当前宏观经济展望进行综述；第二部分对外国资本流入和本国资本流出的基本情况进行查验；第三部分对外国资本流入和本国资本流出做出评估。最后一个部分提出政策建议。

## 当前宏观经济展望

尽管政治持续动荡、2008至2009年出现全球经济危机，泰国近期的经济形势却展现出一幅颇为乐观的强劲复苏景象。2010年泰国实际国内生产总值增长了7.8%，预计经济增长将会持续到2011年底，不过增速将会有所放缓。经济的复苏使泰国经济强劲反弹，得以摆脱全球经济危机的影响，最终导致人均国民生产总值持续增长，从而实质性地推进了脱贫工作。除新兴国家中国和印度对泰国出口商品需求不断增长外，更多的外国直接投资流入非农业部门（例如制造业和服务业），已占到GDP比重平均90%以上，这在很大程度上也促进了泰国经济的上乘表现。然而纵观目前看似乐观的前景，近期的宏观经济变量发出了警告，风险依然存在，经济基本面将会出现疲软。这有可能最终逆转泰国经济良好的发展态势。

首先，货币快速升值，通货膨胀不断加剧，资本流入削弱了泰国的竞争力。2010年的净资本流动达到了239亿美元——与此形成对比，2009年净资本流动为26亿美元，2001至2006年期间平均净资本流动为14.5亿美元（见表1）。大量资本涌入泰国造成了2011年泰铢的大幅升值，从均价41.24泰铢兑换1美元升至30.32泰铢兑换1美元。同样，蜂拥而入的外国资本势必造成持续的通货膨胀，另外还造成对本土产品和资源的需求转移。2011年1月至6月的广义消费者物价指数（headline consumer price indice）和核心消费者物价指数（core consumer price indice）分别创下了111.75和105.72的历史峰值，物价攀升和工资暴涨严重影响了非生产性企业和行业。

此外，持续的政府预算赤字已经使泰国稳健的经济基本面出现恶化的态势。表1中的政府财政状况表明，泰国政府的现金结存自2001年以来连续呈现赤字，这些赤字虽然没有愈演愈烈，但迄今仍是显而易见的。政府债务中大约80%至90%来源于国内渠道融资，过度的政府开支（public spending）使得政府债务急剧增长，造成财政状况恶化，最终限制了政府对刺激和干预手段的选择。政府连年预算赤字的根本原因也许在于草根政策的恶性循环，其中诸如消费者资助/贷款（consumer grants/loans）、社会转型，以及消费补贴（consumption subsidies）等非生产性政府开支，往往成为政府用来拉选票赢大选的手段。

最后但同样重要的一点是，利率不断攀升给2012年的经济增长造成了下行的压力。表1显示，一年期定期存款最高利率从2010年的1.7%提高到了2011年的3%，超过了2001至2006年2.58%的平均利率。除了大规模的财政与货币刺激政策之外，利率呈上升趋势的一个关键原因是资本流入造成通货膨胀的日益加重。如果这个趋势继续下去，通货膨胀将难以驾驭，中央银行将很快被迫介入并采取必要的逆向操作，最终造成2012年增长放缓。

表1　2001—2011年泰国宏观经济指标节选

| 指标 | 2001—2006 | 2007 | 2008 | 2009 | 2010 | 2011 |
|---|---|---|---|---|---|---|
| 人口数（百万） | 62.56 | 63.04 | 63.39 | 63.53 | 63.88 | 不可用 |
| | | | | | | |
| 国内生产总值 | | | | | | |
| GDP（以1988年恒定价格为准）（10亿泰铢） | 3563.21 | 4259.0 | 4364.8 | 4263.1 | 4596.1 | 2358.1 |
| 农业（10亿泰铢） | 345.45 | 369.7 | 385.2 | 390.3 | 381.4 | 198.5 |
| 非农业（10亿泰铢） | 3217.7 | 3889.2 | 3979.6 | 3872.7 | 4214.7 | 2159.6 |
| 人均国民生产总值（泰铢/人） | 94293.83 | 124377.1 | 131717.8 | 129875.1 | 143655.1 | 76783.0 |
| | | | | | | |
| 通货膨胀 | | | | | | |
| 总体消费者价格指数（2007=100） | 89.65 | 100.00 | 105.40 | 104.50 | 107.96 | 111.75 |
| 核心消费者价格指数（2007=100） | 95.83 | 100.00 | 102.30 | 102.60 | 103.57 | 105.72 |
| | | | | | | |
| 对外账户 | | | | | | |
| 出口（国际收支平衡表统计口径）（10亿美元） | 89.86 | 151.2 | 175.2 | 150.7 | 193.6 | 176.6 |
| 进口（国际收支平衡表统计口径）（10亿美元） | 80.43 | 124.6 | 157.8 | 118.1 | 161.4 | 153.7 |
| 贸易差额（10亿美元） | 9.38 | 26.6 | 17.3 | 32.6 | 32.2 | 22.9 |
| 经常账户余额（10亿美元） | 1.96 | 15.6 | 2.1 | 21.8 | 13.6 | 10.4 |

续表1

| 指标 | 2001—2006 | 2007 | 2008 | 2009 | 2010 | 2011 |
|---|---|---|---|---|---|---|
| 净资本流动（10亿美元） | 1.45 | −1.6 | 12.6 | −2.6 | 23.9 | 不可用 |
| 国际收支差额（10亿美元） | 4.9 | 17.1 | 24.6 | 24.1 | 31.3 | 5.6 |
| | | | | | | |
| 政府财政 | | | | | | |
| 现金余额（占GDP比重） | −0.51 | −1.1 | −0.2 | −4.7 | −2.0 | 不可用 |
| 政府债务总额（10亿美元） | 2631.38 | 2948.3 | 3118.9 | 3661.4 | 3917.4 | 3972.6 |
| 国内债务（10亿美元） | 1881.86 | 2482.9 | 2692.7 | 3248.0 | 3539.0 | 3609.7 |
| | | | | | | |
| 货币统计 | | | | | | |
| 狭义货币（10亿美元） | 767.65 | 1000.0 | 1041.2 | 1174.6 | 1302.4 | 1327.8 |
| 广义货币（10亿美元） | 7321.03 | 9109.0 | 9944.3 | 10617.0 | 11778.8 | 12912.5 |
| | | | | | | |
| 汇率（平均兑换价）（泰铢/美元） | 41.24 | 34.56 | 33.36 | 34.34 | 31.73 | 30.32 |

备　　注：　2011年指标为1月至6月的平均数。

数据来源：　泰国中央银行（Bank of Thailand）。

# 解读泰国外国直接投资

## 近期趋势

在2008至2009年全球金融危机前夕，进入泰国的外国直接投资急剧增长。2005至2007年，泰国平均每年吸引资金96.5亿美元；相比之下，1995至2004年每年仅吸引资金44.8亿美元（参见表2）。外国直接投资蜂拥而入的主要原因是，泰国在亚洲生产网络关系链中的牢固地位，地处东南亚腹地的战略位置，相对低廉劳动力成本和充足的熟练工资源。

对外国直接投资的日益依赖并将其当作经济增长和工业化的关键驱动因素，亚洲许多国家都有过这样的经历，尤其是印度尼西亚、马来西亚、中国和印度。然而，由于2008年的全球经济危机，美国和欧元区萧条的商业环境促使跨国公司纷纷采用“去杠杆化”手段，这使得在泰国一直持续增长的外国直接投资猛地“刹车”，新的投资项目即便不下马，也会推迟进行。其结果是，流入泰国的外国直接投资在2008年突然下跌到84.5亿美元，在之后的2009年几乎减半到了49.8亿美元。虽然印度尼西亚和马来西亚等其他东南亚国家同样也遭遇了外国直接投资流入的急剧逆转，像中国和印度这样的新兴市场国家受到影响却较小，原因在于其强劲巨大的国内需求和坚挺的宏观经济前景。2010至2011年，尽管全球经济危机对外国直接投资流入产生了涟漪效应，外国投资进入包括泰国在内的东南亚国家强劲反弹。2010年，流入泰国的外国直接投资金额达到58.1亿美元（表2），2011年2月至6月外国直接投资净流入（net FDI inflows）呈现持续顺差（图1）。

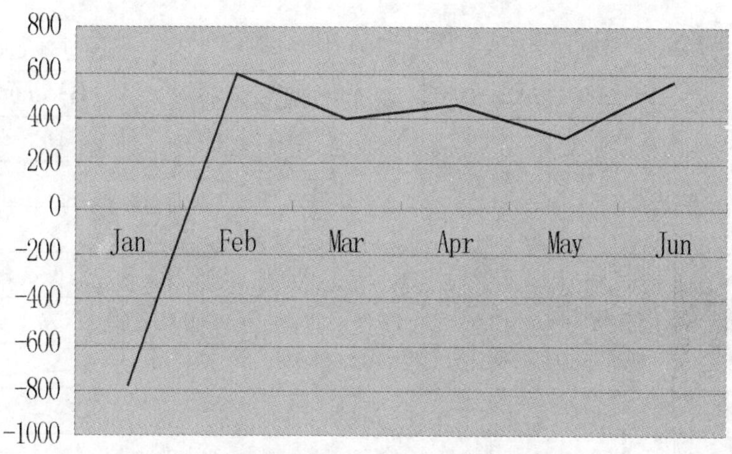


图1　泰国2011年外国直接投资净流入

数据来源：　泰国中央银行（Bank of Thailand）。

**表2　1995—2010年部分国家外国直接投资流入（10亿美元）**

| 国别/地区 | （年平均数） | | | | | | （占固定资本形成总额比重%） | |
|---|---|---|---|---|---|---|---|---|
| | 1995—2004 | 2005—2007 | 2008 | 2009 | 2010 | | 1995—2004 | 2010 |
| 泰国 | | | | | | | | |
| 流入 | 4.48 | 9.65 | 8.45 | 4.98 | 5.81 | | 11.1 | 7.3 |
| 流出 | 0.41 | 1.50 | 4.05 | 4.12 | 5.12 | | 1.0 | 6.4 |
| | | | | | | | | |
| 印度尼西亚 | | | | | | | | |
| 流入 | 0.76 | 6.73 | 9.32 | 4.88 | 13.3 | | 1.7 | 5.8 |
| 流出 | 0.63 | 3.49 | 5.90 | 2.25 | 2.66 | | 1.4 | 1.2 |
| | | | | | | | | |
| 马来西亚 | | | | | | | | |
| 流入 | 4.07 | 6.24 | 7.17 | 1.43 | 9.10 | | 14.2 | 18.9 |

续表2

| 国别/地区 | （年平均数） | | | | | | （占固定资本形成总额比重%） | |
|---|---|---|---|---|---|---|---|---|
| | 1995—2004 | 2005—2007 | 2008 | 2009 | 2010 | | 1995—2004 | 2010 |
| 流出 | 1.88 | 6.80 | 14.97 | 7.93 | 13.33 | | 6.6 | 27.7 |
| | | | | | | | | |
| 中国 | | | | | | | | |
| 流入 | 46.48 | 76.21 | 108.31 | 95.00 | 105.74 | | 10.6 | 4.1 |
| 流出 | 2.98 | 18.63 | 52.15 | 56.53 | 68.00 | | 0.7 | 2.6 |
| | | | | | | | | |
| 印度 | | | | | | | | |
| 流入 | 3.79 | 17.77 | 42.55 | 35.65 | 24.64 | | 3.1 | 4.5 |
| 流出 | 0.82 | 11.5 | 19.40 | 15.93 | 14.67 | | 0.7 | 2.7 |
| | | | | | | | | |
| 亚洲和大洋洲 | | | | | | | | |
| 流入 | 114.43 | 280.41 | 377.86 | 309.41 | 359.36 | | 9.5 | 7.6 |
| 流出 | 50.4 | 153.17 | 218.56 | 219.58 | 244.66 | | 4.2 | 5.2 |
| | | | | | | | | |
| 发展中国家 | | | | | | | | |
| 流入 | 199.79 | 444.94 | 658.00 | 510.58 | 573.57 | | 11.8 | 9.6 |
| 流出 | 74.3 | 214.3 | 308.89 | 270.75 | 327.56 | | 4.5 | 5.5 |
| | | | | | | | | |
| 全球 | | | | | | | | |
| 流入 | 718.54 | 1471.78 | 1744.10 | 1185.03 | 1243.67 | | 9.8 | 9.1 |
| 流出 | 703.78 | 1487.43 | 1910.51 | 1170.52 | 1323.33 | | 9.6 | 9.7 |

数据来源：　联合国贸易和发展会议（UNCTAD），《2011年世界投资报告》（*World Investment Report 2011*），网址：www.unctad.org/wir。

相对于外国直接投资流入，泰国对外的外国直接投资实现了持续的飙升，从1995至2004年期间每年4.1亿美元增长到2010年的51.2亿美元。在2008至2009年全球经济危机中，本国的外国直接投资流出仍然不减，其重要性日益彰显。这标志着泰国同其他东南亚国家尤其是马来西亚一样，开始转向海外投资，利用与国外市场的互补性，并且已经成为对外直接投资来源国家。泰国的投资地位由宿主国发展成来源国，有许多因素合在一起形成了驱动力。首先也是最为重要的一点是，相对于中国和印度而言，泰国正在丧失低廉劳动力成本的竞争优势，同时也可能丧失其对外直接投资目的地的优势。极为可能的是，流入以上两大经济体的外国直接投资会大量增加，而流入东南亚的外国直接投资将会有所放缓。此外，泰国向外的直接投资为泰国提供了一个万全之策，借此可以寻求新的海外商机，享受与国外市场的协同增效效应。

外国直接投资大致可以分为两种类型：新建外国直接投资（Greenfield FDI）和跨国并购。前者指在其他国家投资新建全新的经营设施，因此，这种形式的外国直接投资往往瞄准长期投资项目，同时创造新的长期就业岗位。与此相反，后者涉及两个不同国家公司的合并或者一家公司对另一家公司的收购。可以认为，这种类型的外国直接投资相对自由，对于增加宿主国就业机会的作用有限。

2005至2007年期间，跨国并购占外国直接投资流入比重约20%，平均来看，泰国一年的跨国并购净销售额达到了18.4亿美元（见表3）。这些数据表明，尽管跨国并购引人关注，外国公司借此购买本土企业，新建外国直接投资却成为外国直接投资流入的关键载体。2008至2009年期间，跨国并购受到了全球经济危机的严重影响。2008年跨国并购净销售额减少至仅仅1.4亿美元——跌幅超过90%——尽管2008年外国直接投资流入总额略有下降，由2005至2007年度的96.5亿美元均值降至84.5亿美元。由此可以看出，相对于新建外国直接投资而言，跨国并购具有其内在的自由特征。

2009至2010年期间，虽然跨国并购再度回暖，但是复苏仍然缓慢，跨国并购活动的水平依然明显低于全球经济危机前夕。

全球金融危机之后呈现出这样一种趋势，泰国已经成为开发海外商机的全球投资者。在全球经济危机之前的2005至2007年期间，国际并购净购买额少得可怜，然而2008至2010年期间发生了结构性转变，跨国并购净购买额飙升并在2010年达到28.6亿美元。考虑到在全球经济危机之后，流入泰国的外国资本已经大幅下挫，包括新建外国直接投资，尤其是跨国并购，这便引发了人们的担心：如果保持这一趋势，那么主要是以外国直接投资流入驱动的泰国经济表现将很快走到尽头。这样的发展与变化是可以理解的。由于全球经济危机的影响，美国和欧元区复苏乏力，更为重要的是中国和印度两国的崛起，泰国作为外国直接投资宿主国的竞争力已经降低。因此，泰国企业家亟待改变片面强调国内市场的传统商业策略，更为主动地转向海外投资，在新的市场中寻求商机，与外国伙伴协同互补。

**表3　2005—2010年部分国家跨境并购**

| 国别 | 净销售额（年平均数） | | | | 净购入额（年平均数） | | | |
|---|---|---|---|---|---|---|---|---|
| | 2005—2007 | 2008 | 2009 | 2010 | 2005—2007 | 2008 | 2009 | 2010 |
| 泰国 | 1.84 | 0.14 | 0.35 | 0.46 | −0.02 | 1.42 | 0.87 | 2.86 |
| 印度尼西亚 | 2.76 | 2.07 | 1.33 | 1.67 | 0.34 | 0.91 | −2.59 | 0.89 |
| 马来西亚 | 3.54 | 2.78 | 0.35 | 3.44 | 2.76 | 9.75 | 3.27 | 2.31 |
| 中国 | 9.28 | 5.36 | 10.90 | 5.97 | 4.49 | 37.94 | 21.49 | 29.20 |
| 印度 | 3.12 | 10.43 | 6.05 | 5.54 | 12.56 | 13.48 | 0.29 | 26.42 |
| 东南亚 | 11.66 | 22.74 | 12.91 | 10.39 | 14.35 | 18.92 | 4.33 | 14.00 |
| 亚洲和大洋洲 | 59.14 | 68.17 | 38.30 | 45.73 | 69.95 | 95.17 | 67.53 | 78.05 |
| 发展中国家 | 84.45 | 104.81 | 39.08 | 82.81 | 109.47 | 105.85 | 73.98 | 96.95 |

续表3

| 国别 | 净销售额（年平均数） | | | | 净购入额（年平均数） | | | |
|---|---|---|---|---|---|---|---|---|
| | 2005—2007 | 2008 | 2009 | 2010 | 2005—2007 | 2008 | 2009 | 2010 |
| 全球 | 703.43 | 706.54 | 249.73 | 338.84 | 703.43 | 706.54 | 249.73 | 338.84 |

数据来源：联合国贸易和发展会议（UNCTAD），《2011年世界投资报告》（*World Investment Report 2011*），网址：www.unctad.org/wir。

## 外国直接投资的来源和领域

图2显示了流入泰国的外国直接投资各来源国在2010年的净流入份额与其在2000至2005年期间的平均份额的比较。以下几个方面的情况值得关注。

首先，欧盟取代日本成为泰国最大的外国资本来源地区。2000至2005年期间，日本占泰国外国直接投资流入比重45%，稳坐上了泰国首要投资国的交椅，特别是汽车工业和电子行业。然而，由于日本经济前景长期不振，以及来自中国、印度和越南等低成本劳动力国家日趋激烈的引资竞争，日本在流入泰国的外国直接投资净流量中占据的份额在2010年大幅下降到了22%。同时，来自欧盟的泰国外国资本净流入从2000至2005年期间仅为8%的平均额显著增长到了2010年的29%。

第二，东亚国家（地区）成为泰国的重要投资者。2000至2005年期间，中国香港对泰国的外国资本净流入份额仅为5%，来自中国大陆和韩国的外国资本净流入总量可以忽略不计。相比之下在2010年，香港占据泰国外国资本净流入的比重达9%，紧随其后的是韩国3%和中国大陆2%。也许中国台湾是个例外，其进入泰国的资本净流入比重从2000至2005年期间2%的平均额下降到2010年几乎为零，这更多是因为全球经济危机的涟漪效应。

最后，来自东盟的外国直接投资流入受到了全球金融危机的严重影响。尽管东盟内部的投资纽带通过诸如东盟投资区（ASEAN Investment Areas）的一系列区域合作举措和贸易投资便利化得到了强化，但东盟成员国对泰国外国直接投资净流入的占比大幅下降，从2000至2005年期间23%的平均额下降到了2010年的8%（见图2）。只要仔细观察东盟内部对泰国外国直接投资的来源国，就可以发现泰国与东盟投资关系日益恶化的根本原因。因为在过去20年，流入泰国的东盟内部外国直接投资一直以新加坡为主，占外国直接投资净流入的比重超过90%（图3）。尽管其他东盟成员国在泰国的跨境投资（cross-border investment）已经开始崭露头角，但是与新加坡的投资相比，来自其他东盟成员国的外国直接投资净流入份额仍然微不足道。结合图2，图3强调了来自东盟内部对泰国的外国直接投资份额降低主要是由于新加坡投资的大幅减少，从2006至2009年期间大约19亿美元的平均额下降到了2010年的2.3亿美元，这是因为新加坡是东盟国家中最易受2008至2009年全球金融危机攻击的国家。事实上，来自除新加坡外的其他东盟成员国对泰国的外国直接投资净流入额，从2006至2009年期间1.232亿美元的平均额稳步上升到了2010年的1.548亿美元，即便是经历了2008至2009年期间全球经济显著下滑。

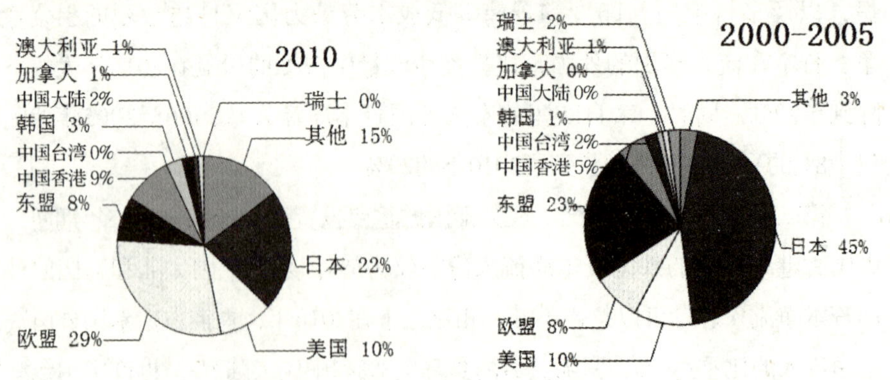


数据来源：　泰国中央银行（Bank of Thailand）。

图2　各国（地区）对泰国的直接投资净额占比

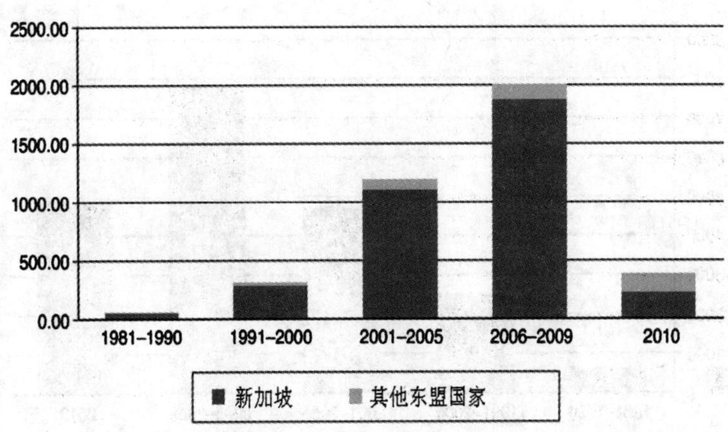


数据来源： 泰国中央银行（Bank of Thailand）。

图3 东盟国家对泰国的直接投资净流入（百万美元）

图4按照不同的经济部门对流入泰国的外国直接投资进行分解。过去20年泰国外国直接投资以制造业为主，特别是电子产业和汽车工业，无论是绝对还是相对来讲，其主导地位日益增强。1981至1990年期间，制造业占泰国外国直接投资净流入比重的一半，之后，其所占份额持续提高并超过了60%。尽管流入泰国制造业的外国直接投资净额呈现下降态势，从2006至2009年期间的44亿美元平均额下降到2010年的32亿美元，制造业所占份额基本没有受到任何影响，仍然占外国直接投资净流入比重的60%左右。自亚洲金融危机后，流入泰国服务业，特别是金融服务领域的外国直接投资净额的相对重要性呈现下降趋势。1991至2000年期间，超过一半的泰国外国直接投资净额流入到了服务业，但是在2001至2005年期间，该比重下跌到仅占四分之一。流入泰国服务业的外国直接投资在全球金融危机之后暴露出了其脆弱性，进入服务业的外国直接投资净流入大幅下降，从2006至2009年期间年均33亿美元降至2010年的12亿美元。

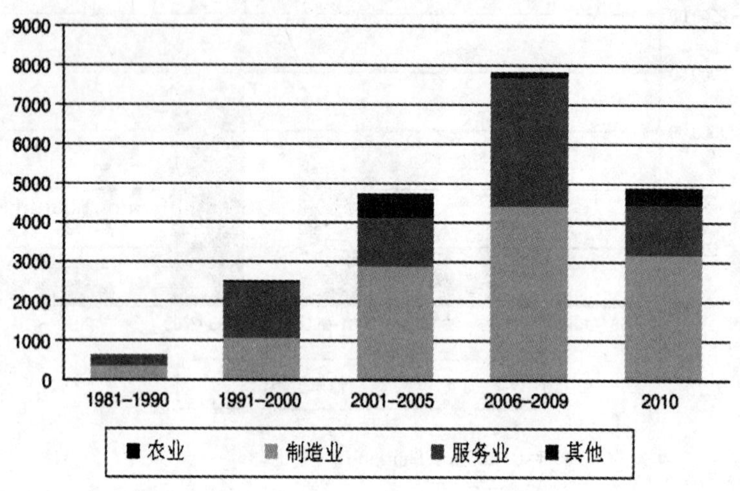


数据来源：泰国中央银行（Bank of Thailand）。

图4　泰国各部门外国直接投资净额（百万美元）

## 外国直接投资流入和流出业绩评估

联合国贸易和发展会议（UNCTAD—the United Nations Conference on Trade and Development）开发了外国直接投资流入业绩的两大评估指数。一是外国直接投资流入业绩指数（the Inward FDI Performance Index），该项指数按照各国相对于其经济体量所接收的外国直接投资总量对各国进行排序。这项指标实质上是一个国家外国直接投资占世界外国直接投资比重与该国国内生产总值（GDP）占世界GDP比重的比率。具体地说，一国（$i$）的外国直接投资流入业绩指数$IND_i$可以表示如下

$$IND_i = \frac{FDI_i / FDI_w}{GDP_i / GDP_w} \qquad (1)$$

这里，$FDI_i / FDI_w$是一个国家的外国直接投资流入量占世界外国直接投

资流入量的比重，$GDP_i/GDP_w$是一个国家的GDP占世界GDP的比重。直观地讲，外国直接投资流入业绩指数采集诸如商业环境、经济和政治稳定、现存自然资源、基础设施、技能和技术，以及外国直接投资促进政策等因素对外国直接投资的影响，而与市场规模无关。

另一个是外国直接投资流入潜力指数（the Inward FDI Potential Index），该指数是12个经济和政策变量的平均值，而不是市场规模。其中包括人均国内生产总值、过去十年国内生产总值增长率、出口占国内生产总值比重、每千人平均拥有的电话数、人均商业能源使用情况、人均研发支出比例、大学生占人口比例、国家风险、自然资源出口占世界市场份额、汽车电子产品零部件出口占世界市场份额、服务输出占世界市场份额，以及占世界外国直接投资存量份额。

表4显示了泰国外国直接投资流入业绩指数和潜力指数的排名。2010年，泰国外国直接投资流入业绩指数排名第83位。尽管2010年泰国排名较2008至2009年的84位略有提高，结果表明泰国落后于新加坡（第9位）、越南（第22位）、马来西亚（第46位）和印度尼西亚（第79位）等主要东盟国家。相比之下，外国直接投资流入潜力指数令人鼓舞。2009年，泰国排名第56位，在新加坡（第6位）、中国（第27位）和马来西亚（第35位）之后。这表明泰国经济和政策环境有利于外国投资，并且有助于泰国将自身定位为具有吸引力的外国直接投资目的地。外国直接投资流入业绩指数和潜力指数排名传递出一个重要信息，泰国在利用外国直接投资流入方面的优势得天独厚，其巨大的潜力尚未得到充分实现。因此，泰国在进一步提升外国直接投资业绩方面，仍有很大的经济和产业政策空间。

表4 外国直接投资流入业绩指数和潜力指数各国排名，2008—2010年

| 国别 | 外国直接投资流入业绩 | | | 国别 | 外国直接投资潜力指数 | | |
|---|---|---|---|---|---|---|---|
| | 2008 | 2009 | 2010 | | 2008 | 2009 | 2010 |
| 新加坡 | 61 | 20 | 9 | 新加坡 | 4 | 6 | — |
| 越南 | 20 | 22 | 22 | 中国 | 30 | 27 | — |
| 马来西亚 | 82 | 103 | 46 | 马来西亚 | 37 | 35 | — |
| 印度尼西亚 | 111 | 117 | 79 | 泰国 | 63 | 56 | — |
| 泰国 | 84 | 84 | 83 | 越南 | 77 | 73 | — |
| 中国 | 97 | 83 | 86 | 印度 | 86 | 79 | — |
| 印度 | 80 | 67 | 97 | 菲律宾 | 81 | 82 | — |
| 菲律宾 | 122 | 108 | 116 | 印度尼西亚 | 89 | 84 | — |

备　注：　该排名包括了141个国家。潜力指数基于12个经济和政策变量。

数据来源：　联合国贸易和发展会议（UNCTAD），《2011年世界投资报告》（*World Investment Report 2011*），网址：www.unctad.org/wir。

表5根据世界银行的《经商环境报告》（*Doing Business*），揭示了泰国作为外国直接投资宿主国的薄弱之处。在东亚和太平洋地区，泰国的经商环境排名从2011年第16位降至2012年第17位。如果将总体措施分解为“经商环境便利度”的若干方面，可以看出除创业以及跨境贸易外，泰国其他所有“经商环境便利度”评估均出现下滑，尤其是财产登记、纳税、破产解决、获得信贷、电力供应、投资者保护方面。何况，目前创业也已经显现出滞后的情况。基础设施匮乏以及法律与制度不健全成为吸引外国直接投资的致命弱点，这在很大程度上归因于长期的政治动荡。2011年下半年，史无前例的洪灾摧毁了主要的工业区，这也是一个重要因素。

表5　泰国经商环境便利程度及其在东亚和太平洋地区排名

| 名目 | 2011 | 2012 | 排名变化 |
|---|---|---|---|
| 创业（Starting a business） | 97 | 78 | ↑19 |
| 办理施工许可证（Dealing with construction permits） | 14 | 14 | 无变化 |
| 电力供应（Getting electricity） | 8 | 9 | ↓1 |
| 财产登记（Registering property） | 18 | 28 | ↓10 |
| 获得信贷（Getting credit） | 64 | 67 | ↓3 |
| 资产者保护（Protecting investors） | 12 | 13 | ↓1 |
| 纳税（Paying taxes） | 94 | 100 | ↓6 |
| 跨境贸易（Trading across borders） | 19 | 17 | ↑2 |
| 合同执行（Enforcing contracts） | 24 | 24 | 无变化 |
| 经商环境综合便利程度Overall ease of doing business | 16 | 17 | ↓1 |

数据来源：《经商环境报告》，世界银行，网址：http://www.doingbusiness.org/rankings。

外国直接投资流出业绩（Outward FDI Performance）也可以按照与外国资本流入业绩指标计算相同的方式进行测评，可以一国的外国直接投资流出在全球总量中所占份额除以该国国内生产总值在全球总量中所占份额的比率来计算。具体来讲，一国（$i$）的外国资本流出业绩指数$OND_i$可以这样表示

$$OND_i = \frac{FDI_i / FDI_w}{GDP_i / GDP_w} \quad (2)$$

这里，$FDI_i / FDI_w$是一国的外国直接投资流出在全球外国直接投资流出总额中所占份额，$GDP_i / GDP_w$是一国国内生产总值在全球总量中所占份额的比例。我们可以设定，如果采用这种对外国直接投资流出业绩进行测评，需要采纳构成总部设在某国的跨国公司业绩的两大因素。第一个因素

涉及所有权优势，例如创新能力、专门知识、组织管理技能、信息优势、财务资源和自然资源、市场网络以及市场规模。区位因素是外国直接投资流出业绩的另一促进因素，即经济环境有利于外国直接投资来源国与宿主国之间的生产分工。

表6反映了泰国外国直接投资流出业绩指数排名。在外国直接投资流出业绩方面，泰国一直被列为该区域竞争力最弱的国家之一。2005至2007年，泰国外国直接投资流入业绩排名第66位，落后于新加坡（第10位）、马来西亚（第22位）、菲律宾（第49位）、印度（第50位）、印度尼西亚（第52位）以及中国（第59位）等邻近国家。虽然与2000至2002年的第84位相比，泰国外国直接投资流出业绩排名有了显著提升，但与新加坡和马来西亚等老牌海外投资大国以及与印度尼西亚和菲律宾等新兴投资国相比，其发展速度仍有较大的差距。表7根据2008年度跨国化指数（the Transnationality Index）排名情况，列出东南亚最大的非金融跨国公司，同样说明了这一点。进入100强的16个东南亚跨国公司中，上榜的仅有泰国国家石油有限公司（PTT—Public Company Limited），排名第97位，其余均为马来西亚和新加坡的跨国公司。鉴于海外机会的瞬息万变，泰国常规市场的机遇将很快消失殆尽。因此，泰国企业必须走出自己的舒适地带，进行海外投资，开发新的市场，寻求行业的发展机遇。

**表6　2000—2007年各国外国直接投资流出业绩指数排名**

| 国别 | 外国直接投资流出业绩 | | |
|---|---|---|---|
| | 2000—2002 | 2003—2005 | 2005—2007 |
| 新加坡 | 5 | 12 | 10 |
| 马来西亚 | 29 | 29 | 22 |
| 菲律宾 | 122 | 60 | 49 |
| 印度 | 63 | 65 | 50 |
| 印度尼西亚 | 80 | 42 | 52 |

续表6

| 国别 | 外国直接投资流出业绩 | | |
|---|---|---|---|
| | 2000—2002 | 2003—2005 | 2005—2007 |
| 中国 | 59 | 61 | 59 |
| 泰国 | 84 | 70 | 66 |
| 越南 | 未上榜 | 89 | 84 |

备　注：　该项排名包括125个国家。

数据来源：　联合国贸易和发展会议（UNCTAD），《2011年世界投资报告》（*World Investment Report 2011*），网址：www.unctad.org/wir。

**表7　东南亚最大的非金融跨国公司，2008年度跨国化指数排名**

| 排名<br>Rankings | 公司<br>Corporation | 本国<br>Home Country | 行业<br>Industry | 跨国化<br>指数TNI |
|---|---|---|---|---|
| 23 | 亚通集团<br>Axiata Group Bhd | 马来西亚<br>Malaysia | 电信业<br>Telecommunications | 67.7 |
| 26 | 伟创力公司<br>Flextronics International Ltd. | 新加坡<br>Singapore | 电气电子设备<br>Electrical and electronic equipment | 65.2 |
| 29 | 新加坡电信有限公司<br>Singtel Ltd. | 新加坡<br>Singapore | 电信业<br>Telecommunications | 63.2 |
| 33 | 新加坡嘉德置地集团<br>Capitaland Limited | 新加坡<br>Singapore | 建筑和房地产业<br>Construction and real estate | 60.9 |
| 34 | 新加坡丰益国际有限公司<br>Wilmar International Limited | 新加坡<br>Singapore | 食品、饮料和烟草<br>Food, beverages, and tobacco | 58.4 |
| 40 | 新加坡星狮集团<br>Fraser & Neave Limited | 新加坡<br>Singapore | 食品、饮料和烟草 | 54.7 |
| 45 | 新加坡东方海皇集团<br>Neptune Orient Lines Ltd. | 新加坡<br>Singapore | 运输与仓储<br>Transport and storage | 52.3 |

续表7

| 排名<br>Rankings | 公司<br>Corporation | 本国<br>Home Country | 行业<br>Industry | 跨国化指数TNI |
|---|---|---|---|---|
| 47 | 马来西亚丹绒有限公司<br>Tanjong Public Limited Company | 马来西亚<br>Malaysia | 生物制药<br>Pharmaceuticals | 49.5 |
| 50 | 云顶有限公司<br>Genting Berhad | 马来西亚<br>Malaysia | 其他消费性服务<br>Other consumer services | 47.9 |
| 51 | 杨忠礼机构股份有限公司<br>YTL Corp. Berhad | 马来西亚<br>Malaysia | 公用事业（电、气、水）<br>Utilities (Electricity, gas, and water) | 47.8 |
| 55 | 森达美集团<br>Sime Darby Berhad | 马来西亚<br>Malaysia | 多样化经营<br>Diversified | 45.7 |
| 66 | 吉宝企业有限公司<br>Keppel Corporation Limited | 新加坡<br>Singapore | 多样化经营<br>Diversified | 38.3 |
| 79 | 马来西亚石油公司<br>Petronas-Petroliam Nasional Bhd | 马来西亚<br>Malaysia | 石油<br>Petroleum expl./ref./distr. | 29.6 |
| 84 | 生力集团<br>San Miguel Corporation | 菲律宾<br>Philippines | 食品、饮料和烟草<br>food, beverages, and tabacco | 21.7 |
| 97 | 泰国国家石油公司<br>PTT Public Company Limited | 泰国<br>Thailand | 石油<br>Petroleum | 10.0 |

备　注：所有的数据基于公司年度报告。跨国化指数TNI，是由以下三个比率的平均数计算得出，国外资产占公司总资产的百分比（foreign assets to total assets）、国外销售占公司总销售的百分比（foreign sales to total sales）、国外雇员人数占公司雇员总人数的百分比（foreign employment to total employment）。公司的行业分类按照美国证券交易委员会（United States

Securities and Exchange Commission）使用的行业分类标准（United States Standard Industrial Classification）。

## 政策建议

通过对外国直接投资流入和流出的业绩评估，提出以下政策建议。

首先，对于外国直接投资，泰国一直采取相当消极的战略。既然跨国公司总是把劳动密集型的低端产品生产调整到像泰国这样劳动力资源富足的国家，因此，那些全凭这种消极策略吸引外国直接投资才得以成长的行业，往往是技术含量极低的零部件装配与生产这样的低技术密集型产业。从根本上讲，这种生产就是利用所在国低廉的劳动力和丰富的生产资源，只能与其他相关产业衍生出为数不多的上下游关联产业，而这恰恰是外国直接投资生产效率外溢的重要因素。为了解决这个问题，新时期的外国直接投资政策必须更具前瞻性，重点在相关行业引进高质量外国投资，通过技术转让、专业技术和知识共享、培训，以及能力建设等渠道，与本土企业生成前后关联产业。

其次，基础设施匮乏，法律与制度不健全，尤其是法制薄弱，合同执行不力，以及纳税和投资者保护等方面问题，严重制约着流入泰国的外国直接投资潜能的全面释放。即便不是说泰国缺乏吸引力，这些障碍也已使得在泰国组建经营性企业变得十分困难，何况还有来自中国、印度，尤其是越南的外国直接投资方面的激烈竞争。最近，由于永无休止的政治动荡以及水资源管理不善，洪灾冲毁了主要的工业区，破坏了跨国公司的生产，外国投资者对于泰国作为区域生产中心的信心已经岌岌可危。尽管洪灾的负面影响往往是暂时性的，政治动荡和自然灾害的冲击却反映出基础设施匮乏和制度质量低下的问题，从而削弱了泰国吸引外国直接投资的竞争力。在2012年及以后，泰国亟须实施几大基础设施项目以加强水资源管理和电力供应，同时实施一系列的制度和政治改革，否则将失去外国直接投资主要宿主国的地位。

最后一点也同样重要，在全球金融危机之后，泰国的经济面貌已发生了快速的改变。由于主权债务危机没有得到解决，美国、欧元区，特别是日本等传统经济大国（地区）经济复苏一直缓慢，复苏程度参差不齐。同时，中国和印度强劲崛起，其市场规模巨大，劳动力成本低廉，并且实施外向型经济政策，造成外国直接投资流入从包括泰国在内的传统东南亚宿主国发生转移。鉴于这些情况变化，泰国必须减少对来自传统渠道的外国直接投资流入的依赖，尤其是对在未来几年会走向衰退的欧盟和日本的依赖，转而依靠外国直接投资流出，寻求新的商业机会，开发新的市场，实现繁荣发展。然而，事实上泰国的外国直接投资业绩相对有限，这或许是由于泰国企业缺乏对海外新商机的了解和投资经验。要克服这个问题，外国直接投资政策和措施必须从吸引外国直接投资流入转向促进外国直接投资流出，建立激励机制，例如免税、提供培训和信息服务，以及实施必要的物质性基础设施和制度性基础设施建设。

［原文“From Inward to Outward: An Assessment of FDI Performance in Thailand”载于《东南亚事务》（*Southeast Asian Affairs*）2012年，第318—338页］

# 泰国2012年

Thailand 2012

泰国研究回顾

# 泰国2012：真相、和解与持续的分裂

【泰】Chairat Charoensin-o-larn①著　　杜洁　姚键　译

## 政治戏剧化的永恒循环[1]

2012年5月26日，《曼谷邮报》（the *Bangkok Post*）在头版上打出了这个标题“国王的历史性归来”。此前一天，普密蓬国王（King Bhumibol）在诗丽吉王后（Queen Sirikit）和诗琳通公主（Princess Sirindhorn）的陪同下，对大城府（Ayutthaya Province）的通玛卡庸村（Thung Makham Yong）进行了正式访问。这个地区在大约四年前曾经是泰缅两国军队的战场，近年来用以栽种水稻。这是由王室发起的蓄水猴腮工程（*kaem ling* project），目的是为了蓄水供旱季使用，雨季调节洪水。这次访问，国王身着绿色军装，表示其与泰国军事机构的友好关系[2]。之所以说具有“历史性意义”，是因为这是普密蓬国王自2009年9月肺炎住院以来，首次赴曼谷以外地区的正式访问。像往常一样，国王受到了众多身着各色彩衫民众的祝福和欢迎。

国王出访的第二天，泰国人民民主联盟（PAD—People's Alliance of Democracy）黄衫军（the Yellow Shirt）开始集会，先在曼谷伦批尼公园（Lumpini Park），然后在曼谷皇家广场（the Royal Plaza），最后在议会大楼前抗议其提议的“和解法案”（reconciliation bills）[3]。这些法案

① Chairat Charoensin-o-larn是曼谷泰国国立法政大学（Thammasat University in Bangkok, Thailand）政治学副教授。

提议，对于2005年9月15日至2010年5月10日期间，卷入政治集会的政治家、政府官员以及其他人等实施特赦。这意味着对暴力镇压泰国反独裁民主联盟（UDD—United Front for Democracy against Dictatorship）红衫军（the Red Shirt）以及黄衫军和红衫军的领袖及普通抗议者负有责任的前总理阿披实·维乍集瓦（Abhisit Vejjajiva）、副总理素贴·特素班（Suthep Thaugsuban）、陆军参谋长和相关人员均会获释。该系列议案试图进一步取消由政变期间任命的资产审查委员会（ASC—Assets Scrutiny Committee）提出的政令和法律规定，以此为新的司法审查铺平道路，以及将政治权利还给那些没有参与导致政党解散的选举舞弊案的政党高层。

正是由于资产审查委员会的调查，直接导致了泰国最高法院公职人员刑事法庭（the Supreme Court Criminal Division for Political Office Holders）2010年做出裁决，裁决他信滥用职权为家族电信企业牟利，并没收他信家族价值460亿泰铢的财产。取消资产审查委员会的决议，被解读为是给归还他信被冻结财产开绿灯。在人民民主联盟、在野党民主党（Democrat Party），以及各种各样的反他信派的眼中，和解法案不过是试图对他信的公然粉饰。在这个过程中，司法系统将可能会受到沉重的打击。

在野党民主党在议会中干扰下议院会议，以达到阻止审议和解法案的目的。5月30日，在下议院议长（House Speaker）、议会主席颂萨·革素拉暖（Parliament President Somsak Kiatsuranont）呼吁大家投票对该项法案进行紧急审议后，民主党议员们对其进行肢体拉扯，试图将他拉起并搬走其座椅。5月31日，为泰党（Pheu Thai Party）成功投票通过将该法案列入紧迫议程。民主党议员向颂萨投掷东西，对其进行大肆抨击。国会出动了数十个警察保护颂萨。早在发生这些不光彩事件之前，民主党议员们就在3月27日试图对议会国家和解临时委员会（the ad hoc House committee on national reconciliation）主席颂提将军（General Sonthi）进行恐吓，因为是他提请议会审议和解法案。民主党党魁阿披实为该党的不光彩行为辩护，

声称其政党为了"国家利益"不惜牺牲自己的形象和声誉[4]。

这边议会里一片混乱，外面黄衫军于6月1日封锁了议会大楼（Parliament Building）所有入口，迫使议会推迟和解法案的一读审议。泰国人民民主联盟之后宣称取得了对为泰党领导的政府的胜利。出人意料的是，同一天宪法法院（the Constitution Court）旋即发布禁令，暂时禁止由为泰党主导的议会对宪法修正案动议进行三读审议和最终审议，除非他们最终审议由包括在野党民主党议员在内的几个政党联合提出的诉状。该诉状涉及修正案是否违背《2007年宪法》第68条[5]。该修正案的三读审议日程最初被确定在6月5日。起诉各方认为这项法案的目的在于推翻《2007年宪法》——这无异于废止《2007年宪法》第68条规定的君主立宪制民主政体。第68条的第一段和第二段明文规定，一旦发现任何企图推翻君主立宪制政体或妄图通过违宪的方式篡取政权行为者，有权要求首席检察官（the Attorney General）调查相关事实，如果证据确凿，可以向宪法法院提交议案责令停止此类行动。

宪法法院主要以政治紧张局势不断升级为由，断然采取措施暂停修宪案三读审议。法院的命令引起不小的骚动，被指责为"超越权限""撇开"《2007年宪法》第68条规定的"标准程序""严重违背民主原则"等[6]。正如起诉者所说，只要议会有意挑衅暂停令，尽管不会有任何的惩罚措施，但按照法院的意见，这一藐视法庭的行为就能反映出其居心不良。

利害攸关的是到底哪个机构有权解释宪法——宪法法院还是国家审计总署（OAG—the Office of the Attorney General）？那些与宪法法院站在一边的，当然包括反他信阵营（the anti-Thaksin Camp），认为法院有权接受起诉，而绝大多数的律师和挺他信阵营（the pro-Thaksin Camp）认为，根据宪法第68条规定，诉状必须经过检察总署的审查。换句话说，宪法法院超越了其管辖范围。就民主原则而言，立法和司法权限的划分遭到这种方式的践踏，实属罕见。此外，检察总署在通告中指出，起诉书凭空捏造毫无依据，这是对宪法法院的沉重一击。具有讽刺意味的是，2006年5月，同样是宪法法院依据宪法第68条的规定驳回了起诉书，解散了民主党。其依据是，在向法院提起诉讼之前，须将诉状提交检察总署以便对相关事实展开调查[7]。

下议院议长（the Speaker of the House）决定退后一步，将宪法修正案与和解法案的最终审议推迟到8月份召开的下一次议会会议。至此，有关宪法法院的争论开始降温。此举不仅为议长赢得了正面的评价，诸如这是“正确而明智的决定”[8]，而且有效地结束了和解法案之争的首场战役。借用红衫军的话来说，球被踢回给了所谓的精英派（ammart），或者是保守派精英，以及宪法法院。

非常值得一提的是，正当议会就有关国家和解法案（the national reconciliation bills）而陷入一片混乱之时，曼谷市的另外一边正在举行世界经济论坛东亚会议（the World Economic Forum on East Asia）。这可以被视为在政治上对于2009年4月在芭提雅（Pattaya）举办的“东盟10+3”（ASEAN-Plus-Three）暨东亚峰会（East Asia Summit）瘫痪报了一箭之仇。当时红衫军冲击会场，迫使峰会突然中断。该事件让时任总理阿披实非常难堪。相比论坛会议而言，媒体对议会的混乱局面做了更多的报道。而且，有关这一系列的政治策略的总体思想，与2006年导致“9·19政变”的情况极为相似，可能会激怒红衫军采取暴力行为，从而激起军队的精英派出于对安全的担忧从而再次上演一场政变，推翻为泰党政府。然而，这一次军方退让了。

暂停审议和解法案与宪法修正案让红衫军认识到，精英派及其圈内人士一直是通过各种各样的独立机构进行反击。而且，宪法法院于5月18日取消了泰国反独裁民主联盟核心领导人乍杜邦（Jatuporn Prompan）的议员资格，因为他没有在2011年7月3日的大选中投票[9]。6月13日，泰国国家反腐败委员会（NACC— the National Anti-Corruption Commission）裁决副总理兼内政部部长荣育·威猜迪（Yongyuth Wichaidit）犯渎职罪。十年前他在担任内政部常务副秘书长（Deputy Interior Permanent Secretary）期间，将寺庙的土地签批出售给阿尔卑斯山高尔夫球场（Alpine golf course）的开发商。荣育被迫于9月底辞去其内阁职务。同一天内，检察总署根据国家反腐败委员会的建议，向最高法院公职人员刑事法庭起诉他信（Thaksin）和其他几位当事人，罪名是批准国有泰京银行（Krung Thai Bank）放贷99亿泰铢给一家房地产企业，尽管这家企业被该银行划定为不良债务人。此外，议会督察专员办公室（the Office of the Ombudsman）裁决，任命泰国反独裁民主联盟的另外一位核心领导人纳塔兀（Nattawut Saikua）担任农业部副部长“从伦理上讲欠妥当”。阿披实政府任命甲西·披龙耶（Kasit Piromya）为外交部部长时，该办公室却保持了沉默。人民民主联盟的核心领袖甲西因素万那普机场（Suvarnabhumi Airport）2008年被迫关闭事件而遭到起诉。

引人关注的是，宪法法院院长瓦萨·索披苏（Wasan Soypisudh）于6月22日告诉记者，他认为提交审议宪法修正案或许旨在推翻君主立宪制[10]。一位法官在裁决结果公布之前发表自己关于正在审议中案件的看法，这是极为不妥的。就在各方为哪个机构有权接受抵制修宪法案的起诉书争论得沸沸扬扬时，瓦萨援引现行宪法第68条的英文译文作为合法性的来源。反独裁民主联盟的领导因此做出这样一个结论，当2008年推翻沙马·顺达卫（Samak Sundaravej）和颂猜·翁沙瓦（Somchai Wongsawat）政府时，精英派已经超越了“司法能动主义”（judicial activism），并且开始表现得像“国中之国”（“state within the state”），总是想要践踏民选领袖的权威，破坏民选政府的职能。

在相关各方激烈争论之后，宪法法院于7月13日做出裁决，以原告未能对自己的观点提供足够证据为由，驳回了关于修宪动议是为了推翻君主立宪政体的指控[11]。法院声明，既然《2007年宪法》通过全民公投得到了认可，今后任何一部新宪法的起草都必须得到相同方式的批准。法院进一步指出，议会对宪法第291条做了修订，以便议会可以建立一个新的班子来重写宪章，这意味着赋予了议会对宪章逐条修订的权力，而不是起草一部新宪章。事实上，这项裁决终止了为泰党努力将修宪案交由议会三读审议的企图。

尽管这项裁决表述不够明晰，还有待解释，但在冲突双方威胁说如果裁决不合其意就会采取行动的情况下，这有助于避免重新激化政治动荡局面。对商业部门而言，这项裁决减小了政治的不确定性，让国家可以继续前行。对评论家们而言，这项裁决给宪法法院开了一个口子，过度地赋予其权利，以此阻碍修宪进程。这是一个错误的先例，即今后对宪法的任何修改须首先交由宪法法院考虑。虽然宪法法院一方面呼吁要尊重以公民投票形式表现出来的公众舆论，但另一方面却表示出对为泰党在2011年7月3日大选中得到的1 500万选票授权的蔑视。想当年，修订《2007年宪法》曾是为泰党在其竞选中的一个关键议题。对反独裁民主联盟领导层而言，这项裁决更多的是个人的观点和建议，而不是真正意义上的法律裁定。因此，只有驳回起诉书才是具有法律约束力的。为泰党和英拉（Yingluck）政府可能已经先行了一步，投票支持修宪案的三读审议。对宪法法院裁决持怀疑态度的人士认为，这项裁决整体看来更像一个法律地雷，为泰党政府必须谨慎避免触雷。

和解议案与宪法修正案议案暴露出的问题，给他信、为泰党以及红衫军敲响了警钟。有人指责他信行事草率。也许他信误读了精英派头子、枢密院主席（Privy Council president）、政治家炳·廷素拉暖上将（General Prem Tinsulanonda）发出的信号。尽管炳上将主持了英拉政府2月为抗洪救灾者举行的晚宴，显示出了与英拉总理的亲密关系，并于泰国新年“宋干节”（Songkran New Year）在其宅邸接见了前来拜节的英拉，但这些姿态并不意味着所谓的“精英派”及其圈子完全赞同他信的行动。事实上，炳仅仅是造成了他信与红衫军之间的一道裂痕。他让红衫军明白，他信已经准备好就红衫军抗议者的尸体处理问题与精英派达成妥协。有报道引用他信的话，说他不认为炳上将是“冲突中的一方”[12]。这与他之前的立场形成了鲜明的对比。具有讽刺意味的是，如果炳的立场可以在他信与“红衫军”之间造成隔阂的话，那么英拉总理与陆军总司令巴育·占奥差（Prayuth Chan-ocha）之间的友好关系也会成为黄衫军与军队之间的一条细缝。

## 政治的真相

有好几种了解政治真相的方法在此值得一提。首先，两方之间的政治斗争是真实存在的，一方竭力想要还原2010年5月骚乱中91人被杀事件的全部真相，另一方力图压制这次政治事件的真相[13]。英拉政府对5月暴力事件中受伤者和死者家属的大笔款项的赔偿计划，并不能阻止红衫军对真相的追寻。法院于3月开始就该致人死伤事件举行听证会，第一个案件的裁决结果在9月才公之于众。根据法院对该案件的裁决，一个名叫潘·卡功（Phan Khamkong）的出租车司机被军队开枪打死了。法院将潘·卡功的死亡判定为谋杀，这为检察官调查前任总理阿披实和其副总理素贴（Suthep）下令镇压抗议者的事件铺平了道路。

泰国民族和解与真相调查委员会（TRCT—the Truth for Reconciliation Commission of Thailand）于9月底发布了关于2010年政治动乱的最终报告，让该事件的真相变得更加扑朔迷离。这份报告将暴乱事件同时归咎于“红衫军”和军方。报告还证实备受争议的黑衫军（men in black）参与了4月10日的暴力活动。报告丝毫不提2006年9月政变这一引发冲突的根源，而是呼吁他信为了民族和解而妥协，不再插手泰国政治。因此，报告不但没有带来伤口的愈合，反倒是重新揭开旧的伤疤。显然，在这种情况下，真相并不会如预想的那样，轻易带来和解。

第二，正如红衫军中部分人所认为的那样，整个泰国政治，特别是为泰党政府本质的真相是令人痛苦的。之所以痛苦是因为红衫军在历经了对精英派长期而艰苦的斗争之后，开始认识到他们所支持的他信和英拉政府会以“民族和解”为借口而对“精英派”做出妥协。英拉政府坚守承诺，绝不插手刑法（the Criminal Code）第112条的修订事宜[14]，即所谓的冒犯君主罪（*lèse-majesté* law）的修订事宜，尽管红衫军和修宪案的其他支持者强烈抗议。在此之前，62岁因罪入狱的唐诺巴古尔（Amphon Tangnoppakul），即众所周知的阿公（Ah Kong）或“短信大叔”（Uncle SMS），其死刑备受争议[15]。唐诺巴古尔被判20年监禁，据说他通过自己的手机将四条被认为是冒犯泰国君王的短信发送给时任总理阿披实的私人秘书宋葛·荣瓦塔纳萨（Somkiat Krongwattanasak）。唐诺巴古尔一直坚称自己无罪，因为他不会发送手机短信。唐诺巴古尔家庭贫困，病情严重，八次保释申请被拒，理由是会有潜逃风险。相比之下，泰国人民民主联盟的领袖颂迪·林通恭（Sondhi Limthongkul），2月因为伪造文件从泰京银行骗贷10.7亿泰铢而被判入狱20年，被准予保释。

英拉政府全力关注《2007年宪法》与和解法案的修订，急于为特赦他信铺平道路。在2010年5月拉差巴颂（Rajchaprosong）动乱两周年纪念活动中，他信居然在电话演讲中将民族和解和他的赦免相提并论。他信在演讲中要求红衫军把团结优先置于公正之前。简言之，他信获得赦免比5月镇压中死去的红衫军的生命更加重要。这件事情暴露了他信与英拉政府之间关系的本质，让死心塌地为他信而战斗的红衫军们第二次大开眼界[16]。

第三，关于制造真相的权术问题。泰国至少有三家“政治”电视频道争相控制对真相和共识的制作[17]：黄衫军声名狼藉的亚洲卫星电视台（ASTV），红衫军的亚洲前沿（Asia Update）电视台，以及在野党民主党的蓝天频道（the Blue Sky channel）。每个频道系统地向其观众提供各自版本的真相。无论是挺他信阵营还是反他信阵营，冲突的双方都建立了各

自的战略伙伴关系。挺他信阵营联盟包括为泰党、英拉政府、红衫军及其具有战略意义的Asia Update电视台。反他信阵营联盟包括在野党民主党、精英派，尤其还有司法部门与军队、黄衫军与彩衫军（the Multi-coloured Shirts）、两个具有战略意义的电视台——亚洲卫星电视台，以及民主党在2011年大选彻底失败之后建立的蓝天频道。

双方阵营的成员和支持者都不能容忍对方的观点。双方在反驳对方之前，都不愿意倾听、也不愿意花费时间去理解对方的观点和提议。各方都在按照各自歪曲的版本制造真相，都在述说着所谓的“真相”。如果说他们的说法中有真相的话，那就只能是局部的真相。因此，红衫军强调要彻查2010年5月骚乱中91人被杀事件，而民主党则主要追究是谁把这座城市搞得遍体鳞伤。民主党在和解法案的讨论中引起了议会的混乱，评论家们认为这是一件不光彩的事情。而对于其支持者来说，这是反对以为泰党为首的多数派专制取得的胜利。为泰党想要借助支持修宪案与和解法案的方式实现民族和解与民主政治，而反对派民主党则认为这些议案是想为他信洗脱罪名。

第四，精英派最害怕的就是“执法为民”组织（the Nitirat）提出的政治真相。泰语中的“Khana Nitirat”不仅意思接近而且也容易让人联想起泰语中的“Khana Rat”或者“Khana Ratsadorn”（人民党，the People's Party）。人民党于1932年发动一场政变，推翻了君主专制。“执法为民”组织于2011年成立，在副教授沃切·巴吉拉（Worachet Pakeerat）博士的领导下，由泰国法政大学（Thammasat University）的七位讲师组成。该组织引发了对泰国民众几年前只能私下议论的问题的公开大讨论。他们打破了禁忌，使得讨论在泰国语境下既不能说也不能想的话题成为可能。并且不可否认的是，这些话题对于这个国家的未来至关重要。因此，这是一场无畏的运动，通过*parrhesia*行动（意即“无惧的言说”）或者说真话，展现泰国社会的理想形象[18]。

“执法为民”组织提出的四个方面的主要改革是：（1）彻底否定2006年“9 · 19政变”，政变是对民主和法治的严重破坏，并造成了当前严重的政治分裂；（2）修订刑法第112条，因为其在合法性上、实际执行上以及指导思想上均存在问题；（3）改革司法体系，对政变中的伤者和死者家属提供赔偿；（4）废除政变的产物——《2007年宪法》，并起草一部新宪法。该组织认为，对泰国备受尊崇的君主制度来说，这四项改革利大于弊。

《刑法》第112条修正议案已经成为由宪法第112条修订委员会（CCAS 112—the Campaign Committee to Amend Section 112）主导的全国性运动。该委员会由学者、媒介行动主义者和人权主义者组成，旨在收集至少10 000个签名，以支持将修正案提交议会进一步修改。“执法为民”组织和宪法第112条修订委员会遭受到的骚扰和恐吓日益增多。例如，2012年2月21日下午，沃切教授在法政大学法律系门外遭到两个男人的殴打。宪法第112条修订委员会遭受到了各种各样的恐吓，从口头辱骂到赤裸裸的死亡威胁。“执法为民”组织呼吁采取行动和纠正2006年政变的后果，为自己赢得了他信的支持者的名声。呼吁修订第112条本身也被指责为背叛国家（un-Thai）、反对君主制。

最后，关于泰国革命本质的政治真相的问题。反对者一直认为，1932年“6 · 24政变”远远不能算作是一场革命。相反，这仅仅是篡夺了拉玛七世巴差提朴国王（King Prachadipok）的权位。而巴差提朴国王正打算建立泰国民主。在民众的眼中，1932年6月政变是泰国现代军事政变的原型。对政变的支持者来说，君主立宪制替代了君主专制，权力移交给了人民。在这个意义上，1932年政变是一场革命。过去，关于1932年政变性质的讨论仅仅局限于知识界。由于2006年“9 · 19”政变与王室有着千丝万缕的联系，政变之后，政治积极分子、普通老百姓，尤其是红衫军成员对于1932年政变的兴趣复燃。随之而来的是政变后王室对黄衫军和司法能动主义

（judicial activism）的暗中支持，这促使红衫军为了追求民主而去探寻1932年政变的真正意义。此外，在把国庆日改到普密蓬国王（King Bhumibol）12月5日生日之前，有人试图再次将6月24日定为泰国国庆日。这一天标志着君主专制的结束，并且曾经被作为泰国的国庆日。人们对这一天的兴趣复燃本身就是一个堪称卓越的政治事件。

不少红衫军对这一事件和“执法为民”组织的行为表现出兴趣，这一事实表明了他们正在把他信抛在身后，并且朝向泰国革命更为宏大的愿景——民主迈进。现在，泰国民主的含义和根源与1932年6月政变联系到了一起。自2006年政变以来，每年越来越多的人热衷于这次政变的纪念活动。如果说1957年沙立·他那叻陆军元帅（Field Marshall Sarit Thanarath）发动的政变使得1932年政变的历史以及人们的记忆黯然失色的话，2006年9月政变则重新唤起了人们对于该事件的兴趣。在这个意义上，谁能控制社会对1932年“6·24政变”的记忆与意义，已经变得至关重要了。

## 经　济

持续的欧元区债务危机，金融危机带来的美国经济低迷，以及泰国2011年严重的水灾，都导致了2012年泰国出口的下跌。这场全球危机造成出口下滑、进口激增，造成收支逆差（balance-of-payments deficit）和泰铢贬值。由于全球市场石油和天然气价格的波动，生活成本上涨和通货膨胀成为5月的重大问题。记者问及通货持续上升的问题时，英拉总理反驳道：“你这是在凭空想象。”[19]这引起了不小的轰动。稍后，政府展开了抑制消费品价格上涨的运动，在政府的支助下，许多廉价商品直销店陆续开张，如Thong Far（蓝旗）、Took Jang（真便宜），以及Took Tang Paendin（本地最低价）。

2011年大水灾造成的严重经济损失使得英拉政府无力专注于其他更为

重要和长远的问题，比如泰国为加入筹划中的东盟经济共同体（AEC—ASEAN Economic Community）的准备工作。东盟经济共同体将于2015年生效，这将泰国置于不利的地位。一旦组合成为联盟，东盟的总体经济价值将达到2.6万亿美元，成为世界第九大经济体。泰国的经济增长在过去很大程度上依赖于廉价劳动力和自然资源的开发。东盟经济共同体一旦生效，泰国必须向自主创新和品牌建设转型。也就是说，通过提高产品的价值，增强与其他经济体竞争的能力。然而，国家划拨研发预算的比例仍然相对较低。

缅甸最近实施门户开放政策，鼓励缅甸务工人员返回家园，引发了泰国某些经济部门出现劳动力短缺问题。到目前为止，这些经济部门是受到数百万缅甸移民工人的输入推动的。英拉政府在试点省府将每日最低工资大幅增加到300泰铢，仍然没能留住缅甸移民工人。政治赞助、政治腐败、草根政策大行其道，遏制了经济的增长，已经引起了商界的高度关注。由于草根政策和政治腐败，泰国经济已经开始陷入了中等收入国家发展陷阱。要逃出中等收入陷阱，亟须实施重大改革。

在商业部门看来，英拉政府将每日最低工资提高到300泰铢，只不过是以另外一种方式来捞取私人部门的钱财，为政府的草根政策买单[20]。此外，因为大米的售价高于市场价格，政府实施的大米典押计划严重地扭曲了市场机制。与此同时，由于泰国大米的价格高于其邻国大米价格，泰国的竞争力遭到削弱。大米计划也损害了农民提升生产力的积极性。除了腐败，反对大米典押计划的激烈争论反映出泰国社会的阶级区分。反对阵营中的专业学者、经济学家、政治家，以及城市精英纷纷出来大肆批评这个项目。然而，农民们没有发出一点抱怨之声，他们是这个计划的真正受益者。大米出口量和橡胶价格不断急剧下降，导致农产品出口的显著降低。据美国农业部7月底报告指出，印度将取代泰国成为第一大米出口国。

政府针对首次购车者和首次购房者实施退税政策，导致购车和购房需求骤然上升。英拉政府划拨出3 500亿泰铢资金，用于全国范围内的大规模水资源治理工程，长远治理洪水问题。英拉总理在10月初宣布政府计划，将投入27 500亿泰铢用于基础设施建设。这是泰国有史以来最大规模的政府投入。这项计划有助于启动东盟经济共同体，有利于大湄公河次区域（GMS—Great Mekong Subregion）的经济发展。然而，大部分的资金将来自借贷[21]。

7月25日，泰国央行（the Bank of Thailand）将经济增长预测从6%下调至5.7%，将出口增长从8%下调至7%。如果政府支出模式维持现状，那么在今后的四年中，公共债务占国民生产总值比例将从目前的42%提高到54%。按照在野党领袖所说，由于过度借贷和政策失误，英拉政府已经累积了大概1万亿泰铢的公共债务[22]。现任和前任政府为了应对全球金融危机和2011年严重洪灾，都保持一定的财政赤字来提振经济。巨额的公共债务会很快让经济陷入衰落。大米典押计划加上“诚信债务人”债务延期三年政策都会增加公共债务。

因此，一直有人呼吁加大在基础设施项目、教育和研发等领域的间接投资，以支持经济的可持续发展，而应当尽量避免诸如各类草根计划这样的短期经济刺激政策。根据泰国发展研究院（TDRI—the Thailand Development Research Institute）预测，建立一套全面的、基于权利的社会福利体系，需要每年大约2 000亿至3 000亿泰铢的成本投入[23]。这个数字相对来讲低于政府对草根计划的投入。仅仅通过草根政策形式放款来提振经济，没有解决诸如收入不平等、土地改革或者教育等方面的突出结构性问题，绝不会实现经济的可持续发展。

## 外交事务

美泰关系由于2006年9月政变以来的几次事件变得有点紧张。政变本身将泰国带向美国民主价值的对抗立场。维基解密事件（the Wikileak affair）泄露了美国大使馆2008年10月电报内容，暗示诗丽吉王后曾经“鼓励2006年政变”[24]。2011年12月，一群保皇主义者在美国驻曼谷大使馆前抗议，谴责他们所谓的美国干涉泰国内部事务行为[25]。他们的集会是针对美国现派驻泰国大使克里斯蒂·肯尼（Kristie Kenney）所作的评论举行的，其内容涉及冒犯君主罪的严厉起诉和漫长刑期以及对于言论自由的担忧[26]。

美国国家航空航天局（NASA—the U.S.-based National Aeronautics and Space Administration）于6月提出请求，希望使用泰国的乌塔堡军事基地（Thailand’s U-tapao military airbase），用于8月和9月期间的气候研究。这个请求已经变得如此政治化，以至于英拉政府决定中断这个项目，并将这个问题提交议会讨论。美国国家航空航天局被迫撤回该项请求。政府因此又被批评为缺乏领导能力。保守派精英和英拉政府的反对派认为，这个项目暗箱操作，有着不可告人的目的，甚至侵犯泰国国家主权。美国国家航空航天局于2010年9月与阿披实政府签署了协议。在野党民主党荒谬地指控英拉政府为了换取前总理他信·西那瓦（Thaksin Shinawatra）的美国入境签证，以乌塔堡军事基地的使用权做交易。也有人认为，气候研究项目应与美国遏制中国在东南亚的影响力这一军事战略有关。

美国国家航空和航天局这一案例表明，保守的泰国当权派，即所谓的“精英派”及其党羽，越来越敌视西方的价值观，尤其是美国的价值观念。这在一定程度上是迫于越来越严峻的压力，因为红衫军等普通民众要求更多的平等和言论自由。此外，“精英派”认为，美国不但一直在泰国冒犯君主法问题上说三道四，而且还干预泰国的政治事务，允许被判有罪的他信于2012年8月初入境。美国国家航空航天局这一案例不仅极大地损害了泰国的国际形象，并且暴露出以国家利益相要挟而引发的严重政治分歧。

直到2007年泰国和柬埔寨柏威夏寺（Preah Vihear Temple）周边4.6平方公里领土争端冲突爆发之前，泰国与中南半岛其他国家的贸易一直在稳定增长。这场战争爆发于阿披实执政的2010和2011年期间。由于为泰党上台，泰柬关系得到改善。恰在国际法庭（ICJ—the International Court of Justice）于2011年7月18日做出临时裁决的一年之后，军队开始撤离寺庙附近的临时停火区。但是，只要双方仍有军队如此近距离地驻扎，就千万别以为暴力不会再度发生。

2008年，柬埔寨政府在泰国已故总理沙马·顺达卫（Samak Sundaravej）政府的支持下，向联合国教科文组织（UNESCO）申请柏威夏寺为世界遗产。关于该争议地区的冲突再次爆发。这一举动遭到了包括在野党民主党在内的保守派的强烈反对。当民主党入主政府并试图阻碍柬埔寨申遗时，柬埔寨政府诉诸国际法庭就1962年裁决所作的解释。在这一裁决中，国际法庭仅仅做出帕威夏寺主权属于柬埔寨的裁定，而对于争议地区的领土归属并无定论。两国都声称对周边地区拥有主权。尽管国际法庭最终裁决日期尚未确定，泰柬领土争端将成为任何一届泰国政府必须处理的一个棘手问题。如果裁决对柬埔寨方有利，届时的泰国政府必然陷入困境。

东盟于柬埔寨召开了第45届部长级会议，由于中国与部分东盟成员国之间的南海领海争端问题，没有能够签署联合公报。这反映出该区域组织的严重分歧与中美两国对于部分东盟国家的影响[27]。随着中国的实力不断增强，地区大国地位的转换对于这些争议起到了火上浇油的作用。因此，巴拉克·奥巴马总统（President Barack Obama）连任后便立即对泰国、缅甸和柬埔寨进行正式访问。这是其为了遏制中国而实施的“亚太再平衡战略”的一部分[28]。

东盟年度部长会议联合声明与该组织本身历史一样悠久。如果不能签署联合声明，对于东盟的公信力与即将于2015年召开的东盟经济共同体会议的凝聚力而言，都将会是致命的一击。作为东盟—中国关系协调国，泰国在这个冲突中具有举足轻重的作用。然而，平息国内问题使得泰国难以发挥这样的作用。因此，东盟团结一致的能力已经受到质疑。事实上，南海争端是对泰国的一次重大考验，也是对东南亚未来的重大考验。

## 结 语

经历了五年的政治动荡之后，2012年对于泰国来说，又是充满不稳定性和不确定性的一年，这样说十分贴切。政治冲突和南部暴乱仍然是这个国家的两个影响最大的问题。南部暴乱在7月开始升级，更加剧了局势的不确定性。南方的叛军广为人知的伏击，向主要的商业企业投掷炸弹，攻击公共交通设施，让泰国安全部队防不胜防。9月1日，在一系列攻击之后，叛军在南部也拉府（Province of Yala）挂出几百面马来西亚国旗。也许这些旗帜代表着他们想要挑战泰国当局以及并入马来西亚的愿望。10月初，在最南部的三个省府之一——那拉提瓦府（Narathiwat），叛军对在星期五，即穆斯林祈祷日开门营业的商人实施暴力威胁之后，这片商业区成为一座空城。自2004年初南部暴乱首次爆发以来，已经是第九个年头，而且没有任何征兆表明暴乱会很快结束。

10月下旬，英拉政府开始面对新一轮的反他信抗议。这个组织这次有了新的名字，叫“保卫暹罗联盟”（Pitak Siam or Protect Siam）。他们公开支持发动政变，支持对民选政治家实施五年冻结。11月下旬，他们在与警察进行了一整天的零星暴力冲突之后，仓促结束了第二次集会。就在“保卫暹罗联盟”集会结束的第二天，反对党对英拉发起了不信任议案。然而，真正的战斗在于为泰党再一次想要推动宪法修正案的三读审议。宪法修正案将为他信的赦免铺平道路，允许他回国。同时，“精英派”对这一方案了如指掌，并且会努力斗争阻碍他信回国。

事实上，泰国2012年整个政治局势离和解相去甚远。在这场冲突当中，双方都想发动一场全面的战争来摧毁对方，并建立起自己的霸权。在霸权的构建过程中，真相和和解成为达成这个目标的手段。所谓的暗杀他信阴谋，以及对阿披实逃兵役的再次指控，由于博取政治分歧而导致双方的恐惧、仇恨和愤怒情绪，使得冲突进一步加剧。通过政治恐惧和仇恨来玩弄政治真相与和解是十分危险的[29]。因此，很难想象泰国社会的未来会是什么样的。一方面，人们被严酷的政治迫害压得喘不过气来，对政敌的诋毁和谎言已经成为他们日常生活中的本质部分。另一方面，泰国公众对诸如Facebook、Twitter、YouTube之类的新兴社交媒体的使用日益增加，这使得诋毁和说谎更加困难。真相与谎言的游戏越来越成为泰国政客可怕的梦魇。社会媒体既是诋毁、谎言与伪善的制造者，也是其审查者。这将有助于提高泰国公众的政治觉悟和政治参与水平。

［原文“Thailand In 2012: A Year of Truth, Reconciliation, and Continued Divide”载于《东南亚事务》（*Southeast Asian Affairs*）2013年，第287—304页］

## 注释：

1　“永恒的循环”（eternal recurrence）这个概念源自德国哲学家Friedrich Nietzsche in his *A Nietzsche Reader*, selected and translated with an Introduction by R. J. Hollingdale (London: Penguin Books, 1977/2003), pp. 249-62。

2　一项关于普密蓬国王与军队关系的历史记录，见Kobkua Suwannathat Pian, *Kings, Country and Constitutions: Thailand's Political Development 1932-2000* (London and New York: RoutledgeCurzon, 2003), Chapter 5, pp. 145-80。

3 “Reconcilation bid risks spawning fresh turmoil”, *Bangkok Post*, 26 May 2012, p. 3. 讽刺的是，在总共四项议案当中，最有争议的是由2006年政变领导人、现泰国祖国党（Matubhum Party）党魁、议员颂提·汶雅叻格林将军（General Sonthi Boonyaratglin）提交的“和解法案”草案。

4 “Unity bills given urgency”, *Bangkok Post* [online], 1 June 2012.

5 “Chapter vetting put on ice”, *Bangkok Post*, 2 June 2012, p. 1. 泰国人民民主联盟的核心领袖颂提·林通恭（Sonthi Limthongkul），在议会大楼前的集会舞台上告诉其黄衫军示威者，他们将会在宪法法院正式发布禁令之前听到来自该法院的好消息。这与宪法法院于2008年12月初做出解散人民力量党（the People’s Power Party）的裁决事件如出一辙，颂提已提前获知裁决的消息。这绝不是偶然之事。

6 “Charter row flounders in legal brawl”, *Bangkok Post*, 9 June 2012, p. 1.

7 修改现行宪法的第291条是此次提交审议修正案的一个主要特点，并且专门成立一个起草委员会重写宪法。起草委员会尚未成立，谁能说出这部新宪法应该是什么样的呢？再者，修正案不允许可能导致君主立宪民主政权变更的对现行宪法中君主政体（the democratic regime of constitutional monarchy）章节内容的修订。

8 “A sensible decision by parliament president”, *Bangkok Post* [online], 12 June 2012.

9 “Jatuporn banned as MP”, *Bangkok Post*, 19 May 2012, p. 1, and “Court defends Jatuporn ban ruling”, *Bangkok Post*, 20 May 2012, p. 3.

10 “Wasan sees plot in charter change bill”, *Bangkok Post*, 23 June 2012, p. 3.

11 “Ruling set to halt charter bill push”, *Bangkok Post*, 14 July 2012, p. 1.

12 “Reconciliation begins at home”, *The Nation* [online], 3 May 2012.

13 一场关于真理的政治学（*The Politics of Truth*）的有趣的讨论，见Michel Foucault, *The Politics of Truth*, translated by Lysa Hochroth and Catherine Parker (Los Angeles: Semiotext(e), 2007)。

14 第112条：“任何人诽谤、侮辱或威胁国王、王后、王储或摄政王，会受到3到15年监禁处罚”。参见David Streckfuss, *Truth on Trial in Thailand: Defamation, treason, and lese majeste* (London and New York: Routledge, 2011)。

15 “PM adamant she will not reform lese majeste law”, *Bangkok Post*, 12 May 2012, p. 1, and “Oddities abound in Amphon’s trial and jailing”, *The Nation* [online], 15 May 2012.

16 让红衫军大开眼界的第一个事件发生在2008年10月。当时，诗丽吉王后（Quess Sirikit）主持了红衫军的劲敌——人民民主联盟（PAD）在抗议人民力量党（the

People's Power Party）政府的示威活动中死去的黄衫军的葬礼。人民力量党是他信对解散的泰爱泰党（TRT—Thai Rak Thai）的翻版。

17 参见Edward S. Herman and Noam Chomsky, *Manufacturing Consent: The Political Economy of the Mass Media* (New York: Pantheon Books, 1988/2002)。

18 参见Michel Foucault, *Fearless Speech*, edited by Joseph Pearson (Los Angeles: Semiotext(e), 2001)。

19 "You're imagining it, says PM", *Bangkok Post* [online], 4 May 2012.

20 "Shock over corruption, patronage, lack of reform", *Bangkok Post*, 14 July 2012, p. B1. 英拉政府的民粹政策主要包括：大米典押计划（rice-pledging scheme），为小学一年级学生免费配发平板电脑，首次购车计划与首套房贷计划（first-car and first-home buyers scheme），诚信债务人债务延期（debt moratorium for good debtors），增加每月支付老人的赡养费，300泰铢每日最低工资，向出租车司机发放能源信用卡以应对油价的上涨，应届毕业本科生15 000泰铢月工资，妇女发展基金。

21 "PM unveils $90 bn infrastructure plan", *Bangkok Post*, 6 October 2012, p. 1.

22 "Budget fails to target living costs, poverty: Abhisit", *The Nation* [online], 22 May 2012.

23 "How can Thailand escape the populist policies trap", *Bangkok Post*, 26 May 2012, p. 9.

24 "US embassy cables: The Queen Sirikit encouraged 2006 coup", *The Guardian*, 14 December 2010.

25 "US Embassy 'to keep out of Thai affairs'", *The Nation* [online], 17 December 2011.

26 肯尼的评论是对这一事件的回应。2011年12月，美籍泰裔乔·戈登（Joe Gordon）因翻译禁书《国王从不微笑》（*The King Never Smiles*），并在美国期间将其上传到互联网。泰国法院对他做出两年半刑期的判决。这是美国公民第一次因为泰国境外行为而受到该国法律的指控。戈登先生于2012年5月访泰期间被捕。他于2012年7月得到王室的赦免，悄然离开泰国，以防止双边关系的进一步紧张。

27 "China, US widen Asean rifts", *Bangkok Post* [online], 27 July 2012.

28 "Obama hails Thai ties", *The Nation* [online], 19 November 2012, and Daljit Singh, "Pivoting Asia, Engaging China-American Strategy in East Asia Today", *ISEAS Perspective*, 19 October 2012.

29 "A political game played with fear, hatred and anger", *Bangkok Post* [online], 11 November 2012.

# 附录：泰国1999年

Thailand 1999

# 泰国：告别旧式政治？

【泰】Suchit Bunbongkarn[①]著　　杜洁　姚键　译

1997年11月川·立派再次出任总理，人们对其寄予厚望，不仅希望他能够化解经济危机，同时希望加强民主和消除政治腐败行为。其廉政的良好口碑及由一批颇具声望和能力的原财务经理们领衔的经济梦之队令泰国民众倍感乐观。然而，执政两年之后，川在经济和政治表现方面均乏善可陈。1999年，尽管经济呈现复苏迹象，泰国民众，尤其是城市中产阶级，仍然对其进程缓慢极为不满。在政治领域，尽管新的宪法致力于改革政治制度，民主依然脆弱，政治腐败仍在蔓延。川政府联合执政盟友内部冲突与纷争不断。总理不得不于7月改组内阁以确保得到下议院的支持。他虽两次挺过议会的不信任投票，但其政府已经名誉受损。在新千年的前夕，川只能依靠自己正直诚实的人格魅力来维持民众的支持。旧式政治没有丝毫消亡的迹象。然而，一些人乐观地认为，一旦2000年新宪法全面生效，新的选举制度和新的议会开始运行，泰国民主就会逐步向着更加稳健、更加负责、更加透明的体系迈进。

① Suchit Bunbongkarn是泰国宪法法院（the Constitutional Court of Thailand）法官，曾担任曼谷朱拉隆功大学（Chulalongkorn University, Bangkok）政治科学学院（the Faculty of Political Science）院长、朱拉隆功大学安全与国际研究中心（the Institute of Security and International Studies）主任。

# 经济改革中的政治博弈

如何化解经济危机一直是贯穿1999年始终的重要争议问题之一。政府提出一系列议案来改革金融部门和国有企业，实施私营经济的债务重组。这些议案，特别是《破产修订议案》（the Bankruptcy Amendment Bill）和《国有企业资本股金议案》（the State Enterprise Capital Bill），激化了国民议会中关于政府经济政策的争议。许多议员和商界领袖不满这些改革措施，认为这些措施是国际货币基金组织（IMF—International Monetary Fund）强加的。部分人坚信这些措施并不是恢复经济的最佳处方。还有一些政客和商人，因受到改革措施的冲击，试图再次掀起反对政府亲国际货币基金组织政策的民族主义情绪。1月，上议院开始讨论《破产修订议案》，一些议员站出来反对，认为该议案会帮助外国的债权人廉价收购本土企业。在国际货币基金组织所开出的经济改革药方仍未带领这个国家走出萧条之际，他们对通过这些议案的时机表示质疑。拿一名议员的话来说，如果这些议案成为法律，90%的泰国民众将会破产。另一位议员严厉指责政府屈从于国际货币基金组织，谴责国际金融机构为了帮助外国人追收债款不惜愚弄政府[1]。

站出来反对政府经济议案的那些实业家们，其公司均为债台高筑的债务人，而一旦这些议案成为法律即会受到不利影响。如果《破产和丧失抵押品赎回权议案》获得通过，便封堵了企业主推迟还债的机会。然而，这些生意人的反对并没有在公众中造成更为广泛的反政府情绪，因为民众心知肚明，他们反对议案的真正目的在于维护其私人企业的利益。为保证议案能够更快地顺利通过，政府与上议院达成了一些妥协之后，《破产和丧失抵押品赎回权议案》立法方才获得通过。

另一个备受争议的议案是《国有企业资本股金议案》，其主旨是为了促进国有企业私有化。川政府已经采用私有化政策作为其应对经济危机

的举措之一，但遭到国有企业员工组织的反对，泰国电力局（EGAT—the Electricity Generating Authority of Thailand）在其中最具影响力。泰国电力局的一座发电站被纳入政府私有化的方案之中。反对者担心的是，由于未来私有化企业的管理调控机制尚未到位，公共利益可能会受到损害。另一个担心是国有企业员工的职业保障。但是，尽管有所耽搁，有人表示抗议并提出批评，政府仍然态度坚决，1999年11月议会最终通过该项议案。

政府于1999年3月30日公布了经济刺激计划，经济与政治之间的联系也可从民众对其反应中略见一斑。这一揽子措施旨在引导人们更多地投资和消费。此前，政府因过分关注金融机构并忽略实体经济部门而遭到指责。1998年8月14日宣布的措施旨在改革金融业，在1999年3月30日经济刺激计划之前，没有出台其他任何刺激实体经济部门的措施。民众对此项经济刺激计划反应并不热烈。尽管这一系列措施着眼于长期效应，政府仍然希望借此提升其公信度和声望。政府面临一个两难境地，即如果想要得到公众的支持，特别是来自城市中产阶级的支持，就需要重视短期政策以取悦那些急于想要摆脱危机并且不太在乎长远解决方案的人。由于政府决心致力于推进长期政策，在私营部门实施根本性改革，其措施就难以立即奏效，因而不易获取中产阶级的信任。泰国民众若非对经济充满信心则难以扩大消费，而如果人们不扩大消费则经济的好转难以企及。正如一位时事评论员所说，经济刺激计划考虑了经济现状，但似乎忽略了心理因素的重要性[2]。更为重要的是，政府无力解决银行业的问题，特别是关于不良贷款（NPLs—non-performing loans）的问题。由于大多数银行不良贷款率非常高，银行往往不愿意提供贷款。因此，尽管实施了经济刺激计划，预计经济复苏仍将十分缓慢。

财政部长他林·尼曼哈明达（Tarrin Nimmanahaeminda）负责金融改革，又是总理最为信任的要员，因此成为舆论批评的主要对象。人们指责他处理经济问题不当，而且庇护其兄弟——泰国最大国有银行泰京银行

（Krung Thai Bank）前任行长。那些希望看到更大改革力度的人则批评他在清理这家银行资产时不够强硬。反对党指责他试图掩盖这家银行管理不善的状况，特别是在放贷业务方面的问题，以此庇护他的兄弟西林·尼曼哈明达（Sirin Nimmanahaeminda）。该银行过高的不良贷款率让人们认为其管理层可能存在违法行为。10月，财政部长组建了一个由金融界德高望重的人士组成的委员会，对各项指控展开调查。尽管委员会没有发现确凿证据对管理层提出诉讼，公众仍然认为放贷业务中存有猫腻。由于个人压力太大，财政部长要求负责监管商业银行的泰国央行（the Bank of Thailand）参与调查此事，同时继续坚称从未庇护自己的兄弟或是泰京银行[3]。

1999年初，有三位部长在议会不信任投票辩论中受到反对党的质询，他林便是其中之一。新希望党（the New Aspiration Party）一位年轻有为的政客乍都隆·采盛（Chaturon Chaisang）带头发难，他们指责财政部长采取错误的经济政策并且缺乏透明度。反对党在辩论中竭力想要使人们明白政府，特别是财政部长未能对金融业实施改革，也未能带来经济复苏。把经济问题政治化，用以诋毁总理和财政部长的声誉，这是前所未有的。

## 经济危机、政治腐败与议会不信任投票辩论

川政府刚一步入1999年，便遭遇到各反对党提出的不信任动议。辩论从1999年1月28日持续至30日。反对党这次不再将目标指向整个内阁，而是采用了新的战略，矛头直指三位关键部长，他们与川总理关系密切，又是民主党（the Democrat Party）的重要人物。除了财政部长他林·尼曼哈明达，还有两位分别是内政部长沙南·卡宗巴萨（Sanan Kachornprasat）和交通部长素贴·特素班萨南（Suthep TueksubanSanan）。沙南担任民主党秘书长，是党内最有权势的人物之一。先前有猜测认为素贴会继沙南之后出任下一任秘书长。反对党希望

通过诋毁这三个人以达到瓦解联合政府的目的。

如上所述，经济问题成为辩论的焦点。但是各政府机构的腐败渎职、管理不善等问题也备遭诟病。川以正直诚实而著称，他始终以诚实透明的管理为最高准则。因此，如果反对党能够证明这几位部长的腐败行为，总理就会陷入麻烦。

在三天的辩论中，内政部长沙南在许多问题上都受到了质问，从北碧府（Kanchanaburi）土地丑闻、备受争议的高速公路收费涨价事件，到擅自将警察厅（the Police Department）违法升级为国家警察局（the National Police Bureau）。以新希望党为首的反对党声称，他们有充足的证据证明沙南渎职腐败，并且坚信辩论之后民主党的秘书长和内政部长将在党内陷于孤立。交通部长也在一系列问题上受到攻击，包括同步数字系列（SDH—the synchronous digital hierarchy）电话丑闻。1998年，素贴受到来自叻武里府（Ratchaburi）的民主党议员塔威·格莱古（Thawee Kraikupt）指控，指责其明知存有猫腻，仍将项目分割为若干以便每个投标人均能分得一个项目，并签批了SDH电话项目招投标结果。

三位部长顶住了三天来的猛烈攻击。联合政府的合伙人依旧团结一致，反对党没能够达成孤立民主党的目的，他们没能够动员起公众，使其施加压力迫使三位部长或是总理辞去职务，尽管辩论事实上已经让他们声誉受损。也许泰国选民仍然信任总理。关于政府逃过一劫的另一个解释是，从公众的观点来看，反对党并不是一个更好的选择。人们仍然对前总理差瓦立·永猜裕（Chavalit Yongchaiyuth）以及反对党执政期间的情况记忆犹新。

无论如何，新希望党并未善罢甘休。已然在不信任投票中失手，该党又想尝试通过新宪法规定的弹劾渠道迫使总理和内政部长下台。该党的下议院议员对上述二人提出指控，控告其在府议院选举、高速公路收费涨价以及将原内政部管控的国家警察局调整至总理府等方面贪污腐败与滥用职权；要求国家反腐败委员会（NCCC—The National Counter Corruption Commission）展开调查。如果反腐败委员会发现他们有罪，该案件将提交议会，并让他们下台。在历经几个月的调查之后，反腐败委员会没有发现足以弹劾二人的证据，便决定撤销此案。

## 日趋强大的公民社会力量

1999年，尽管经济危机余波未了，公民社会或民间领域的力量日趋强大。一些非政府组织（NGOs—non-governmental organizations）、社会团体，以及乡村农民更为独断自信，要求在保护环境和自然资源决策过程中体现公平和亲自参与。其中一例值得一提，即巴蜀府（Prachuab）当地居民抗议两个发电站项目的建设。1998年12月，在抗议者与警方持续几天的暴力冲突之后，示威游行最终结束。反对者持续抗议发电站建设，声称燃煤电站会污染环境。一些人认为污染会影响海滨，杀死幼鱼、浮游生物以及其他小动物，并对珊瑚礁造成破坏。他们不相信使用低硫煤不会造成空气污染和酸雨。一些人甚至进一步表明反对工业侵入他们社区，正如两个发电站的所作所为。他们更喜欢简单的生活方式。抗议者得到了环境组织和当地政府部门的支持。

这两家公司的管理方和项目的其他支持者认为，发电站会配备高标准的环保设备。他们同时指出将使用低硫煤发电，丝毫不会造成空气污染。其中一家公司——联合电力开发公司（the Union Power Development Company）解释说，该项目将会造福社区，并有望持续为该地区创造一个更加美好的生活环境。尽管如此，仍然有为数不少的当地居民反对这个项目。

由于眼下尚无解决方案，政府决定诉诸公众听证会。但是反对者以为时太晚为由反对举行听证会，认为这个程序早在项目启动之前就应该进

行。然而，听证会仍然被决定提前到1999年9月召开，地点就选在项目的一个建设工地波诺（Bor Nok）小区。尽管遭到大多数反对者的联合抵制，听证会进行得很顺利。然而，提交给政府的报告没有就他们是否应该继续这个项目提出建议。一直拖到年底，政府才不得不决定该怎样处理这个项目。

这个案例说明了民众的声音正变得更加有力。与新宪法保障人民有权参与决策影响其社区环境的项目相呼应，这个案例势必会对政府开发项目产生更为重大的影响。贫穷的农民抗议不断，贯穿了这一年的始终。1月和2月，来自孔敬府（Khon Kaen）一个村庄的600多户人家，在东北小农户组织（the Assembly of Northeastern Small-Scale Farmers）的领导下，非法进入东兰（Dong Larn）人工林砍伐树木。政府在东兰地区开发项目，这些人却遭了殃。1979至1990年期间先后启动了五个项目，很多村民被迫迁居。政府的想法是将村民们移出森林，并将他们重新安置在一片退化的林区。村民们声称，政府曾承诺分给一块土地，但时至今日他们仍未得到。有的则说，土地倒是拿到了，可是根本不能耕种。经过一系列的谈判，政府同意让村民们暂居东兰，同时相关部门为他们再另外寻找土地。

另一个令人关注的抗议是11月由东北地区种植木薯的农民组织的。因为世界市场价格的下降，农民们希望政府能够保障木薯价格。政府表示同意，但抗议者认为保障价格太低。农民在总督府前举行集会，向政府施压要求提高保障价格，但是这并不能使政府改变立场。内政部长沙南声称，联合执政的国家发展党（Chart Pattana Party）是群众集会的幕后推手，因为他们已经发现国家发展党的党魁、来自呵叻府（与抗议者来自同一个府）的国会议员孔·达帕兰里（Korn Taparangsri）的吹鼓手们正在组织集会。此时，事件变得政治化了。在一系列的谈判之后，农民们虽然没有得到政府的任何承诺，还是决定回家。

公民社会的力量不仅表现在其为农村贫困阶层的斗争，同时也体现在其与腐败的战斗。有一个关于后者的典型案例，与指控政客与公共卫生官员在全国公立医院医药和医疗器械采购案中的腐败有关。丑闻发生在1998年，一些非政府组织因此向政府施压，要求彻查此案。反腐败委员会（CCC— the Counter Corruption Committee）[4]做出结论，认为有充分的腐败证据，可以对一名政务官员和公共卫生部（the Public Health Ministry）的几名官员展开进一步调查。该案被送交警方展开刑事调查，并报公共卫生部加以纪律处分。然而，非政府组织对此结果并不满意。1999年，他们继续给反腐败委员会施压，要求进一步调查。反腐败委员会这次找到了足够的证据，但仍然仅是给予另外几位公共卫生官员纪律处分了事，并没有进行刑事指控。非政府组织对这个结果仍然不满，因为他们无法知道起诉部级官员的具体内容与细节。不过他们的所作所为提高了公众的反腐意识，迫使政府部门、特别是反腐败委员会及其官员办事透明化，向公众发布完整的调查报告，本案就是其中一例[5]。

另一个反映公民社会影响力日趋增强的案例事关法身寺（Dhammakaya Temple）原主持达玛·差庸（Dhammachayo）。新闻界连续数月在一些问题上对他进行抨击，包括挪用寺庙基金。一些道高望重的高僧们也指责其一名随员助理歪曲佛陀的教义。一家佛教协会和一些社会名流团体也向泰国高僧委员会（Mahatherasamakhom）、最高僧伽委员会（the Supreme Sangha Council），以及宗教事务部（the Department of Religious Affairs）进行投诉，要求展开调查。事实上，法身寺20多年来不断扩大其影响和财力，代表了僧伽的新形象。由于教律严明，法身寺在知识分子、大学生和年轻一代中非常受欢迎。据称该寺庙拥有超过十万信徒，其中为数不少来自富有的家庭。法身寺一直把精力集中在大学生身上，只有那些在法身寺冥想修炼中表现令人满意、取得成功的学生才能被授予圣职。正如彼得·杰克逊（Peter Jackson）所说："看来选拔过程的导向是，要确保那些完成法身寺修行的学生极有可能成为未来商界或政界的佼佼者。"[6]这位前主持（the Sangha）最关心的是寺庙的财富以及寺庙资产管理的商业化模式。最终警方于1999年8月以滥用寺庙基金罪对达玛·差庸发出逮捕令。主持同意向警方自首，并在接受了几个小时的询问之后，获准以200万泰铢保释。达玛·差庸坚称其是清白的。警方无意拘留或是解除其僧职——他们想要避免发生寺庙信徒骚乱。

审讯非常漫长，无人确知何时能够结束。众所周知，达玛·差庸的信徒遍布各行各业，来自社会各个阶层。这个案例反映出寺院惩戒程序有缺陷。政府饱受批评，被指无力解决这一复杂问题，无法拿出一个长效的解决方案。

## 年终议会的不信任投票辩论

正如1999年以议会不信任投票辩论起始，该年同样是以议会不信任投票辩论而告终。议会不信任投票辩论是泰式民主的普遍特征，其背后的企图是诋毁政府，或分裂联合执政。12月15日至18日的不信任辩论与1月的不同，它是与整个政府为敌。

11月12日反对党向下议院议长（the House Speaker）递交了一份议案，指控川政府政治腐败以及纵容政府机构的不法行为。他们指责总理缺乏远见卓识，无力领导国家，允许外资开采国内资源，残酷镇压示威者，侵犯民众的知情权和新闻自由。预计总理、财政部长他林、内政部长沙南、交通部长素贴等部长级民主党派重要人物都会成为攻击的目标。涉及的问题估计会包括存有猫腻的泰京银行的放贷业务，林业部与国家警察局签发北碧府一桩土地所有权证是否合法所引发的争执，以及金融和经济改革政策。

不等辩论开始，川总理就向反对党展开攻势。在该议题提交的前一天，总理、财政部长他林以及总理府阿披实部长（Minister Abhisit of the

Prime Minister's Office）现身银屏讲述政府政绩，并感谢公众帮助政府让泰国走上经济复苏之路。川向公众保证政府采取的经济措施方向正确，并且有理由期待未来的捷报频传。正如泰国律实民调（Dusit poll）结果显示，多数接受调查的对象对总理的表现表示满意，川的作风谦逊，他避免与反对党唇枪舌剑，从而舒缓了人们的情绪[7]。但是，仍然有人对其关于部长腐败指控的答复极为不满。在泰京银行问题上，财政部长他林仍然坚称自己在这件事情的处理上绝无半点徇私舞弊和裙带关系。

辩论进行了五天，攻击集中在总理、内政部长沙南以及财政部长他林身上。他们在经济表现、政治腐败以及缺乏远见方面备受指责。政府最终赢得选举，这在一定程度上反映出联盟的团结。公众继续支持总理，尽管一些部长，尤其是内政部长对反对党指控的反驳并不太令人信服。反对党的确达到了诋毁内政部长和财政部长的目的，但却不能撼动总理丝毫，仍然没能说服公众相信他们才是更好的选择。

## 外交关系

泰国与缅甸的外交关系一直存在问题。两国的边界线长达2000多公里，存在诸如边界争议、走私、非法移民以及贩毒这样的问题也就不足为奇。最为严重的问题是泰国的缅甸难民——大多数是学生，此外还有泰国捕鱼船涉嫌侵犯缅甸领海和专属经济区问题。

1998年12月，一只没有任何国别标志的武装拖网渔船在安达曼海（the Andaman Sea）攻击了一艘泰国海军舰艇，杀死了两名泰国海军军官。1999年1月12日，当泰国船只在安达曼海罗勇府（Rayong）一带海域巡逻时，泰国海军舰艇与身份不明的渔船再次发生武装冲突。双方均指责对方侵入本国领海。所幸这些冲突并未升级为更大规模的武装冲突。5月，泰缅双方在泰国北部一座城市举行会谈，泰国总理川与缅甸总理丹瑞（Than Shwe）同

意共同探索缓解边境紧张局势的措施。

1999年10月1日，一群缅甸学生占领了缅甸驻曼谷大使馆，成为给两国关系带来最为恶劣影响的事件。五名持不同政见的学生带着突击步枪和手榴弹，冲击了大使馆，扣押了缅甸外交官、外国人以及泰国人作为人质。他们要求仰光政府（Yangon）释放所有的政治犯，开启与亲民主政治家的对话，并召开缅甸于1990年5月选举产生的议会会议。占领大使馆事件让人们颇为意外。虽然如此，政府希望尽快终结使馆占领事件，并且兵不血刃地解决问题。所幸挟持人质者均非职业恐怖分子，因此不难对付。经过两天的紧张谈判，学生们做出决定，一旦政府同意提供一架直升机，将他们和自愿做人质的外交部副部长苏煌班德亲王（Sukhumbhand Paribatra）送至边境，他们即刻释放人质。在持不同政见者消失在边境地区之后，副部长从边境安全返回，人人如释重负。

由于占领事件很快以和平的方式得以解决，政府得到了国内外的高度赞许。缅甸独裁军政府尽管对此表示感激，但仍决定关闭边境，撤销了赋予泰国人的渔业特许权。对关闭边境官方没有做出任何解释。普遍认为仰光政府之所以不满，是因为泰国政府并没有真正努力逮捕和惩罚参与这一事件的学生。缅甸军政府同样不满于泰国当局对叻武里府（Ratchaburi）的马尼洛难民营（Maneenloy Camp）的缅甸难民的宽宏大量。至于撤销渔业权的问题，缅甸当局表示打算复核相关费用。泰国政府坚持自己在处理占领使馆事件中的立场，明确表示任何事情都必须按照泰国法律进行，绝不会因为屈于胁迫而改变做法。事实上，泰国警方对五名学生发出了逮捕令，并坚持一旦发现其在泰国境内即予逮捕。泰缅两国的政治鸿沟成为培育双边关系与解决争端的最大阻碍。作为一个民主国家，泰国用不着对那些难民采取严厉的管制措施，只要难民不制造麻烦，就应该宽大为怀。然而，泰国当局已经加强了对马尼洛难民营的控制，并开始寻求将这些难民迁至第三国的可能性，以免影响泰缅两国未来关系。

在泰国外交部部长素林（Surin）赴仰光与缅甸领导人会谈后几周，缅甸重新开放边境。普遍认为缅甸难以长期关闭边境，因为诸如达车叻（Tachelek）这样的边境城镇必须依赖于泰方的食物和燃油供应。缅甸军政府同意，今后将按照国际法规定处理边境关闭事宜。但是，一些边境问题仍未得到解决，泰缅关系依然远远谈不上亲切友好。

为了在东帝汶恢复和平，泰国决定加入东帝汶国际维和部队（INTERFET—the International Force for East Timor），这是其对外关系方面的一个新进展。在东帝汶问题上，泰国支持东南亚国家联盟（简称“东盟”）的立场。由于东盟成员国依然坚持互不干涉内部事务的原则，大家均未采取任何行动来应对冲突，这种无所作为状态无疑使得该区域性组织成为事不关己的局外人。东盟商定将该事件提交联合国处理，这就使得非东盟国家可以采取主动，特别是澳大利亚、美国以及欧盟。联合国安理会（the U.N. Security Council）通过了一项决议，决定向东帝汶派出一支多国部队，指定由澳大利亚领导。川总理在新西兰出席亚太经济合作组织（APEC—the Asia-Pacific Economic Co-operation）会议时，与澳大利亚总理约翰·霍华德（John Howard）进行了会晤，泰国接受澳方的请求加入多国部队。为避免印度尼西亚产生误解，泰国外交部发言人重申，印度尼西亚是泰国东盟内部的朋友，泰方愿意向其提供帮助。泰国外交部部长素林紧急会见印尼总统哈比比（Habibie），商讨泰国出兵事宜，确保得到他的首肯。

对于泰国参加东帝汶国际维和部队一事，国内没有明显的反对。陆军总司令素拉育将军（General Surayud Chulanond）与政府通力合作，同意派出一支步兵营，同时海军派出一艘补给舰。但是，批评集中在经费上。联合国并不对东帝汶国际维和部队提供经费，还必须依赖像日本这样的一些成员国出资。由于泰国正身陷经济危机，如何解决部队的经费问题是一个涉及其合法性但又十分敏感的问题，尽管联合国秘书长承诺会向东帝汶国际维和部队提供经费支持。

东帝汶事件表明东盟正处于十字路口。伴随其发展壮大，东盟涵盖了10个东南亚国家，东盟如何在该区域不断变化的政治、安全和经济环境中发挥更大的作用，颇受多方关注。东盟在经济、社会、与政治上正变得更加多元化。这使得东盟在敏感问题上更加难以达成共识。诚然，东盟内部不同政治制度和政治体制之间的政治隔阂虽然难以消除，但东盟内部的贫富差距却是能够而且应该缩小的。在此背景下，外交部部长素林提出，东盟应该优先发展大湄公河流域（the Greater Mekong basin）。但是，如果印度尼西亚的一些地区，例如亚齐（Aceh）再次发生暴动，事态发展至需要国际干预的话，泰国作为东盟常务委员会（ASEAN Standing Committee）轮值主席国当如何应对——既要使东盟在地区和平与安全上发挥更大的作用，又不至于让互不干涉内政的原则形同空文，泰国身处两难境地。

## 结 语

1999年，尽管金融机构非常脆弱，民主政治饱受丑闻和腐败的困扰，可是有一个制度凝聚了整个国家，足以让泰国人引以为豪，这就是君主制。1999年是不平常的一年，泰国人民庆祝普密蓬国王（King Bhumipol）的70岁寿辰。对泰国人民而言，这是一件特别重大的事件。公共部门、商界、民众向深受爱戴的国王表达感激之情，感谢国王为国家的发展和人民的幸福所做出的努力和贡献。

新千年给泰国人民带来若干挑战。2000年3月，他们将首次投票选举产生上议院，而且几个月后很可能投票选举产生下议院。选举将会按照新宪法规定的新的选举制度举行。泰国公众并不确定新的制度能否产生能干诚实的政治领袖和良好政府。但是，人们至少可以期待，随着新宪法的全面实施和新一届议会的召开，新式政治会与新千年相伴而来。

［原文“Thailand: Farewell to Old-style Politics?”载于《东南亚事务》（*Southeast Asian Affairs*）2000年，第285—295页］

## 注释：

1 “Contrasting Claims over Guarantors’ Clause in Key Legislation”, *Nation*, 18 January 1999, p. A2.

2 “News Analysis”, *Nation*, 31 March 1999, p. Al.

3 关于财政部长他林在应对危机中发挥作用的理性论述，参见*Far Eastern Economic Review*, 4 November 1999, p. 11。

4 反腐败委员会（CCC）是国家反腐败委员会（NCCC）的前身。国家反腐败委员会于1999年4月成立，接管反腐败委员会的职责，后者于1999年11月解散。

5 反腐败委员会调查报告全文参见*Matichon*, 8 July 1999, pp. 1-19。

6 Peter Jackson, *Buddhism, Legitimation and Conflict: The Political Functions of Urban Thai Buddhism in the 19th and 20th Centuries* (Singapore: Institute of Southeast Asian Studies, 1989), p. 212.

7 *Nation*, 25 November 1999, p. A3.

# 泰国经济：稳定与改革

【泰】Pichit Likitkijsomboon[①]著　　杜洁　姚键　译

在泰国现代史上，1997年爆发的经济危机是最为严重的一次。其影响不仅限于中心城市的低收入和中低收入阶层，更大范围的社会经济群体也受到了严重影响，包括从高层的实业家、银行家、金融家、白领阶层到工厂工人、农民、小商贩，以及街头摊贩。首当其冲的是居住在中心城市的人口，他们遭受的打击最大，特别是被解雇的公司雇员和工厂工人。新的就业放缓甚至停滞，造成劳动力市场的新增求职者就业前景渺茫，一些人勉强保住工作却又饱受降薪和失业的威胁。危机导致中心城市大规模的失业，这是泰国历史上从未发生过的。据泰国国家经济与社会发展委员会（NESDB—the National Economic and Social Development Board）估计，1997年下半年被解雇人员总数达到42 200人。截至1997年底，失业人员达115万人，占劳动力的3.5%。截至1998年底，受危机影响，据估计失业人口超过了200万。

## 1999年度经济状况

与此相反，1999年是趋于稳定与缓慢复苏的一年。各项经济指标显示，从1999年第二个季度开始，经济逐渐缓慢回暖。

不同的投资消费指标（investment spending indicators）反映出经济回暖

① Pichit Likitkijsomboon是曼谷泰国国立法政大学经济学院（the Faculty of Economics, Thammasat University, Bangkok）助理教授。

的模式前后并不一致。据泰国央行（BOT—the Bank of Thailand）计算，1999年前9个月，私人投资指数（private investment index）下降速度有所放缓。制造业生产指数（manufacturing output index）实现增长，1999年1月为0.4%，6月提升到12%，1999年9月提升至15.4%。资本货物进口（capital goods imports）并不稳定，1999年4月增长幅度为2%，5月收缩6.3%，1999年6月激增至28.9%。水泥消耗情况与此相似。钢筋和镀锌铁皮销售保持正增长。产能利用率（capacity utilization）从1997年初开始一直下滑，1998年1月触底到50%，该年度其余时间一直在50%至55%之间来回波动。1999年逐步提高，1月为52.6%，6月提高到59.9%，第三个季度则徘徊在58.6%和60.8%之间。

自1999年初开始，绝大多数消费支出指数（consumption spending indicators）缓慢回升，尽管前景依然不容乐观。消费品进口与汽车轮胎销售恢复强劲，零售业销售持续低迷。啤酒销售增长强劲，软饮料销售呈下降趋势。

继1999年上半年0.8%的出口增幅，1999年第三个季度出口增幅为10.2%，这样1999年前9个月出口增幅就达到了3.9%。1999年上半年进口增幅高达5.9%，第三个季度达20.9%。商品贸易顺差（merchandise trade surplus）1999年上半年比去年同期水平低16.4%，1999年第三个季度比去年同期下跌22%。劳务收支平衡（service balance）也在恶化。与1998年同期相比，1999年前9个月经常账户盈余（current account surplus）下降了13.4%。

1999年上半年资本账户（capital account）赤字28.72亿美元，与之前一年同期57.72亿美元赤字相比，明显改善了50.2%。与1998年同期相比，1999年7至8月资本账户赤字降低18.0%。泰国企业偿还外国债务造成长期私人资本净流出（long-term net private capital outflow）。由于持续的预算赤字（budget deficit），1999年6月末公债已达到1998年9月末未清偿债务的

141.1%。政府以发行一系列债券的方式为预算赤字融资。

自1999年5月开始，物价下跌（decline in prices）或是负通胀（negative inflation）一直持续。由于国内消费（domestic spending）疲软和产能过剩（excess capacity），1999年9月油价上涨影响较为缓和。实际利率（real interest rates）——名义利率扣除通货膨胀率（nominal interest rates net of inflation）——在逐步提高，超过危机前的水平。这可能会潜在地减缓经济复苏的进程。由于存在大量的不良贷款（NPLs—non-performing loans）、高风险，以及经济复苏缓慢，银行借贷业务仍在减少。

## 出售56家名存实亡的金融公司资产

1997年10月24日，泰国政府根据1997年（佛历2540年）颁布的《金融部门重组紧急法令》（the Emergency Decree on Financial Sector Restructuring），成立了金融部门重组局（FRA—the Financial Sector Restructuring Authority）。建立金融部门重组局的目的是加强对恢复工作的58家金融公司的监督。这些公司已经按照财政部长的命令停止营业。58家金融公司中仅有2家得到许可于1997年12月恢复营业，其余56家公司被永久性关闭，其资产由金融部门重组局接管。

资产被划分为核心资产（core assets）——包括分期付款贷款（hire purchase loans）、住房抵押贷款（residential mortgages）以及商业贷款（commercial loans）——和非核心资产（non-core assets）——包括办公车辆、资本投资（capital investment），以及办公设备等其他资产。1998年资产出售总额达1 053亿泰铢，包括核心资产754亿泰铢，占总额的71.6%，以及非核心资产299亿泰铢，占总额的28.4%。1999年首次资产拍卖于该年3月19日举行，包括价值2 215亿泰铢的商业贷款。本轮拍卖销售额仅为403亿泰铢，占未清余额（outstanding balance）总额的18.2%。

第二次资产拍卖于1999年7月举行，其中包括价值13亿泰铢的建设贷款（construction loans）。拍卖所得仅为1.573亿泰铢，占未清余额的12.1%。第三次资产拍卖于1999年8月11日举行，包括价值1 290亿泰铢的商贷和他类贷款。此次拍卖售得310亿泰铢，占未清余额的24%。最后一轮的核心资产拍卖于1999年11月10日举行，包括价值178亿泰铢的商贷和他类贷款。此次拍卖售得54亿泰铢，占未清余额的30.1%。其余价值860亿泰铢的核心资产由于质量太差，不能拍卖，只能进入破产程序。一些主要由资本（证券）投资构成的非核心资产，于1999年12月和2000年初被拍卖。

## 企业债务重组

庞大的不良贷款（NPLs），即拖延还本付息达3个月之久的贷款，是影响商业银行扩大贷款规模，从而为企业注入流动性这一经济复苏必要前提的最大障碍。当局采取了一个双管齐下的策略来解决不良贷款问题：通过债务重组减小不良贷款的规模，通过调整资本结构夯实银行资本基数（bank capital bases）。

财政部于1998年6月25日成立企业债务重组咨询委员会（CDRAC—The Corporate Debt Restructuring Advisory Committee），旨在做好债务人与债权人之间债务重组的协调工作。委员会由泰国央行行长担任主席，并得到泰国工业联合会（the Federation of Thai Industries）、行业工会（the Board of Trade）、泰国银行家协会（the Thai Bankers Association）的协助。为了方便重组，财政部出台一些刺激政策，允许金融机构按照一定的条件将可疑贷款（doubtful loan）和损失贷款（loss loan）升级为次级贷款（substandard loan）[1]；即便客户之前有贷款被归为不良贷款，仍然可以再行贷款[2]；对于正在进行债务重组的公司，免征其资产转移（transferring assets）、修改债务偿还条件（debt repayment conditions）、债转股（converting debt into

equity）等环节中的各类税费[3]。

重组过程所涉及的债务，1998年7月达2 711亿泰铢（其中成功债务重组93亿泰铢，仅占3.4%），1998年8月达3 783亿泰铢，1998年9月达4 377亿泰铢，1998年10月达5 695亿泰铢。完成重组的债务，分别增长至118亿泰铢、167亿泰铢和366亿泰铢。成功率逐步提高，8月为3.1%，9月增长至3.8%，10月增长至6.4%。

债务重组的进程缓慢很大程度上归因于商业银行的抵触，他们不愿因其不良贷款重组而招致大量的已实现损失（realized losses）。为加速进程，泰国央行于1998年第四季度发布更多刺激政策[4]。继此之后，债务重组加快步伐。仅1999年1月，泰国企业完成债务重组318亿泰铢，与1998年12月完成265亿泰铢相比，提高了20%。截至1999年8月底，泰国企业完成债务重组6 802亿泰铢，尽管仍有12 046亿泰铢贷款还在重组过程当中。与1999年3月完成债务重组2 809亿泰铢以及处于债务重组过程的7 904亿泰铢相比，分别提高了142.1%和52.4%。

不良贷款在总贷款中的份额，1998年底高达45%，1999年5月达到47.7%的峰值。尽管债务重组进展快速，不良贷款数额的下降却较为缓慢。1999年8月18日，泰国央行修订了不良贷款的定义，以期加快降低不良贷款额。从该金融周期（financial period）于1999年9月30日结束之后，不良贷款须定义为“每一账户而非每一个体借款者的未偿不良贷款”。因为同一个体借款者可以拥有几个贷款账户，其中一些账户可能仍然信用良好。而且原有的不良贷款一旦成功通过债务重组，自订立合同之日起即可从不良资产清单上划掉，无须履行连续3个月支付的要求。

1999年9月30日，完成重组的贷款总计达762.7兆泰铢[5]。债务重组的过程会逐步把受到短期利率、汇率以及国内需求波动负面影响但有条件重组的公司与结构性产能过剩（structural overcapacity）和效率低下的公司区分开来。重组率在不同行业之间差异很大。电信业、服务业、批发贸易业显示出较高的重组成功率，而建筑材料业、钢铁工业以及房地产业都落在了后面。

随着不良资产的缓慢下降，也暴露出了债务重组过程中的一些问题。例如，经营重组的方针与措施含糊不明，债权人之间缺乏合作。另外，由于总体经济状况恶劣，一旦遇到利率降低，债务人就想重新谈判以达成更好的交易条件，某项已经重组的债务重新成为不良贷款，不得不再次进入新的一轮债务重组。这样的案例数不胜数。据预测，1999年第三个季度，有15%的已经重组债务将会再次进入第二轮重组。债务重组似乎在这种情况下成功案例更为集中，即小额贷款债务人（small debtors）、单一借款人（single lenders）、由一位债权人为主的银团贷款人（syndicate lenders with a lead creditor），且平均债务规模为750万泰铢。

商业银行的不良贷款问题得到了较大改善。与此相反，国有银行的不良贷款情况愈加严重，1999年1月为9 890亿泰铢，1999年6月增加到11 800亿泰铢。这暴露出这些部门对不良贷款管理不善、债务重组进程迟缓的问题。在并无成熟措施的情况下，相关部门接管了境况不佳的金融机构。这只会在国有银行内部累积起更多的不良资产，导致其不良资产数额的飙升。截至1999年9月底，国有银行暴露出的不良贷款问题尤为严重，占到总贷款额的65.6%，而私有银行成效显著，不良贷款比例仅为39.8%。

不良贷款总额于1999年9月达到25 700亿泰铢，未偿不良贷款持续4个月下降。但是，整个金融体系的不良贷款比例仍然占到总体贷款业务量的45.3%。由于债务重组的快速进展开始对不良贷款的规模产生重大影响，预计该比例将会在2000年上半年内下降更快。

## 金融业重组计划

泰国财政部和央行于1998年8月14日共同颁布《金融业重组计划》（the Financial Sector Restructuring Plan）。按照这个计划，将对原由相关部门接管的12家金融公司和6家商业银行进行整合重组。这项计划的核心是为银行资本结构调整提供资金支持配套。资金支持配套包括一级资本——主要是普通股（common shares）、优先股（preferred shares）和留存盈余（retained earning），以及二级资本——主要是认股权证（warrants）和次级债务（subordinated debt）。参与重组计划的金融机构，符合一定条件即可获得一级资本和二级资本支持[6]。

相关部门同样鼓励各类机构建立、投资及资助私人资产管理公司（AMCs—private asset management companies）。私人资产管理公司负责管理从相关金融机构转移过来的不良贷款。允许私人资产管理公司借贷（不包括存款调动）后再转贷给现有债务人。允许私人资产管理公司灵活设定利率，对资产转让不设法律障碍，同时免征资产转让的相关税费。

政府将发行高达3 000亿泰铢的债券（包括2 000亿泰铢一级资本和1 000亿泰铢二级资本支持），为银行资本结构调整进行融资。任何额外的损失均将由政府财政通过发放更多债券得以解决。公告最初明确2000年6月30日为金融机构申请加入该项目的最后日期，截止时间后来被改为2000年11月1日。

该计划宣布之后，内阁委任金融重组咨询委员会（FRAC—The Financial Restructuring Advisory Committee）监督该计划的实施进程。金融重组咨询委员会以财政部长和泰国央行行长顾问的身份，负责审批金融机构有关资金支持配套的申请和金融机构资本结构调整的所有相关细节问题。金融重组咨询委员会于1998年8月开始工作，并将于2001年3月31日终止运行。

计划宣布一年多之后，金融业重组计划的效果令人质疑。首先，1998至1999年，不良贷款占总贷款的比例仍然居高不下。1998年8月为36.2%，1998年底为45%，1999年3月为47%，1999年5月为47.7%，1999年6月和9月分别回落至47.5%和45.3%。如此之高的不良贷款率说明，经济并未充分复苏，债务人的流动性问题并未得到缓解，债务重组进程推进不力。

其次，金融机构参加资金支持配套并非是强制性的。金融机构可以在申请周期内（2000年11月之前）自行设法进行资本结构调整。由于政府对于金融机构参加一级资本支持配套设置了严格的条件，金融机构迄今为止仍未参与这个项目。截至1999年8月末，即计划宣布一年以后，金融机构仅申请了355亿泰铢的一级资本支持和27亿泰铢二级资本支持，与政府分别设定的2 000亿泰铢和1 000亿泰铢的目标相去甚远。大多数金融机构因此设法自行调整资本结构，不到万不得已，不会参与这个计划。

第三，由于资本结构调整和债务重组进程缓慢，金融机构不愿向企业发放贷款，唯恐不良贷款增加会进一步削弱其资本基数。1999年头8个月与1998年同期相比，金融体系贷款总额下降13.4%。商业和服务业信贷余额总额为6.35兆泰铢，比1998年同期下降6 220亿泰铢。

第四，不良贷款在各类贷款中所占比重高达47%，商业银行在1999年上半年遭受1 719亿泰铢的巨大亏损，远高于相关部门预测的1 100亿至1 500亿泰铢。商业银行为补偿如此巨大的亏空，一直维持4%—5%的巨大贷款利率差距（interest rate margins），这对一般储户和“诚信”债务人而言并不公平。

第五，事实证明，相关部门接管问题金融机构后，在解决这类机构问题方面并未立竿见影。1998年8月，国有银行不良贷款占总贷款额的比例为50.3%，年底上升至62.5%，1999年6月更是高达70.6%。

因此，重组计划在公布一年以后被证明是失败的。其中最为主要的原因，一是债务重组和经济复苏进程迟缓导致不良贷款增长，二是计划的自愿性质让金融机构钻了拖延参加的空子。

## 经济刺激计划

为阻止1999年经济的进一步衰退，政府采取了一项财政刺激政策。

1999年4月，国际货币基金组织（IMF—the International Monetary Fund）批准了政府第七份意向书，允许1999财政年度财政赤字占国内生产总值比例从第六份意向书规定的5%上升到6%。新增的一个百分点包括国际货币基金组织1999年3月30日宣布的530亿泰铢支出方案。这个方案包括三个部分——1999财政年度增加公共财政支出措施、减轻税收、削减能源价格——全力增加政府开支，以促进就业、刺激消费、减低企业生产成本。

1999财政年度增加公共财政支出共计534亿泰铢，用于六大种类项目，涵盖增加投资带动就业，提高制造业和出口业的竞争力，改善公共基础设施，以及提高公共行政的效力。由海外经济合作基金（OECF—The Overseas Economic Cooperation Fund）、日本进出口银行（The Japanese Export-Import Bank）以及国际复兴开发银行（IBRD—The International Bank for Reconstruction and Development）提供融资。

税收减轻措施包括免征个人所得税和降低增值税税率。自1999年1月起，对5万泰铢净收入免征个人所得税。而此前，10万泰铢净收入需要缴纳5%个人所得税。增值税税率曾于1997年8月16日从7%提高到10%；于1999年4月1日开始，将回归至7%，时间暂定为两年。免征个人所得税将给政府造成79亿泰铢的年度税收损失，或者说本财政年度余下的时间内损失52亿泰铢。降低增值税税率将导致年度税收损失463亿泰铢，或者说本财政年度余下的时间内损失262亿泰铢。1999年4月1日开始，对总收入在60万至120万泰铢的小企业，免征1.5%增值税。这将导致4.7亿泰铢的年度税收损失，或者说本财政年度余下的时间内损失2亿泰铢。

削减能源价格目的在于增加消费者购买力，降低企业生产成本。电力价格从1999年4到6月的0.5071泰铢/度电下降至0.3261泰铢/度电。导致电价降低的原因包括燃油消费税的降低，泰铢持续坚挺，世界石油价格的下滑，以及其他各类因素。再加上增值税税率从10%降到7%，造成电价平均每度降低0.2587泰铢，或者说减少电费总开支192亿泰铢。

政府同时从1999年3月30日起，降低了液化石油气的批发价格，每千克下调0.9091泰铢。加上增值税下调，液化石油气价格下调11%。另外，燃油消费税从17.5%降至5%，从而导致燃油批发价格（wholesale price）下降11%，每升价格降低0.52泰铢。燃油价格下调会在本财政年度余下的时间里降低工业和发电成本19亿泰铢，或在2000财政年度降低成本26亿泰铢。

所有这些措施将会给经济注入资金1 320亿泰铢。该计划的核心在于阻止自1997年中期危机爆发以来的消费支出急剧收缩的现状。

系列措施显然有助于提高家庭购买力和刺激消费。然而，由于1998年经济大萧条之后，家庭收入仍然低迷，消费增长似乎难以为继。显然，消费者信心并未完全恢复。其次，大规模失业仍然是家庭部门的沉重负担。最新失业人数在100万至200万之间。如此大规模的失业只会对备受期待的家庭收入和消费者信心恢复起到抑制作用。最后，要增加政府支出必须经由错综复杂且效率低下的官僚机构来实施，从而延迟了其刺激效应。有报告说，截至1999年8月底，政府支出仍低于目标总数的50%。

简言之，经济刺激计划可能会取得一定的成功。如果系列措施得不到经济强劲复苏和消费者信心增强的支持，提高消费支出的成果就可能会是短暂的。

## 鼓励私人投资措施

1999年8月10日公布了一揽子鼓励私人投资措施，包括税收和关税削减（tax and tariff reduction）、新的股权投资（equity investment）、房地产业复苏措施、中小企业财务重组等。

税收和关税削减措施涉及削减326项生产资料和原材料的进口关税。这些原材料可用于生产各类产品，如动物饲料、化妆品、药品、化工品、化肥、塑料制品、棉制品、镀锡黑板铁、高碳铁以及电解铜。措施还取消了

对关税率高于5%的商品征收的10%附加税。此外，措施允许使用双倍余额递减法（the double declining balance method）加速折旧，这要比直线折旧法（the straight-line depreciation method）快两倍。

股权投资措施将会建立起三只股票基金，用于投资泰国企业——股权基金（the Equity Fund）5亿美元（将增至10亿美元），旨在向战略性产业企业注入新资金；泰国复苏基金（the Thailand Recovery Fund）1亿美元，由亚洲发展银行（ADB—the Asian Development Bank）建立，旨在投资竞争优势明显的中小企业；风险资本基金（the Fund for Venture Capital）10亿泰铢，由财政部建立的封闭式共同基金（closed-end mutual fund），旨在为具有强劲业务潜力的中小企业提供投资。

房地产业复苏措施将会提供30年期固定利率的住房贷款。这些资金将通过泰国政府住房银行（GHB—the Government Housing Bank）发行价值460亿泰铢的债券来解决。其中210亿泰铢将分配给泰国政府住房银行的零售客户，其余的250亿泰铢则给予商业银行。此外，次级房贷公司（Secondary Mortgage Corporation）将通过发行同等数量的债券从金融机构购买40亿泰铢住房贷款。而且，泰国国家住房管理局（NHA—the National Housing Authorities）将斥资150亿泰铢，从债权人或业主手上购买房地产开发烂尾项目，使这些项目得以完工并销售给零售客户。最后，房地产转让费（real estate transfer fees）将从销售额的2%降低至0.01%，一直延续到2000年底。

最后一项中小企业金融重组措施，涉及重组小微企业信用担保公司（SICGC—Small Industry Credit Guarantee Corporation），需要在1999年将其资本从4亿泰铢增加到44亿泰铢，2003年增加至84亿泰铢。将中小企业的最大固定资产规模从5 000万泰铢提高到1亿泰铢，最高信用担保额度（credit guarantee maximum）从1 000万泰铢提高到2 000万泰铢，而费用却从2%到2.75%不等降低至1.75%。小微企业融资公司（SIFC—The

Small Industry Finance Corporation）也将进行重组，其资本从1999年3亿泰铢增加至28亿泰铢，2003年将增加至78亿泰铢。最大固定资产规模将从5 000万泰铢增加到1亿泰铢，最高贷款额度将从2 500万泰铢提高到5 000万泰铢。最后，政府将建立中小企业金融咨询中心（the Financial Advisory Centres for SMEs），提供1亿泰铢金融支持，为中小企业提供金融重组咨询。

正如一揽子措施中所构想，税收和关税削减措施作为提升本土企业竞争力的又一积极举措本该受到欢迎。但是，股权投资（equity investment）措施在一些关键问题上交代不清，难以重振投资者信心。首先，“战略产业”（strategic industries）这一概念以及由谁来界定这个概念，仍然有待进一步明确。第二，基金的来源仍然不明确，股权基金的10亿美元目标总额对于战略产业而言是杯水车薪，因为这些战略产业大多由许多大公司组成。其余的两个股权基金，即泰国复苏基金和风险资本基金，均无具体的基金来源。第三，泰国政府住房银行提供的新房贷对于房地产业复苏极为有利，泰国国家住房管理局购买房地产开发烂尾项目则需六个月至一年的时间才能实现，因为相关机构必须要对申请进行仔细评估，以此避免获批项目最终沦为泰国国家住房管理局的不良资产。

随着计划的全面实施，能否提供上述措施的更多细节，仍然有待观望。建立各种股权基金至少需要6个月至1年的时间。因此，这些措施的效果将会是长效的，需要一段时间之后才能进行较为准确的评估。

## 其他改革尝试

1998至1999年期间，先后颁布了七条经济改革法案。《1998年（佛历2541年）社会保障法案》（the Social Security Act BE 2541）于1998年12月31日生效。此项法案把退休计划纳入社会保障体系，为泰国公民建立一个更

为成熟、更为全面的社会保障体系奠定了基础。

其次，1999年3月3日通过《佛历2542年（1999）建立破产法庭和程序法案》［the Bankruptcy Court Establishment and Procedure Act BE 2542（1999）］，之后通过《佛历2542年（1999）破产法案》［the Bankruptcy Act BE 2542（1999）］，以及1999年3月17日通过关于《民商法典》（the Civil and Commercial Code）的三项修正案。破产程序得到了彻底的改革，并达到了国际标准。根据旧的破产制度，债务人有很大的余地拖延法庭程序，而一旦债务人拖欠贷款，债权人除了申请破产立案之外别无他法。再者，因为必须要经过民事法庭（civil court）按部就班与蜗牛般的办事速度以及漫长的止赎程序（foreclosure procedure），一个典型的破产案可能需要十年时间才能结案。新法案为债务人和债权人提供了选择，如重新谈判以及债务和公司重组。同时还建立了一个独立法庭（separate court），专门处理破产案，其法庭流程和止赎程序更加高效。

1999年3月10日，国会通过《佛历2542年（1999）国有企业资本法案》［the State Enterprise Capital Act BE 2542（1999）］，为国有企业私有化提供了法律依据。政府在国有企业中所占资本现在可以转化为普通的股份，可向公众出售，这样国有企业可以转化为公众公司。这将导致相关产业的自由化，并鼓励来自其他方面的竞争。1999年3月17日，议会通过《佛历2542年（1999）公寓法案》［the Condominium Act BE 2542（1999）］，允许外国人在泰国拥有100%的公寓所有权。

但是，规划中最为重要的改革法案是《外国人商业法》（the Alien Business Law），它取代了已经不合时宜的禁止或限制外资参与若干行业和商业部门的《281号革命政令》（Revolutionary Order No. 281）。这项新的法律将开放并允许外国自由参与许多领域，只是涉及国家安全和经济安全的领域除外。该草案受到不同利益集团的强烈反对，包括来自上议院的某些阻挠。这些人成功地拖延了草案的审读过程。尽管进展步履拖沓，政治游说不断，这项必不可少的改革法案迟早会颁布，因为政府已经表明了决心，在即将于2000年下半年举行的大选之前完成此项改革。

## 改革的关键问题

不断膨胀的财政赤字是一个长期的结构性问题。1999财政年度全部预算赤字总额达到了1 127亿泰铢。政府连续三年预算赤字。预计财政赤字还要再持续三年。政府债务总额于1999年底达到17 100亿泰铢，比1998年9月末未偿还债务总额高出41.4%。国内债务占政府债务总额的55.9%，其余44.1%为外债。由于政府需要为一些社会投资、经济刺激计划，以及结构性调整提供资金，政府债务显著增加。据财政部、国家经济与社会发展委员会和泰国央行估计，2000财政年度政府债务总额会达到12 440亿泰铢，占国民生产总值的24.3%。庞大的政府债务可能会成为延缓经济复苏的因素。政府由于需要迅速筹集大量基金进行债务融资，因此向金融市场和利率施加压力。管理好如此庞大的政府债务，对可持续发展至关重要。

在过去的30年间，泰国大约投入29 910亿泰铢用于基础设施建设。水电等公用设施目前在所有的城市、郊区中心以及几乎所有的村庄都已得到普及，全国约有道路网络15.4万公里。泰国共有电话730万台，每百人拥有电话12.18台。一些基础设施建设项目已经动工或者已作规划，如曼谷地铁系统建设，东部沿海地区新增两个深水港，曼谷东部新建一个国际机场，新建国际电话网关，新增80万条电话线路，新增两条光纤网络，扩大水电管网，在曼谷和周边省府修建几座水处理厂等。

尽管如此，基础设施建设仍然有待改进。当前，泰国的当务之急是推进民间资本参与公共基础设施的开发和服务，以减轻政府迅速膨胀的财政负担，提高服务的效率和质量。《佛历2542年（1999）国有企业投资法案》［the State Enterprise Capital Act BE 2542（1999）］的颁布为私有化提供了法律框架和程序，迈出了至关重要的第一步。目前最需要的是顶着来自各方利益集团的强烈反对，坚定地推进私有化计划。不幸的是，经济突飞猛进的前景还很遥远。因为2000年将会有一次新的大选，并产生一个新的政府。因此，现任政府很可能放慢计划的实施，而新政府又可能不会致力于推进民间资本的参与。

泰国企业竞争优势的丧失是导致1997年泰国经济崩溃的一个最为重要的长期因素。海外投资者甚至在危机之前就已经指出了这个缺陷，而且决策者们自1997年以来一直在讨论这个问题。泰国发展研究所（TDRI—the Thailand Development Research Institute）的一项研究显示，新兴生产力［专业术语为“全要素生产率（TFPG—total factor productivity growth）”］——仅占1978至1990年期间经济增长的15.8%，而在1991至1995年期间仅占3.5%。换言之，泰国的经济增长主要是由于额外资源的开发，而非更加高效地利用现有资源。甚至1999年下半年出口的高增长实际是因为日本和东南亚的经济恢复，而非泰国出口竞争力的提高。

因此，产业重组和更多的研发投入是衡量未来经济复苏增长是否可持续的两大指标。遗憾的是，在这个方面几乎没有政策举措。其中最明显的是，泰国进出口银行（the Export-Import Bank of Thailand）提供特殊贷款项目，帮助纺织业购置新设备；泰国投资促进委员会（the Board of Investment）于1998年对产业促进政策进行调整。甚至《鼓励私人投资的措施》也是在危机过后两年多的1999年8月方才出台，尽管其目的在于对实体部门有条件的企业进行资产重组。因此，在泰国进行严格的产业结构调整的前景仍然还很遥远。这便是认为2000年经济复苏仅仅只是一个技术性反弹、难以持续观点的重要论据。这也同样证明，关于川政府及其财政部长迄今过多关注金融部门改革而对产业结构调整政策却知之甚少的批评意见不无道理。

可持续发展的另一个问题是官僚体制的改革。众所周知，人浮于事、效率低下、贪污腐败等现象在泰国各级政府机构中蔓延滋长。政府几乎用了10年时间实施减员计划但是收效甚微，而在消除腐败方面却鲜见重大的举措。在诸多原因当中，根深蒂固的文化因素在社会各个层面滋生腐败，导致腐败成为泰国日常生活的一部分。迄今为止，每一届政府都缺乏杜绝腐败的政治意愿，因为政党和政客本身就是腐败的。尽管新宪法建立起了独立的国家反腐败委员会，然而金钱政治、无能官僚、腐败作风将长期存在，不得不使人们对可持续发展心存疑虑。

［原文“The Thai Economy: Stabilization and Reforms”载于《东南亚事务》（*Southeast Asian Affairs*）2000年，第296—308页］

## 注释：

1　为了将可疑债务或亏损债务升级为次级贷款，客户必须遵守一项新的还款计划，要么连续3个月偿付，要么按还款期限偿付，以时间较长的为准。这样的重新分级允许金融机构将利息计为收入。

2　再来看看附带条件规则。杜绝将新的贷款与偿还旧债务相关联，或者将其用于偿还旧债务；严密监控新贷款的使用；对信用和现金流转进行细致分析，确保借款人有能力按照还款计划偿还贷款。

3　这些税包括3.3%特定税、10%增值税、30%企业所得税，以及全部预提税和印花税。

4　这些刺激政策包括：从1998年11月25日开始，允许商业银行采用市场利率计算不良贷款的净现值（NPV）。这有助于银行减少由于债务重组而造成的损失，因为市场利率普遍低于合同利率。允许商业银行、金融公司、地产信贷公司持有超过有限责任公司10%的股份，只要该有限公司是其债务重组公司。间接投资总额同样可以超过银行和地产信贷公司资本金20%的目前限额，以及金融公司资本金60%的目前限额。但是，超过的份额只能来自债务重组。这些宽松政策将自1998年11月26日起实施，为期两年。这些股份可以持有三年。在此之后，银行、金融公司或地产信用公司必须减持上述公司股份至10%的限额。

5 这个总数包括由泰国商业银行持有88%，外国银行持有7%，金融公司和地产信用公司持有5%。

6 就一级资本而言，金融机构必须立即提供完整的不良资产拨备，注销现有不良资产造成的所有损失，而不是完全压在现有股东身上；提出一项经泰国央行批准的可行的重组计划。就二级资本而言，金融机构必须同债务人签署一项具有法律约束力的债务重组协议，并且能够按照泰国央行关于企业债务重组的规定，向泰国央行证明债务人已经具备偿还债务的能力。